国家出版基金项目
NATIONAL PUBLICATION FOUNDATION

中国社会科学院近代史研究所中华民国史研究室
总编 李 新

中华民国史

人物传

第二卷

李　新　　孙思白　　朱信泉　　赵利栋
　　　　　　　　　　　　　　　　　　　　主编
严如平　　宗志文　　熊尚厚　　娄献阁

中 华 书 局

第二卷目录

D

F

H

达 浦 生

陆琢成　朱正谊

　　达浦生,名凤轩,字浦生,以字行,经名努尔·穆罕默德,江苏六合人。他是中国伊斯兰教知名的大阿訇,也是回族中有影响的爱国教育家。1875 年 5 月 14 日(清光绪元年四月初十)出生于一个研究回文的家庭。

　　达氏一姓是在元朝时期由新疆来至内地的,他们的祖先达布台是元朝的一名将军,曾官居台州路(今浙江省浙东地区),元亡后他的一支子孙定居六合,以达为姓。

　　达浦生的父亲达象乾,是六合县伊斯兰清真寺的阿訇。达浦生青少年时代跟父亲学习经文和阿拉伯文,1893 年他自肩行李,长途跋涉来到北京,以求深造。

　　北京的回民很多,其中心清真寺是历史悠久的牛街清真寺。这里的教长是对古兰经义和阿拉伯文、伊朗文造诣很高的王浩然阿訇。达浦生就是慕名北上拜王阿訇为师的。达氏抵京的第二年,发生了中日甲午战争,战事的结果不仅迫使中国忍受割地赔款的痛苦,而且造成中国面临瓜分的危机。失败的耻辱深刻地激发了中国各阶层人士的爱国心,也激发了青年达浦生的爱国思想。他师事王阿訇时,还时常听到老师讲述 19 世纪 50 年代至 70 年代有关陕甘和云贵等地的回民起义的故事,他感叹时艰,更坚定了爱国思想。当时大多数回民只学习阿拉伯文,念诵经文,不重视汉文学习,尤其西北边远地区,甚至有反对读汉文书本的。这就造成回民的文化水平与汉民有一定差距。王浩然认为应举办回民学校,提高回民文化,才能改善他们的生活和社会地位。达浦生赞同这一主张,并决心为其实现而尽力。

1899 年,达浦生完成学业后,北京的教友们曾邀他留京担任阿訇,他没有接受,抱着为回民做些切实的基础工作的决心回到家乡,六合县的教众就请他担任本县清真寺的教长。在此期间,达浦生在城内创办了一所广益启蒙学堂,招收回民子弟入学就读。它是六合县最早成立的学校之一。他在推行新的教育内容时,耐心地向教众宣传不应囿于经堂教学,而应让子弟学习汉文和数学等新的内容。他勇于任事、辛勤办学,颇得当地回族群众的信任和尊重。

1907 年,王浩然阿訇从土耳其回国时邀来两名土耳其籍教师,把北京牛街清真寺的回文学堂扩充为回文大学。教学内容除了原有的经义、回文之外,增加汉文、数学及一些时务知识课。达浦生应王阿訇的邀请再度来到北京,因王阿訇年事较高,由达主持校务。这所大学培养了不少人才,知名的马松亭阿訇,即是该校毕业生。

1912 年民国成立,是年秋马邻翼(字振五)任甘肃提学使(后改称教育司长、厅长),邀达浦生担任省视学兼回民劝学所所长。达去兰州赴任,在职六年走遍了陇东、陇西、陇南和宁夏、青海(当时宁夏、青海均为甘肃省辖地)各地,辅导各县开办学校,有些地方需留驻在那里一两个月,直至学校开学上课,才转往别处。达浦生辛勤而踏实地推动回民教育,为地方作育人才,使他在甘肃回族民众中享有声望。回民中发生纠葛,也常请他出来排难解纷。

1918 年,他自甘肃返回六合,再次从事家乡的回民教育工作。20 年代初,上海福佑路清真寺邀请达浦生去沪任教长。为了筹集兴办回民教育的经费,上海的几位从事国际贸易和交通界的教友,合组了一个进行对外贸易的商号——协兴公司,准备以经商盈利所得资助教育。达浦生有意于出国,作游学考察,于是就作为协兴公司的一员代表于1921 年出国,先至麦加朝圣,游历中东,回途畅游印度、马来亚、槟榔屿、新加坡,并在锡兰(今斯里兰卡)住了相当时期。他在考察各地穆斯林居民的教育情形的同时,也结识了不少伊斯兰教界领袖和名流。

1928年,达浦生从南洋回到上海,福佑路清真寺的教众再三恳切地邀请他担任教长。达浦生借主麻日礼拜的机会,作了一次演说,讲述国外见闻,并建议在上海办一所伊斯兰师范学校。教众踊跃认捐,次年于西门内方浜路青莲街建成一座三层大楼,一、二层为敦化小学,三层为伊斯兰师范校舍,秋季开学上课。小学部大多数为伊斯兰教众子女,师范部招收回族青年培养师资和研究古兰经义,毕业生选优资送前往阿拉伯国家留学深造。北京大学已故的著名阿拉伯语学者马坚教授,就是该校第一届毕业生。

1937年"八一三"淞沪抗战中,日本侵略军进攻上海,岁末福佑路清真寺被日军占领,伊斯兰师范也被迫停办,该校学生不少人奔赴后方参加抗战工作。达浦生在上海租界内安置完毕清真寺和伊斯兰师范各项事务之后,目击日军野蛮暴行,为坚持抗战尽一己之力,认为有必要向国外宣传抗战,向伊斯兰教国家揭露日军侵华罪行,唤起国际舆论共申正义,援助中国抗战。他在上海组成一个中国回教抗日宣讲团,得到教众及校董的赞助,乃于1937年9月由沪出发,一路经香港、新加坡、南洋各埠至巴基斯坦,与当地伊斯兰教领袖真纳会见,得到真纳的热情接待。再由巴基斯坦西行至开罗,在开罗埃兹哈大学作多次公开讲演,声讨并宣传日军侵华的种种罪行,呼吁中东伊斯兰教国家共申正义援助中国抗战。他发出要为拔掉插在祖国土地上的日本旗子而竭尽全力的誓言。他以阿拉伯文写了一册《告世界同胞书》。埃及国王法鲁克及皇后特为接见他,并设筵款待。此行使得日本帝国主义向中东各国的反宣传被一扫而清,中东各国的报纸纷纷刊载谴责日军暴行的文章、图片与新闻消息。

1939年夏,达浦生回国前往重庆。当时《新华日报》记者专程采访,发表报导,誉为爱国阿訇。后方社会各界及政府也对达的国外宣传抗战表示赞扬。为了给抗战作育人才,经过达浦生的多方努力,把上海伊斯兰师范迁移后方,择定在甘肃平凉复校,校名定为平凉伊斯兰师范,于 1939 年 10 月开学。学生除战区西来的回族青年外,亦就地招收回民青年。校长一席仍由达浦生担任。其后由于"法币"贬值,学校经费困难,国民党政府教育部乘机于 1941 年将平凉伊斯兰师范改名国立陇东师范,并由教育部直接管辖。1943 年教育部另派校长,达浦生改任国民参政会参政员,常住西安。

　　抗日战争胜利后,达浦生回到上海,因经济拮据,常债台高筑。1949 年中华人民共和国成立后,他应周恩来总理的邀约来到北京,参加政协会议。他与伊斯兰教界人士发起筹组中国伊斯兰教协会,并任该会副主任。他还担任民族事务委员会委员和中国伊斯兰教经学院副院长,1958 年起任院长。达浦生拥护中国共产党和政府的民族政策和宗教政策,在加强民族团结和统一战线方面做了不少有益的工作。1952 年率领中国伊斯兰教朝觐团去麦加朝觐。1955 年他随周恩来总理率领的中国政府代表团去印尼万隆出席亚非会议,任代表团的顾问。1954 年起,他是第一、二、三届全国人民代表大会代表。中国人民政治协商会议第二届宗教组长,第三、四届常委。他又受聘为最高人民法院顾问。

　　1965 年 6 月 21 日,达浦生病逝于北京。

主要参考资料

达浦生:《自传手稿》,未刊。

陆廷珏辑:《达浦生年谱资料》,未刊。

戴 安 澜

严如平

戴安澜,原名衍功,学名炳阳,号海鸥,1904 年 11 月 21 日(清光绪三十年十月十五日)生,安徽无为人。父亲戴礼明,在乡务农,生活贫困。戴安澜六岁入塾,学习勤勉,十二载不辍。1922 年 9 月,考入南京安徽公学高中部就读,校长是著名教育家陶行知。一年后辍学回乡当塾师,向村童传授文化知识。

其时,戴安澜的远房叔祖父戴端甫在粤军第四师任团长,写信回乡说孙中山将在广州创立黄埔军校。戴安澜即和本乡一批热血青年于1924 年春奔赴广州。他报考军校,虽成绩优良,但体质瘦弱,未被录取,便投入粤军安身,注重锻炼体格。1924 年末再考,被录取为黄埔军校第三期步科入伍生队,翌年 7 月升入学生队。他在军校学习刻苦,追求进步,参加了两次东征和平定刘震寰、杨希闵叛乱的战事,受到战火洗礼。1926 年毕业后被分配到国民革命军总司令部任副官,不久升为排长。

戴安澜 1927 年春被派至东莞,担任黄埔入伍生第二团第八连第三排排长,带领入伍生担任东江防守任务。翌年,他调至国民革命军第一师任连长,参加北伐奉系的战事。1929 年,他调至中央军校担任区队长。1930 年中原大战爆发,他被派往教导二师任迫击炮连连长,在兰封附近作战时右臂负伤,旋因战功升任营长、团附;战后升任第四师补充团团长。

1932 年 7 月,蒋介石发动对鄂豫皖革命根据地的"围剿",戴安澜部由蚌埠经正阳关进入皖西,在霍邱、金家寨、阜阳等地作战。战后戴调任第十七军第二十五师第一四五团团长。

日本帝国主义在"九一八"事变后不断扩大对我国的侵略,1933年3月初侵占热河,逼进长城,全国震惊,同声谴责国民党政府妥协退让政策。蒋介石调集黄杰第二师、关麟徵第二十五师、刘戡第二十三师北上,由第十七军军长徐庭瑶指挥。戴团从蚌埠出发,北上进抵通县集结。此时敌军已分兵攻击长城各口,我抗日将士奋力抗击。3月10日第一四五、一四六团等在古北口与敌军第十六旅团展开激战。虽然伤亡惨重,但士气高昂,经过三昼夜恶战,连续三次击退敌人进攻,毙敌二千,戴也在战斗中负伤。稍后戴团迂回退守到南天门高地。战后戴获五等云麾勋章。长城抗战后,部队经过整训,又转战陇绥、天水、平地泉、定远营等地,戴因战功获陆海空军甲种一等奖章。

"七七"抗战爆发后,戴安澜率部从陕西醴泉出发,沿陇海路东进,驻防河北定县。8月,戴升任第十三军第七十三旅旅长。9月下旬所部在保定漕河与南下的敌军交战,抗日将士奋勇抗御,敌军增兵重围,猛烈炮击,七十三旅伤亡严重,被迫撤出阵地。嗣后戴率部奔赴漳河一线,阻击南犯之敌。11月初,戴旅进驻磁县彭城镇。

在日军疯狂进攻占城掠地的恶劣形势下,戴安澜注重对广大官兵的思想教育,鼓励大家克服悲观失望情绪,坚定抗日救国信念。他带领大家总结作战的成败得失,制订了作战要诀:长兵短用,短兵长用;高兵低用,低兵高用;势险节短,战无不胜,守无不固。

1938年3月,戴安澜七十三旅随第十三军编入第五战区序列,参加台儿庄战役。戴率部在向城、洪山镇阻击北面之敌,火攻陶墩,智取朱庄,激战郭里集,坚守中艾山,四个昼夜击退了敌军数十次进攻。战后,戴升任第八十九师副师长,并兼第三十一集团军总部干部训练班教育长。他采用新式教学方法,灵活运用典范令,辅以战场实际经验,提高各级干部的指挥作战能力。嗣后在武汉会战中,戴率部进抵瑞昌、阳新一线。8月初敌主力第九师团自九江溯江而上,在瑞昌东北之港口登陆,戴指挥所部诱敌进入山区,利用有利的隐蔽地势步步阻击敌军西进,大量毙伤敌人。

1939年1月,戴安澜升任第五军第二〇〇师师长。二〇〇师是一支机械化部队,拥有两个战车兵团、两个摩托化步兵团,还有汽车兵团、工兵团、炮兵团、搜索装甲兵团各一,装备精良,官兵素质较高。戴就任后,率师移防广西全州,进行整训。他着手改进军事教育,手编《磨励集》两部,阐述班排连之攻防与射击,并作《战场行》一歌,教全师学唱。11月,二〇〇师挺进桂南,参加昆仑关之役。戴先指挥一个团赶到南宁北郊二塘三塘,阻击从钦州湾登陆进犯南宁的敌军。敌第五师团在飞机大炮掩护下强攻前进,于11月24日侵占南宁,12月4日又攻占了昆仑关。12月18日起,杜聿明指挥第五军各师为收复昆仑关全面出击,与敌猛烈交火。敌我双方均用步兵、战车、大炮、飞机协同作战,炮火连天,杀声四起。戴指挥高炮还击敌机之空袭,指挥五九八团击毁敌军坦克、火炮,坚守阵地。经过与敌军反复争夺,昆仑关三失三得,艰苦异常,终于12月31日完全收复;接着又于四天后攻克九塘。戴在巡视前线阵地指挥战斗时,被敌人炮弹击伤,后至柳州治疗。在南岳会议总结时,他被誉为"当代之标准青年将领"。

1941年12月太平洋战争爆发后,同盟国在中国、泰国、越南和缅甸北部地区建立中国战区,以蒋介石为最高统帅。12月16日蒋介石决定派遣第五、六、六十三等三个军组成中国远征军第一路开赴缅甸,协同英军抗击日军,戴安澜率领二〇〇师先至保山集训待命。1942年3月2日,戴至缅甸腊戌接受蒋介石召见,奉命将摩托化骑兵团作为先头部队开到腊戌,以策应英印军在缅甸展开保卫战,掩护第五军主力集中;其余各团进驻平满纳、同古。其时日本侵略军第三十三、五十五、十八、五十六等师团分三路向北推进,8日占领仰光。戴安澜为阻敌军继续北犯,派出摩托化骑兵团和步兵团第一连在皮尤河南岸接替英军前哨阵地,于3月19日拂晓伏击日军,炸毁大桥,敌几辆军用汽车尽覆。我埋伏的机枪反复扫射,击毙日军三十余名。首战告捷后,戴即指挥所部构筑工事,固守阵地。敌军旋即配置强大火力猛烈进攻,而我第五军第九十六师、新二十二师等部未能按计划集中。戴师孤军奋战,退守同古城。戴在 3 月 22 日的家书中说:"决心全部牺牲,以报国家养育! 为国战死,事极光荣。"敌军炮空配合以猛烈炮火整日轰击,戴指挥我抗日将士勇猛还击,以集束手榴弹、汽油瓶等与敌军坦克展开搏斗。在敌军 24 日占领克容网机场,切断公路,以重兵三面包围同古之时,戴召集全师团营长会议,勉励大家固守同古,为国家民族争光。并宣布:若我师长战死,以副师长代之;副师长战死,以参谋长代之⋯⋯他部署三个步兵团留在同古城内坚持战斗,自己带领师部至桥东指挥战斗。为阻止敌军进犯同古,他指挥官兵火烧森林。被阻之敌 27 日又施放糜烂性毒气,我抗日将士不怕牺牲,视死如归,坚守阵地,抗御四倍于我又火力极猛之敌。只因援军隔阻,补给中断,经过连日苦战,于 29 日夜奉命撤离同古。戴率部突围成功,向叶达西转移。

同古之役,戴安澜率二〇〇师苦战十二天,歼敌五千余,延缓了日军北进的步伐,掩护了七千余英军的顺利撤退,声震中外。蒋介石驰电嘉奖,颁发奖金一百万元,并于 4 月 6 日在梅苗召见戴安澜说:中国军队的黄埔精神战胜了日本的武士道精神。美国军方也称赞同古之战是缅甸保卫战中坚持最长的防卫行动,应该赢得巨大的荣誉。中国战区参谋长史迪威(Joseph Warren Stilwell)4 月 5 日到叶达西说:近代立功异域、扬大汉之声威者,殆以戴安澜将军为第一人。

4 月 11 日,戴安澜率师到达平满纳,21 日由乔克巴当调回梅克拉提,向棠吉推进,24 日攻克棠吉城。此时,敌第五十六师团北进,次第侵占腊戍(29 日)、畹町(5 月 3 日)等地,侵入我国国境百余公里,进至怒江畔惠通桥。5 月 5 日,戴师奉命向伊洛瓦底江以西八莫、密支那方向转移,但敌于 8 日抢占八莫、密支那,转移计划无法实现;乃改从罗列姆经南盘江、梅苗、南坝以西归国。二〇〇师在崇山峻岭、山峦重叠的野人山原始森林和丛草藤蔓中艰难跋涉,古树遮天,毒蛇猛兽和蚊蚋成群,人烟稀少,给养困难;而沿途可行之道多被敌人封锁,敌机又低空轰炸不止,我抗日将士只能曲折迂回地摸索前进,常常在雨水中行军和露宿,染患疟疾者甚众。5月18日夜,二〇〇师在郎科地区通过细包——摩谷公路时,与敌第五十六师团两个大队遭遇。戴安澜亲临前线指挥所部与敌激战,伤亡惨重。在夜间混战中,戴胸部、腹部各中一弹,伤势甚重,用担架抬回师部指挥所。他从昏迷中苏醒过来,继续指挥所部突围,勉励部属奋力杀敌。戴因伤重未能得到有效治疗,于5月26日随二〇〇师突围至缅北芳邦村时逝世。遗体于29日火化后,遗骸于6月17日随部队运回到云南腾冲,后在全州安葬。

戴安澜逝世后,国民政府于1942年10月6日颁令追晋为陆军中将;美国总统罗斯福于10月29日颁授戴安澜懋绩勋章。1943年4月1日为其在全州隆重举行全国性的追悼大会。中华人民共和国中央人民政府内务部于1956年9月21日追认戴为革命烈士。

主要参考资料

《戴安澜将军传》,重庆《扫荡报》1943年11月26日。

《戴安澜将军之死》、《缅甸作战时期戴安澜将军日记》、《戴故将军传略及殉国经过》,贵阳中央日报社编印,1942年版。

戴聿文:《戴安澜先生传略》,台北"国史馆"编《国史馆现藏民国人物传记史料汇编》第十二卷,"国史馆"1994年版。

郑洞国、郑庭笈:《昆仑关攻坚亲历记》,崔贤文:《昆仑关战斗》,《粤桂黔谈抗战——原国民党将领抗日战争亲历记》,中国文史出版社1995年版。

杜聿明:《中国远征军入缅对日作战述略》,郑庭笈:《第二〇〇师入缅抗战经过》,黄志超:《转战同古、棠吉和过野人山经过》,中国人民政治协商会议全国委员会文史资料研究委员会《远征印缅抗战》编审组编《远征印缅抗战——原国民党将领抗日战争亲历记》,中国文史出版社

1990 年版。

安徽省政协文史资料研究委员会编:《戴安澜将军》,安徽人民出版社 1985 年版。

戴 季 陶

郑则民

戴季陶,名良弼,字选堂,又名传贤,字季陶,号天仇。1891年1月6日(清光绪十六年十一月二十六日)生于四川广汉。原籍浙江湖州,其先人入川经商,定居广汉。父戴小轩,出租土地,兼业中医。

戴季陶六岁入塾读书,并读过一些西洋史。1902年进成都留日预备学校,受到业师徐炯的影响,倾向反满。1905年秋赴日本,入师范学校。1907年秋升入东京日本大学法科,任该校中国留日学生同学会会长。戴季陶在留日期间与蒋介石相识。

1909年夏,戴季陶自日本毕业回国,在江苏地方自治研究所任教习。翌年春往上海,先入《中外日报》谋职,后在《天铎报》任主编,以天仇为笔名撰写社论,抨击清廷腐败,言论激越。1911年春被官府通缉,逃亡日本。后转赴南洋槟榔屿,任《光华报》编辑,鼓吹革命,并加入同盟会。

辛亥武昌起义后,戴季陶回到上海参与反清武装起义,继而创办《民权报》。年底,孙中山从海外回到上海,戴以新闻记者身份晋见,并随孙中山往南京。1912年3月,袁世凯继任中华民国临时大总统后,专制野心日渐暴露,戴曾在《民权报》上著文揭露。6月,当唐绍仪内阁辞职时,他指出:"袁世凯之帝制自为,其迹已昭昭在人耳目。"[①]9月,孙中山受任督办全国铁路,戴任孙中山秘书。1913年2月,随孙中山

① 戴季陶:《戴天仇文集》,民权报发行部1912年版,第115页。

访问日本。宋教仁被刺案发生后,孙中山主张讨伐袁世凯,戴受命在上海、南京间进行反袁的军事联络活动。二次革命失败后,他流亡日本,参加了《民国杂志》的编辑工作,并加入中华革命党。

1916年4月底,戴季陶随孙中山返回上海。1917年9月,孙中山在广州设立护法军政府,戴被任为法制委员会委员长;1918年2月兼任大元帅府秘书长。嗣后,军政府改组,戴与孙中山回上海。这时他将家迁回浙江吴兴(即湖州),与张静江多所交往。

1919年五四运动爆发,上海等地的工人举行罢工,戴季陶同情工人运动,在他和沈定一主编的《星期评论》上,用不少篇幅讨论劳动问题,报道世界工人运动和中国工人的情况。但他主张把工人运动引向"调和"。6月在与孙中山的一次谈话中戴季陶说:工人直接参加政治社会运动的事,已经开了幕,如果不从思想上知识上来领导他们,"将来渐渐地趋向到不合理不合时的一方面去,实在是很危险的",应当"用温和的社会思想,来指导社会上的多数人"①。在一段时间内,他还研读马克思主义的著作,把考茨基的《马克思资本论解说》由日译本转译成中文,于同年11月起在《建设杂志》上陆续刊出。他在这些文章中虽然运用了某些马克思主义的词句,然而他说"中国人,是从古以来就有'平和''互助'的精神的"②,"中国古代人的理想并不是'个人主义',也不是'家族主义',的确是社会主义"③。他认为"社会主义是中国古已有之的,不必要走俄国十月革命的道路"④。1920年夏前后,他与陈独秀等人颇多接触,在上海共产主义小组的筹备过程中,曾参与过一些活动,但后来却以某种借口拒绝参加组织。

戴季陶在1920年研读《资本论》的同时,和张静江、蒋介石、陈果夫

---

① 戴季陶:《访孙先生的谈话》,《星期评论》第3号(1919年6月)。

② 《对付布尔什维克的方法》,《星期评论》第3号(1919年6月)。

③ 《孝慈》,《星期评论》第10号(1919年8月)。

④ 《世界的时代精神与民族的适应》,《星期评论》第17号(1919年9月)。

等合股设立"恒泰号",成为上海证券物品交易所的经纪人,经营证券买卖等生意①,颇有所获。他们以所得之部分利润资助粤军回粤讨桂。翌年经营失败,信用上出现危机,乃退出了交易所。

孙中山在遭到陈炯明叛变回到上海后,仍谋恢复广东,1922年10月底命戴季陶入川,对川军进行联络工作。当戴所乘的船驶向宜昌的途中,得悉川军内战一触即发,联络工作无法下手,顿觉"公私的前途,都无半点光明"②,便趁夜投江自杀,幸为渔民救起未死,从此他便信仰起佛教来了。

戴季陶在四川住了一年,没有完成孙中山交付他的任务。1923年12月上旬,他从四川回到上海。当他得知孙中山已决定实行联俄、联共、扶助农工的新政策时,表示"根本怀疑"。他写信给廖仲恺说:"叫共产党参加进来,只能把他们当做酱油或醋,不能把他们做为正菜的。"③1924年1月,孙中山在广州主持召开有共产党人参加的国民党第一次全国代表大会,戴出席了这次大会,当选为中央执行委员会委员、常务委员和宣传部长。随后又兼任黄埔军校政治部主任和大本营法制委员会委员长。但他对国民党改组后广东联俄联共和扶助农工的气氛非常不安,曾几次离粤返沪。直到同年11月孙中山应冯玉祥等的邀请离粤北上,路过上海时,他才又随同绕道日本北行。到天津后,他以"国内政治之事,非我所能胜"为借口又折回上海。孙中山到北京后病危,戴到了北京,赶上孙中山在病榻上签署遗嘱,时为1925年3月11日。

随着孙中山的逝世,国民党内原来以拥戴孙中山面目出现的一些人,开始了篡夺革命领导权的阴谋活动,戴季陶这时也就无所顾忌了。他以继承孙中山思想的"理论家"自封,"见着人就痛哭流涕地大讲其

① 何祖培:《张静江事迹片断》,中国人民政治协商会议全国委员会文史资料研究委员会编:《文史资料选辑》第24辑,中华书局1962年版;陆丹林:《蒋介石、张静江等做交易所经纪的物证》,《文史资料选辑》第49辑,中华书局1964年版。

② 戴季陶:《戴季陶集》上卷,上海三民公司1929年版,第13页。

③ 何香凝:《我的回忆》,《人民日报》1961年10月7日。

'孙文主义'。从上海讲到广东，又从广东讲到上海"①。在他的鼓动下，1925年4月24日，黄埔军校内一些人成立了"孙文主义学会"。5月，戴在广州召开的国民党一届三中全会上，提出了"建立纯正三民主义"的"最高原则"来反对国共合作。他在上海设立了"季陶办事处"，一段时间内，专门从事反共的"著述"。6、7月间，他的《孙文主义之哲学基础》和《国民革命与中国国民党》两本小册子出版。这两本小册子以建立"纯正三民主义"为己任，阉割新三民主义精神，被人称为"戴季陶主义"。其基本要点是：（一）用"道统"论把三民主义解释为渊源于孔子的"中庸之道"和"仁爱"学说，是两千年来"中绝的中国道德文化的复活"②。（二）否认阶级斗争的客观存在，认为"共产主义不适合于中国国情"③。可以"诱发"地主、资本家的"仁爱的性能"，来解除被剥削者的痛苦。（三）以团体的"排拒与独占性"主张共产党员应退出国民党，说国共两党的革命联盟是"癌肿"，应当在适当时机加以割除。

戴季陶的这些论说，歪曲了孙中山的基本思想，是在当时革命形势高涨的情况下，资产阶级右翼在理论上的集中表现。戴季陶的两本书出版后，受到共产党员和国民党左派的严厉批判，也受到进步群众的谴责，广州、北京、武汉等地群众愤怒地把他的小册子烧掉，斥责他是"新右派"的头目。后来戴季陶承认，自己受到"很大的攻击"④。

1925年11月，国民党内的邹鲁、谢持、居正、张继、林森等人，公开反对联俄、联共、扶助农工三大政策，在北京西山召开会议，自称"国民党一届四中全会"，戴季陶同邵元冲、沈定一等也前往赴会。会议前夕，有人认为戴、沈曾与中共发生过关系，把他们绑架出去并痛殴一顿，威

---

　　①　周恩来：《关于一九二四至二六年党对国民党的关系》，《周恩来选集》上卷，人民出版社1980年版，第114页。

　　②　戴季陶：《三民主义之哲学的基础》，中国文化服务社北平分会1945年版。

　　③　戴季陶：《国民革命与中国国民党》，上海季陶办事处1925年版。

　　④　《国民革命与中国国民党·重刊序言》，时希圣编：《戴季陶言行录》，广益书局1929年版，第205—208页。

胁他们不准与会。戴返回上海,但仍然留下书面声明,表示在一定条件下可以同意会议的决议。

1926 年 1 月,国民党第二次全国代表大会在广州举行,给予西山会议派的重要分子以开除党籍处分。对于戴季陶因其"未曾与会"为理由,只在关于弹劾"决议"中,"促其反省,不可再误","禁止三年不得作文字"①,并仍选他为中央执委。会后,戴季陶来广州负责广东大学(后改名中山大学)的改组工作,10 月戴任中山大学委员长。在"改组"工作中,戴通过学生停课复试和教员停职另任的办法,排斥掉一些共产党员和进步师生。

北伐战争胜利推进到长江流域后,戴季陶离开广州到江西去,追随在蒋介石的左右。戴同张静江、黄郛等一起参与密谋策划,共同为蒋介石确定了一个"谋略纲要",其核心内容是:"必须离俄清党",放弃"联俄政策";在外交上首先谋求同日本、英国等的"谅解"等等。1927 年 2 月,戴受蒋介石的派遣赴日本活动,与日本外务省官员进行会谈,寻求日本对蒋的"谅解"、"合作",为蒋清党反共做准备。3 月底,戴从日本回到上海,"四一二"政变就很快发生了。蒋介石为首的南京国民政府成立不久,5 月,戴以个人名义发表了《告国民党的同志并告全国国民》一文,为蒋介石政权"建立纪纲"呼号②。接着国民党在南京设立了中央党务学校,蒋介石自任校长,戴任教务主任。6 月,戴季陶任广州中山大学校长。他多次向师生发表讲演,宣传他的一套理论思想,第二年汇集为《青年之路》出版。

1928 年 2 月,戴季陶重新当选为国民党中央执行委员会常务委员会委员兼宣传部长;10 月又被任命为国民政府委员和考试院院长。戴

---

① 《中国国民党第二次代表大会关于弹劾西山会议派决议案》,载《政治周报》第 6,7 期合刊,第 84 页。

② 戴季陶:《告国民党的同志并告全国国民》,上海《时事新报》1927 年 5 月 29 日。

任院长后,即着手制定考试法。1931年7月15日起,在南京举行全国第一届高等考试,戴任主考。其后,戴多次主持制定和修订考试法规,其中有"高等考试"、"普通考试"、"特种考试"。其目的是选拔效忠于国民党统治的人才。在独裁政治体制下,能够猎取到较高职位的人,许多是靠与当权者的私人关系,因此考试院实际上徒有其名。

1931年"九一八"事变,激起全国人民的抗日高潮。国民政府设立一个"特种外交委员会",以戴季陶为委员长,宋子文为副委员长,专议对日事宜。经过一个多月的研究,戴季陶提出了一个报告,建议"以抱定国际联盟为主要方针"力求对日妥协,立即成为国民政府的国策。11月,戴发起"修建仁王护国法会",提出"诵经护国"的主张。在生活上,戴常标榜"舍己为群"、"清廉寡欲",实际上始终得到蒋介石的特殊关照。他在南京汤山、上海觉园等多处住宅别墅都相当豪华。他自己信佛,同时主张用宗教手段,对内蒙、西藏王公喇嘛,上层宗教人士实行怀柔政策。

1932年4月,国民政府迁都洛阳期间,戴季陶奉命"视察西北"。他此行并没有对西北应兴应革提出积极可行的计划,而是沿途为蒋介石对日不抵抗政策进行辩解,说什么"外交顺利","东北失了不要紧"[①]。4月25日,戴在西安民乐园向两千多名学生发表讲演,其反共媚外谬论当场遭到爱国学生的斥责,所乘汽车被焚毁。

戴季陶身居高位,以"元老"身份,为国民党独裁统治效力,蒋介石在1934年提倡"新生活运动",戴以考试院院长的名义发表"尊孔读经","恢复固有文化"的谈话。但他不是粹然儒者,而是越来越像一个皈依佛门的僧侣。1935年11月,戴参与国民党五全大会宣言的起草工作,宣言中提出了"建设国家挽救国难"的一些方针政策[②],也反映了

---

① 中共陕西省委党校党史教研室编:《新民主主义革命时期陕西大事记述》,陕西人民出版社1980年版,第209—212页。

② 《中国国民党第五次全国代表大会宣言》(1935年11月23日),荣孟源、孙彩霞编:《中国国民党历次代表大会及中央全会资料》,光明日报出版社1985年版。

他已开始逐步向抗日方面转变的趋势。1936 年 12 月西安事变发生后，戴声色俱厉，力主对西安发动讨伐，声称应"以国家纲纪为重，以个人安危为轻"，引起宋美龄等的不快。

抗日战争爆发后，戴季陶随国民政府迁往武汉和重庆，1938 年 4 月，他曾代表国民政府赴甘孜等地，与宗教界的上层分子进行联络。1940 年 10 月至 12 月，又奉命到缅甸和印度访问，拜谒了不少著名的佛教圣地。1943 年 10 月他秉承蒋介石的旨意发起"制礼"问题的讨论，11 月由他写成了《礼制通议》。次年 3 月，把《礼制通议》和他的《读礼札记》汇印成为《学礼录》出版。

抗日战争结束时，戴季陶已体弱多病，但仍在 1947 年 6 月改组的国民政府中维持着考试院院长的名义。其后，他要求免去其院长职务。1948 年 6 月，他改任为"国史馆"馆长。

1948 年底，国民党统治已处于大崩溃的前夕。戴季陶应宋子文之邀，携眷飞往广州。国民党政府的覆灭已成定局，他对前途绝望，遂于 1949 年 2 月 11 日夜间吞服大量安眠药身亡。

戴　戡

马宣伟

戴戡，原名桂龄，字循若，号锡九。贵州省贵定县人，生于 1879 年（清光绪五年）。早年以县学附生留学日本，学手工业。在日期间与梁启超、蔡锷相识。1907 年 10 月梁启超在东京组织政闻社，戴戡便参加该社。1908 年戴毕业回国后，在河南法政学校任庶务，与该校监督（校长）陈国祥、教务长熊铁崖是贵州同乡，关系密切。辛亥革命前夕，熊铁崖去云南参加云贵总督李经羲的幕府，戴戡随同前往，被委为云南个旧锡矿公司经理。辛亥革命后，云南都督蔡锷派戴戡回贵州办理盐务。他回贵州后便与立宪派混在一起，准备先打入贵州革命政府，合谋篡夺革命政权。

1911 年 12 月，贵州宪政派、地方团练和封建官绅等势力，假借贵州枢密院名义致电蔡锷，声称贵州"公口横行"要求滇军乘北伐之机，"代定黔乱"。贵州立宪派还发觉仅发电报不足以表达对滇军的期望，又由刘显世、任可澄、郭重光等密谋，派戴戡回云南，假借贵州父老名义，效申包胥故事，连续向蔡锷作"秦廷哭"，详说贵州"公口林立，竟成匪国"。戴戡还与唐继尧"结约五条，请滇军代黔组织军政府另举都督；擒杀革命党首领张百麟等"。戴戡代表贵州三派保守势力，向云南的蔡锷、唐继尧活动取得成效。由唐继尧任司令率 3000 北伐军于 1912 年 1 月 27 日誓师入黔，戴戡为唐继尧军带路。滇军到达贵阳，由戴戡牵线让唐继尧与贵州宪政派、耆老会及刘显世等阴谋策划，于 3 月 3 日清晨向贵州革命政府发动进攻，使辛亥革命后建立起来的贵州军政府遂告覆灭。

按照戴戡等人与云南签订的密约,由贵州耆老会、宪政派及地方团体头目郭重光、任可澄、刘显世、戴戡等出面重组贵州军政府,推唐继尧为贵州都督。这就开创了民国以来一省以武装夺取另一省政权的恶劣先例。4月,唐继尧又转任命戴为贵州都督府参赞。1913年1月戴戡任贵州实业司司长,4月任黔中观察使,6月改任贵州民政长并加入进步党任理事,1914年5月任贵州巡按使。1915年袁世凯为控制贵州,推行帝制,任命其爪牙龙建章为贵州巡按使,调戴入京任参政院参政。戴戡受袁世凯排挤,便常与蔡锷商讨反袁。当袁世凯加紧推行帝制,筹安会出笼后,戴戡、蔡锷常去天津与梁启超秘商护国讨袁。1915年12月初决定蔡锷返回昆明发动护国运动,戴戡随蔡锷去昆明。12月18、19两日,袁世凯两次急电唐继尧,指出"蔡锷、戴戡结同乱党入滇谋乱,应请严密查访"。1915年12月21日,戴戡参加了蔡锷、唐继尧主持召开的军事会议,次日又参加了庄严隆重的宣誓仪式,歃血为盟。成立云南都督府,唐继尧任都督,委戴戡为左参赞。12月31日,戴戡参加唐继尧、蔡锷等九人发出的《声讨袁逆并宣布政见的通电》。云南通电护国讨袁,贵州护军使刘显世却不表示态度。1916年1月,戴戡奉蔡锷派遣,率部前往贵州策应独立,24日抵贵阳。他向刘显世进一步陈述全国反袁的形势和胜利的必然性。刘显世才于1月27日宣布贵州独立,改称都督,以戴戡任护国军右翼总司令,以黔军第一混成旅旅长熊其勋率部归戴戡统率,出松坎攻四川綦江,与北洋军曹锟部作战。5月8日,作为南方统一政府的军务院在广东肇庆建立,唐继尧任抚军长,岑春煊任抚军副长,戴戡、蔡锷等十一人任抚军。

1916年6月6日,袁世凯病死,7日黎元洪继任中华民国总统,至此,护国战争事实上就结束了。蔡锷被任命为四川督军兼省长。不久蔡锷因喉疾严重辞职,向北京政府保荐护国军总参谋长罗佩金代理川督。戴戡代理四川省长兼会办四川军务。而实力最强的川军第二师师长刘存厚只得了一个军长的头衔。罗佩金以暂代督军的身份,独揽全川军政大权,不欢迎戴戡从重庆来省会成都就省长职。

川军第二师师长刘存厚,自认在护国战争中立有大功,又是川人,理应出任督军或省长,可是两个职务都被罗、戴夺走,心中不满。而戴戡知罗佩金反对他来成都就任省长,他既不敢贸然动身来成都,但又不愿坐失良机,遂于11月14日电成都各县,提出安民、财政、金融的施政纲领作试探。罗佩金在11月14、16两日令督署、省署文武官员改着便服,参加公民大会反对戴戡。远在北京的梁启超为戴戡顺利接任四川省长,派川籍进步党人黄大暹来重庆联络川中各界人士,襄助戴戡。经黄大暹向嘉陵道尹张澜、刘存厚及罗佩金疏通后,戴戡才于1917年1月14日率黔军第一混成旅及省署卫队两营抵达成都履任。15日他主动拜会罗佩金,16日才正式视事。戴戡到成都就本兼各职迫罗佩金交出政权,实行军民分治,双方矛盾尖锐。戴戡借罗佩金大肆裁军伤害川军利益,从中挑拨川滇军的关系,暗中与拥有实力的川军第二师师长刘存厚密商倒罗,并许事成之后保刘出任会办军务之职。

1917年3月27日,罗佩金下令裁减川军第四师,使川、滇军矛盾尖锐化。4月18日,罗佩金与刘存厚在成都爆发巷战。19日下午,刘军将大炮推至三桥架设,向皇城督军署轰击。驻成都的日、英、法领事请戴戡一同出面调停。戴戡唯恐罗、刘不能打得两败俱伤,另找借口不参加调停。20日,梁启超在北京策动17名川籍议员向大总统黎元洪提出:立即免罗佩金、刘存厚职,任命戴戡兼代四川督军。取得黎元洪照准。刘存厚与戴戡原约定,共同攻打罗佩金,但战事爆发后,戴戡坐视不理,尽收渔人之利,刘存厚自然痛恨戴戡。刘存厚为泄私愤,21日凌晨刘军再攻罗佩金。戴戡答应支援罗佩金再战,结果罗军战败,罗佩金含泪将督军印信移交戴戡,离开成都。

进步党首领梁启超、汤化龙见戴戡身兼四川督军、省长、会办军务,为进步党夺得四川地盘,对戴戡大加赞扬。张澜见戴戡身兼三职恐引起不良后果。劝戴戡实践诺言,让出会办军务一职给刘存厚,以平其愤。戴戡拒绝了张澜的建议。5月1日,戴戡就任督军后,刘存厚便提出补发40万欠饷。戴戡不理,反下令刘存厚撤退驻城内的部队。刘存厚抗拒不办,双方形成僵局。戴戡又与罗佩金密商:滇黔联合解决刘存厚部。7月5日晚,戴戡与刘存厚两军战争在成都爆发。刘军将戴戡及黔军围在皇城内,戴戡急电罗佩金驰援。罗佩金派出的滇军在途中遭川军阻击。刘军开始炮轰皇城,戴戡困居皇城内,眼看弹尽粮绝,援军又无踪影。16日,戴戡派邹宪章为代表要求省参议会出面调停,条件为:黔军定于7月17日午前4时开始撤退,至同日午前撤退完毕。黔军在刘军中留下人质,使两军做到黔军沿途不劫掠,川军不追击。

刘戴战争期间,川黔两军共焚烧民房三千余家,死伤居民达六千余人,数以万计的民众流离失所。

戴戡暗自计划退出成都,再联合滇军卷土重来。17日,戴戡及旅长熊其勋化装夹杂在黔军士兵中出了成都。黔军一出城,刘存厚即将黔军人质放回,以解除戴戡对刘军追击的顾虑,哪知川军士兵化装成老百姓为黔军当向导,引黔军走迂回往复的小路,到晚才走出30华里。途中黔军士兵不断逃散。18日,戴戡准备经籍田铺到仁寿县与滇军会合,黔军刚出发就被埋伏在那里的川军吴庆熙部队包围。黔军在突围时被川军击溃,戴戡和川西道尹周铭久走到仁寿秦皇寺,躲进了一户农民家里。川军跟踪追来,戴戡知不能逃脱,便拔枪自戕而亡。同年7月24日,北京政府任命周道刚暂代四川督军,8月8日又电令刘存厚、罗佩金遵照前发查办令,进京听候发落,所部军队悉由周道刚统驭,四川又重新落入北洋军阀控制之中。后经梁启超多次与国务总理段祺瑞吵闹,北京政府才追赠戴戡为陆军上将,给银一万两治丧。

主要参考资料

肖波、马宣伟著:《四川军阀混战》,四川省社会科学院出版社1984年版。

谢本书、冯祖贻主编：《西南军阀史》（一至三卷），贵州人民出版社1991、1996年版。

谢本书等著：《护国运动史》，贵州人民出版社1984年版。

肖先治等主编：《辛亥革命在贵州》，贵州人民出版社1992年版。

戴　笠

江绍贞

戴笠,字雨农,原名春风、徵兰,浙江江山人。1897 年 5 月 28 日 (清光绪二十三年四月二十七日)生,四岁丧父,靠母亲蓝月喜以祖遗田产为生。1903 年,戴笠入塾,四年后入仙霞国民初级小学。他天资聪颖,只是生性贪玩,又爱惹是生非,虽受到母亲的严加管教,总是习性难改。1910 年往江山县城文溪高等小学就读,毕业后,报考浙江省立第一中学,在作文试题《试各言其志》中,抒发自己的抱负,在文章结尾写下"希圣希贤希豪杰而已",但他并不知道怎样才算圣贤豪杰,入学不到一年,就因捉弄管理寄宿生的舍监被开除学籍。回家后与一些意气相投的人混迹于花会赌博、设坛开乩、求神问卜的场所。其间曾于 1917 年入浙军第一师模范营当了几个月学兵,1920 年往沪杭一带找发迹的捷径,未得机遇而返。1924 年江浙战争时,在乡组团练充当团总。

1926 年,戴笠改用是名入黄埔军校第六期,集体加入国民党,并与蒋介石派回军校活动的胡靖安、陈超等人秘密交往,监视共产党员、共青团员及国民党左派的言行。1927 年 4 月军校"清党"时表现特别积极,受到政治部主任邓文仪、入伍生政治部主任胡靖安等人的赏识。旋被选入骑兵营第一连,并当选为营党部执行委员,开往苏州受训。是年 8 月,蒋介石下野,戴笠被推选为骑兵营代表之一往奉化溪口向蒋介石表示慰问和拥戴。他以一番忠贞的言词给蒋留下了较深的印象。

由于蒋介石下野,骑兵营教学停顿,戴笠往上海加入由胡靖安领导的联络组为蒋介石收集情报。他和青帮头目、时任上海警备司令的杨虎搭上关系,由杨引荐又结识了海上闻人杜月笙,进而与杜、杨"在杭州西湖之滨杜庄,结为异姓兄弟"①。因而他获得的情报最多。同年11月,军校令骑兵营学员返校继续完成学业时,他认定为蒋做情报工作是个人发迹的最好途径,便留了下来。1928年1月蒋介石重新上台后,戴接替胡靖安主持情报工作,被任命为总司令部联络参谋,直接受蒋介石的调遣,在二次"北伐"及以后的新军阀混战中,他常出入前线,搜集军事情报。

"九一八"事变后,戴笠与一些黄埔少壮军官在蒋介石指使下,组建秘密组织三民主义力行社,当选为候补干事,并由蒋介石亲自指定他担任特务处处长(即中华民族复兴社特务处长)。1934年7月,接替邓文仪兼任南昌行营秘书处调查课上校课长,随后他将调查课归并于特务处,在全国二十多个城市建立区、站、组各级特务组织,并渗入到军宪警及铁路等各个部门。又先后在南京开办特务警员训练班,在杭州浙江警校内开设特训班,培养出一批具有暗杀绑架和电讯技能的特工。1935年担任军事委员会调查统计局第二处处长。

戴笠贯彻执行蒋介石"攘外必先安内"的政策,除在1933年5月指挥平津组织在北平六国饭店击毙汉奸张敬尧外,把破坏中共组织,监视、逮捕、屠杀中共党员及爱国民主人士作为基本任务。1933年6月由他亲自指挥将中国民权保障同盟总干事杨杏佛杀害。次年11月,又将著名报学家、爱国人士史量才杀害于沪杭公路上。他布置平津特务组织对著名爱国抗日将领、中共秘密党员吉鸿昌进行暗杀未遂,便交由北平军分会将其杀害。1935年11月1日,晨光通讯社爱国志士孙凤鸣在南京中央党部刺杀蒋介石未成,将汪精卫击伤,孙当场死难。案发后戴笠立即调动大批特工搜捕晨光通讯社所有成员,并连及不少无辜,由他亲自严刑审讯。他误认为此案主谋是王亚樵,派员往香港将与王有过交往以及与王素不相识的人加以逮捕、引渡,并派特工追踪王亚

---

① 万墨林:《沪上往事》,台北《中外杂志》第11卷第2期。

樵,到广西梧州将其暗杀。

由于蒋介石实行"攘外必先安内"的政策,国民党地方当局接连发生反蒋事件。1933 年 11 月,福建当局和十九路军领导人蒋光鼐、蔡廷锴等成立福建人民政府,宣言抗日反蒋。戴笠亲自赶往厦门、漳州等地,配合蒋介石的军事进攻对十九路军将领进行分化收买,致使一些将领倒戈,促使福建人民政府失败。1936 年陈济棠、李宗仁等发动两广"六一事变",戴笠对广东空军将领及飞行员多方收买,使实力雄厚的广东空军投蒋。

同年底,张学良、杨虎城发动西安事变,蒋介石被扣,戴笠肩负情报和保卫的双重责任,受到一些黄埔军人的追究,他自知难辞其咎,为"实践君辱臣死之义",随同宋美龄、端纳等前往西安,即被张学良软禁。他自忖凶多吉少,写下一纸"遗书":"自昨日下午到此,即被监视。默察情况,离死不远。来此殉难,固志所愿也,惟未见领袖,死不甘心。"[①]由此更加受到蒋介石的器重。护送蒋回南京的张学良被拘押后,一直由他负责监管。1937 年 12 月,戴又将从海外回国参加抗日的杨虎城及其夫人谢葆真等诱捕监禁。

淞沪抗战爆发后,戴笠赶到上海,与杜月笙等帮会势力建立苏浙行动委员会,并组建一支上万人的别动队武装。11 月初别动队掩护淞沪守军撤退,除遭受较大伤亡外,一部分退入租界被解除了武装,戴将不足两千人的残部撤退到安徽祁门、浙江遂安,整编为教导总团部,戴亲自兼任总团长,后经收编散兵游勇,人数又达万人,于 1938 年 5 月改名为忠义救国军。设总指挥部于汉口,戴自任总指挥。

1938 年蒋介石迫于党内外强烈要求取消秘密小团体的呼声,将力行社及其外围组织复兴社一并解散,戴笠担任改组后的军事委员会调查统计局(军统)副局长,负实际责任。军统局成立前后,戴在湖南临澧

---

① 费云文:《戴笠的几个战场》,朱传誉主编:《戴笠传记资料》(八),台北天一出版社 1981 年版。

开办中央警官学校特种警察人员训练班,招收失学失业流亡青年千余人施以特工训练(后迁贵州黔阳、息烽)。在武汉、浙江等地开设译电、电讯训练班。

武汉失守后,军统局由长沙迁往重庆,又陆续开设兰州特警训练班、重庆谍报参谋训练班、外事训练班等等,特务队伍迅速扩大,除大力扩充各级特务机构外,陆续在东南亚各国建立海外组织。至1942年,基本特工达四五万人。1940年春,戴笠派军统人员协助各战区编组和训练便衣混城队六千七百余人。1942年戴呈准蒋介石将混城队划归军统,改编为别动军。

戴笠凭借庞大的军统组织和蒋介石的宠信,不断把权势伸向各个部门。1941年夏,先后当上运输统制局监察处处长和财政部缉私署署长。1943年又兼任水陆交通统一检查处处长及财政部货运管理局局长,主管邮电航空检查的军委会特检处,也由他派军统骨干刘璠任处长。还掌握了交通警备司令部九个团的交警和数万人的缉私武装。

为了使军统能忠实地为蒋介石效力,戴笠以“秉承领袖意旨,体会领袖苦心”作为军统局的指导方针。他要求所有人员“贯彻领袖主张,达成领袖意图”必须始终如一,至死不变。他对军统人员的思想行动实行严格的监督,建立了各种名目的督察监督网,以他制定和宣布的各种规定、禁令,作为军统内一套不成文的“家法”,惩罚标准全凭他个人的意旨。“家法”的残忍,致使不少人走上自杀的道路。军统局帮办唐纵深有感触地说:“雨农的作风,对上绝对服从,不计利害以达成任务,使上信任。对下绝对控制,不顾舆情,以残酷手段使下知其惧。这是他事功成就的两大法宝。”[1]

太平洋战争爆发后,美海军部发现军统在珍珠港事变前夕侦译出日本空军发动这次偷袭动向的情报准确无误,于1942年5月派海军中

---

[1]　公安部档案馆编注:《在蒋介石身边八年:侍从室高级幕僚唐纵日记》,群众出版社1991年版。

校梅乐斯(Milton Edward Miles)来华寻求建立基地。戴笠陪同梅乐斯往东南沿海地区考察,除提供这些地区的地理水域、敌情等方面的资料外,要求美方给予帮助。经梅乐斯向美国海军部极力主张,双方建立起电讯侦译、气象测量、水雷爆破等方面的合作关系。1943 年 4 月,正式签订中美特种技术合作协定,建立中美特种技术合作所,由戴笠任主任、梅乐斯任副主任,合作范围扩大到由美方帮助训练军统武装,并提供武器弹药装备,供给交通工具和医疗设备。1943 年 6 月起,先后开办了十多个中美特种技术合作训练班,一律由戴笠任主任,由美方特工任教官、总教官,分期分批训练忠义救国军、别动军和专门与中共抗日武装制造摩擦的国民党杂牌军。1944 年秋,戴又与美国战略情报局局长杜诺万(William J. Donovan)签订补充协定,确定由美联邦调查局派员帮助训练高级特务,在重庆开办了特警训练班,并由美方配备诸如测谎侦察器、强光审讯器等各种现代化刑具。

自抗战以来,蒋介石一直想利用国共合作来消灭共产党。戴笠秉承蒋的旨意,除布置军统西北区对在西安进行抗日民族统一战线工作的十八集团军高级参议、中共党员宣侠父秘密杀害外,围绕陕甘宁边区建立起严密的特务组织网,接连派遣特务打入延安。在重庆,戴笠更是亲自布置对中共南方局、八路军办事处、新华日报社等单位设置侦察哨,广布密探对中共人员盯梢,并运用各种渠道窃取中共方面的情报。1940 年 2 月,他发现军统电讯处长张蔚林、冯传庆等六人秘密加入了中国共产党,立即将张、冯等六人及中共南方局担任联络的张露萍一并逮捕,亲自严刑审讯,企图一举破获重庆地区所有中共地下组织,未能达到目的,便将张等囚禁在息烽集中营,于抗战胜利前夕将他们杀害。1940 年 3 月,借成都饥民发生抢米事件将中共川康特委书记、八路军驻成都代表罗世文、川康特委军委委员车耀先、新华日报社成都分社负责人洪希宗等十多人逮捕,戴笠亲自赶至成都审讯,妄图将抢米事件嫁祸于共产党的目的未能达到,便令特务将洪希宗等多人活埋,将罗世文、车耀先押往重庆监禁在"白公馆"看守所,于 1945 年 8 月 18 日将其枪杀。在江南一带则令忠义救国军袭击新四军抗日武装,并配合国民党军发动皖南事变。

在举国抗战的形势下,戴笠也曾指挥军统进行过一些锄奸、情报及敌后游击等活动。1938年3月,戴笠密令天津站长陈恭澍对伪华北政权首要王克敏相机刺杀(未遂)。同年12月,汪精卫叛逃越南河内,戴组织行动组,往河内对汪精卫追踪监视和暗杀,以错杀曾仲鸣而收场。1940年相继在上海刺杀了为日伪效力的帮会头子张啸林、伪上海市长傅筱庵等。1938年9月,他令上海区将与日方有过接触、并未投敌的唐绍仪砍死,在国民党内引起强烈反响。1940年戴令上海区“对即将出现的伪中央储备银行予以破坏性打击”,先后暗杀了几个中级职员,并在伪储备银行内设置爆炸物,引起敌伪血腥屠杀我方中国农民银行、中国银行驻上海的职员,酿成骇人听闻的“银行血案”。

与此同时,戴笠也指挥军统直接对日军采取过一些行动。1940年戴笠批准上海军统组织拟定的刺杀日本军人的方案,至太平洋战争爆发前,先后行动五十余次,毙伤日军六十余人,大多是一般士兵。同时对敌方的交通桥梁、物资仓库以及各种军事设施也进行过一些破坏。据国民政府军事委员会披露,此种行为达2101次[1]。军统与敌伪的斗争虽影响有限,但还是属于抗日民族战争的范畴。

戴笠执行蒋介石的曲线救国路线,担当了与敌伪勾结的重要角色。1939年底至1940年9月,他指挥军统香港区长王新衡冒名宋子良与日方主管“桐”工作的今井武夫等人在港澳进行多次密谈,达成中日停战,共同防共的初步协议,只是因为形势的变化,未能付诸实现。1940年3月他派唐生明往京沪与敌伪头目挂钩。唐的真实身份暴露后,充当起日方与重庆政府间沟通关系的桥梁。此后,戴又陆续派军统人员与汪伪政权核心人物周佛海、伪陆军部长鲍文樾、伪海军部长任援道、伪社会部长丁默邨、伪特工总部头目李士群等人联络,虽说是“策反”,

---

① 《中央日报》1946年4月3日。

但也是企图共同对付中国共产党及其抗日武装。1945年初,派员往河南、江苏等地勾结伪军,得到孙殿英、张岚峰等伪军头目"惟蒋委员长和戴先生之命是从,绝对不同共产党妥协"①的许诺。

1945年7月,戴笠为策应美海军陆战队在东南沿海登陆及抢夺胜利果实,偕同梅乐斯、杜月笙等赶往浙江淳安指挥。正当他们加紧筹划时,日本发出乞降照会,戴即令各地军统武装分别抢占上海、南京、杭州、漳州、厦门、武汉、长沙、徐州等城市及京沪、沪杭、粤汉等铁路干线。同时对所勾结的伪军,分别给予国民党军的名义。还派员往南京勾结侵华日军总司令冈村宁次,要冈村"将京沪杭地区保持得完完整整,移交中央军接收",保证冈村的战犯问题"由我戴某人完全负责,我政府必将优予厚遇"②。9月上旬,戴笠由淳安到沪,成立军统及中美合作所上海办事处。他一面指挥军统抢先劫收敌伪产业,一面向蒋介石要求取得了肃奸大权。

抗战胜利后,戴笠面对全国各方强烈要求取消特务组织的形势,采取以退为进的策略,除将忠义救国军、别动军改编成18个交警总队外,与李士珍、宣铁吾等人争夺全国警察权。1946年3月上旬,戴在北平盛情款待美国太平洋第七舰队司令柯克上将,要求美国扶持他在战后中国海军中取得权位。此时他得到蒋介石召他返渝的电报,于3月15日乘专机离平,17日上午从青岛飞往上海途中,因气候恶劣,在江宁板桥镇附近岱山坠机殒命。国民党政府"着追赠陆军中将"③。

①　乔家才:《抗日情报战》(七),《戴笠传记资料》(二)。
②　乔家才:《胜利前后的奇事奇闻》,台北《中外杂志》第28卷第4期。
③　《国民政府公报》第2543号。

邓　宝　珊

王　劲

　　邓宝珊，名瑜，甘肃天水人，生于1894年11月10日（清光绪二十年十月十三日）。父亲邓尚贤原是一名穷书生，后改习商。邓宝珊童年读了几年私塾，十三岁时父母先后去世，生活贫困，即辍学到兰州谋生，在一家制造水烟的烟房当学徒约一年半。时值湖北新军标统杨缵绪部调驻新疆伊犁，途经兰州招募新兵，邓报名应募入伍，旋被提升为司书。他业余拜师，发奋读书，打下了自学的基础。后来戎马之间不废读书，被人称为"儒将"。

　　1910年，邓宝珊经新军协统部书记官金伯韬（邓的同乡）介绍，与伊犁同盟会负责人冯特民相识，于7月参加了同盟会。1911年10月武昌起义后，各省纷纷响应。在新疆，11月28日发生了迪化（今乌鲁木齐）起义，因准备仓促旋遭失败。1912年1月7日，伊犁革命党人发动新军起义，推冯特民、李辅黄等为指挥。时已升任署协统的杨缵绪这时也参加起义。邓宝珊当时在李辅黄率领下，参加了攻占清政府伊犁将军署和副都统署所在地惠远城的战斗。起义部队很快控制了整个伊犁地区的局面，1月10日正式组成新伊大都督府，宣布"五族共和"。2月初，邓又随杨缵绪所率部队开往伊犁以东，在精河、沙泉子一带与清军激战，战斗中指挥不幸阵亡，邓宝珊挺身而出代理指挥，坚守住了阵地。接着他又率队绕道包抄敌左翼后路，终将敌军一举击溃。此役结束，邓因作战英勇和献策奏功受到嘉奖，被送到将弁学堂学习。

　　新疆光复后，原清政府镇迪道兼提法使杨增新在袁世凯支持下控制了新疆军政大权。1913年,杨增新为了巩固自己的统治,大肆捕杀革命党人,邓宝珊亦在被通缉之列。邓潜往宁远的俄国领事馆,取得护照,假道西伯利亚,绕经东北、京津等地返回甘肃故里。

1914年邓宝珊前往陕西,与同盟会会员刘蔼如等人相聚于华山,组成"共学团",结识了孙岳、何遂、续西峰、李岐山、续范亭、井勿幕、刘守中、胡景翼等人。他们以"讲学"为名,共同策划驱逐陕西将军陆建章、讨伐袁世凯的行动,时人称之为"华山聚义"。袁世凯称帝后,"华山聚义"的成员组织了护国队伍,一度进攻山西,遭到失败。1916年5月陕南镇守使陈树藩宣布独立,取代陆建章就任陕西督军,邓宝珊在陈部胡景翼团为连长。6月袁世凯死后,黎元洪继任大总统,段祺瑞为总理,掌握大权,陈树藩投靠段祺瑞,陕西进步力量又发动"反段倒陈"运动。1917年孙中山发起护法运动后,陕西民党起而响应。9月,于右任受孙中山之命建立靖国军,与陈树藩相对抗。靖国军分为六路,邓宝珊隶属胡景翼第四路之下。

1921年11月,胡景翼部接受北京政府的改编,为陕西陆军暂编第一师,邓宝珊任该师岳维峻旅第二团团长。邓对胡接受改编是不赞成的,1922年3、4月间,他曾派人向孙中山反映陕西靖国军情况。孙中山致函邓宝珊,批评胡的行动是"受奸人蒙蔽",希望邓"坚持初志,百折不挠",为在中国建立真正的民主共和制度而奋斗①。

同年4月直奉之战爆发,胡景翼奉命出潼关攻打与奉系有联系的河南军阀赵倜。6月,邓宝珊以前敌总指挥名义指挥李纪才、弓富魁两个团大破赵倜军。1924年9月,第二次直奉战争起,冯玉祥、胡景翼、孙岳密谋共讨曹锟、吴佩孚,邓宝珊为胡景翼联络冯玉祥、孙岳。10月,冯玉祥发动北京政变,囚禁曹锟,成立"国民军",接着电邀孙中山北上主持国是;与此同时,经李大钊介绍,并依据孙中山联俄、联共政策,

---

① 原信影印件见中国人民政治协商会议陕西省委员会文史资料征集研究委员会编:《陕西文史资料选辑》第2辑插页,1962年版。

冯要求苏联顾问团与共产党人帮助训练国民军。邓宝珊对此皆极表赞成。这时他任国民军二军七师师长。

1925 年初,胡景翼到河南任督办,任命邓宝珊为右翼总指挥,率李虎臣、蒋世杰两师在河南击溃陕西督军刘镇华之憨玉琨部。此后,邓在驻地陕县开办军官传习所,以共产党员胡重差为所长,共产党员葛霁云到部担任秘书长,另外聘用了三位苏联顾问。不久,奉系与国民军之间发生矛盾。8 月,邓宝珊部北上与奉军作战,占保定,经沧州,直抵天津附近。12 月初,邓参加国民军二、三军会战天津之役,任总指挥。邓于12 月 13 日在马厂附近领衔发表通电,主张"召集真正代表民众之国民会议,由国民会议组织国民政府,对内谋全国之统一,对外谋国际之平等"①。邓率国民军二军七师及史可轩的二师二旅,并高桂滋一个团,会同国民军三军一部,攻占了马厂,迫使奉系李景林放弃天津,由海路逃往山东。在激战中,邓亦负伤。战后,孙岳被任命为直隶军务督办,邓为帮办。

1926 年春,直奉军阀联合进攻国民军,国民军次第放弃开封、郑州、天津、北京等地,退往西北。由岳维峻统率的国民二军②,在河南被吴佩孚军战败,溃退陕西。邓宝珊间道返回陕西,在三原收集、整顿了二军余部。9 月,冯玉祥在五原誓师,宣布响应广东北伐军。邓宝珊与国民军其他将领通电拥冯,并表示与国民党结合为一。国民军采纳了李大钊来函建议的"进军西北,解西安围,出兵潼关,策应北伐"的主张③,挥师入陕。冯玉祥任命孙良诚为国民军联军援陕总指挥,邓宝珊为副总指挥。邓在乾县开办军官教导队,聘请邓小平等共产党人为政治教官,对学员进行革命教育。10 月下旬,援陕部队将领在乾县召开军事会议,邓建议以迂回战术切断刘镇华军退路。结果刘军在内外夹

---

①　通电全文见《国民军革命史》第 88 页。
②　胡景翼 1925 年 4 月病逝于开封,国民二军由岳维峻继任军长。
③　见《创业三秦》,《陕西日报》1981 年 6 月 15 日。

击下溃败,被围八个月的西安于 11 月 27 日解围。

1927 年 1 月,"国民联军驻陕总司令部"在西安成立。这是一个国共合作性质的战时临时军事政府,于右任任总司令,邓宝珊任副总司令。"驻陕总部"创办了两所干部学校,即中山军事学校和中山学院,均以共产党人为学校领导。邓宝珊对当时在陕西工作的共产党人始终予以积极合作和支持,与国民联军总政治部主任刘伯坚等建立了深厚的友谊①。

蒋介石发动"四一二"政变后,冯玉祥所部由武汉国民政府改编为国民革命军第二集团军,出师潼关策应武汉方面继续北伐。邓宝珊时为第二集团军第五军军长,属岳维峻指挥的南路军。第二集团军经商洛、荆紫关,于 5 月底到达河南。6 月 21 日,冯玉祥与蒋介石在徐州会谈后联合发表通电反共,岳维峻率南路军也投靠了蒋介石。邓宝珊无意投蒋,率部撤至驻马店。后迫于形势,不得不离开部队往上海暂住,并于此时由杨明轩引见结识了周恩来。邓宝珊同许多共产党人保持了友谊,对遭受迫害的共产党员与进步人士热心予以掩护和帮助。

1930 年蒋、冯、阎"中原大战"爆发。4 月,邓宝珊应冯玉祥之邀回河南,被派往许昌协助樊钟秀的第八方面军对蒋作战。樊于作战中被蒋军飞机炸死,邓接任总司令。10 月,冯、阎讨蒋失败,第八方面军师长焦文典投蒋,挟持邓宝珊由许昌南行,准备押解给蒋介石。邓于途中寻机脱身,11 月抵上海住法租界,声言隐退,秘密从事反蒋活动。国民党特务曾勾结租界巡捕房将邓逮捕,拟引渡解往南京,后经友人保释出狱。

"九一八"事变后,民族危机日益严重,邓宝珊于 1932 年 3 月出任西安绥靖公署驻甘行署主任。当时甘肃地方武装林立,各据一方,就地征敛;加之数年间兵连祸结,灾害频繁,民生凋敝。邓与甘肃省主席邵力子协力整顿省政,不扩一兵,专务安民,任续范亭为参谋长,王新令为

---

① 　见刘伯坚:《家书》,原件存中国革命博物馆。

秘书长,悉力整编省内武装,协调与邻省关系,争取和平环境,以利百姓养息。1933 年 4 月邵力子调任陕西省主席,邓宝珊代理甘肃省主席一年多,继续稳定各派力量,安抚流亡。1934 年,驻甘行署撤销,邓改任陆军新编第一军军长。1935 年 8 月 1 日,中共中央发表《为抗日救国告全体同胞书》,号召建立抗日民族统一战线,停止内战,一致抗日。邓宝珊由衷拥护,奔走晋冀鲁三省,会晤阎锡山、宋哲元、韩复榘等人,恳劝他们同仇敌忾,抗击日本侵略者;又到西安与杨虎城、张学良进行了晤谈。红军长征经过甘肃境域时,邓对蒋介石堵截红军的命令消极敷衍,新一军所部始终未与红军接火。

1937 年抗战军兴,邓宝珊驰赴前线,始任第二十一军团军团长兼新一军军长,旋改任晋陕绥边区总司令,驻陕西榆林,直至抗战胜利。整个抗战时期,邓与延安往还频繁。在蒋介石发动的历次反共高潮中,邓均表示沉默。其间他还数次到延安,与毛泽东、朱德、贺龙等晤谈。1943 年 3 月,蒋介石发动第三次反共高潮。6 月,邓宝珊奉蒋电召去重庆。经过延安时,毛泽东与邓晤谈,表明中国共产党争取民主团结,把抗战进行到底的决心,希望邓给予合作。7 月,邓经过西安时遇周恩来,又进行了晤谈。邓到重庆,看到国民党内反共声浪甚嚣尘上,深感忧虑,在最后一次见蒋时直率进言:"我愿把领袖拥护成华盛顿,不愿把领袖拥护成拿破仑。"①邓返回榆林再经过延安时,毛泽东等对他此行争取国内和平民主的努力,至为赞扬。1944 年 12 月 22 日,毛泽东在致邓信中又说:"去年时局转换,先生尽了大力,我们不会忘记。八年抗战,先生支撑北线,保护边区,为德之大,更不敢忘。"②

1946 年 2 月,邓宝珊参加了国民党六届二中全会后,即住在三原家中,表示不愿再去榆林,以避免卷入内战漩涡。后在胡宗南再三催促

①　石佩久:《邓宝珊在榆林》,甘肃省政协文史资料存稿。

②　中共中央文献研究室编:《毛泽东书信选集》,人民出版社 1983 年版,第 250 页。

下返回。邓到榆林后,相继发生一系列事件:所部曹又参旅在三边起义,陕北保安副总指挥官胡景铎在横山起义,二十二军李含芳团在高家堡被解放军歼灭。鉴于榆林的战略地位,胡宗南调整编二十八旅徐保部两个团于 1947 年 4 月空运榆林;同时在榆林军队中安插了众多的特务,对邓进行监视和控制。同年夏,刘绍庭携朱德及续范亭的信至榆林见邓①,要邓当机立断举行起义。邓复信表示:"只要有机会,决当为人民革命事业尽一番力。"②

1948 年 8 月,时已任"华北剿匪总司令"的傅作义邀邓宝珊以"副总司令"的名义驻包头,舒彼后顾之忧。北平和平解放谈判中,为了及早达成协议,傅作义于 12 月下旬派董其武到绥远陕坝接邓到北平主持会谈。1949 年 1 月 13 日,邓代表傅作义至人民解放军平津前线指挥部谈判。经过五天的协商,终于达成了和平解放北平的协议,邓全权代表傅作义在协议上签了字。当时北平的一家报纸称邓为"北平和平解放的一把钥匙"。

中华人民共和国成立后,邓宝珊历任甘肃省人民政府主席、省长,全国政协第一届委员,第三、四届常委,第一、二、三届全国人大代表,国防委员会委员等职。1956 年当选为民革中央副主席。

1968 年 11 月 27 日,邓宝珊因病在北京逝世。

---

①　爱国民主人士刘绍庭,曾任井岳秀的参议,抗战时为邓宝珊派驻绥德的办事处主任,同时被选为陕甘宁边区参议会参议员。刘经常往返于延安、榆林之间,传达信件和意见。

②　甄载明:《榆林两次战役及和平解放经过》,中国人民政治协商会议甘肃省委员会文史资料研究委员会编:《甘肃文史资料选辑》第 6 辑,甘肃人民出版社 1979 年版,第 120 页。

邓 初 民

江绍贞

邓初民,原名经喜,字昌权,1889 年 10 月 20 日(清光绪十五年九月二十六日)出生于湖北石首县。祖父为佃农,父亲教村塾兼行中医。

邓初民五岁时就在他父亲的私塾里受启蒙教育。他对古代历史故事很感兴趣,仰慕大禹治水三过家门而不入的献身精神,投考石首县高等小学时,便改名希禹。辛亥革命前他入荆南中学读书,耳闻目睹穷苦农民的悲惨遭遇,产生了救国救民的爱国主义思想,并和同学们一起宣传同盟会的纲领。

1911 年武昌起义后,邓初民"曾得到一时的振奋,认为国家可望从此好起来"①,便离乡到武汉,考入由宋教仁任校长的江汉大学。他接触到社会发展史的书籍,"很希望做一个无阶级无剥削社会的人"②,便又改名初民。

1913 年 3 月宋教仁被袁世凯派人刺杀于上海,江汉大学停办,邓初民于 5 月东渡日本,考入东京法政大学,攻读法律。同时往帝国大学听河上肇讲授《资本论》,并阅读《共产党宣言》等书籍,开始接触到马克思主义学说。1915 年,中国留日学生在东京成立了中国留日学生总会,开展反袁斗争。邓初民担任总会评议会会长,兼任会刊《民彝》的

---

① 邓初民:《九十述感》,中国人民政治协商会议湖北省委员会文史资料研究委员会编《湖北文史资料》第 3 辑,1981 年版。
② 邓初民:《沧桑九十年》,《战地》1980 年第 4 期。

编辑。

1917 年,邓初民由日本毕业回国到武汉,目睹军阀混战,民不聊生,自己连工作也找不到,在苦闷彷徨中回到石首老家。1919 年 6 月,应友人的邀请去太原法政专门学校教书。到太原后,教职因故未成,他在进退维谷之中写了一篇《旅晋一星期有感》的短文,发表在《山西日报》上。山西督军阎锡山看上了他的文采,留他在督军署担任秘书为其草拟《山西政治纲要》等文告。1922 年,邓到进山中学任教。此时,五四运动后的新文化运动已进入新的阶段,他阅读了《新青年》、《向导》、《中国青年》等刊物,思想大为开阔,与几位老师合办工人夜校,并与张友渔等创办《新觉路》杂志,在创刊号上发表《怎样改造中国》一文,从社会发展史的角度论述中国走社会主义道路的必然性。

1924 年第一次国共合作建立后,邓初民离晋到汉,受聘湖北省立法科大学教务长,由国民党湖北省党部的负责人董必武介绍加入国民党。1925 年,邓当选为省党部执行委员会常委,以后又兼任湖北省党部青年部长及宣传部长,在宣传新三民主义等方面做了许多工作。

1926 年 10 月,北伐军攻克武昌,邓初民担任湖北省临时政务委员会(后改为省政府)委员,先后在湖北党务训练班、文官养成所以及中央农民运动讲习所任课,还参加当地的民众运动。他还与孔文轩等为湖北省临时政务委员会拟订了《惩治土豪劣绅暂行条例》和《审判土豪劣绅暂行条例》,并担任审判委员会审判长,亲审处了一些土豪劣绅。

北伐军攻克南昌不久,邓初民率湖北各界慰问江西军民代表团前往南昌,在蒋介石主持的招待会上呼吁团结对敌,把反帝反封建的民主革命进行到底。蒋介石发动"四一二"政变后,汪精卫也于 7 月在武汉实行"分共"。邓初民的省府委员职务被解除,他在武汉难以立足,于年底到上海。

邓初民到上海不久,便和李达、许德珩、黄松龄等取得联系。随后,他参加章伯钧等建立的中华革命党,被选进中央领导机构(1929 年退出)。1928 年和李达等创办《双十》月刊。1930 年与李一氓等发起成立中国社会科学家联盟,并担任主席。通过出版刊物、组织读书会、社会科学研究小组等活动,宣传马克思主义和反帝反封建的思想,团结广大进步知识分子。在此期间,邓开始系统地学习研究马列主义政治学和哲学。1928年出版《政治科学大纲》,1932年出版《政治学》。

邓初民在沪期间,还先后在暨南大学、上海艺术大学、中国公学等校任教。"九一八"事变后,邓初民到处演讲,唤起民众参加抗日救亡运动,反对蒋介石"先安内后攘外"的方针,遭到国民党当局的忌恨。1933年暑假,他被暨南大学解聘后,到广州任教于中山大学。他仍然利用讲坛及其他形式,宣传马克思主义的社会发展学说和全民抗日的主张。1935年响应"一二九"运动,与爱国学生一起参加示威游行,支持中大学生组织"抗日救国会",受到国民党特务的监视,被迫离穗到香港暂避。

1936年2月,邓初民任教于广西大学。6月,桂系李宗仁、白崇禧派他往山西,动员阎锡山参与支持两广事变,阎未作肯定的回答。邓返回广西时,李宗仁、白崇禧已与蒋介石妥协。1937年,广西大学停止了他的教职。正当他处境困难的时候,共产党员张云逸与他取得联系,向他介绍了中国共产党关于建立抗日民族统一战线的方针,使他明确了前进的方向。

1937年9月,邓初民离开广西到武汉,投身于抗日救亡工作。他联络孔庚、马哲民、孟宪章等几位友人,创办《民族战线》周刊。1938年1月和共产党员黄松龄等组织湖北战时乡村工作促进会,进行抗日救亡的宣传活动。2月到沙市,任朝阳学院(原北平朝阳大学)政治系主任,数月后随朝阳学院迁往成都。他与马哲民、黄松龄用"邓马黄"笔名合写文章,宣传中国共产党的抗日救亡方针和根据地的民主政治,揭露国民党统治区的黑暗。一时,"邓马黄"之文在成都很有影响。中共川康特委军委委员车耀先对他们的活动给予有力的支持和帮助。经车的安排,邓初民还对川康地方将领刘文辉、邓锡侯、潘文华等人做了大量团结抗日的工作。在成都期间,他以自己的教案为基础,撰写了《社会史简明教程》一书(1940年11月生活书店出版)。1940年春,车耀先等被捕,邓被迫离开成都到重庆。

1941年,邓初民与王昆仑、许宝驹等人发起成立中国民主革命同盟①,还加入全国各界救国联合会。中国民主政团同盟成立后,他是积极活动者之一。1944年10月,民主政团同盟改称中国民主同盟,他以个人身份加入,被选为中央委员。

抗战胜利后,毛泽东到重庆与蒋介石进行谈判时,邓初民受到毛泽东两次接见。1946年1月,政治协商会议在重庆召开,他以顾问的身份参加民盟代表团的工作,并与文化界进步人士成立了政治协商会议陪都文化界协进会,被推为理事。较场口事件发生后,他和文化界人士一百五十余人签名发表了《告全国人民书》,揭露国民党当局破坏民主运动的行径。国民党特务于7月间公然在昆明杀害了李公朴、闻一多,并放出消息,要在上海暗杀沈钧儒、陶行知,在重庆暗杀邓初民。他听到这个消息,毫不畏缩,毅然在重庆参加筹备和出席李、闻追悼大会,并在大会上演说,严厉谴责国民党反动派的罪行。

邓初民在重庆的几年中,担任民盟重庆市支部机关报《民主星期刊》和《唯民周刊》的主编,进行反内战、反独裁、争民主等方面的宣传。并经常给《新华日报》写文章。他还撰写了《民主的理论和实践》、《世界民主运动新趋势》等著作,提出"新型的民主政治"的论点。

1947年1月,邓初民因参加民盟二中全会到了上海。在纪念"一二八"十五周年的群众大会上,他慷慨激昂地发表反内战演说,田汉当场赋诗,把他喻作"铁人"。他还深入到永安公司、劝工大楼以及一些大学,向职工、学生发表演说。2月,蒋介石限令中共驻上海、南京代表团撤走,白色恐怖笼罩沪宁。邓初民于3月中旬出走香港。

---

①　成立时名"中国民族大众同盟",一年后改名"中国民主革命同盟",简称"民革"。后来为与中国国民党革命委员会的简称相区别,通称为"小民革"。它是在中国共产党领导下有中共党员和民主党派成员参加的秘密政治团体,1949年9月解散。

　　邓初民到港后,任教于达德学院。同年10月民盟被国民党当局宣布为"非法团体",总部解散,许多领导人先后到港。邓积极参加沈钧儒等人在香港重建民盟领导机构的活动,出席了1948年1月在港召开的民盟三中全会。与此同时,他还参加了中国国民党革命委员会的筹建工作,并当选为民革中央常委。5月1日,中共中央提出召开没有反动分子参加的新政协,商讨成立民主联合政府。邓与在港的爱国民主人士通电拥护,中共中央立即回电表示欢迎。是年底,邓离开香港前往东北解放区。他庆幸"一个崭新的生活就要开始了,一个崭新的时代就要开始了"①。

　　1949年初北平和平解放后,邓初民由沈阳到北平。4月往布拉格出席第一届世界和平大会,9月出席中国人民政治协商会议第一届全体会议。新中国成立后,邓初民先后担任华北行政委员会委员、山西省人民政府副主席、山西大学校长、民盟中央副主席、中国政治学会名誉会长以及第一至第五届全国人大常委会委员等职务。他还先后写了《阶级·阶级斗争概论》、《怎样培养青年的共产主义道德品质》等著作。1962年,他以73岁的高龄加入中国共产党。

　　1981年2月4日,邓初民在北京病逝。

---

　　①　史良:《不断追求进步的一生》,《人民日报》1981年3月20日。

邓 铿

严如平

邓铿,名士元,字仲元,1886 年 1 月 31 日(清光绪十一年十二月二十七日)生于广东嘉应州(今梅县)。祖父邓薰玉、父邓丽川,世在归善(今惠阳)淡水行商,邓铿从七岁起随父住在淡水。

邓铿九岁就学于归善,稍长肄业于崇雅学堂。他对清政府的腐败愤懑不平,亲见亲闻孙中山领导的 1900 年惠州起义,为之慨叹不已,与友人辄以革命相勉励。1905 年,他考入广州将弁学堂,列步兵科第三班。翌年春卒业,留学堂充步兵科教员,兼公立法政学堂体操教习。1907 年充学兵营排长,代理左队队官。1909 年任黄埔陆军小学堂学长,常以革命思想教人。

1910 年 2 月广州新军起义失败,同盟会筹划再举。是年冬,邓铿去香港见赵声等人,赞成再在广州举义。不久,同盟会在香港设立统筹部,准备在广州发动大规模的武装起义。为在广州先期租屋设立秘密机关,邓铿慨然以其父所营米店署保,表示即有不虞,毁家不顾。不幸 1911 年 4 月 27 日的起义没有成功,邓铿出走匿居香港,继续从事革命活动。

10 月 10 日武昌起义后,同盟会香港统筹部决定广东迅速响应。除由胡汉民、朱执信负责在广州起义外,另于各江成立四个军分别行动。以陈炯明为首的东江第一军担负攻略清陆路提督所在地惠州的任务,邓铿任第一军参谋长。10 月 30 日,陈、邓等潜入淡水,以民团发难,收缴巡防营的枪械,进攻归善城。当时第一军面临敌众我寡、枪械不足的形势,激战数日,几濒于危。邓铿身先士卒,率众冲锋,在民团配合下,终于击溃清军,进驻归善城。清提督秦炳直投降,所属巡防营洪兆麟等四营被收编为一团。惠州之捷先声夺人,北江、西江、韩江诸路义军亦起,全省大震,11月9日广州即告光复。

广州光复后,胡汉民被举为广东都督。当时各路民军云集广州,秩序很乱。陈炯明被举为副都督,任邓铿为陆军混成协协统,负广州卫戍之责。12月下旬,胡汉民离穗北上南京,1912年元旦孙中山就任中华民国临时大总统,胡任总统府秘书长,陈炯明乃以副都督代理都督职,邓铿任都督府陆军司司长兼稽勋局局长。他协助陈炯明编遣民军,建立正规的陆军两个师和一个旅以及警卫军数十营。1912年5月,胡汉民自南京回任,邓铿仍任都督府陆军司长,整军除盗,多所擘划。不久,都督府改制,裁陆军司,邓改任都督府参谋长。他斡旋于胡汉民、陈炯明之间,调解他们之间的龃龉矛盾,成为胡陈合作的纽带。

海南岛为我国防要地,帝国主义多方觊觎。胡汉民特派邓铿为琼崖镇守使兼办琼崖民政事宜。1913年3月邓到海南岛后,鼎新革故,遣散旧防营、师船,致力于交通垦殖、开发利源、移兵为工、建设国防。当时有贩卖人口出洋的"猪仔头",在帝国主义领事唆使下拐骗了五百多人,邓将四个"猪仔头"捕获枪决,受到民众赞扬。

1913年7月二次革命爆发,赣、苏先后宣告独立。这时陈炯明已任广东都督,奉孙中山命于7月18日宣告独立。龙济光受袁世凯命为广东都督,率部自西江入粤,迫近三水河口,广州危急。邓铿奉命回省,即赴三水督战。但因驻广州燕塘的炮兵团突然炮击都督府,8月4日陈炯明仓皇出走,局势急转直下,广州被龙济光占据,讨袁军事失败。邓铿被通缉,避往香港。

是年冬,邓铿经上海去东京,谒见孙中山。1914年春,孙中山决定建立中华革命党,严格吸收党员,立誓约、按指模、严密组织纪律,要求绝对服从总理领导。当时,袁世凯四处捕杀革命党人,革命处于低潮。邓铿置身家于不顾,坚决信仰孙中山的革命主张,毅然加入中华革命党。孙因此而对邓倍加亲信,任为军务部副部长,佐许崇智筹划军事。邓即赴香港,负责开展广东方面的讨袁军事活动。同年夏,率陈可钰、李杰夫、罗翼群等策动陆军团长邓承昉在饶平、黄冈举义,另命洪兆麟在惠阳发难,并遣布耀庭到广州运动龙济光军某部,但均未成功。继以军费无着,无力再举。在此期间,邓曾遣怡保归侨钟明光刺龙济光,事败而钟牺牲。1915年10月,邓奉孙中山命赴新加坡筹募讨袁军费。次年4月,从香港潜入广东增城,策动旧部防军统领徐连胜反正,因受徐部下阻挠未果。5月中,再入增城,促徐连胜部反正成功,旋攻占石龙、博罗。邓出任中华革命军东江总司令,与广州、惠州、东莞三面来敌苦战月余,以机智勇敢击溃敌人。6月袁世凯死,讨袁军事结束。邓铿到上海谒见孙中山,被留下赞划党务和军务。

　　1917年春,邓铿赴日本养病,考察军事政治。夏,奔父丧,经沪回粤。7月,孙中山率驻沪海军南下护法,在广州召集国会非常会议,成立护法军政府。邓铿葬父毕,即应命到广州参与护法。冬,军政府成立粤军,准备援闽,任命陈炯明为总司令,邓铿为参谋长。邓深感护法不止援闽,还要问鼎中原,直捣北洋军阀巢穴。他征得孙中山、陈炯明同意,广招军事人才,电邀蒋介石、吴忠信等来粤参赞军机,任粤军总部参谋等职。粤军当时为20营,仅有枪5000支,器械窳败,糈饷支绌。邓在潮汕增募和集训,扩得10营,力量渐见充实。1918年5月17日,粤军全线向福建进攻,进展顺利,连克闽西南二十余县,8月,粤军总部进驻漳州。邓铿进一步协助陈炯明整训扩充队伍。经过一年多的努力,粤军发展到两万余人,正式编为两个军,陈为总司令兼第一军军长,许崇智为第二军军长,邓仍任总部参谋长。

　　1920年6月,孙中山电令援闽粤军回师广东,驱逐桂系军阀。邓铿坚决响应,并敦促犹豫观望的陈炯明服从命令,挥戈返粤。邓亲赴福州,与福建督军李厚基接洽合作办法,商定将闽南交李,由李接济粤军军费,并巩固粤军后方。8月,邓铿统率第一军洪兆麟、熊略、梁鸿楷等部为左翼,直趋韩江下游,从云霄、诏安攻汕头,不旬日即克黄冈、澄海而攻潮安。接着与右翼许崇智等各路会攻惠州,由龙门、平湖直攻石龙进取广州。10 月 29 日,粤军攻克广州,桂系军阀败走。

11 月,孙中山自沪返粤,重组军政府,任命陈炯明为广东省长兼粤军总司令;并决定建立粤军第一师,任命邓铿兼任师长。粤军这时已扩充达八万多人,品类复杂;又因援闽、回粤接连胜利而渐渐骄悍、腐化。孙中山嘱咐邓铿选择素质较优者编建第一师,严格训练,以为全军模范。邓励精图治,对士兵进行现代军事技术、政治常识、社会知识和工业生产教育,培养成具有政治觉悟、坚强意志、英勇善战的部队。邓重视军官的选拔和训练,设军官教育班、军士教导班,予以严格训练。尝谓"有强将无弱兵","要强兵必先强将"。他选配陈可钰、李济深、邓演达、张发奎、叶挺、李章达、陈铭枢、蔡廷锴、薛岳、蒋光鼐、陈济棠、缪培南、余汉谋等人分任第一师的参谋长、团长、参谋处长、营长、连长等职。

邓铿治军严谨,廉正不阿,嫉恶如仇。对军中不肖分子包庇烟赌的行径,毫不徇情,迭次派出宪兵缉拿。一次在广州晏公街缉获烟土二百多担,查明系陈炯明部属洪兆麟、陈炯光、陈觉民等人伙同所为。邓不予宽容,召集各界代表和各国驻穗领事共同监视烧毁。时人赞颂为林则徐后第二次焚烧鸦片。自此陈炯明亲旧对邓畏惮,含恨在心。

1921 年 4 月,孙中山被非常国会选为非常大总统,准备北伐统一全国。6 月,桂系军阀在直系支持下集重兵分三路窥粤,孙中山决定组成援桂军予以讨伐。邓铿率第一师奉命留驻广州,击溃突由北江来袭之沈鸿英部,收复连阳等县。援桂军于 6 月 25 日占梧州后长驱直入,三个多月即底定广西。孙中山拥有两广后,决心全力北伐,12 月 10 日在桂林设立大本营。邓铿由第一师抽调叶挺、薛岳、张发奎三个营组成大本营警卫团,派参谋长陈可钰为团长率领前往。陈炯明以种种借口反对北伐,拒不参加大本营会议。孙中山约陈到梧州、肇州会晤,他也不理会。邓铿虽多次劝说、催促,他只敷衍。邓为弥合孙、陈嫌隙,几年来斡旋转圜不遗余力。遇有分歧矛盾,纵或一时未能解决,亦必善为延待;若受令转达,每每婉转其词以曲达其意。他曾对人说过:孙中山遇事勇锐,间或要求过高,而陈炯明则过于持重,每不肯降心相从,常使自己左右为难。

1922年3月,前广东将弁学堂总办周善培来广州"观光粤政",邓铿执弟子礼亲赴香港迎接。21日傍晚回到大沙头广九车站,突遭奸徒手枪袭击,腹中两弹。邓负创奋力追踪凶手,不获;急登车回省长公署,随入韬美医院救治,23日凌晨逝世。广州及桂林袍泽闻讯,无不恸哭。孙中山以大总统名义下令追赠邓铿为陆军上将,葬于黄花岗七十二烈士墓侧,并为他亲书墓碣。

主要参考资料

胡汉民:《陆军上将邓仲元墓表》,《革命先烈先进传》,中国国民党中央党史史料编纂委员会1965年版,第464页。

邹鲁:《中国国民党史稿》第四篇:《邓铿传》,中华书局1960年版。

《邓仲元先生革命史事节略》,《革命先烈先进传》,第460页。

罗翼群:《追记邓仲元先生事略》,中国人民政治协商会议广东省委员会文史资料研究委员会编《广东文史资料》第3辑,1962年版。

王宇高:《邓铿传》,《国史馆馆刊》第2卷第1期。

黄任潮:《粤军名将邓仲元》,广东省政协文史资料委员会编《近代广东名人录》,广东人民出版社1986年版。

邓　锡　侯

林松柏

邓锡侯,字晋康,生于 1889 年 5 月 24 日(清光绪十五年四月二十五日),四川营山县人。其父经营土陶为业。邓十岁前后双亲俱丧,赖舅母抚养成人。少年时拜本县廪生李铁樵为蒙师,颇受器重。稍长受维新思想影响,弃学从军。

1906 年邓锡侯赴成都考入陆军小学堂第一期,1909 年升入南京第四陆军中学堂。1910 年四川保路运动事起,邓辍学返川,先在营山县城关负责训练团丁,旋即投入川军第四师师长刘存厚部下,初任副官,后升任连长、营长、团长。1916 年护国之役中,邓参加反袁战争,作战勇猛,屡建战功,深受蔡锷赏识。

护国之役后,罗佩金、戴戡各率滇黔军入川,分任督军、省长。不久,滇黔客军与以川军第一军军长刘存厚为代表的地方势力发生矛盾。1917 年 4 月和 7 月,先后在成都发生"刘罗"、"刘戴"之战,邓锡侯在战争中屡立战功,被新任四川督军刘存厚晋升为旅长。不久,川军师长熊克武在唐继尧支持下,会同滇黔军向刘存厚进攻。1918 年 2 月,刘存厚败退陕南。邓锡侯等因不满刘依附北京政府,转而拥戴熊克武为川军总司令,被任为第二师旅长。

1920 年春,唐继尧因见熊克武不能成为他控制四川的工具,乃联合川军第五师师长吕超倒熊。第二师师长向传义持骑墙态度,以邓锡侯旅拥熊,另一部拥吕。熊克武以驱逐客军相号召,联合川军击败滇黔军,推刘湘主持四川军民两政。邓锡侯升任第一军第三师师长。

　　刘湘主持川政后,实力不断扩大,1922年7月终于爆发了熊克武、但懋辛的第一军和刘湘、杨森的第二军之战。邓锡侯站在熊克武一方,任四川省军副总指挥,率部进攻第二军。不久第二军全线败退,刘湘下野,刘成勋取而代之。8月,邓锡侯的第三师随同其他川军开入重庆。11月,刘成勋宣布改编部队,取消军级编制。邓锡侯因不能晋升军长,与陈国栋、田颂尧、刘斌等起而反对熊克武、但懋辛、刘成勋。刘下令解除邓的第三师师长职务。1923年2月中旬,邓率部西进,在江津、永川、隆昌、内江一带,与第一、三军展开拉锯战,19日开始围攻成都。21日赖心辉部攻占简阳,解了成都之围,邓部退守新都、广汉一带。

　　这时,吴佩孚乘川军内讧之机,援助杨森与邓锡侯等联合进攻第一、三军。4月5日邓部占领成都,6日杨森率部占领重庆。邓等随即在成都召开军事会议,组织省联军,邓被推为联军总司令,发出讨伐熊克武、但懋辛的通电,并分兵左右两翼,以田颂尧为左翼总指挥,陈国栋为右翼总指挥,在成都附近与第一军展开激战。5月中旬,熊、但攻入成都。10月,熊军攻占重庆。12月,杨森与刘湘联合分五路反攻熊军,邓锡侯任第一路总指挥。邓军与杨军于13日会师江北,合攻重庆告捷。1924年5月,北京政府"论功行赏",任命杨森督理四川军务善后事宜,邓锡侯为四川省长,并加骠威将军头衔。邓因杨森的督军署设在成都,怕引起矛盾,将省长行署设在重庆。杨森野心勃勃,梦想统一四川,大搞扩军备战。邓锡侯力图自保,对省政无所建树。

　　1924年11月段祺瑞担任临时执政后,因赖心辉曾通电拥护北京政府,于1925年2月任赖为四川省长,邓锡侯专任陆军第三十师师长,驻重庆。邓创办军事教育团,自兼团长。教育团按军官、士兵分设三个班,每期训练四个月,作为发展部队的基本力量。4月,杨森发动"统一之战"。刘湘一面联络黔军袁祖铭部,一面拉拢邓锡侯、刘文辉,组成川黔联军,与杨森对抗。7月,邓部和袁部集结铜梁、大足、璧山地区,在大足城郊击溃杨军,杨森向嘉定撤退,邓锡侯率部尾追,于9月初占领嘉定。杨森兵败离川,刘湘任四川督办,邓锡侯任四川清乡督办。

　　邓锡侯在这次战争中夺得大量防地,踌躇满志,扬言要赶走四川省长赖心辉,对刘湘大量收编杨森残部也颇为不满。此时吴佩孚已打出"十四省讨贼联军总司令"的旗帜,委杨森为讨贼联军川军第一路总司令,邓锡侯为第三路总司令。邓乃与杨森、袁祖铭互通声气,无形中结成反刘湘的三角同盟。在此情形下,刘湘也谋求与杨森合作。杨森身价陡增,于1926年3月回师万县,以"兵多地狭"为由,电请邓锡侯让出广安、邻水,邓不允。5月刘湘与杨森联合驱袁(祖铭),邓乃依附刘、杨,出兵驱袁。

　　同年7月广州国民政府出师北伐,取得节节胜利,四川军阀纷纷表示愿意参加北伐。邓锡侯派代表到南昌活动后,被蒋介石委为国民革命军第二十八军军长。1927年4月蒋介石发动政变,在南京成立国民政府,邓通电攻击中国共产党,以取得蒋介石的信任。

　　川军易帜后,四川形成刘湘、刘文辉、邓锡侯、田颂尧四巨头分割的局面。二刘所部各有十余万人,田部约四万人,邓部约六万人,都有自己的防区。省会成都为邓锡侯、田颂尧、刘文辉所共管,为了协调关系,同年12月成立三军联合办事处,刘文辉任处长,邓锡侯、田颂尧为副处长。1928年夏,四巨头集会,推刘湘为四川军务善后督办,刘文辉为四川省主席,邓、田为省府委员,邓兼财政厅长,田兼民政厅长,并联名电请南京国民政府予以任命。南京方面没有据此发表任命,邓、田极为不满。邓拉拢和策动杨森、赖心辉等,组织反对刘湘的同盟军,发出讨伐刘湘的通电,但被刘湘击败。

　　此后川境战局纷争,多在拥有重兵的刘文辉和刘湘叔侄之间展开,邓锡侯难以跻身匹敌,只能归附刘湘麾下。1932年10月刘文辉、田颂尧之间爆发成都巷战,邓锡侯口头上宣布中立,实际上暗中助田。11月刘文辉、刘湘在荣县、威远之间展开大战,正当胜负难分之际,邓锡侯、田颂尧向刘文辉发起进攻,刘文辉被迫与刘湘讲和。1933年初刘文辉回驻成都,与邓锡侯形同水火,战争有一触即发之势。5月初邓赴新都防地,下令集中兵力,从灌县起沿毗河构筑防御工事。5月中旬刘文辉部向毗河邓部出击,因毗河水流湍急无法强渡,双方隔岸对峙两月之久。8月刘湘与刘文辉又展开岷江之战,刘湘大胜。邓锡侯虽然也在获胜者一方,实际上成了刘湘的附庸。

抗日战争爆发后,邓锡侯率师出川,任第二十二集团军总司令,驻山西洪洞县。驻地与八路军驻地相距十余里,朱德曾到邓部向军官讲解游击战术,八路军文工团也常来演出,对邓部官兵产生过影响。1937年底邓部被调往徐州作战,受第五战区司令长官李宗仁指挥,防守津浦铁路。国民政府迁重庆后,蒋介石任命张群为四川省主席,遭到地方实力派的反对。邓锡侯与张关系较深,1938年10月被任命为川康绥靖主任,以便从中斡旋。1946年张群到美国治病,推荐邓代理四川省长,1947年正式任职。

1948年初蒋介石为继续内战的需要,电令邓锡侯预征壮丁,并征购军粮10万石,置于水陆交通要道。这时,邓见蒋军士气低落,对国民党政权失去信心,对征兵征粮任务迟迟未办。3月下旬,蒋电令邓到南京面谈。邓向蒋陈述四川困难,要求暂缓征丁征粮,并上书呈辞,蒋立即批准,并发表王陵基继任四川省主席的决定。

不久,邓锡侯住进上海虹桥疗养院,与民盟主席张澜接触频繁。张劝导邓回四川团结地方上的力量迎接解放。6月邓返回四川,与刘文辉、潘文华联系反蒋,准备应变。9月,蒋介石任命邓为川陕边区绥靖主任,驻节汉中,协同胡宗南防守西南。邓借故拖延未去就职。1949年4月张群任西南军政长官,建议蒋改任邓为副长官。不久,邓到重庆就任新职。他与刘文辉、潘文华利用四川省参议会及地方势力,在成都组成"川康渝国大代表、立委、监委、省市参议员联谊会",矛头对准为蒋介石效命的四川省主席王陵基,要求撤换王。王则声言联谊会为"非法组织",要予以取缔。于是,邓等又成立"川康渝民众自卫委员会",要求保境安民,不久又被蒋下令取缔。

1949年八九月间,解放战争重心开始转移到西南,蒋介石到重庆坐镇指挥。这时,共产党和解放军派出秘密工作人员到成都向邓锡侯转述了中共的方针政策,周恩来曾通过刘文辉设置的雅安电台,指示他们要团结力量,待时机成熟及时发动。邓坚定了起义的决心,与刘文辉、潘文华相约,待解放军进入川西时,采取配合行动。此时,胡宗南部已溃窜川西平原。11 月 30 日重庆解放,蒋介石仓皇飞到成都,逼令邓锡侯、刘文辉和胡宗南合作"固守川西"。邓锡侯应付到 12 月 7 日,与刘文辉相约,当日分别潜出成都北门,相偕出走。9 日他们到达彭县,10 日联名发表起义通电。

四川解放后,邓锡侯历任西南军政委员会副主席及水利部部长、四川省副省长、国防委员会委员。他还被选为第一、二届全国人民代表大会代表。他是中国国民党革命委员会中央委员、四川省副主任委员。

1964 年 3 月 30 日,邓锡侯因病在成都去世。

主要参考资料

邓锡侯:《我在川西起义的经过》,中国人民政治协商会议全国委员会文史资料研究委员会编《文史资料选辑》第 17 辑,中华书局 1961 年版。

周开庆编:《民国川事纪要》,台湾四川文献研究社 1974 年版。

四川省文史研究馆编:《四川军阀史料》第四辑,四川人民出版社1987 年版。

邓　演　达

周天度

邓演达,字择生,1895年3月1日(清光绪二十一年二月初五日)生于广东归善(今惠阳)①。先世务农,兼做船夫。父亲邓镜仁是个秀才,在惠阳县城教书。邓演达幼年随父学习,1909年,入广东陆军小学,是年级中最年幼的学生,他的勇敢引起了老师邓铿的注意。辛亥革命爆发时,他以陆小学生参加了姚雨平的革命军。1914年进武昌陆军第二预备学校继续学习,毕业后于1916年升入保定军校。在这里,他除学习军事外,并研讨社会科学。1919年军校毕业后,被派往西北边防军见习。这时,孙中山在南方组织援闽粤军,作为国民党基本武装力量,陈炯明任总司令,邓铿为参谋长。1920年初,邓演达应邓铿之召,到福建漳州,统率宪兵。从此,他正式踏上了革命道路,成为孙中山的积极追随者。

同年夏,孙中山命援闽粤军回师广东,驱逐了旧桂系。11月,粤军第一师在广州成立,邓铿任师长,邓演达任师部参谋兼步兵独立营营长,随后又调任工兵营长。1922年3月,邓铿被暗杀。5月,孙中山调第一师参加北伐,邓演达拥护北伐主张,并从中进行了策动,使部队得以迅速出动。北伐军经始兴、南雄向北推进,他指挥的工兵营勇敢作战,首先进入赣州。6月,陈炯明所部在广州叛变,围攻总统府,孙中山

---

① 根据李洁之提供的材料说,1923年阴历二月初五日邓升任团长的日子,恰好是他的生日。邓生于光绪二十一年二月初五日应是1895年3月1日。

调北伐军回师广州救难,在向信丰途中,一师上层分子发生动摇,邓演达表示拥护孙中山到底。孙中山脱险到上海后,邓由一师革命军官推派,秘密到上海会见他,请示以后行动计划。12月,孙中山调广西的滇桂军东下,驱逐陈炯明,邓演达奉命联络各部,在西江策应,配合滇桂军重新占领了广州。1923年2月,第一师工兵营扩充为第三团,邓升任团长。他率领第三团参加了讨伐沈鸿英、陈炯明的战斗,随后被派负责大本营警卫工作。

1924年1月,孙中山在广州召开国民党第一次全国代表大会,实现了国共合作,邓演达是孙中山三大革命政策的拥护者。国共合作后,他是奉命筹办黄埔军校的七人筹委之一。5月,黄埔军校成立,他任教练部副主任兼学生总队长。在军校初创阶段,他积极工作,注重爱国主义教育和政治训练,受到学生的拥护。黄埔军校教授部主任王柏龄是蒋介石的心腹,对邓演达进行排挤。1925年春,他被迫辞职,前往欧洲游历,在德国研究政治经济。在那里,他读了一些马克思主义的书,并结识了朱德等中国共产党人。

1925年8月,国民党左派廖仲恺被刺。11月国民党右派召集了西山会议。邓演达鉴于"党内形势日非,革命前途危险"[1],于同年冬回国。1926年1月,国民党在广州召开的第二次全国代表大会,对右派进行反击,他出席了这次大会,并被选为候补中央执行委员,同时担任黄埔军校教育长。蒋介石3月20日发动"中山舰事件"时,邓演达敏锐地指出了这一事件的反革命性质[2],因而一度遭到蒋的拘禁,被调离黄埔军校,任潮州军分校教育长。

1926年7月初,广东国民政府开始北伐,邓演达任国民革命军总司令部政治部主任,率领总政治部工作人员随军出发,8月初到达长

---

① 杨逸棠:《邓演达先生传略》,《邓演达先生遗著》,香港永发印务有限公司1949年版,第10页。

② 毛思诚辑:《民国十五年以前之蒋介石先生》第15册,1937年版,第2页。

沙,参与第四军军部指挥工作。北伐军在汀泗桥、贺胜桥击溃吴佩孚主
力数万人后,进迫武昌城,他任攻城司令,亲临前线督战。10 月 10 日,
北伐军攻克武昌后,他兼任武汉行营主任,湖北政务委员会主席等职。

　　随着北伐的胜利进军,两湖地区农民运动在中共的领导下,迅猛地
发展起来。邓演达生长于农村,对农民的疾苦比较了解,对农民革命运
动显示出来的力量也有所领悟,因此,他对当时轰轰烈烈的农民运动,
采取赞助与支持的态度。邓演达认为,农民占全国人口 80％以上,农
民问题解决了,即解决中国问题 80％①。在北伐途中,他要求政治工
作人员努力调查沿途的农民生活状况及土地分配情形,组织群众参加
革命,支援北伐。占领武昌的第二天,他就把政治部的工作转向农民运
动方面②。1927 年初,他写的一篇文章说:"中国国民革命成功的重要
条件,在农民的解放","目前的农民运动,不过是民主主义的初期表现,
农民自然要进一步和工人联合,和一切被压迫的人们联合,把目前的盘
剥的社会秩序推翻,造成新的社会。"他还指出"农民问题是我们的量
尺",赞成农民运动的,"便是革命的朋友;自己觉悟起来,参加这个工作
者,便是中国国民党的忠实党员;反对这个工作的,便是反革命"③。

　　正当革命在迅速发展时,革命统一战线内部资产阶级右翼代表蒋
介石已经准备分裂,破坏革命。1926 年 11 月初,北伐军占领南昌后,
蒋介石在那里安下他的总司令部,把南昌作为右派中心,以与当时的革
命中心武汉相对抗。接着,就发生了迁都问题的争执。11 月下旬,国
民党中央政治会议在广州开会决定迁都武汉。12 月 13 日,邓演达和
徐谦等在武汉成立国民党中央执行委员和国民政府委员临时联席会

---

　　①　杨逸棠:《邓演达先生传略》,《邓演达先生遗著》,香港永发印务有限公司
1949 年版,第 14 页。

　　②　郭沫若:《革命春秋》,郭沫若著作编辑出版委员会编《郭沫若全集·文学编》
第 13 卷,人民文学出版社 1992 年版,第 113 页。

　　③　以上引文均见邓演达:《现在大家要注意的是什么》,《国闻周报》第 4 卷,第
16 期。

议,在国民党中央党政机关未迁来前代行其职权。蒋介石为了把革命政府置于他个人的独裁控制下,以达到其反革命目的,1927年初,他擅自决定迁都南昌,扣留到达南昌的中央委员,不让他们前往武汉。邓演达坚决反对蒋介石这一反动阴谋。2月9日,他和吴玉章、徐谦等五人在武汉组成行动委员会,作为同蒋斗争的领导机关。随即发表宣言,要求实行民主、反对独裁、提高党权、扶助工农运动,并决定在3月召开国民党三中全会。2月24日,武汉国民党中央召开党员大会,邓演达发表演说,指责蒋介石左右完全是些"老朽昏庸的反动分子","他们根本就不了解民众的痛苦"。他提出"首先就要打倒个人独裁及一切封建思想的势力,其次军事就要绝对服从党的领导"①。他是当时武汉著名的国民党左派领导人。

3月10日,在汉口召开了国民党二届三中全会。在中国共产党推动下,邓演达和国民党左派宋庆龄、何香凝等共同努力,使这次大会通过的决议,削弱了蒋介石的权力,有利于革命势力的发展。由于他忠实地执行孙中山联俄、联共、扶助农工三大政策,被全会选为中央执行委员,中央政治委员会委员,中央军事委员会主席团成员和中央农民部长,此外,他还是武汉军事政治学校的负责人。

邓演达在农民部长任内,在武昌举办了农民运动讲习所,自兼所长。当国民党右派叫嚷"农民运动过火",肆意攻击农民运动时,他对农民运动仍然表示支持。他主张农民要有武装自卫的力量,并主张替农民解决土地问题②。

邓演达在武汉的活动,妨碍了蒋介石反革命事业的进行,因而蒋对他怀恨在心。"四一二"政变后,蒋介石与南京国民党政府诬称邓演达为煽动暴乱的代表人物之一,下令通缉,并封闭总政治部驻沪机关,另

---

① 《国闻周报》第4卷第16期。
② 邓演达:《在农民问题讨论委员会招待湖北农民代表会上的讲话》(1927年3月15日),《农民生活》第14期。

成立以吴稚晖为首的总政治部①。面对蒋的叛变,邓演达主张东征讨蒋。

1927 年 4 月下旬,武汉政府为了击退张作霖的奉军从北面来的进攻,开始了第二次北伐。邓演达随第四军出发。5 月末,在河南临颍大战中,他亲临前线,往来于炮火中,与士兵同战斗,博得军士的爱戴。临颍之战击溃了奉军主力,接着配合冯玉祥的国民军占领了郑州、开封等地。6 月中旬,武汉政府中的汪精卫等与冯玉祥在郑州举行反对革命的会议后,形势进一步恶化,邓演达在愤怒和忧虑中从河南回到武汉。这时武汉已处于国内外反革命势力包围之中,加上中国共产党内的错误,反动派的气焰嚣张,武汉国民党内汪精卫集团也迅速转向公开反对革命,准备和南京蒋介石集团合流。邓演达看到从广州出发的北伐大革命已面临无可挽救的失败,6 月 30 日,他写了一篇《告别中国国民党同志们》,对汪精卫集团的反革命行径表示谴责,随后辞职离开武汉,化装成查电线杆工人,沿平汉路步行到郑州,转至陕西潼关,赶上苏联顾问鲍罗廷等回国的汽车队,于 10 月 15 日到达莫斯科。

同年 11 月 1 日,他和宋庆龄、陈友仁在莫斯科发表一项宣言,指责蒋介石、汪精卫之流虽然窃取中国国民党和三民主义的旗号,“其实已为旧势力之化身,军阀之工具,民众之仇敌”②。他们提出组织国民党临时行动委员会继续与新旧军阀势力作斗争,实现孙中山的革命三民主义。随后他往欧洲去游历考察。

大革命失败后,蒋介石国民党代表大地主大资产阶级的利益,对外投靠帝国主义,对内剥削和压迫人民。中国共产党则继续高举起革命大旗,英勇地进行了土地革命斗争。在反革命势力暂时占了优势,阶级斗争十分激烈的时刻,一部分不愿意同蒋介石合作的国民党左派和从共产党内游离出来的分子,在上海组织了中华革命党,表示信奉孙中山

---

① 《国民党与共产党关系纪略》,《国闻周报》第 4 卷第 16 期。

② 邓演达:《对中国及世界革命民众宣言》,《邓演达先生遗著》,第 198 页。

三民主义,并与在国外的邓演达保持联系。1930 年春,邓演达回国,将中华革命党改组为中国国民党临时行动委员会,于 8 月在上海召集十个省区的代表参加的干部会议,通过了他起草的纲领性文件《政治主张》,创办了《革命行动》月刊,选出了中央干事会,他被推为总干事。随后,在十四个省市建立了组织。行动委员会既反对蒋介石国民党的统治,同时也反对共产党,企图建立第三种政治势力,寻找出第三条道路来。邓演达标榜要在中国建立"以农工为中心的平民政权",其实是幻想由民族资产阶级、小资产阶级及其知识分子来领导,以建立资产阶级民主共和国。因此,人们称行动委员会为"第三党"。

邓演达所写的一系列政论文章,对蒋介石国民党的反动统治进行了揭露和抨击。他指出,蒋家王朝"投降帝国主义,军阀专政的官僚统治与野蛮狠毒的屠杀剥削,较之从前北洋军阀时代尤为残酷"。国民党"已变为掠夺人民,屠杀人民的中枢。革命的中国已变成昏暗无光的地狱"[①]。只有推翻南京反革命政权,肃清帝国主义在华势力,实现耕者有其田的主张,国家和人民才能得到拯救。但同时他又认为,共产主义革命只能发生在西方资本主义比较发达的国家,中国是一个前期资本主义社会,工人阶级力量薄弱,不可能领导人口众多的中国农民,解决农民土地问题。因此他武断地说"中国共产党决不能解决中国革命问题"[②],明确表示不同意中国共产党的纲领,声称只有他所领导的行动委员会才能"完成民族及平民解放的任务"。邓演达虽然属于国民党左翼,愿意在一定条件下与共产党合作,也重视农民的力量,要求解决农民的问题,但他的思想仍跳不出旧民主主义的思想范畴。他不了解,到了新民主主义革命时期,只有共产党才能领导中国革命取得胜利。

但是,邓演达始终把主要矛头指向蒋介石反革命统治,认定要革命

---

①　邓演达:《十九年九月十五日对时局宣言》,《邓演达先生遗著》,第 203—207 页。

②　邓演达:《中国到哪里去?》,《邓演达先生遗著》,第 10 页。

就必须首先反蒋。他除了政治上进行反蒋宣传外,在军事方面也进行了策划。蒋介石是以黄埔军官学校学生为其反革命武装基干的。邓演达与黄埔学生,也有历史的渊源。1930 年夏秋间,邓演达在上海秘密组织了黄埔革命同学会,联系黄埔系军人,策动他们起来反蒋。同时,他与国民党内的反蒋军事集团如杨虎城、冯玉祥、阎锡山等,也有联系,企图与他们建立反蒋的联合战线。1931 年"宁粤分裂"期间,他与陈铭枢、蔡元培等商定,利用蒋介石调动十九路军进攻广东的机会,准备在军队开进广东后,急入潮、梅,占领东江和闽南一带,然后由邓演达、蔡元培、陈铭枢等发表声明,用武装调停宁粤分裂的办法,建立第三种势力和第三种政权①。

　　邓演达的活动,引起蒋介石的忌恨,特别是他的军事策划被蒋察觉后,国民党特务机关即四处搜捕他,必欲置之死地。1931 年 8 月 19 日,行动委员会各地受训干部在上海愚园坊 20 号举行结业式。邓演达出席了这一结业典礼,由于叛徒告密被逮捕,并被解送南京关押。11 月 29 日,被秘密杀害于南京麒麟门外沙子岗。

---

　　①　陈铭枢:《"宁粤合作"亲历记》,中国人民政治协商会议全国委员会文史资料研究委员会编:《文史资料选集》,第九辑,中华书局 1960 年版。

邓 荫 南

陈 民

邓荫南，广东开平县人，生于 1843 年 9 月 27 日（清道光二十三年八月初四），名松盛，字荫南，以字行，又字有相。行三，故又称邓三，时人以其年事较高，多称他三伯。父亲邓善昆，世代务农。其兄邓灿，早年赴檀香山经商。

邓荫南少时在家乡读书；稍长，目睹当时官吏种种贪赃枉法行为，极为愤慨，对政府当局常加抨击，终为官吏所不容，险遭逆党罪被捕，幸得乡人密告，连夜乔装潜逃香港，转赴檀香山，投奔其兄邓灿。其后，得其兄资助经营农场。因年景调顺，颇有所获，在茂宜岛（Mauiland，即为：Mauiland 又译毛伊岛，为夏威夷五大群岛之一）投资种植甘蔗，并开设糖厂，先后从国内招工数千人前往该岛垦殖。由于经营管理得法，又与当地土著居民相处融洽，事业得以顺利发展，不数年便成为当地著名殷商。邓为人豪爽，疏财重义，乐善好施，凡同乡有所求，必尽力资助；对地方公益事业，也无不首倡捐助，故颇得侨胞和当地人民的敬重。他平常爱好打猎，练得一手好枪法，能从背后反射击鸟，又能自制炸药，装置炸弹，诚属多才多艺，后来在革命活动中，得以显其身手。当时孙中山的胞兄孙眉，也在茂宜岛垦殖，与邓荫南志趣相投，交谊甚笃。

1894 年冬，孙中山至檀香山，在华侨中宣传革命。由于孙眉的介绍，邓荫南得与孙中山会晤，畅谈救亡大计，对孙的革命理想与政治主张，衷心折服。孙中山对邓荫南的热心公益而又多能，甚为钦佩。是年 11 月,孙中山在檀香山创建我国第一个资产阶级革命团体"兴中会",提出"驱除鞑虏,恢复中华,创立合众政府"的纲领。由于邓氏兄弟都是以反清复明为宗旨的三合会会员,笃信民族主义,孙中山便吸收他们率先参加兴中会,邓荫南被推为值理(八名轮流任事的理事之一)。当时,孙中山因革命初起,处处需要用钱,便提议发行"革命军债"(亦称科股银),分头向侨胞推销。邓荫南主动表示,推销革命债券为数有限,且迫不及待,自己愿以全部资产赞助革命,作为倡导。孙中山对其倾家为革命的义举,深为感动,从而对开展革命活动也更具有信心。

　　1895 年春,邓荫南为表示破釜沉舟、义无反顾的决心,变卖其全部产业,得数万元,潜回香港,协助孙中山筹划推翻清廷的武装起义。后来这些钱在历次起义中用尽,邓重陷贫困,但他仍然坚毅地从事革命活动。他这种倾家为革命的壮举,得到革命党人的尊敬,连其政敌也为之叹服。梁启超曾对康有为说:"此人倾家数万以助中山,至今不名一钱,而心终不悔,日日死心为彼办事,阖埠皆推其才。"①同年 2 月,兴中会总机关在香港成立,用"乾亨行"招牌作掩护。接着,陆皓东、郑士良等也奉命赴广州建立兴中会组织。邓荫南则往来于香港与广州之间,协助筹划在广州的武装起义,并出巨款购买军械。各方部署略定,订于农历九月初九重阳节举事,但起义机密为叛徒出卖,清吏戒备,陆皓东等被捕(后壮烈牺牲),第一次广州起义未及发难即遭失败。兴中会会员纷纷逃亡海外,邓荫南匿居港、澳,一方面联络日本志士宫崎寅藏,在广州作清军的策反工作;另一方面和陈少白、李纪堂等在香港创办《中国日报》,作为革命喉舌,由陈少白负责主编,报社所需款项,多由邓荫南设法筹措。

　　1900 年 10 月,郑士良、黄福等发动惠州起义,为清兵所包围,情势

---

　　① 　丁文江、赵丰田编:《梁启超年谱长编》,上海人民出版社 1983 年版,第 233 页。

危急。邓荫南与史坚如等拟在广州发难响应,以解惠州之围,但因原先联络的会党队伍不能如期响应,便改变办法,决定暗杀署理两广总督、广东巡抚德寿,以吸引敌人兵力。史坚如曾跟邓荫南学制炸药及引爆技术,愿独自担任轰炸督署的任务。邓荫南遂派苏焯南、练达成等人,协助史坚如挖地道埋炸药。10月28日晨,炸药引爆,但只炸坍督署后墙,德寿并未受伤,史坚如被捕牺牲。邓荫南以清兵搜捕甚严,暂时不易下手,遂逃出广州,匿居九龙屯门,以经营农场做掩护,继续与孙中山取得联系,并与胡汉民、黄兴等密议,策划再次起义。1909年,汪精卫、黎仲实曾来屯门,并假农场做试验炸弹引爆等技术,为谋炸清摄政王载沣等作准备。

辛亥武昌起义后,各省响应。邓荫南率黄大汉、江恭喜等攻打新安(今宝安县),但出师不利,死伤甚重,邓荫南所骑的马也中弹倒地,于危急中从小道逃脱。

民国成立后,邓荫南出任新安民军总监督,1913年改任开平县民团总长。不久,即引退隐居于屯门。袁世凯复辟帝制时,邓荫南编练义军,参加讨伐。后移居广州,先后出任石龙厘厂总办、孙中山总统府谘议、护法政府内政部农业局局长等职。后以民选县长出任开平县,政绩卓著。1922年陈炯明叛变时,孙中山蒙难于永丰舰,饷尽援绝。邓荫南闻讯,独以万元接济,并举兵开平,以为声援。8月9日孙中山离粤赴沪,邓荫南奉命赴澳门组织军事机关,相机讨逆。

1923年2月5日,邓荫南因病逝世。孙中山亲撰悼词,以"爱国以命,爱党以诚,家不遑顾,老而弥贞"为其一生的评价[1],并以中华民国陆海军大元帅名义追赠邓荫南为陆军上将。第二年,邓的棺椁移葬于广州东郊七宝岗。

---

[1]　《邓三伯略历》,郑东梦编辑:《檀山华侨》,檀山华侨编印社1929年版,第70页。

主要参考资料

胡汉民:《邓上将荫南先生墓表》,《革命先烈先进传》,中国国民党中央党史史料编纂委员会1965年版,第514页。

《邓三伯略历》,郑东梦编辑:《檀山华侨》,檀山华侨编印社1929年版,第70页。

邓　泽　如

娄献阁

邓泽如,名文恩,字远秋,号泽如,以号行。广东新会县人,1869年3月19日(清同治八年二月初七)生。祖辈务农,父亲邓传谋经商多年。邓泽如六岁入塾,十一岁随父至阳春习商,业余坚持自学。十八岁时由堂伯邓传合带往南洋谋生,初抵英属马来半岛吡叻州,在悦生店做出纳;不久往来于金宝、芙蓉等地开采锡矿;后长住挂罗庇朥(即瓜拉比剌),以种树胶营商,逐渐积资致富。识富商陆佑,曾为陆的代理人。

邓泽如侨居国外,亲身体会到侨胞受歧视和压迫的痛苦,希望祖国在政治上进行改革,一度对康有为的保皇党有所同情。1906年7月,孙中山到南洋进行革命活动,自吉隆坡至芙蓉,邓慕名前往谒见。孙与当地华侨开谈话会,揭露清政府假立宪的骗局,并批驳了保皇党散布的"革命可遭瓜分"的谬论。邓拥护孙中山的主张,从此积极追随孙中山参加革命运动。

1907年,邓泽如加入同盟会,并被推为挂罗庇朥分会会长。翌年,邓与爱国华侨李月池设立麻六甲(今马六甲)中华书报社,传播革命思想。1909年,孙中山将同盟会南洋支部由新加坡迁往庇能(即槟榔屿),胡汉民为支部长,胡因在香港无暇兼顾,该支部事务遂由邓泽如主持。邓对同盟会的工作认真负责,无论是在筹款方面,还是在发展会员、联络同志方面,都能尽力而为。这时同盟会在英属南洋办有《中兴日报》和《阳明日报》,邓作为一个商人,虽不大过问宣传文字,但却热心为报纸从事招股、经营等事宜。

邓泽如自加入同盟会后,即承担筹款任务,诸如钦廉、防城、镇南关、河口及广州新军起义各役军费的募集,他无不力任艰巨,接济军需,支持革命。当时在华侨中募捐起义经费困难很多,经常碰壁受阻,但他能任劳任怨,所以取得了很好的成绩。为筹措款项,邓泽如与孙中山通信数十次,凡孙提出的要求,邓总能全力办好,因此受到孙的称赞。孙曾赞誉邓等"筹饷之功,必与身临前敌者共垂千古而不朽"[1]。

孙中山于1910年秋在庇能召集黄兴、胡汉民、赵声、邓泽如等人开会,决定在广州再举行一次大规模的起义,惟需筹款10万元以上,商定由邓负责在英属南洋筹办5万元。会后,邓即奔走各埠进行劝募,历时四十余日,虽逢长子出生,亦全然不顾,"尽力国事,急公忘家"[2];又偕黄兴同赴各处游说,结果圆满完成任务,为1911年4月广州起义提供了大量经费。同年10月武昌起义后,邓继续在南洋募集经费支援新政权。

1912年1月,中华民国成立,孙中山任临时大总统,邓泽如应召回国。到南京后,孙拟任邓为广东省都督,邓以"泽本商人,素无政治军事之学识……自度才力不胜"而谢绝[3]。后胡汉民督粤,劝邓出任实业司长及官钱局总办,他也没有应允。邓为谋国家建设,力主开办银行,振兴实业,曾在广东调查矿藏,准备偕华侨投资经营。1913年,邓与国民党广东省支部订立了承办英德、花县灰石矿合同,但因"二次革命"失败而中止,他仍回南洋重理旧业。

孙中山于"二次革命"失败后在日本重组中华革命党,函邓泽如在南洋创立支部并筹款,邓得信后立即奔赴各埠开展工作。部分国民党

①　孙中山:《致邓泽如等函》(1917年10月8日),广东省社会科学院历史研究室等编《孙中山全集》第1卷,中华书局1981年版,第347页。

②　黄兴:《为邓泽如子命名贺词》(1910年12月31日),湖南省社会科学院编《黄兴集》,中华书局1981年版,第23页。

③　邓泽如:《护送总理瀛眷由南洋赴宁》,《中国国民党二十年史迹》,中正书局1948年版,第84页。

人反对孙建立新党,邓坚决支持孙中山,受邓影响的南洋多数同志亦均站在孙中山一边。1914年底,中华革命党在南洋设立筹饷局,邓任英、荷两属各埠筹款委员长。1915年,孙中山先后派许崇智、邓铿到南洋宣传党义及办理筹饷事宜,邓泽如在许等协助下,以中华实业公司名义招股数十万元,后将此款源源汇交东京总部和广东朱执信、上海陈其美等,作讨袁活动经费,为废除袁氏帝制做出了贡献。

　　袁世凯死后,北洋军阀继续掌握中央政权。1917年,孙中山率海军南下护法,邓泽如依孙的指示在南洋经营"军事内国公债",收银三万余元。1920年11月底,孙中山在广州重组军政府,邓应召归国,任内政部矿务局长兼广东矿务处长。

　　1922年6月陈炯明叛变,邓泽如脱险避往香港,很快同孙中山取得联系,并筹款助孙讨逆。8月,邓被孙中山委任为中国国民党广东支部长,即以支部长名义发表讨陈宣言。10月,又与古应芬、林直勉等组织讨陈办事处,邓为第三科主任,负责"关于经济之运动及收支各业务"①。同月,孙中山派邹鲁任驻港讨逆办事机关特派员,派邓任理财员。他们齐心协力,数月之内筹得军饷四十余万元,大部用来联络滇、桂军东下讨伐陈炯明。

　　此后,邓泽如进一步得到孙中山的器重,历任大元帅大本营建设部长、两广盐运使、大本营参议等职,经常列席政务会议,参与商讨大事。同时仍为国民党广东支部长,迅速恢复了被陈炯明破坏的支部工作。

　　孙中山得到中国共产党和苏联代表的帮助,于1923年决定改组国民党,委派廖仲恺、邓泽如等9人为临时中央执行委员,廖、邓并为特别会议召集人,共同负责筹备改组事宜。但是,邓泽如反对国共合作,他与林直勉等11人联名写信给孙中山,说共产党利用国民党改组的机会

---

① 邓泽如:《驻港讨陈之进行》,《中国国民党二十年史迹》,中正书局1948年版,第271页。

"施行阴谋","借国民党之躯壳,注入共产党之灵魂"①,谓国民党将被无形消灭。他们还拟定了一个限制跨党办法。由于受到孙中山的批评,他们不得不有所收敛。

1924年1月,国民党第一次全国代表大会在广州召开,正式确定了联俄、容共、扶助农工三大政策,邓泽如当选为中央监察委员,但他并未改变反共立场。同年6月,他与张继、谢持一起以国民党中央监委会名义,向孙中山和国民党中央执委会提出弹劾书,谓"中国共产党员及中国社会主义青年团员之加入本党为党员者,实以共产党党团在本党中活动,其言论行动皆不忠实于本党","希即从速严重处分"②。孙中山、廖仲恺等不为所动。7月,国民党中执会决议发表宣言,表明坚持"一大"路线,"对于规范党员,不问其平日属何派别,惟以其言论行动能否一依本党主义政纲及党章为断","仍望我诸同志在此时期中继续努力,……屏除疑惑"③。

孙中山1925年3月逝世后,胡汉民暂时代行大元帅职权,邓泽如及国民党内一部分右翼分子聚集在胡的周围,常假座胡寓、"文华堂"、"慰庐"俱乐部进行活动。他们先是反对改组大本营、成立国民政府的决定,想要把持中央,贯彻其排斥共产党的主张,为此邓出面上书"弹劾政治委员会未经中央执行委员会之议决而发表政府改组",被廖仲恺等人驳回;以后他们又多次策划"清党",以排斥共产党人,并谋划对付左派人物的办法。他们尤恨廖仲恺,必欲除之而后快,以至不惜采取暗杀手段,由胡毅生、朱卓文等收买凶手,于8月间将廖仲恺杀害。

廖仲恺遇害后,胡汉民、林直勉等与廖案有关或有重大嫌疑的人多

---

① 邓泽如:《弹劾共产党两大要案》(1923年11月29日),《中国国民党二十年史迹》,中正书局1948年版,第312—313页。

② 邓泽如等:《致中央执行委员会书》(1924年6月18日),《中国国民党二十年史迹》,中正书局1948年版,第315—316页。

③ 《中国国民党关于党务宣言》(1924年7月7日),中央宣传部编:《中国国民党宣言汇刊》,卿云图书公司1928年版,第76—77页。

出走、逃跑、被捕或被软禁,惟邓泽如没有受到触动,且被任命为财政部长。但他心怀畏惧,很快离开广州。同年11月,邹鲁、谢持等人在北京召开西山会议,邓虽未到会,却出钱资助。1926年1月,邓泽如再次当选为国民党第二届中央监察委员。

1927年4月初,吴稚晖等人以中央监察委员名义提出所谓弹劾共产党案,要求对共产党首要人员进行非常处置,邓泽如从日本赶回,表示完全赞同,并领衔通电,称国民党三中全会和武汉联席会议为共产党所操纵,否认会议所采取的坚持革命、反对独裁的各项措施的合法性,为蒋介石发动"四一二"政变提供了依据。嗣后,邓又到南京出席国民党部分执监委员会议,支持蒋在南京另立国民政府。5月,宁方国民党中央常委及各部长会议决定组织"清党委员会",邓泽如被推为七委员之一。9月,宁汉沪合流成立特别委员会,邓被任为海外部长、政府委员和总理葬事筹备委员会委员。但因国民党内各派势力争夺激烈,他随胡汉民滞留上海未去就职,不久特委会无形解体。

这时的政局极为动荡。张发奎、黄琪翔等于同年11月在广州兵变,拥护汪精卫,反对桂系。12月又爆发了共产党人领导的广州公社起义。邓泽如自上海急电南京国民党中央,指责汪精卫等对于张、黄兵变"不独参预逆谋,实为发纵指示",又说广州公社起义"则为养奸成祸",乃是"主谋正犯"[①],要求派兵去粤镇压。以后邓与古应芬奉派赴粤调查,共同炮制了一个报告书,说汪等"罪过丛积,已非朝夕",应"通缉归案,依律从严处办"[②]。

1928年2月,蒋介石主持召开国民党二届四中全会,仍以邓泽如为国民政府委员。但邓对蒋有所不满,曾谓:"四次全会全操于个人之

---

①　《邓泽如请拿办汪精卫等》(1927年12月13日致中央委员会函),《民国日报》1927年12月16日。

②　《邓、古查办汪兆铭等之呈覆》(1927年12月31日),广州平社编:《广州事变与上海会议》,《近代中国史料丛刊三编》第3辑,台北文海出版社1985年版,第228、235页。

手……余不愿同流合污",因此既不到会,也不就职,并通电否认四中全会名称,认为1927年3月在武汉召开的三中全会不合法,说蒋等已被武汉的中央指为反革命开除党籍,如果"以为有效,则蒋等既丧失党员资格,何能出席于四次全会;以为无效,则何得有四次全会之名?"[1]

1929年,邓泽如继续当选为国民党第三届中央监委,但他态度消极,很少过问政事。此后数年,他除游山玩水、看书写字外,曾把从前所经历及搜集的有关国民党历史的材料编成八册初稿,于1930年交国民党中央党史史料编纂委员会,后以《中国国民党二十年史迹》为书名出版。

1931年2月,胡汉民因与蒋介石发生矛盾被蒋所扣,邓泽如支持胡,于同年4月联合古应芬、萧佛成、林森以四监委名义对蒋提出弹劾。随后国民党反蒋各派和西南军事实力派在广州开"非常会议",另组"国民政府"与蒋对立,邓为该政府委员之一。"九一八"事变后,宁粤议和,于11月召开国民党四大,粤方"非常会议"及"国民政府"撤销,成立国民党中央执行委员会西南执行部和国民政府西南政务委员会,邓仍被推选为第四届监委、改组后的国民政府委员及西南政务委员会委员。

1934年12月27日邓泽如病故于广州。

---

[1]　转引自《邓委员事略》,中国国民党中央执行委员会西南执行部编印:《追悼邓公泽如专刊》,1935年版,第5—6页。

丁 超 五

李锡贵

丁超五,名得心,号立夫,福建邵武县人,生于1883年12月16日(清光绪九年十月二十九日)。其父丁德生,以出租土地和经商为业。丁超五幼年入塾,1889年父亲去世后家道中落,益发潜心攻读,1905年入基督教会在邵武创办的汉美书院就读,旋因与美籍教师不合,在乡绅和亲戚的资助下,转入福州格致书院续学,受近代西方政治思想和科学文化的熏陶,扩大了视野,1910年毕业。

1911年,丁超五受任邵武中学堂教员,由新任邵武县知事林扬光介绍加入同盟会,并参与筹组邵武文会,吸收李云程、姚时叙、陈福怡、朱柏、邓畿、邓城等亲友为会员。1912年8月同盟会正式改组为国民党以后,丁超五先后当选为福建省议会议员和国会众议院议员。

丁超五1913年3月赴京出席国会,途经上海时,在国民党交通部欢迎会上发表演说,以建设共和事业、挽救国家危亡为己任①。至北京后,闻国民党领导人宋教仁在沪遇刺身亡,案情与最高当局有瓜葛,义愤填膺,在国会内提出质询,抨击袁世凯肆虐和阴谋毒辣伎俩。丁超五在国会反对选举袁世凯为正式大总统,虽威胁利诱终不屈。11月3日,袁世凯悍然解散国会,取消了丁超五等国民党籍的议员资格,令交

---

① 《国民党交通部欢迎会记》,《民立报》1913年3月19日。

地方严加管束。丁超五"仍与各省同志暗中联络"①，反对袁世凯推行帝制。

袁世凯死后，黎元洪继任大总统，恢复民元约法，继续召集国会，丁超五仍为众议院议员。他遵循孙中山的电示，反对当局加入协约国和对德宣战。1917年，段祺瑞利用北洋系军人解散国会并毁弃约法后，丁超五响应孙中山"讨逆救国"的号召，追随孙南下护法。9月，他在广州参加国会非常会议，选举孙中山为中华民国军政府陆海军大元帅。10月4日，孙中山任命丁超五为大元帅府参议。是年底至翌年初，孙中山组织援闽粤军，闽籍一些同志表示反对，丁超五力排异议，支持孙中山派粤军进军福建。

此后，丁超五奔走于闽、粤、沪间，为粤军在闽发展、维护共和事业而努力。1921年5月，他至广州参加国会非常会议，选举孙中山为大总统，被任命为中国国民党本部特设办事处福建主盟人。次年，他奉命北上出席国会，反对黎元洪非法复职，拒不接受黎氏所授的官职、勋章。1923年10月，直系军阀曹锟贿选大总统，丁超五严正拒绝曹氏以5000元贿买他的选票。旋南下津、沪、穗，继续反对贿选。孙中山指定丁超五和李执中、董耕耘、黄元白、邵力子等五人为委员，审查国民党议员参加贿选案。嗣后，他奉命去北京，仍在国会中坚持斗争。

同年冬。中国国民党召开改组会议，孙中山指定丁超五为出席国民党第一次全国代表大会的福建代表之一。1924年1月，代表大会在广州召开，丁超五因在北京活动，未能与会。7月4日，孙中山任命丁超五为大本营谘议。孙中山在北京逝世后，张继、林森等人于1925年11月在北京西山碧云寺举行所谓"国民党一届四中全会"，反对孙中山制定的联俄、联共、扶助农工三大政策。丁与林森既是闽籍同乡，又是国会同事，交情颇厚，但丁坚持三大政策，拒绝林的拉拢，两人从此

---

① 秦振夫、张灿修、朱书田等纂：《邵武县志》第26卷列传，邵武永生堂1937年版，第20页。

失交。

1926年1月，丁超五参加在广州举行的中国国民党第二次全国代表大会。他赞成大会重申三大政策、"一大"宣言和反帝反封建革命纲领的正确性以及通过的《弹劾西山会议决议案》，被选为中央候补执行委员。会后，他参与北伐的准备工作，被委派为中国国民党中央特派员，潜至厦门进行秘密活动。12月，国民革命军东路军攻克福州后，丁超五任国民党福建省党部筹备处主任，兼任福建省临时政治会议委员暨政务委员会委员。

1927年3月，丁超五到武汉出席国民党二届三中全会。大会在国民党左派和共产党人共同努力下，坚持了孙中山的三大政策，反对蒋介石军事独裁，从组织上给予一定限制，丁超五表示赞同。在福州的国民党右派发动"四三"清党，攻击丁超五是"左派分子"、"恶化分子"，张贴标语要打倒他。会后，丁超五乘轮船自汉口东下，途中为流弹所伤。此时，白色恐怖甚嚣尘上，他到上海就医，同时观望形势。

蒋介石"四一二"政变后，掌握了党政军大权，革命形势暂时处于低潮。其时国民党内有些人逐步腐化，丁超五对于蒋介石的"清党"主张抱有幻想，认为可以整肃一下，但对狂捕滥杀共产党人、制造白色恐怖则不以为然，主张采用感化的办法对待共产党。在此期间，福建派系斗争异常激烈，南京当局派张群、李烈钧和丁超五等至闽，"会查闽省纠纷，秉公处理"①。

7月，福建省政府正式成立，丁超五任省政府委员兼建设厅厅长。他招纳人才，在建设厅内部和所属机关实行财政公开和会计统一，以身作则倡导廉洁、民主风尚，想为福建建设尽力。然而，在国民党统治下政治腐败，财政拮据，难以建树。丁超五快然去职，将建设厅剩余经费数万元悉数移交，以表清白。宁汉合流后，丁超五主张极力维护党纪，提高党权。

---

① 《福建省政务委员会第45次会议纪录》，福建省图书馆地方文献室藏。

　　1928年2月,国民党举行二届四中全会,丁超五任民众训练委员会委员。3月,南京国民政府成立"中央特种刑事临时法庭",丁超五被任命为庭长。这个法庭设立不到一年即被撤销。蒋介石改任他为中央编遣委员会山西编遣委员。丁超五对蒋介石不满,还被CC分子监视,愤懑于怀,托病到上海疗养。

　　丁超五到上海后,先是与中国生产革命党陈嘉锡、张圣才以及中华革命党陈琢等人发起组织"福建自治协会";继而阅读了中华革命党组织者谭平山撰著的《科学的三民主义》,甚表赞同,与谭秘密会晤,交换政见。1930年春,邓演达从国外回来,将中华革命党改组为中国国民党临时行动委员会,即第三党。丁超五早年认识邓演达,对邓的为人及其政治主张衷心钦佩和赞赏。他认为邓以工农为中心联合广大平民群众,建立平民政权,实现社会主义的主张,符合孙中山革命的三民主义。他与邓会见,履行了加入第三党的手续,并遵照邓的嘱咐,在闽籍华侨中开展联系和发展工作。

　　丁超五在1929年3月举行的国民党第三次全国代表大会上仍被选为中央候补执委;翌年3月在国民党三届三中全会上,因汪精卫被开除党籍,丁超五依次递补为中央执行委员。但是他对蒋介石统治多有不满。其时,邓演达利用侨资创办华东大学,请丁超五担任校长。丁超五欣然允诺,并筹组机构,广告招生。国民党当局却以该校"主要教职员多系不纯分子,希图赤化青年"为由①,勒令停办。嗣后,国民党中央电召丁超五晋京,派他去四川视察党务。他于1931年春奉命入川,调解川军刘湘和刘文辉之争。从四川返回南京后,被派为国民党中央训练部副部长,未去就任。旋受命赴南洋新加坡、菲律宾等地视察侨务,慰问华侨。"九一八"事变爆发后,他在菲律宾华侨集会上发表演说,鼓励华侨捐款支援国人抗击日本侵略者。他密电国民党中央,请迅谋国

---

　　①　丁日初:《记先父丁超五先生》,中国人民政治协商会议福建省委员会文史资料研究委员会编《福建文史资料》第19辑,1988年版,第60页。

内团结,联络苏联,共同抗日。返国后于 11 月间出席胡汉民、孙科、汪精卫派在广州举行的中国国民党第四次全国代表大会,赞成谴责蒋介石的对日不抵抗政策,并电促蒋介石下野,改组国民政府。他闻悉邓演达惨遭蒋介石杀害,深表惋惜和悼念,并向第三党领导人表示,只要力所能及,愿一如既往,为党工作。

1931 年底国民政府改组后,丁超五受任立法院立法委员。此后,丁积极从事国民外交活动。他先在上海与吴山、许冀公、褚辅成、薛笃弼等人组织中韩民众大同盟,曾派朝鲜人金仲文(原名奎植)赴美国组织团体,鼓励朝中人民联合抗日;继派曹励恒去苏联,要求苏方准许我国东北抗日游击队进入苏境,并售给枪支弹药。1933 年,丁超五与台湾同胞谢南光创办华联通讯社,以发布日本动态和我国抗日斗争消息、鼓励人民抗日救国为主旨,任董事长。1934 年丁奉派任江西省党务指导专员,整顿全省党务,但不能合蒋介石的心意,不到一年即去职。1935 年出任监察院江苏区(含南京、上海两特别市)监察使。他认为国难当头,应以抗日为第一义,必须裁减机关和冗员,节省开支,充实抗战经费。是年 11 月,在国民党第五次全国代表大会上,丁超五继续当选为中央执行委员。

“七七”事变后,抗日战争全面爆发,丁超五随国民政府机关撤至重庆。他对国民党军队节节败退以及政治腐败的现实甚为不满,于 1938 年辞去政职,离开重庆,闲居昆明,以研究《易经》自遣。他以太极、两仪、四象、八卦为主要线索,用数学方法加以推演,发现卦图乃是算术的约数,撰写了《科学的易》一书,于 1941 年由中华书局出版,获国民政府教育部学术审议委员会的研究奖。

国民党中央设有中央赈济委员会,委员长是曾任福建民政长和巡按使的许世英,丁超五亦在该会挂名。许世英于 1938 年秋拨款 10 万元,请丁超五返闽举办赈济事宜。丁携款返回邵武,开办赈济会第十四厂,以生产连史纸为主,任董事长。为办好救济难民的公益事业,改良纸的质量,适于钢笔书写,丁悉心经营,曾到永安向省政府建设厅索取制纸配方及明矾、松香等原料。1941 年福建发生严重灾荒，丁超五到南平主持赈济事务。

抗战后期，丁超五两次到重庆参加国民党中央有关会议，曾与中共领导人董必武、王若飞等接触，并与朱蕴山、柳亚子、邓初民等民主人士深谈，认识到中国的出路在于实行民主政治，建立联合政府，从而站到国民党内的民主派一边。抗日战争胜利后，爱国民主运动高涨，丁超五经陈铭枢等介绍，参加了三民主义同志联合会(简称民联)，出席成立会。

1946 年 3 月，丁超五当选为福建省参议会议长。是年底，他到南京开会，再次与董必武会晤，十分赞成中共对国内外形势的分析，并表示要用各种机会揭露和反对国民党扩大内战的罪恶行径。他回闽后，联络参议会内的进步力量，反对国民党的内战政策，呼吁恢复和平，实行民主。是年冬，丁超五以参议会议长身份出任民主报社股份有限公司董事长，努力使《民主报》朝着民主、进步的方向发展。

1947 年 4 月，丁超五接受李济深、朱蕴山的指示，酝酿在福建筹建民联。以后，丁超五先后接纳中共地下党员刘朝缙、林鉴修为省参议会秘书，并掩护民主党派活动，策划在参议会内外开展反征兵、反征粮、反内战的合法斗争。在此期间，刘通回闽参加立法委员竞选，发展民联成员，发挥福建民联的作用，使民联组织有了进一步发展。1948 年元旦，中国国民党革命委员会(简称民革)在香港正式成立，李济深派员潜回内地，委任丁超五、刘通二人负责福建民革工作。福建的民联成员经过研究，决定"民革"、"民联"两个组织名义同时使用。嗣后，丁和刘通被民革中央委派为民革福建领导组召集人。

是年 2 月，按照国民政府行政院下达训令的规定，福建省成立"戡乱建国动员委员会"，丁超五任主任委员。但他不愿做危害人民的坏事，4 月，丁超五通过省参议会为民请命，推派代表赴南京，请求将"赋谷留闽接济民食"①。

---

① 《福建时报》1948 年 4 月 7 日。

1949年1月21日，蒋介石迫于形势宣布引退，由李宗仁代理总统。次日丁超五即对福州《星闽日报》发表书面谈话，希望国民政府真正停止内战，同中共谈判，实现真正和平。国共和谈破裂后，人民解放军渡江南进，国民党反动派加紧白色恐怖，丁超五掩护中共地下工作人员和秘密电台，通过"民联"联系国民党军、政、警、特等中上层人士，积极宣传中国共产党的政策，策动国民党军、政、警、特人员起义、投诚，同时发展民联成员，推进地下民主活动，支持教师、青年学生的爱国民主运动，动员保护财产、档案、枪支、弹药、粮食、经费，迎接解放。他和福州市参议会议长史家麟等联名通电，谓福建民穷财尽，不堪负担，人民亟需休养生息，劝阻汤恩伯部队不要入闽；还反对国党当局在福建招募志愿兵。福州解放前夕，他拒绝反动分子促他携全家去台湾的胁迫，匿居不出。8月17日晨，当解放军兵临城下时，丁超五和萨镇冰、刘通、陈培锟、史家麟、何震、卢金山等七人联名发布安民布告，表示拥护共产党，迎接解放军，希望市民各安生业。

中华人民共和国成立后，丁超五担任华东军政委员会委员，嗣后兼任华东人民监察委员会委员。1950年10月任福建省人民政府副主席。1952年后，丁超五因病居住上海，任民革上海分部筹委会召集人、上海市民革主委，并任市人民代表、市政协委员。1954年后，丁超五任福建省副省长，第二、三、四届全国政协委员，民革第三、四届中央委员。1967年12月5日，丁超五因患脑血栓病在上海逝世。

丁　福　保

陆柏年

　　丁福保,字仲祜,号畴隐居士,别署济阳破衲,江苏无锡人,1874 年 8 月 4 日(清同治十三年六月二十二日)生。父亲丁承祥是个塾师。丁福保六岁入私塾,十三岁以后听哥哥丁宝书讲解经史诗赋,学业大进。

　　1895 年丁福保在江阴南菁书院肄业,成绩优异,次年考取秀才。1897 年秋,他去南京应乡试未中,次年再入南菁书院,跟随近代数学家华蘅芳、华世芳兄弟学习数学,肄业后在无锡竢实学堂担任算学教习。

　　丁福保自幼体弱,任教习后又患肺病,经华蘅芳介绍其表弟赵元益诊治。丁福保由此广泛阅读医学书籍,并向赵元益求教。1901 年丁福保辞去竢实学堂算学教习的职务,往上海住在赵元益家中养病、学医。这时西医输入中国日盛,赵乃当时名医,曾译述过一些西方医学著作。丁福保认为通过日译医书学习西医,更易奏效,遂于同年考入盛宣怀在虹口创设的东文学堂,精心学习日语,课余曾编写《日本文典译释》等书,为以后编译日文医书打下良好的基础。

　　1903 年夏,丁福保赴北京,受聘为京师大学堂译学馆算学及生理学教习。两年后他不愿继续任教,于 1905 年暑假辞去教职回到无锡。他在无锡与友人共同组织译书公会,原计划刊印医书,未能如愿,只编印了《代数备旨》等数学教科书,后因亏损过巨而结束。

　　丁福保于 1908 年春前往上海,先在自新医院任监院,同年秋开始为人治病,但求医者不多。次年 6 月,两江总督端方在南京举行"南洋医科考试",丁往应试,取得最优等开业证书,受派为考察日本医学专员;同时盛宣怀也要他调查日本办理医科学校、孤儿养育院的情况,并购买医药图书。7月,丁东渡日本,参观了千叶医学校、帝国医科大学及其附属医院、东京小石川养育院等处,了解日本在医药方面的先进技术。8月回国后,继续行医,名声日盛。

丁福保行医已采用近代西方医学的诊断方法,运用理化检验、X光、显微镜等器械,以确诊病因,对症下药。他认为中国古代医学在生理解剖、诊断、药物等方面,受阴阳五行学说的干扰,"谬种流传,以迄今日,不能生人而适以杀人"。他主张借鉴西医改良中国医学,又主张"假道日本,较欧美为便"。日本古代医学,深受中国传统医学的影响,明治维新之后,输入西方医学,加以吸取与传播,发展显著。丁依据日文的医药图书,先后编译出版七八十种医疗基础理论、内外诸科、诊断护理、药物等书籍,合称为《丁氏医学丛书》,后来在南京及罗马等国内外展览获奖。在此之前,近代西方医书汉译本在我国仅二十余种,丁福保大量转译日文西方医书,在我国介绍近代西方医药科学上起了重要作用。1910年丁福保发起组织中西医学研究会,开展医药学术的探讨,有会员数百人,出版发行了《中西医学报》。他配制的"精制补血丸"、"半夏消痰丸",曾在南京举办的南洋劝业会上获奖。1913年他在上海开设了丁氏医院。

丁福保原有国学基础,热心收集整理古籍。早在南菁书院时,他就立志广罗图书;辞去京师大学堂译学馆教习的动机,也有实现他编印古籍的志向在其中。经过多年行医之后,他有了丰裕的收入,陆续购藏了各类图书,其中有不少善本古籍。他创办了医学书局,除刊印医书外,先后编辑印行了《汉魏六朝名家集初刻》、《全汉三国晋南北朝诗》、《历代诗话续编》、《清诗话》等书。

丁福保在京师大学堂译学馆任教时,曾读过一些佛教书籍,深受影响。1916年起,他开始信奉佛教,吃斋茹素、宣扬佛学,编写了《佛学指南》、《佛学初阶》等读物,笺注了《金刚经》、《六祖坛经》等多种佛教典籍。他又参考日本出版的几种佛教辞典,编成《佛学大辞典》于1921年出版。他早年在日本曾购得国内已经失传的《一切经音义》(唐释慧琳编)和《续一切经音义》(辽释希麟编)，这时乃以笔画为序，将此两书另行编排，出版了《一切经音义汇编》。他在浏览道教图书后，见道教典籍浩繁，信徒难以通读，于是选辑道教经籍100种，1922年编为《道藏精华录》出版，以带有道教色彩的"守一子"署名。后来他又撰写了《老子道德经笺注》于1927年印行。

丁福保认为他编印的医学、算学书籍虽有几十种，但都时过境迁，不足流传；所刊宗教书籍，则稍有可存的价值。他还专心致力于钻研《说文解字》一书，汇集了182种注释和研究《说文解字》的著作，以许慎的原书次序为纲，编辑成《说文解字诂林》，俾查阅一字而各家论说齐备，使用方便，于1928年出版，获得各界好评。次年，他翻造上海大通路瑞德里的旧居后，取名"诂林精舍"，用以读书著述。他继续汇集有关《说文解字》的其他46种论述，于1932年又编印了《说文解字诂林补遗》。此外，他又编写了《六书正义》、《说文钥》等数种文字学的著作。丁收藏了不少古代钱币，1938年编印了《古钱大辞典》，同时出版了《古泉学纲要》等有关古钱的著作。丁福保整理古籍二十余年，印行多种大型图书，使他的名声在学术文化界比医药界更为人所知晓。

为了集中精力编书，丁福保1931年起曾停止行医，但不时仍有病人求诊。几年后他又恢复行医，每天上午为人治病。同时他又编译了《民众新医学丛书》二十余种，宣传医药卫生知识。他发起组织了中国肺病学会，并支持儿子创立上海虹桥肺病疗养院。他晚年信佛更笃，迷信于轮回报应之说，宣扬戒杀放生。由于他的社会声望，曾先后在上海佛教医院、上海福幼院、世界提倡素食会、上海卫生教育社、中国医学杂志社、古钱学会等慈善机关、学术团体担任过职务。

丁福保于1952年11月28日因病在上海去世。他自1926年起就主持编辑《四部总录》，广辑经史子集，是一部备载前人序跋、解题的书目，编成而未及出版。他去世后，他的学生周云青整理其遗稿，由商务印书馆出版了"医药编"、"天文编"、"算学编"、"艺术编"四种。

主要参考资料

丁福保编:《畴隐居士自订年谱》,上海医学书局 1925 年版。

丁福保撰:《畴隐居士自传》,上海诂林精舍出版社 1948 年印。

丁福保著:《畴隐居士学术史》,上海诂林精舍出版社 1949 年印。

丁　贵　堂

任嘉尧

丁贵堂，字荣阶，1891年12月20日（清光绪十七年十一月十八日）生。祖籍山东黄县，先辈闯关东，在辽宁海城丁家堡子落户。祖父丁有柏为大车夫；父亲丁希官以自做自卖豆腐为业，并租佃土地耕种。丁贵堂童年帮助父兄务农，牧牛放猪。由于家中三代文盲，其父下决心送他求学。丁十岁入塾，继在本县三育学堂、两等小学堂就读，敏而好学。他亲身感受到日本、俄国帝国主义对东北的侵略，逐渐形成爱国思想，具有正义感。1910年他在奉天高等学堂毕业后，曾在奉天东关两等小学堂执教，其时周恩来在该校求学①。1912年春，他考入奉天法政学堂；两月后，转考入北京税务专门学校，苦读4年。毕业后于1916年7月被派到安东海关任见习，翌年8月经过考核升为最末级帮办，开始了他整整46年在海关工作的生涯。

1919年秋，丁贵堂调到北京，在总税务司署做打字工作，四年后为汉文科帮办。我国海关自鸦片战争后，关税自主权、海关行政管理权、关税收支权等，均被英、美、法、日等帝国主义国家陆续攫夺，统管全国海关的总税务司及各关税务司、副税务司皆由这些国家派遣的外籍人员担任，我国海关大权完全被垄断了，在海关工作的中国人员，备受外

---

① 据辽宁大学教授、丁贵堂之同学张镜玄回忆以及与周恩来同学之卢广绩口述。丁贵堂生前曾多次对其子女说过："周总理是位胸怀大略的政治家，想当年我只教过他短短几个月英语，他至今还没忘记。"

籍人员的歧视和欺凌。丁贵堂到海关工作后,不堪忍受他们蔑视我国主权的跋扈行径,几次与之争吵。丁曾联合总税务司署的中国人员与外国人交涉,据理力争,方获得了房租及煤贴。

1927年春,丁贵堂调上海江海关任汉文秘书。是年4月,蒋介石发动政变后在南京建立国民政府,英美为支持国民党统治,声称将海关行政权逐步交还我国,总税务司署隶属财政部关务署。但是,总税务司仍由英人梅乐和(Frederick William Maze)"代理",税务司、副税务司等高级职务亦仍由外人充任。这年,江海关中国员工发起组织海关华员联合会,以"提高职权,改良待遇"相号召,开展争取中外关员平等待遇的斗争,丁为该会组织部员。在斗争中,丁主张用和平说理的办法,而不用罢工或其他暴动手段,认为那些手段既为国民政府所不容,若失败,会使洋员更加凶残。在广大员工坚持斗争下,海关当局被迫提升数名华员为"代理副税务司"以资敷衍,丁贵堂升为江海关代理副税务司,仍做汉文秘书工作。

1929年初,国民政府财政部关务署在南京举行海关关制审查会议,丁贵堂和其他爱国人士为挽回海关行政管理权及提高华员地位待遇,在会上据理力争,取得了中国关员和外籍关员原则上的平等待遇和地位,并规定以后海关行政部门停止招收外国人,在一定程度上开始削弱外国人的垄断权势。同年,梅乐和实任总税务司,丁贵堂在总税务司署任汉文科代理税务司,次年初实任汉文科税务司。他对海关一切事务,力争必须由关务署同意后方可执行,避免外员多头干预,以维护海关主权;同时,他对海关的报关单和其他统计报表均加列汉文,打破了单用英文的惯例。

1934年4月,丁贵堂升任总税务司署总务科税务司(相当于秘书长)。这项职务历来由英、美人充任,"九一八"事变前夕始由日籍关员岸本广吉充任。"九一八"事变后中日关系恶化,岸本返国,丁在全国人民抗日怒潮中继任总务科税务司。但是国民党政府签订了丧权辱国的"塘沽协定"后,日本政府一再要求岸本复职。是年底,丁贵堂被迫改任不管科税务司。1935 年春，丁被派为考察欧美关政特派员，出国 7 个月。9 月返国后，任总税务司署汉文科税务司。

"九一八"、"一二八"事变后，全国人民抗日救亡运动风起云涌，丁贵堂爱国热情高昂。他对家乡东北的沦亡十分痛心，对十九路军在上海英勇抗战非常敬佩。他曾联合在上海的海关高级华员张勇年等人，通电号召全国海关员工向抗日军队捐献慰劳金。在他们的倡议下，全国海关的中国员工自 1933 年起，按月捐献薪金的 5％，慰劳和援助英勇抗日的十九路军、东北义勇军和冯玉祥、吉鸿昌、宋哲元在华北的抗日部队；阎宝航、高崇民等人主持的东北抗日救国会也得到了资助。丁同情和支持东北进步人士和流亡学生的爱国活动，常予慷慨资助，并热情接待杜重远、阎宝航、高崇民等人住在自己家中。丁贵堂对宋庆龄和斯诺、艾黎等创导的"工合"运动，亦予以赞助和支持。以后他还带动海关员工开展捐献活动。抗日战争爆发后，八路军平型关大捷，丁请阎宝航交 1 万元给八路军办事处；以后又拨款两万元支援新四军。

1937 年 11 月，上海失陷，租界成为孤岛。丁贵堂筹划将总税务司署内迁重庆，但为日本侵略者所阻。总税务司署曾把华北日本侵略军进出山海关和长城各口的情况密电报告重庆国民政府。日军在发动太平洋战争后进占租界，在天津海关发现此项密电副本，认定是间谍行为，于 1942 年 3 月逮捕丁贵堂及副税务司张勇年等人。虽遭严厉审讯，辱骂殴打，丁始终表示系按政府明令办理，拒不承认是间谍行为。一个月后释出。是年底，丁佯称患病告假去东北老家养病，毅然离别妻室子女离沪，在河南商丘穿越日伪封锁线，辗转抵达重庆。

1943 年 3 月，丁贵堂在重庆任总税务司署秘书长。6 月，总税务司梅乐和辞职，丁被派为代理总税务司，是为中国关员第一次执掌海关领导权。但为时只 2 个月，国民政府财政部即派美国人李度（Lester Knox Little）为总税务司，任丁为副总税务司。10 月，丁到新疆筹设海关，于翌年 2 月在迪化（今乌鲁木齐）设立迪化关，丁兼该关税务司；嗣后并在中苏边境塔城、伊宁、霍城、和阗等地设立了关卡。

抗战胜利后,丁贵堂被派为上海财经接收委员,并兼江海关税务司及上海浚浦局局长,负责接收总税务司署、江海关和浚浦局。他洁身自守,与当时众多之国民党"劫收"大员截然不同。1946年冬,李度调丁回总税务司署,而另派英国人白立查(E. A. Pritchard)为江海关税务司,以控制这个东方和中国第一大口岸。丁贵堂力主江海关税务司一职应由中国关员担任,但李度得到宋子文和国民党政府关务署长张福运的支持,独断专行,仍命丁向白立查交卸。白立查不久患肺癌死去,江海关税务司一职始由中国关员充任。

由于国民党统治集团仰仗美英帝国主义的援助,盘踞在海关的帝国主义分子盛气凌人,肆意凌辱和欺压我国员工,上海区海关员工会曾先后五次发动怠工、罢工,丁贵堂始终表示同情,但劝说罢工工人"应当适可而止,不可弄的太大了难以收拾"①。李度曾调来国民党特务、军警企图武力镇压,丁贵堂等从中斡旋、阻止,力免酿成流血事件。

在人民解放战争取得三大战役胜利的形势下,国民党统治集团军政人员纷纷逃往广州、台湾;海关许多人员亦惶惶不安,以丁贵堂之行动定去留。丁在中共地下组织和民主人士的团结、教育下,决心留守江海关,设法保护关产和档案,期望在共产党领导下的新中国实现自己收回关权的愿望。1949年春,丁毅然宣布决定留沪,敦促李度电令各关不得撤退,不得运走档案,不得汇走税款。上海解放前夕,国民党统治集团从广州、台北几次电令丁将当时远东最大的挖泥船"建设号"开往台湾;京沪杭警备总司令汤恩伯又下令征调海关和浚浦局的数十艘缉私艇和挖泥船。丁贵堂在中共地下组织领导和海关广大员工的支持下,托词"船只要修理"、"人员要补充"、"材料要添置"而予以拖延,尽力保护关产。汤恩伯十分恼怒,曾下令逮捕丁贵堂;由于解放大军兵临城下,汤仓促逃跑,丁得免于难。

中华人民共和国成立后,帝国主义在中国的一切特权均被取消,海

---

① 丁贵堂:《自传》(1951年7月1日),手稿打字本第16页。

关实现了完全的独立自主,丁贵堂无限兴奋。他积极协助上海市军管会接管总税务司署、江海关和浚浦局。1949 年 9 月,他参加了第一届中国人民政治协商会议。中华人民共和国成立后,先后担任海关总署副署长、海关管理局局长,主持人民海关的建设,不遗余力。由于丁贵堂熟谙海关事务,毛泽东曾直呼他为"丁海关"。他还当选为第一、二届全国人民代表大会代表。

1962 年 11 月 21 日丁贵堂病逝北京。

主要参考资料

对外贸易部海关总署研究室编:《帝国主义与中国海关》,科学出版社、中华书局出版。

[美]威罗贝:《外人在华特权和利益》,三联书店 1957 年版。

丁耀珍、丁耀璞、丁耀瑛、丁耀琳:《纪念父亲丁贵堂》,《光明日报》1982 年 12 月 29 日。

《丁贵堂》,戚再玉编:《上海时人志》,展望出版社 1947 年版。

丁　默　邨

朱佩禧

丁默邨,原名丁聚川,又名勒生、时政、竹倩。1901 年生于湖南常德市大高山街。其父略通文墨,以缝纫为生,兼裱字画,家道小康。丁幼时就读省立第二师范附属小学,毕业后未能考入中学。时值五四运动,丁默邨只身来到上海,通过学生会开始参与政治。1921 年秋,在上海受施存统赏识,参与组织社会主义青年团的活动。

1922 年春,丁默邨持团组织介绍信回长沙,与中共湖南支部取得联系后,被派往常德省立二师组建团组织。他首先邀请蒋希清、严正谊等组织了马克思学说研究会。此后又筹建常德团组织,丁默邨自任组长。1922 年 6 月,团员发展到三十五人,小组扩大成社会主义青年团"常德地方执行委员会",1922 年 10 月 13 日,丁默邨担任团书记。1923 年 4 月,团"常德地方执行委员会"改选,丁默邨失去书记一职,为此愤愤不平,后出走到上海①。1924 年加入国民党。

1924 年,丁默邨担任广东国民革命军政治部训练工作,后又任国民革命军总司令政治部主任秘书、汉口特别市政府处长、参事。1930年,转任特工,表面是明光中学校长,实际上直接领导一个直属情报小组,出版《社会新闻》,攻击共产党人和汪精卫。1934 年,受国民党元老陈立夫举荐,担任南京国民政府军事委员会调查统计局本部秘书兼第

---

① 易建设:《从青年团到铁杆汉奸——丁默邨其人其事》,《湖南党史》1998 年第 2 期,第 139 页。

三处(即邮电检查)处长,陈立夫任局长,丁当时地位与戴笠(二处处长)、徐恩曾(一处处长)并驾齐驱。

1938年8月第三处被撤并,原综合性之调查统计局裁撤,该局第一处改组为日后之中统局,第二处改为日后之军统局。在中统与军统分离过程中,丁默邨未获新工作,仅在"军委会"中挂了个少将参议的空衔,气恼之下,1938年秋,以"治病"为借口赴香港。1938年底由香港逃往上海日占区投奔日伪。1939年1月,丁默邨参加了李士群组织的特务机构。1939年2月,日本大本营特务部长土原肥贤二为扑灭上海抗日力量——"蓝衣社"及中国共产党地下组织,表示要组织一支特工队伍,丁默邨丰富的特工经验被日本人选中,与李士群合作组建"特工总部"。

1939年3月,"特工总部"搬到沪西地区的极司菲尔路(现万航渡路)七十六号。土肥原贤二及大本营陆军部军务课长影佐祯昭①派晴气庆胤②给予指导,由大本营参谋总长下达《援助丁默邨一派特务工作的训令》。"特工总部"逮捕和杀戮重庆方面爱国同志,是压制民众组织的抗日活动的日伪秘密机关,其中住有大量日本宪兵和警察。警卫总队长由李士群的亲信吴士宝担任。日本人每月给丁默邨三十万法币,

---

① 影佐祯昭(1893年3月7日—1948年9月10日)日本陆军中将,上海梅机关负责人,日军驻汪伪政府最高代表,第七炮兵司令,第三十八师师团长。
② 晴气庆胤(1901年—1959年)日本特务。1931年日本陆军大学毕业。1934年任职日本参谋本部期间,被派到中国九江收集情报。1938年6月任土肥原贤二的助手,从事特务活动。1939年2月10日,根据日本大本营参谋总长的"训令",帮助汉奸丁默邨、李士群建立特工组织,成为汪伪七十六号特工总部的后台。后参加日本特务机构"梅机关"。1940年11月,任汪伪政权的军事顾问。1942年4月,任日本华北方面军参谋。在华期间,为汪伪政权出谋划策,屠杀中国爱国军民。1943年回日本,任参谋本部中国课课长。

因此他仍然直接受日本宪兵指挥①。1939 年 8 月，汪伪国民党第六次全国代表大会上，丁默邨被推选为伪中央执行委员会常务委员兼特工总部主任，李士群任副主任。丁与汪精卫合流，大肆捕杀共产党人和抗日志士。七十六号有"魔窟"之称号，丁默邨被国人称为"丁屠夫"。

　　1939 年 8 月，中统陈立夫派赵冰谷到上海，劝说丁默邨向中央输诚不成功，赵冰谷反被李士群扣留，两个月后被放回重庆。1939 年底，国民党中统为了暗杀丁默邨，派出女间谍郑苹如，实施"美人计"②。第一次行动，郑苹如引丁默邨到她家做客，并安排狙击手等候。丁突然改变主意，掉头离去。第二次行动，郑引丁到预先已埋伏好杀手的上海静安寺路戈登路口西伯利亚皮货店。不料被丁默邨看出破绽，乘车逃脱。第三次，郑苹如不甘心失败，驱车到七十六号，被丁的亲信扣押，后被杀害。1939 年，上海因租界关系，前江苏高等法院第二分院仍然执行国民政府法令，拒绝参加汪伪的"和平运动"，汪伪特工总部杀害了该院刑庭庭长郁华和钱鸿业等国民党法院职员，"杀鸡儆猴"，以示警戒，而与担任副主任的丁默邨脱不了关系③。1940 年 1 月，周佛海和丁默邨谈特务发展问题，认为目前缺乏者不在经济而在人才；局面日益发展，人才更不敷支配。丁默邨向周佛海提议江北各路司令人选④。1 月 27 日，汪精卫、梅思平和周佛海商组"国民政府还都筹备委员会"，丁默邨作为十一个委员之一，担任运输组组长⑤。

---

　　①　高宗武著，陶恒生译：《高宗武回忆录》，中国大百科全书出版社 2009 年版，第 88 页。据 1946 年 10 月首都高等法院统计，在丁默邨担任特工期间，国民政府特工许克、王祥生、卜玉琳、李楚琛、陈兆庆、徐寿新、余延智、周希良、徐阿梅、郭效泉、张焕文、彭福林等十二名。见南京市档案馆编：《审讯汪伪汉奸笔录》下册，江苏古籍出版社 1992 年版，第 703 页。

　　②　梅子：《刺杀汉奸丁默邨的美女特工郑苹如》，《名人传记》2008 年第 4 期。

　　③　南京市档案馆编：《审讯汪伪汉奸笔录》下册，第 847 页。

　　④　周佛海著，蔡德金编注：《周佛海日记》上编，1940 年 1 月 6 日、14 日，中国文联出版社 2003 年版，第 225 页。

　　⑤　周佛海著，蔡德金编注：《周佛海日记》上编，1940 年 1 月 26 日，第 237 页。

　　1940年2月，丁默邨和李士群两人围绕人事任命问题矛盾重重，关系极不融洽，最后矛盾爆发在警政部长的任命上。1939年12月30日，汪精卫与日本梅机关签订了《关于中日新关系调整协定书》，其中《秘密谅解事项》第一条规定：在汪伪政权成立后，伪维新政府将予取消，但主要人物的面子和地位，须加以考虑①。汪精卫、周佛海内定由丁默邨担任伪警政部长，李士群任次长。李士群立即找到周佛海，公开反对丁默邨任警政部长，自己要求任该职务。后来周佛海提议，警察和特务分开管理，特务由他直接负责，丁默邨表示同意，可是李士群不同意。其中日本的晴气庆胤和塚本支持李士群，最后汪精卫无奈之下，由周佛海任警政部部长，邓祖禹任常务次长，李士群任政务次长，丁默邨另行安排，至此埋下了周佛海和李士群、丁默邨和李士群的矛盾的隐患。1940年3月，丁默邨任汪伪中央政治委员会委员、伪军事委员会委员、伪行政院社会部部长，掌管社会福利工作。1940年12月28日，周佛海将警政部事务移交给李士群。

　　丁默邨与周佛海是湖南同乡，与中统关系密切，面对李士群与丁默邨的矛盾，周佛海常常找丁默邨谈话，希望社会部与特工总部紧密合作。1940年12月1日，周佛海告诫丁默邨，以气量宽宏……第一须泯除所谓改组派及CC之畛域，第二CC之中尤不宜分门立户等。实际上，周佛海是站在丁默邨一边，对于李士群则很不满。"默邨对余（周佛海）忠实，余非不知，惟因器小多疑，致同志中对渠（丁默邨）不谅解者极多，如听其自然，实对默邨不住。""晚士群来谈问题甚多，觉其政治上认识不清；就明大义、识大体一点观之，尚觉不够，殊为憾事。"丁默邨和李士群的摩擦，离不开日本特工的支持，其中川本芳太郎支持丁，晴气庆

---

　　①　周佛海著、蔡德金编注：《周佛海日记》上编，1940年2月6日，第241页注释。

胤支持李,而影佐祯昭苦于应付两人的争执①。1941年李士群当上了汪伪清乡委员会秘书长、"剿共救国特工总部"负责人和伪江苏省省长等要职,周佛海接到军统的除奸令,制定了利用日本人除掉李士群的计划。由周佛海主持,丁默邨从旁协助,华中宪兵司令部特科科长冈村少佐帮忙,1943年9月6日毒杀了李士群。

1940年夏和1941年夏,丁默邨先后在南京成立社会事业协会和农村福利协会,进行社会和农村福利工作,救济贫民和难民的生活,调查民运情形。1941年2月1日,丁默邨出席南京的伪东亚联盟总会创立会,并担任社会福利委员会主任委员。此时上海工潮不断、租界华董改选、上海总商会改选,问题层出,影佐祯昭对丁默邨渐感不满,下令停止川本芳太郎与丁的联系②。1941年8月,丁默邨担任社会运动指导委员会常委,周佛海任委员长。1941年9月,调任伪交通部部长,任职期内,收回了一些铁道、轮船、航空等日方公司,保全邮局,维持通邮通汇,改进公路、革除交通行业的腐败。

1942年夏,赵冰谷再次来上海,与丁默邨联络。丁默邨在1942年1月给重庆政府写了自首书,开始向重庆靠拢。之后,丁默邨受陈立夫指示,离间汪精卫和李士群、汪精卫和日本人的关系。1943年、1944年陆续派赵冰谷来上海,要求丁默邨和周佛海掩护协助,在南京、上海设立电台,以与中统局联络、提供情报之用。

1943年2月,丁默邨改任伪社会福利部部长。任内发表《岁首感言》一文,主张惟有大东亚战争胜利,东亚民族才得解放,夸大日寇战功,鼓吹整军建军,加紧训练青年等通敌行为暴露无遗,成为日后罪证③。1943年5月1日,丁默邨和南京市长周雪昌为救济华北四省灾

---

①　周佛海著,蔡德金编注:《周佛海日记》上编,1940年7月30日、12月1日、12月8日、1941年12月26日、1月11日、5月25日、2月1日条。

②　周佛海著,蔡德金编注:《周佛海日记》上编,1941年3月22日,第439—440页。

③　南京市档案馆编:《审讯汪伪汉奸笔录》下册,第848页。

荒,在南京联欢社召集河南、河北、山东、山西各省代表等商讨并组织华北急救会,决定在苏州、上海、杭州、蚌埠及其他各重要地区设办事处。在运输赈灾用品方面,要求日本各驻华机关给予协助①。5 月 19 日,丁默邨呼吁上海各界尽力筹赈,通过京戏大会串、足球义赛和跑马义赛来筹募款项,并向上海市民提倡"节约"和"救灾"②。6 月,丁默邨对《申报》上"节宴公约"表示赞成,并发表"简单朴实为荣,奢侈虚靡为辱"等谈话③。担任社会福利部长后,丁默邨在新国民运动公务人员及青少年团暑期集训营上,发表了《战时社会政策》,认为战时社会政策重要,设立社会部,由政府和民间分别举办社会福利事业,提出"民间之力,造福民间"、"地方之力,造福地方"④。后在《申报》上发表了《社会福利与社会政策》⑤。

1944 年 12 月 27 日,汪精卫死亡,汪伪政府人事大调整。1945 年 1 月,丁默邨担任汪伪国防会议秘书长兼任伪政治保卫部副总监,其中总监由国防最高会议主席陈公博担任,副主席由周佛海担任。

1945 年 5 月底,丁默邨调任伪浙江省省长兼党部主任委员,伪杭州绥靖主任及伪浙江省保安司令等职。他担任"浙江省省长"后,取消了清乡机构,分期分区取消了浙江各区的封锁线,撤除了所有各地封锁用的竹篱笆;统制物资,组织物资运销管理处,把民财供给日军。在杭州市各城门,夏季每日 6 时即行锁闭,丁默邨改杭州市城门关闭为 8 时,入西湖游览者展至夜间 11 时,一定程度上方便了市民。另外,平抑物价,原来杭州米价涨至每石伪币九十万以至百万元,丁默邨到浙江

---

① 《丁默邨等发起救济华北灾黎》,《申报》1943 年 5 月 2 日。

② 《陈丁两长官吁请各界尽力筹赈(华北灾民待援手)》,《申报》1943 年 5 月 20 日。

③ 《社会福利部长丁部长谈"节约"与"救灾"》,《申报》1943 年 6 月 2 日。

④ 《战时社会政策——公务员青少年暑期集训营演讲词》,《申报》1943 年 7 月 25 日。

⑤ 《社会福利与社会政策》,《申报》1943 年 9 月 17 日。

后,设法输运物资,平抑物价至每石伪币四十万元以内,较附近其他地方低①。在浙江省省长任内,每周以伪省党部名义,印制大量宣传品,如"大东亚主义"、"轴心国必胜"等口号,分发各伪市县党部②。

日本投降后,因其战时曾向重庆国民党政府输诚,因此被任命为浙江省军事专员。丁默邨委托军委会东南工作团主任赵冰谷、第三战区联络专员萧伯威携同"反共剿匪"(匪在本文中是指浙江的中共游击队)计划,专程去见顾祝同,投靠国民政府。1945年春,丁默邨在浙东扫荡了茅山中共游击队,6月又进剿浙西地区,肃清吴兴、德清一带的中共游击队,恢复浙江地方的水陆交通,维持浙江沦陷区及沪杭沿线一带之治安。协助中央接收伪军方面,他交出其所属全部兵权——有五个师、五个团和十五个直属大队,合计兵力共约二十五个团,使江浙东南方为国民党军队控制③。1945年夏,丁默邨曾计划勾结日寇特工中岛信一,计划组织突击总队,等国民党军队在浙东一带登陆时,实行游击战,牵制国民党军队。后接受国民党中央指示,前往浙江控制伪军做内应,维持治安,等待国民党军队反攻及美军登陆。

1945年9月30日,丁默邨和周佛海等人由军统戴笠陪同,从上海飞往重庆,被幽禁于嘉陵江畔的"白公馆",享受着优裕的生活待遇。可惜好景不长,1946年3月,戴笠撞机殒命。9月16日,国民党当局迫于国内舆论的强大压力,不得不开始"审讯汉奸"。先用专机将周佛海、丁默邨等由重庆押解到南京,关在宁海路军统局看守所,后又移至国民党首都高等法院老虎桥监狱。9月21日,首都高等法院检察处开始侦讯。25日,丁默邨递交了万余字的《自白书》,详细叙述了他自首经过,设法为自己开脱罪责,逃避惩罚。可是,在经过四次侦讯和调查,11月11日高等法院检察处对他提起公诉。

---

① 南京市档案馆编:《审讯汪伪汉奸笔录》下册,第681页。
② 南京市档案馆编:《审讯汪伪汉奸笔录》下册,第848页。
③ 南京市档案馆编:《审讯汪伪汉奸笔录》下册,第808页。

1947 年 2 月 8 日,首都高等法院作出了判决:丁默邨共同通谋敌国、图谋反抗本国,处死刑,剥夺公权终身,全部财产除酌留家属必须生活费外没收①。1947 年 7 月 5 日,丁默邨在南京老虎桥监狱里执行枪决。

---

① 陈娟:《阴险狡猾的丁默邨》,华东七省政协文史工作会议编《汪伪群奸祸国纪实》,中国文史出版社 1993 年版,第 327—342 页。

丁　惟　汾

娄献阁

丁惟汾，字鼎丞，晚号诂雅堂主人。祖籍江苏省海州（今属连云港市），1874年11月6日（清同治十三年九月二十八日）生于山东省日照县涛雒镇。丁家迁至日照已有很久的历史，且为当地望族。其父丁以此，字竹筠，为清末名儒，有《毛诗正韵》、《尔雅声类》等书行世。

丁惟汾幼年在家课读，听父讲论，专心音韵，而厌弃帖括。后入保定师范学堂学习。1904年赴日本留学，入明治大学法学系。因受进步思想影响，经张继介绍，于1905年10月加入中国同盟会。留日期间，曾与蒋衍升等在东京创办《晨钟》周刊，宣传反满复汉等革命主张。丁不善言词，但肯实干，为孙中山、黄兴所器重。1907年春，同盟会山东分会会长徐镜心离日，分会长一职即由丁继任。

1908年丁惟汾曾回山东，联络本省同人先后在济南、烟台、青岛等地设山左、东华、震旦各公学，以学校为掩护进行革命活动，所招学员均入同盟会，引起当局的注意，学校相继遭破坏。1911年春留日学生发起军国民会，准备大举，总会设上海，丁亦返鲁组织分会，同年10月武昌首义后，山东立即响应。丁惟汾与谢鸿焘等密商，迅速在省垣济南改组各界联合保安会，同时发动当地驻军第五镇官兵参加，推举山东巡抚孙宝琦为都督，于11月13日宣布独立。但袁世凯得讯即派其爪牙张广建、吴炳湘至济南，串通孙宝琦及第五镇协统张树元取消独立，并对革命进行镇压，党人逃往各地继续活动，丁则南下请援。同年12月12日烟台起义，举舞凤兵舰舰长王传炯为司令，而王暗结袁世凯,妄想把党人一网打尽。丁在上海与黄兴、陈其美晤商,陈急派沪军三千,以刘基炎统帅北上;南京政府并委胡瑛为山东都督,因胡一时不能成行,乃由杜潜代理都督领兵先行,迫使王传炯慌忙逃窜。

1912年丁惟汾任山东省议会议员兼法政专门学校校长,同年8月同盟会改组为国民党后,他被选为山东省党部理事。1913年4月,第一届国会在北京开幕,他作为山东省籍议员,出席会议。时袁世凯实行独裁统治,唆使心腹暗杀宋教仁,不经国会同意擅签善后大借款合同,无理罢免江西省都督李烈钧等,引起国会议员的不满,丁等曾在议会提出质问书。"二次革命"失败,袁于同年11月4日下令解散国民党,追缴国民党籍议员证书,并有加害丁之意。丁早有警觉,事前已出京,再度赴日,旋返回山东,在家乡以农耕为韬晦之计。1915年袁世凯帝制活动日炽,8月筹安会起,不久丁潜赴上海,翌年春与十七省议员通电讨袁。旋返山东,助居正在潍县、周村分途发难,积极参加护国运动。

1916年6月袁世凯死后,国会恢复,丁惟汾抵北京出席会议。1917年7月,孙中山在南方高举护法旗帜,9月1日丁南下广州参加非常国会会议,选举孙中山为军政府大元帅。次年孙受西南军阀排挤辞职赴沪,丁奉命留粤。1919年春应孙中山之召至上海。丁在沪发行《北方周刊》,联络各地青年。余暇从事声韵及经学研究,同年草成《毛诗韵例》、《箕裘录》各若干卷。1920年秋,孙中山回粤重整军政府,丁随孙至广州,出席国会非常会议,于1921年选举孙中山为非常大总统。时孙决心出师北伐,派丁赴上海联络北方党员,并兼国民党山东支部长,以备接应北伐军。

1922年6月陈炯明叛变后,丁惟汾竭力赞助孙中山讨陈,曾列名旅沪各省同志讨陈宣言。孙接受失败教训,重新整顿国民党,同年9月指定丁等九人为规划改进方略起草委员,但因旧国会再次复会,他前往北京出席会议,未能始终其起草工作。1923年1月,孙中山任命丁为

国民党本部参议。同年夏,为反对直系军阀逼迫黎元洪离职和酝酿贿
选总统,丁与王乐平、覃振等21人在天津发表离京宣言,声讨曹锟违法
丑行,旋赴上海,百多名议员先后抵沪。在沪丁曾出席中央干部会议,
商讨国民党改组问题。同年冬,他奉孙中山命在北京设国民党北方执
行部(后改为北京执行部,仍由丁负责主持),秘密开展工作,并于青岛
创办胶澳中学,以培养青年。

　　1924年1月,国民党第一次代表大会在广州召开,丁惟汾被推为
党章审查委员会委员,并当选为中央执行委员。2月又被任命为大
本营参议,9月曾出席中央政治委员会会议,参与讨论北伐大计。同
年10月下旬冯玉祥发动北京政变时,丁正在北方,不久鉴于冯已拥
段祺瑞为大元帅,曾电劝孙中山缓来北京,因段派毫无诚意,想用釜
底抽薪之计使西南各省脱离孙。迨孙抱病北来抵天津后,丁与随侍
孙留津的汪精卫、邵元冲等举行会议,讨论并决定北方局势及应付对
策。12月底孙中山入北京,病势加剧,遂成立国民党临时政治委员会
处理有关问题,丁亦为参与者之一。1925年3月12日孙中山不幸逝
世,丁即在政治会议上提议:每届集会必须宣读孙之遗嘱,以示不忘与
警惕,被采纳。此后他仍留北京,对西山会议派颇有同情,但并未参加
活动。

　　1926年1月,国民党第二次全国代表大会在广州召开,丁惟汾出
席会议并为主席团成员之一,会上再次当选中央执行委员。会后复返
北京。自北伐开始参加国民党中央工作,同年7月丁被补选为候补中
央常委,并任青年部部长兼政治会议委员。10月广州中山大学实行委
员制,他是委员之一。稍后国民党内发生迁都之争,1927年1月国
民政府明令以武汉为首都,而蒋介石操纵滞留南昌的张静江、丁惟汾
等举行中央政治会议,决定中央党部、国民政府暂驻南昌。3月他虽
赴武汉出席国民党二届三中全会,改选结果失去中央常委、青年部长
等职。旋离武汉去九江,并追随蒋介石到南京,暗中策划"清党"反共
活动。"四一二"政变宁汉分裂,丁复任宁方中央常委、青年部长,一

度改任宣传部长,同时兼任中央政治会议委员、法制委员会委员、中央党务学校校务委员及训育主任。同年9月宁、汉、沪(西山会议派)三方合流组成中央特别委员会,他被推为国民政府委员。不久特委会解体,于1928年2月召开国民党二届四中全会,丁再次当选为中央常委和国民政府委员,后又被任命为中央训练部部长、山东省政府委员。

1929年3月国民党第三次代表大会仍选丁惟汾任中央执行委员,但他已萌退意,同年中央党务学校改名中央政治学校,丁继续任校务委员,并兼教育长,曾主持校政。1931年短时代理国民党中央党部秘书长,有《齐东语》一文发表。同年12月被任命为国民政府监察院副院长,至1935年末去职。此后专心从事著述,1936年复有《毛诗双声通转韵徵》一文发表。同期他请得"中央"同意明令褒扬山东革命先烈,并成立山东烈士公葬筹备委员会,建烈士公墓于济南千佛山。同时组成山东革命党史编纂委员会,自任主编,着手编撰《山东革命党史稿》,从1933年开始,到1937年完成初稿,后经其追随者王仲裕集资交由铭华制版印刷公司影印出版。全书共20卷。

丁惟汾与蒋介石关系密切,1936年西安事变时,丁感情用事,力主讨伐张学良、杨虎城。1937年"七七"抗战开始,他正在山东扫墓,立即返回南京,后随国民党政府入川,住重庆近郊,被任为国防最高委员会委员,兼中央抚恤委员会主任委员。1945年抗战胜利后丁重返南京旧居,1946年11月出席"制宪国大",参与所谓制宪活动,不久出任国民政府监察院监察委员,同时任国民党本部评议委员,总统府资政(不久辞去)等。1948年秋前往台湾,仍任监察委员,继续从事著述。丁惟汾晚年患有肾病,1951年曾去日本治疗,1954年1月病发,医治无效,于5月12日卒于台北,终年八十岁。

丁惟汾在学术上继承父业,用心于朴学及经学达六十余年,曾与章太炎、刘师培、黄侃相互切磋,有一定造诣,被章誉为"研经怀孔壁,论韵识齐东"①。丁善古韵古读,"任举一字,即知其古隶何部,读何音"②。他对古韵部类认真加以考订,合各家之言审慎定其音读,重新进行分合,初分22部,后减为17部。又辨析支、脂、之三韵,使其一一廓清分界,添补了以往分类的不足。丁尤精《毛诗》、《尔雅》、《方言》诸书,多所创获。前人(包括其父)读诗分韵详者定为73例,他曾增介错韵、递转韵、连续递转韵、交错韵、交错转韵、双声通读韵等6例,使毛诗韵读更加完备。他还用俚语作为探求古代经传文字的工具,也就是"以方言上溯古读,以古语下通今语"③,"为训释古籍者,开辟了一条新的途径"④。丁成书上百万言,生前已定稿的主要有《毛诗韵聿》、《诗毛氏传解故》、《尔雅释名》、《尔雅古音表》、《方言译》、《俚语证古》等,后以《诂雅堂丛著六种》出版。尚有《诂雅堂读左笔记》、《诂雅堂读〈国语〉笔记》、《诂雅堂读孟笔记》、《诂雅堂读荀笔记》、《诂雅堂读庄笔记》、《〈释名〉译证》等,是他去世后由他人代为整理成册者,未印行。

　　①　章太炎赠丁惟汾诗句,见屈万里:《章太炎赠丁鼎丞先生诗卷后记》,台北《传记文学》第23卷,第4期,第54页。
　　②　王献唐:《诂雅堂主治学记》,见丁惟汾《毛诗韵聿》,齐鲁书社1984年印行,第1—6页。
　　③　屈万里:《丁鼎丞先生对于学术之贡献》,见朱传誉主编《丁惟汾传记资料》,台北天一出版社1979年出版,第26页。
　　④　"《俚语证古》出版说明",丁惟汾著《俚语证古》,齐鲁书社1983年版。

丁 文 江

耿云志

丁文江,字在君,江苏泰兴人。1887 年 4 月 13 日(清光绪十三年三月二十日)出生在一个富绅的家庭里。五岁入塾读书。十五岁时,得到泰兴知县龙璋的赏识,拜龙为师,在龙的鼓励下,去日本留学。但他在日本一年多,没进什么正式学校,曾一度参与《江苏》杂志的编辑工作。由于受到同乡,当时在欧洲游学的吴稚晖等人的劝促,于 1904 年 3 月,离开日本到英国去留学。他先在英国东部一个名叫司保尔丁的村镇读中学;两年后,考入剑桥大学,但只住半年就因故辍学了。他趁此机会到欧洲大陆游历了一番。1908 年,他考入格拉斯哥大学,学动物学和地质学。

1911 年 4 月,丁文江毕业回国。他为了游历和考察内地情形,从越南海防上陆,乘滇越路火车入云南,经黔、湘、鄂等省,7 月才回到家乡。这次穿越西南的旅行,为他后来做西南地质考察工作积累了经验。他在家没有待多久,就赶往北京去参加游学毕业生考试,清廷赏给他"格致科进士"。辛亥革命爆发时,他的家乡颇有震动,他"倡编地方保卫团"[①]以维持地方秩序。

1912 年,丁文江在上海南洋公学任教,写了一本作为"民国新教科书"《动物学》,于 1914 年出版。

1913 年 2 月,他到北京就任北洋政府工商部矿政司地质科长。当

---

① 丁文涛:《亡弟在君童年轶事追忆录》,《独立评论》第 188 号。

时地质工作还不被人们重视,地质科几乎无事可办。北京大学原有地质门,因招不到学生而停办了。丁文江便把北大地质门的图书标本等借过来,为工商部办了个地质研究班,次年,改称地质研究所,由地质学家章鸿钊任所长。丁文江和稍后回国的翁文灏都在该所讲课,丁担任讲授古生物学。1913 年至 1914 年,丁奉派先后到山西和云南作地质调查。他在云南除调查锡、铜等矿产外,还调查了金沙江水道,并注意搜集人类学的材料。1916 年,北京大学从地质研究所收回自己的图书标本,续办地质系。这时,丁文江又为农商部(原工商部与农林部合并)创办了个地质调查所,他自任所长。

1918 年底,他随梁启超、蒋百里等,以半官方的身份,到欧洲考察战后形势,兼充中国出席巴黎和会代表的会外顾问。1920 年初,他经由美国回国。在美国时,他为北京大学聘请了葛利普(A. W. Grabau)作地质系教授。此人来华后,除任北大教授外,长期兼为地质调查所主持古生物的研究工作,一直到他病逝为止,为中国地质学和古生物学的发展贡献了力量。

1922 年,丁文江参与发起成立中国地质学会。是年,他与翁文灏合著的《第一次中国矿业纪要》一书出版。不久,因家累太重,丁文江不得已辞去地质调查所所长的职务,就任官商合办的热河北票煤矿公司总经理。但他作为地质调查所的顾问,仍参与该所的工作,他一直是该所创办的《中国古生物志》的主编。

丁文江自欧游归国后,与胡适等英美派知识分子,紧密地联在一起。由于他们都在海外留学多年,都深受资产阶级政治和文化思想的熏染,所以同气相求。1921 年 5 月,胡适、丁文江等集议成立性质秘密的"努力会"。1922 年 5 月,他们在北京办起《努力周报》,以"学者"的身份发表政治言论,大力鼓吹"好人政府"等和平改革的政治主张。丁用"宗淹"的笔名,发表了许多篇政治论文。1923 年 8 月,他在《少数人的责任》这篇很有代表性的文章中说:"我们中国政治的混乱,不是因为国民程度幼稚,不是因为政客官僚腐败,不是因为武人军阀专横,是因为'少数人'没有责任心,而且没有负责任的能力。"他宣称:"只要有少数里面的少数,优秀里面的优秀,不肯束手待毙,天下事不怕没有办法的。""中国的前途全看我们'少数人'的志气。"①这里充分表现了这些英美派知识分子的改革思想以及他们自我夸张的高傲态度和强烈的干预政治的欲望。

1923 年 2 月,丁文江与张君劢掀起了一场颇为轰动的所谓"科学与玄学"的论战。在这场持续半年多的论战中,丁文江以马赫主义的经验论来反对张的直觉主义的唯心论,并斥张为"玄学鬼"。虽未能彻底"克敌制胜",但在世界性的保守主义回潮的情势下,在中国维护了科学的地位。

1925 年,上海发生五卅惨案,在全国人民反帝爱国运动的高潮中,丁文江与梁启超等发表了一个宣言,反对持续罢工、罢课、罢市,主张与帝国主义实行所谓"友谊的磋商,同情的谅解",受到一部分人的批评。由他主稿的一篇英文文件,专门向英国人介绍"五卅"的经过和中国人的基本要求,在英国社会发生了一定的影响。

第二次直奉战争后,奉系军阀势力伸张到苏、皖和上海,引起江苏大资产阶级的反感。丁文江参与他们"驱奉救苏"的秘密运动。1925年 7 月,他到上海与刘厚生等细谈奉军入苏后的情形,然后到岳州去见吴佩孚。回到上海后,又应邀到杭州去见孙传芳,商量驱奉问题。10月,孙在杭州组织五省联军,分五路出兵讨奉,一个月就把奉军赶走,从而据有了东南五省的地盘。丁认为孙的军事实力可为他施展政治抱负的凭借,于是决定靠近孙。1926 年初,他辞去了北票煤矿公司总经理的职务。2 月,为中英庚款顾问委员会(丁文江是中国委员之一)的事南下。当时,孙传芳为了一面讨好帝国主义,一面笼络江浙资产阶级,设立了淞沪商埠督办公署,自任督办,要搞什么"大上海"的计划,便请很受外国人欣赏的丁文江出来干这件事。是年 5 月,孙正式委任他为

---

① 丁文江:《少数人的责任》,《努力周报》第 67 号。

淞沪督办公署的总办。在他任总办的半年多时间内,孙传芳数次封闭上海总工会、学生总会及其他许多进步机关,禁止群众爱国运动,大肆逮捕进步学生,残酷镇压了上海第一次工人起义。丁文江就任总办一个月,国民革命军就从广东开始北伐了。当北伐军席卷长江一带时,丁见势不妙,赶紧于1926年年底辞职,次年避居到大连。丁文江在总办任内所做的最重要的一件事是收回"会审公廨"。

丁文江作为中英庚款顾问委员会的中国委员,与胡适一起,陪同来华的英国委员卫灵顿(V. Willingdon)等先后在上海、南京、杭州等地进行调查,为时两个多月。他出任孙传芳的总办,曾与卫灵顿详细商量过。由于就任总办,他没有参加全部调查活动,也没有赴英参加中英庚款顾问委员会的全体会议。但由于他与胡适等长期担任此职,并且还在管理美国庚款的中华教育文化基金董事会担任过董事和秘书等职务,所以能在文化教育界发挥重大的影响。

丁文江在匿居大连期间,编写了《徐霞客年谱》,整理了《徐霞客游记》,于1928年合在一起出版。是年夏,丁到广西去作地质考察。当时国民党政府铁道部托他踏勘计划中的川广铁路线,广西地方政府也请他帮助探察矿产。11月他到上海,不久,回到北平。1929年,由地质调查所组织力量,再度进行西南地质调查,丁任总指挥,他接受铁道部资助,一面探察矿产,一面继续调查川广铁道的路线,至1930年夏,才结束工作,回到北平。1931年秋,北京大学校长蒋梦麟聘他为地质系研究教授。

"九一八"事变后,丁文江与胡适、蒋廷黻等一起专事研究对日妥协的问题,准备向蒋介石统治集团献策。1932年,丁与胡适邀集蒋廷黻、傅斯年等,决定创办政治刊物《独立评论》。该杂志于1932年5月在北平出版。丁先后发表政论文章二十多篇。他主张"遇有机会"就赶紧"与日本妥协"①;他认为中国没有抗日的可能,"对日宣战,完全是等于

---

① 丁文江:《假如我是蒋介石》,《独立评论》第35号。

自杀"①。他歪曲列宁对布列斯特和约问题所采取的保护革命的策略，提出"华北是我们的乌克兰……云贵是我们的堪察加"，"大家准备退到堪察加去!"②他在《独立评论》上曾极力宣扬所谓"新式的独裁"政治。他还发表了一系列反共文章。在《评论共产主义并忠告中国共产党员》这篇文章中，他攻击马克思主义，要求中国共产党放弃暴力革命。

丁文江的拥蒋反共立场和对日妥协的主张，很投合蒋介石的胃口。1933年3月，长城抗战紧急，蒋亲自跑到保定布置退却。3月13日，蒋特邀胡适、丁文江等会见。之后，胡、丁等回北平又与何应钦会见，密商对日妥协问题，5月，便出现了"塘沽协定"。

是年8月，丁文江和葛利普(A. W. Grabau)、德日进(T. De Chardin，法籍学者)去美国参加第十六届国际地质学会。回国时，途经苏联，作了一个多月的参观访问。回国后，曾在《独立评论》上陆续发表了十多篇《苏俄旅行记》。其中除了记述他参观经历和一般印象外，也表明了他对当时苏联的社会主义制度的不满。

1933年，丁文江与翁文灏、曾世英主编的《中国分省新图》由申报馆出版，次年他们又合编了《中华民国新地图》，也由申报馆出版。

1934年6月，丁文江辞去北大教授的职务，接任中研院总干事。1935年12月初，他受国民党南京政府的委托，前往湖南为粤汉铁路调查煤矿，并为准备内迁的北方学校寻觅校址。当时国民党政府曾酝酿请丁文江出任铁道部长，丁尚在犹豫未决时，于12月8日夜在衡阳煤气中毒，并发生脑中枢血管破坏，遂移往长沙救治。1936年1月5日于湘雅医院逝世。

---

① 丁文江:《抗日的效能与青年的责任》，《独立评论》第37号。
② 丁文江:《苏俄革命史的一页及其教训》，《大公报》1935年7月21日《星期论文》。

丁　西　林

张奇林

　　丁西林,原名燮林,字巽甫,笔名西林,1893 年 9 月 29 日(清光绪十九年八月二十日)生于江苏省泰兴县黄桥镇一个地主家庭。其父思想开明,重视子女教育。丁西林自幼受家庭影响,爱好科学。

　　1905 年,丁西林入江苏省南通州中学读书。五年后考入上海交通部工业专门学校(交通大学前身)学习,1913 年毕业。翌年赴英国留学,就读于伯明翰大学,攻读物理学和数学,1919 年获理科硕士学位。曾到伦敦大学做物理研究工作,研究炽热物体的电子发射。在英期间,他阅读了大量的外国文学作品,尤其喜爱萧伯纳、高尔斯华绥、易卜生的作品和富有幽默色彩的英国喜剧、独幕剧。许多作品对时弊的嘲讽,以及奇妙的构思,精巧的结构,讥俏、精辟的对话,惊人之笔的运用和余音袅袅的结尾处理等等,给他留下了深刻印象。

　　1920 年,丁西林应北京大学校长蔡元培之邀,回国任北京大学物理系教授,主讲物理学等课程。他思想开明、教学认真,深受学生爱戴。后出任理预科主任和物理系主任。他曾和李四光、唐钺等七位新近回国的北大教授一起在吉祥大院租房居住,时人戏称其为"吉祥八君子"。

　　丁西林兴趣十分广泛,除执教物理、数学外,爱好文学、戏剧、音乐、曲艺和语言文字。其创作活动始于戏剧。1923 年,他的处女作独幕剧《一只马蜂》发表于《太平洋》第四卷第三号。由于这个剧作具有幽默的风格,机智的对话以及反封建的主题,一时广泛上演。接着,他又写成《亲爱的丈夫》、《酒后》。1925 年 5 月,现代评论社将其三个剧本结集出版了《一只马蜂及其他独幕剧》。1926 年至 1930 年，丁又陆续发表了《压迫》、《瞎了一只眼》、《北京的空气》等独幕剧，以北京为背景，反映知识分子和市民阶层的生活。《压迫》选取日常生活的事件，以轻松的喜剧形式，表现了富有社会意义的主题，是他前期创作的代表作，亦"可算那时期的创作喜剧中的唯一杰作"①。1926 年，中国戏剧社成立，丁为该社社员，并与邓以蛰、闻一多等负责出版委员会工作。

　　1928 年 5 月，丁西林应中研院院长蔡元培、总干事杨杏佛之邀，赴上海筹建物理研究所，11 月任该所专任研究员兼所长，直至抗战胜利后的 1946 年。在物理研究所的 20 年间，丁孜孜不倦，潜心钻研物理科学，在非常困难的条件下创设许多实验室，培养出一批科研人才。1930 年，商务印书馆出版其学术论著《初级物理学实验讲义》。1932 年，物理研究所印行其英文著作《绝对测定地心吸力之新摆及其用法》。鉴于地磁的研究和测定工作在当时国内还是空白，他主持建立了南京紫金山地磁台。

　　丁西林一向认为，要培养建设人才，必须把大专院校办好，而中学教育的加强又是办好大专院校的前提。为了向中学提供精良的物理仪器以提高中学物理教学的质量，他把物理研究所的金木工车厂，扩大成一座拥有百余工人的专门生产物理教学仪器的工场，1935 年—1937 年间制造了 600 套高中物理实验仪器和 3000 套初中物理实验仪器，由国民政府教育部购买转发各地中学使用。这两套仪器的设计和相应的物理实验讲义的编写，均由丁亲自负责，在全国中等学校使用数十年不衰。1935 年，丁对中国传统乐器笛子进行改革，由仪器工场制出新笛，把原来的六孔七声音阶，改为十一孔平均十二律，扩大了乐器的音域，他专门撰写《新笛》一文，为之介绍。

　　丁西林受蔡元培的影响颇深，亦深得蔡之器重，故对蔡十分敬重。1936 年 9 月，丁与蒋梦麟、胡适、罗家伦等五人发起联同蔡氏朋友、学

---

　　①　洪深：《中国新文学大系戏剧集》导言，上海良友图书印刷公司 1935 年版。

生,共同赠送一所房屋,作为蔡七十岁之寿礼,为蔡所谦谢。1940年春,蔡元培病逝于香港,丁扼腕痛惜道:"在蔡先生直接领导下工作了二十年,从未厌倦,从此失去良师"①,并赴港为蔡治丧。

抗战期间,丁西林为了保存研究机构和实验工场,多方奔走,历尽艰辛。1939年冬,物理所约同李四光的地质所搬迁到桂林。1941年初,应英国政府的邀请,他赴香港筹建中英合办的军用光学工厂。刚刚就绪,即遇太平洋战争爆发,香港沦陷。丁西林携家人返回内地,途经广州,遭汪伪特务软禁。丁拒绝为汪伪政权服务,只身化装逃出魔掌,到达桂林,家属则被敌伪关押达数年之久。丁西林在桂林继续主持物理所工作,1944年桂林沦陷前,随物理所迁往重庆。

与此同时,丁西林始终没有放下手中的笔,在杨振声、沈从文等友人的鼓励下,坚持业余戏剧创作,先后写出了独幕剧《三块钱国币》(1939年)、多幕剧《等太太回来的时候》(1939年)和《妙峰山》(1940年)。这些作品除了坚持他一贯的喜剧风格外,在题材的现实性和主题的深刻性方面,较前期作品有了明显的进展;在结构的完整和语言的风趣等方面,也显示了作者技巧的娴熟和进步。四幕喜剧《妙峰山》,系为纪念蔡元培逝世所作,热情歌颂了抗日爱国的英雄行为,写得清新别致,寓庄于谐,富有情趣,受到了普遍好评。

1945年6月,应苏联科学院的邀请,丁西林与郭沫若等赴苏参加苏联科学院成立220周年庆典。1947年,丁辞去中研院物理所职务,赴青岛任山东大学物理系教授,旋又兼任理学院院长。是年,《西林独幕剧集》由上海文化生活出版社出版,收有此前所作的七出独幕剧。1948年4月,应台湾大学之聘,赴台任该校理学院院长。9月,返回山东大学原任。

1949年9月,丁西林出席了中国人民政治协商会议第一次全体会议。中华人民共和国成立后,历任文化部副部长、对外友协副会长、对

---

① 王书庄:《怀念丁西林老师》,《中国科技史料》1982年第1期。

外文委副主任等职,同时担任中国科学技术协会副主席、文字改革委员会副主任,参加领导科学普及、文字改革等项工作。他还兼任中印友协会长、中非友协副会长、全国文联委员、戏剧家协会常务理事等职,并是第一、二、三届全国人大代表和全国政协第一、二届委员。

1974 年 4 月 4 日,丁西林因心脏病猝发,在北京逝世。

主要参考资料

孙庆升编:《丁西林研究资料》,中国戏剧出版社 1986 年版。

王震东:《科学家、喜剧家、多面手——记著名的幽默喜剧家丁西林》,《剧本》1983 年第 9 期。

董　康

宗清元

　　董康，原名寿金，字授经①，号诵芬主人，江苏武进（今属常州市）人。1867年4月26日（清同治六年三月二十二日）生。其父董介贵为县学生。董康从小过继给曾任广西新宁州吏目的叔叔董莲芳为嗣，因嗣父早故，他从六岁起，仍由生父授课识字，后进江阴南菁书院读书。二十二岁中举人，1898年中进士，授刑部主事。戊戌政变后任刑部提牢厅主事，总办秋审兼陕西司主稿。

　　1900年，义和团运动起，八国联军侵占北京，董康在城绅推举下，与翰林院侍讲恽毓鼎、刑部主事乔树枬创设"协巡公所"②，维持京城治安。和议结束后，被"钦派"跸路工程、堂子工程监督③。不久，晋升刑部员外郎、郎中。1901年2月参与监斩启秀、徐承煜。

　　1902年起，董康以候选道资格，先后任法律馆提调兼京师法律学堂教务提调、宪政编查馆科员、大理院刑庭推事、大理院推丞等。期间，曾参考日本律师冈田拟订的《新定法律草案》和薛允升所撰《历朝法律沿革》稿本，编修了一部《宪法大纲》④，于1908年由清廷颁布试行。

　　①　除《董氏家乘》、《当代中国名人录》（樊荫南编纂，上海良友图书印刷公司1931年版）等外，还用过"绶经"。
　　②　《书舶庸谭》（1930年大东书局版），又称《东游日记》。
　　③　董康主修：《董氏家乘》，1928年刻。
　　④　胡思敬：《国闻备乘》，《近代稗海》第1辑，四川人民出版社1985年版，第292页，荣孟源、章伯锋主编：《我国宪法小史》，向前《历史知识》1982年第6辑。

1911年,辛亥革命爆发,他东渡日本留学,专攻法律。

1914年2月董康回国,20日署大理院院长,5月14日充法律编查会副会长,同时兼任中央文官高等惩戒委员会委员长。7月11日,开去兼任,国务院派周树模兼任。8月1日,大理院长改实任。1915年,被袁世凯授为少卿,旋兼法典编纂会副会长。11月,又任全国选举资格审查会会长。1917年11月12日,中央在大理院内设置地方捕获审检厅,董康兼任厅长。次年7月15日,与王宠惠又被调任修订法律馆总裁,曾与徐世昌总统磋商领事裁判权等事宜。

1920年,皖系段祺瑞被直系曹锟、吴佩孚联合奉系张作霖打败,靳云鹏在张作霖推荐下,于8月再任国务总理。11日,董康被靳云鹏任为司法总长。上任后,他为确保司法内部官吏清正廉洁,对湖北夏口地方审判厅厅长邵箴,原在直隶、天津地方检察厅厅长任内,"挪欠公款,屡催未缴","藏匿簿册"等枉法行为①,予以免职追究,并申令对在逃的邵箴通缉惩办。1921年5月14日,靳内阁改组,董康仍连任司法总长。7月22日,他鉴于"民事诉讼关系綦重,东省法院,甫经收回,需用尤亟"②,将修订法律馆修正的《民事诉讼法》呈总统同意,提前公布,于9月1日先在东省特别法院区域执行。嗣后,靳内阁倒台,由梁士诒以张作霖为后援,于12月24日出面组阁,因司法总长王宠惠未肯到任,仍由董康署理。并于30日兼司法官惩戒委员会委员长。次年4月22日,辞司法总长,由次长罗文幹代理。

1922年1月26日,财政部发行八厘债券,共9600万元,以偿还内外短期公债。公布后遭长江各督反对,尤其是吴佩孚抨击最力。代总理颜惠庆鉴于各督压力,于2月17日设偿还内外短期公债审查委员会,派董康兼任委员长。接着,董针对"近年财政紊乱"情况,公布对八种不合财政规定弊端进行审查。前任财政总长张弧见势不妙,即于3

---

① 《东方杂志》18卷8号。
② 《东方杂志》18卷16号。

月 7 日公布查究方案的当天，逃离北京。经过董康等十余天的紧张查核，结果发现八年公债票内，有重号三百余万；空白债票三百余万，董认为此案皆与前掌财要人有关，一面以查债委员会名义，请地方检察厅预备传票，传审潘复、张弧、张仁普、张训钦、钮传善、陈威等到案①，同时将案交检察厅复审，并于 3 月 22 日，将债案公布。历任财政要人李士伟、高凌霨、卢学溥、潘复等，纷纷通电声辩。4 月 5 日，偿还内外短期公债审查委员会开会，对审查中发现的各项债款进行公决，当场通过三十余款，即日由董康将审查情况和通过各案上呈总统。5 月 13 日，审查短债委员会的工作结束，将潘复任内不明用途的款项移交审核用途委员会处理。16 日，代理财部的钟世铭，把偿还内外短期八厘债券经过实情全部公布。董康随即于 18 日提出五条整顿财部的意见：一、财政纷乱宜清理；二、财政人员宜加淘汰；三、借款宜按适中利率；四、国库制度与发行纸币宜统一；五、中交两行宜合并。24 日，徐世昌总统命董继钟世铭署财政总长，并于 27 日兼任盐务署、币制局督办。

董康出任财政总长后，为取信于民，他"首持财政公开，以节减费用为前提"，用"不轻率主张举债"做法②，来博得各方的支持。第一次直奉战争结束后，直系独占优势，迫使总统徐世昌去职。6 月 11 日，直系迎黎元洪复总统位。接着，黎命颜惠庆重新组阁，董康继任财政总长，并兼全国烟酒事务署督办。16 日，他召集主管总税务司的英人安格联（Francis Arthur Aglen）、史国伦等在外交部大楼，召开救济财政会议。议决从关盐抵债中，每月合助政府 100 万元。7 月 7 日，董康又与颜惠庆、顾维钧一起，与使团商量延长庚子赔款付款时间。7 月 15 日，由陆军、内务、财政、农商等部职员组成的八百余人索薪团到国务院索取欠薪，当时阁员正在开会，阁员们见势不妙，相继离去，董康因避走不及被愤怒的索薪者殴伤。董对这种"暴力劫持，施于个人"的行为非常愤慨，

---

① 《东方杂志》19 卷 7 号。
② 《新武进报》1922 年 7 月 22 日（二）。

除要求惩办为首者曹元森等外,同时三上辞呈,坚请黎元洪总统"另择贤能"①。8 月 5 日,黎令唐绍仪出面组阁,同日董康辞财政总长。

1922 年 8 月 12 日,阁议决定派董康与周自齐赴欧美考察商务实业。24 日,他以调查商务、实业的工商专使身份前赴欧美等国考察。在法国期间,他曾到国家图书馆"敦煌室"研究,并抄录了有关我国唐代的法律史料,收获甚丰。1923 年初回国后,接代理大理院长余棨昌职。2 月 3 日,黎元洪委他出任法权讨论委员会副委员长,所遗院长由余棨昌继任。同年秋董移居上海。

1924 年春,上海总商会、律师公会、银行公会等团体,以租界居民受制于会审公廨的不良司法现状,推董康、李祖虞、赵锡恩、陈霆锐四人,于 5 月 23 日赴京,会谒外交司法两部,主张对会审公廨无条件收回。8 月 9 日,北京政府外交部将所拟收回公廨办法方案,送达美驻华公使舒尔曼(Jacob Gould Schurman)。随后派董康任上海各法团运动收回公廨代表,到上海负责磋商事宜,筹设上海特别法庭等。他空暇研究法律,在《法学季刊》上发表《前清法制概要》等文章。是年,与王宠惠同被东吴大学校长刘伯穆赠予该校法科法律博士学位。以后即在东吴大学授法律课。

1925 年,江苏省部分省议员,因对省库积亏三千余万元产生不满,组织监算交代委员会,推董康为执行部长,负责审查韩国钧任内的财政开支。翌年夏,王开疆在法租界蒲柏路发起创办上海法科大学,董与章太炎被推任校长。旋章太炎辞职,王开疆因故他去,董康鉴于"校务重大,独力难支"等因②,邀王正廷、于右任、陈陶遗、褚辅成、钱新之等组织董事会,谋求学校发展,由褚辅成任董事长。

1926 年 9 月,国民革命军北伐进入江西,与孙传芳部发生激战。奉鲁军决定南下援孙,董康坚决反对。他以江浙和平代表的身份,于

---

①　《新武进报》1922 年 7 月 18 日(二),《东方杂志》19 卷 15 号。

②　《上海法科大学三周年纪念特刊》,《法科月刊》,1929 年 10 月第 6 期。

10月20日前往江西,向孙传芳"陈述人民希望息战"的愿望,并"力劝早日回宁坐镇"①。31日,董康回到上海后,为了联合更多的人来阻止战争,与张一麐草拟和平电文,送达天津请黎元洪、张绍曾,北京王士珍、赵尔巽等数十人署名发表,劝孙等"勿以外力酿内争,勿以内争召外侮,勿以军民为草芥,勿以国土为棋局"②,希望通过召开"国民会议",各派全权代表,协商解决收束军事时局。

同年11月初,孙传芳在江西战败,秘密潜往天津向张作霖求援。董康为阻止奉鲁军南下,与朱叔源、王绍鏊等发起成立新苏公会,划苏省为"民治区域"③。随后与全浙公会、全赣公会接洽联络,于28日召开三省联合会委员会议,董被推为主席,会上一致通过了反对奉鲁军南下议案,致电张作霖,"严令鲁军撤回原防"④,并通电三省,痛斥"军阀以驻防形式占领地盘",是"民治前途之最大障碍",指出这种"武力割据现象",不根本铲除,"必使民国统一,破坏殆尽"⑤。12月2日,皖苏浙三省联合会针对上海市民"组织上海特别市,划淞沪为永不驻兵区域"的要求,推董康、袁希濂、沈钧儒等为特别市制大纲起草委员。19日,新苏公会向江苏各银行宣布"孙传芳勾引暴军、蹂躏吾省"罪状,警告各银行不可"再予贷款",并对江苏财政厅长李耆卿指明"自孙传芳投奉之日始,以后如发现尊处有订结银行借款,及包出各业认税等项,勾结拍卖种种行为"⑥,皆由李个人负责。23日,孙传芳下令上海戒严司令李宝章、淞沪警察厅长严春阳取缔苏浙皖三省联合会、新苏公会、全浙公

①　《董绶经氏回里》、《和平代表董康回沪后谈话》,《申报》1926年11月1日、11月5日。

②　《南北名流之呼吁和平电》,《申报》1926年11月4日。

③　《新苏公会第二次理事会纪》,《申报》1926年11月9日。

④　《三省联合会通电反对奉鲁军南下》,《申报》1926年11月29日。

⑤　《致三省各界通电》,《申报》1926年11月29日。

⑥　《新苏公会致财厅各银行电》,《申报》1926年12月20日。

会、全赣公会,并有"缉拿委员,格杀不论"①密令,董康避居日本。

董康在日本曾冒名书贾沈玉声,往来京都、东京之间,访求古书,凡遇贮藏旧刊孤本及旧本小说,仔细地记录了其版式内容②,后结合平时日常应酬,著成《书舶庸谭》(又名《东游日记》,1930 年 5 月大东书局石印本)四卷。

1927 年 5 月董回国,继任上海法科大学校长。数月后辞职,由褚辅成继任校长。接着,董康在上海担任律师职务,兼东吴大学法学院院长。1931 年罗文干任司法部长期间,先后聘董康任国民党法官第二、三届训练所教务主任、所长。同年 2 月 22 日及 9 月 10 日江苏保卫委员会和国民政府法官初试典试委员会成立时,又担任委员。后应日本法学界的邀请,曾前往日本主讲中国古代刑法。由于日本法学界的推崇,董被誉为当时中国法学界的权威。在参加法官训练所第二届人员中,"莫不以出其门墙为荣"③。自 1932 年 7 月第三届法官训练班起,开始增设《中国古代刑法研究》,由他主讲。1933 年冬,董康重返北平,担任北京大学法科、国学研究所教授。著有《前清法制制度》、《追记前清考试制度》、《民法亲属继承两篇修正案》、《中国法制小史》、《秋审制度》(第一编)等。

1937 年,日本帝国主义全面侵华的"七七"事变爆发。华北沦陷后,日本特务机关长喜多诚一,在物色靳云鹏、吴佩孚、曹汝霖等北洋要员出来组织华北伪政权未成的情况下,去上海找王克敏北上作傀儡。王克敏即纠集他熟稔的董康参加伪政权。是年 12 月 14 日伪中华民国临时政府在北平居仁堂成立,董康任常务委员,并于 1938 年 1 月 1 日

①　《孙传芳密令拿办团体领袖》,《申报》1926 年 12 月 25、31 日。
②　〔日〕桥川时雄编纂:《中国文化界人物总览》,中华法令编印馆 1940 年 10 月版。
③　金沛仁:《国民党法官的训练、使用与司法党化》,中国人民政治协商会议全国委员会文史资料研究委员会编《文史资料选辑》第 78 辑,文史资料出版社 1982 年版。

出任伪临时政府司法委员会委员长。1940 年 3 月 29 日,伪临时政府并入汪精卫组织的汪伪国民政府,董改任"华北政务委员会"委员。6 月 7 日,王克敏辞职,董康随即亦辞任。嗣后,董因病住进东交民巷的德国医院治疗。抗战胜利后,戴笠指挥军统局于 10 月 6 日,在原伪政权任经济总署督办的汪时璟家中,以宴请华北高级汉奸的名义,将出席者逮捕。董康因病未能前往,以后他屡持医院证明,一直未收审处理,直至 1947 年在医院病卒。

　　董康除从政活动外,对古剧、词及版本目录学颇精。平时,他随处留意搜集古剧书籍。先在北京买得《乐府考略》抄本四函,后在上海盛宣怀藏书处借抄了 32 册《考略》抄本,再加在日本避祸期间抄得的八十余篇《考略》,参考《扬州画舫录》所载黄文旸《曲海总目》,相互勘正,排比校订,纂录了一部《曲海总目提要》(46 卷)。此书被誉为中国所有记载剧本书中最详细的一部。他还著有《课花庵词》、《曲目韵编》、《嘉业堂书目提要稿本》;辑有《千秋绝艳图》、《读曲丛刊》(七种)等。除此,董康刻书甚多,且都为海内孤本。刻有《诵芬室丛刊》(初编、二编共 100 册)、《石巢传奇》(1919 年刻)、《五代史平话》、《吴梅村年谱》、《铁琴铜剑楼书目》(十卷)、《皕宋楼藏书源流考》(光绪丁未刻)、《盛明杂剧》(60 种)及毛西河详本《西厢记》等,都为学界所倚重。

董 其 武

李 倩 邢 宇

　　董其武,1899 年 11 月 27 日(清光绪二十五年十月二十五日)出生于山西省河津县固镇村一个贫苦农民家庭。其父董多见为别人帮工,运送煤炭,入不敷出。他的外祖父因发动当地义和团起义被杀害,外祖母因此异常愁苦寂寞,便把幼年的外孙董其武接到身边抚养。董其武六岁时随其大舅父范必英读书,稍长并参加农活。十六岁时,读完了"四书"、《诗经》、《易经》、《幼学琼林》和《史鉴节要》等书。十七岁时入河津县高小。他目睹国家贫弱,外侮频仍,民不聊生。遂生投笔从戎、救国救民之志。1918 年,阎锡山在太原创办军事性质的中学——斌业中学到河津县招生,董报名应试,以第一名被录取。

　　斌业中学又名学兵团,学制分三阶段,第一阶段,名为学兵团,学的是普通中学一、二年级的课程,也学军事,两年期满。第二阶段,名为斌业中学,学期两年,学的是普通中学三、四年级的课程,同时也学军事。斌业中学毕业后,学习优秀的可以根据个人志愿,继续深造。这便是第三阶段——斌业专门学校。第一阶段结业时,董其武的军事课和文学课都是第一,顺利升入斌业中学,学习成绩仍名列前茅,被保送斌业专门学校。

　　不料董在离毕业不到半年的时候,发生了一意外事件。那时董任班长,带领同学栽树,干活的地方离学校较远,却靠近阎锡山的体育馆,为给树浇水,他去找体育馆长请求在该馆挑水,得到馆长同意。在一次挑水时,小同学曹扬被督军府的一个副官训斥,且被打破头,董上前讲理,那副官却伸手就打,董愤而招呼同学,把那副官狠狠揍了一顿,从而惹起祸端。督军府派人到校追查,校长答应查明惩处肇事者。董其武主动承担被禁闭一周,并写悔过书。但他却写了一篇揭露副官蛮不讲理、自己无过可悔的信,送呈校长。校长对董的倔强很生气,佯言要开除他,董脱口而出:"好,我走!"对此老师和同学们都为董婉惜,纷纷说情挽留他,但他一一谢绝。从此,脱离了学校生活。

董离开斌业后,于1924年参加了胡景翼所部国民二军,开始了戎马生涯。董在国民二军第九混成旅,由排长而后升任连长、营长和旅部中校副官长。他对队伍训练严格,作战勇敢,听命令守纪律。一次,在郑州附近作战,很多连队被打得七零八落,而他那个连伤亡不大,旅长郑思成马上把该连扩编为营,由董任营长。1927年董其武随部队参加北伐,任国民革命军第四军北伐先遣纵队支队长,转战豫皖各地,屡立战功,后升任中校副团长,因该部不是蒋介石嫡系,竟遭编遣。当时,任天津警备司令的傅作义正在扩编军队,董一向景仰傅将军,遂变卖衣物作路费,于1928年秋到天津投效,被傅作义委任为额外上尉参谋。他不嫌官小、军衔低,工作尽职尽责,得到傅的赞赏,不久升为少校参谋,后任干部政治训练所队长。在傅的统率下,董其武带兵有方,1930年4月起,他先后任中校副团长、团长,率部参加中原大战,接着又随傅返回绥远。当时土匪猖獗,危害民众,回到绥远后的第一件大事就是清乡剿匪。董在肃清匪患中,不为赃官巨款贿赂而徇情枉法,不为美人计所腐蚀,坚决严惩匪首、秉公执法,使绥东五县的社会治安大为好转。1931年任傅部第35军的团长,移驻绥南。

"九一八"事变发生后,董其武致函傅作义,请求派往东北抗击日寇。他厉兵秣马,枕戈待旦,时刻做好杀敌准备。1933年5月中旬长城抗战中,董率部在怀柔、石场一线狙击来犯之敌,打退日军十多次猖狂进攻,直至丧权辱国的"塘沽停战协定"签订后才被迫撤出阵地。随后,董升任第二一八旅旅长。1936年董再次参加震动中外的绥远抗战。在这次战役中,他率部星夜行动,出敌不意,分路抄袭,一举将红格尔图的日伪军歼灭,为百灵庙战役的胜利奠定了基础。绥远抗战大捷,全国欢欣鼓舞,振奋了全民族抗战的热情,毛泽东主席对"绥远抗战"给予高度评价,誉为"全国抗战之先声",并派南汉宸携带其亲笔信及绣有"为国御侮"四字的锦旗,赴绥远表示亲切慰问。

1937年"七七"全面抗战开始后,董其武始终战斗在抗日最前线,身经百战,立下了卓越的功勋。抗战开始,他以凌厉攻势,一举收复敌占区察北重镇商都。接着率部转战平绥一线。其间,与八路军密切配合,参加了著名的平型关战役及忻口会战。是役他率3000精兵,深入日军腹地,虽身负重伤还亲自指挥袭击了板垣前线指挥所,取得了辉煌战果,大寒敌胆而壮我军威。同年11月董以战功升任一○一师师长。1938年转战晋西北后,结识了贺龙、程子华等八路军领导人,坚定了国共合作的信念。不久又率部参加绥南战役。1939年初,随傅作义将军回到绥远河套地区,整训部队。1939年冬到1940年3月间,接连进行奇袭包头,攻打绥西,收复五原三个著名战役。三战三捷,开抗战以来国民党防区收复失地之先河。由于战功显赫,1940年8月董升为暂编第四军军长。

此后董其武着手大力整训部队,使部队的战斗技术和军风军纪有了明显提高。1941年夏,暂编第四军改为骑兵第四军,董仍任军长。1942年,他又调任第三十五军军长。旋奉命到重庆陆军大学将官班学习,毕业后仍回绥远。1945年7月傅作义的第八战区副司令长官部改为第十二战区司令长官部,董其武则由第三十五军军长改任第十二战区政治部主任兼晋陕绥边区副总司令。

抗战胜利后,傅作义奉蒋介石之命挥军东进,抢占地盘。董其武虽然希望国家进行建设,不愿再有内战发生,可是事与愿违,竟被驱使走了一段错误曲折的道路。

1945年11月董兼任包头城防司令,1946年夏接任暂编第三军军长,在将近一年的时间里,他先后参加了绥包、集宁、张家口等三次战役,同八路军作战,受到国民党政府褒奖。同年10月15日董其武被任命为国民党绥远省政府主席兼绥远省保安司令。后又任西北军政长官公署副长官。1949 年 1 月,北平和平解放后,他在傅作义的帮助下,审时度势,毅然接受中国共产党和毛泽东主席以和平方式解决绥远问题的主张,冲破重重阻力,于 1949 年 9 月 19 日率绥远军政人员通电起义,接受中国共产党的领导,对中国人民解放军集中力量打击国民党的残余势力、迅速解放全国作出了应有的贡献。

中华人民共和国成立后,董其武作为绥远军政委员会副主席、绥远省人民政府主席、中国人民解放军绥远军区副司令员及中国人民解放军第二十三兵团司令员,在华北军区聂荣臻司令员和薄一波政委的指导下,积极团结军政人员,认真整顿社会治安,平息残匪叛乱,严惩不法分子,保卫人民生命财产安全,对稳定绥远局势竭尽全力。1951 年,他率部赴朝作战,担任中国人民志愿军第二十三兵团司令员,不畏艰险,不怕牺牲,指挥部队在时间紧、任务重的情况下胜利地完成了军事工程修建任务,发扬了革命英雄主义和国际共产主义精神,在抗美援朝、保家卫国中有突出表现,朝鲜民主主义人民共和国最高人民会议常任委员会委员长金日成授予他二级自由独立勋章。

董其武由朝鲜回国后,于 1953 年任中国人民解放军第六十九军军长,致力于我军现代化、正规化的建设。1955 年董其武被授予上将军衔和一级解放勋章。他为部队的建设做了大量的工作。1963 年河北省遭受特大洪灾,他亲自指挥部队抗洪抢险。1966 年“文革”开始,董其武申请离职,1968 年 9 月获中央军委批准。此外,他还历任全国人民代表大会第一、二、三届代表,第四、五届常委会委员,第五届人大法制委员会委员。同时任中国人民政治协商会议全国委员会第一、二届委员。三、四届常委会委员。1978 年人民政协恢复工作,他继续被选为五届政协常委,后又增选为第五届政协副主席,连任第六届政协副主席。并为第一、二、三届国防委员会委员。曾多次坡度四川、江苏、福建、广东、天津、等省市视察。1980 年 1 月,董其武终于实现了加入中国共产党的愿望。入党后,他对党和国事更加关心。1984 年底,他与其他政协委员一起到广州、深圳、珠海参观,深受鼓舞,并满腔热情的就特区科研、教育、精神文明等方面提出了十条建设性的意见。他尤致力于祖国统一大业,发表过不少有关文章和讲话,在国内外产生了深远影响。1988 年被授予胜利功勋荣誉章。1989 年 3 月 3 日,董其武在北京逝世。

主要参考资料

董其武:《戎马春秋》,中国文史出版社 1996 年第 2 版。

马洪武等:《抗日战争事件人物录》,上海人民出版社 1986 年版。

《人民日报》1989 年 3 月 18 日第 4 版和 3 月 19 日第 6 版。

《人民政协报》1989 年 3 月 7 日第 1 版和 3 月 21 日第 3 版。

张荣耀整理:《董其武自述》,中国人民政治协商会议山西省委员会文史资料研究委员会编《山西文史资料选辑》第 32 辑,1984 年版。

董　显　光

任嘉尧

　　董显光,1887 年 11 月 9 日(清光绪十三年九月二十四日)生于浙江宁波东南一个小镇上,世代务农。父母信仰基督教,为邻里侧目。董七岁时入私塾读书,十岁时开始务农,农忙时插秧,力不胜任,重返私塾,遂发愤学习。其父因不甘坐守家园,借内地会教友的关系到上海等地承包与教会有关的房屋建筑,并于 1899 年举家迁沪。

　　董显光到上海后,入中西书院求学。因家境清苦,次年转入收费较廉的清心中学读书。1905 年,上海发生会审公堂美国法官殴打中国审判官事件,清心中学学生罢课,并拒购美国货,董与部分同学愤而离校。董转学到民立中学读了一年。中学毕业之际,其父病逝,不得不挑起全家生活的重担,接受浙江奉化龙津中学堂的邀请,担任英文和数学教员。其时,与董同岁的蒋介石为龙津中学的学生。

　　1907 年,董显光辞去中学教职,返沪和赵荫芗结婚,婚后到商务印书馆工作,协助经理写英文信兼主管承制铜版等。因夫妇都是基督教徒,认识长老会的孟德高莫莱牧师,遂向他进一步学习英文和拉丁文。

　　在牧师孟德高莫莱的建议下,董显光筹措旅费,于 1909 年 1 月赴美国留学,到密苏里州肯萨斯城入巴克学院。他半工半读,做过司炉、印刷工人、园丁以及埋装水管、学校杂务、送牛奶、餐馆打杂和农活等工作。在一次背诵圣经竞赛中,董背诵全部《旧约箴言》,获得第一名。一天,他在报上看见密苏里大学筹办美国第一所新闻学院的报道,虽然已在巴克学院读了二年多,仍申请转学到密苏里专攻新闻。辅修国际史与法律,一年后获得学士学位。1912年,董到纽约新创办的哥伦比亚大学普利策新闻学院继续深造。在学习的同时,在《独立》杂志撰写书评,并在当地报纸兼任记者。一次,西奥多·罗斯福到纽约①,董前往采访,罗斯福向董表示:"不问世界局势有任何变动,美国和中国应该永远做朋友。"②1913年春,董接到母亲病重的电报,等不及夏季取得硕士学位就匆忙取道日本返国。在横滨到上海的海轮上,见到卸任临时大总统职的孙中山,董作了一次访问,还把谈话的内容写成报道,寄给纽约的一家报纸③。

　　董显光回到上海,一时找不到工作,后经孙中山介绍,在英文日报《中国共和报》担任副编辑。1913年3月,宋教仁在上海火车站被刺,《中国共和报》显著报道并揭露袁世凯主使行刺的真相,立即卷进了政治漩涡。董被邀参加在莫利哀路(今香山路)孙中山寓所召开的一连串会议,密商推翻袁世凯政权的运动。孙中山亲自派董显光代表上海几家国民党报纸的记者,到北京采访这场政治搏斗。但反袁的"二次革命"很快失败了。10月,袁世凯利用国会选自己为正式大总统。这时,董受聘为英文《北京日报》主笔。1915年1月日本向袁世凯提出"二十一条",董撰文揭露袁日勾结的阴谋。旋因《北京日报》新任社长与董意见不合,董去职。接着,董在全国煤油矿事务总署督办熊希龄处任秘书,后来随熊转入顺直水利委员会工作,并兼任《密勒氏评论报》副编辑④。其间,中国驻美公使顾维钧向熊商请借调董赴美工作,以设法阻止美国借款给日本"开发"东北,董乃在华盛顿逗留十个月,同时兼任

---

　　①　西奥多·罗斯福,于1901年—1907年任美国总统。后来又有一位弗兰克林·罗斯福,于1932年—1945年任美国总统。

　　②　见《董显光自传》,台湾《新生报》1974年版,第26页。

　　③　见《董显光自传》,台湾《新生报》第26页。

　　④　当时《密勒氏评论报》主编为美国记者鲍威尔(J. B. PoWell),是董在密苏里大学新闻学院的同班同学。

《北京日报》驻华盛顿记者。

1925 年，董显光用历年积蓄在天津办《庸报》，因人手甚少。自任发行人、主笔、编辑、记者并兼广告经理。次年，当北伐军到达长沙时，董访问了总司令蒋介石。1928 年 6 月 4 日发生皇姑屯事件，董在报上公开揭露日本当局是炸死张作霖的凶手。

1929 年夏，董显光受聘到上海任英文《大陆报》总经理兼总编辑。是年 11 月，海军上将杜锡珪出国考察各国海军状况，董应邀任考察团秘书长，先后访问了日、美、英、法、意等国家，历时三个月。访问归来，董受到蒋介石的接见，被蒋认出曾是龙津中学的老师。接着，董应蒋的邀请，与《申报》主笔陈景韩在奉化溪口和蒋介石夫妇一起盘桓了半个月。1934 年董经蒋介石介绍加入了国民党。

1935 年冬，董显光因病辞去《大陆报》的职务。嗣后，他接受蒋介石的客籍顾问端纳（William Henry Donald）的劝促①，接受国民党军事委员会上海办事处主持检查外国新闻电讯的任命，在上海成立了检查外电的机构，除了日本记者用自己的电台拍发电讯外，英、俄、法文的电讯都得经过检查。

1937 年抗日战争爆发。10 月，董显光出任军事委员会第五部副部长，负责国际宣传。不久，宣传业务并入党务系统，董改任国民党中央宣传部副部长。随着战局的推移，董的工作重心由上海转移到南京、武汉，1938 年底到达重庆。董在两路口巴县中学内设立了国际宣传处，由曾虚白任处长，发行了英文《战时中国》月刊。国际宣传处先后在香港、纽约、新加坡、仰光、加尔各答、伦敦、旧金山、芝加哥、华盛顿、巴黎、蒙特雷以及国内昆明等地设立了办事处。规模最大的纽约办事处还组成了发布新闻的中国新闻社，发行英文《现代中国》半月刊，设立广播电

---

① 端纳，澳大利亚人，早年在中国从事新闻工作。1913 年与董在北京相识。时端纳任伦敦《泰晤士报》驻华记者兼《远东评论》月刊编辑。后来任张学良的顾问，1928 年起任蒋介石的顾问。

台,并组织中国问题讲演处。

珍珠港事变发生后,董显光曾随同蒋介石夫妇访问印度和缅甸。1942年11月,董又陪同宋美龄赴美就医;次年2月,宋出院后作全美巡回演讲,宣传中国抗战,董亦陪同。开罗会议举行时,董又作为蒋介石的随员之一。

这期间,外国记者云集重庆,多次要求准许访问延安,均遭蒋介石的拒绝。直到1943年10月,董显光奉命解禁,但经官方批准的只有爱泼斯坦(Israel Epstein)、福尔曼(Harrison Forman)、斯坦因(Gunther Stein)和白修德(Theodore Harold White)、爱金生(Brooks Atkinson)两批记者前往。董对进步、正直的记者史沫特莱(Agnes Smedley)、斯诺(Edgar Snow)、斯特朗(AnnaLouise Strong)、尼姆·威尔斯(Nym Wales,即海伦·斯诺)等所写关于八路军、新四军抗日斗争的通讯、报道,感到难于处理。

1947年5月,董显光在南京就任行政院政务委员兼新闻局局长,曾虚白和邓友德为副局长。新闻局对外国记者电讯的检查,一再受到了外国舆论的指责。《华盛顿邮报》1947年12月26日社评说:"这种检查,控制了消息的来源,是世界上最严紧的检查。"1948年12月20日,董辞卸了新闻局局长的职务。1949年偕其妻赵荫芗迁居台北,担任了中国广播公司总经理兼台北《中央日报》董事长。

1949年8月,蒋介石密遣董显光去香港,与美国第七舰队司令白吉尔海军上将会晤,要求美国政府作如中共攻台愿予台湾以军事和经济支援的保证。白吉尔则建议台湾方面考虑反攻大陆。此后两年间,董经常作为蒋介石的使者往来欧美及日本,进行频繁的游说活动。1952年5月,台湾当局派董出任驻日本"大使",1956年5月,又调任驻美国"大使"两年多。1971年1月10日董显光在美国病逝①。

---

① 日本三省堂编修所编:《简明人名辞典》(外国篇),1976年版,第553页。

　　董显光留有英文手稿《一个中国农夫的自述》,后在台湾以《董显光自传》为名译成中文出版。董的其他英文著作还有《蒋介石传》、《中国和世界报刊》等。

董 作 宾

王世民　冯　时

　　董作宾,原名作仁,字彦堂(一作雁堂),别号平庐,河南南阳人。生于 1895 年 3 月 20 日(清光绪二十一年二月二十四日)。其父董士魁,经商为业。董作宾六岁入塾读书,从《三字经》、《百家姓》读起,以至四书五经。他勤劳刻苦,聪颖异常。稍长,即在课余助父营生,印衣袖,刻印章,鬻春联。十六岁入本县元宗小学高小肄业,一度承父命弃学经商,又以余暇设馆授徒,但仍坚持自学进修。1915 年进入县立师范讲习所学习,翌年以第一名优异成绩毕业,并留校任教。1918 年前往省城开封求学,考入河南育才馆。当时,有早期甲骨收藏家时经训授以所著《商简》,于是开始对甲骨文发生兴趣。

　　1922 年,董作宾前往北京,晋见时任北京大学教授的同乡前辈学者徐炳昶(字旭生),受到徐炳昶的赏识,留他做家庭教师。董作宾1923 至 1924 年在北京大学研究所国学门做研究生,正式着手研读甲骨文;且兴之所至,兼及方言、考古、民俗、歌谣、档案等学会工作;曾任《歌谣》周刊编校,进行民间歌谣的搜集和整理。1925 年—1926 年,先后任福建协和大学国文系教师,河南中州大学文学院讲师。1927 年,返回北京大学研究所国学门任干事,负责管理该所方言室,进行方言调查工作。不久,南下广州,在傅斯年为院长的中山大学文学院任副教授。

　　1928 年 4 月,中研院在广州聘请傅斯年等筹备成立历史语言研究所。董作宾被该所聘任为通讯员,奉派前往河南安阳殷墟,调查甲骨文出土的实际情况,为开展考古发掘进行准备。同年秋该所正式成立后,董被聘为编辑员。1932年改聘为专任研究员。董作宾在此期间,先后八次主持或参加安阳小屯遗址的大规模发掘,又曾参加山东历城县龙山镇城子崖、滕县安上村等遗址的发掘以及浙江余杭良渚遗址、江苏苏州木渎遗址、山东临淄齐国故城、河南登封周公测景台等项调查。随后,董作宾集中主要精力,专门从事甲骨文字研究。1947年—1948年,应聘为美国芝加哥大学中国考古学客座教授,讲授甲骨文和金文。1948年被选为中研院院士。

　　1949年初,国民党政府将历史语言研究所迁往台湾。董作宾随该所前往台湾后,曾任台湾大学文学院教授,讲授古文字学、殷商史和古史年代学;又创办《大陆杂志》,为该刊发行人。1950年冬,傅斯年逝世后,董继任历史语言研究所所长。1955年去韩国讲学,汉城大学研究院曾授予董文学博士学位。同年,董作宾辞去史语所所长职务,任香港大学东方文化研究院研究员及香港大学荣誉史学教授,并曾兼任崇基、新亚、珠海等书院教授。1956年被聘任为台湾中研院评议会人文组评议员,1958年返回台湾,任史语所甲骨文研究室主任。1960年任台湾大学甲骨学研究讲座教授。1963年11月23日在台北逝世。

　　董作宾在学术上的主要贡献是致力于殷墟发掘出土甲骨文字的整理研究,创造性地提出甲骨文断代学说。他主编的《殷墟文字甲编》(1948年)、《殷墟文字乙编》(1948年—1953年)一书,收录抗日战争前殷墟历次发掘出土的甲骨文13,047片,是甲骨文研究中最重要的科学资料。1931年,他在《大龟四版考释》一文中,最早认定甲骨卜辞中的"贞人",首倡根据"贞人"推断甲骨文所属时代,提出甲骨文断代的八项标准。1933年,发表名作《甲骨文断代研究例》,更加全面地阐述甲骨文断代学说,将断代标准进一步发展为:世系、称谓、贞人、坑位、方国、人物、事类、文法、字形、书体十项(其中最重要的是世系、称谓、贞人三项);并且将殷墟出土的甲骨文划分为五个时期:①武丁(及其以前的盘庚、小辛、小乙);②祖庚、祖甲;③廪辛、康丁;④武乙、文丁;⑤帝乙、帝辛。其说得到国内外甲骨学者的普遍赞同,对甲骨学发展有重要的推进作用,影响深远,沿袭至今。

董作宾从40年代起致力于古史年代学研究。1940年发表《殷代月食考》,试图利用甲骨文中的月食资料推考殷商年代。1945年,出版名著《殷历谱》一书,将其殷商甲骨文和年代学研究更加系统化。他在该书序言中自谓:"此书虽名《殷历谱》,实则应用'断代研究'更进一步之方法,试作甲骨文字分期、分类、分派研究之书也。余之目的一为藉卜辞中有关天文历法之纪录,以解决殷周年代之问题;一为揭示用新法研究甲骨文字之结果,以供治斯学者之参考;前者在历,后者在谱。"董作宾对甲骨学研究的一系列突出贡献,例如甲骨文的分期断代,殷代礼制的新旧两派,殷代地理的考证,殷代天文气象的探究,晚殷征人方日程的缀连,殷代周祭系统的揭示以及一系列殷代历谱的编排,都在该书中得到体现。董作宾建立的甲骨文研究体系,为甲骨学形成一门独立学科奠定了基础。尽管由于时代的局限,董作宾的殷历研究留有某些遗憾,但他的开创精神为后人提供了宝贵的启示。董作宾的甲骨文研究,不限于一字一义的考定,而更注重卜辞之间的内在联系,从而最终求得在分期分派的基础上重建殷商历史。因此,在《殷历谱》中,谱的价值比历重要得多。

董作宾学养深厚,涉猎广泛,治学严谨,除甲骨学和殷代历法外,又曾进行西周历法的研究,据西周纪年铭铜器撰著《西周年历谱》(1952年),后扩充为《中国年历总谱》(1960年),为中国天文年代学研究早期的一部自成系统的著作。董作宾毕生发表学术论文二百余篇,内容涉及甲骨学、古文字学、先秦史、科技史、民族学、语言学、文学史等诸多方面。他在学术研究之余,书法篆刻有深湛的造诣。

董作宾的学术论著,曾由台北的世界书局和艺文印书馆出版为《董作宾学术论著》(1962年)和《平庐文存》(1963年)。1978年,艺文印书局又出版有《董作宾先生全集》甲、乙编共12册。

主要参考资料

董作宾:《平庐文存》(上、下),台北艺文印书馆 1963 年出版。

董作宾:《董作宾学术论著》,台北世界书局 1962 年出版。

《董作宾先生事略》,《大陆杂志》第 28 卷第 3 期附录。

石璋如:《董作宾》,《中华民国名人传》(一),台北近代中国出版社 1984 年出版。

都 锦 生

徐和雍

　　都锦生，号鲁滨，1898年2月12日(清光绪二十四年正月二十二日)，生于杭州西子湖畔茅家埠，以首创丝织风景工艺，创办都锦生丝织厂而负盛名。父亲都宗祁，保定军官学校炮兵科毕业，先后在清末新军和国民党军中任下级军官。都锦生自幼受湖光山色的熏陶，喜爱艺术，善画风景，也爱摄影。1919年，他在浙江省甲种工业学校机织科毕业后，留校任乙种工业学校(艺徒班)的织制工场管理员兼图案课教师。在此期间，他与宋剑虹小姐结为夫妇。宋氏湖州进德女子中学毕业，眼界比较开阔，理解并全力支持丈夫的理想和抱负。都锦生在教学实践中，很快掌握了从设计到织造的丝织工艺全过程，并利用学校的有利条件，力谋"本科学化艺术"，把织锦技术用来织造丝织工艺品。他亲自拍摄西湖景色，试织西湖风景画。经过半年多的反复钻研和不断改进，终于织出了第一幅丝织风景画——5″×7″(英寸)的"九溪十八涧"。此前有人虽曾在织锦时，采用人物、山水乃至西湖某些景色作图案，但作为特殊的工艺品——丝织风景画，则创自都锦生。

　　丝织风景画试织成功，都锦生决心办厂织造。他得到叔岳丈宋春源、绸庄老板宋锡九的赞许和支持，借得500元，购置了一台手拉机，雇了拉机师傅林传莲和轧花工胡杏初，亲自制绘了五幅"西湖十景"的意匠图，经过一番紧张的筹备，于1922年5月15日在茅家埠家里正式开业。

　　都锦生丝织厂最初是一个家庭作坊，织造的丝织风景画以"西湖十景"为题材。茅家埠是西湖游客过往之地,都锦生在家门口展出样品,挂起"都锦生丝织厂"的招牌,招揽游客。虽然当时丝织风景画仅有一种规格的几幅黑白"西湖十景",由于它新颖、别致、价格不高,颇受游客们的赞赏和欢迎,购去作游览西湖的纪念品。这样丝织风景画,在西湖游客中初步打开了销路。

随着营业的发展,翌年都锦生辞去学校的工作,全力经营丝织厂,聘请了本校机织科毕业的高材生胡邦汉等两人,从事设计和绘制意匠图,产品的规格和数量激增。为了扩大销路,他先在西湖孤山摆摊销售,后在杭城花市街(今邮电路)以及上海、天津、武汉、广州、重庆等地陆续开设门市部。东北、华北不少旅社、饭店采用丝织风景画作装饰品,大批订购,都锦生丝织厂迅速发展。1926年,都锦生将产品送往美国费城国际博览会展出,其中丝织唐伯虎名画《宫妃夜游图》尤为脍炙人口,西方人士誉之为"东方艺术之花"。博览会授予这些丝织工艺品金质奖章,顿时扬名世界,产品也逐渐远销南洋和欧美。1927年,茅家埠的工场已不敷应用,于是都锦生在艮山门外火车站旁购地建造厂房,并搬迁到新厂房生产。这时都锦生丝织厂已拥有手拉机68台,轧花机5台,意匠8人,职工一百三四十人,是名副其实的工厂了。

都锦生深知要发展生产,扩大经营,使富有民族特色的丝织工艺品能立足于世界艺术之林,必须不断创新,努力开发新产品。1926年,都锦生丝织厂试织五彩丝织画,织造出第一幅五彩丝织花卉——"蜻蜓荷叶"。它以黑白丝为经,五彩丝为纬成,在技术上比黑白织锦大大前进了一步,在题材上也突破了"西湖十景"的范围,生动地表现了我国传统国画的民族风格。为了吸取国外先进的织造技术,1928、1929年间都锦生东渡日本考察。而后,都锦生从留法友人处,获得一台法国制造的最新全铁电力机,又购买了法国织造的棉织风景油画作样品,以重金聘请了专攻丝织的留日学生莫济之,与厂内的技术人员和工人进行解剖分析,经过三年的努力,于1936年试织出经纬均用彩线的"北京北海白塔"等四幅五彩棉织风景油画。由于当时抗日烽火已燃起,局势动荡,该产品未能及时投产。与此同时,都锦生根据社会需求,还陆续开发绸伞、领带、翻领衫、内衣料、织锦旗袍衣料等日用品,即使这些日用品的生产中,也处处洋溢着都锦生的爱国思想和创新精神。例如绸伞,都锦生日本之行时,从日本钢骨阳伞中得到启示,但是他不是亦步亦趋去仿效,而是用本地盛产的竹子制成的竹骨取代钢骨,加上本厂生产的饰以西湖景色的丝绸的伞面,制成别具一格的"西湖绸伞"。由于它制作精良,伞面美观,价格低廉,深受人们欢迎,畅销国内外,连日本街头也出现了"西湖绸伞"。都锦生丝织厂产品的品种和规格越来越多,几年间增至数百种。

都锦生丝织厂能突飞猛进地发展,与都锦生一贯重视延揽和培养人才也是分不开的。他不仅不惜重金,聘用学有专长的丝织技术人员。在厂内还建立起一套考核制度:在意匠、轧版、织造、染色诸工种中,按技术高低,分甲乙丙三级,成绩优良者可以随时升级。技术人员兼采固定工资,给以较高的报酬和良好的工作条件,鼓励他们钻研技术,因而造就了一批水平较高的丝织技术人员。织工则实行计件工资加奖励的制度。该厂年薪按十八个月计算,四个月作奖励金,两个月作升级工资,无论职员、工人,待遇比其他丝织企业都要高一些。后来都锦生丝织厂还办起职工夜校,一切费用由厂方支付,鼓励职工参加学习,藉以提高他们的素质。

都锦生丝织厂的产品利润优厚,通常在 200% 左右。1931 年,该厂生产丝织风景 50,400 米,营业额达 15 万元,盈利约十万元。都锦生以独特的丝织风景画开辟了民族丝织工业的一条新路,取得了极大的成功,他本人也从一个穷教员变成了富有资产的民族资本家。但是,在当时的形势下,它的发展不可能是一帆风顺的。生产原料——生丝、人造丝的价格,为帝国主义、官僚资本主义所操纵,国民党政府的苛捐杂税以及各种因素也是都锦生丝织厂发展的桎梏;尤其日本帝国主义的横蛮掠夺和疯狂破坏,更使都锦生丝织厂陷入绝境。

1931 年"九一八"事变后,我国东北地区为日本帝国主义所侵占,几乎占都锦生丝织厂产品销路一半的东北、华北市场遭破坏。1937年7月，日本帝国主义发动大规模的侵华战争、攻陷平津之后，大举进攻上海。8月，杭州遭日机轰炸，都锦生丝织厂被迫停产。都锦生将12台手拉机转移到上海法租界，维持小规模生产。同年12月，杭州沦陷，日本侵略者企图拉都锦生参加筹组杭州伪市政府。一天报载日伪委任都锦生为杭州市政府科长，他急忙带领全家逃离杭州，避居上海，并想方设法从杭州运去20台手拉机和大部分花版，与在上海法租界的12台手拉机合并一起，恢复生产。日本侵略者素知都锦生丝织厂，是日本丝织业在国际上的有力竞争者，见都锦生不为己用，于是在1939年将都锦生丝织厂在杭州艮山门外的主要厂房及所有的机器设备纵火焚毁。

1941年，日本帝国主义发动了太平洋战争，并占领了上海租界。都锦生丝织厂在上海的生产无法继续，这时重庆等地的门市部也先后被日机炸毁，都锦生悲愤交集，终日处于忧虑之中。1943年3月，都锦生突发脑溢血症，5月26日在上海与世长辞。都锦生去世后，家人遵照他弥留之际的遗言，归葬家乡茅家埠旁小兔儿山上。1996年清明，移葬于杭州南山公墓。

主要参考资料

《都锦生丝织厂产品介绍》1930年印制。内收有由都锦生具名的《创业经过》一文，这是目前仅见的都锦生自传。

宋永基：《都锦生丝织厂的回忆》，中国人民政治协商会议浙江省委员会文史资料研究委员会编《浙江文史资料》第10辑，1978年版。

中共都锦生丝织厂委员会、杭州大学历史系编：《都锦生丝织厂厂史》，浙江人民出版社1961年版。

杜　斌　丞

李敬谦　宋新勇

杜斌丞，原名丕功，以字行，自署秉诚，1888 年 5 月 10 日（清光绪十四年三月三十日）生于陕西省米脂县一户破落地主家庭。1895 年入塾读书。1905 年，随姨夫高又尼到绥德中学堂读书。其时高任绥德中学堂监督，杜在这里接受了爱国思想的启迪。

1907 年，杜斌丞考入三原宏道高等学堂。该校是陕西当时唯一的讲授新学的著名学府，教师中有留日学生、国内知名学者和同盟会会员。在校期间，杜斌丞阅读了《民报》、《夏声》等刊物①，爱国民主思想得到进一步启发和提高。他学习刻苦，结交进步同学，与王复初、张奚若等结为挚友，互勉互进。一次日本教官认为他们不遵守校规，要处分他们。杜斌丞和张奚若等据理相争，迫使校方辞退了日本教官。

1913 年夏，杜斌丞考入北京国立高等师范学校（北京师范大学前身）史地部。他把自己的爱国之情、救国之志全部凝聚在学习上，如饥似渴地阅读古今中外的历史书刊，研究世界各国的教育，探索救国之道。欧洲资产阶级革命，特别是法国资产阶级革命对他的影响很大。他认为法国的革命，推动了社会的进步和教育的发展，中国也需要这样的革命。

1917 年夏，杜斌丞在北京师大毕业，回到陕西，在榆林中学任教务主任兼史地教员，翌年升任校长。榆林中学的前身是五县中学堂，1915

---

①　《夏声》为陕西留日学生在东京创办的宣传革命的刊物。

年改为陕北23县联合县立榆林中学。当时陕北文化落后,交通不便,23县仅有这所中学。创建伊始,沿袭旧制,加之经费困难,校舍狭小,设备简陋。杜斌丞任校长后,锐意革新。他采用蔡元培在北京大学实行的"循思想自由原则,取兼容并包主义"的方针,增设新课程,传播新思想,提倡科学民主,改革传统的旧教育制度,开创陕北教育的一代新风。他十分重视选聘教师,不顾学校内外旧势力的反对,不仅聘请杜斗垣、李鼎铭等学识渊博、颇有名望的人士任教,而且还邀请共产党员魏野畴、李子洲及进步人士王森然、朱横秋来校任教。他教育学生要有"振兴中华,舍我其谁"的自强报国抱负,了解和掌握现代先进知识,培养独立思考能力。他重视体育,提倡劳动,关心学生的身心健康。那时学校没有体育教师,他亲自给学生上体育课。

杜斌丞除办好榆林中学外,还先后倡议、协助开办了米脂完全小学、米脂三民中学、榆林女子师范、绥德师范、延安中学等。他在陕北从事教育10年,培育了一大批革命青年和爱国志士,如刘志丹、谢子长、霍世杰、曹力如、王子宜、李力果等。因此,周恩来称他是一位"革命的教育家"①。

1922年冬,杨虎城率陕西靖国军第三路到陕北时,因对纷乱的时局难以理解而异常苦闷,杜斌丞便把魏野畴介绍给他。杨听了魏的许多讲述后,请魏在军中办学,训练军官,教育部队。从此,杨、杜、魏结为挚友,杜成为参与杨幕内的重要决策人物。

1926年11月底,杨虎城与陕西督办李虎臣带领军民坚守西安孤城八个月取得胜利,接着与国民军联军会师,准备参加北伐战争。杜斌丞作为陕北各界人士的代表,于1927年2月赴西安参加庆祝活动,会晤了国民军联军领导人冯玉祥、于右任和中共陕甘区委负责人魏野畴、李子洲,并将他带去的几十名陕北青年学生送进了中国共产党倡议和

---

① 罗瑞卿、吕正操、王炳南:《西安事变与周恩来同志》,人民出版社1978年版,第18页。

支持的中山学院和中山军事学校。6月,杜斌丞离开西安,经洛阳、武汉、南京、上海考察社会,探求救国救民的道路。后来寓居北京,潜心读书,研究国内政局,结交侯外庐、李仪祉等学者。

1930年11月,杨虎城就任陕西省政府主席,电邀杜斌丞回陕参政。杜到西安后,被杨虎城任命为高级参议和省政府参议,后又被任命为陕西省清乡局副局长。任职期间,杜建议聘请著名水利专家李仪祉任建设厅长,兴修泾惠渠、渭惠渠、洛惠渠等水利工程。他还利用合法地位,多方支持共产党人的革命活动,曾设法营救被国民党逮捕的共产党员刘志丹、刘澜涛、张德生等,后又资助过陕甘红军游击队枪弹、军服等物资。

1931年,日本帝国主义制造"九一八"事变入侵中国,蒋介石坚持"攘外必先安内"的方针,继续"剿共",并要在"剿共"中消灭杂牌军。杜斌丞指出:"一个杨虎城,一支十七路军,斗不过蒋介石,迟早要被吃掉。只有西北大联合,进而促进南北联合,才能对付蒋介石。"①他还提出了"西北大联合"的方针:回汉一家,陕甘一体,打通新疆,结好苏联,抗日救国。杨虎城对杜的建议深表赞同,立即派杜以潼关行营高级参议的身份到甘肃各地考察。杜与各自为政的各派地方势力广泛晤谈;说服了陈珪璋、鲁大昌等部接受改编,后又随十七师孙蔚如部进军甘肃,击溃雷中田部,占领兰州。南京国民政府任命孙蔚如为甘肃省宣慰使,杜斌丞为宣慰使署秘书长掌管政务。在此期间,杜斌丞还从武器和物资上资助共产党员谢子长、杜润滋领导的靖远兵变。1932年4月,蒋介石迫使杨虎城、孙蔚如部退出兰州,使杜斌丞提出的"西北大联合"未能实现。

蒋介石控制甘肃后,孙蔚如部被派到汉中"剿共"前线,企图使红军和杨虎城部两败俱伤。杜斌丞看破了蒋的阴谋,提出了"联共反蒋抗

---

① 马文瑞、刘澜波、王炳南、孔从洲、常黎夫:《中国共产党的忠实朋友杜斌丞》,《人民日报》1980年10月8日。

日"的主张,博得了杨虎城、孙蔚如的赞同。接着,杜斌丞经过多方面努力,沟通了红四方面军和十七路军的联系,取得默契、互不侵犯、迂回避战。将近两年间,红四方面军和杨虎城部基本上未发生冲突,红军并从陕南得到了许多医药和物资,使蒋介石的阴谋没有得逞。

1935 年 10 月,中央红军到达陕北,毛泽东派汪锋带着他写给杨虎城、杜斌丞的亲笔信来到西安,争取十七路军和东北军共同抗日。毛泽东在信中写道:"先生为西北领袖人物,投袂而起,挺身而干,是在今日。"①杜斌丞非常激动,向汪锋介绍了杨虎城、十七路军和东北军的情况,并对如何合作提出了中肯的建议。1936 年初,杨虎城派杜斌丞与共产党方面联络,表示愿与共产党联系并与红军互不侵犯。杜把杨的意思转达给当时的中共陕西地下党组织。8 月,中共中央派张文彬携毛泽东给杜斌丞的信,到西安筹建红军联络站。毛在信中写道:"虎臣先生同意联合战线,但望百尺竿头,更进一步。时机已熟,正抗日救国切实负责之时,先生一言兴邦,甚望加速推动之力,西北各部亦望大力斡旋。"②杜斌丞乃向杨建议委任张文彬为省政府秘书,顺利建立起了红军联络站。

1936 年 12 月,张学良和杨虎城发动了西安事变,杜斌丞积极参与了这次事变。事变当天,张、杨发布训令,任命杜斌丞为陕西省政府秘书长。当时省政府代理主席王一山尚未到职,事变后繁重的政务都落在杜的肩上。他迅速恢复了省政府的职能,整顿了市容,签发了宣布张、杨八项主张的陕西省政府训令。为了正确宣传共产党的主张,杜斌丞邀请来到西安和平调停事变的中共首席代表周恩来给省属厅、局及各人民团体代表作报告,并要求大家回去广为宣传。

1937 年 2 月,孙蔚如出任陕西省政府主席,杜斌丞继续任省政府

---

① 汪锋:《回忆和杜斌丞先生的几次谈话》,《革命英烈》1983 年第 1 期。

② 毛泽东:《致杜斌丞》,中共中央文献研究室编《毛泽东书信选集》,人民出版社 1983 年版,第 36 页。

秘书长。卢沟桥事变爆发后,日本侵略军向我国大举进攻,国共两党再次合作,全面抗战局面形成。在此形势下,杜斌丞积极协助孙蔚如主持陕政。他按杨虎城的意思,同中共磋商,选派马豫章、苗紫芹、王正身等共产党员、进步人士,分别到边区或接近边区的10个县当县长。当国共两党代表会谈陕甘宁边区管辖的范围界线时,国民党顽固派妄图多占地盘,处处刁难,杜斌丞利用他的合法地位,提出以洛河为界,将洛川县划归陕甘宁边区。此议虽未实现,但争得了以界子河为界把富县划归边区范围。

抗日战争初期,大批平、津流亡学生来到西安。杜斌丞对此十分关心,以省政府名义,指派专人热情招待,安排食宿,资助路费,并根据各人志愿分别送往延安参加革命、西南联大学习深造或赴敌后参加抗日救亡活动。

1938年秋,蒋介石排除异己,解除了杜斌丞的省政府秘书长职务,又派胡宗南登门拜访,并以军事委员会参议的头衔加以拉拢,杜斌丞严词拒绝。国民党省党部两次派人送来国民党员登记表,杜均当场撕毁。他辞官不做,闭门潜心研读林伯渠送给他的马列著作。他还把自己身边唯一的女儿杜瑞兰送往延安参加革命,自己则决心在国民党统治区坚持抗日民主活动。

1941年春,杜斌丞先后到湖南全州、广西桂林,与两广的反蒋爱国人士李济深、朱蕴山、李任仁等联络,并去云南做争取杜聿明的工作。同年秋到重庆,经屈武、王炳南介绍加入了秘密革命团体"中国民主革命同盟",被选为陕西组负责人。

杜斌丞于1943年初再去云南,继续做在云南掌握兵权的关麟徵、杜聿明的争取工作。关、杜二人虽对杜斌丞优礼相待,却不肯接受他的忠告。同年冬,杜先后到成都、重庆会晤中国民主政团同盟主席张澜,建言民主党派要警惕青年党,团结沈钧儒和他领导的救国会。1944年9月,中国民主政团同盟改组为中国民主同盟,主席张澜致函在西安的杜斌丞,邀请他加入民盟并主持西北盟务。杜即与杨明轩、王菊人等发起成立民盟西北总支筹委会,提出"亲苏、友共、努力实现新民主主义"的政治纲领。

抗日战争胜利后,杜斌丞从西安来到重庆,出席1945年10月1日民盟在重庆召开的临时全国代表大会,被增选为民盟中央委员、常委兼西北总支部主任委员。1946年1月,政治协商会议在重庆开幕,杜斌丞以民盟代表团政治顾问身份参加。在此期间,他多次与周恩来、董必武、王若飞等会晤,赞同中国共产党的方针政策。政协闭幕后,许多好友约他到上海等地开展民主运动,杜表示:自己是西北人,离开西北,对革命的作用就小了,西北需要人。他对章伯钧、韩兆鹗说:"你们为其易,我为其难,这是斗争的分工。我早已把生死置之度外了。"①

杜斌丞1946年2月回陕后,正式成立民盟西北总支部,兼任主任委员。他以民盟中央常委的名义,在《秦风·工商日报联合版》(民盟西北总支机关报)发表公开谈话,宣布他誓为中国早日实现民主政治、结束一党制斗争到底的决心。他的这番话,引起了广大人民和各阶层人士的强烈反响,也招致了蒋介石、胡宗南的仇恨和恐惧。他们在杜斌丞住宅周围布满了特务,加强对杜的监视、跟踪。中共负责人和许多好友人士多次劝他去陕北或香港,民盟总部也电邀他到南京。他镇定地说:"既入虎穴,就与虎搏斗到底,何必远走?"他还说:"西安是延安的大门,我走了岂不是便宜了敌人?!陕西当局决不许我走,我在危难时,决不求一身之安全,置诸同志不顾。"②

随着爱国民主运动的日益高涨,国民党反动派加紧镇压爱国民主进步人士,于1946年四五月间,公然杀害了《秦风·工商日报联合版》法律顾问王任,绑架了西安《民众导报》主编、民盟西北总支部青年委员李敷仁,捣毁了《秦风·工商日报联合版》报社,制造了震惊西北的"西

---

① 李健生:《杜斌丞先生在重庆》,见中国民主同盟中央委员会文史委员会等编《杜斌丞》,陕西人民出版社1988年版,第83页。

② 民盟陕西省委员会:《秋风长安市,万户泪暗垂》,见《杜斌丞》,第305页。

安血案"。面对这种血雨腥风的形势,杜斌丞对朋友说:"今日莫杀头,
今日且干一天。"①是年7月,李公朴、闻一多在昆明先后遇害,杜斌丞
怒斥敌人:"李公朴、闻一多代表的是真理,强权决不能毁灭真理,我们
只怕没有人来发扬真理,并不怕蒋介石毁灭真理。"②他临危不惧,竭力
支持西北大学进步师生为争取民主自治、反对"反苏游行"的斗争。他
机智地把信和文件装在上学的小孙子的书包里带出传递,继续领导民
盟的工作。

　　1947年3月19日国民党军队胡宗南部攻占延安后,为配合这一
所谓的"重大胜利",蒋介石密电胡宗南和陕西省戒严总司令祝绍周,以
"吸大烟"和"策反起义"等莫须有的罪名,逮捕了杜斌丞。杜身陷囹圄,
但不忘革命。他教育争取过来了一名狱卒,和外边取得联系,写信鼓励
民盟同志,不要被敌人的反动气焰吓倒,要坚持斗争直到胜利。当他听
到人民解放军威逼潼关的消息,高兴得彻夜不眠,写下了七言绝句和五
言律诗各一首③,抒怀言志。他于就义前两天,给表弟高建白写信说:
"每思三十年来,无日不为民主而奋斗,反遭诬陷,早在意中;个人生死,
已置度外。独裁暴力,虽能夺我革命者之生命,绝不能阻挠人类历史之
奔向光明,终必为民主潮流所消灭也。唯望人民共起自救,早获解放自
由,则死可瞑目矣。"④

　　1947年10月7日凌晨,杜斌丞在西安英勇就义。

　　①　刘杰诚等:《杜斌丞传》,见《杜斌丞》,第86页。
　　②　赵燕南、徐景星:《杜斌丞与秦风·工商日报联合版》,见《杜斌丞》,第86—
87页。
　　③　杜斌丞的两首遗诗据王菊人回忆,七绝只留三句:"汉家旌旗满潼关。为问
元戎今何在,不扫楼兰誓不还。"五言是:"人惧秦暴虐,群望汉旌旗。我有擎天手,与
子以为期。"见《杜斌丞》,第91—92页。
　　④　《革命英烈》1983年第1期。

杜 定 友

张 洁

杜定友,1897 年(清光绪二十三年)出生于上海,原籍广东南海。祖父是个鞋匠,父亲青年时在上海一家照相馆当学徒,后来开了一家夫妻照相馆。杜定友 1907 年在上海免费进了敬业小学,后来转入广东同乡会办的广肇公学。他学习勤奋,成绩优异,又热心公益,深得学校和同学的好评。

辛亥革命前一两年,杜定友在学校受到革命思潮的影响,开始萌发反对清王朝的思想。他十三岁时,不顾祖母和父亲的劝阻,剪去辫子。不久,他随父母离沪赴汉口谋生,进了益智学校。由于成绩优秀,获得免费。他在学校接触到不少革命青年,反清思想进一步增长。1911 年武昌起义时,他随着一群大学生到李鸿章家的花园,向李的铜像掷石子,并用绳子套在铜像的脖子上,把铜像拉倒。

1912 年杜定友小学毕业后,考进了上海工业专门学校(交通大学前身)。1918 年毕业,因成绩优异,被学校选派到菲律宾大学攻读图书馆学。

杜定友留学期间,担任中国留菲学生会会长,曾出面要求菲律宾当局免除中国留学生的学费。那时学生宿舍都是教会办的,每天早上要祈祷念经。杜不信教,对这种宗教仪式深为不满。有一次,因为三天没有祈祷,被教士赶出宿舍,只好搬到一家小旅馆去住。为了付房租,他每天省下一餐饭,饿着肚子去上课。这样过了三个月,才在中国领事馆找到一份文书工作,半工半读。

　　1921年杜定友在菲律宾大学毕业,获得文学士、教育学士和图书馆学士三个学位。当时菲律宾有的部门出高薪聘请他工作,但他立志要为祖国的图书馆事业服务,一一谢绝,毅然回国。9月到广州,初为市民大学教授,继任广州市立师范校长,1922年任广东图书馆馆长兼高等师范学校教授。曾创办图书馆管理人员养成所,造就了我国第一批图书馆管理人才。他有志于在图书馆事业上进行一些改革,提出新的图书分类法,主张图书馆公开开放等,但他的这些主张得不到支持,还有人认为是糟蹋图书。他提议把孔庙改为图书馆,有人竟扬言要杀他。广东省教育厅长向省长呈文控告他,要求撤免他的馆长职务。

　　1923年春,杜定友辞职赴沪,任复旦大学教授兼图书馆馆长,曾发起成立全国图书馆学研究会。同年因该校校长李登辉被孙传芳手下的人逼走,他看不起派来的新校长,辞职而去。不久任上海图书馆协会委员长,曾创“图书馆”三字的简字“圕”。1925年7月,应南京东南大学之聘,在全国第一次图书馆学暑期讲习班讲课,协助培养了三百余名图书馆管理人员。9月回上海,与友人创办国民大学,建立图书馆学系,为国内大学有图书馆学系之始。此后至1936年,他两度到母校交通大学工作。他厌恶官场应酬,常与青年学生和爱国进步人士交往,交大校长因此对他不满,曾声色俱厉地说他包庇共产党。

　　1936年,杜定友应聘到广州中山大学任图书馆馆长。他下决心要把这个图书馆建成为南方图书馆的典范。抗日战争开始后,广州空袭频繁,他常冒险觅地藏书。1938年夏秋之间,菲律宾大学聘他赴菲讲学。当时广州正在疏散,但他没有从个人利益和安全出发,毅然拒绝了邀请。他说:“眼见国家多难,如我只身逃避海外,苟存性命于乱世,而同胞在国内吃苦,于心何忍? 我爱中大,我爱中国!”同年10月11日,日军在广东大鹏湾登陆,广州危急。学校决定迁往罗定县。图书馆职工在杜的带动下转移图书,迟迟未能启程,因为交通工具没有着落。结果他自行设法雇拖船五只,将妻子的积蓄五百元付了船费,让抢救图书的职工安全撤退。以后学校又数次迁移,杜为了图书的迁运,备尝艰辛。这时,他对国民政府的消极抗日方针深恶痛绝,写有《谁在残戕青年?》、《人类应快觉醒》、《低能政治的由来》等文,呼吁改革政治,曾受到政府当局的警告。

抗日战争胜利后,杜定友回到广州。为了收回中山大学寄存在各处的图书,他四处奔走。1948年他任广东省图书馆馆长,但是广州一片混乱,无法开展工作。他认识到,在国民党反动统治下,图书事业的发展没有希望。1949年10月,国民党政府命令他运送珍贵图书前往台湾,他推辞不去。他在香港的亲属也来信要他赴港,他断然表示:"我决不走。"他见各机关团体纷纷疏散逃走,书物狼藉,便通知各单位将图书送省图书馆。一时,各单位送来几百箱图书。他又带领全馆员工到各单位打扫,捡拾到图书数万册。临近解放前夕,他与职工轮流值班守护图书。

中华人民共和国成立后,杜定友任广东省人民图书馆馆长,兼广东中山图书馆馆长、广东文物保管委员会委员,并被选为广东省人民政治协商委员会委员。1957年曾参加"中国图书馆工作者代表团"出国访问。

1967年3月13日,杜定友因病在广州逝世。杜的主要著作有《图书分类法问题》和《图书馆建筑设计》。他对汉字有一定的研究,发表过《字根研究》、《中国新形声字母商榷》,赞同文字改革。

主要参考资料

《杜定友回忆录》(未刊稿)和访问资料。

杜 锡 珪

陈贞寿　刘传标

杜锡珪,字慎臣,号石钟,福建省闽侯县人,1874年11月12日(清同治十三年十月初四)生。父亲杜吉甫,母亲王氏。杜锡珪幼年家境贫困,九岁到当铺充当学徒。后其兄杜逢时从南京江南水师学堂鱼雷班第一届毕业后,鼓励杜锡珪树立大志。杜乃考入江南水师学堂第二届驾驶班,勤奋学习,1902年3月以优异成绩毕业。经见习后,派往"海圻"巡洋舰,初任哨官,后次第升任驾驶三副、二副、枪炮大副及"建安"舰代理管带,1908年升为"辰"字鱼雷艇管带。时值美国舰队约期游历厦门,海军制储水船为"甘泉"号,杜锡珪奉命由上海开赴厦门,负责供应美国海军的淡水补充工作。杜不畏"甘泉"舰小而路遥,战险风斗恶浪安抵厦门,并圆满完成任务。嗣后杜调任海军警卫队管带。1911年7月,以海军副参领充"江贞"兵舰管带,深受海军统制萨镇冰的器重。

辛亥革命武昌起义爆发后,清廷令陆军大臣荫昌率军南下攻打武汉,并电海军协同水陆夹攻。杜锡珪驾"江贞"舰至汉口刘家庙附近江面停泊,负责给养。清军攻下武昌后又占领汉阳,放火焚烧,滥杀无辜。海军官兵对此暴行极为愤慨,杜锡珪等转而同情革命,并与海军中有识之士加强联络,决定分途进行活动,开展策反工作。杜利用"江贞"舰代为各舰艇收发邮件和购买菜蔬之便,四处联络,会聚意见;同时,以其与海军统制萨镇冰私交甚好不断向萨劝说,希望萨出面率舰队易帜起义。杜还利用其朋友、萨镇冰的副官汤芗铭之兄汤化龙在武昌革命政权中任政事部长的关系,与革命军取得联系。萨镇冰在杜锡珪和汤芗铭的劝说下,虽不愿率部起义,但也不愿继续为清廷效力,于是以"年老有病需到上海医治"为辞离职,在杜护送下登上英轮"太古"号赴沪。萨镇冰离舰队后,杜立即与毗邻停泊的"楚豫"、"江利"、"湖鹏"等舰艇管带聚会,商议行动方略,并确定"各行所愿"原则。杜把"江贞"舰龙旗降下,宣布起义,开赴九江。杜在海军起义中功绩卓著,被公举为"海容"巡洋舰管带,连升两级。

为配合革命军收复汉口,截断清军向南的运兵线,新上任的"海容"管带杜锡珪,积极主张兴师北上,协助革命军保卫武汉。11月19日黎明,杜与"海琛"管带林永谟督领"海容"、"海琛"两舰率先驰援武汉,打响了易帜海军直接参加保卫武汉的战斗。两舰到达武汉下游之青山后,泊在阳逻、刘家庙一带,截击清军增运援兵,每天炮击京汉铁路刘家庙的第一、二、三道桥梁或车辆,使清军无法增援武汉地区。时值深秋,上游水位下降,两舰无法驶近武汉助战,偶遇上游下雨而水涨,杜锡珪毅然冒险驱舰孤军突入,炮轰江岸清军炮台,并缓缓驶进武昌鲇鱼套抵黄鹤楼下,将舰上之机关枪等武器用舰舢板运入武昌,以援助城内的革命军。不日,"湖鹏"号鱼雷艇随后而来,被江岸上清军炮击而中弹起火。杜锡珪即驾"海容"舰下驶予以掩护,顿时清军炮火全力倾注于"海容"舰,杜锡珪临危不惧,令舰冒炮火冲驶而过,同时指挥全舰官兵协力发炮,猛击江岸清军炮兵阵地。11月27日,清军攻入汉阳后,革命军仍坚持抵抗,杜锡珪又驾"海容"舰配合革命军分数路袭击清军左翼、后路,用舰上炮火猛轰清军阵地。"海容"舰在战火中虽被击伤多处,死伤官兵多人,但杜锡珪继续带领全舰官兵英勇作战。嗣后长江水位下降,南北酝酿议和,战事暂停。"海容"等舰征得武昌革命军政府同意,除留"江贞"舰在武昌附近江面担任警戒外,其余开往上海待命,杜锡珪的"海容"舰因阳逻之战中受伤多处而进入上海高昌庙修理。

1912年1月,中华民国临时政府在南京成立后,即采纳杜锡珪等人的主张,组成海军北伐队,以协助光复沿海各地。汤芗铭为北伐舰队司令,杜锡珪的"海容"为旗舰,率"海筹"、"南琛"、"通济"共四舰由南京下关出发经上海开赴烟台。抵达时,烟台已宣布光复,杜锡珪等奉派督带舰艇到鸭绿江口、营口、秦皇岛、大沽口、登州等地游弋示威,截击由海外运来接济清军的军火给养等,并协助光复了登州等沿海一些地方。

同年3月南北议和,袁世凯派刘冠雄到"海容"舰,请汤芗铭、杜锡珪二人到北京议事,参与海军统一问题商讨。嗣后,北伐舰队完成使命南返,杜锡珪仍任"海容"舰舰长,12月30日授海军上校,驻泊于马尾,并兼闽江要塞司令和福建省防军代理司令。1913年7月爆发二次革命,海军总长刘冠雄率北洋舰队前往协同弹压,杜锡珪奉命督率"海容"舰参战。1916年袁世凯复辟帝制,杜随第一舰队司令林葆怿和前海军总司令李鼎新等宣告海军独立,加入西南护法军。1917年8月,杜锡珪升任北京政府海军第二舰队司令。当时海军粮饷匮缺,杜分配各舰必均,是以士卒归心,为之效命。北京政府在第一次世界大战后期,宣布加入协约国,下令海军扣押在长江流域的德奥战舰与商船。杜奉命俘虏敌舰,巡视海防,居功甚多。

此后北洋军阀内部诸派系战火不断,杜锡珪效忠于直系。1918年3月,吴佩孚用兵江南,杜锡珪派遣第二舰队"楚有"、"江鲲"、"江利"、"江犀"、"江贞"五舰助吴作战。1920年直皖两系矛盾激烈,杜派遣舰艇驻泊江淮与长江各埠,监视皖系与南方革命政府的行动。1921年7月"湘鄂之战"爆发,吴佩孚趁机派兵援鄂,杜锡珪督率六艘战舰由武汉直逼岳阳,冒险冲过火力网发炮攻城,协助吴佩孚部队占领岳阳,旋即驰援宜昌。8月杜因战功被直系掌握的北京政府授勋四位,10月被授海军中将。

1922年,直奉战争爆发,杜锡珪部署第二舰队攻奉。但依附于皖系的第一舰队司令林建章以中立自居,号召海军各舰队不参战,与杜对峙。杜为扩大参战海军力量,先派杨砥中为说客,到第一舰队策动"海筹"、"海容"、"永绩"等主力舰参战;游说未成,又以闽系"海军不能再分裂"、"大局为重"为词说动萨镇冰。在萨镇冰的鼓动下,三舰终脱离第一舰队归杜锡珪指挥。5月2日杜即派"楚观"、"楚有"、"楚泰"等舰协同三舰北上,开赴秦皇岛炮轰山海关之奉军阵线,切断奉军供应补给线,加速了奉系的失败。杜因助战有功,于1922年6月升任海军总司令,并被授将军府"瀛威将军"。

此时,被北京政府免去第一舰队司令的林建章,在皖系资助下,利用海军将士对北洋政府拖欠粮饷的不满,以4.5万元策动"海筹"、"永绩"两舰离青岛南下上海,与正在江南造船所修理的"建康"号舰长及造船所所长等联名发出通电反对"武力统一",反对杜锡珪,拥护林建章为海军领袖,号召各舰来沪会集,并宣布上海"海军领袖处"和海军沪队成立。杜锡珪闻悉即谋对策。其时正值江浙"齐卢战争"进入紧张阶段,杜命令第二舰队沿江而下,并命驻闽厦的海军练习舰队司令杨树庄率舰队北上入吴淞口,以监视林建章海军沪队;同时直接派陆战队协助齐燮元攻击卢永祥,命令舰队炮轰浏河前线卢永祥部阵地,加速了皖系卢永祥部溃败。9月21日,又借"海筹"、"永绩"两舰长离舰上岸之际,发动夺舰行动,控制了沪队主力战舰,进而重新夺取"靖安"、"建安"、"辰"、"列"等沪队舰艇,迫使林建章"领袖处"解散,闽系海军重归统一。杜锡珪为缓解海军粮饷、给养不足之困难,亲自赴闽与练习舰队司令杨树庄商讨在福建建立厦门要港事宜,使长乐、连江、东山、平潭、金门等成为独立的势力范围。

1924年9月,第二次直奉战争爆发,吴佩孚在北京组织"讨逆军总司令部",杜锡珪任"讨逆军"海军总司令,但他没有及时把留于长江攻击卢永祥的海军主力北调。10月冯玉祥发动"北京政变"反戈讨吴,直系溃败。吴佩孚四面楚歌,从大沽口乘船南下,段祺瑞密令海军第二舰队司令许建廷就近将吴拘留,杜锡珪获讯后密电告吴,使吴急避得免。11月段祺瑞以临时执政的名义组成北京政府,由林建章任海军总长,杨树庄出任海军总司令,杜锡珪通电辞职。1925年12月,北京政府改组,杜锡珪在直系的支持下东山再起,为海军总长。1926年6月,在奉系压力下,颜惠庆辞职,杜锡珪以海军总长代国务总理,并兼摄行大总统职。杜锡珪自知乃奉直各派争执不下风云际会之事,自称此为过渡的"搭浮桥"内阁。杜主政北京政府百余天,备受奉系将领颐指气使之辱。直鲁联军总司令张宗昌并发动其亲信宪兵司令王琦率军警数百人包围国务院及财政总长顾维钧住宅索饷,杜与顾东拼西凑筹得七八十万元始获解围。10月1日杜锡珪辞去国务总理职。1927年1月12日顾维钧组阁,杜锡珪再任海军总长。

杜锡珪任海军总长兼代国务总理时,正值南方国民革命军大举北伐之时。北伐军相继攻克湖南、湖北等省后,东路军直逼福建,海军陈季良所部首当其冲。为保存闽系海军实力,杜锡珪前往上海与杨树庄商讨对策,并决定各舰队"自由行动",支持驻闽厦的海军舰队在陈季良率领下易帜起义。随后在长江的第一、第二舰队也于1927年3月4日宣布加入国民革命军。

1927年6月,张作霖在北京就任海陆军大元帅,另组军政府,顾维钧辞去阁揆职务,杜锡珪随之下台。他宣布归隐,寓居天津,终日以读书、下棋自娱。1928年从天津迁居上海。国民政府曾多次以要职请杜出山,杜坚辞不就。杜与冯玉祥私交甚好,曾暗中与陈季良密议准备策动海军支持冯玉祥反对蒋介石,事为杨树庄所察觉,不得不于1929年10月接受国民政府委派为考察日本及欧美各国海军专员,于11月初由以"秘书"名义的董显光等陪同从上海出洋,历时一年余,撰《考察欧美、日本海军报告书》数十万字,对海军的整顿与发展提出许多建设性意见。此后,杜锡珪出任福州海军学校校长兼海军部高等顾问。1932年2月被聘为"国难会议"会员。

1933年12月28日,杜锡珪因病医治无效逝于上海。

主要参考资料

《杜锡珪褒扬、传记资料》,中国第二历史档案馆藏。

萨镇冰:《慎臣杜公行实》、郑礼桐:《海军上将杜公传》、杨熊祥:《"瀛威将军"海军上将、勋四位、国务院总理闽侯杜公墓志铭》,中国第二历史档案馆藏。

　　张侠等编:《清末海军史料》,海洋出版社 1982 年版。

　　杨志本等编:《中华民国海军史料》,海洋出版社 1987 年版。

　　杨立:《福建军阀内讧与闽系海军派别的暗斗》,中国人民政治协商会议福建省福州设点委员会文史资料研究委员会编《福州文史资料》第 2 辑,1983 年版。

杜聿明

王俯民

杜聿明,字光亭,陕西省米脂县人,1904年11月28日(清光绪三十年十月二十二日)出生于本省榆林城内①。其父杜良奎,字斗垣,清末举人,先后执教于西安大学堂和榆林中学。辛亥革命爆发后,曾率众驱逐本地清政府官吏②。

杜聿明在本县成家岔子小学毕业后,十六岁时始入榆林中学读书。课余喜爱体育活动,爱读《青年杂志》等进步刊物,加之其父常讲孙中山革命事迹,遂对孙的革命思想产生了一定信仰。1923年杜中学毕业。翌年,杜与阎揆要、杨跃、雷云孚等十一人同去广东,考入黄埔军校一期,编入第三队,时名杜聿昌③。于军校学习期间,加入国民党。

1924年11月底军校毕业后,杜被派赴教导一团一营三连见习,曾任军需上士、排副等职。1925年1月任宣传员,参加东征陈炯明之役。同年奉廖仲恺之命到北京,代表黄埔军校学生慰问孙中山,时孙已病危,由汪精卫代见;当晚,杜即将孙的病况报告广州。翌日,与苏联顾问同赴开封,协助国民二军军长(河南军务督办)胡景翼创办开封军校。4月中旬,杜赴陕北,投靠国民二军补充第十团团长高桂滋,任该团上尉

---

① 曹秀清:《曹秀清访问记》,作者笔录,1983年1月8日。

② 曹福谦(杜聿明内侄):《我所了解的杜聿明》(未刊稿,现存全国政协文史资料研究委员会资料室),第5页。

③ 广东革命历史博物馆编:《黄埔军校史料》,广东人民出版社1982年版,第505—526页。

副营长,兼第一连连长。1926年春,补充团改编为毅军第五混成旅,杜随军移驻北京西山碧云寺护灵,任特务营副营长兼第一连连长。同年秋,杜因偶尔违命被高桂滋免职,乃留北京做国民党党务工作。

1926年10月,国民革命军攻克武汉,杜绕道赴鄂。翌年1月,经中央政治军事学校武汉分校教育长张治中介绍,在该校任中校服务员,后任学兵团一营三连中校连长。1927年"四一二"政变发生后,武汉分校声讨蒋介石,杜则一言不发,被关禁闭两个月。杜因不赞成联共,决心投蒋,便乘大雨之夜,从禁闭室逃出①,抵宁后被蒋委为国民革命军总司令部训练处中校校阅委员。10月,任国民革命军二十一师中校副员兼教导大队教官。1928年至1930年,先后任中央政治军事学校中校队长、参谋主任、中队长、教导第二师中校营长、上校团长、第四师上校团长②。1931年7月,蒋介石对鄂豫皖红军进行第四次"围剿",并亲往武汉指挥。蒋军徐庭瑶部第十旅奉命进攻安徽霍邱,被红四军击败,徐复命杜率第二十四团反攻。杜于7月13日晨攻陷霍邱县城,伤红四军军长邝继勋③,受到徐庭瑶的赏识,晋升少将。

1933年1月1日,杜担任徐庭瑶部第十七军第二十五师第七十三旅旅长。3月中旬,杜随军参加古北口抗日战役。是役战斗激烈,二十五师师长关麟徵负伤,杜升任副师长,代关指挥战斗。不久,该师移驻河南洛阳,杜又奉命率部追剿河南悍匪崔邦杰,予以全歼,受到刘峙和何应钦的重视,却为关麟徵所猜忌,被迫离开二十五师。9月,杜入南京陆军军官学校高等教育班,学习期间加入"复兴社",希望以此找到升官捷径。1935年11月,杜任机械化学校学员队少将队长,1937年8月,任装甲兵团少将团长。1938年1月,任第二〇〇师中将师长。

---

　①　曹福谦(杜聿明内侄):《我所了解的杜聿明》(未刊稿,现存全国政协文史资料研究委员会资料室),第23页。

　②　《覃异之访问记》,作者笔录,1983年1月22日。

　③　南京《中央日报》1932年7月14日第2版。

　　杜很重视部队的教育和训练,曾组织人员编成《教育纪实》和《军队训练教案》等,下发所部参考或实施。在练兵中,特别注意沙盘作业与作战演习相结合。11月,二〇〇师扩编为新编第十一军,徐庭瑶任军长,杜任副军长兼二〇〇师师长,代徐主持军务[1]。1939年2月,新编第十一军又改编为第五军,徐庭瑶兼任军长,杜仍任副军长,4月升任军长,驻军全州。该部五万余众,人员装备均为蒋军之冠。

　　同年11月,日军第五师团侵占南宁。12月再侵占昆仑关。12月17日,杜奉命主攻昆仑关,经几度反复争夺后,于31日收复昆仑关,歼敌一个旅团,毙敌旅团长中村正雄,获誉中外[2]。此役为我国抗战以来第一次使用步兵、战车、大炮和飞机协同作战。

　　1942年3月12日,杜以中国远征军第一路副司令长官代理司令长官职务兼第五军军长,统率第五、六、六十六等三个军由滇入缅作战。中英军分三路抵抗日军北犯。但3月18日,英军已全部后撤;日军第五十五师团则跟踪追击至皮尤河南岸十二公里处。19日,中国远征军第五军第二〇〇师骑兵团于皮尤河南岸伏击日军先头部队,歼敌第一一二联队一个小队,首战告捷。史迪威(Joseph Warren Stilwell)称赞杜"计谋周详,斗志旺盛"[3]。20日,为收复仰光,部署同古作战。次日毙伤敌三百余名。23日,敌增兵至两个联队,激战连日。至29日,敌以一部绕到同古后侧背,企图围歼中国远征军第二〇〇师。次日,二〇〇师突围成功。此役该师独自阻击敌军达十二日之久,颇有战绩。3月31日至4月16日,杜又以新二十二师进行了逐次抵抗之斯瓦战斗,击破敌第五十五师团的进攻,完成掩护主力转移的任务。17日,英军第一师、装甲第七旅共七千余人,于撤退途中被日军近万人包围于仁安

　　①　《郑洞国访问记》,作者笔录,1983年1月20日。
　　②　李世义:《血战昆仑关》,见萧铁编《血战昆仑关》第六部分,民族出版社1942年重庆版。
　　③　[美]包华德编,沈自敏译:《中华民国史资料丛稿·民国名人传记辞典》第11分册,中华书局1981年版,第56页。

羌地区,其中日军一个大队在仁安羌以北大桥地区将英军唯一退路截断,陷英军于束手无策,亚历山大(Harold Alexander,中英联军最高指挥官)和史迪威急命中国远征军援救。中国远征军新三十八师——三团刘放吾奉命率部驰援,经三日激战,破敌解围,使英军安全撤退。是役轰动英伦三岛,英国政府为此颁给孙立人、刘放吾和营长多人勋章。

此时,新任中国远征军第一路司令长官罗卓英于4月25日连下四道急令,逼杜放弃棠吉,令其改向瓦城集结,准备曼德勒会战。但此时英军已全部撤至伊江以西,向印度急退。28日,腊戍失守(腊戍位于瓦城东北),曼德勒已成孤城,形势危殆。30日,罗始急令放弃曼德勒会战;同时令中路远征军撤往伊江以西和八莫、密支那地区。此时,日军第五十六师团已侵占八莫、密支那,切断了中国军队的退路。从此开始,中国远征军便于掩护英军安全撤退后,使自身陷于极为悲惨的大溃退之中。史迪威、罗卓英于5月5日丢下部队逃往印度;远征军各军也分途回撤,第二〇〇师师长戴安澜在作战中重伤后殉国;第五军新二十二师和军直属队由杜亲率亦自缅北大森林和山地向国内撤退,后因雨季来临,道路被阻,又改撤印度。7月底,远征军各部先后到达印度或滇西。经此仓促和极为艰险的撤退,加之雨淋、虫咬、饥饿和疾病,部队伤亡极大,原十万之师,归来只四万余人,撤退时的伤亡人数比作战时伤亡人数高出一倍。8月初,杜奉命由印度返国。

1943年3月,杜升任第五集团军总司令兼昆明防守司令。1945年3月,杜专任昆明防守司令。8月15日日本投降后,蒋令卢汉率第一方面军(滇军主力)赴越南受降。10月2日蒋密令杜撤销昆明行营,改组云南省政府。次日,杜即派第五军包围五华山省府,宣布免除龙云本兼各职,改任军事参议院院长的命令,迫龙赴渝。随后蒋为敷衍龙云,于当月16日明令将杜"撤职查办"①。

10月18日,蒋介石任命杜聿明为东北保安司令长官,辖八个正规

① 重庆《中央日报》1945年10月4日第2版、10月16日第2版。

军抢占东北。为了迅速扩充实力,杜大力收编东北伪军和地主武装,令凡能为国民党保住一乡、一区、一县、一市者,即委为乡长或区、县、市长。

同年11月上中旬,美国军舰先后运输蒋军第十三军(石觉部)和第五十二军(赵公武部)于秦皇岛登陆。15日,杜即率军向东北民主联军发起进攻,接连占领山海关、绥中、兴城、锦西各城。26日占领锦州。12月30日占领阜新。1946年2月18日,杜因肾结核症赴北平医治,荐郑洞国代理军务。3月12日,苏联红军自沈阳撤走,蒋军进入沈阳。

4月16日,杜出院返任,立即调集四个军展开攻势,一个月中,连占本溪、抚顺、鞍山、四平、长春、丰满、梅河口、海龙、双阳、盘石、九台、吉林、德惠、农安、桦甸、拉法等大中小城市。此时解放军主力在给蒋军以严重打击后,主动撤往松花江北,待机反攻。蒋军遂占据东北大部地区,北沿松花江与解放军对峙。杜继而制订"南攻北守"方针,企图一举把解放军主力挤出南满,然后再回师北攻解放军。10月,解放军展开务在歼灭蒋军主力的运动战。11月12日,首歼蒋军第二十五师于宽甸,复攻德惠,杜亲往指挥固守,几乎被俘。1946年12月中旬至1947年4月上旬,东北解放军采用"南打北拉"之策:南则进行"四保临江"战役,歼蒋军一万九千余人,打破杜聿明"南攻"计划;同时(1947年1月7日至3月10日),以解放军主力,发动"三下江南"战役,于松花江以南长春以北地区,歼蒋军一万五千余人,杜之"北守"计划亦复落空,反处于解放军南北夹击之中。5月中旬,东北解放军乘胜发动夏季攻势,经五十余天战斗,歼蒋军八万余人,收复大小城市四十余座①。至7月初,东北蒋军已被压入吉林、长春、四平、沈阳、锦州铁路沿线的狭长地带,其间铁路交通亦被先后切断,东北蒋军实已被分割围困于一些大中

---

① 中国人民解放军政治军事学院党史教研室编:《中共党史参考资料》第11册,第379—380、385页。另有记录为克城36座,歼敌10万,见《人民日报》1947年7月11日第1版。本文采访者记录。

城市地区。杜见东北大势已去,遂于 7 月 8 日赴沪治病,由郑洞国继任东北保安司令长官。

1948 年春,蒋军由战略防御转为分区防御,在全国设立二十个"绥靖"区。分区防御的重点,是集重兵于各战略要点和其交通线上,亦称"总体战"。当此之际,杜于上海向蒋献计二策:一是集中强大"机动兵团",吸引解放军主力于某一地区,进行胶着战,待机进而决战,以歼灭之;二是以"机动大兵团"乘解放军主力未发之时,歼其一部,继歼解放军主力①。8 月 4 日,蒋于南京召开军事会议,正式采纳杜策,决定裁并"绥靖"区,进行重点防御,扩编新的"机动兵团",加强战略城市防御,企图以此扭转战局。8 月初,杜接任徐州"剿总"副总司令,后又兼郑州前进指挥部主任。

杜到徐州后,即实行上述战略方针,草拟华东决战方案,准备分别围歼华东、中原两大野战军于鲁西南、豫东或苏北某个选定地区,进而"收复"泰安、济南。但恰在此时,锦州告急,蒋急命杜停止执行华东决战方案,即日飞沈,商讨东北对策。10 月 15 日晚,锦州解放。17 日,长春曾泽生率部(第六十军)起义。越一日,郑洞国亦率部投诚。18 日,蒋飞沈阳,力主放弃沈阳,自葫芦岛大虎山、黑山两面合攻锦州,企图"收复"锦州,向关内靠拢。但卫立煌、杜聿均不同意此策;卫则主张坚守沈阳,等待时机。是日下午,蒋复于北平圆恩寺召开高级军事会议,杜向蒋献策,略谓:如欲放弃东北,应从营口撤军;或以营口为后方,留一部守沈阳,而由廖耀湘率主力兵团急攻锦州,如攻锦顺利,可进而"收复"锦州,如攻锦失败,即迅速转自营口撤军;为此,应令五十二军立即占领营口。蒋采纳杜策。19 日晚,杜出任东北"剿总"副总司令兼冀热辽边区司令。20 日,杜下达口头作战命令,廖兵团始则猛攻大虎山、黑山地区解放军十纵防线,受挫而不撤;继则因通往营口路线被截断,

---

① 杜聿明:《淮海战役始末》,中国人民政治协商会议全国委员会文史资料研究委员会编《文史资料选辑》第 21 辑,中华书局 1961 年版,第 105 页。

欲退而不能,遂被迫向沈阳回缩。至 26 日已被解放军分割包围于大、黑和新民地区。28 日晨,廖部 12 个美械师被全歼,廖耀湘被活捉。11月 2 日沈阳解放,卫立煌乘飞机逃出。同日营口解放。3 日,蒋闻讯决定放弃徐州,退守淮南,并令国防部第三厅副厅长许朗轩即日飞葫芦岛,向杜出示亲笔信和"徐蚌会战计划",促杜速返徐州,指挥撤退与徐蚌会战。杜虽同意此方案,但怕负丢失徐州之责,遂表示要等葫芦岛蒋军撤毕再赴任所。8 日,葫芦岛蒋军撤毕,10 日锦西解放,辽沈战役全部结束。此役共歼蒋军四十七万余人。

11 月 10 日晚,杜自南京飞徐州,再就"剿总"副总司令职。12 日,杜派兵援救被解放军围困于徐州之东碾庄地区之黄百韬兵团,同时以主力固守徐州。22 日,黄百韬兵团被歼,黄自戕。11 月 30 日,杜自徐州撤军,12 月 4 日即被解放军围困于永城东北孟集、李石林、王伯楼、陈官庄地区,不能前进。7 日,孙元良兵团突围被歼,孙仅只身逃脱。15 日,黄维兵团亦相继被歼,黄被生俘;所余杜部两个兵团也成瓮中之物。

12 月 17 日,华东人民解放军司令部和中原人民解放军司令部给杜聿明去信,促其弃暗投明,杜不从。12 月底,陈毅、粟裕又给杜两信,再促其降,杜仍不降。12 月 29 日,蒋特意向杜空投战犯名单,杜见后更决心顽抗到底。1949 年 1 月 6 日,华东、中原两野战军在邓小平、陈毅、刘伯承等前委领导指挥下,发起总攻,杜聿明于 10 日晨在陈官庄地区被俘,曾自杀未遂。李弥只身逃脱;邱清泉战死。是役全歼蒋军精华22 个军,五十五万余人。

杜聿明被俘后,先关押山东战犯管理所,再转北京功德林监狱战犯改造所。在接受改造期间,他受到中国共产党和人民政府的教育和关注,而且为他治好了久治未愈的结核病。1959 年 12 月 4 日,杜聿明获首批特赦,定居北京,参加全国政协文史资料研究委员会工作,先后撰写文史资料多篇,颇有史料价值。1949 年上海解放前夕,杜妻曹秀清离沪去台,后去美国依靠子女。1963 年,曹自美归国,与杜团聚,见杜生活条件甚佳,喜出望外。当曹提到台湾有人骂杜是"叛徒"时,杜聿明笑着回答说:"我投降的是人民,追随的是时代,只要我没有背叛真理,我就不是叛徒。"①不久,周恩来总理在人大会堂接见杜聿明夫妇,并建议他们到祖国各地参观。1964年11月,杜被邀参加中国人民政治协商会议,任第四届全国政协委员。当他受到邀请时,心情极为激动,立即向周恩来写信,表示愿为祖国社会主义事业贡献力量的决心。1979年,杜被选为第五届全国人大代表和政协全国五届常委。长期以来,杜聿明为建设社会主义祖国,为争取台湾回归,完成统一大业,竭尽心力。1981年,杜病中仍念念不忘祖国统一大业,他深有感触地说:"希望我们一定要把祖国统一大业在我们这一代人手中完成。"②杜于病危弥留之际留下遗言,呼吁台湾同僚"早日促成和平统一,为子孙万代造福"③。5月7日,杜聿明病逝北京。

① 黄济人:《江流日日,梦魂夜夜》,《文史通讯》1981年5月号,第37页。
② 黄济人:《江流日日,梦魂夜夜》,《文史通讯》1981年5月号,第37页。
③ 黄济人:《江流日日,梦魂夜夜》,《文史通讯》1981年5月号,第37页。

杜 月 笙

江绍贞

  杜月笙,原名月生,后来改名镛,号月笙。1888 年 8 月 22 日(清光绪十四年七月十五日)生于上海浦东高桥镇一个商人家庭里。

  杜幼时父母双亡,寄居舅家,从小嗜赌,将父亲遗产当卖净光。后因偷了舅父的钱,被赶出门外,流浪于高桥镇上。1903 年,他到上海一家水果行当学徒,不久也因偷窃、聚赌,被老板驱逐。此后他就在上海鬼混,偶然做小贩生意,但基本上是靠盗窃诈骗为生。在这期间,他拜了一个妓院老鸨做干娘,又在妓院里结识了青帮头目陈世昌,拜陈为老头子。自此与一些青帮分子在黄浦江轮船码头上干敲诈勒索和劫夺的勾当。1911 年加入了专为毒贩提运黑货的"八股党",同时还被上海法租界捕房的包探雇用做包打听伙计。

  当时,上海著名帮会头目黄金荣任法租界捕房督察长。杜任包打听伙计后,有机会出入黄的家门。他极力向黄献媚讨好,由起初给黄拿拿衣包,到后来参加捕房探目的聚会,逐渐得到黄的赏识与信任。经黄的介绍,他与上海最大的潮州帮烟土商发生关系,把持鸦片的提运,进而武装抢劫,成为黄浦江码头一霸。一次,黄金荣触犯了军阀卢永祥的儿子卢小嘉遭监禁,杜与另一个帮会头目张啸林出力营救,使黄获释。黄感其"恩义",三人结拜为把兄弟,是为著名的海上闻人三大亨。

  1925 年,杜与黄、张在法国驻上海总领事的策划下,伙同一些潮州帮土商开设"三鑫公司"运销鸦片。这项罪恶事业给法租界当局以巨大的经济收入,由此杜被任为法租界商会总联合会主席兼纳税华人会监察。1927年4月,蒋介石发动"四一二"政变前夕,杜与黄、张接受蒋介石的指使,纠合上海青红帮头子,盗用辛亥革命时期"共进会"名义,组织"中华共进会",配合政变。他们向蒋介石领取经费、武器,在蒋派遣的王柏龄、杨虎、陈群等协助下,将帮会党徒编成队伍,自称"投袂奋起……甘作前驱"①。4月11日夜,杜月笙指使其总管万墨林将上海市总工会委员长汪寿华骗至杜公馆杀害。同时指使党徒,臂缠"工"字符号,由租界冲出,向在北伐中立有极大功勋的上海工人纠察队发动凶残的进攻和屠杀,并由蒋介石以军队配合,收缴了工人纠察队的武器。紧接着,杜又率领党徒随同杨虎到宁波"清党",逮捕屠杀了大批的共产党人和革命群众。

　　"四一二"政变后蒋介石建立南京国民政府,杜月笙被蒋任为海陆空军总司令部顾问、军事委员会少将参议和行政院参议。法租界当局也任命他为公董局临时华董顾问。蒋介石下野期间,杜月笙帮助戴笠在上海为蒋收集情报,进而和戴笠、杨虎三人结为把兄弟。他除继续经销鸦片外,还在法租界开设五大赌台。1929年伙同大买办徐懋棠等开设中汇银行,自任董事长。先后在上海纱布交易所、上海证券交易所当上董事。1931年"九一八"事变后,杜和上海民众组织救国会掀起抵制日货运动。"一二八"淞沪抗战爆发,杜和上海各界人士组织"上海市地方协会",任副会长。他在学界和文艺界组织战地服务团,并往前线运送物资、捐款支援十九路军。

　　随着杜的权势增大,不少买办、官僚、党棍之类的投机分子投拜在他的门下,向他递帖称徒。他为了运用这帮人,于1932年11月建立了一个"恒社"的组织,打着所谓"进德修业"、"服务社会"、"效忠国家"等幌子,以公开社团面目从事政治活动②。

---

　　①　《申报》1927年4月8日。
　　②　郭兰馨:《杜月笙与恒社》,中国人民政治协商会议上海市委员会文史资料工作委员会编《旧上海的帮会》(《上海文史资料选辑》第54辑),上海人民出版社1986年版。

1933 年,蒋介石为了筹募内战经费,发行"航空公路建设奖券",杜与戴笠专门组织"大运公司"为经销奖券机构,将其部分盈余供戴做特务活动经费。1934 年 11 月,"上海市地方协会"会长史量才被特务暗杀后,杜担任会长职位,同时又担任了"红十字会"副会长。1935 年 4 月,他又当上了中国通商银行的董事长。"一二九"运动时,他协助上海市长吴铁城破坏学生的游行示威,阻挠学生去南京请愿。1936 年 12 月西安事变发生,他以上海市地方协会名义急电张学良,要求保全蒋介石的性命。

"八一三"淞沪抗战爆发后,杜月笙帮助戴笠在上海组建民众抗日武装,于 10 月间建立"江浙行动委员会",杜和戴任常委,在其属下建立起一支上万人的别动武装,杜派"恒社"分子充当骨干。1938 年,经戴笠把这支武装改编为"忠义救国军"。

1937 年 11 月,上海沦陷,杜月笙拒绝日伪拉拢,避居香港。12 月初,他专程到武汉面见蒋介石,经蒋简派为"中央赈济委员会"常委。他领命返港,成立了赈济委员会第九区赈济事务所,自兼主任。同时,还在港挂出中国红十字会总办事处的牌子。1938 年 1 月,杜得悉日本侵略者企图拉拢在沪原北京政府要人组建伪政权时,安排他在沪时的门徒将章士钊、曾毓隽、颜惠庆、吴光新等先后接到香港。

1939 年夏,CC 分子吴开先奉"二陈"之命到上海整顿国民党的"地下组织"(其成员已大批投敌),建立了"上海党政统一委员会",吴任书记长,聘杜当主任委员。杜请黄金荣协助吴在上海活动。是年冬天,戴笠召杜到重庆,让他协助把各地流亡到大后方的青红帮、袍哥分子收罗起来,建立了"人民动员委员会"。该会根据蒋介石的旨意,指挥在沦陷区的党徒消极抗日,积极反共,并收集共产党的情报。

自 1941 年冬,香港陷落,杜即留居重庆。他在重庆建立起"恒社"总社,并在西南各重要城市建立了分社。1942 年 3 月,他在重庆设立"中华实业信托公司",自任董事长。该公司得到戴笠在交通、检查方面提供的方便,由华中各地抢购物资内运经销。同时,他又将中国通商银行迁到重庆,自兼总经理。这年秋天,他亲自往内江、成都、宝鸡、西安、洛阳、兰州等地设通商银行分行,各分行内都成立起"恒社"分社。从此,他有了一条自重庆经西北到洛阳的政治经济通道。到1943年,杜与戴笠合伙在重庆设立"通济公司",又在河南商丘、界首设分公司,经由西安、洛阳这条交通道,直接与上海日寇特务机关开设的"民华公司"搞物资交换。民华主持人就是杜的留沪代表、充当汉奸的徐采丞(其他参加者有汉奸汪曼云以及周佛海的亲信金雄白等)。

1945年6月,中国人民的抗战胜利在望,蒋介石指派杜月笙随同戴笠到浙江淳安,与美国梅乐斯(Milton Edward Miles)一起策划如何让美军在沿海登陆。但是,他们的策划未定,日寇即宣布投降了。9月初,杜回到上海,除首先在劫(接)收中大捞一把外,他还想谋取上海市长一职,因而与吴绍澍发生了矛盾。后来蒋介石指示他继续保持"在野之身"来为其效劳。于是,他在1945年10月即着手整顿和扩大上海的"恒社"组织,除将原有的"恒社"分子通通收罗起来之外,又在党政军头目中,军统、中统特务中以及工商企业、新闻文化等部门的代表人物中发展一批成员。接着又在全国二十多个大中城市中发展"恒社"组织。与此同时,他极力在金融工商企业中渗透其势力,先后当上了七十多个部门的董事长、理事长,还挂了二百多个"董事"和"理事"的头衔。1946年4月,上海市参议会进行选举,他经多方活动,当选为议长。这年6月,蒋介石悍然发动了对解放区的进攻,他立即抬出十八个商业同业公会和六个工业同业公会的招牌,响应蒋介石挑起的内战。10月,国民政府国防部保密局局长郑介民派徐亮到上海,与杜一起将原"人民动员委员会"改组为"中国新社会事业建设协会",让杜任常务理事。

1948年,杜在上海操纵选举,当上了"国大代表"。年底,眼看上海快要解放,杜受美国唆使,企图搞上海"国际化"。他与潘公展在上海会见司徒雷登(John Leighton Stuart),打算在上海搞一个类似租界时代万国商团的组织。为此,他发起成立了"上海各界自救救国联合会",并成立自卫保安团,准备先以此配合美海军陆战队进驻上海,然后实现其

"国际化"的阴谋。但是,他们的阴谋还来不及实现,1949 年 4 月 20 日中国人民解放军横渡长江,23 日解放了南京。杜没有遵从蒋介石的安排去台湾,而于 1949 年 4 月底去了香港。杜在港疾病缠身,于 1951 年 8 月 16 日在香港病故。

主要参考资料

上海社会科学院政治法律研究所编:《大流氓杜月笙》,1965 年群众出版社出版。

《杜月笙六十年大事记》,《商报》1947 年 8 月 27 日。

杜　重　远

陈宁生

　　杜重远,吉林省怀德县杨大城子人。生于 1899 年 3 月 15 月(清光绪二十五年二月初四)。父亲杜辉,务农,家境清贫。杜于小学毕业后,经亲友资助,入奉天省立两级师范附属中学。因学业成绩优异,享官费待遇,直至毕业。

　　1917 年杜重远考取官费留日,抱着"提倡实业以救中国的意愿"负笈东渡,进入东京高等工业学校窑业科。他认为要想振兴实业,可效法日人的"创造和努力精神",学习先进的科学技术。他常于课后参观、实习,期望"就实地工作获得真切的经验"①。

　　1923 年春②杜重远毕业归国,决心经营瓷业,以实现实业救国的夙愿。他求亲告友,凑集了六千元,在沈阳北门外买地盖房,掘井筑窑,开始办起了小型砖厂。经过三年奋斗,他创办的肇兴窑业公司成为奉天省第一个新式砖窑。

　　杜重远是一位精明干练的实业家,他不满足于已经获得的成功,继续借资、筹款,准备扩大企业。1927 年,他借资三十万元,在原有砖瓦厂的基础上又建成瓷器厂。他从大连等地聘请技师和技术工人,共同研究改进技术;从外国购置新式机器,采用新法烧制陶瓷。该厂出产的瓷器色泽优美,花纹新颖,销路遍于东北各地。到 1930 年,该厂职工已

---

① 　杜重远:《狱中杂感》,上海书店 1983 年影印本,第 293 页。
② 　杜重远:《狱中杂感》,第 293 页。

达六百余人,年产各种陶瓷器约六百万件,价值四十万元。在沈阳,它是中国人自己经营的一个规模最大的窑业工厂。

杜重远热心社会活动,1927年被推选为奉天省总商会的副会长。为了求得当局的保护,他在张作霖的镇威上将军公署里挂一个秘书头衔。1926年为抗议日本要求在东北各县增设领事馆,杜发动和组织了数万人的游行示威和抵制日货运动。日领事冈村企图以高官相诱惑,杜愤怒地拒绝道:"君以官吏为可贵乎? 不知人生最低要求即为生命。今敌国受制于贵国,形同猪狗。我这生命,早已置之度外,又要官做什么?"①1929年他与阎宝航等发起组织辽宁省外交协会,附设于总商会内。经常邀集各界人士研究国内外形势,响应关内各地的爱国运动。1930年,他参加上海全国国货展览会的开幕仪式,倡言发展国货,抵制日货。其间,他和军政界、工商界、文教界的头面人物进行了广泛的联系。从此,他逐渐成为各界所熟知的有影响的爱国人士。

1931年,日本帝国主义发动了"九一八"事变,强占沈阳。日本关东军视杜重远为反日首领,到处缉拿他。杜不得不忍痛舍弃苦心经营了八年的实业,投进抗日救亡的事业中去。他的实业救国计划遂成泡影。

1931年9月27日,"东北民众抗日救国会"在北平成立,它的宗旨是"抵抗日人侵略,共谋收复失地,保护主权"②。杜重远被推选为常务委员兼政治部副部长。同年11月,黑龙江省主席马占山在嫩江桥率部抗击日本侵略军,得到全国人民的热情支持。各界群众掀起了援马抗日的热潮。杜在上海和其他爱国人士一道,发动民众给马部募捐,从物质上与精神上给予黑龙江省爱国将士以极大的援助和鼓励。从1931年冬至1932年春,杜以记者的身份,在长江流域的湘、鄂、川、赣、沪、宁

---

① 《新生周刊》1934年2月24日。
② 阎宝航:《流亡关内东北民众的抗日复土斗争》,载李剑白主编《东北抗日救亡运动资料》,黑龙江人民出版社1991年版。

等省市进行抗日救亡宣传工作,发表了六十余次讲演,以激昂慷慨的言辞激励各界同胞,发愤图强,抵御外侮。每到一地,他都把见闻写成通讯,寄给邹韬奋,发表在《生活周刊》上。他诚挚地向邹表示:"望兄紧握着你的秃笔,弟愿喊破了我的喉咙,来向这个冥顽不灵的社会猛攻!"①为了及时反映对重大时事问题的意见,他积极支持邹创办一份日报。1932年春,以邹韬奋为主,有杜重远、李公朴、胡愈之等参加,共同发起筹办《生活日报》,但由于国民党政府设置重重障碍,未能如愿。

1933年初,日本侵略军进逼热河。杜重远率领救国会政治部的部分人员和学生宣传大队,于2月中旬,赶到热河前线。他们不畏艰险负囊担袋,翻山越岭,深入军队,开展宣传鼓动工作。那时,杜重远对于国民党统治集团还抱有幻想,指望他们领导人民一道抗日,但不久,热河又成为"不抵抗主义"的牺牲品。杜目睹"国土日失,权利日丧",开始认识到不能把救国的希望寄托于"官僚买办"、"豪富大亨";真正"救国的志士"是中国广大的劳苦百姓。因此,首先必须使大多数民众"鼓起民族的勇气和决心"②。

杜重远把振兴中国的民族工业当作抗日救亡运动的重要组成部分。他积极参加上海厂商自保图存的活动。1933年至1934年间,在上海主持"中华国货产销合作协会",又在陕西组织国货公司,以提倡并发展国货工业,作经济上的实际抗日。他原打算在上海办一个大规模的新式瓷厂,正在筹办时,江西省政府邀请他赴江西改革瓷业。1934年9月,他赴江西景德镇考察,目睹在我国享有盛名的瓷器产地,因"技术陈旧,组织不良"而陷入衰败的绝境,十分痛心,遂改变计划,发起筹办江西光大瓷厂。同年12月,江西省政府拟设立江西陶业管理局,聘杜为局长。同时,在该局之下,附设一个"陶业人员养成所"以培养技术人才。杜重远主张教育要适应抗日救国的需要;教育要结合生产劳动,

---

① 杜重远:《狱中杂感》,第193页。
② 《新生周刊》创刊号发刊词。

学生边学习,边劳动,既可补充学校的经费和学生的生活费,又可培养学生吃苦耐劳的品德。"陶业人员养成所"就是按照这个原则培养学生。后来,这个所实际上成为培训抗日爱国青年的学校。与此同时,杜又与马相伯、卢作孚等发起组织"中国教育助成会",主张办流动学校,实行半工半读以普及教育。

1933 年 11 月,十九路军在福建成立了"中华共和国人民革命政府"。《生活周刊》为此发表了一篇胡愈之写的《民众自己起来吧!》支持福建人民政府。12 月,国民党政府以同情福建人民政府的罪名查禁了《生活周刊》。当时,邹韬奋还在国外,大家都为这份抗日救亡刊物的夭折忧心如焚。杜重远不怕困难,挺身而出,于 1934 年 2 月,创办《新生周刊》,继承《生活周刊》的精神,在黑暗中继续战斗。他自任该刊的发行人和总编辑。在发刊词上,他明确宣布:本刊一向站在反帝的立场,"为求民族生存而奋斗!"①他在每期的首页上特意开辟了《老实话》专栏,勇敢地揭露日本帝国主义的侵略阴谋和国民党政府的卖国行径。他尖锐地指出:"不管政府诸公怎样巧妙的掩饰,我们这国土,是老早就在一块一块地零星出卖着。只是因为零卖还嫌不爽气,所以现在正打算批发出卖呢!"②他指出,中华民族的唯一出路就是要发动一场"自卫的反帝抗日的民族革命战争"③。他相信中国人民"会有一天,冲决樊篱,激成澎湃的怒潮,比五四、五九、五卅更汹涌的怒潮"④。他的文章短小精悍,洋溢着爱国主义的激情,表现了对人民的期望和信赖。

《新生周刊》深受群众欢迎,每期发行量达到十万份,居全国杂志界第一位⑤。

1935 年 5 月 4 日,《新生周刊》刊载了一篇题为《闲话皇帝》的文

① 《新生周刊》创刊号发刊词。

② 《零卖与批发》,载《新生周刊》一卷十七期。

③ 《"九一八"三周年》,载《新生周刊》一卷三十一期。

④ 《民族精神不死》,载《新生周刊》一卷十三期。

⑤ 据 1934 年底统计,全国杂志共有 2068 种。

章。日本驻沪总领事竟以"侮辱天皇、妨害邦交"为口实,向国民党政府提出所谓严重抗议,无理要求封闭《新生周刊》社,惩办编者和作者。杜重远不畏强暴,挺身出庭。国民党当局仰承日本帝国主义的鼻息,悍然判处杜一年零两个月徒刑,公开宣布抗日非法,救国有罪。杜重远在法庭上,满腔怒火,愤激地喊出了"我不相信这还是中国的法律!"①

"新生事件"轰动了全国。当"新生案"在法庭审判时,愤怒的群众挤满了旁听席,高喊抗日救亡口号。上海各界群众组织了"新生事件后援会"。杜重远勇气倍增,意志更坚,他在 6 月 30 日给《新生周刊》最后一期写的《告别读者诸君》一文中,以"舍得一身剐,敢把皇帝拉下马"的精神,与读者共勉,号召群众"鼓起斗争的勇气,担当历史的使命"。他满怀信心地指出,"最后胜利不是属于帝国主义者,到底是属于被压迫人民啊!"②

杜重远被监禁在漕河泾监狱,虽身陷囹圄,仍关心抗日民主运动的发展。国民党当局慑于舆论的压力,不得不为杜单独开辟一处特别牢房。杜趁此把囚室当成进行抗日救亡的活动据点。各界爱国人士,特别是东北军的官兵络绎不绝地到监狱探望。同年 10 月 11 日,杜利用东北抗日救亡团体派人来探监的机会,与高崇民等共同研讨了国内政治形势,一致反对蒋介石的"先安内后攘外"的反动政策,拥护中国共产党的"八一宣言",并联名致函张学良,劝其停止内战,实行国共合作,一致对外。为了加强东北军和中国共产党的联系,杜把经常与他联系的中共地下党员宋介农(即孙达生)以及左派民主人士胡愈之、邹韬奋等介绍给高崇民。10 月下旬,杜托高崇民带着他的亲笔信去西安,通过杜斌丞,先访杨虎城,后访张学良,促进了张、杨的联合。"一二九"爱国运动爆发,杜重远异常兴奋,立即写了一篇题为《青年的爱国义愤》的文章,热情讴歌这一伟大的抗日民主运动。他认为"这次学生的运动表面

---

① 引自《新华日报》1945 年 7 月 24 日第四版《纪念邹杜两先生》。
② 杜重远:《狱中杂感》,第 180 页。

上像激于目前的华北自治,而骨子里确是蕴藏已久的抑郁愤懑啊!"他鼓励青年们结成"民族联合战线","鼓起民族的战争",共同奋斗①!

1936年春,杜因病转到虹桥疗养院就医。他通过高崇民联络张学良,坚定其抗日反蒋的决心。同年春,张去南京开会结束后,经过周密的布置,与杜在上海郊外秘密约会,对和共产党合作一致抗日取得了完全一致的看法。是年8月,杨虎城因牙病就医于虹桥疗养院,和杜重远经常在一起商讨抗日救国问题。杨和杜的这一段相处,进一步促进了张学良和杨虎城的团结、合作。

1936年9月8日,杜重远出狱。把在狱中写的文章辑成《狱中杂感》一书,于同年11月出版。

杜出狱后,不顾身患疾病,于10月赴西安与张学良共商大计,对促进张学良、杨虎城两将军发动"双十二事变",逼蒋抗日起了一定的作用。西安事变发生后,杜于12月19日致函黄炎培、杜月笙,主张各派团结、拥蒋抗日,认为"今日之事不宜操之过急,各党各派均宜打破成见,共救危舟","倘能规划得法,进行顺利,团结之力反而坚固","否则意见分歧,各执其是,群龙无首,大局紊乱",中国的前途将不堪设想②。他拥护中国共产党关于和平解决西安事变的方针,并热心地在东北军中进行宣传、解释,为西安事变的和平解决做了一些有益的工作。

1937年"七七"事变,抗日战争爆发。同年10月,"东北救亡总会"③推定杜重远为该会主席团成员。他活动于上海、武汉、西北各地,宣传中国共产党的抗日民族统一战线政策,并为国共两党重新合作,造成全国一致抗日的局面十分高兴。他热情宣传八路军抗日所取得的辉煌战果,说:八路军"这种艰苦卓绝的精神,用来抗日。还有什么可怕的

---

① 杜重远:《狱中杂感》,第32页。
② 杜重远给黄炎培、杜月笙的亲笔信原件。
③ 成立于1937年6月,是关内外东北人民抗日救亡的统一组织。

呢?"①

为了坚持持久抗战,需要建设巩固的后方,因此,新疆的地位日益重要。1937 年 9 月底,杜重远受国民政府铁道部的委托,赴新疆商洽沟通西北交通问题。当时,新疆处在盛世才的统治下。盛在取得新疆政权之初,为巩固其统治地位,一度采取联苏、联共政策;对内地去新疆工作的人士取欢迎态度。杜与盛系同乡同学关系,到新疆颇受款待。杜自新疆返回内地后,把沿途写的通讯辑成《盛世才与新新疆》一书,对新疆的形势"作了很扼要而饶有趣味的论述",引起广大读者的兴趣。同时,由于他对盛世才的军阀本质未能认清,作了一些言过其实的宣传。因此,盛一再邀请他去新工作。从 1937 年至 1938 年,杜曾三次去新疆,第三次返回内地后,又写了一本《三度天山》。

1938 年 2 月 23 日,国民政府任命杜为监察院监察委员。但他却于 5 月 17 日辞却了这一足以使他"高升"的职务。同年 6 月,被聘为国民参政员;7 月,参加于武汉召开的第一届国民参政会,发表了对参政会的意见,杜指出,国民参政会"是一个各党各派集团的团体,所以应该站在整个国家民族的立场上,摈除私见,各尽所长,加强抗战的力量","必须把绝大多数人民的力量集中起来,发挥到对外抗争上去"②。

1938 年 1 月 2 日,杜重远抱着"为祖国奠立最后抗战基地"的愿望,欣然同意盛世才的聘请,去新疆工作。为了发展新疆的文化教育事业,他从内地带了三卡车书,其中有张仲实、艾思奇、沈志远等人的译著,还有一些宣传抗日的小册子,他自豪地称之为"文化列车"。杜到新疆后,积极宣传共产党的抗日民族统一战线政策和八路军艰苦卓绝的抗战业绩。他还延请了一批文化人如沈志远、赵丹、石家姐妹(石良、石华)等到新疆讲学或从事文艺宣传活动,对繁荣新疆的文化起了重要作用。同年冬,杜重远在乌鲁木齐就任新疆学院院长,悉心致力于发展边

---

① 杜重远:《盛世才与新新疆》,生活书店 1938 年版,第 12 页。
② 《新华日报》1938 年 7 月 6 日第二版。

疆地区的教育。面对新疆民族和语言的复杂情况,他特别努力为各少数民族提供与汉族相等的受教育的机会和条件。他动员内地著名学者茅盾等人去该院任教。他经常在《反帝战线》上发表文章,还在学院里创办了一份宣传新思想名叫《兴芒》的刊物。他在暑假里还带领一批文化人和学生到伊犁进行社会考察。不料,杜重远光明正大的活动竟遭到盛世才的猜疑,盛在杜的住宅周围布置特务岗哨,严密监视杜的行动。杜被迫于1940年冬辞去新疆学院院长职务,在家养病。

1941年,德国法西斯侵略苏联,德苏战争爆发。盛世才慑于德、意、日法西斯表面的强大,迅速向右转,进行反苏、反共,投靠蒋介石;残酷迫害共产党员和进步人士,实行暴虐的法西斯独裁统治。杜重远过于看重旧日情谊,难以看清盛的反动本质,仍多次对盛直言相劝。盛更忌恨在心。1941年冬,盛恶毒地制造了一起所谓"汪精卫系统的阴谋暴动案",逮捕了杜重远,给杜加上"系受有汪精卫、周佛海、陈公博等主要使命,企图破坏后方工作"①的罪名。由杜介绍到新疆工作的爱国民主人士,亦多被罗织入狱,全案牵连数千人。盛别有用心地命周彬(毛泽民)主审。杜在法庭上慷慨陈词,揭露盛的阴谋。审判结束后,周彬据理说明所谓杜的阴谋暴动案完全是捏造的。不久,周彬等人亦被逮捕。杜在狱中受尽折磨,几度诬服,又几度翻供。盛为了置杜于死地又自相矛盾地给杜扣以"苏联间谍"、"共产党"等罪名。1943年10月中秋节后,杜重远终被盛世才毒死在特别监狱里。

杜重远殉难的消息于1945年才传入内地。7月24日,在重庆的各党派爱国人士,为邹韬奋和杜重远的逝世举行纪念会。《新华日报》发表了社论,称誉杜重远为"最热忱的爱国主义者和最坚决的民主战士"。

---

① 周东郊:《盛世才在新疆的特务统治》,中国人民政治协商会议全国委员会文史资料研究委员会编《文史资料选辑》第46辑,中华书局1964年版。

端　方

董方奎

　　端方,字午桥,号陶斋,姓托忒克氏,满洲正白旗人,生于1861年4月20日(清咸丰十一年三月十一日)。清军入关后,由关外入直隶滠阳(今河北丰润县)定居,自幼过继给伯父桂清为子,出身于门阀贵族①。青少年时从儒师在家中就读。1879年桂清死后,端方以荫生由指选六部员外郎报捐分发行走,被派往工部,在满洲候补员外上行走。1882年中举。

　　1889年,端方因筹办光绪帝婚事有功,加四品衔,到工部就职。1891年4月放张家口监督,管理该地税收。1893年补工部郎中,在工部都水师任职。从1896年4月起,兼任菩陀峪万年吉地工程监督监修办事官,负责龙华县定东陵慈禧太后陵墓的修造,又得到慈禧太后的喜爱与重用。1897年11月保加三品衔。

　　1898年1月,经翁同龢及刚毅保荐,3月18日引见,以御史用,光绪皇帝第一次召见端方。4月,又经会典馆保奏,请俟升道员后赏加二品衔。4月,补授直隶霸昌道,未任。

　　戊戌变法开始后,端方参与维新,8月,督理农工商总局,上书请设农务学堂,参用西法,购买机器,聘美、日农师,整理农务。戊戌政变后,

---

　　① 桂清,咸丰二年进士,内阁学士,慈禧的亲信,同治的老师。同治年间两任工部侍郎,光绪年间任内务府大臣。《八旗奉直宦豫同乡录》(王梦熊编,1909年)上卷载,端方之祖父文雅,嘉庆二十四年进士,曾祖父为郑亲王乌尔棍布,曾任九门提督。

端方几被治罪，托古董商投荣禄门下，且贿李莲英乞助，并得到刚毅的担保，本人又著《劝善歌》，歌颂慈禧的"圣德"。因此，他不仅免戍新疆，而且补授陕西按察使。此后，他避开宫廷的斗争，一意谋求外任。1899年10月，任陕西布政使，护理陕西巡抚。

义和团运动爆发后，时值陕西"被灾州县至六十余处之多，遍野哀鸿，嗷嗷待哺"①，端方对受灾州县，豁缓钱粮、劝捐散赈，安抚饥民，生产自救。又严禁义和团入陕西，对内"多为文告，反复晓譬，用是士民无惑，境内宴然"。八国联军侵入北京，慈禧、光绪逃至陕西，进驻抚署期间，端方将行宫布置一新，慈禧"颇喜端办差之安妥"②。当时，外交急迫，全权大臣暨东南各疆臣电奏，皆径递陕西抚署转达，端方以一人而兼治外台内省之寄，从此声名鹊起，慈禧亦视若股肱。1901年5月，调升湖北巡抚，赏头品顶戴，兼兵部尚书衔。1902年11月，兼署湖广总督。

端方到湖北后，积极推行"新政"：将新军由一千人扩充至九千五百人；把兴学作为最急之务，在两湖地区派遣二百七十二名学生，分赴日本及欧美各国学习实业；将两湖书院改为两湖大学堂，扩建师范学堂、五路高等小学、文普通中学、武普通中学、文高等学堂、武高等学堂、防营将弁学堂等。增设了幼稚园，省城内外设初等小学堂五十六所，道府师范学堂、各府师范学堂、南省中学堂、农务学堂、工艺学堂，创立省立图书馆一所。整顿了各级八旗子弟学校。

1903年1月，湖北留日学生创办《湖北学生界》，端方鉴于该刊宗旨在唤起国民精神，曾寄去三千元，给予支持。但张之洞认为学生擅刊报章，流弊无穷，要求端方迅电饬禁。该刊在张之洞、端方联合压迫下，仅出八期即停办。

---

① 宋伯鲁纂修：《续修陕西省通志稿》卷65，名宦二，西安1934年版。
② 《万国公报》卷150(1901年7月)，华文书局股份有限公司1968年影印本，第20291页。

同年 6 月,"苏报案"发生后,本应由两江总督魏光焘处理,而慈禧却对魏不予信任,授端方处理该案之全权。将处理"苏报案"之一切电文致端方,再由端方电转上海、两江。于是,他又派了一班人马去上海,通过美国参赞福开森(John Calvin Ferguson)与工部局联系。初欲引渡章炳麟、邹容处以极刑,并"株连同党"。后来,由于各方面的反对,不得不改判监禁章炳麟三年、邹容两年的徒刑。1904 年 5 月,端方调任江苏巡抚并署理两江总督,控制了革命势力活跃的长江下游地区。端方在江苏任职半年,即练得新军六营,并规定非能教操者不许充将,非能识字者不许充兵。在省城设立学务处,统管全省教育,在江宁及苏州各设小学四十所,无论旗、汉、回民,不分畛域,均准一律入学。在苏州省城设立两级师范学堂,将苏州中西学堂改为高等学堂,设立实业学堂等。

1904 年 11 月,黄兴、陈天华联络会党首领马福益,准备在长沙起义,虽然事泄未发,却震惊了清廷。12 月 13 日,调端方任湖南巡抚。次年春,端方抵湖南后,即派员追捕马福益,4 月杀马福益于长沙浏阳门外。又派监督至各学堂,对学生思想进行控制。

1905 年四五月间,英商贝纳赐违背在长沙城外开埠的规定,三次将货物运进城内,拒绝交纳厘金,企图把租界扩展到城内。经过一个多月的交涉,端方抵制了英人的无理要求。同时,他提出常德、湘潭自开商埠,以抵制各国增开商埠之要求。同年,因赫德(Robert Hart)自请回国,端方建议清廷收回海关及邮政管理权。

同年 7 月,清政府特派载泽、戴鸿慈、端方、李盛铎、尚其亨五大臣,并带随员四十余人,分赴欧美各国考察政治。戴鸿慈、端方经日本赴美、德、俄等国考察,游历了丹麦、瑞典、挪威、奥地利、荷兰、意大利、英国、法国等。端方在五大臣中居于实际上的首领地位,他考察了诸国政治后得出结论说:"大抵美以工商立国,纯任民权",不适合于中国,认为德国的君主立宪及军事制度对中国"最为相近",应当"急于师仿、不容刻缓者也"①。在游历考察中他与梁启超秘密联系,嘱其代草奏稿"逾二十余万言"②。端方于 1906 年 7 月回国后,根据梁启超代拟的奏稿和他自己的考察所得,参酌删定,向清廷呈递了八份重要奏折,即《请定国是以安大计折》《请改定官制以为立宪预备折》《军政重要取法各国以图进步折》《请设编制局以资筹议折》《请平满汉畛域密折》,并与载泽合奏《奏请宣布预备立宪密折》。慈禧与光绪三次召见端方"垂问周详",对端方的陈奏十分重视。端方与戴鸿慈又合辑《列国政要》《列国政要续辑》二百二十五卷、《欧美政治要义》十八卷。上述奏折及著作奠定了预备立宪及官制改革的基础。

　　1906 年 9 月,清廷任命端方为两江总督兼南洋大臣,促其迅速赴任。当时,两江地区自 1905 年的抵制美货运动,1906 年江、浙等地遭灾后群众性的抢米风潮,以及同盟会成立后更加有组织的革命活动等,使该区成为革命的中心。端方看到革命党"煽动之言"、"一唱百和,如饮狂泉"③,"各帮枭匪,游勇居多,大半与营兵相识,一闻剿办,往往得信远避"④。对此,端方采取了安抚与镇压相互为用的反革命两手。当时,江苏、安徽发生大水灾,遍及八府一州,灾民约二百五十万,"饿殍在途,流亡满邑"。端方为了防止革命党"勾结饥民,别酿巨患",通过向农工商部息借、上海绅士义捐及发动督抚官吏捐款等办法,共筹集并发放赈款三百八十五万两,济灾民七百三十万口。又令农民领荒耕种,任其栽种五谷、桑麻、果树、竹、茶等。这样,有效地阻止了流民的暴动。

　　鉴于同盟会成立后,革命党人在日本、上海等地十分活跃,端方密派特务到日本等地监视留学生及革命党人的活动。1906 年,同盟会员

---

①　端方:《端忠敏公奏稿》卷 6,1918 年,第 15—18 页。

②　丁文江、赵丰田编:《梁启超年谱长编》,上海人民出版社 1983 年版,第 353 页。

③　端方:《请平满汉轸域密折》,中国史学会主编《中国近代史资料丛刊·辛亥革命》(四),上海人民出版社 1957 版,第 41 页。

④　《端忠敏公奏稿》卷 4,第 30 页。

孙毓筠去南京运动新军,响应萍浏醴起义,被端方派人逮捕。同盟会员杨卓林去扬州谋刺端方,事泄被捕,被杀害于南京城外。又逮捕了由孙中山按年接济经费的会党头目袁有升、江佑泉、龙见田等,并就地"正法"。1907 年 2 月,山东滕县一带会党卞其为、陈振等四五百人被逼至江苏沛县,端方派标统石佳华领兵剿灭。

1907 年 7 月,徐锡麟枪杀安徽巡抚恩铭,并拟杀端方、铁良等人,但失败被俘。端方急电安徽布政使冯煦,将徐锡麟"剖心致祭",残酷杀害。接着,端方又电浙江巡抚张曾敭,搜查绍兴大通学校,捕杀秋瑾,通缉陶成章等人。徐锡麟安庆起事后,端方感到长江一带人心不靖,应当早防"隐患",会商湖广、安徽、湖南、广西、云南等省督抚,联合制定《长江巡缉总章》,把东自江阴西至岳州的长江江面划分为六段,分区分段防守,严密查拿,防止革命党自日本东归,并企图将革命势力消灭在长江以南。

同年 8 月,端方吁请慈禧迅速颁布帝国宪法及皇室典范,"扶助"地方议会之实现,以"俯从多数希望立宪之人心,以消弭少数鼓动排满之乱党"①。他再三强调,化除满汉畛域是消弭革命的重要手段,并代安徽旌德县廪贡生李鸿才条陈化除满汉畛域办法八条折。9 月,又代江西副贡徐敬熙上奏,要求清廷按日本立宪政体进行调整,改军机处、政务处为内阁,设议院以组织立法机关,收回治外法权,改良刑律,使司法独立,按三权分立办法建设国家政权。1908 年元月,端方在省城江宁设立地方自治总局。7 月清廷颁布谘议局章程,10 月端方在地方自治总局内设谘议局,又令江苏学生回籍讲演自治法理,筹办自治学社。江苏地方自治之筹办,走在各省的前面。

1908 年 9 月 21 日,清廷任命荫昌、端方为秋操阅兵大臣。12 月,派端方赴沪参加"万国禁烟会",该会由美国发起,有英、法、德等十二国代表参加,次年 2 月开会。会后,端方在江苏等地推行戒烟,创设戒烟

①　故宫博物院明清档案部编:《清末筹备立宪档案史料》上册,中华书局 1979 年版,第 46—47 页。

官局,实行官膏专卖试行章程,规定洋烟进口数量,分年递减,又用加价抽税的办法禁烟。

端方在两江期间,支持与保护私人资本主义之发展。为商办江西瓷业有限公司、上海日辉织呢厂奏请清廷援照上海织布局成案,完纳海关值百抽五的正税后,运销各处,免纳内地厘金,提倡公司的发展,以免利权外溢。又发展官办企业,设江南矿务总局,开办阜宁煤矿,创办南洋印刷官厂等。1908年12月,端方倡议在江宁举办南洋第一次劝业会,自任会长,官商各二十五万两合资经营,搜集各省农产、工艺、美术、教育诸物品展出,以振兴实业,开通民智。为了筹办这次博览会,端方派人与各省及本省各属广为联系,演说中外实业竞争之理由,各地商民咸知感奋①。又订立《南洋第一次劝业会事务所简章》、《南洋劝业会事务所代订各省出品协会章程草案》等规章制度。先由本省设立物产会,外埠设立出品协会,进行物产展览奖评,并选出最佳商品至南洋劝业会展出。此后,苏属各埠及外省天津、汉口、广州等地都举行了物产会。南洋第一次劝业会设在南京城以钟鼓楼为中心方圆十里的新辟市场之内,于1910年6月5日开幕,参观者日五千人,有公议厅、事务所、美术馆、教育馆、武备馆、医药馆、工艺馆、机械馆、通运馆、水产馆、华侨出品馆、东方参考馆、西方参考馆,有二十多丈高的电梯。各馆又有详细之分类,如工业又分为冶金、采矿、化学、染织、制造等,十多个省市参加展出,各省建筑别馆十五座,参加赛会产品达六十万件以上,资金不下三百万。交易兴隆,热闹非常。展出约半年,11月闭幕。

端方出国考察带回一台电影放映机,为我国电影机入口之始。他在两江期间,创办许多学校。1906年筹办南洋大学堂,在江宁设立卫生学堂,1907年创暨南学堂,专门收录华侨子弟归国学习,以坚爱国"内向之心"。在江宁驻防所设开通学堂一所、清文学堂一所、高等小

---

① 《端忠敏公奏稿》,卷14,第41—43页。

学堂八所、习艺局一所。派马相伯、严复在上海创办复旦公学,以培养赴欧留学生为宗旨。1907 年 7 月,派宋庆龄等十五人赴美留学。8 月,在江苏省城创设南洋方言学堂,学习法、德语言。在江宁成立法政学堂。1908 年春,在上海设贫儿院、南洋高等商业学堂各一所。创建南京图书馆,在江南实业学堂附设农业试验场。主张汉字简化。1909 年改江阴南菁书院为文科高等学堂,推行不缠足政策等。

自 1908 年 11 月光绪、慈禧先后死去,年仅二十五岁的摄政王载沣执政后,统治阶级内部的斗争更为复杂激烈。1909 年 3 月,清政府三载考绩,认为端方是"规模宏远,应变有方","共济时艰,劳绩最著者"。6 月 25 日,御史胡思敬奏劾端方"罔利行私"、"侵吞赈款"、"公行贿赂"等十罪二十二款。6月28日,端方调任直隶总督兼北洋大臣,8月接任。

当时,革命形势日益高涨,各省谘议局成立后,江苏谘议局长张謇发表了《请速开国会速设责任内阁以图补救书》,要求缩短预备立宪期限,宣统三年召开国会,立即成立责任内阁。端方在抵天津之前,就上奏载沣,说明"今日天下一至艰至危之局也,内忧外患相逼而来,存亡之机,间不容发",建议延揽硕德通才为"禁中顾问官",派"在位大臣齿德兼隆者"为领袖,要求载沣与禁中顾问官"从容坐论,虚心延访",以谋治国之道①。端方所建议的以"在位大臣齿德兼隆者"为领袖,显然指的是他这位"应变有方"的老一辈通才。同时,端方站在立宪派一边,亦奏请速开国会。并说"监国摄政王受先帝之付托",不能"孤立于庙堂之上",有攻击载沣之意②。因此,载沣对端方的建议,不仅拖延不纳,反而忌恨在心。

1909 年元月,清廷指定端方负责光绪皇帝的安葬,5 月 1 日将光绪"梓宫奉移西陵暂安"。11 月,清廷又令端方负责慈禧"梓宫奉移山陵"的一切事宜。13 日,将慈禧梓宫送抵菩陀峪东陵隆恩殿。端方既负责

---

① 《端忠敏公奏稿》,卷 16,第 4 页。
② 《端档杂件》,中国第一历史档案馆藏。

慈禧梓宫奉移之一切事宜,当然有权布置沿途照相等区区小事,但就在此小事上,一发不可收拾。11 月 20 日发布上谕,说端方在慈禧奉安时,"沿途派人照相,初三日举行迁移奠礼焚化冠服时,该督乘舆横冲神路而过,又于风水墙内,借行树为电杆","实属恣意任性,不知大礼",将端方革职。

端方笃嗜金石书画,青年时代"遂访琉璃厂肆精于碑版者,得李从云,购宋明拓本及碑碣,相与朝夕讨论"①。海内孤本精拓,宋明以来名迹,闻风纵萃,悉归储藏。他被革职后,在北京西山筑"归来庵"隐居,整理撰写《匋斋古玉图》二册、《匋斋藏名画集》一册、《匋斋藏瘗鹤铭两种合册》(墨拓孤本),《匋斋藏石记》四十四卷,《匋斋吉金录》八卷、续录二卷。

1911 年 5 月,端方以候补侍郎督办川汉粤汉铁路大臣,受命平息保路风潮。7 月 3 日,端方带着胞弟端锦等仆从离京南下,7 月 8 日抵武昌。端方到湖北后,"惟日与鄂绅酬酢,以期联络一气",又向汉口商界"劝导",以期"消弭风潮于无形"②。当时,鄂路股款仅百余万,铁路股东要求退还路款,端方拟定退股章程。不久,湘省代表至鄂,端方答应自必和平解决。当时,四川人民亦要求退还股款。6 月 1 日,端方会同盛宣怀致电四川护理总督王人文,欲举现存、已用之款,一律填给股票,遭到四川人民的坚决反对,促使四川保路运动进一步发展。成都每街均设保路协会,以保路废约为宗旨,推蒲殿俊、罗伦为正副会长,全省各地纷纷响应,参加者达数十万。端方、盛宣怀收买川路公司宜昌分公司总理李稷勋,强迫接管川汉路宜万段,使川汉路权丧失,路款无归,民众更加怒不可遏。8 月 24 日,成都开保路大会,议定全省罢市、罢课、停纳捐税,并举代表刘声元等去北京请愿。8 月 30 日,川督赵尔丰等奏请铁路暂归商办,俟资政院开会议决,清廷不许。端方连续急电内阁

①　徐珂编:《清稗类钞·鉴赏类》稗七十二。
②　上海《神州日报》宣统三年六月十九日。

和盛宣怀,请代奏参劾赵尔丰,说赵"庸懦无能,实达极点",建议清廷再行简派重臣赴川查办。9月2日,清廷根据端方的参奏,严令赵尔丰"倘或养痈贻患,致滋事端,定治该督以应得之罪"。同时,清廷派端方率兵入川查办。赵尔丰为形势所迫,放弃铁路"暂归商办"的主张,9月7日逮捕了川省谘议局议长蒲殿俊等十一人,群众齐集督署门前,为川绅请命。赵尔丰竟令军队开枪,残酷杀害请愿群众三十余人,造成骇人听闻的"成都血案"。此后,四川保路运动发展为武装斗争,数万团民包围了成都。端方自知川局水火之势已成,难以查办,不肯前往,而清廷和盛宣怀等人认为只有端方前往才能挽回大局。端方在得到朝廷准其带兵入川、有权随时调遣川省水陆新旧各军的保证后,于9月7日表示:时局艰难至此,惟有奉命即行,吉凶祸福,度外置之。不得不硬着头皮准备赴川。

9月11日,端方从武昌带精兵一营,乘"楚豫"轮溯江而上,15日行抵宜昌上岸时,有人抛掷炸弹,炸死随从护兵七名,又闻成都被围,全川糜乱,使端方心寒胆战,逗留不进,自称才不足以驭众,吁请清廷另简大员入川。清廷一面严令端方兼程前往,又令瑞澂加派劲旅一标随端方入川。在各方面压力下,端方不得不继续前进,10月6日过巫山,17日抵夔府,11月3日抵重庆,18日抵资州(今资中)。不久,武昌起义的消息传到资州,端方所带新军中的革命党人于11月27日(农历十月初七日)下午7时,杀端方及其弟端锦于资州天上宫。端方在被杀之前说,他的祖先原系汉人,姓陶。端方之首级由革命新军带至武昌,后由黎元洪交给端方长子陶遗。端方之身部始埋资州狮子洞,后来迁葬于河南辉县温泉。

端方之奏折函电甚多,已刊者有《端忠敏公奏稿》十六卷,并散见于《辛亥革命》资料丛刊等处。未刊者藏国家图书馆、中国第一历史档案馆等处。

端　　纳

汪仁泽

　　端纳(William Henry Donald)，祖籍苏格兰。1875 年 6 月 22 日出生在澳大利亚新南威尔士州东部的利斯莫城。父亲是铁路工人[1]，对子女管教严格。端纳自幼养成刻苦耐劳的习惯。端纳少年时不慎跌伤手臂，不能从事繁重的体力劳动，十五岁时在当地一家报馆的印刷厂里当排字工人。业余泛读书报杂志，学识渐增，遂多次在报刊上发表短文。1894 年，在美国十五万铁路工人大罢工的影响下，澳洲铁路工人也展开了罢工斗争，端纳的父亲积极参加，使他对罢工工人深表同情。1897 年澳洲各省召开联邦代表大会后，展开了广泛的制宪宣传，次年公布了资产阶级的民主宪法，端纳研读条文，印象颇为深刻，从而形成了他的民主思想和民治观点。

　　1901 年，端纳应约赴悉尼市，在《每日电讯报》社任实习新闻记者，初露才华，深受发行人的器重。不久被越级提升为该报副主编。1902年，受墨尔本《百眼巨人报》社聘为副主笔。他结识该地《纪事报》驻日记者英人威尔逊，受他的影响，对日本统治者称霸世界的侵略野心有深刻的印象。此后，终其一生，对日本政府抱不信任、不合作态度，在新闻报道中不断揭露日本帝国主义的侵略阴谋。

　　1903 年，端纳经威尔逊的介绍，前往香港任《中国邮报》(*The China Mail* 亦译《德臣报》)社副主笔，开始关心中国政局。他到香港不

---

① 《毕生尽瘁中国的端纳》，《申报》1946 年 11 月 10 日。

久,曾赴广州访谒清政府两广总督岑春煊,由于他通晓西欧各国政情,博得岑的好感,不久应聘为岑的私人顾问①。1904 年他升任《中国邮报》主笔,在他主持下,该报消息灵通,报道翔实,成为当时香港著名大报之一。

1904 年日俄战争在我国东北展开,端纳接受《纽约论坛报》社聘为战地记者,前赴东北采访,结识了时任新民府清军马队营官的张作霖。此后孙中山领导的反清革命运动在国内外影响不断扩大,引起端纳的关注并深切同情,常撰文作有利于革命方面的新闻报道。1908 年,经友人介绍,特地去香港拜访孙中山,因孙在国外,由胡汉民代为接见,受到热情接待。胡鼓励端纳继续支持中国革命。由于他与革命党人和清政府上层人物都有往来,因此报道消息迅捷,所撰评论有独到之处,在新闻界中卓有声誉,成为当代名记者之一。这时他常驻在上海,与沪上政商各界头面人物王宠惠、伍廷芳、虞洽卿等甚为相知。又结识宋嘉树(耀如),常至宋家,宋的子女亲昵地称他为“端纳叔叔”。

1911 年 10 月武昌起义。次月,宣告独立的各省都督代表集议上海,公认武昌都督府为中央军政府,推举伍廷芳、温宗尧为民国外交代表。伍廷芳接受端纳的建议,为了争取各国的同情和支持,发表保护各国在华侨民的生命财产、继续承担前政府所订国际条约义务的文告。是年底,孙中山从海外回国,端纳再度往访,畅谈数小时,不久即被聘为孙的私人顾问、外文秘书。民国成立后孙中山就任临时大总统,端纳受托起草对外宣言《告友邦书》,经孙审定后,于 1912 年 1 月 5 日发布,成为民国外交方面的第一个文件。3 月,袁世凯继孙就任临时大总统,端纳多次与之接触,对其浓厚的封建意识、好弄权术,极为反感。是年 9月,孙中山被袁授以“筹划全国铁路全权”,督办全国铁路,在端纳、王宠

---

①　1907 年岑春煊调任邮传部尚书,由于与奕劻、袁世凯争权,不久被解职。1911 年武昌起义后被清廷重新起用为四川总督,岑接受端纳的劝告,并鉴于清廷大势已去,未赴任。

惠等陪同下,巡视北方铁路设施。端纳为孙陈述各国现代化铁路近况,并沿途对铁路建设提供颇多有益的建议,深得孙的嘉许。此时端纳已就任《纽约论坛报》北京分社社长及上海《远东时报》月刊部编辑,后又兼任伦敦《泰晤士报》社驻北京通讯员,常往来于京沪两地。

　　1915年初,日本帝国主义向袁世凯秘密提出"二十一条"要求,作为支持袁复辟帝制的交换条件。报界已有所闻,但条款内容,当局和日本政府均守口如瓶。端纳多方采访,终于从袁的政治顾问美国人莫理逊(George Ernest Morrison)处获得原文译本,即在报纸上首先全文刊出,引起国内外震动,全国立即掀起了反对"二十一条"的浪潮。同年8月,端纳在北京结识了蔡锷,12月蔡锷在云南宣告独立,发动讨袁的护国运动,端纳闻讯后率先在报刊上撰文表示支持。袁死后段祺瑞当权,主张对德宣战,北洋军阀各派对此意见分歧,端纳为此而多方奔走劝说,力促北洋政府于1917年8月宣布对德奥宣战。1920年,北洋政府成立经济讨论处,端纳就任该处新闻处长兼代理讨论处处务,负责调查和发布经济情报。由于《远东时报》月刊部发行人逐渐亲日,端纳不愿改变反对日本侵华政策的初衷,毅然辞去编辑职务。

　　1922年端纳接受奉系军阀张作霖的聘请,任其私人顾问,成为张沟通英、美各国关系的中间人。是年9月,张接受端纳的建议,派人赴粤联络孙中山,共同反对直系军阀。1926年张作霖入关控制北京政权后,采纳端纳的建议,认为不能单靠日本的支持,更不能事事接受日本的"劝告",应力争取得英、美西方国家的支援,以达借助西方力量抵制日本的目的。是年10月,经端纳的介绍,张在天津接见英国驻华公使兰浦生(Miles Wedderburn Lampson),讨论与武汉革命政府"南北议和"等问题。与此同时,在端纳的谋划下,张所办的企业开始吸收英美的投资;向英美借款二千万元,修建葫芦岛港,以谋与日本控制的大连港竞争;又在奉海(奉天到海龙)铁路的修筑中,向英美购买钢轨和车辆。张的上述措施,引起了日本的愤慨和抗议。1928年6月,张作霖在皇姑屯被日本关东军炸毙后,其子张学良续聘端纳为其私人顾问,并以师事之。在端纳的影响下，张学良戒除了烟瘾甚重的鸦片吗啡，积极进行骑马、游泳等体育运动，体质大为增强，精神焕发，前后判若两人。

1934年，端纳陪同张学良考察西欧六国后归来，受到蒋介石夫妇的邀请，到杭州游览。在杭期间，由宋美龄亲任翻译，蒋介石单独与端纳就国内外形势长谈达四小时，端纳的见解给蒋介石留下深刻的印象。此后端纳随张学良至武汉、洛阳等地，继续与蒋介石保持书信联系，提出各方面的施政建议，受到蒋的赞许，不久蒋正式聘他为私人顾问，从此他常住南京以备咨询，与蒋氏夫妇关系十分融洽。

1936年12月12日发生西安事变。消息传到上海，宋美龄急召宋子文、端纳等人在孔祥熙寓所商讨对策，决定先派端纳至西安探听实情。端纳也愿以客卿的身份，利用与蒋、张都有着深厚友谊的特殊关系，甘冒危险，在双方无法直接谈判的情况下，穿梭效劳，转达各方意见和提供保证，谋求事变能化险为夷，得到各方都较满意的和平解决。此时亲日派何应钦已下令陆、空军向西安进攻，并准备进行轰炸。宋美龄一面制止空军轰炸西安，一面排除种种阻挠使端纳于13日搭机飞离南京至洛阳，次日得到张学良回电同意后飞抵西安。当夜端纳会晤张学良，张表示为求停止内战一致抗日而发动兵谏，并无伤害蒋介石之意，要端纳向蒋转达此意，随后端纳探视并慰藉了蒋介石。15日，端纳在报端发表有关电文①。午后飞返洛阳，与南京宋氏兄妹多次通电商议。16日下午，端纳应宋美龄要求，告诉蒋事变是"戏中有戏"，再飞西安，并向张学良表示：如能恢复蒋介石自由，保证对张、杨等人"一切皆可不究"。17日，中共代表团周恩来一行，应邀搭乘张学良专机从陕北到达西安。20日上午，宋子文飞抵西安，经多方磋商后，次日中午，与端纳

①　路透社所发端纳的电文如下："余今日会晤张学良时，张与其左右均向余保证决无伤害蒋委员长之意。张氏乃与其部下将领会商，苟无意困难发生，或倔强态度之影响大局，则可于数日内获一解决。端纳印，15日。"刊于1936年12月17日《申报》。

同机飞返南京,将西安磋商结果向宋美龄汇报后,22日中午,端纳与宋美龄、宋子文、蒋鼎文、戴笠等分乘两机飞抵西安。端纳参与宋氏兄妹、张、杨和中共代表团的谈判,达成和平解决事变的协议。12月25日下午4时,张学良护送蒋介石飞离西安东返,端纳和宋氏兄妹等同机回到南京。其后蒋介石嘉奖事变中的有功人员,端纳获得大绶采玉勋章一枚。但张学良却被蒋介石扣押,使端纳深感不安。他一面劝慰张学良切勿因而消沉①,一面多次向蒋氏夫妇要求信守诺言,履行保证,使张学良早日恢复自由,但未见成效。后又转请宋子文、孔祥熙等人代为恳求,也是石沉大海,毫无结果,但他却因此而遭蒋氏夫妇的反感。在此难以继续相处的情况下,1940年夏,端纳被迫辞职,飞离重庆,到达香港。

1941年2月,端纳经过长期准备后,开始他晚年的旅游生涯。先在南太平洋法属社会群岛东部的塔希提岛旅居一段时间,后经新西兰转赴夏威夷。是年冬,当他从夏威夷返回香港时,适值太平洋战争爆发,航路中断,中途改赴菲律宾马尼拉。不久菲被日军攻占,端纳和其他英美籍的西方人被日军作为俘虏关押在集中营,端纳隐瞒了自己的身份,始终未被日军发觉。1944年,他被菲抗日游击队营救出狱。1945年2月盟军收复马尼拉后,蒋介石派人将端纳护送到夏威夷。由于他长期在集中营中受尽折磨,衰病不堪,经美国海军医院诊治后,于10月再次前往塔希提岛疗养。

1946年初,年已古稀的端纳渐感体力不济,转赴檀香山,经诊断已患肺癌,其中一叶且已坏死。他自知在世时日已不多,但他时刻思念着第二故乡中国,表示"我要回到中国去,我要死在中国!"②是年3月18

---

① 张学良在1938年10月从湖南转押贵州途中,曾给端纳一复信中称:"我是何种人?我想你对我是了解得很清楚的。我希望你尽力协助贫困的中国。至于我个人从不消沉,请你不必为之过分忧虑。"

② 《毕生尽瘁中国的端纳》,《申报》1946年11月10日。

日,在蒋氏夫妇的安排下,端纳从檀香山被接到上海,住进宏恩医院。当记者访问他时,他面对窗外新春和煦的阳光,喃喃地述说自己生平的意愿:"人们不仅要知道真理,而且要寻求真理,更要为真理而奋斗。"①在住院期间,端纳忍着病痛,以惊人的记忆力和速度,将近四十年来在华的经历写成回忆录,但因顾及书中披露了一些内情,会使某些"中国朋友丧失尊严"而迟迟未能付印②。11月9日他病情突然恶化,遽离人间。他没有留下其他遗物,只有一枚孙中山赠给的勋章,被端纳看做是真理的化身,也遂成为他身后最珍贵的纪念物。

---

① 《毕生尽瘁中国的端纳》,《申报》1946年11月10日。
② 端纳的回忆录原稿,在他死后曾由他的好友、英国记者田汲强保管,但田死后,原稿已下落不明。

段 祺 瑞

李宗一

段祺瑞,字芝泉,安徽合肥人,生于 1865 年 3 月 6 日(清同治四年二月初九),他是北洋军阀皖系的首领。

段祺瑞的祖父段佩,以办团练镇压捻军起家,官至淮军统领;父早丧,自幼随祖父读书。1885 年他考入天津武备学堂炮兵科,1889 年毕业,由李鸿章派赴德国学军事,在克虏伯炮厂实习。1890 年回国,先后任北洋军械局委员、威海随营武备学堂教习。1896 年初,被袁世凯调到天津小站新建陆军,担任炮队统带兼随营学堂监督。1899 年,随袁军赴山东,镇压义和团。1901 年,由袁保奏"以知府仍留原省补用,并加三品衔","兼充武卫右军各学堂总办"①。

1901 年底,袁由山东巡抚升任直隶总督,他又随袁到保定。次年 6 月担任北洋军政司参谋处总办,负责编练北洋常备军,不久升为补用道员。他带兵到广宗县,镇压景廷宾起义。因镇压起义农民"有功",被赏戴花翎,加"勇"号。1903 年 12 月,清廷成立练兵处,袁为会办大臣。由于袁的保荐,他当上了练兵处军令司正使,并加副都统衔,成为袁扩编北洋军的重要帮手。后来,人们把他与冯国璋、王士珍合称北洋三杰,又被人称为袁的龙、虎、狗。1904 年,他兼署常备军第三镇翼长,次年 2 月调任第四镇统制,又担任河间秋操北军总统。1906 年初,调署

---

① 《段祺瑞呈报三代出身详细履历清册》(光绪三十三年),故宫军机处清册 1668 号。

第三镇统制,兼督理北洋武备各学堂。3月,补授福建汀州镇总兵,仍留北洋,充保定军官学堂总办。此后他又任陆军各学堂督理、会考陆军留学毕业生主试大臣等官差。因此,北洋军官多半成了他的门生、故吏。袁世凯被罢官后,他于1909年12月被调充第六镇统制,次年12月调任江北提督,加侍郎衔,驻江苏清江浦。

1911年10月,武昌起义爆发,清廷起用袁世凯,同时召段入京,任以第二军军统,令往湖北镇压革命。段先到彰德见袁,请示机宜,然后入京请训,转赴湖北前线。袁于11月到北京组阁后,派他署湖广总督,并任第一军军统兼领湖北前线各军,驻孝感。12月,南北议和会议在上海召开,他以军事实力支持袁窃夺民国总统,对革命党人不断施加压力。和会上南方代表坚持以清帝退位作为让袁做总统的交换条件,这正是袁世凯所梦寐以求的;但当时清室皇族对“让位”问题迟疑不决,少壮亲贵尤坚决反对。于是段受袁指使,于1912年初率北洋将领四十六人两次致电清廷,“请立定共和政体”,否则即“率全军将士入京,与王公剖请利害”[①]。迫使清帝于2月12日宣布退位。3月10日袁窃据民国总统,任命段为陆军总长。

1913年,他一度代理国务总理,调兵遣将,镇压孙中山发动的“二次革命”。此后又署理湖北都督,兼领河南都督,调集河南、湖北、安徽等省的军队数万人,血腥镇压白朗军,竭力为袁的独裁统一效劳。但是,由于他总揽军权,为袁所忌。1914年5月,袁创设海陆军大元帅统率办事处,把陆军部的权力收归自己直接掌握。因此段大为不满,遂把部务交给其心腹徐树铮(陆军次长),不再到部办事,而袁在当时,也有心把他打入“冷宫”。次年5月,他又称病辞职,实际是在袁的帝制活动中,他有自己的想法,从而采取消极态度。1916年3月22日,袁在全国人民反对复辟和护国军兴起的形势下,被迫取消了“洪宪”帝制,才又

①　《段祺瑞致内阁代奏电》(1月26日、2月5日),中国史学会主编:《中国近代史资料丛刊·辛亥革命》(八),上海人民出版社1957年版,第173、179页。

不得不把段请出来，帮助他收拾这一破碎局面。段接受袁的请求，于23 日出任参谋总长，4 月又代徐世昌为国务卿兼陆军总长。他一面与护国军打交道；一面迫使袁交出实权，恢复国务院，组织责任内阁。

　　袁世凯于 6 月 6 日病死后，黎元洪继任总统，段祺瑞以国务总理掌握着北京政府大权。徐树铮为国务院秘书长。当时，日本寺内政府成立，提出所谓经济"援华"政策，妄图变中国为其独占殖民地；它看准了段政府正是一个可以"援助"的对象①，而段也决心依靠日本的"援助"，树党营私。12 月 24 日，他亲自与寺内派来的代表西原龟三密谈，商讨所谓"中日亲善"问题②。

　　袁世凯死后，北洋军阀逐渐分化为直、皖两系。段是皖系的首领。这时，他大权在手，又俨然以北洋派正统首领自居，对非北洋派出身的总统黎元洪根本不放在眼里。所以黎、段上台不久，他们之间就各以不同的国际势力为背景，争夺权力，演成了"（总统）府、（国务）院之争"。后经徐世昌调解，他们的矛盾一度和缓，但到 1917 年春，"参战"问题又成了双方的主要争执。段希望通过"参战"取得日本更多的实力支持，坚决主张对德宣战③；而依靠国会支持的黎元洪以美国为奥援，表示反对。4 月，段召集附己督军来北京，组成"督军团"，向黎和国会施加压力。当国会讨论"参战"案时，他唆使军警和雇用流氓，打着"公民团"旗号包围国会，殴辱议员，希图强迫国会通过"参战"案。结果遭到国会和大部分阁员的抵制，造成僵局。

　　段祺瑞不甘罢休，暗中指使徐树铮策动"督军团"到徐州，去鼓动复辟派张勋，用武力驱逐黎元洪并解散国会。5 月 23 日，黎下令免去段的总理职务，他愤然离京至天津，发表通电，不承认黎元洪的免职令，煽

　　①　日本外务省编：《日本外交年表并主要文件》上册，1955 年版，第 424—427 页。

　　②　西原龟三：《梦の 七十余年》，1949 年版，第 170 页。

　　③　《1917 年美日拉拢中国参战密报》，《近代史资料》1962 年第 2 期。

动"督军团"倒黎。安徽省长倪嗣冲首先"独立",奉、鲁、闽、豫、浙、直隶各省军阀相继响应,以武力威胁黎元洪。张勋遂以调解黎、段冲突为名,带兵进京,乘机演了一出清帝复辟丑剧。段祺瑞见自己倒黎的目的已达到,即借助全国人民反对复辟的声威,在日本的支持下组成"讨逆军",自任总司令,7月3日在天津附近的马厂誓师,宣布讨伐张勋。打垮了张勋后,他于14日入京,重掌政权。黎元洪被迫去职,段迎直系首领冯国璋(原为副总统)为总统,自为国务总理兼陆军总长,并于8月14日对德宣战。

段祺瑞竭力主张"参战"的目的,是为了向日本借债。从1916年底起,他派曹汝霖、章宗祥、陆宗舆三个亲日官僚,放手出卖中国主权,向日本大量借款,其中仅西原龟三经办的八笔借款就有一亿四千五百万日元①。这些卖国借款表面上是用作"经济开发"或"参加欧战";实则几乎都用于打内战、组织"安福俱乐部"和编练所谓"参战军",扩充皖系实力。

段祺瑞打败张勋以后,以"再造共和"的功臣自命,蛮横地拒绝恢复《临时约法》和国会,而采纳研究系梁启超的"改造国会"建议,召集临时参议院,企图另组新国会,以排斥旧国会中反对他的国民党议员。孙中山即以维护《临时约法》为号召,于1917年7月间率海军军舰两艘南下。联合滇、桂等省实力派于9月10日在广州成立"护法"军政府,和北洋军阀政府对抗。段抄袭袁世凯的老谱,立即决定对南方用兵,1917年8月初,派其党羽傅良佐为湖南督军,代替了与护法政府有联系的湘督谭延闿。谭指使零陵镇守使刘建藩于9月18日护法"独立",以示反抗。段即任命王汝贤、范国璋为北军湘南军正副司令,率军南下作战,10月6日开始,相继攻占衡山、宝庆。段兴高采烈,指望由湖南进攻两广,由四川进攻云贵,想在三五个月内平定西南,大做其"武力统一"的美梦。

---

① 西原龟三:《梦の 七十余年》,第271—274页。

　　皖系军阀的行动,引起直系的不满。在英美的怂恿下,冯国璋对向南方用兵的决策,采取了表面敷衍,实际掣肘的办法。王、范受冯使指,突然于 10 月 14 日从前方来电请求停战议和,并自动退守岳阳。傅良佐得讯于惊惶中弃长沙而逃。同时,入川的皖系北洋军吴光新部也溃败。段对于这些情况的发生十分气愤,但又无可奈何,被迫于 11 月 16 日辞国务总理和陆军总长职务。这时日本政府见段内阁倒台,即派人见冯,表示对中国内阁变动的"关怀",同时仍认段"为政局中心,遇事力尽友谊援助"①。段于辞职后,鼓动"督军团"主战,向冯施加压力。冯在内外逼迫下,只得于 12 月 18 日又任命段为"参战督办"。1918 年 2 月,徐树铮又到奉天,引张作霖带兵入关助段。在"督军团"的要挟下,冯除被迫下令对南方继续作战外,又于 3 月 23 日请段复任国务总理。4 月,段亲往武汉等地,催促北洋军对南方发动攻势,并暗中拉拢直系军阀曹锟、吴佩孚,进行分化。但不料善于辨认风向的前方主将吴佩孚于占领衡阳后,和参加"护法"的南方军阀秘密妥协,从 8 月初接连发出"罢战主和"的通电,反而痛斥段政府的亲日卖国政策,使段的"武力统一"计划全成泡影。

　　吴佩孚以一个师长的地位,敢于出头反对段祺瑞,是由于这时国内外出现了不利于段的条件,而这些条件又正是段祺瑞一系列倒行逆施所促成的。与对南方用兵的同时,段与日本加紧了勾结。他依靠日本的顾问和装备,编练自己的嫡系队伍"参战军"三个师四个混成旅,作为镇压人民、消灭异己的基本武力。他又派靳云鹏和徐树铮,于同年 5 月间同日本秘密签订"中日军事协定"②。根据这项协定,日本可以在中国境内驻兵,并可指挥中国军队。另外段又唆使徐树铮、王揖唐等,利

---

　　① 中国科学院近代史研究所资料编辑组编:《徐树铮电稿》,中华书局 1963 年,第 2 页。

　　② 龚古今、恽修编:《第一次世界大战以来帝国主义侵华文件选辑》,三联书店 1958 年版,第 41—49 页。

用卖国借款，收买政客，组织"安福俱乐部"，操纵选举，制造皖系把持的新国会（"安福国会"）。8月20日"安福国会"正式开张，9月4日，把老官僚徐世昌推为总统，供其利用。段的亲日卖国政策，在国际上引起英美的嫉视；在国内遭到全国人民的唾骂和反对。"中日军事协定"消息一经传出，留日学生与国内学生纷纷成立救亡团体，采取行动；各界人士以及西南各省当权人物，也都纷纷通电责问。全国上下的反段气氛，把本已存在的直皖矛盾，进一步推向尖锐化。这时，冯国璋虽已任满下台，但直系势力仍在。曹锟、吴佩孚继冯而成为直系领袖。段为缓和直、皖矛盾，于10月辞去国务总理，专任参战督办。但是，他只是退居幕后，实际上仍然操纵着北京政府。

1919年，我国在"巴黎和会"上的失败，引起了五四爱国运动爆发。段控制的亲日卖国政府，成了众矢之的。卖国贼曹汝霖、章宗祥、陆宗舆受到北京学生的惩罚。段公然袒护曹、章、陆，主张镇压学生运动，并主张在巴黎和约上签字[①]，充分暴露出他的反动本质。这时欧战已经结束，他不顾全国人民的反对，把"参战军"改称边防军，用徐树铮为边防军总司令；把"参战督办"改称边防督办，在"国防"的幌子下，继续使用卖国借款，扩充皖系实力，仍然准备内战。

欧战结束后，英美帝国主义有了更多的力量干涉中国的政局。在英美的支持下，曹锟、吴佩孚利用全国人民反对卖国政府的情绪，积极部署反段。1920年5月，吴佩孚由湖南前线带兵北撤，并联合奉系张作霖，提出解散"安福俱乐部"，罢免徐树铮等条件，向皖系挑战。徐世昌于7月2日被曹、吴所迫，下令免徐树铮边防军总司令职。段对此大发雷霆，立刻以边防军为主组成"定国军"，自为总司令，派徐树铮为参谋总长，段芝贵为第一路总司令，曲同丰为第二路总司令，胁迫徐世昌于7月9日又下令免曹、吴职。于是，直皖战争于14日打响，两军激战

---

① 　近代史研究所资料编辑组编：《五四爱国运动资料》，科学出版社1959年版，第38页。

于涿州、高碑店和杨村。奉军从东线助直攻皖,不过四天,战局即急转直下,皖军一败涂地。曲同丰被俘,徐树铮、段芝贵都丧师逃走。段只得通电辞边防督办。"安福俱乐部"也被解散。除浙江督军卢永祥外,皖系军阀全部垮台。从此,直、奉两系军阀控制了北京政府。

段失败后,于第二年移居天津日租界,窥测动向,等待时机。随着直、奉矛盾的发生,他暗中勾结张作霖,并联络坚持反对直系军阀的孙中山,图谋再起。

1924年第二次直奉战争中,冯玉祥的国民军回师北京,推翻了直系统治。冯邀请孙中山北上,商讨组织政府,段和张作霖也虚伪地附和。这时,孙中山已改组了国民党,结成了与中国共产党合作的统一战线。孙北上时,提出废除不平等条约和召开国民会议的主张,得到了全国人民的拥护。段祺瑞反对孙中山的主张。他一面和张、冯在天津会晤,密谋成立政府;一面与盘踞在江苏、湖北等省的直系残存势力拉关系,以增加自己的政治资本。他还企图依靠日本的支持,重新集结皖系势力。末后,在冯、张妥协和直系残存势力的拥戴下,他被推为"中华民国临时执政",11月24日在京就职,组成了临时政府。"临时执政"名义上"总揽军民政务,统率海陆军"①,实际上,是奉系军阀和国民军两大势力暂时妥协的产物,因此,段只能周旋于两大势力之间以维持自己的地位。

段祺瑞一上台就宣布"外崇国信"②,表示尊重帝国主义在华的既得利益,以换取帝国主义的"承认",和孙中山提出的废除不平等条约截然相反。他又独断地公布了《善后会议条例》③,和孙中山主张的"国民会议"性质完全不同。次年2月,他不顾全国人民的反对,悍然召开了以军阀、官僚为主要成分的"善后会议",遭到全国人民的抨击与抵制。

---

① 《中华民国临时政府制》,《东方杂志》第21卷第24号(1924年12月)。
② 《段执政就职宣言》,《时报》1924年11月25日。
③ 《善后会议条例》,《政府公报》1925年1月7日。

孙中山怀着对段此举的极大愤慨病逝于北京。

段祺瑞对中国共产党领导的革命运动极为仇视,诬为"赤化之祸",鼓吹用孔孟的"道德仁义",来对抗共产主义思想①。

1925年冬,国民军已靠拢到革命方面来,并趁郭松龄举兵反对张作霖的时机,占领了天津。奉系和直鲁联军张宗昌、李景林以及于武汉再起的吴佩孚,在日、英帝国主义的撮合下,连成一气,于1926年初向国民军展开进攻。日本等八国为阻止国民军在天津布防,帮助奉鲁军阀,炮轰大沽口,又发出蛮横通牒。北京各界人民为反对帝国主义的暴行,于3月18日在天安门集会抗议,会后结队赴执政府请愿,段祺瑞竟唆使卫队开枪射击,死伤至百多人,造成"三一八"惨案,成为"民国以来最黑暗的一天"②。事后他反诬爱国群众是"暴徒",通缉群众领袖,激起人民的极大义愤。

1926年4月,国民军放弃天津,退守北京。段及其党羽又图谋作奉军内应。但他的阴谋被国民军鹿钟麟所觉察,鹿遂派兵包围执政府。段仓皇逃入东交民巷。到国民军退出北京后,他又回执政府,通电复职,并向逼近北京的张作霖、吴佩孚乞怜告哀。但吴佩孚宿怨未消,随即命令京畿驻军监视他,并逮捕其党羽。他又企图联奉拒吴,奉张也没理他。于是,他自知已到穷途末路,难于再有所施展,延至20日,狼狈下台,逃往天津,从此做租界寓公,自号正道居士。

1931年"九一八"事变以后,日本侵略势力深入华北。1933年2月,南京国民政府"迎段南下",他即移居上海。1935年被任为"国民政府委员",未就职。1936年11月2日因胃溃疡症转剧,在沪病故。

---

① 《政府公报》1925年9月18日。
② 《无花的蔷薇之二》,《鲁迅全集》第三卷,人民文学出版社1981年版,第190页。

樊　钟　秀

胡金福

　　樊钟秀,字醒民,河南宝丰县人,生于 1888 年 5 月 22 日(清光绪十四年四月十二日)。其父樊道隆是清末庠生,在农村教过私塾,当过医生。樊钟秀自幼随父耕读,喜欢看小说。十三岁到登封县少林寺拜恒林和尚为师,苦学三年拳棒,练就一身武功。

　　1912 年,樊家为豫西土匪所迫,逃往陕西宜川县霍家沟开荒种地。但当时宜川一带也是土匪横行。1914 年,风传占据"黄龙山"为王的土匪头子黄某要强娶樊钟秀的妹妹为妻。樊忍无可忍,伙同乡亲数人,杀死匪首黄某及其党羽,得长短快枪十余支,子弹数千发;樊钟秀受到陕北客户敬佩,被推组织武装自卫。但也因此引起当地官绅的敌视,谣传客户要造反。樊眼看父母弟妹在宜川住不下去,便将他们送回河南老家,自己只身返回陕北,聚众二百余人,以抗官匪、保地方为号召。他当众宣布三项禁令:不准奸淫妇女;不准抢劫良民财物;不分主户客户一律平等看待。从此,声势日渐壮大。

　　1915 年,樊钟秀被陕西陆军第四混成旅旅长兼陕北镇守使陈树藩收编,先后任骑兵连长、营长等职。1916 年 5 月,陈树藩任陕西督军,在民党的压力下,宣布陕西独立。不久,袁世凯死,陈宣布撤销独立,并表示一切悉听北京政府处分[1]。因此引起关中民党公愤,纷纷表示"反段讨陈"。1917 年 9 月,孙中山在广州成立护法军政府后,陈树藩部民

---

[1]　陶菊隐:《北洋军阀统治时期史话》第三册,三联书店 1959 年版,第 11 页。

党高峻、郭坚、胡景翼、曹世英等,响应孙中山的护法号召,先后树起"靖国军"旗帜,起兵讨陈。时樊率部驻扎西安西南之鱼化寨一带,在民党影响下,于1918年2月脱离陈树藩,至蓝田易帜归靖国军。3月,樊钟秀率所部抄小道突袭潼关陈树藩部,击溃其新兵一旅,得步枪数百支,子弹百万发,实力大增。后退至商县、雒南(今洛南)一带整顿。

靖国军起义后,胡景翼、曹世英等先后派人赴粤,请孙中山派人入陕领导。同年6月,于右任受孙中山之命入陕,被起义各军共推为陕西靖国军总司令,张钫为副司令,统领各军。樊钟秀受任靖国军第二路司令。樊率部离雒南进至蓝田,轻骑跃兵灞上,伏击东下之陈树藩军。旋又围攻刘镇华之镇嵩军于零口,转战临潼、渭南之间,截断陈军东路。后转师西进,攻占盩厔(今周至)等地。时段祺瑞调奉军许兰洲为援陕总司令,陈树藩及所谓八省援军对靖国军各路同时进攻。樊坚守盩厔五十三日,后因外无援军,内无粮草,于1919年1月13日突围退至凤翔。这时奉、直酝酿联合反对皖系段祺瑞,许兰洲对靖国军采取分化政策,靖国军也有"联许倒陈"之意。同年3月,樊征得于右任和张钫的同意,暂附奉许。樊部被许收编为第一支队,樊任司令。

1920年四五月间,直皖战云密布,许部向河南移动,以策应直军。樊钟秀率部随许回到豫西。樊回河南后,一面招选家乡子弟,扩充军额;一面托人向寓居上海的孙中山代陈仰慕之忱。不久许师北调,樊部留豫,被编为豫督赵倜"宏威军"的一个团,驻防豫西。

1921年7月,湘鄂战争爆发,吴佩孚调宏威军"援鄂",樊团与湘军激战于咸宁、岳阳等地。湘鄂战争结束,樊部调归河南后,扩编成旅,属河南暂编第一师,驻防豫东。

1922年4月,吴佩孚为阻止孙中山北伐,配合陈炯明颠覆广州政府,派蔡成勋为"援赣"总司令,率所部第一师及河南暂编第一师开往江西,樊旅驻防吉安。1923年2月,孙中山再次回广州任海陆军大元帅,继续倡导北伐。这时樊旅已进驻赣州,密派李肖亭去广州谒见孙中山,表示北伐时愿效前驱。同年4月,桂系军阀沈鸿英进攻广州失败,吴佩孚调赣南镇守使方本仁、南雄镇守使邓如琢及樊钟秀部援沈。樊乃乘机由赣州向广东北江移动,秘密与孙中山取得联系。8 月,樊钟秀行至江西大庾时,通电就任孙中山委任的豫军讨贼军总司令职。接着击败方本仁,率部七千余人进入北江。恰在这时陈炯明叛军倾巢而出,企图夺取广州。樊受孙中山之命由北江驰援广州。樊军 11 月12 日抵广州时,陈炯明叛军已占石龙、石滩等地,截断广九铁路,并由白云山瘦狗岭炮击士敏土厂大元帅府,形势非常危急。樊部将士一下火车就投入激烈的战斗,迅速击溃进入郊区之敌,乘胜收复九龙车站,迫敌放弃石滩、石龙等地,败退惠州,使广州转危为安。孙中山在《勉樊钟秀讨贼电》中嘉许道:"豫军讨贼军总司令樊钟秀,精诚爱国,首义赣南,诸部将官士卒,俱能深明大义,戮力同心,据览敷陈,至堪嘉许!"[1]并命他整练部队,准备北伐。

　　1924 年 1 月,中国国民党第一次全国代表大会在广州召开,樊钟秀被选为中央候补监察委员。同年 9 月,江浙战起,孙中山一方面令许崇智等率粤、滇各军肃清东江;一方面令谭延闿、樊钟秀等率湘、豫各军取道江西北伐,以谭延闿为北伐军总司令。接着下令北伐军一律改称"建国军",并委任樊钟秀为"建国豫军总司令"。11 月,谭延闿至赣州后,因受方本仁和陈炯明夹击,退回广州。这时曹锟、吴佩孚已倒,孙中山主张召开国民大会,并应邀北上商讨时局。樊钟秀决定北返,号召地方武装听从孙中山的指挥,以增强北伐力量。12 月,樊率部由赣经鄂入豫,长驱数千里,几经艰难险阻,到达潢川、商城一带。这时吴佩孚正逃匿于鸡公山。孙中山从北京向樊钟秀发出电令,命他派兵上山,"歼此渠魁"[2],以免留为后患。但这时吴佩孚已经离山南逃。

　　樊钟秀回到河南以后,以孙中山命名的建国豫军为号召,地方团

　　①　中山大学历史系孙中山研究室等编:《孙中山全集》第 8 卷,中华书局 1986年版,第 394 页。

　　②　陶菊隐:《北洋军阀统治时期史话》第七册,第 125 页。

队、绿林豪杰纷纷携械来投,不过数月,发展到三四万人。时国民军副总司令兼第二军军长胡景翼任河南督办兼省长,对樊部回豫极表欢迎,指定豫西南各县为樊部防地。

　　1925 年二三月间,陕西督办刘镇华率憨玉琨部攻豫,胡景翼军迎击于巩县、偃师一带。樊钟秀部则由禹县、登封出洛水南岸,协助国民二军侧击憨玉琨。憨军战败,樊部进驻洛阳。"胡憨之战"结束后,胡景翼病死,岳维峻接任国民第二军军长,出任豫督,收编河南境内的杂牌军,唯建国豫军例外。樊钟秀常说:"建国豫军是孙大元帅委派的,谁敢更换我的旗帜!"

　　1926 年 2 月,吴佩孚和奉系军阀联合,分三路出兵河南,进攻国民二军,吴军相继攻占了开封、郑州等地,在陕县、灵宝一带将国民二军击溃,再次控制河南。樊率部退守豫西南山区。同年 7 月,国民革命军出师北伐,9 月攻克汉阳、汉口,追敌至武胜关,吴佩孚率残部退至信阳。早已与北伐军取得联系的樊钟秀部奋勇袭击,吴站不住脚,狼狈逃到郑州。

　　1927 年 4 月,武汉国民政府派唐生智率部沿京汉线继续北伐,同时派人与樊钟秀联系,拟委以国民革命军的番号,但樊仍以孙中山命名的建国豫军为旗号,发动旧部参加北伐,6 月,樊追击吴佩孚残部于南阳、邓县一带。

　　吴佩孚在河南失败以后,冯玉祥先后收编了吴的残部和刘镇华的镇嵩军,并派人与樊钟秀联络。蒋介石也派人来豫见樊,意在收编。樊对蒋介石发动"四一二"政变的行为极为不满,对冯玉祥支持蒋介石也很不以为然,仍坚持建国豫军的旗帜不改。这样,他从各方面都得不到军饷和装备的接济,并不断与冯军摩擦。1928 年冬,樊被迫通电下野,旅居上海。

　　1929 年 6 月,孙中山的遗体由北平运往南京紫金山安葬时,寓居上海的樊钟秀因没有得到蒋介石的通知,甚为愤慨,不邀而至,反蒋情绪溢于言表。时汪精卫等人秘密进行反蒋活动,樊曾与之联系。1930

年初,阎锡山、冯玉祥正在酝酿发动反蒋大战之际,樊钟秀回到河南,召集旧部孙世贵等人重整队伍,曾被蒋介石收编的第十二军军长任应岐亦自蚌埠率部来归。樊以孙世贵、任应岐为军长,自任总司令。4月,阎锡山、冯玉祥通电反蒋,派邓宝珊与樊连络。邓、樊相见后一言而定,樊即宣言反蒋,设令部于许昌。

　　蒋冯阎中原大战爆发以后,蒋介石欲拉樊钟秀抄冯军后路,曾派张继到许昌见樊,并以重金收买,要樊让出许昌,以便蒋军通过平汉线直取郑州的冯军大本营。樊坚决拒绝,并印发告官兵书,历数蒋背叛革命的罪行,表示反蒋决心。5月25日下午,樊视察阵地返回司令部时,行至许昌南门外吊桥,适逢蒋军飞机低空侦察。随从人员劝他快步避入城门洞中,他反而立定桥头,仰首大骂。飞机恰在这时投弹,樊受重伤,当晚去世,遗体运到北平,葬于西山。

范　光　启

史全生

范光启,字鸿仙,笔名孤鸿,1882 年 6 月 20 日(清光绪八年五月初五)出生于安徽合肥县一个贫苦农民家庭。父亲范彦达,早年参加太平天国运动,太平天国失败后回乡务农。范光启小时候常常听他父亲讲述太平天国的故事,在他幼小的心灵里埋下了反抗的种子。入学读书后,即立志长大为贫苦人办事,每天早起晚睡,刻苦攻读,深受邻里称道。稍长,为生活所迫,辍学随父务农,然仍手不释书,笃学不倦。

20 世纪初年,为反抗帝国主义日益加紧的侵略和清廷的腐败统治,各地革命潮流风起云涌,范光启于 1909 年春毅然离家去上海,与章太炎、宋教仁、陈其美、于右任等人密切往还,加入了同盟会。5 月,于右任创办《民呼日报》,他应邀参加,初时从事校对,不久即为主编及撰稿人。从此,范便以"孤鸿"为笔名,不断在报刊发表文章鼓吹革命,激昂慷慨,"读之者无不激扬"①。由于《民呼日报》不断在报端揭露清朝官僚的腐败黑暗,被护理陕甘总督毛庆蕃等人指控。8 月 14 日,上海公共租界将于右任拘捕,查封了报纸。范光启四处奔走,设法营救,并挺身入会审公廨对簿,自承文责,使于右任获赎释放。

10 月 3 日,于右任、范光启等又在《民呼日报》的基础上创办《民吁日报》。这时于右任不能公开出面,由范光启任《民吁日报》社社长,景耀月为总编辑。

---

① 刘文典:《范烈士鸿仙先生行状》,《学风》第 5 卷第 10 期。

《民吁日报》创办的时候,日本帝国主义正加紧与沙皇俄国勾结,阴谋共同攫取我国的景齐铁路。10月下旬,日本前首相伊藤博文在访问俄国途中,窜到我国东北进行阴谋活动,26日在哈尔滨车站被朝鲜爱国志士安重根刺死。范光启等立即以此为题材,在《民吁日报》上掀起了一个反对日本帝国主义侵略的宣传高潮,对伊藤博文的来华和被刺,给予了尖锐的批判。他在报上著文说:"汉族不幸,清政失纲,东夷乘衅,陵铄诸夏,惧将倾覆国家,沦丧区宇,斯诚志士致命致节之日矣!"①号召人们奋起革命。

《民吁日报》的揭发批判,招致日本帝国主义的恼怒,日本驻上海总领事松冈以《民吁日报》"任意臆测,煽惑破坏,幸灾乐祸,有碍中日邦交"②为词,向清政府上海当局提出"强烈抗议"。上海当局于11月19日查封了《民吁日报》,拘捕了范光启,经过几次审讯,判定该报永远停止出版,所有主笔人等均免于深究结案。

范光启等获释后,又与于右任积极筹办新的报刊。经过将近一年的努力,于1910年10月11日在上海创办了《民立报》;于任社长,范为总理。范继续著文,为革命奔走呐喊。

1911年4月27日黄兴领导的广州起义失败,宋教仁、谭人凤、陈其美等总结了华南沿海沿边地区历次起义失败的教训,决定在长江流域筹谋起义,于7月31日在上海成立了同盟会中部总部,主持长江各省的革命运动。范光启参与了同盟会中部总部的创建工作,被举为总部候补文事部长和安徽分部的主持人。

10月10日武昌起义爆发。消息传来,范光启立即在《民立报》发表短评,热情歌颂,把辛亥这一年称之为"诞生革命之岁","诚有史以来所未有",敦促清朝政府缴械投降。同时,他积极策划长江下游各省起

① 《故陆军上将范烈士(光启)墓表》,合肥市政协文史资料委员会编:《范鸿仙》,安徽人民出版社1989年版。

② 《时报》,1909年12月30日。

义响应，先后参与安徽、上海、江苏的独立光复运动。上海、苏州光复以后，张勋率领清军江防营顽敌盘踞南京，严重威胁着苏州、上海的安全。为了巩固苏、沪，光复南京，范光启积极策动驻扎在南京城郊秣陵关的新军第九镇统制徐绍桢阵前起义。他对徐绍桢分析当时形势说："满清无道，百姓分崩，今义师奋起，海内响应，此天亡之时。将军明德英才，总兹戎重，苟动枪鼓，扶义正伐，孰敢不从？以此诛锄胡虏，匡济华夏，诚千载一时之机会也。"[①]并进而指出：今"张勋兵临阵前，倘不奋起杀敌，必然被他宰制。当今之时，只有召将士，众擎协力，击败江防军，才能顺人心，振士气，而为天下之倡"[②]。徐绍桢闻言大受鼓舞，立即动员士兵进攻雨花台江防营营地，终因缺乏弹械，败退镇江。

新军第九镇秣陵关起义失败以后，范光启继续奔走于上海、镇江之间，组织江浙联军，力谋光复南京；并以大义说服联军各将领，推举徐绍桢为联军总司令，使军事复振。徐绍桢在新败之余，得范光启和众人如此推重，十分感激，率领联军全体将士奋勇杀敌，终于击败张勋江防营顽敌，光复南京。

张勋刚退出南京，联军内部就出现一场权力之争。镇军司令林述庆首先入城，自恃功高，占驻两江总督衙门，遍贴布告，自称苏军都督。各友军对林颇为不满，公推徐绍桢为苏军都督，与之对抗，大有水火不容之势。范光启闻讯，即与宋教仁等奔赴南京，向联军各将领会商调解。后经多方协商，一致公推程德全为江苏都督，徐绍桢为南京卫戍司令，林述庆为北伐军总司令，使联军内部避免了一场内讧。

1912年元旦，中华民国南京临时政府成立，孙中山就任临时大总统，民党各领袖也都拥居高位，屈服于帝国主义和封建势力的压力，继续进行中断了的南北谈判。范光启认为，清廷仍在，大局未定，不可轻

---

① 刘文典：《范烈士鸿仙先生行状》，《学风》第5卷第10期。

② 毛北屏：《范鸿仙与铁血军》，中国人民政治协商会议江苏省委员会文史资料研究委员会编《江苏文史资料》第6辑，江苏人民出版社1981年版。

敌,乃呈请孙中山允准,亲赴皖北招募民军。他计划招募四个整师,然后出师北伐,扫荡中原,以武力推翻清朝统治。江淮少年热情报名,纷纷应征,不多时即募集五千余人,编为两个支队,号称铁血军,范被任为铁血军总司令。队伍随即开往南京,进行整训。就在这时,南北和议告成,清帝宣布退位,孙中山辞去临时大总统职,由袁世凯继任。范竭力反对,指出:"伪孽虽去,袁贼未枭,北庭诸将,各仗强兵,跨州连郡,人自为守,而无降心。今度一时之势,以安易危,共和之政,不三稔矣。"①然而势无可挽,范流涕叹息,慨然辞去铁血军总司令职,将五千余人改编为民军第三十五步兵旅,由龚振鹏任旅长。他返回上海,复主《民立报》笔政兼总理之职。袁世凯曾多次征聘范光启北上任职,范均拒绝。

　　袁世凯攫取临时大总统职以后,为了建立专制独裁统治,不断杀害革命党人,遣散民军队伍,并于1913年3月20日指使凶手在上海火车站刺杀了宋教仁。在孙中山领导下,一部分革命党人发动了"二次革命"。范光启积极参加了这场反袁斗争。7月上旬,范光启回安徽策动反袁,邀约管鹏、郑芳荪、张汇韬、凌毅、袁家声等在正阳关举行军事会议,商讨组织讨袁军,因彼此意见不合未成。范回家,生了一场重病。病未愈,他就约同管鹏赴芜湖发动讨袁运动,以驻芜湖旅长龚振鹏名义宣布讨袁。各界公推范为安徽都督,管为民政长②,两人均辞而不就。范认为,皖督一职仍应由柏文蔚继任,以资号召。他一面命令龚振鹏潜师袭取颍州,北定淮上诸郡,一面发兵进攻大通,控制要隘。范发出通电,邀请被袁世凯免职而在南京赋闲的原安徽都督柏文蔚返任皖督主政,敦促被新任命为皖督的孙多森和被袁收买了的师长胡万泰认清形势,顺从大义,服从柏文蔚领导,共同讨袁。

<hr>

　　①　王气钟:《范鸿仙传》,《学风》第5卷第10期。
　　②　柏文蔚在《安徽二次革命始末记》中说芜湖各界公推管鹏为都督,范光启为民政长。管鹏在《安徽讨袁军始末》中记:范光启为都督,管鹏为民政长。管鹏为当事人,柏文蔚当时则闲居南京。故以管鹏之说为准。柏、管二文均见黄陆季主编《革命文献》第44辑《二次革命史料》,台北"中央文物供应社"1968年版,第268、276页。

7月下旬,柏文蔚回皖就职,范光启从芜湖赶赴安庆,协同柏文蔚并力进据淮上诸郡。这时,南京方面由于北洋军阀冯国璋部和张勋部大军压境,连战失利,黄兴出走。安徽亦受到倪嗣冲部的进攻,讨袁形势急剧变化。胡万泰叛投袁世凯,围攻安庆,逼迫柏文蔚交出范光启等人。范挺身而出,从容陈词道:"吾党知杀身以成仁,不求生以害义,使吾得遂横草之烈,幸也。"①毅然驰马赴义,幸被人拦阻。

范光启潜至上海,时"二次革命"已经失败。袁世凯四出通缉革命党人,悬赏十万元缉捕范光启。范在上海不能立足,便东渡日本,追随孙中山继续从事革命斗争。孙中山在日本筹备组织中华革命党,范光启被列名为流亡日本的各省重要党人之一。

1914年2月,范光启接受孙中山指令,回上海联络革命力量发动反袁斗争。这时,上海镇守使郑汝成派遣爪牙四出活动,捕杀革命党人。范在嵩山路设立机关部,组织革命志士,积极准备进攻设在上海制造局的镇守使署,同时运动北洋军内一些同情革命的将士做内应。为筹集经费,他把自己珍藏的数千卷珍本图书悉数变卖,又典当衣服、被褥、首饰。经过一个多月的艰苦奔走,终于准备就绪。不幸,范光启运动北洋军将士一举,已为郑汝成侦悉,郑收买四名凶手对范跟踪行刺。1914年3月20日凌晨4时许,正当范光启在嵩山路机关部寓所起草军书时,四名凶手闯入寓所将其刺死。孙中山在日本闻讯,极为痛悼,派员至上海致祭抚恤。1933年范被追赠为陆军上将,1936年移葬于中山陵东侧马群,为中山陵"附葬"。

---

① 《故陆军上将范烈士(光启)墓表》,合肥市政协文史资料委员会编:《范鸿仙》,安徽人民出版社1989年版。

范 汉 杰

夏 军

范汉杰,名其迭,字汉杰,广东大埔县人,1896 年 10 月 29 日(清光绪二十二年九月二十三日)生。其父范之准,曾与乡人倡办梓里公学,为全县首倡,任校长多年。其母邓氏,为印尼侨领邓本初长女。

范汉杰幼年随父就读于西翰轩(今仰文小学),稍长入梓里公学。1910 年至广州,入优级师范附属理科学习;次年夏考入广东陆军测量学堂第五期三角科天文测量班。1913 年毕业后,任广东陆军测量局三角课课员,曾在东江、广州及潮州一带从事测量工作。

1918 年护法战争起,范汉杰任职于陈炯明粤军总司令部,翌年任福建漳厦公路测量队长。1920 年冬任盐运使署缉私总稽九江缉私船管带,后调至江平舰任舰长。1923 年曾任刘震寰桂军总司令部中校参谋、作战课长、第三路支队长、第六路司令等职。

1924 年范汉杰考入黄埔军校第一期,编入第四队,毕业后先后担任教导第一团第二营第五连排长、第二团副连长。1925 年调任粤军第一师司令部少校参谋,旋又升为该师第一旅中校主任参谋。不久,随军回广州,参加平定刘震寰、杨希闵之乱。是年 8 月,国民革命军成立,粤军第一师扩编为国民革命军第四军,范汉杰任该军第十师第二十九团第一营营长,并参加第二次东征,讨伐南路的邓本殷。1926 年夏,国民革命军挥师北伐,范汉杰升任第十师第二十九团团长,为黄埔军校学生最早升为团长的三人之一。北伐鄂、赣期间,范汉杰率部参加汀泗桥战役和德安马迴岭战役。同年 10 月升任第十师副师长。

1927年4月蒋介石发动"清党"反共政变后宁汉分裂,第十一军军长陈铭枢、第十师师长蒋光鼐等离汉出走,范汉杰亦去职离汉,转赴南京,深受蒋介石宠信,被派为浙江警备师师长,是为黄埔一期学生中最早升为师长者。是年8月,蒋介石下野,浙江警备师被改编,范汉杰调任国民革命军第八路军总指挥部中将高参。不久,范被保送去日本考察政治、军事及经济;接着又转赴德国,在德国军事学校见习,直至1931年"九一八"事变爆发后才回国。

1932年初,范汉杰任第十九路军参谋处长,参加淞沪抗战,抗击日本侵略军的进攻。嗣后,范汉杰随十九路军进驻福建,就任驻闽绥靖公署参谋处处长。次年11月,蒋光鼐、蔡廷锴等率第十九路军发动福建事变,成立反蒋抗日的"中华共和国人民革命政府",同时将十九路军扩编为人民革命军第一方面军,范汉杰任副参谋长兼参谋处处长。蒋介石调兵"围剿"福建人民革命政府时,范汉杰被蔡廷锴派往厦门,寻找第三路军总指挥蒋鼎文,商洽和平改编事宜。由于范汉杰曾向蒋介石密报过十九路军军事部署,得到蒋之信任,事变平定后,被委为南昌行营中将高参。

1934年春,范汉杰被蒋介石派赴鲁、冀、察、绥、晋、陕、苏等省视察国防状况;后又奉派至庐山军官训练团,任第三期第一营第四连连长。1935年1月,范汉杰任第二师参谋长。翌年胡宗南的陆军第一师扩编为第一军,范汉杰经胡宗南推荐被任命为副军长,赴陕甘宁边区"剿共"。范与胡宗南共事甚为融洽。

1937年8月淞沪抗战爆发,胡宗南、范汉杰率第一军开赴上海,参加对日作战。11月,范率部撤至河南归德、开封、信阳等地。1938年4月,范调任国民政府军事委员会政治部第一厅厅长,5月改任中央军校教育处长,负责战时军事干部的培训。是年秋,改任第二十七军军长,下辖第四十五、第四十六师及预备第八师,率部在豫、晋一带与日军作战。其间,二十七军一度归第二战区副司令长官朱德指挥,参加了对长治日军第三十六师团作战。时值国共第二次合作,范部与八路军保持了较为友好的关系。嗣后该军改隶第一战区蒋鼎文指挥,转至太行山区进行游击战,军部设于山西陵川县安阳村。10月,范汉杰被任命为第一战区政治部主任,但因在晋东南前线作战,未能前往就职。

1941年夏,日军为切断陇海干线,发动了中条山战役(又称晋南会战),范汉杰率部参战,配合卫立煌主力,在纵深五十公里的中条山区与日军激战,以阻日军南进,于5月中旬突围至河南。1942年1月,范调任第三十四集团军副总司令,驻三原,负封锁陕甘宁边区之责;6月升任第三十八集团军总司令,率领周体仁第三军、杨德亮第四十二军、丁德隆第五十七军驻陇东平凉。1945年初,胡宗南升任第一战区司令长官后,范汉杰被调至第一战区任副司令长官兼参谋长。同年3月,被授予陆军中将衔;5月当选为国民党第六届中央监察委员。

1946年4月,蒋介石加紧部署全面内战,范汉杰被任命为国民政府军事委员会委员长东北行营副主任,5月出任国防部参谋次长,6月调任陆军副总司令;1947年3月,兼任陆军总司令部郑州指挥部主任,6月调往山东接任第一兵团司令官,率部进攻沂蒙山一带解放区。是年秋,兼任胶东兵团司令官,指挥整编第八、第九、第二十五、第五十四师及整编第五十七旅等,对胶东解放军发动"九月攻势",凭借优势兵力攻占解放区十余座县城。但不久,范部第四十五、六十四师共一万二千余人被人民解放军华东野战军东线兵团(山东兵团)歼灭于胶河以西之饮马、山阳庄地区。11至12月,解放军又相继发起胶(县)高(密)追击战和莱阳战役,再歼范部三万余人,范被解除第一兵团司令官职。

1948年1月,东北战局吃紧,蒋介石改派卫立煌为东北"剿匪"总司令,范汉杰被派任冀热辽边区司令长官,驻节秦皇岛。当时,在人民解放军的沉重打击下,国民党军队被迫退守锦州、沈阳和长春。范汉杰与卫立煌格格不入,乃向蒋介石请假辞职,蒋不准,范回粤探亲一月后,飞返沈阳。7月,范奉命将驻锦州、山海关的国民党部队重新整编成新八军和新五军;9月被蒋任命为东北"剿匪"总司令部副司令兼锦州指挥所主任,担负确保北宁线的重任。

其时,人民解放军发动辽沈战役,向锦州等地发起猛烈进攻,以六个步兵纵队和一个炮兵纵队及一个坦克营,将锦州包围。范汉杰部防线硝烟弥漫,四处告急。10 月 2 日,蒋介石派机飞往锦州,向范汉杰空投一信,询问范是否能将军队撤至锦西,范汉杰复电表示坚守锦州,认为如能在锦州吸引住解放军的主力,以便从关内和沈阳抽两个兵团,则可与解放军作一决战。10 月 6 日,锦州形势趋于危急,而准备从关内及沈阳抽调的两个兵团才刚刚集结,行动甚缓。范汉杰眼看锦州难以支撑,主张将部队撤至锦西再作打算,但遭卫立煌反对,未能实施。10 月 14 日,东北野战军对锦州发起总攻,经过三十一个小时激战,全歼范汉杰部十万军队,锦州解放。范率残部突围出逃,16 日在经松山向塔山陈家屯之间的公路边上,与第六兵团司令官卢浚泉等一起被俘。

范汉杰被拘禁十二年,于 1960 年 11 月获特赦。1962 年任政协全国委员会文史资料研究委员会委员,曾撰写了《锦州战役回忆》等文。1964 年任第四届全国政协委员。

1976 年 1 月 16 日,范汉杰病逝于北京。

主要参考资料

粤风:《原国民党将领范汉杰先生简历》,广东大埔政协文史委员会编《大埔文史》第 3 辑,1985 年版。

中国人民政治协商会议全国委员会文史资料研究委员会《辽沈战役亲历记》编审组编:《辽沈战役亲历记(原国民党将领的回忆)》,文史资料出版社 1985 年版。

王瑞堂:《东北“剿总”副司令被俘记》,《纵横》1985 年第 11 期。

范　绍　增

陈章文

　　范绍增,原名舜典,号海廷,四川大竹人。1894 年 3 月 7 日(清光绪二十年二月初一)出生在一个富裕农民家庭。自幼不爱读书,常到茶馆听说书,对江湖豪侠劫富济贫心向往之,整日在外游荡。1911 年春四川保路同志军兴,大竹、渠县一带袍哥首领、同盟会员张作霖聚众而起,范随他们摇旗呐喊,受到张赏识,收为袍哥小兄弟,并介绍他加入了同盟会。1913 年胡景伊任四川都督后,借口整编军队,勒令解散同盟会领导的民军,诛杀甚众,张作霖被迫率部为匪。范这时已任张的总管事。

　　1916 年护国之役中,范绍增在张作霖率领下参加反袁战争。张在邻水一带活动时,不幸被亲袁的川军袭杀;范被公推为袍哥首领,率部继续进行反袁战争。1918 年 4 月受滇川黔靖国联军援陕第二路总司令颜德基收编,任模范营营长,不久升为团长。

　　1920 年 10 月,颜德基参加唐继尧发动的倒熊(克武)之战失败,范绍增改编在熊系第一军第六师余际唐部任团长,驻扎云阳。不久因受排挤不愿再干,听说驻夔府的第二军唐式遵部兵少械多,乘风雨之夜前往袭击,夺得一部分枪械,集结二千多人,活动于酉阳、黔江一带。

　　1923 年 3 月,吴佩孚乘川军内讧之机,援助杨森回四川。范绍增受杨收编,任第四师第八旅旅长。1924 年 2 月杨任四川省长后,又委范为第九混成旅旅长。次年 10 月,杨企图以武力统一四川,失败后下野离川,临行时将一部分人交范照看。1926 年 3 月,杨森又受吴佩孚委为"讨贼联军川军第一路总司令",再由湖北回到万县,范率部来归。9月北伐军进军武汉时,杨表示愿意参加北伐,被任为国民革命军第二十军军长,兼川鄂边防司令,范绍增任该军第七师师长。10月杨森以援鄂为名,派范与北洋军合谋武汉,受到武汉国民革命军的痛击,范受伤回川。

范绍增出身袍哥,颇重江湖义气。1927年"四一二"政变后,曾收留与他共过事的共产党员王维舟在军中避难。是年底,杨森因范发展袍哥势力,不为己用,欲借口杀之,范得讯后于夜间潜乘汽艇逃命。旋在长寿约集杨部师长郭汝栋等,利用杨森因庇护吴佩孚受到蒋介石撤职处分的机会,通电讨杨。蒋乃任命郭汝栋为二十军军长,范绍增为川鄂边防军司令。不久范等讨杨失败,范部防地尽失,范转而依附刘湘,编属刘部第四师师长。

1931年2月刘文辉任四川省主席后,与刘湘争夺四川霸权。范绍增与刘文辉素有交往,刘文辉想收买他,一次就送了他五十万元。刘湘对他们的关系心存疑虑,范就对刘湘直言不讳地承认刘文辉送给他巨款的事,问刘湘如何处理。刘湘叫他把钱拿到上海去玩,范将钱在重庆修建一所华丽的范庄,并挟巨款到上海冶游。范在上海受到青帮头子杜月笙、张啸林等人的盛大欢迎,被破格收为弟子。从此四川袍哥与上海青帮互相勾结,在长江走私运毒,贩卖军火,无所不为。杜月笙送给范一个营的英国装备,以加强范的势力。

1937年何应钦去四川整军,刘湘借机改编范绍增的军队,免去范的师长职务,名义上升为第二十一军副军长,实际上不准到职。因此范对刘湘十分痛恨。抗日战争爆发后,范只身赶到上海前线指挥作战。上海沦陷后随军撤退到汉口。这时刘湘正在汉口万国医院治病,范受戴笠之托,负责监视刘湘与韩复榘的函电及代表联系情况,一一向戴报告。

1938年2月5日,范绍增任第八十八军军长,自募兵员抗日。他很快在四川合川编成四个团,以三个团编成新二十一师,一个团属军补充团。武器破旧不堪，范找到老部下、某武器修理厂厂长李文彬修理，修理费半数以上是范自己拿出来的。他对官兵说："过去打内战，都是害老百姓，这回抵抗日本侵略，我就是倾家荡产，拼命也要同你们一起，把日本赶跑！"

1940年夏，范绍增部参加浙西一带作战，冬天又调太湖地区张渚一带担任防守。日军第二十二师团长土桥一次指挥敌伪二万多人进犯，在宜兴一带展开激烈的拉锯战，范亲临第一线督战，终于击败日军。1941年春节时，老百姓带上慰问品沿百余华里的防线慰劳范部。范在张渚各界劳军会上讲话说："这回打日本人，我们虽然伤亡官兵一千多，不是老百姓帮忙，还是打不赢的。二回我们不把仗打好，老百姓要吐我们的口水！"

范绍增部打败日军后，顾祝同接见范，表示要扩编他的部队，后来扩编的命令迟迟未发表，只于1942年3月将范调任空头的第十集团军副总司令。范一气之下，回到重庆.

范绍增回到四川后，交游甚广，与张澜、熊克武、陈铭枢来往密切，对蒋介石的消极抗战日益不满，思想上逐渐倾向反蒋。抗日战争胜利后，范找顾祝同要求把他原来的部队调去搞屯垦，顾示意还要准备与共产党打仗。范不愿打内战，旋去上海。他凭帮会及川军旧部关系，借口为四川人办事，在上海成立"益社"，自任理事长。该社利用经商与中共地下党员联系，运销解放区的棉花，又将药物、纸张运往苏北解放区，打破了蒋介石对解放区的经济封锁。范还参加了一些掩护共产党人的活动，并在经济上资助过民盟。

1948年3月国民党召开国大，范绍增当选为国大代表。选举副总统前，蒋介石召见范绍增等人，要他们联系一部分代表，支持孙科任副总统。范直说他们已经答应支持李宗仁，不好失信于朋友。蒋对范当面抗命非常恼火，不久又得知范和杨啸天等人进行不利于国民党的活动，立即手令上海警备司令宣铁吾将范等逮捕。范得讯后逃脱。

1949年春范绍增回到重庆，看到国民党政权崩溃在即，一面派人回大竹、渠县组织力量迎接解放，一面在重庆联络民革成员准备应变。八九月间战争重心开始转移到西南后，蒋介石坐镇重庆指挥，委任范为挺进军总司令，派特务杨良任副总司令，对范进行监视。范早有准备，躲开杨良，在大竹、渠县成立了八个纵队。12 月，范在渠县通电起义。

解放后，范绍增任西南军政委员会委员，后调任河南省体育运动委员会副主任。

1978 年 3 月 5 日，范绍增因病在郑州去世。

主要参考资料：

范绍增:《关于刘湘、韩复榘之死的一点见闻》，中国人民政治协商会议全国委员会文史资料研究委员会编《文史资料选辑》第 42 辑，中华书局 1964 年版。

高兴亚:《冯玉祥与刘湘的秘密往来》，《文史资料选辑》第 42 辑。

中国人民政治协商会议四川省委员、四川省省志编辑委员会编:《四川文史资料选辑》第 15 辑，1964 年版。

范　旭　东

熊尚厚

　　范旭东名锐，字旭东，以字行，1883 年（清光绪九年）生，湖南湘阴县人。其父范琛，以教书为业。范旭东六岁入塾，是年丧父，靠母亲做针线活糊口，家境贫寒。他的长兄范源濂 1897 年冬入长沙时务学堂读书，受梁启超思想影响，范旭东也受到熏陶。翌年春，他在范源濂帮助下也进时务学堂就读，思想进一步发生变化，摈弃了“当时做官发财的旧套，立志要做救国救民的大事”①。

　　1900 年秋，范旭东随其兄范源濂赴日留学，初入冈山第六高等学校，后考取东京都帝国大学化学系。1902 年末，湖南留日学生杨笃生等在东京创办《游学译编》月刊，范参与编辑地理一栏；同时因学习费用受到梁启超的帮助，和康梁派颇接近，曾向梁主编的《清议报》投稿。1910 年在东京都帝大毕业后，留校任专科助教。次年辛亥革命爆发，他返回祖国。

　　1912 年春，范旭东在天津制币局任总稽核，负责检验银元成色，两个月后辞职，与人合伙开办了一家石墨坩锅制造厂。1913 年 7 月，范源濂任北洋政府教育总长，他经其兄推荐在农商部任职，不久被派往欧洲考察盐务。他在西欧兼考察化工制碱，但在比利时考察苏维尔制碱法时处处碰壁，参观英国卜内门公司也只让看了锅炉房。这次考察给他很大刺激，立志从制盐业着手，自己钻研创办化工制碱业。

---

　　①　《范旭东先生及所经营的三大事业》，《新世界》1944 年 7 月号。

　　1914年春范旭东回国,针对当时外盐输入及国内引岸①的垄断,向当局条陈改革盐政建议。3月,他根据《盐业特许条例》,与在北京办《盐政杂志》的景本白共同集资五万元,创办久大精盐公司。次年6月在塘沽设厂,用海滩晒盐和卤水加工制造精盐。1916年8月久大正式投产,在天津设久大盐业总公司,上海设发行所,由景本白任董事长,范旭东任总经理。不久,又有黎元洪等投资,资本扩大为一百万元,规模逐年增大,产量逐年上升。1918年秋增设第二、第三两厂,年产精盐三万担,获利丰厚。范旭东在工商界初露头角。以后,久大获得更大发展。

　　范旭东在创办制盐业的同时,即开始筹谋创办制碱业。第一次世界大战期间,国内民族工业大量兴起,而一向依赖进口的酸、碱等产品奇缺。范旭东与景本白、盐务署长张弧、长芦盐运使李穆等人,于1916年7月筹办永利碱厂。翌年10月,北洋政府批准永利原盐免税(此为中国盐政史上的首举),并通令在永利厂址百里内不得再设同类厂。永利在塘沽设厂,资金四十万元,于天津设永利制碱公司,范任总经理。范从金城银行透支数十万元,派人在美国订购机器设备,企望引进技术。那时各国用盐制碱的技术都保守秘密,外国资本家拒绝提供技术资料。范旭东根据苏维尔制碱法自行装置一套小型设备,经过反复试验,仅制成了几公斤的产品。由于缺乏建造大厂设计所需的数据与资料,技术上未能完全解决,以至安装和设计一改再改,长期不能正常运转。范坚持不懈,不惜以高价购买机器和技术。由于耗用大量资金,引起部分股东不满,景本白甚至在董事会上对范弹劾,终以相持不下,景本白退出久大、永利。经过改组,久大、永利改董事会制为总经理负责制,范旭东以总经理掌管两公司全权。

---

　　①　古时制盐以引计(如清时淮盐大引为栈秤六百斤,小引为岸秤六百斤),引盐商认缴某一定地带的引税,而获得该地区专卖权,其地谓之引岸,亦称引地。辛亥革命后仍袭用。

范旭东在创办永利碱厂过程中,越来越认为"事业的真正基础是人才",断然以高薪聘请留美化工专家侯德榜和美国工程师李佐华(Gilmer T. Lee)来厂指导,经过数年的钻研,终于解决了大规模制碱的一系列技术难题。永利碱产量由日产五吨增至一百吨,质量也赶上了卜内门公司。在1928年美国建国一百五十周年博览会上,永利碱品获奖,从而打开了国外的销路。1929年永利获利甚巨,资金积至五百万元。

永利公司的崛起,使英商卜内门公司十分嫉恨。他们千方百计企图吞并永利,曾提出合办、技术协助、高价收买等要求,均为范旭东断然拒绝;他们又使用削价倾销和收买间谍打入永利等手段,也被范采取措施击破。当卜内门公司总经理前来中国要求会见范时,范避而不见,只让来人参观了永利的锅炉房了事。

1930年,范旭东又进一步扩建碱厂,新建日产三十吨的烧碱车间。1932年,设立久大、永利联合办事处,加强管理,扩充资金,又于南京、汉口、长沙、广州、香港分设营业机构,于芜湖、南昌、重庆增设经理处,在全国各地设三十一家特约分销处,并用赊销办法争取用户。这一年永利日产量增至九百余吨,职工近千人,次年获纯利二百万元。永利成了全国著名的制碱公司,范旭东与上海天原化工厂吴蕴初齐名,为全国最著名的化工资本家,时称"北范南吴"。

范旭东对科研工作极其重视。早在1922年8月,他不顾重重困难,以久大实验室为基础,创办了黄海化学工业研究社,是国内私人企业的第一家化工研究机构。他聘博士孙颖川任社长,并先后将久大、永利两公司提给自己的"创办人酬劳金"全部移作科研经费。该社主要协助久大、永利进行技术研究,并调查和分析资源,试验长芦盐卤的利用;还研究轻重金属之于国防工业、肥料之于农作物、菌学之于农产制造、水溶性盐类之于化工医药等。该社科研设备完善,为久大、永利培养了一批科学技术人才,也帮助国内一些工业部门解决了许多技术问题。1928年9月,范创办了《海王》旬刊,时常刊布久大、永利和黄海的科学消息与新知识,深受科技界重视。

1934年3月,范旭东将永利、久大、黄海等单位合组成立永利化学工业公司,添招股本二百万元,资本总额达一千一百万元,于上海设总管理处,自任总经理。同年10月,范获准硫酸产品三十年免税,并可发行公司债,五年内保息七厘。范获得这一奖掖后,在金融界通过周作民、吴鼎昌、陈光甫、徐新六、张嘉璈、钱新之等人帮助,发行了五百五十万元公司债券(以永利全部固定资产作抵押);同时又自筹资金三百万元,合计八百五十万元,在南京北面六合县卸甲甸筹办永利硫酸锭厂。范旭东与侯德榜吸取创办永利碱厂的经验教训,决定引进美国设备和技术,组织国内人力、物力施工安装配套设备。1937年2月建成投产,日产硫酸锭一百五十吨,硝酸四十吨,填补了国内化工工业一大空白,为我国农业生产提供了新型的化肥,是当时亚洲第一流的硫酸锭厂。

范旭东的声誉日隆,除任金城银行董事、四行储蓄会监察、中华书局董事、全华化学工业社常务董事、中华造船厂董事、中国工业服务社社长、中研院评议员、中国化学学会会长、中国自然科学社理事及南开大学校董等职外,还任国民政府财政委员会委员、参谋本部国防设计委员会委员。但他热心于“实业救国”,全力倾注于自己的事业,无意做官。

抗日战争爆发后,天津、南京先后沦陷,久大、永利受到很大摧残,但范旭东坚决表示宁可工厂被炸毁,也决不屈身于日本侵略者铁蹄之下与敌合作。由于范在事前已有内迁准备,先已派李烛尘在重庆设下了永利、久大华西办事处,永利公司各厂均得顺利撤迁。

1938年,范旭东赴汉口。途经香港时,拒绝了日本资本家和汉奸的引诱。到汉口后他担任了国民参政会参政员,并为迁川工厂联谊会发起人。是年秋,他进入四川,在华西建立新的化工基地,先后在自流井复建久大盐厂,在犍为县五通桥复建永利碱厂和黄海化学工业研究社,于重庆设立永利铁工厂和全华酒精厂;同时还计划在湖南创办永利株洲厂。久大以自流井卤水炼制精盐及硼酸,长年运销湘西;永利在五通桥除碱厂外,尚有炼油厂、翻砂厂、机械厂、陶器厂、动力厂、煤矿、侯氏试验工厂及土木工程处、深井工程处等企业,总计工人一千二百余人,为战时民族工业规模最大的联合企业。此外,范还于1941年3月与金城银行合资一百万元创办中国化学企业公司,分别在重庆和五通桥设厂,制造食盐副产品和颜料;1943年6月以黄海化学工业研究社名义,与孙颖川等创设三一化学制品公司,资本额一百万元,在自贡设厂,从卤水中提炼氯化钾和硼酸。

范旭东在抗战期间连任四届国民参政会参政员。他为其"实业救国"的抱负而艰苦奋斗,但国民政府官僚资本却一再以援助为名,用贷款作诱饵,企图变贷款为官股,打入永利公司进行控制。1938年4月财政部拨款四十万元"帮助"建设株洲厂,不久财政部和经济部给"补助费"三百万元在五通桥建厂,1939年冬,中、中、交、农四行以"复兴化学工业专款"名义贷款二千万元,"协助"建立铔、焦两厂,但国民政府要求把这些"补助费"贷款变为官股,都为范旭东所拒绝。永利公司虽然坚持了企业的独立性,但在官僚资本压迫下负债甚重,加之战时机械设备的添置、更新及原料采购、市场销售等方面存在着种种困难,只能惨淡经营。

战时的范旭东,仍然十分重视科研与技术。他说:在工厂方面开支"必负责俭省,在学术方面,应多用几文"①,视科研技术为工业发展的"生命"。1938年,他派侯德榜等在美国纽约设一小型化验室研究联碱法,一年后迁香港继续实验。1941年11月,他亲自前往美国考察,采购工厂技术设备和深井工程器材,雇一美国人到四川传授技术。随后他将香港的小型化验室迁入四川扩大试验,设一联碱法试验中心,由侯德榜主持,前后经过三年的奋斗终于获得成功,成为驰名国际的侯氏制碱法,进入了世界化工技术先进行列。1944年初,联碱法工业性中间试验投产,深井勘探也发现了天然气和黑卤,辛勤科研结出了硕果。

---

① 《海王》旬刊第20年第17期(1948年3月)。

1944年9月,范旭东赴美国出席国际通商会议,会后与美商洽订了一系列技术设备进口合同,并协议由美国进出口银行贷款一千六百万美元。但是国民政府因官僚资本不能插足而加以刁难,使他极为失望。

范旭东在抗战后期开始认识到国民党政权的腐败无能,他曾对其姨侄章执中说:"中国的未来,看来只有靠中国共产党,才有希望。"①其后,与共产党人龚饮冰(化名龚再僧)结识,在重庆共同开办建业银行。1945年8月抗战胜利后,他有志"担起创造中国化工新生命的责任","为祖国争光"②。当他正准备派员分赴天津、南京接管久大、永利企业之际,突然患了急性肝炎,于10月4日病逝于重庆。

---

① 章执中:《我所知道的爱国实业家范旭东》,中国人民政治协商会议湖南省委员会文史资料研究委员会编《湖南文史资料选辑》第17辑,湖南人民出版社1983年版。

② 《范旭东先生及所经营的三大事业》,《新世界》1944年7月号。

范　源　濂

熊尚厚

　　范源濂,字静生,湖南湘阴县人,生于1874年(清同治十三年)。父范琛以教书为业,范源濂少时在父亲亲自教导下课读。十五岁时父亲病故,只遗下几箱书,别无其他财产,家境贫寒,全家靠母亲做些针线活糊口,他和弟弟范旭东也做些杂活以添补家用。由于贫困所迫,范源濂愤世嫉俗,学习勤奋,上进心强。十七岁时在舅父资助下,入清泉学校学习,两年后回到家乡任塾师。

　　1898年,范源濂辞去教职,至省城长沙,入湖南巡抚陈宝箴创办的时务学堂学习。时梁启超任学堂总教习,范很快接受了康梁的维新思想,拥护变法,成了梁启超的得意门徒。"戊戌变法"失败后,时务学堂停办,他也被官厅追捕,遂与唐才常一起逃往上海,在唐的帮助下入南洋公学学习。1899年秋,梁启超在日本东京开办大同学校,继续培养维新变法人才,翌年范和蔡锷一起应梁函邀东渡。范源濂到东京先入大同学校补习日语,后入东京高等师范学校就读。不久,范参加了林述唐和蔡锷在东京创办的私人留学团体。同年秋,唐才常在汉口以自立军举义反清,范回长沙准备参加,不幸唐在汉口被捕,范在危急之时偕其弟范旭东潜去东京,随入横滨东亚商业学校学习。

　　1903年,范源濂与曹汝霖等在东京开办速成法政科和师范班,分别担任两校的译员。次年,他回到长沙倡导女青年赴日留学,得十二人同往东京入实践女校学习。1905年,清政府设立学部,范回国为学部员外郎。同年北京法政学堂开办,他任学部主事佐理办学。次年与人在北京创办殖边学堂,有学生一百余人,授以蒙、藏语及殖边等学科。与此同时,还创办优级师范学堂。1909 年 6 月,清政府以美国退还的庚子赔款设游美留学服务处,他代表学部担任会办。1911 年 2 月,清华学堂正式成立,范兼任副监督(相当于副校长)①。在此期间他发起创办尚志学会。同年冬,范升为学部参事,参与制定学制和学校章程。

民国成立后,各种政党蜂起,群以通过议会进行政治活动,范源濂在梁启超的影响下,会同梁启超在清末组成的秘密组织宪友会成员籍忠寅、黄远庸,联合京津各团体发起组织国民协进会,为袁世凯所用。1912 年春南北和议时,孙中山派蔡元培为迎袁专使北上,范被袁世凯派为招待员,与蔡结谊。之后,范等筹组的国民协进会于 3 月在天津正式成立,未设会长,共推常务干事十八人,范任常务干事,随后将会址迁北京。5 月,国民协进会与民社、国民公会、共和实进会等合组共和党,以黎元洪为党魁,范和汤化龙等任干事。翌年 5 月,共和党与民主党、统一党合组为进步党,以黎元洪为理事长,实际以梁启超、汤化龙为核心②。范紧跟梁及进步党,日后也是研究系的重要成员。

范源濂在清末民初政界有一定的地位,又是一位教育家。1912 年 1 月蔡元培任临时政府教育总长后,范应邀出任教育部次长。蔡很看重他办教育的能力,说他很重视实践,重视普及教育,请他摒弃党派之见放手工作。范辅助蔡派员先接收了清廷的学部,然后制定颁布《普通教育办法》、《普通教育暂行课程标准》、《小学教科书编纂办法》及《学生学业成绩考查规程》等,厉行教育改革。由于蔡重视高等教育,范重视基础教育和职业教育,两人在合作共事短短半年里办了很多实事。7 月,他和蔡元培一起召开全国临时教育会议,商议重订学制。范在会上

----

① 清华大学校史编写组:《清华大学校史稿》,中华书局 1981 年版,第 7—11 页。

② 李新、李宗一主编:《中华民国史》第二编第一卷上册,中华书局 1987 年版,第 46—48 页。

提出"发挥国民固有精神"和"提倡个人职业独立"①，强调工业教育和
职业训练的重要。临时教育会议开会期间，因唐绍仪内阁垮台，蔡元培
辞职，范遂代理教育总长。不久。陆徵祥组阁，范正式担任教育总长，
一切萧规曹随，仍本与蔡元培共同制定的方针，逐步实施其教育计划，
相继公布了《学制令》、《小学校令》、《师范学校令》、《女子中学章程》(实
行男女分校)、《中学校施行规则》及《大学令》、《专门学校令》等一系列
规章制度。一时各省积极筹办学校，商务印书馆、中华书局竞出新教科
书，教育事业颇有欣欣向荣之势。范源濂特别重视法政教育和师范教
育，允许私人开办法政学校以及讲习所、养成所，使职业教育蔚然成风。
本来属高等教育旁系的专门教育，一时成了高等教育的重心。1913 年
2 月，范源濂因病辞去教育总长职，至天津养疴。

　　1913 年秋，范源濂应中华书局总经理陆费逵之聘，前往上海任中
华书局编辑长。所任工作正符合他的教育实践志趣，乃积极为中华书
局扩充编辑部，主持编辑初小、高小教科书，并编辑出版了《中华新学制
中学教科书》和《中华师范教科书》。1915 年，中华书局改组成立股份
有限公司，他与梁启超、唐绍仪等同为董事。

　　袁世凯当上大总统后，进步党逐渐为袁所抛弃；袁在复辟帝制时，
梁启超等进步党人纷纷挂冠而去。一时全国反袁斗争风起云涌，梁与
蔡锷联合西南势力反袁，范源濂站在梁启超一边共同反袁。袁世凯死
后，段祺瑞掌握北京政权，1916 年 7 月，范被任命为教育总长，再次主
持教育部工作。他为办好北京大学，于 9 月电邀在欧洲考察的蔡元培
回国担任校长。10 月，他修正国民学校令，恢复单轨学制，继续贯彻民
元时与蔡共订的教育改革方针。1917 年 1 月，范源濂兼代内务总长。
是年春，在对德绝交问题上段、黎二人意见分歧，范和许世英一起反对
黎元洪，支持段祺瑞的对德绝交。5 月北京发生"公民团"请愿围攻议
会事件，他被段派往劝说，"公民团"不肯离去，最后由军警加以驱散，事

① 《教育杂志》第 4 卷第 6 号(1913 年)"特别纪事"。

后范于 6 月请假。7 月，段祺瑞借粉碎张勋复辟之机东山再起，重掌北京政权，范源濂重回教育部任职，直到 11 月 30 日辞职。1918 年春，他赴欧洲考察教育，历时两年余。

1920 年直皖战争结束后，徐世昌任总统，8 月靳云鹏组阁，范源濂第三次出任教育总长。他仍本过去的教育方针，规定分年筹办义务教育，致力于普通教育。次年 6 月，北京国立八校为索取教育经费请愿，并酿成"六三事件"罢课，他和汪大燮出面调解使之复课。1921 年 12 月，靳云鹏内阁垮台，范亦辞去教育总长职务。是月，他以实际教育调查社名义，邀请美国教育家孟禄（Paul Monroe）来华调查教育，同蔡元培等七十余人召开教育讨论会三天，会后出版了《孟禄的中国教育讨论》一书。之后，范前往美国考察教育，并因庚子赔款事转赴英国，在欧洲各国考察教育。

当范源濂在欧洲考察的时候，北京高等师范学校于 1922 年 11 月成立北京师范大学筹备委员会，他被推为校长。1923 年 7 月北京师范大学正式成立后，师生们以极大的热情欢迎他回国。范于 11 月到任就职，对学校大力进行整顿。以"造就师范与中等学校教师及教育行政人员，并研究专门学术"为宗旨①，提倡人格教育，主持修订学校组织大纲及各种规程，主张严格考试学生成绩，并多方筹措办学经费，还聘请吴承仕、陈垣、黄侃等知名学者任教，邀请梁启超、蒋百里、黄郛等名人兼任讲座。他自己每周给学生作一次报告，还经常到学生中去交谈，深入了解学生的学习和生活情况。他为人刚正，作风廉洁，办公守时，有病也坚持上班；提倡教师以身作则，认为办教育的人要对国家教育事业做贡献，而不应该计较待遇多少，因为教育是一种清高神圣的事业。他把全部薪水都捐给了学校。在当时教育经费竭蹶的情况下，师大在其主持下很快改观，不仅提高了教学质量，而且教学设备不断添设，校园花

---

① 北京师范大学校史编写组：《北京师范大学校史》，北京师范大学出版社 1982 年 10 月版，第 72 页。

木葱茏。1924 年 1 月,孙宝琦组阁,邀请他再任教育总长,范表示要留在师大同师生共甘苦而加以推辞,从而获得了师大师生更大的敬佩。然而在当时内乱日亟,国是日非之时,教育经费短缺,经常发不出教职工的工薪,范源濂痛感自己力薄,无法挽救师大,于同年 9 月辞去师大校长之职①。

此后,范源濂先后任中华教育文化基金会会长、国立京师图书馆委员会委员,但仍心系北京师大。1926 年北京"三一八"惨案中,师大学生范士荣惨遭杀害,范源濂特送一幅挽屏以示哀悼。

1927 年 12 月 23 日,范源濂病逝于天津。

---

①　经容若:《记范静生先生》,台北《传记文学》第 1 卷第 6 期。

范 筑 先

姜克夫

范筑先,原名金标,字夺魁。1881 年 12 月 12 日(清光绪七年十月二十一日)生于山东馆陶县一个贫苦农民家庭。九岁入私塾读书。十三岁父亲病故,辍学在家务农。壮年曾为脚夫,推独轮车为地主家运粮,来往于鲁西及冀南各县。

1904 年卫河泛滥,范筑先无法谋生,适清廷扩编北洋军来鲁西招兵,范遂弃农到马厂投军,编入北洋陆军第四镇当"备补兵",不久升为"副兵"。由于他有一定文化,被选拔入第四镇随营学校学习,回队后升为正目。以后又选调到天津北洋陆军讲武堂炮科深造,结业后回部队升为哨官。民国成立后,北洋陆军第四镇改为中央陆军第四师,范任炮兵连长,仍驻防马厂一带。

1913 年"二次革命"后,杨善德率第四师进驻沪杭铁路沿线,范筑先在这个部队中逐步提升为炮兵营长、补充团团长、师参谋长、第八旅旅长等职。

1924 年秋,江浙战争爆发。第四师隶属于浙江督军卢永祥。孙传芳出兵抄袭了沪浙联军后路,卢永祥失败下野。孙传芳拟收编第四师,范拒绝收编,尽发军中公积金给士兵,将部队遣散,改名为"竹仙"隐居,后遂以"筑先"为名。

1927 年冯玉祥配合北伐,师出潼关。范受冯部第十三军军长张维玺(范的同村人)的邀请参加西北军,任参赞。1930 年 5 月中原大战爆发,范任张维玺南路军总司令部参赞,协助张指挥本军与蒋介石所属何成潜第三军团激战于京汉路漯河、北舞渡一线。后阎、冯失败。张维玺率南路军六七万人集结在新郑,正待往陕甘退却,不料孙良诚第二路军的梁冠英、吉鸿昌两个军被蒋收买倒戈,蒋介石军队通过梁、吉两军阵地,直插张维玺军后方,将张部包围缴械。张和范遂离军去天津。

1931 年范筑先由张维玺介绍回山东,任韩复榘第三路军参议,并先后任沂水、临沂县县长。由于范为官清廉,断狱公平,为地方所称颂。1936 年冬升任山东省第六区行政督察专员、保安司令兼聊城县县长。

"九一八"事变,日本侵略者占我东北,范目睹国民党当局的不抵抗政策,深为愤懑,积极寻找救亡图存道路。一度寄希望于梁漱溟的乡村建设运动,但很快发现"乡建"并不能挽救民族的危亡。正在苦闷徬徨之际,"一二九"运动席卷全国,给范思想上很大震动。西安事变后,彭雪枫奉周恩来命到华北联络冯玉祥西北军旧部共同抗日。1937 年春,彭到了聊城,利用原西北军军官子弟学校同学的关系,与范的亲信张维翰、牛连文建立了联系。通过他们向范介绍了中共的抗日救国主张,与范建立了统战关系。

"七七"事变后,平津沦陷。大批中共党员和抗日救亡团体成员流亡到济南。为了开展山东抗战局面,中共中央军委华北联络局以华北救国会名义与韩复榘合作,在济南收容平津流亡学生和当地爱国青年,开办第三集团军政治工作人员训练班,作动员民众准备。10 月初,日军进入鲁境。范筑先希望与共产党合作抗日。通过原在专署任职的共产党员选以共产党员和民先队员为骨干的学员二百四十名为政训服务员,到聊城开展工作。但当这批青年于 16 日傍晚到达聊城时,范筑先已接到了韩复榘要他率部向黄河南撤退的命令。他决定遵令撤退。当时有张承先、陈中民等四十二名服务员坚持要求留下抗战,范表示同意。发给他们枪支和生活费,于 17 日拂晓撤出了聊城。范在撤退途中目睹自己家乡遭受败兵抢劫,人民流离失所的凄惨景象,内心深为痛苦。经过跟随撤退的中共党员的争取,范决定暂停留齐河官庄一带观望形势。这时,南京统帅部命令宋哲元率第一集团军渡河配合太原会战反攻邢台。范又返回聊城。

范筑先10月21日从官庄回师,一面命令政训处长张维翰和参谋长王金祥率政训处与专署人员回聊城安民,一面自率保安营追剿裹走服务员、抢劫聊城的溃兵齐子修部,在武城将齐部包围,收编为保安第三营。随后,范回到聊城,逐步恢复各县政权。同时在中共山东省委驻聊城代表张霖之和鲁西特委协助下,派政训干事率服务员去各县设立游击司令部政训处办事处,作动员民众工作。

11月中旬,宋哲元军反攻邢台失利,经鲁西北南撤,日军跟踪追抵临清、馆陶,人心惶惶。韩复榘又令范筑先退守黄河南岸。范在共产党的推动下,于19日在博平韩官屯发出了"裂眦北视,决不南渡"的皓电,拒绝了韩的乱命。

当年冬天,日军分别由临清、高唐向聊城进攻。范筑先亲率部队截击于梁水、柳林、南镇等地,粉碎了日军的多次进攻。这时,国民党委派的旧县长纷纷拐款潜逃;CC派和乡建派的一些官僚、政客,携家带眷逃向黄河南,国民党统治顿告瓦解,社会秩序陷入混乱。在此危急时期,共产党人领导农民和知识分子组建游击队;绿林武装乘机蜂起,打着义勇军旗号围攻地主围砦;地主民团为保护财产又纷起自卫。范筑先接受共产党的建议,把这些力量集聚在抗日旗帜下,收编为抗日游击支队。同时,委派坚决抗日的政训处驻县干事为县长和支队司令,以建设抗日政权和武装。

1938年春夏之交,鲁西北抗日根据地已初具雏形。当年春,鲁西北军民粉碎了日军三次对濮县、范县的进攻,驱逐了堂邑、高唐的伪军。6月间,范筑先与率部东来的徐向前、宋任穷在威县会晤,达成了互相支援的协议。从此,范部获得了八路军的援助,不再是孤军抗战了。这时范的抗日武装发展到三十五个支队和三路民军,约计五万余人,控制了鲁西黄河两岸,建立起二十多个抗日县政权。

当年夏,日军溯长江西上,开始围攻武汉。范筑先积极执行武汉统帅部命令,亲率十几个游击支队,于8月13日和9月18日两度进攻济南,破击宁阳至德州的津浦铁路。范之次子、抗日挺进队队长范树民 8 月 28 日于齐河坡赵庄之战牺牲。

正当鲁西北根据地蓬勃发展之际,国民党顽固派的破坏活动也日益加剧。继韩复榘之后,沈鸿烈任国民党山东省主席兼全省保安司令,设省政府于曹县,不断寻找借口,撤换范委派的进步青年县长。当时,中共地方党组织受王明右倾机会主义路线影响,未能支持范对沈的反动措施坚决予以抵制。徐州失守后,沈鸿烈把省政府迁到东阿。6 月间日军陷东阿,沈败逃到黄河边,走投无路。共产党人从团结抗战出发,建议迎沈来黄河北。范亲率部渡河,在东阿黄庄打败日军,迎接沈来聊城。沈将省政府设于寿张、阳谷、东阿三县交界的张秋镇。他凭借其省主席的地位,向范提出种种无理要求:如要求范取消"游击司令"名义,要求改组政治部,解散共产党领导的游击支队、政治干部学校等等,双方矛盾日益激化。沈成立以鲁西行辕主任李树椿为首的鲁西部队整编委员会,妄图将范的部队改编为省属保安旅,遭到范的拒绝。在公开要求碰壁后,沈通过他的参谋长廖安邦和李树椿施展阴谋手段,进行破坏活动。他们收买了王金祥,王背着范于 10 月初在鄄城解散了中共直南特委组建的游击队第十三支队,枪杀了中共党员十三支队副司令王青云、政治部主任汪毅。中共鲁西特委为此提出抗议。范本已决定撤销王金祥的参谋长职务,但由于李树椿出面向范请求,范一时犹豫,准许王立功赎罪。

鲁西北地区经济落后,民智未开,有些土豪劣绅愚弄农民组织红枪会等封建迷信武装,名为防匪,实则背后受日本特务机关的操纵。沈鸿烈和李树椿也利用这类组织,串通敌伪破坏抗战。8 月上旬发生长清县旦镇黄沙会暴动,10 月中旬发生阳谷七级镇"忠孝团"暴动。虽经范亲自去当地说服平息,但 10 月下旬长清赵官镇又发生了以邱作成为首的黄沙会大暴动。邱自称九县"剿共司令",公开提出"打倒范筑先,驱逐共产党"的口号,范派了四个支队进剿,才把他们镇压下去。

中共中央北方局为了团结国共两党的力量坚持冀鲁两省敌后的抗

战,派朱瑞来南宫,于9月23日举行冀鲁两省联席会议。会上河北省主席鹿钟麟与山东沈鸿烈企图制造分裂,联合反共。范筑先义正词严地抨击了他们破坏抗战的滥言,表示欢迎八路军入鲁。他抛开沈、鹿,与徐向前签订了冀南、鲁西北两抗日根据地的联防协定。为了贯彻南宫会议精神,他回聊城后于10月4日召开军政联席扩大会议,通过了中共鲁西特委以第六区游击司令部政治部名义提出的《山东第六区抗战行动纲领》,作为今后鲁西北地区的施政准则。会上决定把三十多个支队整编为四个纵队,齐子修部编为第一纵队,范自兼第四纵队,另由袁仲贤、张维翰分任二、三纵队司令。

军政联席会议的成功,表明范筑先公开和国民党顽固派摊牌。沈鸿烈等气急败坏,竟不惜勾结日伪,准备对范下毒手。他们派兼任鲁西行辕参议的阳谷"忠孝团"总团长赵长衔去济南,与日本驻济南特务机关联系,商定了发动会道门暴动、配合日军进攻聊城的计划。赵回阳谷后,由李树椿亲自召开"忠孝团"团长会议,于11月中旬在寿张、阳谷、东阿三县掀起了数万人的"忠孝团"大暴动。他们阴谋请范筑先前往安乐镇对会徒作宣抚讲话,就地将范刺死。恰巧范由于部署军务,临时派曾任四区专员的韩多峰代他前去,结果韩替范挨了一枪,范侥幸免遭毒手。

差不多在寿、阳、阿会道门暴动的同时,驻济南日军末松师团派平田大队发动了对聊城的进攻,驻禹城、大名的敌人也配合进攻。11月13日下午,平田大队步、骑、炮兵三百余人从东阿鱼山渡过了黄河,由于沿途未遭到驻军的抵抗,14日上午九时即到达距聊城十八里的明王官屯。范正要出城指挥作战,李树椿突然坐汽车来到聊城,借口谈问题把范缠住。延至中午,敌机来聊城上空侦察。不一会儿,城外枪炮声大作,敌人已经来到。原来部署防守东关和运河渡口的王来贤民军一路放弃阵地逃走了。王金祥趁机提出由他出城追赶部队,溜出了聊城。接着,李树椿也上汽车从北门溜走。这时已是下午三时,范要出城,四门已被敌军封锁。他不得不亲自指挥守城,以待黄昏后再设法突围。

黄昏前,敌人对东、南两门猛烈攻击。由于范亲自指挥,守城部队勇敢抵抗,敌均被击退。但守军力量毕竟单薄,必须突围方可脱险。如城外有部队接应,突围还是有希望的。无奈范部的主力第二支队去东平扩军,特委的主力第十支队在汶上、宁阳协助地方党开展工作,均赶不回来;济南前线和黄河各口的十几个支队又被红枪会暴动所阻拦;鲁北驻军也被日军攻击;而堂邑、博平的两个支队系民团改编,不敢对日军开仗。王金祥出城后也不积极组织城外部队反攻。这样,破城的悲剧也就难以避免了。

15日黎明,日军对聊城东门守军发起了猛攻,并以飞机沿城墙扫射。范筑先和姚第鸿率执法队亲自督战,范左臂负伤。上午九时东城门被炮火击毁,敌人蜂拥入城。范裹创退至市中心光岳楼,继续抵抗。但被日机扫射,打断腿骨。在抬送天主堂医院路上,范不愿被敌人俘获,勇敢地举枪自戕。随后守城部队陷入混乱状态,一部分部队散在城内和敌人巷战;大部分部队退聚西城门内瓮城,企图夺路突围不得,均跳河而死,无一人投降。至下午四时,敌人完全占领了聊城。范筑先和僚属张郁光、赵佩川、崔芳德、姚第鸿及守城军民七百人壮烈殉国。

主要参考资料

企程:《鲁西北的抗日根据地》,武汉《新华日报》1938年8月13日。

姜克夫:《我所知道的范筑先将军》,武汉《全民抗战》1938年8月27日。

李士钊:《范筑先将军血战聊城》,重庆《新华日报》1939年1月11日。

姜克夫:《抗日根据地鲁西北地区》,重庆生活书店1939年7月版。

齐鲁(燕铭):《纪念鲁西北的大星——范筑先先生》,重庆《反攻》半月刊,1940年11月30日。

高衡:《鲁西北抗日英雄是谁谋杀的》,延安《解放日报》1943年9月。

徐运北:《国民党如何破坏鲁西北根据地》,延安《解放日报》1943年10月3日。

张维翰:《回忆民族英雄范筑先将军》,《鲁西北革命斗争回忆录》,聊城行政公署出版办公室1980年编印。

方 鼎 英

段荫南

　　方鼎英,字伯雄,号同春,湖南新化县人,1888 年 4 月 7 日(光绪十四年二月二十六日)生。父亲是一个以教书为业的穷秀才。方鼎英四岁丧父,家境贫寒,母龚氏勤俭抚孤,教子成材。他童年从其堂兄诵读四书五经,参加过童子试。时值甲午战败、庚子八国联军蹂躏之后,清政府丧权辱国,民不聊生,在民族觉醒思潮的影响下,方鼎英立志反清救国。他十三岁时冒称成年投考武备学堂,然以身体检查不合格而落选,随又考入实业学堂学习。1902 年,湖南巡抚饬由各校选举学生五十名赴日本留学实业,方鼎英由实业学堂选送考试被录取,遂去日本东京。初入宏文学院学习日语,兼补习普通学科。不久迁神田区,在新化同乡会事务所与陈天华同住。后由陈天华介绍加入同盟会,结识不少革命人士。

　　方鼎英觉得反清革命,须从武装入手,1905 年考入振武学校学习军事。毕业后在国府台野战炮兵第十六联队入伍,为士官候补生。1909 年,复进东京陆军士官学校第八期炮兵科。他又参加同盟会的小组"求知社",与蔡锷、唐继尧、宋教仁等人为同志。

　　1911 年春方鼎英毕业回国,被派在保定军官学校第一期入伍生总队任炮兵教官。武昌起义,他约士官学校同学三十余人南下,在起义军炮兵司令部参加对汉阳作战。嗣后在湖南岳阳镇守府司令部任参谋处长兼教练科长。南京临时政府成立后,调陆军部任科员,负责编纂炮兵典范令和军学教程,编著有《炮兵操典》、《射击教范》和军士兵卒教科书等,以部令颁行全国。

袁世凯接任大总统后,排斥国民党人,实行专制统治,方鼎英对袁氏言行甚为不满。1913 年 10 月,袁世凯将云南都督蔡锷调京,任以陆军编译处副总裁、全国经界局会办等职,实为羁留蔡锷于身边。蔡察觉袁之阴谋与野心后,暗中与朋友同道密谋倒袁,方鼎英极表支持。蔡派石陶钧赴美国联络黄兴,筹措军饷,所有往来信件,均由方密转。

1916 年 6 月袁死后,方鼎英于翌年春再次赴日留学,先后在东京陆军炮工学校普通科、高等科及千叶野战炮兵射击学校学习三年,又入东京帝国大学深造,潜心于军事学研究。

1921 年春,方鼎英应湘督赵恒惕等人联名电邀回湘,被赵派任援鄂总指挥部参谋长,率部在赵李桥、羊楼洞击溃王占元主力孙传芳部。旋吴佩孚炮击援鄂军退路,迫使赵恒惕签城下之盟,方鼎英悻悻而返长沙。

1922 年方鼎英由北京政府大总统黎元洪派赴日本观看秋操,归途过沪晤谭延闿,告赵恒惕已经降吴,湘局非由广东方面来根本解决不可,劝谭随孙中山革命。1923 年 7 月,孙中山任谭为湖南省长兼湘军总司令,出兵湖南讨赵。谭委宋鹤庚为讨贼军第一军军长,宋未就职,委方鼎英全权代理。方赴衡阳晤谭后,率第一军各部转战于昭陵、朱亭之间,9 月 1 日袭击长沙。11 月下旬,陈炯明部围攻广州,并勾结江西军阀方本仁攻北江。谭延闿奉孙中山电令,即率所部驰解广州之围,讨赵之战遂中止。在部队南撤入粤途中,方鼎英率部狙击方本仁部,并收降了赣军第九旅高风桂部,受到孙中山的嘉奖,正式受任湘军第一军军长兼代第一师师长。

1924 年 9 月,孙中山任命谭延闿为建国军北伐总司令,率在粤各军由江西北进,方鼎英卧病于广州,未随军出征。在北进途中,方本仁一退再退,诱谭军入吉安时突然反击,北伐军顿陷困境。方闻讯后扶病赶赴前方,在南康与谭延闿会晤。谭以兵败无颜回粤,加以部属不和,非常苦恼。方建议"整理"之策,乃成立"湘军整理处",谭延闿任总监,各军长任副总监,方鼎英任副监。还另设讲武堂一所,以陈嘉佑为堂长,方鼎英兼任教育长,把编余军官都送讲武堂受训。经过一兵一枪的点验,编成七个团带一个营,军容整肃,焕然一新。

这时,方鼎英病体尚未复原,而所部第一师有枪五千余支、上万人,由宋鹤庚率领驻守湘粤边区汝城县。因与滇军不睦,处在滇军与赵恒惕军的夹击之下,进退两难,迭派代表来请方鼎英前往领导。适值国民军第二军司令岳维峻自河南来电,约谭再度出师北伐,会师武汉,共同解决北洋军阀余孽萧耀南。广州大本营乃委方鼎英为北伐军特遣军总指挥,由总参谋长方声涛函赵恒惕,请许方率部假道湘西赴鄂会师,并许诺把盘踞湘西的川军一起调去北伐,交还湘西于赵。赵佯允方鼎英赴长沙面洽,俟方离开部队赴长沙之际,突派兵将方部解散。方星夜逃离长沙,潜往武汉。

1925年春,方鼎英在汉口养病,见报载奉军姜登选督皖、杨宇霆督苏,即到蚌埠晤姜,又到南京晤杨。方察知北方力量虽厚,但皆军阀习气,感到要革命,还是南走的好,乃应谭延闿之邀于9月至广州,出席国民革命军各军统一军事教育会议,旋任谭延闿第二军之军官学校教育长。是年冬,各军军官学校合并于黄埔军校,方被蒋介石任命为黄埔军校入伍生部中将部长,主持军官候补生教育。

1926年4月,已任国民革命军总监的蒋介石,委方鼎英代理黄埔军校教育长,并将学校全权交方代行。方利用其在军学界的地位,广揽军事教育人才,依靠共产党人,积极进行校政建设,黄埔盛极一时。他编纂军事典范令及有关教材,使军官教育水平与学生接受能力大为提高。他编纂了不少文集,还主持编纂了《黄埔丛书》。他在军校的讲演,后来汇编成《方教育长言论集》出版。

1927年4月蒋介石发动"清党"反共政变。5月,留守广东的李济深、朱家骅、钱大钧等,把方鼎英邀去留守总部,向方出示清党密令,并说黄埔是广州共产党的大本营,责令方负责清除在黄埔的全部共产党员。方力主"和平清党",并要求假以时日。在李等允诺下,方回到黄埔，与政治部主任共产党负责人熊雄恳切商谈，私下告知广州要逮捕共产党人，寻求应付事变的妥善办法。同时，还赠送路费，劝熊雄赶快离开广州。在方的主持和安排下，黄埔的共产党员师生以"自动请假"名义离校，三天之后黄埔才公开组织清党委员会办理清党事宜。方保护了一批革命力量，后来被周恩来称赞是一个有正义感的人。但清党委员会的右派分子，对黄埔学生滥捕滥杀，并控告方鼎英庇护和放走共产党员，方愤然离职。

是年秋，方鼎英改任暂编第十三军军长。翌年春，蒋介石部署兵力讨伐张作霖，调方部往津浦线南段。方改任第四十六军军长，5月兼津浦路运输总指挥。时济南惨案发生，蒋问计于谭延闿，谭又问方。方建议由外交途径解决，大军绕开济南北上。蒋命方接替贺耀组任第一集团军第三军团总指挥，与第二、第四军团沿津浦路并肩北上，击溃张宗昌、孙传芳与白宝山等部，进出于德州、沧州地区。

方鼎英对于"全国统一"满怀希望，曾向蒋介石建议，今后应加紧经济建设，不要再在国内用兵；对东北问题，希以和平方式解决，将来可以东北一个地区的力量战胜日本，则国威一立，不平等各约即可顺利废除。蒋表面不置可否，而把方调往江淮地区。此后，方鼎英被蒋介石拴在与各军事实力派混战的战车上，东奔西走。1929年3月，蒋桂战争前夕，方鼎英部被调到安庆待命，蒋召方到湖口的兵舰上，面授讨桂机宜。战后方部推进到沙市、监利一带。方忖心内战一起，将蹈北洋军阀混战之覆辙，茫茫无了时，甚为惆怅。时不数月，方又奉蒋之命从鄂西调至扬州，解决安徽方振武的部队。嗣后又受命为西征军第一路总指挥，率部开往河南，于临汝击溃宋哲元部，尾追至潼关，11月进驻洛阳。12月唐生智又在郑州发出讨蒋通电，方鼎英身临前敌，但他想到自己身受孙中山教导，矢志革命救国，实不甘再作国内军事实力派混战的工具，遂化装离部避居上海。他希望蒋介石能有回心之意，共同实现和平统一建设国家的愿望。无奈接着发生了更大规模的中原大战，之后蒋又坚持"安内攘外"的方针，对工农红军作战不止。方鼎英痛心疾首,对蒋介石完全失望。

"九一八"事变后,为挽救国家民族危亡,方鼎英秘密组织了一个革命同志社,不久又和徐谦、朱蕴山联系组成抗日会,广泛联合朝野各界人士,以团结抗日为宗旨。徐谦负责政治方面,方负责军事方面,朱蕴山则负责与中共及有关社会团体的联系。原来追随邓演达的黄埔师生,在邓牺牲后,也转而参加抗日会。抗日会秘密发行了《晨曦》、《怒潮》等刊物。

1933年11月,李济深、陈铭枢、蒋光鼐等在福建组建抗日反蒋的"中华共和国人民革命政府"(福建人民政府),方鼎英参与其事,被推专返湘西去组织湖南抗日政府,领导湖南的抗日运动,与粤、黔、桂诸省联合行动。方由广西赶到湘西时,由于与福建方面失去联系,加之计划泄漏,被蒋介石饬何键派的特务监视,不能行动。不久,福建人民政府被蒋介石镇压而告失败,方几经艰险经广西退到香港。此后,方继续在港从事抗日救亡活动,抗日会改称抗日联合会,移到香港。

卢沟桥事变后,全面抗日战争爆发。方鼎英由香港返回抗日前线,积极请缨抗日,共赴国难,1938年9月,复任军事参议院参议。其后,出任第九战区战地党政委员会副主任委员。

1945年抗战胜利后,方鼎英为国共重庆谈判所鼓舞,拥护"双十协定"所确定的和平建国方针。但是蒋介石悍然发动全面内战,方决心不与为伍,退居湖南,被推选为湖南省参议员,赋闲在家,他与李济深、章士钊取得联系,秘密从事反内战活动。在中共地下党员帮助下,他与唐生智合作发动湖南人民团结自救运动。同时,在湖南开展秘密活动,积极联系和推动军政界人士,策动他们认清大势走向光明,为湖南和平解放做了有益的工作。

中华人民共和国成立后,方鼎英历任湖南省人民委员会委员、省参事室主任、省司法厅厅长,湖南省第一、二、三届人民代表,中国人民政治协商会议第二、三、四届全国委员会委员,政协湖南省副主席,中国国民党革命委员会中央委员和湖南省副主任等职。1976年6月2

日,方鼎英病逝于长沙。

主要参考资料

《方鼎英回忆录》(手稿)。

方鼎英:《方教育长言论集》,1927 年 9 月中央军事政治学校印行。

方鼎英:《黄埔军校"清党"回忆》,中国人民政治协商会议全国委员会文史资料研究委员会编《文史资料选辑》第 60 辑,中华书局 1979 年版。

方 椒 伯

汪仁泽

方椒伯,名积蕃,浙江镇海人。生于 1885 年 11 月 25 日(清光绪十一年十月十九日)。祖父方性斋,上海开埠后即来沪,由经商起家。其父方崇年,是清末举人。方椒伯六岁时入私塾就读,八岁丧父,十七岁时应科举考试未中。1903 年,方到沪习商,后与叔父方樵苓共同经营祖传钱庄延康、五康等数家,并在北市创办庶康钱庄,又在家乡参加地方自治工作,经常往来沪甬两地。1905 年,他集资在家乡创办培玉两等小学堂,自任校长;后又任宁波溪海公学校长及宁波教育参事会参事①。在此期间,沪地发生钱庄倒闭风潮,他所经营的钱庄相继歇业,又涉及讼事,损失至巨,成为他后来决心学习法律的契机。

辛亥革命期间,方椒伯参加"革命军饷征募队"、"中华民军协济会",为民军协筹军饷。辛亥革命后,方椒伯一度当选为镇海参议会参议员。上海光复后,他进上海民国法律学校攻读法律,后转学至神州法政专门学校,1917 年毕业,领得律师证书。但当时并未开业,复从事商业活动。1918 年受北京东陆银行聘请,任该行上海分行经理。与此同时,方椒伯担任上海总商会会董兼商事公断处处长、宁波旅沪同乡会会董、常务理事兼会务主任等,又与黄延芳创办四明医院,任董事。

---

① 《方椒伯自传》:"……溪海仅设两年而停办,培玉则办至 1956 年始由政府接办,主持该校达五十年,颇费心力。"(1956 年 12 月 10 日手稿,现存民革上海市委档案室)

1919年五四运动在北京爆发后,5月9日上海总商会正副会长朱葆三、沈联芳徇上海日本商会会长之请,用总商会名义发出由中日双方直接交涉归还青岛的通电。由于违反民意,舆论大哗。方椒伯等发起组织上海各业同业公会及各地旅沪同乡会等七十余团体的"各公团联合会"。他被推为会长,发表措词激烈的通电,反对上海总商会违反民意的主张,朱葆三、沈联芳被迫引咎辞职。方的名声遂闻于沪上各界①。

1920年,方椒伯参加筹组上海华商证券交易所,开业后任董事,是年并任银行公会会董。1922年方椒伯与秦润卿等集资三十万元,创办大有余榨油厂,任董事长。次年在宁绍轮船公司股东大会上,被推为董事长,直至1936年。

方椒伯自1922年起,连任上海总商会两届副会长(每届二年),而前届的正会长宋汉章常因病休假,后届正会长虞洽卿又时往北京活动,因此实际会务常由方主持。在此期间曾发生多起事件:(一)1923年5月6日从津浦线北上的一列火车,在山东临城附近被孙美瑶匪帮劫持,车内中外旅客三百余人被绑为"肉票",沪上遇险人员家属纷纷要求上海总商会设法营救。方主持组织了救护队,并派代表前往出事地点,会同地方当局与匪方谈判,促使全部被绑旅客安然脱险归来;(二)内河航运要道吴淞江(苏州河)年久失浚,交通阻滞,地方当局因经费无着,欲委托外人代浚。方以国家主权攸关,于1924年发起组织吴淞江水利协会,任会长,召集沿江之宝山、嘉定、青浦、昆山、吴江、太仓、吴县、上海八县代表,自筹巨款疏浚;(三)1924年江浙两省军阀为争夺上海地盘,发生"齐卢之战",继而奉军南下,全市骚动。他和总商会正会长多方奔走,并筹款遣散溃兵,以恢复秩序;(四)1925年五卅惨案发生后,他一面急电在京的会长虞洽卿回沪主持会务,一面在工人学生代表及烈士家属的再三呼吁和强烈要求下,通告全市罢市。但事后即往工部

---

①　孙筹成:《我所知道的方椒伯》。上海市工商业联合会史料总字第241号。

局声明称:"由于被学生强迫,不得已在全面罢市之声明上签字,此举并非本意。"①虞洽卿兼程回沪后,负责内外交涉事宜,方则办理救济罢工工人的劝募筹款工作②,此时他并任公共租界纳税华人会第四届理事长。

　　由于方椒伯早年参加地方自治,后又在法律学校接受民主法治思想,因此在总商会副会长任内,多次领导上海工商界反对军阀统治,向北京政府抗争民权,反映了民族资产阶级的自立意识和民治观。1922年10月,发出由他起草的上海总商会通电,要求全国各金融企业一致拒绝为北京政府承募任何公债。11月又通电,吁请当局和各地军阀分期裁兵。12月通电各地商会,"请一致努力,检查裁兵、公开财政、速制国宪三项措施"。继之由总商会发起组织裁兵、制宪、理财委员会,公推宋汉章、方椒伯为正副会长。1923年1月,方又起草总商会通电,请各省银行、钱业公会转告各有关方面,不再承担募集政治借款。2月,总商会致电北京政府,要求4月30日前公开财政。同月又电吴佩孚,劝其停止内战,不再干涉政治。7月总商会下设的民治委员会正式成立,会上方椒伯致词,谓"本会以民治为标帜,则政权自不容垄断于少数人之手,势必结合全国人民为一大团体,非此断不足以挽已倒之狂澜"③。10月5日,曹锟通过贿选当上总统,次日上海总商会等召开市民大会,并通电声讨。10日曹锟就职之日,他又联合百余团体发起组织国民讨曹游行大会,沿途散发传单,提出"下半旗,讨曹锟","诛猪仔(受贿议员),惩政客"等口号。

　　1922年起。方椒伯受傅筱庵所聘,就任上海中国通商银行十六铺分行经理,辞去东陆银行职务。1932年他辞去通商分行经理后,开始执行开业律师业务,直至1948年,曾任多处厂商的法律顾问。他在执

①　黄逸峰:《五卅运动中的大资产阶级》,《历史研究》1965年第3期。
②　引自当时《申报》。
③　《宁波旅沪同乡会档案》,上海市档案馆全宗卷117—4—660。

行律师业务中专办非讼案件,遇事常劝当事人相互退让,使之归于和解,因此从未出席法庭。此时他兼任复旦大学校董、中华职业教育社监理事、上海市商会执行监察委员、宁波通运长途汽车公司董事、上海渔市场商股常务理事等职。

1937年"八一三"淞沪战后,上海租界难民麇集。"上海难民救济协会"成立,他任副秘书长兼劝募主任,经募救济金一千余万元。1939年傅筱庵投敌充任伪上海市长后曾多次强邀他出任市府秘书长等伪职,但都被他坚拒,并对傅予以忠告。抗战胜利后,他除执行律师业务外,还致力于经营大有余榨油厂及办理同乡会事务。1949年宁波在国民党军队溃退后,遭蒋机轰炸,损失颇重,他任同乡会劝募组长,与黄延芳等募集巨款汇甬救济。

中华人民共和国成立后,1955年起方椒伯任上海市政协委员。1956年12月,他以古稀之年加入国民党革命委员会,任民革上海市委员会委员①。1968年5月24日因病在沪逝世。

---

① 《方椒伯自传》:"……当此社会主义建设突飞猛进,自应努力为群众谋福利,尽人民一分子的力量,椒年虽已迈,不敢后人,因此不辞老朽,参加民主党派,一致团结,以求前进。"

方　声　洞

范启龙

　　方声洞,字子明,福建侯官(今福州市)人,生于 1886 年 6 月(清光绪十二年五月)。他的父亲方家湜(字芝亭),是位经营运输货栈的商人,在汉口设有转运公司。由于他经常往来于京汉、粤汉铁路沿线各地,眼见清政府对内腐败无能、对外丧权辱国而十分不满。他的开明思想对子女的影响颇深,他把自己的子女甚至媳妇都先后送进"洋学堂"读书,接着又陆续送去日本留学,他(她)们都参加了孙中山领导的民主革命运动①。

　　方声洞姿貌魁秀,体格壮健,信守诺言,爽直有气节,待人真诚,见朋友有错,能当面指出,又能急人之所急,热情帮助,因此受到大家的尊敬。他生活艰苦朴素,看不惯豪华奢侈,常步行外出,吃粗米饭,有人笑问时,他说:"劳则习苦,俭则不匮,吾辈忘吞逆胡,来日艰难,正未有艾,今而不自勖励,他日何能与士卒忍饥劳涉险阻乎?"②大家都佩服他的见识。他对现实不满的思想不断发展。1902 年,他随兄、姊东渡日本留学,进东京成城学校学习。当时,发生了义和团运动后沙俄妄图霸占我国东北、不肯按照协议撤军的事。东京的中国留学生们非常愤慨,于 1903 年 4 月 29 日召开了"拒俄"大会,方声洞与兄方声涛积极参加"拒俄义勇队",准备必要时出发抗俄。1904 年,日本和沙俄为争夺在华权

----

①　据方声洞之子方贤旭 1981 年 6 月 13 日来信;并据方声洞之继母访问记录。

②　郑烈(天啸生):《黄花岗福建十杰纪实》,新中国图书局 1913 年再版。

益,在我东北领土上爆发了日俄战争。方声洞因恨清廷庸懦,异常悲愤,逢人便大谈国事,认为不彻底推翻腐朽的清朝专制统治,建立民主共和国,国人便没有安枕的日子。1905 年 8 月,孙中山在东京建立同盟会,方声洞和哥哥方声涛、姊姊方君瑛及两位嫂嫂曾醒、郑萌①都先后参加,积极从事革命活动,成为民主革命的勇敢战士。

不久,方声洞因母亲去世而回福州。他不忘革命事业,争取先作些开通社会风气的工作,便把家中所藏各种书籍、刊物统统拿出来,创办了一间书报阅览室,供人阅读。

1906 年,方声洞再到日本,拟继续入成城学校学习军事,但清政府害怕革命党人的活动,竟同日本政府交涉,禁止自费留学生学习陆军,此时成城学校也已改为普通中学了。他一度大失所望,但感到革命的志向不能变更,只要学会一种专长,对国家总会有所贡献,便考入千叶医学专门学校,志在研求化学以制造炸弹②。

1907 年暑假,方声洞至汉口探亲,与王颖订婚,次年暑假结婚。婚后十天,偕王颖东渡,同在千叶医学专门学校学医。他介绍王颖也参加同盟会,并经常将国内政局和世界形势以及革命救国的道理讲给她听。1910 年春,生下了儿子贤旭,方声洞对他非常珍爱。但方声洞对王颖往往无缘无故地说出"真对不起你"这样的话来,原来他早已下定献身革命的决心,随时准备献出自己宝贵的生命③。

方声洞一面在千叶学医,一面秘密从事革命活动,同志们都拥戴他,选他担任中国留日学生总代表、同乡会议事部长及归国代表、同盟

　　①　据方声洞继母的口述,方声洞共有四个兄弟,七个姊妹。曾醒是大哥方声濂的夫人,郑萌是二哥方声涛的夫人,方声洞居三,他的弟弟方声钟已在美国定居。

　　②　吴适、林家洼:《黄花岗纪事》,见中国人民政治协商会议福建省委员会文史资料编辑室《福建文史资料》第 6 辑,福建人民出版社 1981 年版,第 16 页。

　　③　王颖:《忆声洞》,见中国人民政治协商会议全国委员会文史资料研究委员会编《辛亥革命回忆录》(一),中华书局 1961 年版。

会福建支部长等职务，"以一人而兼四职，其才望可想而知"①。他常常托词向学校请假，回国联络党人，秘密运送军火，往返奔波，非常辛劳。

1911 年初，同盟会准备在广州起义的消息传到日本。闽省旅日同盟会员最初决定由林文等人去参加广州起义，林觉民等人回福建准备响应，留下方声洞在日本接替林文的工作。声洞对同志们说："我虽然没有什么才能，但已学医几年，相信有些心得，起义发动后，不能够没有军医。何况我早已立志献身革命，现在有这样好的机会，怎么可以不让我参加呢？如果事败不成，你们都为国牺牲，我还能单独活下去吗？"同志们劝说他不要误会，因为大家若同归于尽，不考虑后继的人，会对革命不利。经过再三解释，方声洞才悻悻然与大家挥泪而别②。

方声洞即将于这年 7 月毕业。由于香港不断传来准备起义的消息，他便放弃功课，日夜为广州起义的筹备事宜操劳。他写信给友人说："警电纷至，中国亡在旦夕，所希望者，吾党此举耳。"③

3 月中旬，方声洞忽然接到吴永珊（玉章）来电，便立即赶去东京会面。第二天回家告诉王颖说，起义即将发动，因军火不足，须马上密运一批回国接济，并且很沉着地对她说，两周以内一定回来。他在动身前夕，预先写好了十几封家信，嘱咐王颖在他走后陆续填上日期寄回，以使家中安心，免生疑虑。临行前，方声洞又向学校办了请假手续，并辞去同乡会议事部长等职务，于 3 月 28 日先把军火运到横滨港，31 日乘船离开日本。告别时，他微笑着对好友郑烈说："昔年秘密开会，追悼吴樾、徐锡麟诸烈士时，君所撰祭文有句云：'呜呼！壮志未酬，公等衔哀于泉下；国仇必报，我辈继起于方来。'今所谓方来者成为现在矣，宁不快哉！"④抵达香港，见同志甚多，姊姊方君瑛、哥哥方声涛也参与协助

① 吴适、林家泩：《黄花岗纪事》，见中国人民政治协商会议福建省委员会文史资料编辑室《福建文史资料》第 6 辑，福建人民出版社 1981 年版，第 16 页。
② 朱执信、邹鲁编：《黄花冈七十二烈士事略》，广州 1923 年版。
③ 郑烈(天啸生)：《黄花岗福建十杰纪实》，新中国图书局 1913 年再版。
④ 朱执信、邹鲁编：《黄花冈七十二烈士事略》，广州 1923 年版。

密运军火入广州,非常高兴①。

方声洞胜利完成密运军火的任务后,不顾先来香港从事准备工作的姊姊方君瑛和闽籍同志的劝阻,决心参加起义壮举。4 月 25 日晚上,方声洞在香港写绝命书给侄儿和生,希望他为祖国尽力,并担起照料诸弟妹、善事祖父的责任。第二天清晨到达广州后,又匆促留书给父亲和王颖。对父亲说:"夫男儿在世,不能建功立业,以保祖国,使同胞享幸福,虽奋斗而死,亦大乐也。且为祖国而死,亦义所应尔也。……儿今日极力驱满,尽国家之责任者,亦即以保卫身家也。他日革命成功,我家之人皆为中华新国民,而子孙万世亦可长保无虞。则儿虽死亦瞑目于地下矣。"给妻子的信里则说:"来港时,已决志捐躯于沙场,为祖国报仇,为四万万同胞求幸福,以尽国民之责任。"②

4 月 27 日(即农历三月二十九日)下午五点半钟,举义的螺角呜呜齐鸣,方声洞在黄兴率领下荷枪实弹猛攻督署,遍搜总督张鸣岐等不见,知道张等早已逃匿。他马上和黄兴等十多人离开督署,出大南门,打算和防营接应,转攻督练公所。黄兴与方声洞走在最前面,至双门底遇见起义的防营数百人,但是,由于他们没有臂缠预先相约的白布符号,以致发生了双方互射;方声洞竟在这种不幸的误会中中弹倒地,壮烈牺牲,年仅二十六岁。后与其他起义烈士合葬于黄花岗。

---

① 方贤旭:《黄花英烈,光照千秋——纪念先父方声洞殉国七十周年》,《人民日报》1981 年 3 月 29 日第三版。

② 据方声洞烈士遗墨影印照片,原件藏中国革命博物馆。

方　声　涛

陈孝华

　　方声涛,字韵松,福建侯官(今福州市)人,1885 年 8 月 15 日(清光绪十一年七月初六)生。其父方家湜经营运输货栈,在汉口设转运公司,时常往来京广各地,思想比较开明,陆续把子女送往日本留学①。方声涛自幼读书习武,少年时曾习海军于天津,1902 年东渡日本入振武学校。1903 年,留日学生反对沙俄侵占我国东北三省,掀起拒俄运动,组织"拒俄义勇队",方声涛热心参加,并负责教练军事。

　　1904 年方声涛回国与郑孟勤结婚。其间曾受聘到侯官高等小学堂任教,对学生以革命相淬砺。之后,方声涛偕郑孟勤再东渡日本。

　　1905 年 8 月孙中山在东京创立同盟会,方声涛与妻郑孟勤、弟方声洞、姐方君瑛、嫂曾醒均次第加入。12 月,方声涛进日本陆军士官学校第四期骑兵科学习,与李烈钧、唐继尧等过从甚密。

　　1907 年 5 月,方声涛毕业于士官学校,回国后先在保定陆军速成学堂任教习,因暗中发展同盟会员,引起当局怀疑,被迫离去。1909 年到昆明,任云南陆军讲武学堂教习,次年改任广西兵备处帮办,并兼学兵营管带,罗致青年,灌输革命思想。

　　1911 年春,孙中山领导的革命党人准备在广州发动大规模武装起义。时方声涛正在广西训练新军,密谋约期响应,未果。广州起义失败后,方声涛几为广西巡抚沈秉堃所陷,后经按察使王芝祥庇护,受免职

---

①　方贤旭:《辛亥英豪,万古留芳》,《人民日报》1981 年 10 月 12 日。

处分①,离开广西。随后到四川成都,任新军第十七镇正参谋。武昌起义爆发后,方声涛参与了成都独立活动。1912年1月中华民国临时政府在南京成立,方声涛应黄兴电邀,前往赞襄军政,于途中发病,遂去上海养病②。

同年,李烈钧任江西都督,方声涛被任命为江西混成旅旅长,驻九江。次年3月,袁世凯密谋杀害了宋教仁,6月又下令免李烈钧、柏文蔚、胡汉民三都督职,方声涛亦因之离赣抵沪。7月初,方声涛随李烈钧到江西湖口组织讨袁军,李烈钧就任总司令,方声涛为右翼军司令,率部与北洋军苦战于湖口。终因众寡悬殊,援助断绝,25日湖口被袁军攻陷。方声涛率部退守吴城,又遭袭击,被迫向广信方面退却,转到仙霞关,图入闽整军再战,为福建都督孙道仁所拒,部队瓦解,方声涛脱险到上海。"二次革命"失败后被通缉,遂流亡日本,在东京与一些原同盟会员策划反袁活动③。

1915年,袁世凯加紧复辟帝制,方声涛是最早到云南密谋举事反袁的人④,他自日本经上海、香港、越南于9月间到达昆明,利用与唐继尧等云南军人在历史上的密切关系,进行策动工作,秘密会商讨袁。11月初返回上海,与海外归来的反袁人士联络。12月中旬,方又潜抵昆明。在此先后,李烈钧、蔡锷等也抵昆明,于12月25日通电宣告云南独立,并组织护国军,向四川、两广、贵州三路出兵讨袁,方声涛任第二军第二梯团团长。1916年2月,方声涛率第二梯团从昆明出发,3月初抵广南。这时袁世凯派龙觐光率兵经广西进入滇境,方声涛率部于广南附近抗击。由于陆荣廷于3月15日宣布广西独立,并潜师围攻百色

① 严骥:《方声涛先生传略》,福建私立光复中学编《福建辛亥光复史料》,建国出版社1940年版。

② 严骥:《方声涛先生传略》。

③ 程潜:《护国之役前后回忆》,中国人民政治协商会议全国委员会文史资料研究委员会编:《文史资料选辑》第48辑,中华书局1964年版。

④ 李剑农:《戊戌以后三十年中国政治史》,中华书局1965年版,第222页。

一带龙觊光军,歼灭了滇桂边的龙部,方声涛梯团即顺利进入广西。方率部经西林、凌云直下百色,接着乘船到南宁,5月抵广东肇庆;然后经三水沿粤汉路北上,向芦苞、清远、琶江口推进,与龙济光部相持于花城、从化一带达两个多月。后云南护国第二军改编为驻粤滇军,方声涛任第四师师长,辖朱培德第七旅、伍毓瑞第八旅,驻扎广州市区。由于广东为桂系陆荣廷所统治,方声涛的滇军第四师备受排斥。

1917年7月,张勋在北京闹复辟,方声涛与李烈钧等通电宣布愿率军往讨。旋段祺瑞重新上台,孙中山南下护法,方声涛所率的驻粤滇军成为护法的一支力量。7月17日,孙中山到达广州,方声涛派军队在码头布置警卫,迎接孙中山。9月,护法军政府成立,方声涛任元帅府卫戍司令。

同年11月,南方护法政府组织征闽陆海联军,李烈钧任靖国军征闽总指挥,以方声涛代理。1918年5月,陈炯明的援闽粤军向福建北洋军发起进攻后,方声涛从广州到汕头,率靖国军向福建诏安方面出动。方声涛还利用张贞在福建的社会关系,联络许卓然、秦望山等,收编闽南一带民军,组织福建靖国军,活动于泉属各地。是时陈炯明的援闽粤军驻在漳州等地,同福建靖国军在收编民军问题上冲突甚烈;又由于靖国军内部斗争,杜起云部叛变,1919年底,方声涛只得离开仙游去上海①。翌年8月,福建靖国军在陈炯明和李厚基夹击下失败,李厚基重新统治福建全境。在这以后,方声涛、黄展云与张贞等十余人在上海组织福建自治会,鼓吹福建"地方自治",号召驱逐李厚基,并派人潜回福建,组织自治军②。1924年春,方声涛回福建联络各地民军,在大田成立闽军总司令部,就任总司令。9月,孙中山在广东韶关设大本营筹

① 许显时:《福建地方派系的倾轧与"一六事件"始末》,中国人民政治协商会议福建省委员会文史资料编辑室编《福建文史资料》(选辑)第1辑,福建人民出版社1962年版,第86页。

② 秦望山:《我与自治军及讨贼军的关系》(上),中国人民政治协商会议福建省泉州市文史资料研究委员会编《泉州文史资料》第7辑,1962年版,第2页。

划北伐,方声涛被任命为大本营参谋长。

1926年国民革命军北伐入湘、赣,方声涛到上海,与海军总司令杨树庄商定响应北伐。后何应钦的东路军进占福建,方声涛于12月15日抵福州。翌年1月福建省临时政治会议成立,先是何应钦任代主席,何率东路军向浙江进发后,由方声涛代主席。方声涛主持下的临时政治会议,经常袒护国民党右派。4月3日,福州一伙右派举行"拥蒋护党大会",方声涛批给经费,派人参加,予以支持。方曾对其僚属表示"必须诚心诚意,听从介公指导"①。7月初,福建省政府成立,杨树庄任主席,方声涛任省府委员兼军事厅厅长。由于各地土著军阀割据,政令几乎不能下达于省会之外,杨树庄愤而赴沪。南京国民党政府任命方声涛代理省政府主席。11月,蒋光鼐、蔡廷锴率国民革命军第十一军进驻福州。方声涛通过十一军驱逐了谭曙卿,遣散新编军,企图统一政令。与此同时,方声涛把陈国辉等部民军收编为福建省防军,让其驻在闽西镇压工农运动,以巩固自己在福建的实力地位。翌年二三月间,张贞率部从南京开回福建,方声涛为了拉拢张部作为自己统治福建的支柱,便让张贞控制了漳、泉、永等地的军政大权。

方声涛就任福建省政府代主席后不久,发生了枪杀国民党中央党务指导员谢瘦秋案,受到了指斥;同时,卢兴邦等地方军阀依然盘踞一方,全省财政也无法统一。方声涛遭到各方攻击,被迫于1928年5月提出辞职②。9月,福建省政府改组,方声涛挂名省府委员。

1930年1月6日,卢兴邦在福州扣押福建省政府六名委员,酿成轰动一时的"绑架六委"事件。久居上海的方声涛被国民政府委以福建军事特派员名义前往泉州。8月,刘和鼎部和卢兴邦部爆发战争,方声涛即率部从永春、德化袭击卢部。他运动卢部团长钱玉光刺杀卢的旅长陈荣标,卢部迅速崩溃,被押"六委"于10月获释,一场政治风波才告

---

① 严骥:《方声涛先生传略》。

② 《民钟报》1928年5月29日。

平息。事后,国民政府委任方声涛为福建省政府委员兼保安处处长,代理省政府主席。在 1931 年召开的国民党第四次全国代表大会上,方声涛被选为中央候补监察委员。

1932 年 4 月,中国工农红军组成东路军举行东征,向闽西南进军,20 日解放漳州,威震全省。当时正在南京谋改组省政府的方声涛,闻讯后急忙返闽。他前往同安设立行营①,招抚被红军击溃的各地民军余部,以及零星散匪,冀图与红军顽抗。

6 月,十九路军调到福建,在泉州登陆。由于陈铭枢、蒋光鼐等与方声涛颇有历史渊源,方令陈国辉部让出大部分驻地给十九路军。当蒋光鼐要改组福建省政府时,邀请方声涛为省府委员。方声涛认为十九路军志在打倒蒋介石,不会长久驻闽,一心希望他们发动讨蒋后,仍能把福建政权交给他,因此表示乐与合作②。但是,十九路军入闽不久即着手消灭霸踞各地的民军,而且首先解决闽南地区实力最大的陈国辉部;12 月,十九路军改组福建省政府,蒋光鼐任省政府主席,结束了杨树庄、方声涛延续五年多的“闽人治闽”局面。至此,方声涛不得不离开福建,同杨树庄一起去“虔修佛法”了。

1933 年 11 月,十九路军发动福建事变。蒋介石在汉口请教方声涛,并在出兵攻闽时,指派方声涛为行营军事特派员、福建省党务审核委员会委员。不久,福建事变失败,南京国民政府将所有任命的民军司令、军事特派员、党务审核委员会等取消,方声涛也随之赋闲。

1934 年 6 月 1 日方声涛在上海寓所病故③。

---

①　福州《民国日报》1932 年 5 月 26 日。

②　秦望山:《陈国辉暨旧部与十九路军的关系》,中国人民政治协商会议福建省委员会文史资料编辑室编《福建文史资料》第 3 辑,福建人民出版社 1964 年版,第 92 页。

③　严骥:《方声涛先生传略》。

方　液　仙

任嘉尧

　　方液仙,字传沆,小名阿揆,浙江镇海柏墅人,1893年12月1日(清光绪十九年十月二十四日)生于上海。方家世代经商,在沪杭甬及南浔等地经营钱庄、典当、银楼、糖行、南货店、药材店等,仅开设的钱庄就有"九裕"(安裕、赓裕、敦裕、承裕等)、"十三康"(安康、瑞康、益康等)计二十二家之多①,并拥有大量土地。其父方选青因不善经商,家道逐渐中落。

　　方液仙少年时,初在美国教会办的上海中西书院读书。拜德国人窦伯烈(上海公共租界工部局化验师,L. W. Dupre)为师,学习化学,同学有吴蕴初(后来经营天厨味精厂)、李润田(后来主持鉴臣香料厂)。方在上海圆明园路安仁里寓所设立化学实验室,继续钻研。早年曾与友人合资开办鼎丰珐琅厂、龙华制革厂以及硫酸厂、橡胶厂等,大都是国人首创的企业,但均因经营不善,产品销路滞塞而中辍。

　　辛亥革命那年,方液仙才十九岁,他在上海独资创办了中国化学工业社(下称中化社),资金一万元,小量生产牙粉、雪花膏等日用品,雇人挑货郎担上街叫卖,初时颇多亏损。

　　五四运动激励人民的爱国思想,共谋抵制洋货,振兴国货。中化社产品的销路从此打开。1920年,其叔父方季扬(钱庄资本家)见中化社有利可图,乃参加投资,总资本增加到五万元。中化社改组为股份两合

---

① 据原中化社襄理林汝康口述。

公司,在河南路设总公司,延聘胡士浩为经理,于广东路设发行所。初在重庆路租屋三间作为工场,后购置槟榔路(今安远路)地基建立厂房,即后来的第一厂,制造化妆品及"三星"牙膏。1923年续建第二厂于星加坡路(今余姚路),专门制造调味粉("观音粉"、"味生"、"味母")及酱油精("三星牌")。与吴蕴初的"天厨味精"一起,逐渐将日本货"味之素"挤出中国市场。

1928年,方液仙于槟榔路再建第三厂①,专门制造"三星蚊香",附带生产淀粉、酱色等。为了解决蚊香主要原料除虫菊的自给(本来用日货),方在浙江余杭瓶窑镇及上海北新泾安浪渡设农场试种,聘留日农学专家俞诚如主其事。试种除虫菊成功后,又在浙江临平、温州和江苏南通、海门等地农村推广种植,解决了蚊香主要原料的供应。经过多年的惨淡经营,"三星蚊香"颇受欢迎,一向独占中国市场的日货"野猪牌蚊香"终于败北。

1931年,中化社增资到四十万元;1935年,再次增资到一百万元,改组为股份有限公司,成立董事会,方季扬任董事长,方液仙任总经理,以表弟李祖范为经理。1938年,中化社增资到二百万元。

到了1939年,中化社又在第一厂附近建立第四厂。这是中化社设备最新、规模较大的一个分厂,制造箭刀牌肥皂。后来还制造甘油、薄荷素油、十二醇硫酸钠、山梨醇等原料,并设立了成品仓库。在此期间,方液仙投资兴办了一批直接为中化社服务的工厂。有生产玻璃瓶的晶明玻璃厂,生产牙膏软管的中国制管厂等。至此,中化社产品大致齐备,原材料基本自给,经营管理有所改善,生产成本相应降低,业务蒸蒸日上,成为旧中国日用化学工业规模最大的工厂。

---

① 中化三厂设在租界越界筑路地段。抗战期间,上海沦为孤岛后,设在越界筑路地段的三厂,租界当局力量达不到,方液仙将中化厂向美国注册,挂上"美商美联实业公司"的招牌,以保护产权。到了太平洋战争爆发后,挂过"美商"招牌的中化社被敌伪军管。

　　当时,中国化学工业社设总管理处,董事长由总经理方液仙兼,经理李祖范。下设六部三室九科,职员多达二百多人,而工人不过四百多人。在国内各大都市设立了发行所,南洋各地则设有专职推销员①。

　　方液仙是化学技术里手,自己懂得分析化验,改良产品,不断钻研创新。在技术制造及管理制度方面不故步自封,曾经数度派人去美国、日本考察,引进一些先进技术设备。学会不少管理及技术方面的有益经验、对技术人才和管理人才重视培养。如王修荫、孙瑞耕、黄勃英原来文化程度都不高,后来被培养成为总化学师、副厂长、技术室主任。他在经营方法上,对大批发商采取分级累进的经销特约制:一年销货一万元以上的,给以百分之三的酬劳;二万以上的百分之四;三万元以上的百分之五。这样鼓励多销多得,利之所在,批发商甘于效劳。对职工薪给采取低薪、分红制,月薪较低,年终分红数额较大。这个制度,资方在一年大部分时间里可将花红暂作周转资金,有利于扩大再生产。

　　方液仙在经营中化社的同时,还主持中国国货公司,"九一八"事变后,全国人民抗日情绪高涨。中化社总务科李康年向厂方建议,集合部分国货工厂筹办联合商场。方遂委李康年主持其事,由中化社联络美亚织绸厂等九家较大的工厂,选出十八种商品,在南京东路绮华公司原址举办"九厂国货临时联合商场",在1932年"九一八"周年纪日开幕。由于提倡国货、抵制日货的宣传以及国货商品本身的质量能与日货抗衡,国货商场顾客盈门,生意兴隆。方液仙乃萌发创办中国国货公司之志,由中国化学工业社、亚美织绸厂、五和织造厂、鸿新布厂、华生电器厂、中华珐琅厂等几家大工厂,筹集资本十万元,于1933年2月,在南京东路大陆商场开设中国国货公司。由方液仙任董事长兼总经理、李康年为经理。他们对经销厂商货物采取寄售方式,每月25日结帐,月底付款,一般开的是五天期票。这样,经常的流动资金周转增多了。因为国货公司商品众多,服务周到,广告宣传有方,又采取薄利多销、商品

---

　　①　据原中化社经理李祖范、襄理林汝康口述。

寄售等方式,有利于供需双方。加之人心向往抗日救国,绝大多数人把买用国货作为爱国行动,所以营业鼎盛。甚至促使当时一向经售舶来品的永安、先施、新新、大新四大公司也不得不销售国货商品,以应顾客需要。半年后,国货公司又增资十万元,并扩充二楼南部商场,营业获得不断发展①。

联合创办国货公司的各厂商,为了进一步向外地扩展业务,于1937年5月推方液仙和吴鼎昌、蔡声白、吴蕴初、王志莘、王性尧等为创办人,又在上海创办中国国货联营公司。联营公司集中原中华产销协会会员厂商的货物,向外地推销,在国内各大城市先后设立中国国货公司,对发展弱小的民族工业发挥了积极的作用②。

方液仙主持的中化社及国货公司业务不断发展,对决心独占中国的日本帝国主义是个心腹之患,也是对华经济侵略的绊脚石;再加上"一二八"淞沪抗战和"八一三"全民抗战时,方液仙先后在厂内及胶州路"申园",办了两次伤兵医院(后一次由著名外科医生倪葆春主持),也深为日本侵略者所忌恨③。于是,威胁利诱纷至沓来,有来谈"合作"的,有来商议租用出让机器设备的,形形色色,不一而足。在汪精卫傀儡政府袍笏登场前夕,大汉奸陈公博派傅筱庵前来游说方液仙,希望他与伪政府合作。说什么"日本人知道你很关心政治,记得你在战争中还办过两次伤兵医院,因此很器重你",并以伪实业部长相许。方当即严正拒绝:"我是开厂做生意的,当不来大官。"④他并规劝傅还是继续搞实业的好,不要和汉奸们同流合污,否则将身败名裂。日伪见引诱不成,转而加强威胁。一时来自敌伪的恐吓信、警告信日有数起,方不为所动。

---

①　据原中国国货公司会计主任叶子渐口述。

②　据叶子渐及原国货联营公司周锡洪口述。

③　据李祖范撰写的《中国化学工业社》(初稿)。

④　据方液仙爱人钱彬英及其子方曾泽、女方之雄口述。

　　1940年夏,孤岛上海局势日益混乱,恐怖气氛日甚一日,方液仙深居简出。7月25日,方因蛰居多时,耳目闭塞,打算去附近几个工厂看看,便于上午9时从星加坡路寓所驱车外出。甫出门,就遭埋伏在附近的四名暴徒突然袭击,先打坏汽车轮胎,枪伤保镖一人,再打伤了方,又把方强行挟持到预先停放在路边的汽车上,向越界筑路方向仓皇驶去。事发后,方氏家属起初当作强盗绑票,要勒索一笔巨款,过了好几天,仍然音讯全无,下落不明①。直到该帮匪徒因犯他案被捕受审时,才明白这是日伪精心策划的政治谋害案②。

　　1992年12月,其女方之雄、子方曾泽、方曾规编纂《爱国实业家方液仙》一书,纪念方液仙百岁诞辰(1893—1993),期能激励国人爱国之心。

---

① 据方液仙爱人钱彬英及其子方曾泽、女方之雄口述。
② 李祖范:《中国化学工业社简史》,中国人民政治协商会议上海市委员会文史资料工作委员会编《上海文史资料选辑》1981年第2辑(总第36辑),上海人民出版社1981年版。

方　振　武

颜　平

方振武,原名运策,字叔平,安徽寿县人,1885 年 2 月 26 日(清光绪十一年正月十二日)生。祖辈世代务农,父亲方椿良在本镇兼授私塾,继开小油坊,但贫困难以度日,方振武少年时要靠挑水到镇上去挣点小钱。方振武个性倔强好斗,爱打抱不平,因得罪富家子弟,导致父亲坐狱三年。

1905 年,方振武离乡远行,徒步到徐州,投奔北洋军队辎重营,后到安庆考入武备练军学校。他刻苦学习文化知识,夜晚用衣服把小油灯遮挡起来苦读不辍。受革命思潮影响,与同志潜去广东,秘密参加了同盟会。1907 年他被派回安庆,筹划策应徐锡麟、熊成基举义,事败被捕。后贿赂狱卒得以逃脱,潜赴南京,改名换姓进入第三镇当兵,旋升为排长、连长。

辛亥革命爆发后,江浙联军进攻南京,方振武所部亦举兵攻城。方作战英勇,升任第三师辎重营营长。1913 年 7 月“二次革命”起,方部加入江苏讨袁军,听命总司令黄兴指挥,同张勋、冯国璋部激战于徐州,他身负重伤仍不下火线。“二次革命”失败后方东渡日本,入日本浩然庐学校。随后加入中华革命党,追随孙中山继续革命。

1917 年,方振武从日本回国。时孙中山南下护法组建军政府,方乃到广州,被委为海军陆战队大队长。1921 年孙中山举兵北伐,方任团长,率部出征,经江西入皖南。奈因陈炯明叛乱,北伐夭折,方率部退往浙江,遣散士兵,只身潜往上海,匿居于烟纸店。

　　1924年9月，江浙齐卢战争爆发，方振武投奔卢永祥，被任为别动队司令，隶属杨化昭部，在浏河、嘉定一带策应。10月，卢永祥失败去日本，方振武遣散所部，北去天津另谋出路。其时第二次直奉战争正酣，奉系"镇威军"第二军张宗昌部进驻沧州、马厂一线，方与张在江苏时同属第三师，乃得援，任镇威军先遣梯队司令。旋张宗昌部南下，方奉命率队先行，直抵浦口，齐燮元率部撤往镇江，派卫队旅在十里长山设防狙击。方指挥两千多人发起猛烈攻击，经一天鏖战，攻破齐军防线后又连夜追击，拂晓即达镇江。方之战功深得张宗昌赞赏。1925年4月张宗昌督鲁，方部进入济南，任补充第六旅旅长，后扩编为师，方任第二十四师师长，驻德州。此后方率师在曹州抵抗了国民二军李纪才部之进攻，击垮了马吉第、李鸿翥两个旅，稳住了张宗昌统治山东的局面。方因战功被北京政府正式任命为第二十四师师长兼兖州镇守使。

　　方振武虽然受到重任，但是他对奉系军阀之亲日政策颇为不满，对张宗昌亦有嫌隙，而对冯玉祥领导之国民军颇为向往。经过一段谋划，他于1925年12月在肥城举事，率部渡河到曹州，集合全师将士宣布加入国民军，通电脱离张宗昌，改称所部为国民第五军，自任军长。随即率部向豫冀边界挺进，在河南濮阳整训。方振武在白鱼镇战胜阎锡山部后北上，至1926年1月26日被任命为直鲁豫边防剿匪司令，所部于3月北上抵达长辛店。

　　其时北方时局骤变，吴佩孚与奉系张作霖、晋系阎锡山等联手，向冯玉祥之国民军发动进攻；日本、英国等帝国主义势力又制造大沽口事件。国民军四面楚歌，被迫于3月22日退出天津，4月15日又退出北京，方振武率国民五军掩护大军撤至南口，兼口北镇守使和第二军司令官。嗣后率部在晋北与阎锡山军作战，进攻天镇、阳高、大同等地。但此时国民军士气不振，韩复榘、石友三等部投奔阎锡山。8月南口大战后国民军总退却，方振武部撤至五原。9月17日，从苏联回来的冯玉祥重整国民军，举行五原誓师，方振武被委任为国民联军第二军军长。全军加入国民党后，方当选为最高特别党部执行委员，走上了国民革命的道路。旋被冯玉祥任命为援陕军副总指挥兼第一路司令,率师日夜兼程赴陕,援救被围困在西安的杨虎城、李虎臣部。方部在猴儿寨大败刘镇华军后,向西安古城北部包抄,进驻灞桥,配合孙良诚部战胜了刘镇华军,使被围困八个月之久的古城西安得以解围。

1927年5月,冯玉祥率领国民联军宣布加入北伐阵线,为国民革命军第二集团军,方振武于6月被任命为第二集团军第五方面军总指挥,率部出师潼关,沿陇海路东进,接连攻占灵宝、陕州、新安、洛阳、郑州,所部不断扩充,达五万余人。10月,方任第九方面军总指挥,协同鲁涤平第二军、李荣第四十三军西征讨伐唐生智军,后驻襄阳、樊城。12月任国民革命军第十一路总指挥,领阮玄武第三十四军、苏宗辙第四十一军、马文德第四十二军。

1928年4月,方振武所部改编为第一集团军第四军团。方任军团总指挥,率部参加二次北伐讨奉之战,经郑州入鲁,走济宁,占肥城,4月30日会合各路向济南发起总攻。次日方指挥所部率先攻入济南城,乃被任命为济南卫戍司令。5月3日日军进攻中国驻军,酿成济南惨案,方部奋力抵抗,5月奉命退出济南,以苏宗辙代济南卫戍司令。方指挥所部绕道北上,沿津浦线直抵天津。奉军退往关外后,方部驻防通州、怀柔、密云一带。此后蒋介石指挥各路兵力肃清北洋军阀残余部队,方振武于7月任左路军总指挥,领鲍刚第四十四军、阮玄武第四十五军、高桂滋第四十七军、徐源泉第六军,在白崇禧统率下进兵滦河,向直鲁联军进攻。12月又进军热河。

北伐结束后,蒋介石编遣整理全国军队。按照《国军编遣委员会编遣进行程序大纲》,方振武所部缩编为第四十四、四十五两个师,方任第四十五师师长。由于各派系对蒋介石编遣之举严重不满,战事频起。1929年3月蒋桂战争爆发,当选为国民党第三届中央执委的方振武被蒋介石任命为讨逆军第六路总指挥兼讨逆军第十军军长、津浦北段警备司令。接着又发生蒋冯之战,蒋为防备方振武重归冯营,任命方为安徽省主席,但不准方的队伍入皖;蒋还指派了省府各厅厅长,使方孤掌难鸣,难有作为。方甚为不满,乃与韩复榘、石友三、马鸿逵、刘镇华等故旧联络,谋议策应冯玉祥反蒋。但他写给马鸿逵的密信落入蒋介石手中,9月25日蒋以电召开会为辞将方诱至南京软禁,10月下令免去其安徽省主席职。12月初石友三奉调率部赴闽,途经南京时去看望了方。当晚石部在浦口哗变,蒋认定石、方同谋,乃派宪兵将方押赴军法处准备处决;后因石部未过江入城,又经戴季陶等人说项,方得免死,被囚禁在汤山陆军监狱。直至"九一八"事变后,在粤方各将领坚决要求下,方振武得与李济深等一同释出。11月,方振武继续当选为国民党第四届中央执行委员,12月并任国民政府委员,出国去欧洲考察。

日本帝国主义侵占东北后,气焰嚣张。方振武于1932年从欧洲归国后,全力以赴于抗日救亡大业。他对蒋介石的妥协退让政策极为不满,四处奔走呼号,联络部属故旧,鼓励抗日救国。1933年3月日军侵占热河后,他毁家纾难,奔赴山西,率领鲍刚、张人杰两个师成立抗日救国军,自任总指挥,誓言"以驱除暴日为目的,以收复国土为职志"。方并与吉鸿昌联系,起兵晋南,北上抗日。蒋介石派何应钦阻挠,命方在邯郸候令。方坚持北上,不顾铁路交通部门的阻拒,率全军步行到定县,继续前进到张家口。他在张家口会见了冯玉祥等故旧,经过酝酿,于5月26日揭橥组建起了察哈尔民众抗日同盟军,兵力达十万之众,推冯玉祥为总司令,方任北路前敌总司令,他与北路前敌总指挥吉鸿昌率师抗击日本侵略军,先后收复康保(6月22日)、宝昌、沽源(7月1日)、多伦(7月12日)等察东失地,察哈尔全省光复,全国群情振奋。

7月22日,抗日同盟军在张家口成立收复东北四省计划委员会,方振武为委员,决心继续攻击日本侵略军,"还我河山"。但是蒋介石、汪精卫固执推行对日妥协退让政策,以武力镇压和分化瓦解的软硬兼施手段对付抗日同盟军。8月9日冯玉祥被迫辞职下野,但方振武与吉鸿昌等人坚持继续抗日,声言"为国家雪奇耻,为民族争生存","正义所在,不辞汤火"。他于8月16日通电就任抗日同盟军代理总司令,率部一万五千余人撤往张家口以北,在独石口与吉鸿昌部会师后,易帜为抗日讨贼军,由张北、万全、独石口分三路入长城至怀柔,继进至顺义牛栏山、高丽营,与蒋介石的军队展开激战。10 月,抗日讨贼军陷入重围,日本侵略军的飞机亦日夜轰炸。部队伤亡惨重,弹尽粮绝,难以为继。方振武与吉鸿昌商定被迫接受第三十二军军长商震和北平慈善团体代表的敦促,缴械接受收编。10 月 16 日,方与吉赴三十二军驻地顺义马家营谈判,竟然被扣。方连夜出逃,得当地民众掩护,潜往天津。随后逃亡香港,再亡欧洲。

1937 年抗日战争全面爆发,方振武从意大利归国,经香港到桂林,10 月抵南京。但率师抗日之志不能遂愿,只被任命为军事参议院参议兼办公厅主任。南京失守前夕,方随同军事参议院院长李济深至汉口,又去重庆。1938 年 7 月随同李济深至桂林,筹办一所垦牧场,收容皖籍难民和流亡学生,但为蒋介石所忌。10 月,方迁居香港,宣传抗日。

1941 年 12 月太平洋战争爆发,日军侵占香港。方振武将眷属托付友人照料,独自潜回广东。不料在途中遭遇匪徒杀害,被投尸海中灭迹。

主要参考资料

安徽省政协:《纪念方振武将军》,政协安徽省委员会文史资料研究委员会,1985 年。

阮玄武:《方振武的生平》,中国人民政治协商会议上海市委员会文史资料工作委员会编《文史资料选辑》第 19 辑,中华书局,1964 年。

傅华昌:《抗日爱国将领方振武将军》,中国人民政治协商会议安徽省委员会文史资料研究委员会编《安徽文史资料选辑》第 6 辑,1982 年。

鲍汝津:《方振武的起义和失败》,中国人民政治协商会议全国委员会文史资料委员会编《文史资料存稿选编》(19),军政人物卷(上),中国文史出版社 2002 年。

楚明善:《我们知道的方振武》,《文史资料存稿选编》(19),军政人物卷(上)。

高兴亚:《冯玉祥将军》,北京出版社,1982 年。

费 巩

王玉如 毛正棠

费巩,原名福熊,字寒铁、香曾,1905年9月16日(清光绪三十一年八月十八日)出生于江苏吴江县。其父费树蔚,曾任北京政府肃政厅肃政史,后因不满袁世凯称帝,退隐苏州,与其甥柳亚子常一起写诗[①]。

费巩七岁在苏州就学,十三岁到上海入南洋模范小学,后进复旦大学附属中学。1923年入复旦大学,以成绩优异,乐于助人,任复旦学生会评议委员会主席和复旦附属义务小学董事长。1925年"五卅"惨案后,费巩发动义务小学师生上街演讲、游行,配合罢工、罢课斗争。是年,他从文学专业改为政治学专业。1926年6月提前取得复旦大学社会科学科政治学系毕业文凭,为文学士。他自学外语两年后,自费出国求学,先至法国巴黎,翌年转往英国牛津大学学习政治经济学,并研究英国及西欧各国政治制度和历史。他学习勤奋,整天埋头在图书馆中,1931年以优等成绩获荣誉毕业证书。他的导师方讷劝他在牛津大学继续考博士学位,但费巩自筹的学费已用尽,不能继续学业。

费巩回国后,先任《北平日报》社评委员,继由陈望道推荐进上海中国公学任教。他在沪结识了邹韬奋,常为《生活周报》撰文,并主编《复旦同学会会刊》一年。1932年秋,进复旦大学任教,讲授英国政治制度。先是,他已写成《英国文官考试制度》一书,由上海民智书局出版;

---

① 费树蔚(1883—1935)生前写有大量诗词,1950年经柳亚子倡议,集三千余首,编印成《费韦斋集》四册。

是年，又写成《英国政治组织》一书，由生活书店出版①。他不愿在经济界、法学界任职或做国民党政府的官员，决心献身教育事业。1933年秋，他应聘任浙江大学政治经济学副教授兼注册课主任，讲授政治经济学和西洋史。同年，著大学用书《比较宪法》，由世界书局出版，列为"世界法学丛书"。他在书中除对英美等西欧各国的宪法进行分析和评价外，还抨击了当时国民党政府的制度。1935年，他反对浙大校长郭任远以卑劣手法开除胡乔木等人，支持进步学生开展的"驱郭斗争"。

抗日战争爆发后，浙江大学辗转西迁。费巩经香港转广州湾到达广西宜山，继续在浙大任教。1939年1月，他撰写《施行导师制之商榷》一文，阐述了试行导师制的目的、意义和具体办法。他还对学校的教务行政提出《刍议》，"列举五端：一为健康之应注意，二为功课宜略减轻，三为贷金应宽大，四为行政应改进，五为会议宜自由讨论，勿专寻章摘句"②，充满了对青年学生的爱护之情。是年11月费巩随浙大再迁贵州遵义，1940年7月，浙大师生把反动的训导长姜琦赶下台，校长竺可桢邀请费巩继任，费以不加入国民党和不拿训导长薪俸为条件，受到广大学生的热烈拥护。8月12日他发表《就职宣言》，声明："吾要以德服人，不以力服人，用感化，不用压力"，"是为学生做事，不是为了私利。"他说："训导长有人称之为警察厅长，但吾出来，决不是来做警察厅长或侦探长，吾是拿教授和导师的资格出来的，不过拿导师的职务扩而充之，吾愿意做你们的顾问，做你们保姆，以全体同学的幸福为己任。"③费巩任训导长后，积极推行和改进导师制，支持学生自治会办好《生活壁报》，设法改善学生的伙食、居住和学习条件。他关心贫苦学生，竭力争取扩大贷金，并提倡工读。为解决学生夜间自习的照明问

① 费福熊：《英国文官考试制度》，上海民智书局1931年版。
② 《费巩烈士日记摘抄》（1939年6月14日日记），浙江大学校史编辑室编印：《费巩烈士纪念文集》卷三，1980年版。
③ 费巩：《就职宣言》（1940年8月12日），浙江大学校史编辑室编《费巩烈士纪念文集》卷四《费巩烈士论文选》，1980年版。

题,他亲自设计,并用节省下来的薪金,到遵义街头白铁铺定制了八百五十盏植物油灯,代替灯光暗弱而又冒浓烟的油盏(以后学生们称之为"费巩灯"以志纪念)。他待人慷慨热情,常倾囊相助,对己则克勤克俭,朴素无华。

1941年1月,蒋介石制造震惊中外的皖南事变,掀起反共高潮,加紧对国民党统治区的反动统治。费巩被指为"纵容共党活动,阻挠(国民党)党务工作",被迫去职,学生们以明镜作纪念品相赠。费在浙大继续执教,1943年编撰《中国政理》,抨击国民党的腐败统治,受到国民党特务的严密监视。但他仍然不顾自身处境,嫉恶如仇,以笔当戈,于1944年2月起,先后写成《实施宪政应有之政治准备》、《论政权治权之分配》、《民主政治与吾国固有政制》等文,抨击国民党统治之腐败,要求废止一党专政的独裁政治,赞成成立联合政府。3月,他在浙大发表演讲,批评国民党的"五五宪草",兼及时弊。以后,他又为报刊撰写了《论政治风气之转移》、《论制宪之原则》、《人民自由与国民大会》、《王之反对党——论英国之政党政治》等文章,以对英国和西欧各国政治、法律和"宪政"的阐述,剖析国民党的独裁统治和假施"宪政"。他指出,民主与独裁不两立,取其一必弃其他,不容犹豫两可。"民主国家之当政者以政绩博取人民信任,保持政权。盖在民主国家,政权谁属,决于人民,政府不能抑压异己,禁锢舆论,只能以政绩博舆论赞许,以竞选与敌党角逐。"①

1945年1月,费巩因在浙大任教已十年,获得休假一年。他应复旦大学邀请,前往重庆北碚举办"民主与法制"特别讲座,计划讲授"英国政府"、"现代中国政治问题"和"中国政理"三门课。他决定先对国民党政府的腐败政制和工作效率作一番调查,就人事制度方面作进一步考

①　费巩:《容忍敌党与开放舆论》(1939年手稿),转引自正棠、玉茹著《费巩传——一个民主教授的生与死》(浙江大学校史编辑室编:《费巩烈士纪念文集》卷二),1980年版,第110页。

察,连日进出重庆国民政府的交通部、财政部、外交部、考试院、教育部。各方特务密报了费巩的行踪,国民党当局十分恼火。2月7日,费巩在郭沫若起草的文化界《对时局进言》上签名,要求国民党召开各党派会议,组织联合政府,取消特务,惩治贪污。这篇《进言》引起很大反响,掀起了国民党统治区要求成立联合政府的民主运动。特务们奉命对《进言》签名者进行各种威胁、恐吓、利诱。费巩对反动派的卑鄙行为极为气愤,撰文痛斥。这更引起特务们的恼怒,视之为眼中钉。

3月5日凌晨,费巩前往北碚复旦大学,在重庆千斯门码头突然失踪。"费巩失踪事件"震动了整个重庆,浙大、复旦及社会各界纷纷向国民党当局提出强烈抗议。驻重庆的中共南方局领导人周恩来非常关切,设法营救。在1946年1月举行的政治协商会议上,以周恩来为首的中共代表团提出八项要求中,把"立即释放叶挺、廖承志、张学良、杨虎城、费巩"列入第七项。1月17日《新华日报》发表《迅速释放政治犯》的社论,再次提到要求释放费巩。

费巩被国民党特务秘密绑架后,先被关押在重庆卫戍司令部稽查处,随后被关进"中美合作所"渣滓洞的特别监狱。特务们软硬兼施,用尽酷刑,费巩毫不屈服,天天高声痛骂反动派。社会上反对迫害民主教授,反对特务横行的呼声越来越高,国民党反动当局决定尽快秘密杀害费巩。特务们把费巩杀害后,将他的尸体丢入杨家山附近的硝镪水池里,毁尸灭迹。为追求民主和进步而牺牲的民主教授费巩,那时还只有四十岁。

费　孝　通

杨清媚

费孝通,1910 年 11 月 2 日出生于江苏省吴江县城富家桥弄的一个没落士绅家庭,祖上号称"江夏费",据称原自山东而来,二百多年前即定居于此,累世望族。其父费璞安曾在清末最后一场科举考试中获得生员资格,后留学日本,在辛亥革命中参与吴江光复事件,被选为县议会议长,后又任江苏省教育厅视学。其母杨纫兰毕业于上海务本女学,重视教育,创办吴江县第一个蒙养院。费孝通幼年时即和哥哥、姐姐一起在这个蒙养院里接受启蒙①。

1924 年,费孝通从振华女校附中转到位于苏州的东吴附中念书,入学不满一年即跳级升入初中三年级,并开始在杂志上发表文章,多为短篇小说和文学评论②。这段时期在哥哥费振东和费青影响下,他也参与一些学生运动。1927 年第一次国共合作破裂,国民党搜捕共产党员和革命人士,费青去了上海,费孝通留下继续念书,次年进入美国耶稣教会创办的东吴大学医预科,在校期间曾担任校学生会秘书,校刊通讯秘书。1930 年,费孝通因参加反教会学潮被勒令转学,于是北上北平,转入另一所教会大学燕京大学读书;时任校务长的是美国长老会牧

---

① 本文所涉及费孝通生平事迹的线索,主要对比参照以下三本书——张冠生:《费孝通传》,群言出版社 2000 年版;林祥主编:《世纪老人的话——费孝通卷》之"费孝通先生大事年表",辽宁教育出版社 2003 年版;阿古什《费孝通传》,董天民译,河南人民出版社 2006 年版。

② 费孝通:《费孝通文集》第 1 卷,群言出版社 1999 年版。

师司徒雷登。

从 1930 年到 1933 年,费孝通在燕京大学社会学系开始了他正式的学术生涯。在这里,费孝通遇到了 1929 年刚从美国哥伦比亚大学留学回来的吴文藻,并选听他的社会学课程。社会学自 20 世纪初从西方引进中国以来,三十年间已有一批社会学家,并成立了中国社会学学会,但主要是教会学校设立专业,且各校授课教材均以外文为主。吴文藻是国内用中文讲授"西洋社会思想史"的第一人,并终身致力于"社会学中国化"的事业。费孝通后来的学术道路与吴文藻有密切关系。除此之外,费孝通还跟着从美国密歇根大学回来的博士杨开道学习过社会学调查方法和农村社会学。1932 年 9 月—12 月,时任燕大人类学系主任的吴文藻邀请美国芝加哥大学社会学家派克(Robert Park)来华讲学。派克开设"集合行为"和"研究指导"两门课程,大力提倡以人类学方法进行社会实地调查,还亲访北平市井、监狱和妓院。社会学要做深入的实地调查以探查社会关系变迁的原则,这一点深为吴文藻所赞同。早在 1930 年,燕京大学就在北平清河镇建立了社会学研究实验区,吴文藻曾主持过工作[①]。派克讲学期间,他和一些学生包括林耀华、杨庆堃等人,翻译和介绍了派克的社会学、人文区位学、人性论、社会历程分析等理论观点[②]。在他们的讨论当中,始把"community"译为"社区",由此"社区研究"之名逐渐响亮。同一时期或先于此时,晏阳初主持的平民教育运动、陈翰笙主持的农村社会调查运动、梁漱溟主持的乡村建设运动已经开展,他们纷纷号召知识分子从城市走到乡村。1933 年,针对乡村建设中的实际问题,费孝通写作《我们在农村建设事业中的经验》一文,以姐姐费达生在苏州参与创办的开弦弓生丝精制运销合作社的经验,提出基于原有的城乡联系,在农村开展工业化的实

---

①　王建民:《中国民族学史》上卷,云南教育出版社 1997 年版。

②　北京大学社会学人类学所编:《社区与功能——派克、布朗社会学文集及学记》,北京大学出版社 2002 年版。

验,以舒缓社会变革的痛苦①。并针对"乡村运动",又撰文《社会变迁研究中都市和乡村》,表明"中国问题"不是一个"乡村问题",研究中国现代社会变迁,都市和乡村同样重要;研究乡村应以民族学研究部落的方法进行②。同时,他开始介绍以马林诺夫斯基(Bronislaw Malinowski)为代表的英国社会人类学功能学派的"文化"概念及研究方法。在这一年夏天,费孝通从燕大毕业,并在吴文藻的推荐下,进入清华大学研究院社会学部跟随俄国学者史禄国(S. M. Shirokogorov)学习人类学,成为当时在清华学习人类学唯一的学生。

史禄国原来设计让费孝通在清华学习六年,每两年分别学习体质人类学、语言学和社会人类学,但因后来史禄国要离开清华,费孝通只完成了体质人类学部分。1935年夏,费孝通毕业,获得硕士学位。史禄国让他到少数民族地区调查一年,之后申请公费出国进修。经张君劢帮助联系,李宗仁同意由广西省政府提供调查经费。1935年9月,费孝通与新婚妻子王同惠一起南下,赴广西进行"广西省人种及特种民族社会组织及其他文化特征研究"。他们选择大藤瑶山的瑶人为研究对象,费孝通负责体质测量,王同惠负责社会组织风俗调查,途中纪行以《桂行通讯》为题登载在京津报刊上。同年12月16日,在从花篮瑶转向坳瑶村寨调查途中,向导失引,费孝通误踏虎陷,身受重伤,王同惠寻救溺亡,调查中断。消息传出,社会震惊。费孝通扶棺出山,在悲痛中以惊人毅力开始写作《花篮瑶社会组织》,以完成亡妻遗志。这本书是费孝通第一本社会实地调查的成果,吴文藻称之为在非汉族团进行"社区研究"的首个实例③。在费孝通瑶山调查期间,英国伦敦政治经济学院结构—功能学派代表拉德克利夫·布朗应邀到燕京大学演讲,

---

① 费孝通:《我们在农村建设事业中的经验》,《费孝通文集》第1卷,群言出版社1999年版,第103—110页。

② 费孝通:《社会变迁研究中都市和乡村》,见《社会变迁研究中都市和乡村》,第1卷,第113—115页。

③ 吴文藻:《导言》,见《社会变迁研究中都市和乡村》,第1卷,第116页。

提倡比较社会学,建议以乡村为单位在中国开展社区研究①。费孝通认为,布朗的比较社会学与社区研究的理论基础直接相关,影响了后来抗日战争期间他所主持的云南魁阁工作②。

1936年6月,费孝通从北平返乡休养。吴文藻已帮他联系到英国政治经济学院马林诺夫斯基门下读博,9月出发。出发前这段时间,费达生带费孝通到开弦弓参观他参与创办的生丝精制运销合作社。费孝通根据在村子中进行的社会调查材料写了一个提纲,连同《花篮瑶社会组织》的书稿一并带到了伦敦。马林诺夫斯基看中了这份提纲,决定亲自指导费孝通完成这篇博士论文。伦敦求学期间,费孝通和他的燕大师友一直保持着密切的联系,也保持着他边行边写的习惯,为天津《益世报》专栏"伦市寄言"写连载。1938年夏,费孝通的博士论文《开弦弓,一个中国农村的经济生活》通过答辩,交付出版时改名为 *Peasant Life in China*(《江村经济——中国农民的生活》),曾多次重印。马林诺夫斯基盛赞这本书"将被认为是人类学实地调查和理论工作发展中的一个里程碑"③。

1938年秋,费孝通离英返国,因广州沦陷改往云南。他参加吴文藻主持的云南大学社会学系,并由洛克菲勒基金支持,在社会学系下设一个由燕京大学和云南大学合作的"实地调查工作站",后因战火迁到呈贡魁阁。从1940年—1945年,魁阁工作站存在期间,其成员共有十多人,包括费孝通、陶云逵、许烺光、田汝康、张之毅、史国衡、谷苞、胡庆

①　派克:《对于中国乡村生活社会学调查的建议》,见北京大学社会学人类学所编《社区与功能——派克、布朗社会学文集及学记》,第304页。

②　费孝通:《个人·群体·社会》,见其《论人类学与文化自觉》,华夏出版社2004年版,第111页。

③　马林诺夫斯基:《序》,见费孝通:《江村经济——中国农民的生活》,商务印书馆2001年版,第13页。

钧、瞿同祖、张宗颖、王康等①。作为这个小团队最早的头儿,费孝通沿袭由伦敦政治经济学院的"席明纳"制度而来的学风,组织实地调查、学术讨论和再调查、再讨论。在这段时局最为紧张、研究经费短缺、物质生活条件恶劣的时期,"魁阁"成员创造出不少成果,如费孝通《禄村农田》,张之毅《易村手工业》、《玉村农业和商业》,田汝康《芒市边民的摆》,史国衡《昆厂劳工》,胡庆钧《呈贡基层权力结构的研究》等,聚焦乡土社会,进行社区类型比较研究与理论探讨。除了"魁阁"的工作,费孝通还在云大和西南联大兼课,并继续在报刊杂志发表时评、政论和学术论文,包括《益世报》、《今日评论》、《大公报》、《中央日报》等,一度与顾颉刚就"中华民族是否一个"的问题进行争鸣。1943年,费孝通接受邀请赴美国访问,临行前与潘光旦等教授赴大理讲学,写《鸡足朝山记》纪行。赴美后,继续写《旅美寄言》在《生活导报》连载。"魁阁"的主持工作则由许烺光接手。访美期间,费孝通一方面根据禄村、易村和玉村的研究编译出 Earthbound China(《土地束缚下的中国》,即中译本《云南三村》)一书,一方面设法筹措研究经费,同时多方接触美国社会科学界,争取留学机会,想促成中美合作计划(后因客观原因未成)②。1944年夏,费孝通回国,继续在云南农村调查。

　　1945年,抗战胜利,接着内战爆发,费孝通加入中国民主同盟,写了大量的时评和政论文。1946年,因"李、闻事件"受暗杀恐吓,由友人协助到英国避难。次年2月回国,到北平清华大学任教,一直到1949年。这三年间他的两本外访文集《重访英伦》和《美国人的性格》出版;同时继续"魁阁"时期对中国社会结构的探索,进行理论总结,写作了《生育制度》、《乡土重建》、《乡土中国》、《皇权与绅权》等著作,并先后有《从社会结构看中国》、《杂话乡土社会》、《炉边天下》、《乡土复员论》等

---

① 潘乃谷、王铭铭主编:《重归"魁阁"》,社会科学文献出版社2005年版,第53页、73—74页、90页。

② 阿古什:《费孝通传》,第79—85页。

文论系列，刊载于《观察》、《大公报》等著名报刊，成为他写作"丰收期"①。

　　1949年初清华大学已经先于北平解放，毛泽东邀请费孝通、雷洁琼、严景耀等访问西柏坡。同年，参加北平各界人民代表大会和中华人民共和国成立大典。费孝通在《我这一年》中写下："1949年在我是一个'学习年'……一个富于生命的大千世界庄严地在我眼前展开，一切使我低头。"②他撰文讨论大学改革和社会学系改革问题，又接受任命带领中央访问团第三分团到贵州少数民族地区访问，写作《贵州少数民族情况记民族工作》、《兄弟民族在贵州》系列文章。继而又到中南地区访问，担任广西分团副团长，写作《关于广西壮族历史的初步推考》及有关民族政策和民族民主建政的文章。1951年费孝通出任中央民族学院副院长。1952年，全国高等院校进行院系调整，开始取消社会学系。国务院从燕大、清华、北大、北平研究院历史所、中国科学院考古所、辅仁大学、中山大学等单位抽调了一批原来从事社会学、民族历史、文化和语言研究的知名学者，组建中央民族学院研究部，为开展民族调查和民族研究打下基础③。研究部最初由费孝通负责，师友吴文藻、潘光旦、林耀华等人各任研究室主任。此时，知识分子的思想改造全面开展，费孝通一边写检讨，一边工作。1954年，他访问呼伦贝尔草原后写作的《话说呼伦贝尔草原》一文，在《新观察》发表。

　　1956年，中共中央的"百花齐放，百家争鸣"方针出台，国务院成立专家局专门处理知识分子问题，任命费孝通为副局长。他在西南少数民族地区调查期间，同时了解知识分子的情况，并于次年在《人民日报》

---

①　费孝通：《个人·群体·社会》，第114页。

②　费孝通：《我这一年》，见《费孝通文集》第6卷，1999年，第103页。

③　杨圣敏：《研究部之灵》，见潘乃谷、王铭铭主编《重归"魁阁"》，第116—128页。

上发表《知识分子的早春天气》一文。随着"鸣放"开展,恢复社会学的呼声也渐渐大起来。在旧同学澳大利亚人类学家格迪斯(William Geddes)到访江村之后,费孝通也再访江村,并在《新观察》上发表了调查报告。旋即又在《光明日报》发表了"早春"前后》一文,剖白他写作《早春天气》时的心态。两个月后,反右斗争开始,费孝通被打成右派。此后,他的江村研究、士绅研究、知识分子研究以及学科建制讨论均受到系统的批判。期间被摘掉右派帽子,进行翻译工作,1962年还随政协考察团视察内蒙古,写作"留英记"一文。"文革"期间他被下放到湖北"五七"干校,1972年因接待随尼克松访华而来的老朋友费正清夫妇,调回北京。直到1976年"文革"结束这十几年内,除了编译资料,未发表任何文章。

　　1978年,胡乔木主持中国社会科学院工作,将费孝通调任中国社科院民族研究所副所长。同年费孝通出席在日本京都举办的东亚学者学术讨论会,演讲题目为《对中国少数民族社会改革的体会》,还重访广西大瑶山。他被选为全国政协委员、民盟中央副主席;从这一年开始,他恢复了边行边写的实地调查,也恢复了和国际学界朋友的联系,多次出访不同国家和地区。1980年5月,中共中央宣布对他的"右派"问题彻底平反。

　　受中共中央委托,1979年,社会学重建工作在费孝通的主持下开展,首先成立了社会学研究会,他被推选为会长。费孝通一边组织筹建中国社会科学院社会学研究所和部分高校的社会学系,一边组织进行教师人员的培训、开办讲习班、编写教材、试办社会调查基地等基础工作。关于学科重建设想,在1980年3月,他赴美国丹佛接受本届国际应用人类学年会颁发的马林诺斯基纪念奖,所作的题为《迈向人民的人类学》的演讲,1982年的《关于社会学的几个问题》,1985年的《重建社会学的又一阶段》等文章中,曾多次得到申明。1981年,费孝通接到英国皇家人类学会授予他赫胥黎奖章的通知,他在英国政治经济学院的老师弗思(Raymond Firth)建议他谈谈江村1949年以来的变化。这促成了费孝通三访江村,并以此为线索,展开乡镇企业和小城镇研究。在他晚年,又多次回到江村,总共 26 次①。这项社区研究的特点,在于跟随农村经济发展的势头,从江村扩大到吴江七镇,然后一年一步从县到市,从市到省,从沿海到内地,从内地到边区②。根据不同的条件下社区发展的不同道路,应用比较的观点区分不同模式,从城乡结合的基础上升到经济区域概念,逐步看到整个中国发展过程中形成的区位格局③。这方面的研究文章主要收录在《行行重行行》(1993 年)一书中。国际学界不仅对这二十多年中国大陆发生了什么变化感到好奇,也对费孝通这段沉寂的时间里所思所想和所作所为感到好奇。早在 70 年代费孝通返京不久,就收到过美国历史学家阿古什(David Arkush)以他为题材写的《费孝通传》初稿;80 年代初费孝通访美也曾和阿古什见面,这本传记引起国际学界多方关注,为此,费孝通写了《我看人看我》一文作为回应。

1985 年,费孝通调离中国社会科学院,到北京大学组建社会学研究所(1992 年 4 月更名为社会学人类学研究所),任所长,并开课、培养研究生;1986 年,在费孝通提议下,北京大学社会学系设立了社会学博士后流动站。从建所开始,费孝通承担了多项"六五"到"八五"国家社会科学重点课题,包括"小城镇研究"、"小城镇与新型城乡关系综合研究"、"边区与少数民族地区发展问题研究"、"中华民族凝聚力研究"等④。在这些课题期间,他的大部分时间都花在各地考察上,访问了黄河三角洲地区,广东、浙江等地的经济开发区,广西、甘肃、内蒙古、四

---

① 刘豪兴:《费孝通江村研究 70 年——兼述开展"江村学"研究》,见李友梅主编《江村调查与新农村建设》,上海大学出版社 2007 年版,第 69 页。

② 费孝通:《个人·群体·社会》,第 117 页。

③ 费孝通:《个人·群体·社会》,第 117 页。

④ 周星:《当代我国人类学界的一件盛事:北京大学社会文化人类学高级研讨班总结》,见周星、王铭铭《社会文化人类学讲演集》,天津人民出版社 1996 年版,第 968 页。

川、吉林等省份的少数民族地区。1988 年,他到联合国接受当年大英百科全书奖;下半年又赴香港在泰纳(Tanner)讲座主讲,题为《中华民族多元一体格局形成的特点》。同年出版了《山水·人物》散文集,纪念《新观察》主编储安平;并写文章纪念梁漱溟;还在《瞭望》杂志上发表《全国一盘棋——从沿海到边区的考察》,提出要重视东西部发展的相互关系①。这一年,北大社会学人类学研究所接待的第一位来访的国外人类学家巴博德(Burton Pasternak)对他 1949 年以来的人生经历进行的英文访谈,发表在美国《当代人类学》(*Current Anthropology*)杂志上。

进入 90 年代,费孝通年已八十岁,几乎每月都在全国各地进行频繁的考察,但同时也开始更多地撰写回忆和反思文章,这些涉及他早年学术经历的文章也与社会学人类学的学科重建密切相关。1990 年他写作《人的研究在中国》一文,回应利奇(Edmund Leach)对他的社区研究的批评。1993 年赴日本接受亚洲文化大奖,并在日本九州大学作题为《关于人类学在中国》的演讲,谈及自己对社会学、人类学、民族学之间关系的看法;又赴香港参加第四届"中国文化与现代化研讨会",宣讲《个人、群体、社会——一生学术历程的自我思考》长篇论文;接着又赴印度出席第四届英·甘地会议,作题为《重释美好社会》的演讲。同年出版《逝者如斯——费孝通杂文选集》和《人的研究在中国》文集。1994年,费孝通访问菲律宾,接受拉蒙·麦格赛赛"社会领袖奖"(1994 Ramon Magsaysay Award for Community Leadership),发表题为《社会科学对中国农村经济发展的贡献》的演讲。农村发展的现状和前景,仍然是他关注的重点,如《小城镇研究十年反思》一文,他讨论了小城镇发展与自然人文生态之间的问题。同时,他还接连发表《人不知而不愠——缅怀史禄国老师》、《从史禄国老师学体质人类学》两篇纪念文

---

① 潘乃谷、马戎主编:《社区研究与社会发展》下卷之附录"费孝通学术历程与著作提要",天津人民出版社 1996 年版,第 1618—1626 页。

章,并出版外访文集《芳草天涯》。1995 年 6 月,由北京大学社会学人类学研究所承办的首届社会文化人类学高级研讨班召开,费孝通作为学术指导出席,并作长篇演讲《从马林诺夫斯基老师学习文化论的体会》。同年年底,为庆祝北大社会学人类学研究所成立十周年和纪念吴文藻逝世十周年,他发表演讲《开风气 育人才》,回忆吴文藻师。1996年 9 月,"中国文化对世界未来发展的贡献学术研讨会暨贺费孝通教授学术活动 60 周年"在吴江举办,费孝通应邀参加,并为会议带来三本新出版的文集:《爱我家乡》、《学术自述与反思》及《费孝通选集》。同年发表《简述我的民族研究的经历和思考》一文,对自己一生学术工作的重点之一进行了回顾和反思。年底,费孝通辞去民盟中央主席的申请获准通过;一年后他在人大常委的任期也将届满。1997 年 1 月,在第二届社会文化人类学高级研讨班上,费孝通提交长篇讲稿《重读〈江村经济·序言〉》,对自己在 20 世纪 30、40 年代所进行的农村微型研究和类型比较研究进行反思,并提出人类学社会学应进一步探讨人文世界研究与历史研究和文化研究的关系。根据他的会场发言整理出《反思·对话·文化自觉》一文,总结他晚年学术反思的心态,并正式提出"文化自觉"的命题。同年 5 月,在香港召开的第五届"中国文化与现代化研讨会"上,费孝通作了题为《人文价值再思考》的发言,再度提出对马林诺夫斯基和利奇的重新思考及回应。次年第三届社会文化人类学高级研讨班上,他提交《读马老师遗著〈文化动态论〉书后》一文,继续对马林诺夫斯基的反思和学习。同时,开始动笔写《温习派克社会学札记》(完成后近八万言),意在重新"补课"。就在这一年年初,费孝通刚刚卸去全国人大常委会副委员长的公职。他与前妻王同惠合作翻译的旧稿《甘肃土人婚姻》也于同年出版。1999 年,《费孝通文集》出版,到 2004年已出 16 卷,大致收录了费孝通一生公开发表的著述。

从 1999 年跨入 2000 年,费孝通的写作在回忆个人与师友、城市研究与区域经济发展和社会学补课等内容中展开。他开始谈论"精神"、"灵"与"慧"、"境界"、"我"与"心"等问题,阅读陈寅恪、梁漱溟、钱穆等人的作品。2003 年他写作《试谈拓展社会学的传统界限》一文,指出深入挖掘中国自身的历史文化传统,将是中国社会科学研究有可能做出贡献的领域①。在同年发表的《暮年自述》中,他谈到自己一生在社会当中应该如何定位的问题,"这个问题使我想起 20 世纪 40 年代末我写过的一本书《中国的士绅》。这本书里讨论的是中国传统社会中一批特殊的人群……我们所谓的绅士也叫士大夫。……我从小有机会接触这个阶层的人,所以对他们比较熟悉,并且在我的一生经历中看到了这个旧中国士绅阶层最后走过的路程"②。2003 年末,费孝通因病住院,不得不停止写作。

2005 年 4 月 24 日,费孝通因病在北京去世。这位跨越两个世纪的老人,用他一生的足迹和笔迹,留下了中国社会科学百年历程的光影。

---

① 费孝通:《试谈拓展社会学的传统界限》,见《费孝通文集》第 16 卷,群言出版社 2004 年版,第 148 页。

② 费孝通:《费孝通在 2003——世纪学人遗稿》,中国社会科学出版社 2005 年版。

丰 子 恺

林 印

丰子恺,原名丰润,是我国著名的漫画家,1898 年 11 月 9 日(清光绪二十四年九月二十六日)生。浙江省崇德县石门湾(今桐乡县石门镇)人。他的父亲丰镇是清代末科举人,后因废科举在家设塾授徒。丰子恺六岁跟父亲诵读《千家诗》、《三字经》。九岁时,他父亲病故,由他母亲钟氏抚育成人。

丰子恺自幼对绘画有兴趣,十岁影描芥子园画谱人像。1914 年十六岁小学毕业。同年秋,考入杭州浙江省立第一师范学校。丰子恺在校图画成绩优异,受到美术教师李叔同的赞赏。李叔同是著名的艺术家,丰子恺决心追随李叔同学艺,终生从事艺术事业。他又在业余时间向李叔同学习日文。

第一师范的语文教师是著名文学家夏丏尊。由于夏丏尊的指导和鼓励,丰子恺开始学习写作,培养了日后写作散文的兴趣。

1919 年丰子恺在浙江省立第一师范毕业。因家境贫困,未能继续升学。同年秋,他和同学刘质子、吴梦非一起在上海创办上海专科师范学校,任该校美术教师。

1921 年春,丰子恺得到亲友的资助去日本游学。起初他在东京学习西洋画和提琴,同时补习英文和日文。后来曾到横滨等地去参观画展。他在日本只学习了十个月即因经济困难不得已回国,复任上海专科师范学校教师。

1922 年夏,丰子恺应夏丏尊邀请去浙江上虞白马湖春晖中学任

教,同时在宁波第四中学兼课。丰子恺在春晖中学执教两年多期间内,
开始尝试用毛笔和宣纸作画;所作画或借用古诗词的意境,或反映儿童
生活。他的画风受日本画家竹久梦二的影响,也受中国画家陈师曾的
启发。丰子恺在《太平洋画报》上看到陈师曾的小幅简笔画《落日放船
好》、《独树老夫家》等作品,感到寥寥数笔,余趣无穷,为之心折。

　　丰子恺的画稿,融会各家之长,逐渐形成自己的风格。同在春晖中
学任教的朱自清、俞平伯、朱光潜等对他的画都非常赞赏。1924年丰
在朱自清和俞平伯合办的文艺刊物《我们的七月》上第一次发表了他的
漫画《人散后,一钩新月天如水》。

　　1924年春晖中学同人与校长经亨颐意见不合,集体辞职。丰子恺
和其他教师一起带了一部分学生到上海创办立达中学(后称立达学
园),主张用"爱的教育"教育学生。1925年秋,他的《子恺漫画》在郑振
铎编辑的《文学周报》上发表。1926年1月,开明书店出版《子恺漫
画》。朱自清曾为它作序。序中写道:丰的一幅幅漫画,"就如一首首的
小诗——带核儿的小诗。……我们就像吃橄榄似的,老觉着那味
儿"①。

　　丰子恺观察儿童生活细致入微,如他画的《阿宝两只脚,凳子四只
脚》、《瞻瞻的脚踏车》等,使观众久久难忘。丰子恺作的某些社会现象
漫画,寓意也很深刻。他看到一个年轻的母亲由于无力喂养自己初生
的婴儿,不得不把他舍送到育婴堂去,路旁的母狗反而能哺育自己的小
狗,于是画出《最后的吻》。

　　丰子恺说他自己的漫画创作分为四个时期:"第一是描写古诗词时
代;第二是描写儿童相时代;第三是描写社会相的时代;第四是描写自
然相的时代。但又交互错综,不能判然划界,只是我的漫画中含有这四
种相的表现而已。"②

----

①　朱自清:《〈子恺漫画〉序》,载丰子恺《子恺漫画》,开明书店1926年版。
②　丰子恺:《我的漫画》,《缘缘堂随笔》,人民文学出版社1957年版。

　　丰子恺既作漫画，又写随笔。他写的若干篇短小的散文，集结为《缘缘堂随笔》印行。

　　丰子恺是"文学研究会"的会员。他的画和散文有不少是反映旧社会劳动人民生活的，说明他有"为人生而艺术"的一面；但也有一部分反映了他出世的佛家思想。他所尊重的老师李叔同于1918年在杭州虎跑大慈寺出家，法名弘一。这件事对年青的丰子恺思想影响极深。十年以后，丰子恺三十岁生日那天，他在上海江湾立达学园宿舍竟然出人意料地举行仪式，宣称从弘一法师皈依佛门，并取法名婴行。1928年为祝弘一法师五十寿，丰子恺绘成"护生画"五十幅出版，由弘一法师题字。以后每隔几年出版一集《护生画集》，直至第六集。1931年他又由弘一法师介绍，为厦门南普陀寺广洽法师绘释迦牟尼佛像。

　　自1925年至1929年，丰子恺在立达学园负责美术教学。这期间，还先后在上海专科师范学校、上海艺术大学、澄衷中学及淞江女子中学兼课。

　　1929年丰子恺担任上海开明书店编辑。1930年他和夏丏尊、章锡琛等合作编辑《中学生》杂志。自1933年开始，他长住故乡石门湾"缘缘堂"，专门从事绘画和译著。他时常往来于上海、杭州、石门湾之间，直到抗战初期。在这五年左右的时间内，他出版了许多漫画集和译著，如《子恺漫画选》、《儿童生活漫画》以及散文集《缘缘堂再笔》、《车厢社会》等。另外，他还写作和翻译了一些美术理论和音乐方面的书籍。他的艺术理论著作深入浅出，很受读者欢迎。

　　1936年10月，在民族危亡的关头，丰子恺也参加了文艺界团结御侮的活动，在鲁迅、巴金等拟定的《文艺界同人为团结御侮与言论自由宣言》上签了名。

　　1937年11月6日，丰子恺正在"缘缘堂"作画，石门湾突遭日机空袭，当晚他携全家老小十人在潇潇暮雨中与"缘缘堂"匆匆告别，走上流亡的旅途。途中几经波折，全家于1938年到达桂林，他遂在桂林师范任教。1938年底，受浙江大学校长竺可桢邀约，往广西宜山浙大讲学。

1940年南宁失守,他又随浙大迁往贵州遵义。1941年秋,在浙大升任副教授。丰在遵义时应开明书店要求,重绘在抗战期间散失的漫画,共四百二十四幅,分编成:一、古诗新画;二、儿童相;三、学生相;四、民间相;五、都市相;六、战时相。总名《子恺漫画全集》,于1945年出版。1940年,他的散文集《缘缘堂随笔》由日本汉学家吉川幸次郎译成日文,在日本创元社出版。

1941年11月,丰子恺带领全家去重庆,就任国立艺术专科学校教授,兼任教务主任。1942年暑假后,他辞去艺专职,在重庆沙坪坝自建"沙坪小屋",专门从事绘画和写作。抗战后期,他曾到泸县、自流井、乐山、长寿、涪陵、南充、内江等地旅行,并开画展。1946年7月3日他率全家离开重庆,取道成都越秦岭,于9月25日抵达上海。由于他的"缘缘堂"旧居早已在沦陷期间被毁,全家迁居杭州西子湖畔。1948年9月,他和开明书店的章锡琛结伴同游台湾阿里山、日月潭,11月回到厦门短住。1949年3月,丰子恺闻解放大军即将南下,于4月令家属先回上海,他自己则因事绕道香港,再由香港飞回上海。

1949年5月,上海解放时,丰子恺作了《百年难逢开口笑》的画幅,以志庆祝。1950年出版了他所作的《绘画鲁迅小说》4册。他从事翻译,译了屠格涅夫的《猎人日记》和日本古典小说《源氏物语》。

1952年,丰子恺被聘为上海文史馆馆员。1954年当选为中国美术家协会常务理事、上海美术家协会副主席。1956年当选为上海市人民代表。1958年被选为全国政协委员。1960年就任上海中国画院院长。1962年被选为上海文艺界联合会副主席。

晚年丰子恺仍坚持作画和翻译工作,1975年9月15日患肺癌去世。

主要参考资料

丰子恺:《丰子恺漫画选》,人民美术出版社1962年版。

丰子恺:《缘缘堂随笔》,人民文学出版社 1957 年版。

陈古海、葛子厚:《丰子恺传》,中国社会科学院近代史研究所中华民国史研究室等编《中华民国史资料丛稿·人物传记》第 10 辑,中华书局 1981 年版。

潘文彦、胡治均、丰陈宝、丰宛音、丰元草、丰一吟合写:《丰子恺传》,《新文学史料》1980 年第 2—3 期。

丰华瞻:《丰子恺传略》,《晋阳学刊》,1982 年第 4 期。

冯 德 麟

武育文

冯德麟,原名玉麒,字麟阁,奉天海城县(今辽宁省海城市)人,生于1867年(清同治六年)。少年家贫,以强悍闻名乡里。青年时当过海城县衙役。1894年甲午战争后,东北成为日本与俄国两大势力角逐之地。清政府的统治陷于瘫痪,地方秩序一片混乱,散兵游勇,到处抢掠,为害地方;强悍青年铤而走险,打家劫舍,落草为寇。冯德麟认为有机可乘,便打起了"杀富济贫,行侠仗义"的旗号,招募无业青年和散兵游勇,在辽西一带成立乡团,啸聚徒众数百人。这是盘踞辽西一带势力最大、资格最老的绿林帮伙,张作霖和杜立山都算是他的晚辈。

1900年,八国联军侵华,沙俄军队入侵东北。冯德麟于辽阳界的高家坨子成立民团,号称"保境安民",极力抗击俄军,深得民心。他的民团由数百人增至千余人。他经常派出骑兵破坏东清铁路筑路工程,并扬言:"除非俄国拿出巨大代价,绝不停止扒路活动。"[1]帝俄军队侦知这是冯部所为,派便衣队将冯德麟逮捕,押赴西伯利亚监狱。但为时不久,冯德麟乘隙逃回,仍旧当乡团的首领。从此,他同帝俄结下深仇,而同日本间谍拉上了关系。

1904年,冯德麟率所部参加了日本特务机关招募的"东亚忠义

---

① 宁武:《清末东三省绿林各帮之产生、分化及其结局》,中国人民政治协商会议全国委员会文史资料研究委员会编《文史资料选辑》第6辑,中华书局1960年8月出版,第139页。

军",成为日军的一支别动队,日俄战争中的首山战役,日军遭到俄军顽强抵抗,屡攻不下,伤亡惨重,日军利用冯德麟、金万福等部数千骑兵组成的"忠义军"帮助日军侧袭俄军,使首山战役转败为胜,决定了整个日俄战局的胜负。日本军事当局为此奏请天皇奖赏冯德麟宝星勋章,并电请清政府将其收编重用。日俄战争后,他就被清政府收编为奉军后路帮统,后又升任奉天巡防营左路统领。

1911年,辛亥革命爆发,冯德麟和张作霖充当东三省总督赵尔巽的鹰犬,无情地镇压奉天革命党人,他亲率巡防队赴辽中、彰武等地围剿革命党人。

中华民国成立后,袁世凯将地方巡防营改编为陆军,张作霖任第二十七师长,冯德麟任第二十八师师长。张部驻防省城,冯部驻扎北镇。冯德麟看到张作霖的势力日益壮大,心怀不平,张、冯之间为了争权夺势,展开一场明争暗斗的较量。

1912年10月,袁世凯调任张锡銮为奉天将军,因为张锡銮曾是张作霖和冯德麟任奉天巡防营统领时代的老上级,张锡銮能使张、冯二人俯首听命。可是冯德麟却感到虽然与张作霖在军事实力上和职务上是同等的,但在政治上张作霖却凌驾自己之上。连镇安上将军张锡銮要任命一个将军公署的军务课长都要征求张作霖的意见。张锡銮日感有职无权,对张作霖和冯德麟二员悍将难以控制,怀有隐退之意。这时,袁世凯欲推行帝制,派人到奉天游说,询问张锡銮对帝制的意见,张锡銮说:"今天不论在人民的心理上和整个形势上,都不能办这种事。"①袁世凯得知张锡銮这种态度,很不放心,便派他的心腹段芝贵坐镇奉天。

1915年8月段芝贵接替张锡銮为镇安上将军。张作霖和冯德麟对段来奉,心中虽有不满,但也只好曲意逢迎。

---

①　秦诚至、陶洒文:《张作霖集团形成概略》,中国人民政治协商会议吉林省委员会文史资料研究委员会编《吉林文史资料选辑》第4辑,吉林人民出版社1983年10月出版,第28页。

段芝贵到奉天上任之后,热衷于复辟帝制,积极拢络张作霖、冯德麟等组织奉省各界代表赴北京,捧呈劝进书,要求袁世凯速登大宝当皇帝。张、冯也不断上书向袁表示忠心,以图封官晋爵,掌握统治奉天的权力。

1915年12月12日,袁世凯宣布实行帝制,订于翌年元旦正式登基。12月23日论功行赏,因段芝贵劝进袁称帝活动中最卖力气,是武人向袁称臣的"第一名",为此,袁封段为一等公爵。袁封第二十七师师长张作霖为二等子爵,第二十八师师长冯德麟为二等男爵。张、冯二人认为他们被段芝贵愚弄了,非常气愤。

袁世凯复辟帝制后,遭到全国各界人士的反对,在强大的反复辟的呼声中,袁世凯在1916年3月23日宣布取消帝制,但仍用大总统名义号令全国。段芝贵督奉后,把冯德麟保荐的将军公署副官处处长白运昌撤掉,由其带来的人接替。冯德麟对此事极为不满,表示"早晚必报复",约张作霖密商驱段之策。冯德麟说:"段芝贵是清末官吏败类,秽史劣迹人所共知,今为东三省帝制祸首,仍然居奉天人士之上,我辈绝不甘心,应该驱逐他。"①张作霖问冯德麟如何驱逐之?冯德麟答:"这个不难,由我们二十八师演黑脸,和他作正面冲突,由二十七师演白脸,用'吓'字诀逼他畏罪逃走,这样演一幕不费一兵一文的滑稽剧,岂不妙哉!"张作霖拍手称赞说:"让各方面的人也知道奉天人是不好惹的。"②张、冯二人密商后,便分头布置一切。张作霖在奉天召集重要军官开会,传达与冯德麟联合驱段之策。五十四旅旅长孙烈臣(字赞尧)建议以人民团体名义驱段不失为正大光明。张表示同意,立即通告冯德麟做好准备。

---

① 王克承:《张作霖驱逐段芝贵的密谋和经过》,《吉林文史资料选辑》第4辑,第91—92页。

② 王克承:《张作霖驱逐段芝贵的密谋和经过》,《吉林文史资料选辑》第4辑,第91—92页。

张作霖依计面谒段芝贵报告说:"外边二十八师军官联结奉天各界团体及二十七师部分官兵有所密谋,以惩办帝制祸首为名,拟不日发动,于上将军自身安全上有所不利。"①段芝贵闻报大为惊慌,向张作霖请教对策,张在桌上大书一个"走"字。段芝贵立即电请中央赴津养病,又下令调用京奉铁路局专车一列,同时提取东三省官银号库存官款贰佰万元和库存军火若干。张、冯对此装作不知,并派五十四旅旅长孙烈臣率一营卫队护送。当段芝贵的专车行抵沟帮子车站时,照例停车上水加煤。段芝贵的左右向他报告说,东站附近约有军队一团,做战斗式排列,机枪口斜对车站。段芝贵以卸任官不便过问,叫部下不予理会。其实段芝贵从奉天出走后,张作霖立即给冯德麟打电报,叫冯德麟把车截住检查。冯德麟见了电报,把兵埋伏在沟帮子到锦州的铁路两侧。段芝贵的专车到了沟帮子,冯德麟派二十八师的一个团长邱恩荣持旅长汲金纯的名片上车检查,声称欢送段将军,被段芝贵的部下挡驾谢绝。于是,邱团长拿出两份电报,一是以奉天各界法团名义;一是以省议会和二十八师全体军官名义。电报内容是:"段芝贵为帝制祸首,奉天人民正拟处以应得刑罚,竟敢手携省官款贰佰万元之巨及军火大宗,闻风畏罪潜逃……。电请汲旅长派兵就近截留,押回沈阳依法处理。"②段芝贵看到电报惊慌失措,把电报交给孙烈臣旅长看,孙旅长大声说,岂有此理,等我下车问问。孙旅长下车同邱团长商谈很久,然后回到车上对段芝贵说:"沈阳各界人情汹汹,一定截留专车押回沈阳,经张代督婉商多时才答应不扣专车。"③专车继续西行。段芝贵十分感谢张作霖的关怀,心情稍稍平静下来。车到了锦州,冯德麟亲自率兵上车

---

① 王克承:《张作霖驱逐段芝贵的密谋和经过》,《吉林文史资料选辑》第4辑,第91—92页。

② 王克承:《张作霖驱逐段芝贵的密谋和经过》,《吉林文史资料选辑》第4辑,第91—92页。

③ 王克承:《张作霖驱逐段芝贵的密谋和经过》,《吉林文史资料选辑》第4辑,第91—92页。

检查,把段芝贵由北京带来的两营卫队的武器全部缴械,又把他携带的巨款都截留下来。段芝贵问这是什么意思,冯德麟含糊其辞,只是把段芝贵扣押在候车室里。冯德麟给张作霖去电报,问如何处置?张作霖回电说,既达到目的,可以放行。冯德麟才叫段芝贵西行,由孙烈臣旅长率一营兵护送到天津。至此,由冯、张演出的驱段趣剧落下帷幕。

段芝贵到北京后,说冯德麟军队是化装土匪,劫掠财物,致使他宦囊如洗,仅存生命,向袁世凯提出辞职,不再回奉天为官。北京政府派谁去接替,很费脑筋,如果再派一位外省籍人员,定遭地方实力派反对,不仅丧失政府威信,还可能发生意外,形势所迫,只好在奉天本省有实力的人中挑选一人。当时只能就张作霖和冯德麟中选出一人。征询段芝贵的意见,段芝贵对冯德麟恨入骨髓,极力推荐张作霖继任。

1916 年 4 月 22 日,袁世凯任命张作霖为盛武将军,次日又任命张作霖暂署督理奉天军务兼代理奉天巡按使。张作霖接到任命,一喜一忧。喜的是当了奉天军政首长,升官的目的实现了;忧的是如何对付冯德麟。张作霖立即召集结拜兄弟们开会,痛哭流涕,大骂段芝贵使用离间手段,挑拨弟兄感情。即向北京发电,坚辞这项任命,极力推荐冯德麟做督军,说奉天局面非冯不能领导。北京复电不准。张作霖再次请辞,仍不准。最后汤玉麟说:"你一定坚辞,北京要是另派一位外省人来,我们怎么办? 我看还是就了罢。"①其他人也同意汤玉麟的看法,劝说张作霖不要再辞了,对冯大爷可以另想办法。张作霖又电北京政府,必须任命冯德麟为军务帮办,他才肯就职,北京答应了他的要求,任命冯德麟为奉天军务帮办。但冯德麟不甘心居张之下,心里很不痛快,认为自己和张作霖身价相等,设谋驱段芝贵是他的首倡,结果只得到一个空头的军务帮办头衔,赌气不肯就职。张作霖就将军职,冯德麟也不去祝贺。张作霖很扫兴,开始尝到了他的上司如何应付桀傲不驯的部下那种苦果。张作霖叫吴俊陞、马龙潭两位镇守使去疏通,冯德麟知他们

①　王化一:《张作霖二三事》,《吉林文史资料选辑》第 4 辑,第 95 页。

是替张说情，竟予拒绝。张作霖见此局面，只得亲自登门拜访，低声下气地说了许多患难与共、有福同享之类的好话。冯德麟提出就职的条件，要另设立军务帮办公署，其组织机构和军务督办公署一样，设参谋长及四课，编制和经费也要完全相同。张作霖只得让步，遂向北京政府请示，得到的答复说，另设帮办公署，于体制不符，不便照准，但每月可拨十五万元办公费。张作霖带了十五万元和由袁世凯签署的电报去见冯德麟。不料冯德麟拒不接受，并直接给袁世凯去电报，请求辞职。其态度越来越强硬，大有向张作霖发难之势，张作霖还是委曲求全，又派旅长孙烈臣携礼品和现款三十万元，到冯德麟的驻地广宁，恭请冯德麟回省就职。5 月 20 日，冯德麟率马、步、炮兵五营，浩浩荡荡开进省城，迳赴二十八师驻省办事处。张作霖即亲自到冯的办事处拜访，极力表示好感，冯德麟仍然态度傲慢，不去回拜。张作霖设酒席为其接风，冯德麟拒不赴宴。张作霖只好把酒席送到冯的办事处，并召歌妓为他助兴。

冯德麟此次来省，直接拍电报给北京，说二十八师要扩充军队，请准招七营新兵，并指定北镇为军务帮办公署所在地，经费和所需饷械，应如数照发。冯德麟下令给奉天财政厅拨五十万元为编练空军的经费。他在省城只住了一天，第二天即回北镇驻地。张作霖用软工夫，以柔克刚，雇了大批工匠，装修二十八师驻省办事处，把冯德麟的办公室装修得和自己完全一样，然后派参谋长杨宇霆赴北镇恭迎冯德麟来省就职。

6 月 6 日，冯德麟又带大队人马进省，提出三个条件：一、帮办的权限和盛京将军完全相等；二、全省用人行政彼此互相咨询；三、财政厅指拨二十万元为二十八师购飞机用。是日下午，张作霖又去会见冯德麟，冯德麟拒不见面。张作霖为防止意外，在将军署后院修筑炮台一座，炮口对准二十八师驻省办事处。冯德麟得到消息，立即提出严重抗议，限当天答复。张作霖再请吴俊陞代为说和，解除误会。吴俊陞刚刚提到"张将军"，冯便出口大骂："什么将军！妈的！"吴俊陞谦恭地代张作霖赔了不是,说了许多好话。冯德麟提出四项和解条件:一、即日拆除炮台;二、一切用人行政,必须征求同意;三、奉天军政各费不许超出预算;四、张作霖应率二十七师营以上军官到二十八师驻省办事处赔礼道歉。张作霖怕打起来没有取胜的把握,还可能引起日本干涉,两败俱伤,只好忍气吞声,满脸堆笑,率所部军官到二十八师办事处向冯德麟道歉,并答应冯德麟提出全部条件。不久,冯德麟又发出通电,率全师将士辞职,提出要兼省长。这次张作霖坚决拒绝了。此时,袁世凯已经死了,北京政权动荡不定,无暇顾及奉天的内讧。

段祺瑞任国务院总理后,环顾关外两虎相争,难分上下,便想调冯德麟入京,冯德麟不接受。奉天各界人士吁请双方和衷共济,万勿走极端,张作霖表示不诉诸武力,但奉天全省气氛紧张,双方戒备森严,夜无行人,很有一触即发之势。

1917 年 2 月 28 日,段祺瑞请出一位德高望重的调停人,是张、冯两人的老上司,曾任奉天最高首长的赵尔巽。赵到奉天进行调解,未能成功。3 月 6 日,冯德麟又回到广宁驻地,待机行事。

当张作霖和冯德麟闹纠纷正剧之时,张作霖的亲信五十三旅旅长汤玉麟又与张作霖闹翻了。原因是奉天警务处长王永江与汤部军官发生摩擦,张作霖没有护短,支持王永江严惩滋事官兵,激怒了汤玉麟。汤玉麟一怒之下,带领所部两营,投奔到冯德麟门下。

在奉天局势未定之时,张作霖走段祺瑞路线,冯德麟便投靠黎元洪,并派参谋长白运昌赴京控告张作霖,说他不得人心,奉天祸变危在旦夕,要求黎元洪速派大员接替,并秘告段祺瑞偏袒张作霖。恰逢此时,向以督军团盟主自居的张勋,在徐州召开会议,酝酿复辟帝制。冯德麟不甘落后,派汤玉麟到徐州,任张勋的营务处长,又派二十八师五十五旅旅长张海鹏带二百名官兵到北京做内应,随后又亲率卫队进京,谒见溥仪,宣誓效忠。不料张勋的辫子兵被段祺瑞的"讨逆军"一击即溃。张勋复辟帝制仅十二天就彻底失败了。冯德麟见势不妙,于 1917 年 7 月 10 日,从北京返回北镇,途经天津时被"讨逆军"逮捕。北京政府发出通缉令称:冯德麟背叛共和,罪迹昭彰,剥夺一切官职,交法院依法严惩。张作霖为了表示自己的宽容大度,请求段祺瑞政府予以释放,奉天绅商也联名向北京政府请求宽大处理。冯德麟被释放后,被北京政府任命为总统府高等侍从武官。不久,冯德麟回到奉天,任"三陵督统",看守永陵、福陵、昭陵。从此二十八师的实权落在张作霖手中,奉天内讧宣告平息。冯德麟于 1926 年 8 月 11 日病死。其长子冯庸,字振雄,于 1926 年弃武从文,变卖家产,创办冯庸大学,抗战时期,冯庸大学学生流亡关内,积极参加抗日战争,曾为中华民族的抗日事业做出一定的贡献。

冯 国 璋

李宗一

冯国璋,字华甫(符),河北省河间县诗经村人,生于 1859 年 1 月 7
日(清咸丰八年十二月初四)。其父冯春棠务农,家境不很宽裕,荒年常
不能自给。冯国璋在家乡读私塾度过童年,青年时代到保定莲池书院
求学,一边读书,一边谋生计,后因贫困辍学。

1884 年,年已二十五岁的冯国璋,经其族叔介绍到大沽口投淮军
当兵。次年,直隶总督李鸿章在天津创办北洋武备学堂,挑选淮军各营
兵弁入学。由统领刘祺保荐,冯考入武备学堂第一期。在学堂学习期
间,曾于 1888 年回原籍应科举。时功令特设数学附生额,冯以通晓算
术补诸生。嗣后,又应顺天乡试落第,仍返原校继续攻读。1890 年毕
业,考试名列前茅,留堂充当教习。

当时淮军将领多以行伍起家,轻视武备学堂学生,学生毕业得不到
重用。冯国璋为谋升迁,急于想取得军功,于 1893 年入淮军将领聂士
成幕,奉命赴山海关外考察地形,甲午战争中又随聂军转战于东北前
线。战后被派管理军械局。不久,由聂推荐担任中国驻日本使臣裕庚
的军事随员。在日本,他与日军将领福岛安正和青木宣纯等结识,留心
考察日本军事,日积月累,编成兵书数册。1896 年初回国,先呈送聂
士成,未被重视;又转呈袁世凯。袁大喜,视为"鸿宝",并赞誉他说:"军
界之学子无逾公者。"[1]袁当时在小站创办新建陆军,遂留他担任督操

---

[1] 《故代理大总统冯公事状》,见张一麐:《心太平室集》,卷 4,1947 年。

营务处帮办兼步兵学堂监督。不久,他又升为督操营务处总办,新军兵法操典多经其一手修订。

1899年,新建陆军改称武卫右军。袁世凯升任山东巡抚。武卫右军开往山东,仍由袁世凯统率。冯国璋随军前往。到济南后,他奉命改编山东旧军,组成武卫右军先锋队二十营。因参与镇压义和团有"功",次年由袁奏保以补用知州升为补用知府。1901年底,李鸿章病危,袁继任直隶总督兼北洋大臣。为编练北洋常备军,袁在保定创设军政司,下辖兵备、参谋和教练三处。冯为教练处总办,负责创办将弁学堂、武师范学堂及测绘学堂等。当时,李纯担任教练处提调,是他的得力助手。

清政府于1903年底在北京设立练兵处,作为督练考察全国新军的机关,经袁世凯举荐,冯国璋担任练兵处军学司司长,仍常驻保定,督理北洋各武备学堂,兼北洋陆军速成学堂和陆军师范学堂督办。经他之手,培养了一大批有浓厚北洋派系观念的军官,被输送到北洋六镇及北方各省新军中,对北洋军阀集团的形成起了重要作用[1]。

1906年,冯国璋署正黄旗蒙古副都统兼陆军贵胄学堂总办。该堂专收王公世爵、四品以上宗室及现任二品以上满汉文武大员子弟,并附设王公讲习所,听讲者皆世爵懿亲。在此期间,冯国璋和满族亲贵建立了较密切的联系,这是他后来能够掌握禁卫军的重要原因。从1907年7月至1911年,他一直担任军谘使,负责办理军谘处(后改为军谘府)的日常事务。这期间,封建统治阶层内部的矛盾日益尖锐。1908年底光绪和慈禧相继死去,三岁的宣统继位,其父载沣以摄政王的名义监国,以载沣为首的满族少壮亲贵集团企图削弱北洋集团的势力。为了分化北洋集团,载沣对冯极力加以笼络,然而冯却始终效忠袁世凯。1909年初,载沣以袁"患足疾"为借口,命他开缺"回籍养疴",冯亦惴惴不安,便以坠马受伤和原配吴氏病丧为理由,屡次请假,均未得准。此

---

[1] 见冯国璋治丧处辑:《河间冯公荣哀录》第一册,1920年,第20页。

后遂"箝口结舌,随声画诺,不复言天下事矣"①。

　　1911 年 10 月武昌起义爆发,革命军占领武汉三镇。清廷派陆军大臣荫昌率领第一军南下镇压革命,派冯国璋组织第二军增援。但冯国璋和北洋各镇将领不愿服从荫昌指挥,心里只想着袁世凯,所以尽管清廷不断催令"火速",而冯国璋的动作却很缓慢。清廷迫不得已,起用袁世凯为湖广总督,袁世凯以"足疾未瘳"为借口,作势不出,而要求清廷给他军政大权。10 月 23 日,冯国璋到彰德见袁世凯。袁世凯奏请他接替荫昌担任第一军总统,并对他说:"非筹备周妥,计出万全,断难督师进攻。"②他到湖北前线后,按照袁世凯的指示布置第一军"暂作守势"③。当清廷被迫授袁世凯军政全权以后,袁世凯由彰德南下督师,命冯国璋进攻汉口。第一军协统李纯、王占元和陈光远都是冯国璋的亲信。在其指挥下,第一军与革命军激战四昼夜,于 11 月 1 日攻陷汉口。冯国璋纵兵烧杀,自桥口至蔡家巷繁盛之区变为一片瓦砾,居民死伤甚多。北洋军的暴行,激起全国人民极大的愤怒。各阶层人民纷纷通电声讨冯国璋及北洋军的罪行。

　　北洋军攻占汉口以后,袁世凯派人向革命党人提出以实行君主立宪为条件,"和平了结",遭到革命党人的拒绝。为迫使革命党人就范,袁世凯命令冯军进攻汉阳,冯指挥第一军由蔡甸和驼罗口渡过汉水,于 11 月 27 日陷汉阳,并隔江炮轰武昌,使新成立的武昌革命政府受到严重威胁。清廷为酬其"战功",赏给二等男爵。当时他欲乘胜渡江攻取武昌,袁世凯亲以电话阻止。这时,革命军虽在武汉暂时失利,但在南方各省进展迅速,江浙联军光复南京,长江海军也宣告起义,一时成相持局势。袁世凯为达到个人目的而攀请帝国主义出来"斡旋和平",企图通过"南北议和"绞杀革命,攘夺政权。11 月 30 日,冯国璋奉命与革

　　①　《故代理大总统冯公事状》,见张一麐:《心太平室集》,卷 4,1947 年。
　　②　《冯国璋致寿勋函》,宣统三年九月四日,见清政府陆军部档。
　　③　《冯国璋致寿勋函》,宣统三年九月四日。

命军商洽停战,很快达成暂时停战协议,规定12月2日至5日停战三天,以后又不断延长。然而,此时冯国璋对袁世凯的真正意图,尚未完全了解,所以仍不时致电内阁请派援军,鼓吹继续使用反革命武力,扑灭革命火焰。于是,袁世凯便命令段祺瑞代替他统率湖北各军,而调他为察哈尔都统。12月15日冯国璋离汉口北上。抵京后,奉命留京统筹近畿防务,兼充禁卫军总统。

禁卫军是满族少壮亲贵载涛控制的一支重要武力,官兵共一万二千人,大都反对清廷退位。冯国璋以支持清廷的姿态出现,顺利地掌握了这支武力。此后他便按照袁世凯的旨意,对满族少壮派军官进行恫吓和利诱,终于使禁卫军官兵大都同意清廷取得优待条件后"逊位",而由袁世凯组织所谓"临时政府"。袁世凯取得民国大总统的职位后,一步一步地实行独裁统治。冯国璋仍统领禁卫军,兼充总统府军事处处长,1912年9月出任直隶都督兼民政长。次年3月,由于袁世凯派人暗杀了宋教仁,激起了南方各省革命党人的愤慨和反抗。冯国璋秉承袁世凯的意旨,串通各省军阀发表通电,攻击孙中山为首的革命党人"危害民国","破坏共和",叫嚣武力解决①。当袁世凯所派北洋军第六师攻入江西境内时,孙中山被迫发动"二次革命",江西、江苏、安徽、广东、湖南等省纷纷宣布独立讨袁。7月23日,冯国璋奉命担任江淮宣抚使兼第二军军长,指挥北洋军沿津浦路南下,他从兖州韩庄出发,连陷宿县、蚌埠、滁县,8月16日到达浦口。在南京参加讨袁的第八师师长陈之骥(冯的女婿)过江向他投降。他得悉南京讨袁军陷入群龙无首的紊乱状态后,于25日挥军渡江,猛扑下关,与张勋所部辫子兵一起于9月2日攻陷南京。扑灭了"二次革命"以后,冯国璋于9月10日返回北京。袁世凯为酬劳他,特地介绍自己的家庭女教师周砥与他订婚②。

---

① 《近代史资料》,1962年第3期,第70页。
② 周砥字道如,江苏宜兴人,天津女子师范教习,袁世凯的家庭教师,1914年初与冯国璋结婚。

12月16日,袁世凯命冯国璋接替张勋担任江苏都督,次年又授以宣武上将军,仍坐镇南京,督理江苏军务。这时,冯国璋直接和间接控制的军队共二万余人,成为雄踞东南的北洋集团的实力人物。

从1913年底至1915年初,冯国璋发出许多通电,支持袁世凯解散国会、撕毁约法,攻击责任内阁制,主张实行总统制,使袁"以无限权能展其抱负"①。然而,当中外盛传袁世凯准备恢复帝制时,他却感觉到了政局动荡的危险,担心袁世凯将失败,而且即使帝制能成功,皇位将由袁世凯的子孙去世袭,妨碍自己的继承希望。因此,1915年6月他进京打听内幕,22日谒见袁世凯时试探说:"外间传说大总统欲改帝制,请预为秘示,以便在地方上着手布置。"袁世凯矢口否认自己想当皇帝。冯国璋又进一步说:南方对于改革国体并非不赞成,只是时间问题,将来"天与人归","大总统虽谦让为怀,恐怕推也推不掉"。袁世凯勃然变色道:"这是什么话? 假如有人用这等事逼我,我只有远走国外了。"②

经此番试探,冯国璋以为帝制暂不会发生。7月9日他回南京,可是8月14日北京就成立了筹安会,敲响了帝制的锣鼓。开始他尚不敢相信,密电总统府机要局长张一麐探询,得到的回答是"事出有因"。不久,段芝贵、张镇芳等帝制干将纷纷派人到南京来游说,他始恍然大悟,深感自己受了欺骗,从此,对帝制敷衍搪塞,不肯出力,因而引起了袁世凯和政府"要津诸人"的"麈虑"③。后来,为了和缓矛盾,他不得不一面派亲信入京"切为解说"④;一面发表通电"辟谣",声明他对袁以公谊论之"心悦诚服",论私情则"受恩深重","分虽僚属,谊犹家人"。尽管如此,袁世凯仍放心不下,于12月18日下令调他担任参谋总长,表面上

① 《爱国报》,1914年2月8日 。

② 《申报》,1915年7月9日。

③ 《恽宝惠致冯国璋函》,1915年9月7日。

④ 《恽宝惠致冯国璋函》,1915年9月7日。

说是让他进京主持军事全局,实则企图使其脱离江苏地盘。但是,他托词"害病",拒不进京,并鼓动"江苏军民电请挽留"。袁世凯只得让他在南京"遥领",说"不必急行到任"①。

云南护国军于12月25日发动讨袁以后,贵州、广西等省相继响应。冯国璋眼看袁世凯的大势已去,出于自身利害考虑,遂暗中串通江西、浙江、山东、湖南等省将军联名请求袁"速取消帝制,以安人心"②。这就是轰动一时的所谓"五将军密电"。在全国人民反帝制运动的压力下,袁世凯被迫于1916年3月22日取消帝制,不过仍想回过头来做大总统。但南方独立各省非要袁世凯退位不可。袁世凯便派人赴南京示意冯国璋出面联合未独立各省将军发一通电,挽留他继续做大总统。冯国璋认为此刻通电已无济于事,反而会引起南方独立各省的反感,不利于"和平解决"。他婉言加以拒绝,表示愿意从中调停。4月18日,他提出"和平解决"八条,其第一条即为承认袁世凯"仍居民国大总统地位"③。这种条件理所当然地遭到南方独立各省的严词拒绝。于是,他即致电徐世昌、段祺瑞和王士珍,说明南军希望甚奢,仅仅取消帝制,实不足以服其心。要求他们劝袁"敝屣尊荣,亟筹自全之策"④。同时,他将八条略加修改,于5月1日通电各方,其第一条改为:暂时承认袁为大总统,另组新国会,由袁提出辞职,再选举继任大总统⑤。结果,南方独立各省仍然反对,并一针见血地指出其主张是"名为保袁,阴实自重"⑥。与此同时,袁世凯又要求他对南方"说强硬的话,力为维持,以救大局"⑦。冯国璋一面应付袁世凯,一面与南方独立各省周旋,信使

①　《蒋雁行致冯国璋函》,1915年12月21日。
②　凤冈及门弟子编:《三水梁燕孙先生年谱》(上),1946年,第320页。
③　《东方杂志》第13卷,第9号,第29页。
④　志恢编:《再造共和新文牍》,1916年6月,第44页。
⑤　黄毅:《袁氏盗国记》上篇,第149页。
⑥　黄毅:《袁氏盗国记》上篇,第152页。
⑦　《蒋雁行致冯国璋函》,1916年5月4日。

往还不断①。同时，又极力主张未独立各省将军"结成团体"，"贯通一气"，以实力调解"四省和中央"冲突②。他企图趁人民反袁怒潮高涨的时机，独树一帜，操纵南北政局，使自己成为时局的重心。这正和袁世凯在辛亥革命时玩弄的手法一模一样。

5月5日，冯国璋赴蚌埠约同倪嗣冲，6日至徐州会晤张勋。11日，这三个地方实力派联名通电发起召开未独立各省代表会议。18日，十五省区将军、巡按使代表齐集南京开会，会议一开始就遇到袁退位的问题。一派主张让袁退位，一派则坚决反对，双方争持不下。冯国璋将其5月1日通电中提出的八条稍作修改后提交会议讨论，作为折中方案，仍不能得到与会代表一致赞同。会议开了五天，毫无结果。

6月6日，袁世凯病亡，南北各方关于他退位的争执随之烟消云散。黎元洪出任总统，段祺瑞以国务总理的名义掌握北洋政府的大权。10月30日国会选举冯国璋为副总统。冯国璋不愿意放弃地盘，乃于11月8日在南京就职，仍兼江苏督军。1917年2月间他曾一度到北京调解黎元洪和段祺瑞的矛盾。7月张勋复辟失败以后，黎元洪下野，冯以副总统代理大总统，段祺瑞仍任国务总理，组成新内阁，阁员大都是段的亲信。冯、段本来各有自己的派系，"关系始终未融洽"③，冯国璋见以段祺瑞为首的皖系军阀把持北洋政府，本不想进京就职，后来经过多方疏通，段祺瑞又派其亲信靳云鹏到南京"欢迎"，他才答应北上。但为了维持以他为首的直系军阀在长江中下游各省的实力地位，入京前他断然拒绝属于皖系的倪嗣冲接任江苏督军，而安排自己的心腹李纯担任江苏督军，陈光远为江西督军，并通过李纯、

---

① 详见《唐绍仪、赵凤昌、汤化龙致冯国璋函》，1916年4月26日，见《近代史料书札》，第8册。

② 黄毅：《袁氏盗国记》上篇，第148页。

③ 《张君劢致梁启超函》，1917年7月13日，见《梁任公年谱长编初稿》，下册，第521页。

南京交涉署交涉员兼督署顾问温世珍与英国驻南京领事馆和广西陆荣廷等保持联系。

　　冯国璋于8月1日抵京就职,不久和段祺瑞的矛盾便尖锐起来。当时,段祺瑞拒绝恢复民国初年约法,孙中山联合西南地方实力派在广州组成护法军政府,反对北洋军阀。段祺瑞依靠日本的援助,派兵攻入川、湘,决心推行"武力统一"政策;而冯国璋由于受英美策动,主张以维持西南军阀的地位和地盘,换取他们对北洋政府的承认,美其名曰"和平统一",并暗中指示进入湖南的直系军队消极怠战。10月,二十师师长范国璋在湖南通电主和,并自动撤兵,段祺瑞的亲信湘督傅良佐仓皇失措,弃长沙出走。同时,入川的北洋军吴光新部也损兵折将,败退下来。紧接着,直隶曹锟、江苏李纯、江西陈光远、湖北王占元等督军相继发表主和通电。段祺瑞的"武力统一"政策严重受挫,乃于11月先后辞去陆军总长和国务总理职务。冯国璋派王士珍继任。但是段祺瑞不甘罢休,唆使皖系督军团要挟冯国璋继续对南方作战,奉系军阀张作霖也派兵入关,支持皖系。冯国璋见势不妙,即托词至南方巡阅,于1918年1月26日南下,当他的专车于次日行抵蚌埠时,却被皖系安徽督军倪嗣冲截住,逼他返京,下令作战。冯国璋不得已折回北京,在内外形势的压迫下,只得派曹锟兼两湖宣抚使,率第三师等北洋军主力进攻湖南,并准王士珍辞职,复任段祺瑞为国务总理。

　　1918年3月段祺瑞重新上台后,"武力统一"叫得更响。冯国璋表面支持段的政策,暗中却唆使李纯、曹锟等与西南军阀接洽和谈。8月,代理第三师师长吴佩孚在衡阳首先发难,公开通电主张罢战息兵,并对皖系人物徐树铮等进行斥责。皖系控制的安福国会以冯国璋代理期满为由,于10月选举徐世昌为总统,实际是把冯国璋撑下了台。冯国璋遂通电全国,以报告代理总统一年经过情形为名,发泄自己对皖系的怨怼,他说:"查兵祸之如何酝酿,实起于国璋摄政以前,而兵事之不能结束,则在国璋退职以后。其中曲折情形,虽有不得已之苦衷,要皆国璋无德无能之所致。兵连祸结,于斯已极……人非木石,宁不痛心?"并表示今后"绝无希望出山之意"①。冯国璋失去政治地位,同时段祺瑞也自动辞去国务总理,直皖两系的利害冲突表面似乎缓和下来,实际上却日趋剧烈。为了平息其不满,徐世昌特准他仍节制北洋十五、十六两师。这两个师是由禁卫军改编的,冯国璋代理总统时一直担任公府警卫。师长刘询、王廷桢都是他的亲信。

1919年春,冯国璋归河间故里,由十六师的两个连更番随护驻守。这时,他已变成田连阡陌的大地主兼大官僚资本家,在诗经村一带就有土地千余亩,在苏北又与张謇合办盐垦公司,占地七十万亩,在北京、天津和南京拥有几个钱庄,其中较为著名的有华通银行、华充银号。此外在开滦煤矿公司、中华汇业银行等处还有大量投资。当人们指责他"善自封殖"时,他还口说:"项城雄主,吾学萧何田宅自肥之计,多为商业,以塞忌者之口耳",用骗人的鬼话来掩饰自己的贪欲②。

同年10月,冯国璋由河间抵北京,表面说是为十五、十六两师争陆军部所欠月饷,实则是联络直系,企图东山再起。但12月初"忽感风寒,医治不愈",于28日病故于北京帽儿胡同冯宅。临危召张一麐等口授遗言给徐世昌,仍希望"和平统一"早日完成。1920年2月2日葬于河间诗经村。

---

①　《申报》,1918年10月1日。
②　王树楠:《陶庐文内集》卷3;又《故代理大总统冯公事状》,见张一麐:《心太平室集》,卷4,1947年。

冯 玉 祥

陈 民

冯玉祥,原名基善,字焕章,祖籍安徽巢县,1882年11月6日(清光绪八年九月二十六日)出生于直隶(今河北省)青县兴集镇一个下级军官的家庭。父亲冯有茂原为泥瓦匠,后投身军籍,隶淮军刘铭传部为哨官。因父母均抽鸦片烟,资财耗竭,冯玉祥的"童年时期,一直在穷苦中挣扎着"[①],从小参加劳动,仅断断续续地上过一年零三个月的私塾。

1893年,十二岁的冯玉祥便在父亲的军营中挂名领饷,以补家用。十五岁正式入营当兵,由于长得魁伟健壮,有"冯大个儿"之称。在军营中,他勤奋好学,操练之余埋头读书写字,读过一些兵书和操典,懂得洋操,又无不良嗜好,所以升迁较快。第三营标统陆建章对他很是器重,并将内侄女刘德贞许配给他[②]。1906年,他又被提升为二营后队队官。翌年调任三营后队督队官,移驻奉天新民府。1910年,升任第二十镇第八十标第三营管带。这时,清朝统治已处在风雨飘摇之中,以孙中山为首的革命党人所领导的民主革命运动正席卷全国。在这之前,冯玉祥已仔细阅读过至友孙谏声秘密给他的《嘉定屠城记》和《扬州十日记》,激发了强烈的民族意识。

---

① 冯玉祥:《我的生活》,黑龙江人民出版社1981年版,第21页。
② 冯的原配夫人刘德贞于1923年12月病故。1924年2月,经北京基督教青年会干事刘砥泉介绍,与李德全在北京南苑结婚。

　　在孙中山革命思想的影响下,冯玉祥与王金铭、施从云等人在滦州第二十镇组织了"武学研究会",以读书为名联络同志,秘密从事革命活动。

　　1911年10月,武昌起义爆发。11月,冯玉祥和王金铭、施从云等参加武学研究会的青年军官,在滦州举兵响应,宣布成立北方军政府,通电南北主张共和,公推王金铭为北方大都督,施从云为总司令,冯玉祥为参谋总长,北上联络的革命党人白雅雨被推为参谋长。但这次起义很快就被清廷镇压下去,王、施、白等十四人遇难,冯在海阳镇被捕,后被革职,递解回籍①。

　　清王朝覆亡后,袁世凯攫取辛亥革命的成果,建立北京政府。陆建章奉袁世凯之命编练左路备补军,重新起用冯玉祥,委任为第二营营长,并令其赴河北景县招兵,这是冯玉祥建立自己队伍的开始。他自定招兵标准,只收农村质朴精壮的青年,凡当过兵的一概不要。孙良诚、刘汝明、石友三、佟麟阁、冯治安、过之纲等便是这次被招收入伍的,原二十镇旧属来投效的有李鸣钟、韩复榘等,成为他后来建立西北军的骨干。1913年,左路备补军改编为京卫军,冯玉祥晋升为左翼一团团长,又赴河南郾城一带招募新兵。这次招收的有田金凯、吉鸿昌、梁冠英等人。在北京任京卫军团长期间,冯常到崇文门教堂听牧师讲道,对基督教耶稣"博爱利他"之说深为敬佩,遂于当年由牧师刘芳施洗礼,正式成为基督教徒。从此,冯部官兵一律受洗入教,并在兵营中设立礼拜堂,每逢星期日都请牧师向全体官兵宣讲教义,故时人称其为"基督将军"。

　　1914年春,陆建章奉命为"剿匪督办",率五旅兵力赴陕追剿白朗,冯团扩编为第十六混成旅。

　　当袁世凯阴谋复辟帝制时,冯玉祥毅然参加倒袁的革命活动。

_____

　　①　滦州起义失败,冯玉祥在海阳被监禁了四天后,被递解回籍,途经北京时,在京防营务处任职的陆建章便将他留下。

1915 年底，由北洋元老王士珍领衔，全国旅长以上将领联名通电拥袁称帝，冯玉祥拒绝签名，并对其部下说："我武装先烈以许多热血染成民国，今为袁贼篡窃，很可恨。我辈军人若保不住民国，将何以对死去的先烈？"①当冯部奉命进川讨伐反袁的护国军时，他便派人同蔡锷的护国军暗中联络，实现局部停战，又趁机率部进入成都，促使四川将军兼巡按使陈宧宣布四川独立，脱离袁世凯的北京政府，给袁世凯的复辟活动以沉重打击。

袁世凯死后，段祺瑞出任国务总理兼陆军总长，控制了北京政权。1916 年 7 月，冯玉祥率第十六混成旅移驻河北廊坊。翌年春，冯玉祥因受到段祺瑞、傅良佐的排斥而被免去旅长职，贬为正定府第六巡防营统领。他称病离职，赴京西天台山休养。7 月张勋拥宣统复辟，段祺瑞"马厂誓师"进行讨伐，他被复任第十六混成旅旅长职，奉命率部开赴北京。7 月 12 日冯部由丰台攻入北京，张勋逃入东交民巷，复辟军被包围缴械。

护法战争期间，南北对峙，企图"武力统一"的段祺瑞，下令冯玉祥进攻南方孙中山领导的护法政府。1918 年 2 月，冯率部抵达湖北武穴，即按兵不动，于 2 月 14 日、18 日连发两电，主张"迅速罢兵，以全和局"，"国会早开，民气早申"②，因此触怒了段祺瑞而被免职，后由曹锟调解，准予留任。3 月下旬，冯玉祥被迫进军湘西。6 月，兼任湘西镇守使，驻常德。

1920 年春，直皖战争爆发，冯玉祥奉命率部撤离常德，进驻汉口谌家矶。他在给孙中山的信中写道："中国已濒于危亡，真正救国，只有先生一人，百折不回，再接再厉，无论如何失败，我行我素，始终如一。此种精神，凡谋国者，当为之感奋。今虽扼于环境，未能追随，但精神上的

---

①　孙嘉会：《冯玉祥小传》，北平戊辰学社 1933 年版，第 50 页。
②　李泰棻：《国民军史稿》，1930 年北平版，第 29、31 页。

结合,固已有日。"并表示"今欲追随,乞多指示"①。孙中山接信后,立即密遣徐谦、钮永键到谌家矶与冯玉祥联络,向他宣传国民革命的理论与策略。

　　1921年,在直皖战争中取胜的曹锟、吴佩孚控制了北京政府,下令免去依附皖系军阀的陈树藩陕西督军职,而以直系将领阎相文继任。5月,冯玉祥奉命率第十六混成旅随阎相文入陕,大败陈树藩于临潼,进驻西安、咸阳。直系因冯玉祥的战功,令第十六混成旅扩编为陆军第十一师,冯玉祥任师长兼陕西西区剿匪总司令。8月,因陕督阎相文自杀,北京政府正式任命冯玉祥为陕西督军。1922年4月,第一次直奉战争爆发,冯玉祥率部出陕,于郑州、开封击败河南督军赵倜,底定河南。5月9日,冯玉祥就任河南督军。但不久即被吴佩孚排斥,免去河南督军职。10月底,北京政府任他为陆军检阅使。他颇愤慨,经曹锟多方劝说,方允就职,将所部移驻北京南苑。这时,冯部兵力为一师(即第十一师)三混成旅(即张之江的第七旅、李鸣钟的第八旅及宋哲元的第二十五旅),共约三万人,在南苑加紧练兵。次年5月,冯玉祥被北京政府特派为西北边防督办。

　　第一次直奉战争结束后,直系首领曹锟以高价收买一批议员,贿选当上总统,全国哗然。孙中山随即通电全国,宣言声讨。在高涨的革命形势推动下,经过徐谦、黄郛等人的工作,冯玉祥决心推倒曹、吴。他首先同原武学研究会成员、第十五旅旅长兼大名镇守使孙岳秘密联络。再由孙岳联络驻彰德(今河南安阳)、顺德(今河北邢台)一带的陕军第一师师长胡景翼。不久,胡景翼亲自到南苑与冯玉祥面议,并约定将来举事成功,必迎请孙中山北上主持一切。

　　1924年9月,第二次直奉战争爆发,张作霖指挥奉军向山海关进攻。冯玉祥被吴佩孚任命为第三路军总司令,奉命出兵古北口,直趋热河;胡景翼任援军第二路司令,驻通州待命。冯玉祥开拔前,以北京防

---

①　李泰棻:《国民军史稿》,第45页。

务空虚为由，推荐孙岳入京担任警备副司令，以为政变内应。10月上旬，山海关一线直军失利，吴佩孚率驻丰台的主力第三师赶赴前线督战。冯玉祥于10月19日在热河滦平召集高级军官会议，议决班师回京，发动政变。21日，冯率部星夜回师北京，并令驻通州的胡景翼部占领军粮城一带，切断京奉铁路，阻截吴佩孚的退路；命令李鸣钟旅攻占长辛店，切断京汉铁路，阻止北上援军。22日夜，冯军先头部队鹿钟麟部开抵安定门，由孙岳部徐永昌接应入城，分区警戒，并解除了总统卫队及曹士杰部的武装，囚禁了曹锟。23日清晨，佩戴着"不扰民，真爱民，誓死救国"袖章的冯军遍布全城交通要道。随后，冯玉祥决定修正优待清室条件，将废帝溥仪迁出紫禁城。这就是近代史上有名的"北京政变"。

10月24日，冯玉祥、孙岳、胡景翼以及各部将领，在北苑举行会议。为服膺国民革命，决议将参加政变的部队改编为"国民军"，暂定编为三个军，公推冯玉祥为国民军总司令兼第一军军长，胡景翼、孙岳为副司令，分兼第二、三军军长。会后，电请孙中山北上，解决历年南北纠纷，并派马伯援为代表，持冯玉祥的亲笔信，南下迎接孙中山。

冯玉祥在邀请孙中山北上的同时，为了笼络皖系借以阻截长江流域直系援军北上，避免军事上的孤立，又把皖系首领段祺瑞请了出来。这个政治上的失策，导致北京政变后的政权仍落入北洋军阀之手①。11月24日，段祺瑞就任"中华民国临时执政"；而张作霖也背弃了曾与冯玉祥达成的"奉军不得入关"的协议，不仅大军入关，而且亲自进入北京，企图从冯手中夺取对首都的控制权。对此，他采取以退为进的策略，提出辞职以为抵制，随即避居京西天

---

①　冯玉祥后来在总结这一教训时说：一时只看见了军事上的成败，而忽视了政治上的后果。……真是差之毫厘，谬以千里。即如由于这个临时动议（指请段祺瑞出山），竟断送了此回革命的全功！（《我的生活》，第406页）

台山。段祺瑞为了利用冯玉祥来牵制张作霖,当天退还辞呈,并派人前往挽留。1925 年 1 月 3 日,段祺瑞下令裁撤陆军检阅使一职,着冯玉祥专任西北边防督办,把察哈尔、绥远、甘肃和京兆地区作为国民军第一军的地盘。胡景翼、孙岳则扫荡河南直军残部,向京汉路发展。3 月,冯玉祥赴张家口就任西北边防督办,并将国民军第一军各部统辖于西北边防督办署,改称为暂编西北陆军,习称"西北军"。

冯玉祥发动"北京政变"、服膺国民革命之举,使吴佩孚恼恨至极。1926 年初,盘踞在两湖的吴佩孚同张作霖取得"谅解",并伙同山东的张宗昌、李景林直鲁联军,组织了"讨赤联军",把国民军分割包围起来。冯玉祥为保存西北军的实力,以退为进,于是年元旦宣布下野,把军权交给张之江、鹿钟麟等人。但吴佩孚仍与张作霖联盟反冯,奉、直、鲁联合进攻冯军,阎锡山的晋军亦随后加入。3 月,国民军第二军在河南挫败,开封、郑州、洛阳等地均被吴佩孚占领;国民军第三军也被迫撤出天津,退守京畿。4 月 15 日,国民军第一军又被迫放弃北京,退守南口。接着,国民军在南口战败,向西北的绥远、陕西一带溃退。

冯玉祥下野后,于 3 月由平地泉动身赴苏联考察,寻求"出路",同行的有国民党中央执行委员徐谦及刘骥等人。顾孟馀、于右任以及苏联顾问鲍罗廷也到库伦相会,共同商讨救国救民的方略以及国民军的政治主张和策略。冯玉祥拥护三民主义及广东国民政府,抵莫斯科的第二天(5 月 10 日)宣布正式加入国民党,并为国民军全体官兵履行集体加入国民党的手续。冯玉祥在苏联考察了三个月,会见了许多军政要人,看到了社会主义制度的优越性,特别是苏联决定给予有力的援助,使他大受鼓舞。

1926 年 8 月,冯玉祥得到国民军南口失利的消息后,立刻从苏联回到国民军驻地五原(今属内蒙古自治区巴彦淖尔盟),随他同来的有苏联顾问乌斯马诺夫等数人和中国共产党员刘伯坚等。这时,北伐战争正胜利发展,冯玉祥完全接受国民党的国民革命主张,他被国民军各将领推举为国民军联军总司令,并于9月17日宣誓就职,史称"五原誓师"。嗣后,他即对国民军进行整顿,加强政治训练。联军总司令部设立政治部,各军设立政治处,聘请乌斯马诺夫为军事、政治顾问,任命刘伯坚为政治部副部长(政治部部长为与西北军各方面有较深关系的原参谋长石敬亭,不久石随参观团赴苏,政治部工作即委托刘伯坚代理一切),邓希贤(邓小平)为中山军事学校教育长,还任用宣侠父、刘志丹、安子文等一批共产党人在军中从事政治工作。经过整顿和政治训练,国民军的精神面貌发生了显著变化,士气高昂,军事装备上也获得苏联的大量援助。在军事上,冯玉祥采纳了李大钊的建议,提出"固甘援陕,联晋图豫"的战略方针,于11月出师,一举击退围困西安的直系军阀部队,军心为之大振,扭转了被动局面。

　　1927年初,冯玉祥眼看北伐战争已经打垮了吴佩孚和孙传芳的主力,胜利进军到长江流域,决定率兵出陕,援鄂攻豫,以期会师中原。这时,国民政府决定编国民军为"国民革命军第二集团军",任命冯玉祥为第二集团军总司令。由于国民军有较明确的政治目标,纪律严明,得到广大工农群众的支援,所以进军迅速。5月26日攻克洛阳,30日进占郑州,第二天与北伐军唐生智部会师。

　　其时,蒋介石在上海发动"四一二"政变,屠杀共产党人和革命群众,并另立"国民政府"于南京,与武汉对峙。而有着夺取更多地盘和更大权力欲望的冯玉祥,这时也迅速倒退了。他巧妙地利用宁汉之争,于6月10日、11日同武汉的汪精卫集团在郑州举行会议,策划反共;19日,又到徐州,同南京的蒋介石集团举行会议,决定"清党"、去鲍(罗廷)和宁汉合作、共同北伐两大方针。徐州会议后,冯玉祥致电武汉政府,攻击共产党"破坏国民革命",敦促汪精卫等立即驱逐鲍罗廷,彻底反共。他并率先在第二集团军中实行"清党","礼送"共产党人离开他的军队,遣送苏联顾问乌斯马诺夫等回国①。此后,冯玉祥拥戴蒋介石,并于 1928 年 2 月互相换帖结拜为兄弟。接着他与蒋、桂、阎三个军事实力派合作,于 4 月大举北伐攻奉。冯玉祥指挥的部队奋勇北上,不顾重大牺牲,先后攻占山东、河北及北京、天津地区的许多地方,迫使奉军退出关外。但是蒋介石贬抑冯玉祥,除将冯部排斥出山东,还将北京、天津和河北的军政大权划给了阎锡山,冯玉祥悻悻不平。

1928 年 10 月,南京国民政府改组,冯玉祥被任命为行政院副院长兼军政部长。这时,他的第二集团军已发展到拥有三十四个师、二十个旅和十五个团共约三十万人,统辖陕、甘、宁、青、豫、鲁六省,实力强大。蒋介石以裁军建设为号召,召开编遣会议,谋议裁减全国军队。冯玉祥眼看自己的第二集团军将被大量裁减,愤然称病离开南京,到河南辉县百泉村隐居,命令部属加紧整备,以防蒋介石的武力压迫。

1929 年春,蒋介石出兵讨伐桂系,力图得到冯玉祥的支持和配合,曾许诺以行政院长职和两湖地盘给他。但蒋介石食言自肥,冯玉祥愤懑不已,蒋冯矛盾激化。5 月,李宗仁又在梧州通电反蒋,分兵

---

① 冯玉祥在郑州会议之前,基本上是倾向革命的,特别是在他从苏联回国后的一段时间,他支持组织农民协会,主张提高工人的工资。但是,随着革命形势的发展,国民军控制的陕甘地区的工农运动迅速发展起来,一部分军官向他反映:农民拒绝交租,农民协会在共产党支持下,未经地方军政长官准许,擅自捕人、杀人等等,引起他的不满。对此,刘伯坚等曾向冯作过解释工作。郑州会议期间,经过国民党右派的煽动,勾引起他对共产党的不满。这时,他否认阶级和阶级斗争,反对工农运动,认为:"中国为产业落后之国家,全民族皆在帝国主义经济压迫之下,……全国并无阶级可分,斗争者何?"(高兴亚:《冯玉祥将军》,北京出版社 1982 年版,第 105 页)觉得工农运动影响他的税收和军队的给养。他断言:"农民对绅士的斗争对革命事业是有害的。"([苏]切列潘诺夫:《中国国民革命军的北伐》,中国社会科学出版社1981年版,第569页)。冯历来受军阀思想的影响,从"军事第一"出发,此时为了解除奉鲁的军事压力,保住西北军在华北的地盘,便极力撮成宁汉合流,共同"北伐"。不过,他在"清党"时,并不像蒋介石、汪精卫那样欲对共产党人斩尽杀绝,而是"礼送"出境;对待苏联顾问,也留有余地,希望能继续得到苏联的援助。

两路进攻广东。冯玉祥决计乘机反蒋,于5月中旬在陕西华阴召开军事会议,自任"护党救国军"西北路总司令,尽撤鲁西、豫东之兵集中于陕西,以期阎锡山与之合作,会同李宗仁部对蒋实行"不战而屈人之兵"之计。同时,第二集团军将领二十八人也联名通电,要求蒋介石下野。对此,蒋介石一方面调兵遣将,将李宗仁的桂军击败;另一方面重金收买冯部主将韩复榘、石友三,破坏冯军集结计划;又策动刘镇华、杨虎城、马鸿逵等先后叛冯,使西北军发生激烈的分化。5月23日,蒋介石指使国民党中常会作出永远开除冯玉祥党籍、革除一切职务的决议,国民政府又下令查办。面对蒋介石的强大压力,冯玉祥力薄势单,为保存实力,被迫于5月27日通电下野,息影华山。他权衡再三,不惜冒险,于6月24日偕妻女亲赴太原与阎锡山会谈,以谋联手反蒋。但阎锡山却在蒋介石委以全国陆海空军副总司令职衔和二千万重金的收买下,于7月初将冯诱骗到五台县建安村加以软禁。冯玉祥的第一次反蒋,就这样失败了。

同年8月,蒋介石挟战胜桂系、挫败西北军的余威,在南京召开编遣实施会议,强行削减各个地方实力派兵力。阎锡山感到媚蒋压冯的失策,乃于中秋之夜前往建安村亲自向冯玉祥赔礼道歉,冯玉祥也表示愿意捐弃前嫌。双方达成反蒋协议,约定先由西北军发难,晋军随即响应。西北军将领宋哲元等二十七人于10月10日通电反蒋,兵分三路直指河南。翌日,蒋介石下令讨伐,派定五路军出征。就在蒋、冯双方鏖战之际,阎锡山不仅违背诺言按兵不动。还将西北军的军事机密向蒋方报告,且宣布就任国民政府陆海空军副总司令之职。西北军孤立无援,总司令宋哲元在军事指挥上又有失误,乃于12月1日被迫退回陕西。冯玉祥的第二次反蒋又遭失败。

冯玉祥对蒋介石独揽大权、消灭异己的行径深恶痛绝,甘忍阎锡山的再次背信弃义,于1930年2月又应阎之请入晋共商反蒋之计。阎锡山此时已成蒋的最后目标,为求自保,便极力拉拢各派系反蒋势力。3月9日,冯玉祥由晋返陕,部署兵力,决定调集所有人马分七路出击。3月15日,冯、阎、桂系将领五十七人由鹿钟麟领衔发出通电,历数蒋的十大罪状,促蒋自省引退;并推阎锡山为中华民国陆海空军总司令,冯玉祥、李宗仁和张学良为副总司令,领导反蒋。阎、冯、李4月1日分别通电就职,随即晋军二十万人分六路投入津浦线战场和陇海线战场;西北军三十万由陕西入豫后,分赴陇海线和平汉线战场作战;桂军和张发奎军三万人分三路进攻湘、鄂,南北呼应。5月1日,蒋介石下令讨伐。于是东起山东,西至襄樊,南迄长沙,绵延数千里的战线上展开了一场大厮杀,是为"中原大战"。大战初期,冯玉祥指挥所部与晋军协同作战,在陇海线打退了刘峙第二军团的进攻;在平汉线,冯军击败了何成濬第六军团;在津浦线,晋军轻取济南。三个战场上都打了胜仗,促成汪精卫等人在北平召开中央党部扩大会议,并另立"国民政府",以阎锡山为主席。但随之各派系之间争权夺利的斗争就加剧起来。

　　蒋介石在战事一开始,就用尽心计利用冯阎之间的矛盾,先于6月中旬策划了一个"和平运动",让张学良出面"调停",在军事上则采取对晋军打垮、对冯军拖垮的方针,并委张钫为招抚使,派出一批人从内部瓦解晋军和西北军。冯玉祥曾欲长驱东进,袭击蚌埠和宿县,以截断蒋军后路,但因得不到阎锡山的给养而作罢。后又发动以徐州为目标的"8月攻势",也因配合作战的晋军行动迟缓而失利。冯玉祥将平汉、陇海两线防线缩短,集结兵力于郑州外围,想在晋军协助下背城一战以挽回颓势,但阎锡山却令晋军向黄河以北撤退以保存实力,冯军难以支持,只得退向豫北。此时,蒋介石对举足轻重的张学良以国家前途相劝说,以高官厚禄相引诱①,终于使张学良于9月18日发出拥蒋通电,派

---

　　①　蒋介石为了拉拢张学良,特任他为陆海空军副司令,把收编华北反蒋部队的权利给了他,又把天津、河北、青岛的行政管辖权交给他,并引进东北军集团的成员到南京中央机构去当官,如任命于学忠为平津卫戍司令,王树常为河北省主席,胡若愚为青岛市长,王家桢为外交部次长等。

东北军入关,使得整个局势急转直下,反蒋战争无法继续下去。历时七个月的"中原大战"以冯阎的败北而告终。冯玉祥 10 月 15 日与阎锡山宣布联袂下野后,寄居晋南汾阳的峪道河,不久息影泰山。他苦心经营二十多年的西北军从此全面瓦解,余部被蒋介石收编。此后,冯玉祥不再直接参加军事反蒋的混战,逐步走上民主派的新历程。

1933 年春,侵占了我国东北全境的日本帝国主义又侵占热河全省,接着分兵入侵平、津,5 月并进占察哈尔的多伦,深入沽源、宝昌、康保等县。华北局势危急,全国人民抗日要求更为强烈。冯玉祥不顾蒋介石的反对,在中国共产党人的帮助下,从泰山到张家口,组织察哈尔民众抗日同盟军,于 5 月 26 日就任抗日同盟军总司令,得到全国各界爱国人士与团体的拥护和声援,同盟军迅速发展到八万人左右。6 月下旬起,抗日同盟军连战皆捷,先后克服康保、宝昌、沽源三城,并与敌军血战五昼夜后收复察哈尔东北重镇多伦,震动中外。冯的声威大振,继而于张家口宣布成立"收复东北四省计划委员会",声言准备兴师出关,收复东北。蒋介石忌恨异常,派何应钦调集十六个师的兵力实行全面封锁包围,用武力威逼冯玉祥取消同盟军,停止对日作战;并于 7 月 28 日与汪精卫在庐山发表联名通电,给冯玉祥加上"妨害统一政令"、"滥收散兵土匪"、"煽动赤焰"等种种罪名。31 日,北平当局命令断绝平绥铁路交通,同盟军处于日伪军及国民党军的包围之中,粮弹断绝,军费开支无法筹措,伤兵不能外运医治,加上内部有一部分将领发生动摇,有的被蒋介石收买。冯玉祥一筹莫展,处境十分困难,被迫于 8 月 5 日通电"忍痛收束军事",9 日宣布撤销抗日同盟军总部,14 日离开张家口,重返泰山。

冯玉祥重返泰山后,继续努力读书,聘请李达、邓初民、陈豹隐、范明枢等著名学者、教授,先后到泰山讲授辩证唯物主义、政治学原理、国际政治、中国社会问题等。他学习非常认真,每天保证七个小时读书,听讲都做笔记。此外他每日还苦学英文。

1935 年,日军加紧侵略华北,策划冀、鲁、晋、察、绥五省"自治运动",民族危机空前严重。冯玉祥为团结抗日力量,抵制不抵抗主义,拟

定关于党务、政治、外交、军事等方面的十三条意见电告南京，并出席
11月举行的国民党四届六中全会，与李烈钧等二十余人提出一个《救
亡大计案》，获得通过。该提案包括：切实保障人民的民主权利，大赦政
治犯，联合世界上以平等待我之民族，起用抗日将领，充实军备等九条。
同年12月，冯玉祥被委任为军事委员会副委员长。这是一个没有实权
的空头衔，但有较高的名位，冯玉祥利用这个身份到处演讲，号召全民
团结抗日救国。

　　西安事变后，蒋介石被迫停止内战，联共抗日。冯玉祥在1937年
2月的国民党五届三中全会上，与宋庆龄、何香凝等人共同提出《恢复
孙中山先生手订联俄、联共、扶助农工三大政策团结御侮案》，获得通
过。此后，国民党逐步转向抗日，中国共产党倡导的抗日民族统一战线
初步形成。

　　1937年"卢沟桥事变"发生，冯玉祥旧部第二十九军奋起抵抗。冯
玉祥通电旧部将领，努力"抗敌守土"，"以保千万年之光荣历史"①。
"八一三"事变后，全面抗战爆发，冯玉祥受命担任第三战区司令长官，
负责指挥淞沪抗战。但是蒋介石独揽大权，常常直接向前线各军以至
师团下达命令，前方将领多不服从冯玉祥的命令。冯玉祥十分气恼，未
及两月即将第三战区司令长官一职交由蒋介石担任，改任第六战区司
令长官。但蒋介石同时又任命萧振瀛为第一集团军总参议，唆使萧振
瀛在前线挑拨宋哲元、韩复榘、冯治安等将领与冯玉祥的关系，使他无
所作为。10月冯玉祥被调回南京，第六战区亦被撤销，此后仅挂有军
事委员会委员、国民政府委员和国民党中央常委等空衔。冯玉祥在这
种情况下，仍不消极，曾动员旧部将领回乡组织地方抗日武装②，自己

<hr />

①　冯玉祥：《冯在南京第二年》，三户图书社，1937年版，第142页。
②　如介绍给河南省主席程潜的魏凤楼、宋子贤，即被委为豫中支队司令和豫东
支队司令。其旧部军长田金凯则在原籍漯河开展地方抗日武装活动。再如介绍给第
五战区司令长官李宗仁的孟昭进，回山东章丘原籍任支队司令。他们都有地方武装
基础，又和共产党很好合作，在敌后开展游击战，给日本侵略军以有力的打击。

也利用视察国防工事机会,亲自到河南各地宣传抗日,号召青年参军支援前线。在武汉时,他和共产党人经常接触,赞成中共的抗日主张,赞许共产党人和八路军的抗日精神;约请作家老舍、画家赵望云等二十多位著名文化人士住在自己的办事处,创办《抗到底》半月刊和《抗战画报》,大力宣传抗战。他自己出资创办"三户图书社",出版宣传抗战的进步书刊。"三户"是引用《史记·项羽本纪》中"楚虽三户,亡秦必楚"的典故,表示抗战必胜的信念。

抗日战争进入相持阶段后,冯玉祥住在重庆,对于国民党内的悲观失败主义和妥协求和势力进行了针锋相对的斗争。他满腔热情地到处演讲,鼓励人民团结抗战,还到各处巡视军人生活,检阅新兵,视察军事设施等等。当蒋介石等人制造一次又一次反共摩擦时,冯玉祥则呼吁"精诚团结,抗战到底"。他借古说今,讲"桃园三结义"力量大,讲"二人同心,其利断金"的道理。

冯玉祥坚持团结抗战的言行,受到中国共产党和民主进步力量的高度赞扬。1941 年 11 月,冯玉祥六十寿辰,重庆《新华日报》为其出祝寿专刊,进步文化人士纷纷撰写诗文,周恩来也亲自撰文誉冯玉祥"为人所不敢为,说人所不敢说","始终献身于民族国家事业,奋斗不懈,屹然成为抗战的中流砥柱"[12]。

抗战胜利后,蒋介石在美国的扶持下准备发动全面内战。冯玉祥在政治上遭到蒋介石的排挤,决定到国外去开辟反蒋的新战场,乃接受蒋介石所委"考察水利专使"名义,于 1946 年 9 月去美国,定居旧金山附近的柏克莱镇。他在旧金山采取多种形式进行耐心细致的工作,发动华侨在美国人民中开展反对美国政府援助蒋介石打内战的宣传活动。

1947 年 10 月,冯玉祥应邀去纽约,在王昆仑、赖亚力等人协助下,于 11 月 9 日正式成立了"旅美中国和平民主联盟",被推选为主席。"联盟"为团结广大爱国华侨,反对美国援助蒋介石打内战而开展积极的活动。针对国民党特务的造谣破坏,冯玉祥举行记者招待会,会见美国国会议员,到各大学和团体去讲演,发表文章,甚至走上街头向群众讲演,从各方面揭露蒋介石政府贪污腐败、反动独裁的种种罪行,呼吁美国人民制止美国政府的"援华"贷款及干涉中国内政的错误政策。同年 12 月,美国国会拟通过一项紧急"援华"六千万美元的议案,拨款委员会调查小组请冯玉祥出席作证。冯以大量具体事实列举蒋介石统治集团贪污舞弊的种种手法。结果,拨款委员会将六千万美元削减为一千八百万美元。冯的活动激怒了蒋介石,12 月 20 日南京国民政府宣布撤销其"考察水利专使"职务,限令回国,并断绝他的经费拨付。冯玉祥当即召开记者招待会,予以揭露斥责;并决定以"政治难民"身份留居美国,继续坚持斗争。

1948 年元旦,李济深等人在香港成立国民党革命委员会,冯玉祥被选举为中央政治委员会主席兼驻美代表。蒋介石采取一系列措施对冯玉祥进行政治迫害,继罢官、停薪后,又开除其国民党党籍,并串通美国政府吊销其护照。美国政府对他也屡加威迫和利诱。有一美国官员向他说:我们美国政府是反对共产党的,是决不能同共产党合作的,只要你们不要共产党,我们美国政府愿意帮助你们的大忙,用钱用军火有的是。又说:"给你们六个月的时间,请你们民主人士考虑……只要你们不要共产党,我们就不要蒋介石,愿意帮助你们民主人士。"⑬冯玉祥以国家、民族利益为重,断然拒绝美国政府的利诱,表现出崇高的民族气节。

此时,国内战局急剧变化,人民解放战争的最后胜利已成定局。冯玉祥决定返回祖国参加新政治协商会议,于 7 月底乘苏联轮船"胜利号"离开美国。9 月 1 日,轮船在敖德萨附近的黑海上突然起火,冯玉祥不幸遇难。

周恩来在冯玉祥逝世一周年追悼会上说,"冯玉祥先生从一个典型的旧军人转变成一个民主的军人,他经过曲折的道路,最后走向了新民主主义的中国",高度概括了冯六十六年的复杂经历。

1953 年 10 月 15 日,冯玉祥的骨灰安葬于泰山脚下。

冯 占 海

霍燎原

冯占海,字寿山,1899年11月6日(清光绪二十五年十月初四)生于辽宁省义县农家。幼年丧父。家境贫寒,在村内读私塾八个月后即给人家放猪。1917年参加东北军当兵,1919年到沈阳入东三省陆军讲武堂学习。毕业后历任东北军的排长、连长、团部副官、营长等职。1925年升任东北陆军六八二团(即驻吉副司令长官公署卫队团)团长。东北易帜后,于1930年加入国民党。

1931年"九一八"事变发生后,在广大东北人民及其所部官兵纷纷要求抗日的推动下,他基于爱国思想,冲破了国民党政府"不抵抗"政策的束缚,率队奋起抗日。9月下旬,日军占领吉林后,汉奸熙洽以师生关系①三次派专人持亲笔函劝冯占海降日,诱以高官厚赏,胁以抄家进剿,均被他严词拒绝。他痛斥劝降人说:"占海身为中国军人,只知效命政府,生命当早置之度外,况身外浮物之家产乎!本人只知有国,凡有反抗政府者,决以全力周旋,虽亲友均不顾。"②随即向吉林省各县发出抗日通电,声讨日寇"侵我国土,掠我省库,杀我同胞"和熙洽"卖国求荣,认贼作父"的罪行,表达"团结一致","同仇敌忾","抗战到底","克

---

① 冯占海在沈阳东三省陆军讲武堂学习期间,熙洽曾为该讲武堂的教育长。
② 冯占海:《吉林军抗日简略战史》,见暨南影片公司电影画报"东北义勇军专号",1932年12月版。

尽保卫国土"的决心①。他率队从永吉出发，绕经桦甸、蛟河、舒兰，进入五常。11月，接受吉林省临时政府的委任，宣布就任吉林省警备司令兼第一旅旅长职务，并将所部卫队团和沿途吸收的爱国群众及绿林出身的宫长海、姚秉乾等抗日义勇军，共一万五千余人，编成吉林省警备军。此后，冯部转战于哈尔滨、方正、榆树、五常、吉林、长春等地，打击了日寇的侵略气焰，歼灭了大批日伪军，收复了一些失地。所到之处，受到广大群众的热情欢迎和支援。

1932年1月，日伪军进犯哈尔滨，冯占海会同东北陆军第二十四旅旅长兼依兰镇守使李杜，联合驻守在哈尔滨及其附近的丁超、邢占清、赵毅等部，共同守卫哈尔滨。1月下旬，各部抗日军在上号、三棵树、南岗等地保卫战中获胜，歼灭大量敌人，迫使伪军于琛澂部向阿城败退。随即，各部抗日军组成吉林自卫军，推李杜为总司令、冯占海为副司令兼右路总指挥。2月初，冯占海所部宫长海、姚秉乾二旅向榆树方向进军，行至双城团山子时，遇到了日伪军的截击与包围，损失很重，情况危急。冯占海率大队赶来助战，予敌军以反包围，毙伤敌军千余人，使战局转败为胜。正拟乘胜进取，不料友军失利，双城、哈尔滨相继失守，冯部腹背受敌，遂向方正一带撤退。

3月末至4月初，冯占海率队在方正、会发恒等地与敌军展开争夺战，在击溃伪军于琛澂部后遭到日伪军的联合围攻，乃退守大罗勒密。4月中旬，吉林自卫军总部在依兰召开军事会议，决定分兵三路反攻哈尔滨。会后，冯占海挥师西进，连克方正、会发恒、宾县等处，进逼哈尔滨东郊，前后共毙俘敌人四千余，击落敌机两架，大大鼓舞了爱国军民的抗战热情，队伍猛增至三万余人。但另两路收效不大。

6月，冯占海部自卫军在宾县召开会议，决定脱离吉林自卫军系

①　冯占海：《"九一八事变"后我的抗日作战经过》，中国人民政治协商会议吉林省委员会文史资料研究委员会编《吉林文史资料选辑》第一辑，吉林人民出版社，1964年6月版，第24页。

统,改名为吉林抗日救国军,推冯占海为总指挥,制定了"坚持抗战到底"、"收复吉长、捉拿卖国贼熙洽"、"不扰民"、"至死不投敌"等七条"抗战公约"①,统一思想认识,进一步激发斗志。会后,冯占海率队向哈尔滨反攻,在香坊附近与日伪军展开激战,因伤亡较大,转向榆树、五常进军。经过多次战斗,于七八月间连续收复了拉林、榆树、五常等集镇。其中双榆、青山堡一役,采取迂回战术,一举突破伪军防线。直捣日军旅团指挥所,毙俘日伪军一千余人,缴获大批枪械弹药。收复榆树、五常后,队伍又有很大补充,人员增至四万余名,并在山河屯建立了五常县临时政府,帮助当地发展了大刀会等群众抗日力量。

同年秋,吉林抗日救国军又乘胜进逼吉林、长春。9月中旬,宫长海等旅围攻吉林,一度攻至吉林西郊温德河、小白山附近,使日伪宣布吉林全城戒严。与此同时,赵维斌等旅也攻至长春北的布海、米沙子等地。这些军事活动,震动了伪满洲国的首都新京,使正在签订所谓《日满议定书》的日伪头目们受到了直接威胁。在他们心目中,冯占海率领的吉林抗日救国军是一支"强有力的反满军"②。

由于蒋介石继续推行对日妥协对内压制的错误政策,日寇得以全力放手进扑;东北各地抗日义勇军本身也有各自为政、胜骄败馁等错误,因而自1932年冬季开始,东北的抗日战局趋向低潮。冯占海感到兵力疲惫,弹药缺乏,给养困难,孤立无援,产生率队进关的想法。在日军节节进逼下,他未能接受中国共产党提出的依靠当地群众开展游击战争的建议,而想取得国民党政府接济以扩充实力,遂于当年冬率队撤离了抗战第一线,向热河方向退却。退兵途中,由于得到沿途爱国群众和其他抗日义勇军的支援,一度攻克了长岭县城,击毁了四洮线上的一列日军装甲车。但沿途因受到日伪军的堵截和袭击,使部队遭到相当

---

① 《吉林文史资料选辑》第一辑,第33页。

② 〔日〕"满洲国史编纂发行会"编:《满洲国史》分论,日本第一法规出版社,1971年出版,第314页。

损失,当 1933 年 1 月到达开鲁时,部队只剩下两万人。

到热河时,冯占海被当时担任国民党政府军事委员会北平分会代理委员长的张学良委任为第六十三军军长兼九十一师师长,并于 1933 年二三月间,率队参加了保卫热河的战斗。失利后,经赤峰、围场等地,辗转退入关内。但冯部救国军被蒋介石、何应钦视为土匪不予收容,于是他转投主张抗日的冯玉祥①。

1933 年 5 月 27 日,冯占海在张家口就任冯玉祥所组织的察哈尔民众抗日同盟军第四路总指挥职,次日发出通电称:"痛国家之阽危,愤强敌之凭陵,矢志救国,义无所顾。"②所部驻守蔚县、怀来一带,继续进行抗日活动。5 月 31 日"塘沽协定"签字后,蒋介石对抗日同盟军的压迫加剧,6 月 3 日国民党中政会责成华北军事当局对此就近查察。接着国民党一些省市党部纷纷通电反对冯玉祥组织抗日同盟军。面对这种形势,冯占海接受了张作相的建议,率队脱离抗日同盟军,转投何应钦,6 月 5 日致电北平军分会表示服从国民党当局的指挥。旋奉命移驻河北高邑、内丘、元氏、临城等县。冯部改编后,国民党在该军内设置军训处,加强控制,打击军队内部的爱国进步力量,不准冯占海扩充实力。对 1933 年初张学良委任的第六十三军军长兼九十一师师长的任命,国民党政府拖了一年之久才正式发表,到 1936 年又撤销了六十三军的番号,只保留其九十一师建制。

1937 年"七七"事变爆发后,冯占海率部奉命调去防守河北永定河一线,在固安、雄县等地与日军对峙。后战线被日军突破,兵力损失近半,遂退至河南尉氏、郑州、开封等地进行整编。不久,调到漯河、确山一带驻防。这时冯占海兼任漯河警备司令与平汉铁路郑州信阳段的护路司令。

---

① 高兴亚:《冯玉祥将军》,北京出版社 1971 年出版,第 164 页。

② 中国社会科学院近代史研究所中华民国史研究室编:《中华民国史资料丛稿·大事记》第 19 辑,中华书局,1981 年 8 月出版,第 97 页。

1938 年秋,冯部被调至江西永修、马回岭、星子等地,在第九战区司令长官薛岳指挥下对日作战。冯部在德安战役中,遭到日军的猛烈攻击,伤亡惨重,二七一旅旅长王锡山也不幸阵亡。战后,冯占海被解除军权,只挂名任国民党军事委员会中将参议。冯占海大失所望,于 1939 年春携眷到云南昆明,经营旅店业。抗战胜利后,冯占海由云南迁居北平,继续经营商业和手工业,任北平兴业公司董事。

中华人民共和国成立后,冯占海热爱祖国,积极认购公债,带头捐款支援抗美援朝,于 1950 年被选为北京西城区人民代表会议的特邀代表。同年 8 月参加了中国国民党革命委员会,9 月被选为民革中央团结委员会委员。1955 年 2 月,冯占海迁居长春,相继被选为吉林省第一、二届人民代表大会代表和吉林省人民委员会委员,被任命为吉林省体育运动委员会主任。1958 年 10 月,又被选为中国国民党革命委员会吉林省委员会副主任委员。

1963 年 9 月 14 日,冯占海病逝于长春。

主要参考资料

冯占海:《吉林省抗日义勇军成立后的战斗》,《东北抗日联军史料》编写组《东北抗日联军史料》,中共党史资料出版社,1978 年。

李树棠:《冯占海部在"七七事变"后抗日战况》,中国人民政治协商会议吉林省委员会文史资料研究委员会编《吉林文史资料选辑》第 2 辑,吉林人民出版社,1981 年。

刘化南:《吉林抗日自卫军义勇军的兴起与瓦解》(未刊稿)。

高品三、高尊三等人访问记录。

冯 治 安

吕乃澄

冯治安,字仰之,直隶(今河北)故城县人,生于1896年12月16日(清光绪二十二年十一月十二日)。其父冯元玺,热心兴学办塾。冯治安自幼随父就读,勤谨好学。他深感祖国内忧外患,民不聊生,慨然叹曰:"大丈夫当效班定远、岳武穆之立功报国,挥戈救民,岂能逸居乡里哉!"[①]立志投笔从戎报效祖国,改名治安,志在治国安邦。

1912年3月,左路备补军第二营营长冯玉祥到河北景县一带招募新兵,冯治安前往投效,先为伙夫。翌年冯玉祥部扩编为京卫军第一团,他编在该团第二营为哨兵。他勤勉好学,待人宽厚,肯多做事,不辞劳苦,常对人说:"多做,多学,多见闻也。"[②]

1914年冯玉祥部调入陕西后,扩编为陆军第十六混成旅,在全旅中选拔优秀青年一百三十人组成模范连,冯治安入选。他学习努力,训练刻苦,不久被提升为排长。1916年,他又在护国战争中立功,被提升为连长。1920年第十六混成旅扩编为陆军第十一师,冯治安提升为学兵营营长。

1924年10月,冯玉祥在第二次直奉战事中发动北京政变,建立国民军,冯治安因作战有功,被提升为卫队旅旅长,驻兵于丰台附近。其

①　王国栋:《陆军上将冯治安将军事略》,黄季陆主编《革命人物志》第6集,台北中国国民党中央委员会党史史料编纂委员会,1971年,第188页。

②　冯玉祥:《我的生活》下册,黑龙江人民出版社1981年版,第315页。

时英国侵略军闯入挑衅,冯治安严密防范。英军见中国军队警戒严密,无隙可乘,不战而退。

北京政变后,段祺瑞控制北京政权,冯玉祥出任西北边防督办,在张家口成立督办公署。冯治安卫队旅随冯进驻张家口后,奉命与张自忠部共同建筑模范新村。新村占地五顷,有贫民图书馆、高级军官补习所、大操场、俱乐部等,还有五座西式小平房,围着一座大讲堂和大饭厅,成为冯玉祥培训军政干部的重要场所。

1926年春,吴佩孚与张作霖联合以"反赤"为名围攻国民军,4月国民军被迫退出北京,8月南口大战又失利,被直军追击到宣化南面的山地上。冯治安卫队旅扼守一座小庙,与敌激战三昼夜,直军迫其缴械,冯治安坚定地回答:"冯玉祥的队伍没有缴械的。"[①]后来乘夜突围退走。随后,冯治安率部与国民五军配合,攻克阳高、大白登,歼灭了晋军两个混成营,再分路围攻浑源、应县之敌,占领雁门关以北地区。

9月17日,冯玉祥五原誓师,就任国民联军总司令,重整军备,扩大编制,卫队旅扩编为师,冯治安升任为师长。不久,该师由五原移驻平凉,12月上旬又进驻西安。其时北伐军在湘、鄂、赣、闽大捷,吴佩孚、孙传芳的部队节节溃退,形势骤变。1927年5月1日,国民联军改编为国民革命军第二集团军,冯治安升任第十四军军长,率部移驻河南确山,后又开赴信阳。同年9月,叛吴投冯的靳云鹗,又与张宗昌策划夹攻第二集团军。冯治安与孙良诚、韩德元等各部配合,击败靳云鹗部。冯玉祥应第二十三军军长秦德纯的请求,把冯治安与秦对调,秦德纯任第十四军军长,冯治安任第二十三军军长。

1929年1月南京编遣会议以后,冯治安进入陆军大学学习。他回部队后,正值冯玉祥联合阎锡山反对蒋介石的中原大战爆发,冯治安部先在郑州以南的平汉线上作战,后调去增援张维岳部。蒋介石部队占领济南后,重点进攻平汉线,发起郑州会战,首先袭击西北军的后方,致

---

① 　秦德纯著:《秦德纯回忆录》,台北传记文学出版社1967年版,第141页。

使战局发生重大变化,冯治安及田金凯、任应岐等部在新乡一带被重重包围,战斗失利,最后被迫向蒋军缴械。

中原大战后,西北军的残部接受张学良改编为陆军第二十九军,由宋哲元出任军长,冯治安任第三十七师师长。第二十九军在晋南驻地,克服缺饷缺枪械的困难,坚持刻苦训练,"九一八"事变后更以日本侵略军为演习的攻击目标,激发了广大官兵的爱国热情。

1933年1月,日军侵占山海关,2月又进攻热河。第二十九军奉命到通州、三河、蓟县、玉田一带布防。3月初,日军继续攻击我长城各要塞。第二十九军编为第三路军,以张自忠为前敌总指挥,冯治安为副总指挥,星夜奔赴喜峰口、罗文峪一带迎击敌军。冯部第三十七师于3月9日夜抵达喜峰口,奋勇冲杀敌军,暂时稳定了战局。10日和11日黎明,日本侵略军又以步、炮、空军配合向我军猛攻,冯治安亲临前线指挥部队作战,击退敌人的多次进攻,坚守了阵地。11日午后,冯治安和张自忠、秦德纯等商讨作战部署时,冯治安主张抽调两个团绕道出关,夜袭日军阵地,乃决定当天黑夜行动。旅长赵登禹率两个团分别出潘家口和董家口,绕到敌人左右背后,袭击日军东西两侧高地上的炮兵阵地,正在酣睡的敌人被我军大刀砍得鬼哭狼嚎,抱头鼠窜。结果杀敌千余人,缴获的坦克、大炮等无法运回,一律焚毁。敌之增援部队又被我军阻击,伤亡惨重。此后日军多次反扑,终未得逞,至16日被迫退去。喜峰口的胜利,得到全国各界人民的赞誉,冯治安等第二十九军的高级将领,获得南京国民政府颁发的青天白日勋章。

同年5月,冯玉祥在张家口组织察哈尔民众抗日同盟军,冯治安表示拥戴。当时何应钦命令庞炳勋率部进攻同盟军,宋哲元召集张自忠、冯治安、刘汝明、秦德纯等高级将领会议决定:"如果庞炳勋胆敢进攻冯先生,第二十九军即以全力消灭庞炳勋部。"①会后,冯治安与秦德纯去

---

① 张俊声:《宋哲元与抗日同盟军》,《"九·一八"到"七七"事变》,中国文史出版社1987年版,第596页。

见庞炳勋予以警告,迫使庞部停止了进攻。8月同盟军在蒋介石压迫下解散,冯玉祥引退,宋哲元接任察哈尔省主席,第二十九军进驻察省,冯治安率第三十七师屯驻张家口一带。

1935年夏,冯治安率部到北平城内外驻防,派何基沣旅驻西苑、八宝山、卢沟桥和长辛店一带,刘自珍旅驻北平城内,以防日军和汉奸的袭击。是年冬,何基沣旅击溃刘桂堂匪部的窜扰,1937年2月又剿灭了企图西窜的冀东"民团"三千余人,并活捉了三个日本人。

当日本加紧策划"华北自治"阴谋之际,宋哲元于1935年12月出任冀察政务委员会委员长,冯治安于1936年11月接任河北省主席,仍兼第三十七师师长,第三十七师的防务责任加重。1937年5月,宋哲元为抵制日本的逼迫,避往山东乐陵原籍,行前把军事交给冯治安指挥,军长公事也由冯代管。其时,驻丰台的日本侵略军加紧演习,企图制造事端。冀察当局对日军实弹射击毁我民房的行径,向日方提出强烈抗议;冯治安命令驻守官兵严加防范,并在卢沟桥一带增配兵力,北平各城门也增派流动岗哨,以防日军的突然袭击。

7月7日夜10时许,从日军演习地方发出一阵枪声后,日军诡称一名士兵失踪,要求进入宛平城搜查,我驻军第二一九团第三营拒绝,日方即调动驻丰台日军第三大队包围了宛平城。我当地驻军向冯治安请示办法,冯当即指示:"为维护国家主权与领土完整,寸土都不许退,可采取武力自卫及断然处置。国家存亡,在此一举,设若冲突,卢沟桥即是你们的坟墓!"①8日凌晨4时50分,正当中日双方代表在宛平城里谈判时,日军突然炮轰宛平城,我军当即自卫还击。当天击退日军三次进攻,用鲜血保卫祖国的领土。日军悍然发动了全面侵华战争。

卢沟桥事变后,冯治安与秦德纯、张自忠等紧急会议,冯积极主战,获得全体的赞同。8日下午,宋哲元从乐陵电令先消灭当面之敌。冯治安于当晚下反攻命令,午夜,第三十七师一一○旅从长辛店调来第二

---

① 蒋星德:《冯治安将军关于"七七"事变的回忆》,《团结报》1984年7月7日。

营,与第三营配合,首先截断日军的后路,并组织大刀队夜袭龙王庙和铁路桥上的日本侵略军,大获全胜,坚守了阵地。当时日军兵力单薄,害怕被歼,立即派人疏通,答应撤兵,因而全面反攻命令没有执行。冯治安、张自忠、秦德纯当天又致电南京何应钦,除报告反击日军战况外,还表明决心:"彼方要求须我方撤出卢沟桥城外,方免事态扩大。但我以国家领土主权所关,未便轻易放弃,现仍在对峙中,倘对方一再压迫,为正当防卫计,不得不与之竭力周旋。"①冯治安还下令北平各城门紧闭,派兵扼守,各重要路口都堆积沙包,随时准备消灭入侵之敌。

冯治安指挥第三十七师奋勇抗日,获得全国广大军民的热烈响应和大力支援。中共中央 7 月 8 日发表《为日军进攻卢沟桥通电》中指出:"只有全民族实行抗战,才是我们的出路!"并热烈赞扬"冯治安部的英勇抗战!"②中华民族解放先锋队和北平学生救国联合会组织学生战地服务团,冒着敌人的炮火,到前线慰劳抗日将士,救护伤员。在全国同胞的声援下,第三十七师一一〇旅的全旅官兵,在冯治安和旅长何基沣亲临前线指挥下,浴血奋战,以劣势的装备多次粉碎日军猛烈炮火的进攻。在二十多天的战斗中,死伤官兵千余人,仍然固守宛平城。

但是,日本侵略者提出所谓"就地解决"和"不扩大方针"的缓兵之计,愚弄和欺骗了第二十九军的某些高级将领,贻误了战机,致使全军没有主动出击,陷于被动挨打,坐待日军调集优势兵力对北平城实行包围。直到日军发动全面攻击时,才仓皇应战,虽曾在廊坊、丰台等地一度获胜,随即又被日军击退。7 月 28 日,日军出动飞机轰炸南苑,继以坦克和炮兵配合进攻,二十九军伤亡惨重,副军长佟麟阁和第一三二师师长赵登禹在指挥作战中英勇牺牲。同一天日军又攻占了清河镇等

---

① 《冯治安、张自忠、秦德纯致何应钦电》,见中共中央党校中共党史资料室编《卢沟桥事变和平津抗战》(资料选编),中共中央党校科研办公室,1986 年,第 142 页。

② 《冯治安、张自忠、秦德纯致何应钦电》,见《卢沟桥事变和平津抗战》(资料选编),第 235—236 页。

地。宋哲元见大势已去,星夜与秦德纯、冯治安等离开北平赴保定。第三十七师一一〇旅于29日奉命从卢沟桥、宛平、西苑等地撤退,开往涿州、良乡一带布防。

7月30日,宋哲元在保定致电蒋介石,托病请假,并荐冯治安代理第二十九军军长,旋即获准。冯治安即率第二十九军开往唐官屯、马厂一带集结,军部移驻河间,担任津浦线上的防务。8月中旬,第二十九军扩编为第一集团军,宋哲元任总司令,冯治安任副总司令兼前敌总指挥和第七十七军军长。

9月初,日本侵略军向津浦北段发动进攻,第七十七军在冯治安的直接指挥下,以阵地战配合游击战打击敌人。第三十七师二十五旅在静海县周围阻击日军,其中第六五七团与日军激战五昼夜,在争夺阵地中四出四进,全团二千四百多人只剩下七百多人,退到县城以南,利用青纱帐作掩护,开展游击战争;第一一一旅向闸口和流河镇的敌军发动猛烈进攻,夺取了日军两个重要阵地,痛击日本侵略军。第一三二师的官兵组织大刀队,夜袭日本侵略军。9月中旬宋哲元请假赴泰山休养,由冯治安代理第一集团军总司令,指挥部队与日军苦战一个月,以重大的牺牲阻止日军南进。10月中旬,第一集团军总司令部撤至大名,冯治安被任命为第十九军团军团长。

10月下旬,宋哲元回到大名总司令部,调动主力部队进攻邢台,冯治安对宋哲元的指挥不满,愤而托病请假前往开封疗养。直到1938年3月,宋哲元调任第一战区副司令长官,第一集团军的番号撤销,冯治安才回部队,率第十九军团在黄河北岸开展抗日游击战争。

不久,冯治安率第七十七军开往徐州附近,编入第五战区,与孙连仲的第二集团军防守沿津浦铁路临城至台儿庄一线。3月底至4月初,孙部在友军配合下,与日军激战获胜,反攻时把敌军驱逐到峄县、枣庄一带,固守待援。5月间,冯治安率部向青町、蒙城间攻击,断敌后路。徐州会战后,冯治安率部撤退到平汉线上,阻击日军西犯,掩护第一战区的主力部队向平汉铁路以西撤退。在武汉保卫战时,冯治安率第七十七军参加大别山北麓的正面战斗,在向侵占六安、霍山的日军扰袭两星期后,于9月中旬开往油坊店、鲢鱼山一带,构筑阵地,阻敌前进。武汉保卫战后,冯治安第七十七军、张自忠第五十九军和曹福林第五十五军合编为第三十三集团军,张自忠任总司令,冯治安任副总司令。

日本侵略军为了解除随县、枣阳地区中国军队对武汉的困扰,于1939年5月发动随枣战役。中国军队采取机动灵活的积极防御,张自忠的右翼集团军部署于襄河一带,阻击日军北上和渡河。5月1日,日军以第十六师团为主力,沿大洪山、襄河地区向枣阳推进,当天夜晚,冯治安指挥襄河两岸部队,及时调整部署,命令第一三二师承担河防任务,其余部队立即渡河修筑第二线阵地。从2日起,日军第十六师团调动装甲战车,以空军配合,向第七十七军防御阵地进攻,轮番轰炸,中国军队虽然奋勇抵抗,但因伤亡惨重,未能阻止日军前进,致使枣阳于8日陷落。张自忠、冯治安率部发起反攻,9日,第三十七师克复丰乐河、清水桥一线,第三十八师击退耗子岗附近日军的进攻,第一三二师切断了长寿店以南的通道。日军怕后方的补给线被切断,立即把主力部队撤回,使第五战区的主力部队得以撤出日军的包围圈,由内线转为外线,对日军实行反包围。从15日起,我军不断向日军发起全面反攻,至20日先后收复了新野、唐河、枣阳、桐柏等地区,迫使日军退回钟祥、应山等地。这次随枣会战以日军的败退而结束。

同年冬,第五战区发动冬季攻势,袭击襄河东岸的日本侵略军,张自忠、冯治安指挥的第三十三集团军是主力部队之一。他们利用近战、夜战、肉搏战,攻占了罗家陡坡敌人的阵地,夜袭观头敌人的驻点,绕道三十里外偷袭敌军驻钟祥县的总指挥部,都获得了辉煌的战果,沉重打击了襄河东岸的日本侵略军。

1940年5月,第三十三集团军在枣宜会战中,承担襄河河防的重要任务,前沿阵地伸延到襄河东岸。2日,日军第十三师团由钟祥北进,向我河东阵地发动猛烈的攻击,我军虽然奋勇抵抗,阵地仍先后被日军攻破。6日，第三十三集团军总司令张自忠奉命渡河督战，行前致书冯治安说："因为战区全面战事之关系及本人之责任，均须过河与敌一拼，现已决定于今晚往襄河东岸进发，到河东后……奔着我们最终之目标，往北迈进。无论作好作坏，一定求良心得到安慰。以后公私，均得请我弟负责。由现在起，以后或暂别或永离，不得而知。"①把襄河西岸的部队交给冯治安指挥。张自忠率部渡河后英勇奋战，于16日以身殉国。冯治安接任第三十三集团军总司令，在保卫宜昌的战斗中，于6月3日率部向敌军反攻。

此后，冯治安统率第三十三集团军将士转战鄂西地区，奋勇抗击日本侵略军。1944年冬国民政府重划战区，冯治安任第六战区副司令长官，仍兼任第三十三集团军总司令，担任长江沿岸的防守任务，守卫抗战大后方的大门，一直坚持到抗日战争的胜利。1945年6月，在国民党第六次全国代表大会上，冯治安被选为中央监察委员。

由于冯治安和第三十三集团军的高级将领原系冯玉祥西北军的旧部，蒋介石并没有因为他们英勇抗战而予以重用，反而加以排挤和压制。早在1940年，第三十三集团军的三个军被缩编为两个军和一个骑兵师；1944年冬，又把每军三个师缩编为两个师，骑兵师也取消了。因此，将士们普遍感到军队越编越少，前途暗淡。

抗日战争胜利后，冯治安率第三十三集团军奉命开赴徐州，不久编为第三绥靖区，冯任司令官。设指挥所于贾汪，由副司令官何基沣指挥，驻守韩庄至台儿庄的运河地区。冯治安为了保存实力，利用副司令官张克侠、何基沣与共产党的关系，尽量避免与人民解放军正面冲突，以致在徐州东北一带相安三年之久。

蒋介石发动全面内战后节节败退，到1948年秋，国民党军的"重点防御"又被人民解放军击破。蒋介石为保卫南京外围，将有限兵力集中

---

① 党德信、杨玉文编：《抗日战争国民党阵亡将领录》，解放军出版社1987年版，第22页。

在徐蚌地区,部署战略决战。冯治安甚为恐惧,他对何基沣说:"'剿总'要以四十万大军沿津浦路北上,要我们打头阵,这不很清楚吗?不论谁胜谁败,反正我们先完蛋!"①他对蒋介石已失去信心,可是又怕丧失既得利益而拒绝起义,只是对张克侠、何基沣的策反未及早告发,也没有断然处置部队中倾向进步的官兵,这样,在第三绥靖区内部经过一番激烈的矛盾和斗争,两种势力终于分道扬镳了。在淮海战役开始之际,张克侠和何基沣于 11 月 8 日在贾汪的运河前线上,统率约二万人起义,为解放大军长驱直入开辟通道;旋即向曹八集方向前进,切断了国民党军第七兵团西撤的退路,为淮海战役的胜利作出了贡献。冯治安获知部队起义后,痛哭流涕,只身坐上吉普车,向"徐州剿总"总司令刘峙请罪,遭到软禁,旋被押送南京。蒋介石为稳定他的残余部队,未予惩办。1949 年 1 月,冯被任命为京沪杭警备司令部副总司令,他如履薄冰,一切听从总司令汤恩伯的摆布。

冯治安撤至台湾后,先后任"国民大会"代表、"战略顾问"和"大陆光复设计委员"等闲散官职。

1954 年 1 月 9 日,冯治安病逝于台湾。

---

① 何基沣:《运河前线起义》,《淮海战役亲历记》,文史资料出版社 1983 年版,第 137 页。

冯 自 由

陈 民

冯自由,原名懋龙,字建华,广东南海人,1882年(清光绪八年)①生于日本横滨。父亲冯镜如早年侨居横滨,开设"文经商店",经营外国文具兼印刷业。冯自由幼时曾被送回国受教育,十三岁又返回横滨。

1895年9月广州起义失败后,孙中山与陈少白等东渡日本,抵达横滨访问冯镜如,聚同志十余人,商议组织兴中会横滨分会,推举冯镜如为会长。冯自由获准加入兴中会,时方十三岁②,以其年少勤快,负责各国同志之通讯。

冯自由于1896年就读于东京天主教办的晓星学校,学生多为欧美籍,他受到种族主义的欺凌,一个学期未完即自动退学。1897年进入

---

① 关于冯自由的出生日期,诸多记载不一:简又文在《冯自由》传中记为"光绪八年壬午十二月二十三日,西历1882年11月13日"(《革命人物志》第6集,台北1971年版,第162页)。按清光绪八年壬午十二月二十三日,换算西历应是1883年1月31日;而西历1882年11月13日,则应是清光绪壬午十月初三。二者换等均不对。台湾学者蒋永敬记冯的生日"光绪八年十一月十三日(1882年12月23日)"(《中华民国名人传》第二册,台北1988年版,第506页)。按清光绪八年十一月十三日,应是西历1882年12月22日。[美]包华德主编《民国人物传记词典》第二卷第30页,记冯自由出生于"1881年6月"。台北《中央日报》根据报社资料,记冯自由生于"民前三十年",即1882年(《中央日报》1985年4月7日第一版刊载冯自由逝世新闻报道)。查阅冯自由本人多处自述,他生于1882年,具体月、日则未见记载。本文从他本人自述。

② 冯自由多处自述:"余时年十四"、"余年甫十四耳",系循习按虚岁算。

冯镜如与横滨中华会馆同人创办的华侨小学。这所华侨小学,初被孙中山命名为"中西学校",聘徐勤为校长。徐系康有为弟子,以其师素倡大同之说,遂改校名为大同学校,倡言变法,也重视爱国观念的启迪。冯自由在两年里颇受影响,曾自撰楹联:"大同大器十七岁,中国中兴第一人。"悬挂于书房;又作《爱国歌》申述抱负:"懋龙少年多奇气,折矢誓拯神州弱。每闻时事怒冲冠,要把强夷一撄缚。"①

戊戌变法失败后,康有为亡命日本,造访冯镜如,倡言保皇,冯镜如遂由革命转为保皇,但冯自由不为所动。翌年,冯自由转入东京大同学校。此校为梁启超创办,康有为对该校多加干预,并排斥"平等、自由、独立、自主"等新名词。冯自由愤愤不平,毅然将原名懋龙改名"自由"。1900年初,与同学郑贯一等合作创办《开智录》旬刊,阐扬自由、平等新思想。该刊风格独特,立论新颖,文字浅显,颇受各地华侨欢迎。冯自由曾撰长篇爱国小说《贞德传》,在该刊连载。因该刊随保皇派的《清议报》发行,在保皇派的压力下半年后即被迫停刊。

冯自由在1901年转入东京专门学校(早稻田大学前身)政治科。是年春,报载清廷割让广东给法国的传言,冯自由与广东留日学生王宠惠、李自重、郑贯一等发起"广东独立协会",倡言广东当局向清廷宣布独立。对此,孙中山表示支持与鼓励。广东留学生从此开始了与兴中会的合作。5月,冯自由又与留日学生秦力山、张继、王宠惠等在东京创办《国民报》月刊,宣传反清革命。这是中国留日学生倡言革命的最早刊物,惜因资金不足,只出版了四期,即告停刊。

1902年冬,冯自由回广东与香港富商李煜堂之女李自平结婚。翌年,夫妇一起返日,冯受聘为香港《中国日报》驻日记者。同年9月,孙中山离日赴檀香山,命冯自由负责兴中会在日本的各项活动。1904年,他经孙中山介绍任三藩市(即旧金山)《大同日报》驻日通讯员。

当孙中山由欧美抵达东京组织中国同盟会时,冯自由被选为同盟

---

① 简又文:《冯自由》,载《革命人物志》第6集,台北1971年版,第163页。

会评议部评议员。1905年8月,孙中山以香港地位重要,命冯自由赴港,负责组织同盟会香港分会,会长为陈少白,冯自由任书记兼《中国日报》记者。次年,《中国日报》陷入经济困境,冯自由请其岳父李煜堂出资五千元,预购该报发行权,以免被拍卖;然后再由李煜堂与李纪堂、吴东启等投资入股,全面改组,采取独立经营方式,继续发行,冯自由被举为社长兼总编辑。1906年冬,同盟会香港分会改组,冯自由继陈少白任会长,直接策动与间接参与西南历次武装起义、筹划暗杀清吏以及购运枪械弹药等重要活动,并任同盟会南方支部长。

1910年夏,冯自由赴加拿大温哥华,应聘主持《大汉日报》笔政。当时,保皇党在域多利(即维多利亚)办有《日新报》,鼓吹保皇。冯自由主持《大汉日报》后,致力驳斥保皇谬论,鼓吹反清的革命宗旨,与《日新报》展开论战。同时,他还兼三藩市《大同日报》撰述。

1911年初,孙中山赴美洲筹款抵达温哥华,受到洪门及华侨的热烈欢迎。冯自由与孙中山相继讲解洪门历史及其宗旨,他还乘机提议设立洪门筹饷局,又商得孙中山同意,建议各地洪门变卖房产支援革命。同年4月,同盟会加拿大支部成立,他被举为支部长。10月,武昌起义,冯自由受同盟会、致公堂、洪门筹饷局三大团体之推举,以旅美华侨革命党总代表身份,于11月回国参加革命政府的组织工作。1912年元旦,南京临时政府成立,孙中山就任临时大总统,冯自由任总统府机要秘书。不久,南北议和,孙中山辞去临时大总统职,冯自由经孙中山、黄兴推荐,任临时稽勋局局长,北上就职。

1913年春,北京政府参议院选举议员,海外华侨各团体所派代表一百八十多人齐集北京,冯自由奉国民党总部之命出面接待,并组织华侨联合会,被推举为会长。7月,二次革命在南方爆发,冯自由将稽勋局的表册、档案全部秘密运往上海,保护了这批宝贵的革命文献资料,后来他撰写革命史即多取材于此。冯自由随即被袁世凯逮捕入狱,五日后获释,南下上海到香港。二次革命失败后,孙中山逃亡日本,筹组中华革命党,冯自由拥护孙中山之主张。1914年7月,中华革命党正式成立,冯自由任党务部副部长(部长为居正)。不久,他奉命赴美洲联络同志推进党务,筹募讨袁经费。翌年,任国民党美洲支部长兼办《民治杂志》。同时还任中华民国公会(原为致公堂)总会长。

1916年,冯自由应孙中山电召,赴日襄助党务协调工作。是年6月袁世凯死,黎元洪继任大总统,恢复国会,冯自由以华侨身份,当选参议院议员。1917年7月,孙中山在广州倡导护法。9月,冯自由出席国会议员在广州召开的非常会议,建立军政府,推举孙中山为大元帅。他于出席非常会议外,兼入元帅府及党部,参与军政大计。1918年,桂系军阀莫荣新与国会议长吴景濂等改组军政府,孙中山辞职去沪,冯自由于次年去香港闭门教子女诗书。1922年北京国会恢复,他北上揭露杨永泰贿选。

1923年曹锟贿选总统,冯自由拒当"猪仔议员",回到广州,设民治通讯社,进行反对北京政府的宣传。10月,孙中山着手改组中国国民党,成立中央临时执行委员会,冯任中央候补执行委员。孙中山根据国内外政治形势,提出联俄、容共、扶助农工的三大政策,冯自由与张继、邹鲁等反对与共产党合作,受到孙中山的严厉批评。冯自由坚持己见,离粤赴沪,并联络同好。1925年3月8日,他伙同张继、朱卓文等在北京组织所谓"中华民国国民党同志俱乐部",坚持反对国共合作,从组织上分裂国民党。3月27日,国民党中央执行委员会正式决定开除冯自由党籍①。

之后,冯自由从事《中华民国开国前革命史》一书的撰著,半年后由其自设于上海的"革命史编辑社"出版。1928年,以李煜堂为董事长的上海新新公司开张,冯自由受聘为该公司总经理,从事商业活动。

1933年,冯自由被聘任国民政府立法院立法委员,重返政坛。1935年,由立法院长孙科等提议,国民党恢复冯自由的党籍。此后,他

---

①　戴均良:《开除冯自由党籍时间的订正》,《近代史研究》1985年第3期,第318页。

并未参与政务,主要从事辛亥前后革命历史之撰述。1936年至1938年间,在《逸经》、《大风》杂志发表《革命逸史》连载。抗战期间,冯自由先后迁居香港、重庆,1943年列名国民政府委员。抗战胜利后,由重庆返上海,续撰《革命逸史》。1948年冬迁居香港,续编国民党的《革命史》。1951年前往台北,翌年被蒋介石聘为"总统府国策顾问"。

1958年4月6日,冯自由因脑溢血于台北逝世①。主要著作有《中华民国开国前革命史》、《革命逸史》、《华侨革命开国史》、《华侨革命史话》、《华侨革命组织史话》等。

―――――――――――

① 台湾《中央日报》1958年4月7日第一版。

傅　抱　石

倪　波　　沈道初

　　傅抱石,字瑞麟,1904 年 10 月 5 日(清光绪三十年八月二十六日)生于江西南昌,原籍江西新喻。父亲以补伞为生,家境贫苦。七岁时他父亲去世,母亲靠帮人洗衣、补伞,过着清贫的生活。傅抱石少时天资聪敏,在南昌公立模范小学读书时,成绩优异。1919 年小学毕业,被保送进了江西第一师范学校。傅抱石从童年时代起就爱好雕刻、书画。他家附近的街上有雕刻店、裱画店、小书店,他常去观看,增添了对绘画、雕刻的浓厚兴趣,开阔了眼界。小书店的主人看到他刻苦、勤奋,便借书给他看。傅在第一师范上学时,为了求得篆刻上的技艺指导,课余常去刻字店观摩学习。因为生活贫苦,他在上学期间即以刻图章谋生。他刻的图章数量多,功夫坚实,当时在社会上已有一些声誉;1923 年毕业时,已刻成几本《印存》。学校因他篆刻和绘画成绩优秀,留他当美术教师。

　　此后,傅抱石致力于国画传统技法的学习和探究,对石涛、石谿及宋、元、明、清名家画本反复临摹。但他并不是照搬照抄,而是有所分析,有所选择,有所追求。他的艺术才能很快提高。1932 年徐悲鸿到南昌游览时,看到了他的习作,非常赞赏,认为他很有艺术才能。从此,他得到了徐的热情鼓励和指导。其最早作品创作于 1933 年,就是钤有"新喻傅瑞麟"印的四幅条屏:《竹下骑驴》、《松崖对饮》、《秋林水阁》、《策杖携琴》。这个阶段是他广泛学习祖国艺术传统的时期。

　　在江西第一师范学校任教期间,傅抱石在一枚手指头大小的图章上面,刻了一千多字。当时江西省主席熊式辉得知此事后,很器重他,1933年以公费送他去日本留学。他进入日本帝国美术学校,刻苦努力,成绩卓著,画法和风格受到日本画家竹内栖风等人的影响,开始追求画面的气氛,泼墨和烘染的手法也多起来,在他前期钩、划、皴、点为主的画法中融合了新机。他在东京举行过金石书画创作展览,并在创作之余从事著述和翻译工作,受到日本学术界的重视。

1935年傅抱石学成回国,经徐悲鸿推荐,进南京中央大学艺术系任教。1937年抗战爆发后,他随校入川,住重庆郊区歌乐山金刚坡,与郭沫若为邻。由于境变情迁,勤于创作,并受到郭沫若诗词和书法的影响,此时他的山水画艺大进。他于中央大学艺术系授课之余,在重庆、成都、昆明等地举行画展,为国内外人士所推崇。

1937年至1946年这十年,是傅抱石的山水画进展的重要时期,也是他的风格逐步形成的时期。他学习石涛技法,力求写生与意境、情与景的结合,追求洒脱苍茫的境界。他十分尊崇石涛,先后发表了《苦瓜和尚年表》、《石涛生卒考》、《石涛丛考》、《石涛再考》、《石涛三考》和《石涛上人年谱》。1942年春,他在重庆作了一幅《大涤草堂图》,表示对石涛的崇仰。此画受徐悲鸿的影响,并参用新法,带有西洋水彩的影子。徐悲鸿为此画题句:"元气淋漓,真宰上诉。"1945年夏,他在金刚坡所作的《潇潇暮雨图》,以乱柴、乱麻二皴为主,钩、擦、揉、点、泼墨、刷、烘染多法并用,使画面效果既洒脱自然又丰富苍茫。他所作的《初夏之雾》、《蜀江烟雨》等写生画,浓重的用墨、挺峭的行笔,使人有触景生情之感。

1946年,傅抱石随校返回南京,仍执教于中央大学。他在课堂上热心讲解,循循善诱,深得学生敬佩。

中华人民共和国成立后,傅抱石任南京师范学院美术系教授。他努力用自己的画笔描绘新时代,作品日趋壮阔,焕发新貌。1957年赴东欧罗马尼亚等国访问,以国画写生。1958年后,他历任全国人大代表、中国美术家协会副主席、美协江苏分会主席、江苏省国画院院长等

职。他倡导"行万里路"、"笔墨当随时代",以传统国画艺术魅力,更高
地再现社会主义现实生活。他与齐白石有"南石"、"北石"之称,蜚声艺
苑。他与国画家们合作从事研究与创作,并招收了一批青年,为国家培
养了国画的新生力量。1959年傅抱石与关山月合作,为首都人民大会
堂创作了《江山如此多娇》巨幅山水画,毛泽东在画上亲笔题了字。

上世纪60年代初,傅抱石几次赴祖国各地写生实践,使他的山水
画造诣达到了新的高峰。他以深厚的国画传统作基础,吸收了日本和
西欧的技法,表现了浑穆的气宇。晚年,他的许多山水写生画泼辣奔
放,精钩密勒,丝丝入扣;停墨积水,淋漓湿润;干笔枯毫,飞白遒劲;设
色沉静,意境浩瀚。

1965年9月27日,傅抱石因脑溢血症于南京去世。

傅抱石已出版的著作和画集主要有:《中国绘画变迁史纲》、《山水
人物技法》、《中国绘画理论》、《傅抱石画集》、《罗马尼亚访问写生画
集》、《中国美术年表》、《中国古代山水画史的研究》、《石涛上人年
谱》等。

主要参考资料

傅抱石:《中国古代山水画史的研究》,上海人民美术出版社1960
年版。

傅抱石:《中国绘画变迁史纲》,南京书店1931年版。

傅抱石:《中国美术年表》,商务印书馆1937年版。

[日]高岛北海著、傅抱石编译:《写山要法》,上海人民美术出版社
1957年版。

傅抱石作:《傅抱石画集》,人民美术出版社1958年版。

傅抱石编:《石涛上人年谱》,京沪周刊社1948年版。

傅 东 华

王 震

傅东华,姓黄,因过继外祖父家,改姓傅,又名傅则黄。笔名有冻荫、冻华、伍实、郭定一、黄约斋、约斋水、陆若水、独活等。生于1893年4月21日(清光绪十九年三月初六),浙江金华人。其父曾在金华城内教私塾,家境清寒。傅从小随父读书,成绩优异。1910年考入上海南洋公学中院(即中学部),于1912年毕业。因经济困难,未能继续升学。1913年他考进中华书局做练习生,因古汉语和英文均佳,不久即改任编译员。主要翻译由正式编辑在外文期刊上选定的短篇小说,有《白羽冠》、《美人丹》、《黄金魔力》、《穷命贼》、《偷吻》、《大石面》等,在《中华小说界》等刊物上发表。

1916年秋,《中华小说界》因故停刊,傅东华离开中华书局,随后到浙江东阳县立中学教英文。后由同乡邵飘萍介绍,于1919年到北京,曾在平民大学附中、北京高等师范教授英语。1920年,在北京加入"文学研究会",是年译《青鸟》一书,又与金兆梓合译文艺理论著作《诗之研究》。在京期间还著有《语体文欧化的讨论》、《四十年来之英国诗坛》、《西万提司评传》等。

1924年傅东华由京返沪,进商务印书馆任编译员。业余译著投稿,译有短篇小说《致某妇人》、《曼佛罗特》和《桃园过客》等,著有《非战文学萃锦》、《中国今后的韵文》、《中国今后的韵文讨论问题》等,1925年译有短篇《参情梦》、《迁士录》、《社会的文学批判论》。1926年译有短篇小说《奇事的天使》,出版有译作文学理论集《诗学》、《社会的文学评论》等。

1929 年至 1932 年,傅东华曾在上海复旦大学、吴淞中国公学任教,并著有《两个青年的悲剧》、《人生鉴》等。还译了《饥饿及其他》、《文学之社会的批评》两书和《恫吓》、《资本家》、《革命的女儿》、《珍异的片屑》、《南风》等短篇。此外还撰有《诗的唯物与唯心》、《鉴赏与批评》、《古代艺术之社会意义》、《风格论》、《般生百年诞》、《二十年来的英国诗坛》、《风格与人生》等文章。"九一八"事变后,傅东华又与胡愈之、周建人、丁玲等发起组织上海文化界抗日反帝联盟,并任常委。

1933 年 7 月,上海生活书店出版的大型文艺期刊《文学》创刊。傅东华与郁达夫、茅盾、胡愈之、洪深、陈望道、徐调孚、叶圣陶、郑振铎为编委,他与郑振铎任主编。郑振铎当时在北平燕京大学任教,傅东华为执行编委。

傅东华在主编《文学》期间,曾联系了一批左翼作家,发表了许多"左联"成员的作品,但也引起两场风波,成为 30 年代以来文艺界两桩公案。一是在《文学》第一卷第二期上,他化名"伍实",发表了《休士在中国》一文,诬称鲁迅看不起美国黑人作家休士。鲁迅非常生气,写了《给文学社信》,提出抗议,并说明了事实真相[①]。二是在《文学》第五卷第六期上,任意删改周文的小说《山坡上》,并在同期的论坛上,发表了《一个小小的实验》一文,用教训的口吻,说周文的小说"写人物的动作过分繁琐","牢牢抓住一个无甚关系的断片来细磨细琢"。周文立即给《文学》写信,要求将"砍杀"的部分与信,一同刊于《文学》第六卷第一期上,傅东华在发表周文的《我怎样写〈山坡上〉的》同时,又发表了自己的《经验理论和实践》反驳周文。邵洵美"路见不平,拔刀相助"撰文支持周文。亦有多人围攻周文。

傅东华在主编《文学》的同时,还为商务印书馆编撰《基本初中国

---

① 鲁迅:《给文学社信》,《鲁迅全集》第 4 卷,人民文学出版社 1981 年版,第 551 页。

文》(六册)、《复兴初中国文》(六册)、《复兴高中国文》(六册)。此三套教科书曾风行全国,为开创我国语文教材编写的新体系作了有意义的尝试。

1934年"大众语"问题的讨论开展起来之后,傅东华站在支持者一边,并撰有《大众语跟作文》、《大众文学解》、《关于"大众语文学解"的一点疑问》、《大众语问题讨论的现阶段及以后》等文,主张应创立群众语言为基础的新文体。同年9月,陈望道创办了以小品文为主的文艺性刊物《太白》半月刊,傅东华是编委之一。是年,他还编著出版了《选注杜甫诗》、《欧洲文艺复兴》等书,翻译有《赛珍珠女士短作集》等书。1935年6月,郑振铎主编的《世界文库》分专辑和单行本两种形式出版,傅东华是编委之一。7月,他主编了《文学百题》一书,约请全国著名作家撰著。

1936年春,傅东华在沪参与发起组织"文艺作家协会",为"左联"解散后文艺界出现的联合战线性质的文艺团体。其宗旨在谋求文艺工作者之大团结,保障文艺作家的利益,号召在国难临头之时,文艺家应认清目标一致努力。6月7日文艺作家协会在上海正式成立,傅东华被推为理事和章程起草人之一。

1936年10月1日,鲁迅、茅盾、巴金等二十一人发表《文艺界同人为团结御侮与言论自由宣言》,提出:"我们是文学者,因此亦主张全国文学界同人应不分新旧派别,为抗日救国而联合。"①傅东华也在宣言上列名。

1937年1月27日,傅东华在沪出席由潘公展主持召开的文艺作家座谈会,在会上他提倡推进文艺复兴和文艺界大团结的主张。并说:"过去文艺界曾有数度团结组织,但派别纷歧,团结徒托空言。故我人应谋其真正的团结运动。"又说:"文艺复兴之必然条件,为社会安定,社会安定之道,莫过于统一,今日统一之局面,粗告完成,我人应爱护而巩

①　见《文学》第七卷,第四期,第744页。

固之。"①会上与洪深、邵洵美等被推修改《上海文艺界对于统一救国运动宣言》。"八一三"上海抗战开始后,傅东华参加上海市文化界救亡协会,并为该会主办的《救亡日报》编委之一。

上海沦陷后,傅东华留在上海,除编辑出版"孤岛闲书"和继续译书外,把精力转向了语言文字学的研究上去。1939 年发表《文法稽古篇》。1940 年发表《一个国文法新体系的提议》、《书同文考》等文。1941 年发表了《汉语声纽变转之定律》。

抗战前傅东华原在上海兼任暨南大学国文教授。1942 年,受暨南大学校长何炳松之邀,于 7 月携全家赴福建建阳暨大任教,路经浙江金华时,全家被日军所房,并被押往杭州特工总部。9 月由汪伪浙江省长傅式说保释。放出后,即随傅式说在汪伪特工总部"闽浙皖赣四省行营总指挥部"任主任秘书、教育处长、法制委员会副主任等伪职。并主编敌伪刊物《东南》月刊。1943 年傅脱离敌伪机关,隐居上海,从事翻译和致力于语言文字的研究工作,出版著译《创作与模仿》、《琥珀》、《慈母泪》、《天下太平》等书。

1955 年,傅被邀参加中国文字改革委员会的工作。他在文字学、音韵学和训诂学的研究方面有较高的成就,在把字的形音义三者结合起来的研究上,有独到的见解。他著有《北京音异读字的初步探讨》、《汉字——汉字知识讲话》、《字义的演变》、《汉字变迁》、《字源》、《现代汉语的演变》等书,并编写了《汉语拼音词汇》初稿等,为推广普通话和改革汉字作出了贡献。同时,参加中国作家协会,任作协上海分会理事、上海社联语文学会理事。1956 年被聘为上海市政协特邀委员。在古籍整理工作方面,他参加了《资治通鉴》清样校读和《汉书》标点,并参与加工整理《后汉书》、《三国志》的标点本。

1959 年底,傅东华进中华书局辞海编辑所工作,担任编审及《辞海》语词学科主编、辞海编委会委员。1965 年又参与了《汉语大字典》

---

①　《文艺家座谈会》,载《辛报》1931 年 1 月 30 日。

的筹备、编纂工作。

　　傅东华长期从事翻译工作，一生翻译作品颇多，除上面提到的外，尚有古希腊两大史诗《伊利亚诗》和《奥德赛》，英国弥尔顿的长诗《失乐园》、《我们的世界》、《美学原理》、《夏伯阳》、《红字》、《难兄难弟》、《失恋复恋》、《返老还童》、《参情梦及其他》、《欧洲哲学史》、《文学之社会学的批评》、《生火》、《一个士兵的国家》、《吉河德先生传》、《文学概论》、《化外人》、《猩红文》、《美国短篇小说集》、《珍妮姑娘》、《飘》等。另著有《诗歌原理 ABC》、《文学批评 ABC》、《李清照》、《诗歌与批评》、《创作与模仿》、《文学常识》、《山胡桃集》等书。1971 年 9 月 10 日，傅东华在上海病逝。

傅 斯 年

熊尚厚

　　傅斯年字孟真,祖籍江西永丰,1896 年 3 月 26 日(清光绪二十二年二月十三日)生于山东聊城。父亲傅旭安 1894 年中顺天府举人,曾任山东东平龙山书院山长。傅六岁入塾,九岁失怙,曾随母姓,取名李永,1905 年春入东昌府立小学堂读书。

　　1908 年冬,傅斯年随同乡进士侯延塽(雪舫)去天津。侯原为傅旭安的学生,傅斯年得侯的帮助,于次年春考入了天津府立中学堂。毕业后,于 1913 年夏考取北京大学预科乙部①,1916 年秋升入本科国文门。时值蔡元培任北京大学校长,采取"思想自由,兼容并包"的办学方针,教师中新旧各流派并存,傅斯年先服膺章太炎,后转向胡适。

　　1917 年 1 月,还在美国留学的胡适,在《新青年》杂志发表《文学改良刍议》一文,傅斯年读后十分钦慕,即撰写《文学革新申义》投刊《新青年》以响应。同年 7 月,胡适回国受聘为北大教授,传播美国杜威的实用主义哲学,傅斯年对之心折,从而受到胡适思想的影响。

　　1918 年夏,傅斯年与罗家伦、毛子水等人在北大组织"新潮社",创办《新潮》月刊,请胡适任顾问。《新潮》月刊在筹办中得到陈独秀、李大钊的支持,于 1919 年 1 月 1 日正式创刊,傅斯年任主任编辑。该刊追随《新青年》提倡新文化,是当时全国主张文学革命的著名刊物之一,影响颇广。他在该刊连续发表了《新潮发刊趣旨书》、《人生问题发端》、

---

①　当时北大的预科分甲乙两部,甲部偏重数学及自然科学,乙部偏重文史。

《去兵》、《万恶之源》、《社会革命——俄国式的革命》以及《怎样做白话文》等文，同时也在《新青年》发表文章，反对传统的旧思想、旧学术，赞扬西方学术思想，声称愿引中国学术"同浴于世界文化之流"，以"去遗传的科举思想，进于现世的科学思想"①；甚至一度认为"将来无穷的希望"，都要靠"俄国式的革命""做引子"，"社会革命——要到处散布了"②。

五四运动在北京爆发，傅斯年是北大学生会领袖之一。5月4日那天，北京各校学生在天安门前集会，他是大会主席团成员及游行总指挥。傅斯年和段锡朋"细心策划"，力求使这一行动成为"有纪律的抗议"③。他随同学生队伍前往东交民巷各国使馆递交了声明书，当愤怒的群众高呼到"外交部去"、"到卖国贼家去"的口号，欲前往外交部和赵家楼之后，他认为群众行动"过急"，竟出面进行劝阻④。群众不顾他的阻拦，直奔外交部，并火烧了赵家楼，他感到无法控制，愈加怏怏不乐。随后，他不断受到激进同学的反对，曾与同学发生互殴，因之就不再进北大学生会了。5月底，胡适从上海回到北京，见学生们仍在坚持罢课，即对傅斯年、罗家伦说："用罢课作武器"是"下下策"，"是学生运动破产的表现"⑤，希望傅斯年等在同学中发生影响，劝导学生复课。傅斯年与罗家伦等遂在北大学生中发起签名运动，主张将北大迁往上海，想用釜底抽薪的办法来制止北大学生的爱国活动⑥，结果无效。从此，傅斯年政治热情冷却便回到书斋，专心准备毕业考试去了。

----

① 傅斯年：《新潮发刊趣旨书》，《新潮》第1卷第1号。
② 傅斯年：《社会革命——俄国式的革命》，《新潮》第1卷第1号。
③ 周策纵：《五四运动史》，上册，香港明报出版社1995年版，第168页。
④ 周予同：《火烧赵家楼》，《人民教师的摇篮——北京师范大学》，北京师范大学1980年编印，第74页。
⑤ 胡适、蒋梦麟：《我们对于学生运动的希望》，《东方杂志》第17卷第11号。
⑥ 马叙伦：《五四回忆》，《五四运动回忆录》上册，中国科学院历史研究所第三所编，中华书局1959年版，第281—282页。

　　同年夏天,傅斯年在北大毕业后,返回山东参加官费的留学考试。
9月,他于出国留学的前夕,在《新潮》月刊发表了《新潮的回顾与前瞻》
一文,赞同胡适的"多研究些问题,少谈些主义",劝新潮社员应专心读
书,不要再参加政治活动①。

　　1920年1月,傅斯年得山东省官费入伦敦大学研究院,学习实验
心理学及生理学,兼习数学、物理等课程,以求获得科学方法的训练。
1923年秋转赴德国,入柏林大学哲学研究院,学习爱因斯坦的相对论、
勃朗克的量子论,以及马赫的《感觉的分析》、《力学》等著作,还对"比较
语言学"和考据学发生了兴趣。

　　1926年冬,傅斯年回国。翌年春,到广州任中山大学教授兼文学
院院长、历史系主任;4月,又接替鲁迅兼中文系主任。他在历史系和
中文系讲授《尚书》、古代文学史等课。同年秋,该校创设语言历史学研
究所,创刊《中山大学语言历史学研究所周刊》,他兼所长及《周刊》主
编。历史研究范围是:文籍校订、史料征集、考古、人类及民物、比较艺
术。语言所研究范围是:汉语、西南语、中亚西亚语、语言学。他提出:
"我们要实地搜罗材料,到民众中寻方言,到古文化的遗址去发掘,到各
种的人间社会去采风问俗,建设许多的新学问。"②把历史语言所办成
一个科学性而又能在国际学术界站得住脚的研究所。他在《周刊》上发
表了《评秦汉统一之由来和战国人对于世界之想象》、《评春秋时代的孔
子和汉代的孔子》等论文。

　　1927年蒋介石在上海发动"四一二"政变后,傅斯年与朱家骅联名
写信给李石曾、吴稚晖,赞扬他们的"清党"反共③。

　　翌年春,蔡元培奉派筹办中研院,邀傅斯年协助筹办历史语言研究

　　①　傅斯年:《新潮的回顾与前瞻》,《新潮》第2卷第1号。
　　②　傅斯年:《中山大学语言历史学研究所周刊发刊词》,《周刊》第1集第1期。
　　③　李宗侗:《朱家骅、傅斯年致李石曾、吴稚晖书》,台北《传记文学》第5卷第6
期。

所。11月,该所在广州成立,傅斯年辞去了中山大学的职务,专任中央研究院历史语言研究所所长兼《历史语言研究所集刊》主编。他聘请陈寅恪为历史组主任,赵元任为语言组主任,李济为考古组主任,延揽了一批国内第一流人才,一时称盛。在主持历史语言研究所工作中,他提出"上穷碧落下黄泉,动手动脚找东西","一分材料一分货"等口号①,主张运用研究自然科学的方法进行历史和语言学的研究。他为历史语言研究所规定的任务是:"助成从事纯粹客观史学及语言之企业。"②他的这些治学观点与方法,是承袭德国流行的历史语言考证学派的传统,认定"历史学就是史料处置学",引导治史者专注史料的发现与考订。他认为考古要去田野工作;语言学要调查方言;其后对民族学也相当重视。傅反对"国故",反对疏证,主张只要把材料整顿好就行了。这期间,他发表了《与顾颉刚论古史书》、《周颂说》等研究古代史的论文。

　　1929年春,历史语言研究所由广州迁至北平,傅斯年亦随之抵平。是年秋,他兼北大教授,讲授"中国上古史专题研究"、"史学方法论"等课程;同时还多次前往安阳指导和视察殷墟的发掘工作。安阳殷墟经过十年的发掘,为研究中国古代史提供了大量第一手资料。其学术上的主要成就在《民族与古代中国史》和《性命古训辩证》两部著作中。

　　"九一八"事变发生后,民族危机日益严重。为了反对日本帝国主义的侵略,傅斯年在"国事讨论会"上,主张借编著史书以唤起国际的重视。他和蒋廷黻、萧一山、方壮猷、徐中舒共同编写了《东北史纲》,用历史材料证明东北自古属于中国领土,以驳斥日本帝国主义散布的所谓"满蒙在历史上非支那领土"的谬论,曾由李济节译成英文送交国联调查团参考。同时还和钱穆等编写《中国通史》。

---

　　①　傅斯年:《历史语言研究所工作之旨趣》,《中研院历史语言研究所集刊》第1本第1份。
　　②　傅斯年:《中研院历史语言研究所民国十七年度报告书》,转引自傅乐成著《傅孟真先生年谱》,台北传记文学出版社1979年版,第26页。

　　1932年，胡适组织独立评论社，傅斯年、蒋廷黻被邀参加。5月《独立评论》周刊出版，傅在该刊发表政论文章拥护蒋介石。但在"拥蒋"的前提下，在对日侵华问题上，他却与胡适有某些差别，表示赞成抗日。1933年6月，胡适在《独立评论》上发表《保全华北的重要》一文，他对胡适此文不满，声言要退出独立评论社①。1935年冬，萧振瀛召集北平教育界人士开会，兜售对日妥协的主张，傅斯年在会上斥责萧振瀛间接替日本招降，严正表示反对"华北特殊化"。1934年3月至1935年12月，他先后在《独立评论》和《大公报》上发表了《溥逆窃号与外部态度》、《睡觉与外交》、《中日亲善？》、《一夕杂谈》、《中华民族是整个的》等文章，对日本策动的"华北自治运动"加以揭露，也批评南京国民政府的对日外交政策，要求南京当局"应当严定不可再让的界线以对国家"②。对汪精卫实行的"对日经济提携"，他指出"乃是中国灭亡的速路"，要求认清"日本的广田外交，不要再上大当"③。

　　历史语言研究所1933年南迁，但傅斯年仍留北平继续在北大任教，并照顾其他兼职，时常往来于南京、北平之间。1936年春，他辞去北大及其他兼职，举家移居南京，全力主持历史语言研究所的所务。西安事变发生时，他在南京《中央日报》上发表文章，主张对张、杨进行讨伐。翌年春，傅斯年兼代中研院总干事。

　　"七七"卢沟桥抗战爆发，傅斯年应蒋介石电召去庐山参加谈话会和国防参议会，对和战问题提出了一份《关于九国公约会议之意见书》④，主张坚决抗战。翌年4月，国民参政会在武汉成立，他以无党派代表被聘任参政员。其后，他随历史语言研究所迁昆明，兼任西南联大教授。在昆明期间，他写成《中华民族革命史稿》一书，论述中国民族的

---

①　胡适：《保全华北的重要》，《独立评论》第52、53号合册（1933年6月）。

②　傅斯年：《一夕杂谈》，《大公报》1935年8月11日星期论文。

③　傅斯年：《中日亲善？》，《独立评论》第140号（1935年3月）。

④　见中华民国外交问题研究会编：《中日外交史料丛编》第4册，1966年版。

整体性和特性,强调中国民族复兴的关键在"政治有方,领导得人"①。同年,傅斯年上书蒋介石,抨击孔祥熙等人生活奢侈,任用亲信,身兼多职,皆不胜任②。

1940年以后,傅斯年一再表示要"遁入学问",关起门来著书立说,但他仍时时跳出书斋表示政见。他曾在参政会上多次要求严惩贪官污吏,并就财政问题质询财政部长孔祥熙,建议蒋介石整刷政风。

抗日战争胜利后,傅斯年任北京大学代理校长,将北大原有文、理、法三院扩大成文、理、法、农、工、医六院。不久,胡适接任北大校长,傅往南京主持历史语言研究所的复员工作。

傅斯年在抗日战争期间,就曾经著文反对"中国走布尔什维克道路"③。1946年2月,他在《大公报》发表《中国要和东北共存亡》,支持国民党的反苏运动。3月,蒋介石请他任"国府委员",他表示愿以"在野之身,为国努力",予以谢辞。1948年,他又在美国进行反共游说,同时还在给友人的信中说:"非将共产党打垮不可。"④是年8月,他从美国回到南京,眼见蒋介石在军事上接连惨败,社会经济全面崩溃,国民党反动统治摇摇欲坠,陈布雷、段锡朋相继服毒自杀,自己也悲观绝望,萌生了自杀的念头,时常准备蓄安眠药。曾对陶希圣说:"现在没有话说,准备一死。"⑤同年,他任中研院院士、"立法院立法委员"。

1949年1月,傅斯年将历史语言研究所及其图书文物迁台,并被任命为台湾大学校长。当李宗仁派出和平谈判代表前往北平举行国共和谈时,他致书李宗仁反对,谓"今日希望以美国之助,与共产党取和,

---

① 傅乐成:《傅孟真先生的民族思想》(下),台北《传记文学》第2卷第6期,第27页。

② 傅斯年等:《上蒋介石书(稿)》,中国社会科学院近代史研究所中华民国史研究室编:《胡适来往书信选》(下),中华书局1983年版,第604—613页。

③ 罗家伦:《元气淋漓的傅孟真先生》,台北《传记文学》第10卷第1期。

④ 陈文迈:《关于傅孟真先生的几件事》,台北《传记文学》第28卷第3期。

⑤ 陶希圣,《傅孟真先生》,台湾《中央日报》1950年12月13日。

乃绝不可能之事"①。在台大校长任内,傅以"敦品、励学、爱国、爱人"八字为校训,以"平淡无奇"为教育理想。在施教上重视基本学科,于大学一年级设国文、英文、数学三委员会,聘请真才实学者任教授,自己常到课堂听课。还充实台大图书馆等,力图实现改革高等教育的理想,将台大办成一个学术中心。

1950年4月,台大发生"四六事件",傅斯年反对军警进校抓人,谓"若有学生流血,我要跟他拼命"。当时台湾社会大动荡、大混乱,人心浮动,许多人纷纷想离开台湾。傅斯年决心与海岛共存亡,表示"台湾是我们复兴的基地",要"归骨于田横之岛"②。

1950年12月20日,傅斯年列席台湾省参议会,突发脑溢血病逝。

①　汪潊:《关于傅孟真致李宗仁书》,台北《传记文学》第3卷第3期。
②　于衡:《在那风雨飘摇的时候》,台北《传记文学》第22卷第1期;岳南:《陈寅恪与傅斯年》,陕西师大出版社2008年版,第339页。

傅筱庵

汪仁泽

傅筱庵名宗耀，字筱庵，浙江镇海人。1872 年 12 月 30 日（清同治十一年十二月初一）出生在镇海小港镇。幼年在私塾就读。其父傅晓春，是当地的帆船主，专为源茂木行运输木材，经常行驶于浙江和福建沿海。

1892 年，傅筱庵由其父托人介绍，进上海浦东英商耶松船厂做工。进厂不久，入夜校补习英文。由于他能用简单英语会话，因此博得该厂大班英人潘特斯的青睐，四五年后被派充为冷作间的"拿摩温"①。此后，傅一方面以延长工人劳动时间、压低工人工资继续取得大班的好感；另一方面又用虚报工人名额、浮领工资等手段，积攒了一些钱。

当时，耶松船厂职工多在该厂附近赁屋居住，这些房产是上海商业会议公所总理严信厚所有。严家每月派人摆渡到浦东收租，因工人生活困苦，拖欠者甚多，为此颇感棘手。傅筱庵得知此事，认为是结识豪门严家的良机，乃毛遂自荐，在该厂每月发放工资时，由他逐户代扣，汇集后亲自送到浦西三元宫严家。不久严家上下与之相熟，都以"小傅"称之。傅筱庵呼严信厚之妾杨氏为干娘，并经严信厚之子严子均介绍，结识了鲁麟洋行买办虞洽卿、平和洋行买办朱葆三等人。傅又常随严妾杨氏到官僚、大买办盛宣怀家，与盛妻庄氏作方城之戏，逐渐与庄氏及盛子重颐等相熟，不久又被庄氏收为义子，遂成为盛家的心腹。

---

① 英文"第一"的音译，即工头或领班之意。

1909年,傅筱庵经严子均介绍,进招商局所属的华兴保险公司当副总经理,辞离耶松船厂。不久华兴公司总经理病死,即由傅筱庵继任。1911年盛宣怀利用邮传部大臣职权,为清政府办理出卖汉冶萍公司产权、收铁路归"国有"等事,激起了全国人民的声讨。上海的汉冶萍公司股东及四川旅沪同乡,为反对盛宣怀丧权辱国,在上海四川路青年会开会,盛重颐由傅筱庵陪同到会。会上群情激愤,纷纷主张将盛家产业充公赔偿。此时,傅筱庵竟当众跪地叩求,在一片扰攘中,使盛重颐得脱重围,从此益为盛家所信用。

辛亥武昌起义后,盛宣怀率全家逃往青岛躲避,在沪财产托傅筱庵代管。上海光复后不久,朱葆三继沈缦云任沪军都督府财政部长,筹措军饷。傅筱庵通过朱葆三的关系,认缴饷款后,被都督府委为财政部总参议①及沪关清理处长,并承认他在招商局、汉冶萍公司及中国通商银行三大企业内盛家股权的代表身份。1914年4月,盛宣怀重掌招商局、汉冶萍公司职权后,任傅筱庵兼招商局经理各地栈租之缺,以酬其保产之功。此时傅筱庵已是中国通商银行董事,并任上海总商会第一届议董,负责对外交涉事务②。

傅筱庵的社会活动有了扩大,更助长了他个人追逐名利的欲望。1916年与严子均、虞洽卿、朱葆三等人集资创办祥大源五金号,自任总经理,包揽了招商局等企业的五金进货业务,利润逐年增加。同时他又先后充当了专营五金等洋货进口的美商美兴洋行和英商长利洋行的买办,独占了上海市场的五金进口贸易,成为富豪。1916年盛宣怀病死,傅筱庵这时已是招商局董事,并任该局积余产业经理、内河轮船公司经理兼主船课长。由于他执掌各轮买办及职工的任免大权,得以勾结某些买办,走私鸦片,坐地分肥;又勾结鄱乐煤矿公司谢蘅牎,包办招商局各轮燃料,受贿营私。1921年4月,招商局股东大会上,股东孙铁舟提

---

① 1940年10月13日《中华日报》。
② 1912年《上海总商会会员录》(上海市档案馆档案)。

议要求彻查帐目,并在这次会上撤销了傅筱庵的董事和积余产业经理职务。傅筱庵恼羞成怒,指使流氓混入股东会,推翻议案,并勾结法驻沪总领事,指控孙铁舟诋毁其名誉,告于法租界公堂。后经施肇基出面调解,恢复了傅的董事职务,才算结束了诉讼案。此后,傅筱庵的气焰更甚,总经理盛重颐愤而离职,他遂独揽局务。但是股东反傅筱庵的浪潮仍不断发生。1922年秋,股东张某向北洋政府交通部控告傅筱庵败坏航政,营私舞弊,侵占公产。交通部派员来沪彻查。傅筱庵与友人朱葆三、陈炳谦等十一人,先行组成股东自查检查会,阻挡部员检查①;同时又请出张謇领衔,江浙豪绅联名致电交通部,为他疏通,此案也就不了了之。

　　1924年傅筱庵争夺上海总商会会长的职位,因名声不好而落选。1926年再选时,傅筱庵早作准备,依靠军阀孙传芳作后台,玩弄各种手法,终于当选为会长。1926年7月,国民革命军誓师北伐,不久东路军攻入江西孙传芳地盘。傅筱庵调来招商局轮船九条,供北军孙传芳作军运。9月9日,江永轮因装运弹药发生爆炸,船员八十八人罹难②。招商局海员纷起罢工,反对军运。傅筱庵勾结孙传芳的爪牙,封闭中华海员工人联合总会,捕去职员多人,对罢工工人横加镇压③。不久,上海工人纷纷响应北伐军,一再起义。傅筱庵以商会会长名义除勾结军阀进行武力镇压外,并收买流氓,谋从内部破坏工运,并于12月召集招商局机器厂、祥生船厂等三十多家大厂,筹备成立"上海机业劳资总联合会",自任委员长,玩弄"劳资联合"的骗局④。

　　孙传芳穷途末路,联合张作霖,组成安国军。1927年3月孙传芳、张宗昌发行库券一千万元,作为其最后顽抗之军费。傅筱庵召集上海

---

① 《国营招商局七十五周年纪念刊》,1947年编印。
② 《国营招商局七十五周年纪念刊》,1947年编印。
③ 《申报》1926年12月1日。
④ 《时报》1927年1月3日。

银钱业摊认,遭到反对,无一应者。傅筱庵为表示对孙传芳的报效,特从中国通商银行准备金中拨款捐赠二百万元。

不久,北伐军进抵嘉兴,傅筱庵见风使舵,派亲信持函往见东路前敌总指挥白崇禧,表示欢迎;同时又在孙传芳离沪时,亲往送别。上海工人第三次武装起义胜利,孙军溃逃。3月22日,白崇禧进入龙华,派人持函往晤傅筱庵,称其为"商界领袖,群流景仰"。傅筱庵接函后喜出望外,邀同方椒伯等往访,对白崇禧恭维备至,并筹办大批慰劳品送往犒军。次晨,复邀集英、法、美等国驻沪总领事,亲自陪同往晤白崇禧。此后。国民政府于4月26日下令通缉傅筱庵。傅筱庵在租界得到消息,躲避数日后,携眷搭轮逃往日占之大连。傅筱庵潜居大连四年余,经常与日本海军特务小松、石井等人往来。

1931年"九一八"事变前夕,蒋介石撤销对傅筱庵的通缉令,傅筱庵于10月16日重返上海,复任中国通商银行总经理(后转任董事长),以及美国钞票公司买办、英商耶松船坞及机器造船厂董事等职[①]。1934年,日本帝国主义加紧图谋华北,傅筱庵应黄郛之邀曾赴华北一行。回沪后,鉴于抗日气氛日趋高涨,不敢妄动,深居简出。

1937年"七七"事变爆发,不久上海沦陷,傅筱庵不甘蛰居,与日本政客、浪人往来频繁。并和日本侵略军搭上关系,于1939年10月16日叛国投敌,继上海伪"大道市政府"市长苏锡文之后,出任伪上海特别市市长。傅筱庵任伪职期间,日本侵略者派甲斐弥次郎为顾问,从旁监视,用人行事绝无自由。傅筱庵想捞钱也无法下手。做了半年"市长"后,他自己哀叹说:"我每月薪水公费收入为两千元,只够用来敷衍日本海、陆军军官和浪人,有时还得赔本,这是一笔蚀本生意,非始料所及。""现在是骑上虎背,由不得自己作主了。"[②]

1939年,汪精卫到南京谋组伪政权,蒋介石指使戴笠派军统局书

---

① 1940年10月13日《中华日报》。
② 《汪伪汉奸傅筱庵》,上海市工商业联合会史料第148卷。

记长吴赓恕等人来沪谋刺汪精卫。通过策划,由与傅筱庵有私交的开滦煤矿沪经理许天民前去联系傅筱庵,拟待汪精卫来沪时由其设宴诱杀。傅筱庵一面佯允,一面向汪精卫告密,许天民等因此被捕。蒋介石得报后,以傅筱庵不为己用,即命戴笠将其干掉。戴令军统沪二区区长陈恭澍组织多次狙击未果。傅筱庵有个他所信任的老佣人朱升源嗜酒成性,沪军统人员遂在虹口斯高塔路(今山阴路)傅宅附近开设酒店,借以与朱升源交好。朱升源少时在日人工厂当过童工,曾受日人的欺压虐待,故有一定的民族正义感,曾劝傅筱庵不要再当汉奸。此时在军统特务人员的劝诱下,朱升源亦愿为民族除奸,当个好汉。1940 年 10 月 10 日深夜,趁其宴游归来倦极熟睡之际,朱升源用切菜刀向傅筱庵头部猛砍三刀,将其杀死后逸去①。

---

　　①　郭旭:《傅筱庵之死》,中国人民政治协商会议上海市委员会文史资料工作委员会编《文史资料选辑》1980 年第五辑(总第 34 辑),上海人民出版社 1980 年版,第 131、135 页。

傅 作 义

李仲明

傅作义,字宜生,山西荣河县(今属临猗县)人,生于1895年6月27日(清光绪二十一年闰五月五日)。祖父是农民,父庆泰以在黄河边背人过河、摆渡和运煤为生,后家境渐殷实,成为当地富户。他六岁入私塾,十三岁入运城河东中学堂,喜骑烈马,游黄河,课余常读《三国演义》、《说岳全传》、《水浒传》等书。1910年考入太原陆军小学,辛亥革命时参加太原起义,任起义学生军排长。

1912年,傅作义被保送到清河镇第一陆军中学,课余对古代著名战役,如晋楚城濮之战、楚汉城皋之战深感兴趣。他在外读书花费较大,又不太注意节俭,向人借了二十两银子,寒假回家告诉父亲,父亲没有责备,带他到黄河边,一同脱掉鞋袜,跳入冰冷的水中,告诉他:"我的钱是这样挣来的。"①他深感内疚,此后一生俭朴,被誉为"布衣将军"。

1915年傅作义升入保定军官学校第五期步兵科,他学习努力,步兵课程及典范令、射击、马术均获优异成绩,射击名列全校第一。1918年毕业后,分配到阎锡山晋军独立炮兵第十团任见习官,后任排长、连长、营长。1924年在第二次直奉战争中,傅作义营在担任石家庄警戒任务中布置得当,受到晋军前敌总指挥张培梅赞许,旋升任第四旅第八

---

① 傅作信:《回忆青少年时期的傅作义》,中国人民政治协商会议全国委员会文史资料研究委员会编《傅作义生平》,文史资料出版社1995年版,第438页。

团团长。1926年,晋军与直奉军合攻冯玉祥国民军,国民军宋哲元部在西线击败晋军第五旅,晋军转守雁门关,留傅作义团固守平绥铁路要点天镇,国民军自5月起,屡攻天镇不克,三个月后撤兵,傅作义因功升为第四旅旅长,翌年晋军扩编,再升第四师师长。

1927年6月,阎锡山附蒋反奉;10月,阎分兵三路出京汉、京绥线攻打奉军,傅作义第四师利用奉军在河北涿州换防的机会,于10月11日突然奔袭并占领涿州,14日晨,傅作义率师司令部和炮兵团进入涿州。张学良闻讯,调奉军第十五师、第二十三师、炮兵第六旅等部三万多人,增援王以哲卫队旅围攻涿州。自10月15日至11月20日,奉军七次总攻皆告失败。时晋军各主力部队先后失利,撤离京汉、京绥线,涿州被奉军四面包围,守城近三个月,城内弹尽粮绝,百姓饿毙者渐多,傅不忍人民涂炭,决定"独我一身赴敌军为质,要解其围,幸而得允,……吾死亦为不虚矣"①。乃于1928年1月5日赴保定议和,所部接受奉军改编,涿州之围方解。涿州一战,是我国近代军事史上城市保卫战的著名战例,傅作义能攻善守的军事才干也得到军事界公认。

1928年4月25日,傅作义得友人侯少白等帮助,潜逃天津。6月奉军撤往关外,阎锡山接管平津,傅作义被委为国民革命军第三集团军第五军团总指挥兼天津警备司令。1930年5月,蒋、冯、阎中原大战爆发,傅任阎锡山部第四路军指挥官,占领济南后任济南行营主任,10月中原大战以阎、冯失败告终,晋军归张学良节制。1931年1月,傅任第三十五军军长;8月,出任绥远省政府主席。同年,"九一八"事变发生,傅于22日、28日两次与徐永昌、宋哲元等将领联名通电坚决抗日。1933年1月,日军侵占山海关,长城抗战爆发。1月5日,傅作义分电阎锡山、张学良、蒋介石请缨抗日。1月15日,他以绥远省主席名义发表《告全省民众书》,号召全省军民奋起抗战,救国御侮。2月上旬,傅

---

① 张新吾:《傅作义一生》,群众出版社1995年,第493页。

出任改组的第七军团总指挥。4月30日,傅奉命驰援昌平,乃亲率五十九军从张家口急行军,仅用二十小时,行军二百余里,于5月1日下午4时到达昌平。14日部队开至怀柔、牛栏山一线,准备阻敌。5月23日晨4时,日军第八师团一部在飞机、坦克大炮掩护下开始进攻,战至7时,傅作义指挥部队奋勇杀敌,打退日军多次进攻,双方伤亡惨重。傍晚,傅部正拟组成敢死队夜袭日军,忽接北平军分会何应钦的停战撤退命令,傅作义指挥部队又打退日军一次进攻后始撤出阵地。6月末,傅作义率部返绥,后将牺牲官兵遗骸运绥,在大青山下建立抗日阵亡将士公墓,将烈士名字刻在纪念碑上(1982年内蒙古自治区人民政府拨款将墓碑重新修葺)。

　　傅作义主政绥远后,制定了治绥的具体规划,重点抓了剿匪清乡,安缉地方;建设农村基层政权;稳定社会,整顿市容;整顿金融,开源节流;城乡建设和发展教育六方面工作。短短二三年,工作颇见成效,绥远地区的经济、教育均有较大发展,社会秩序井然有序,地区面貌一新。1935年4月,傅作义晋升为陆军二级上将。

　　1936年春,日本在察绥扶植蒙奸德穆楚克栋鲁普(德王)及伪军李守信、王英等,成立傀儡政权“蒙古军政府”,剑拔弩张,蠢蠢欲动。同年10月,抱着“宁作战死鬼,不作亡国奴”决心的傅作义,前往太原、洛阳向阎锡山、蒋介石慷慨陈词,请求御侮,得到阎、蒋的支持。11月8日晚傅作义得知德王准备进犯绥远的消息,秘密召开营以上军官会议,慷慨激昂地说:“岳武穆三十八岁壮烈殉国,我已过三十八岁,为抗日死而无怨。”[1]又鼓励大家:“绥远为西北门户,歼灭犯绥之敌,就是保卫西北。全体官兵必须全力以赴,只能打胜,不得打败。”[2]11月14日、15日,伪军王英部开始进攻红格尔图;15日伪军又增加李守信伪军骑兵、步兵共计五千余人进攻,傅部守军仅三百人坚守阵地,打退敌人多次进

　　①　董其武:《傅作义生平概述》,《傅作义生平》,第5页。
　　②　张新吾:《傅作义一生》,群众出版社1995年,第75页。

攻；16 日傅作义到集宁指挥，令彭毓斌、董其武率部于 17 日夜到达红格尔图西面的丹岱沟，另派五个团一个营火速增援；18 日凌晨 2 时，傅军发起总攻，包抄敌指挥部，至上午 7 时，敌军溃败。傅作义决定乘胜追击，消灭盘踞百灵庙之敌，令孙长胜、孙兰峰指挥部队，先在归绥的白塔一带进行野外演习，迷惑敌军，然后派人摸清百灵庙情况，令部队向庙北、庙东、庙南秘密集结，并于 24 日凌晨发起进攻。经 7 小时激战，收复百灵庙。12 月 4 日，傅军打败敌军的反攻后，又乘胜收复了锡拉木伦庙（大庙），绥远抗战取得胜利。

1937 年—1945 年全面抗战期间，傅作义历任第二战区第七集团军总司令、第二战区北路军总司令、第八战区副司令等职，指挥部队参加了察北与平绥争夺战、平型关战役、忻口会战、太原守卫战、绥南战役、包头战役、绥西战役和五原战役，其中，忻口会战、太原守卫战、五原战役最为惨烈。

在历时二十三天的忻口战役中，中日两军呈战斗胶着状态时，傅作义令董其武袭击日军坂垣前线指挥所，摧毁其炮兵阵地，并鼓励董其武说：“这次袭击任务，事关大局，必须保持三十五军的抗日传统……只能成功，不能失败。”[1]董其武率部于 10 月 18 日凌晨 3 时向日军发起袭击，摧毁了敌军指挥部和山炮阵地。战斗中董其武受伤，傅作义又令孙兰峰接替指挥战斗，部队与敌军激战三昼夜，营、连、排长牺牲十四人，士兵伤亡大半。傅部以极大的牺牲，配合了其他部队作战，迟滞了日军南犯。

忻口会战后期，娘子关失守，阎锡山决定放弃忻口，防守太原，准备倚城野战，于 10 月下旬召集将领开紧急会议，在讨论哪支部队守城的问题时，阎锡山的亲信将领面面相觑，无人表态，傅作义乃坚定地表示要守卫太原。他在临战前夜给家人信中写道：“作义自幼从军，戎马半生，只知为国为民，早置生死于度外，只要一息尚存，誓与

---

[1] 张新吾：《傅作义一生》，群众出版社 1995 年，第 97 页。

日寇血战到底。为国捐躯，义无反顾……耿耿此心，有如日月，可以告慰国人与家人矣！"①。其时，晋军各部队迅速溃败南逃，使傅部守城困难增大，三十五军副军长曾延毅亦临阵脱逃。11 月 6 日，日军炮击太原守城工事，7 日拂晓，日军开始进攻。傅部与日军血战两昼夜，官兵伤亡过半，根据第二战区副司令卫立煌"相机撤退"的手令，和周恩来"只顾一城一地的得失，背城死守，焦土抗战的主张，都是错误的，不足为训"②的告诫，傅作义率部坚持到 8 日晚弃守突围，保存了这支抗日的部队。

1939 年 12 月，傅作义率部成功地奇袭包头。日军不甘心失败，从张家口、大同、太原等地抽调日军三万余人，汽车千余辆，由黑田重德师团长指挥，进犯绥西，于次年 2 月 3 日侵入五原，很快又侵占临河、陕坝。蒋介石接到绥西战报，主观认为败局已不可挽回，命令傅作义到兰州代理第八战区司令长官职务，部队后撤，另派专人指挥。傅作义拒绝命令，回电表示："将不离兵，兵不离土；将不离兵兵有主，兵不离土土能存。不惜任何牺牲，坚决与敌周旋到底。"③傅作义召开部队干部会议，他镇定、客观地分析了绥西战局，分析了部队作战暂时处于困难环境的原因，决定以不足敌人三分之一的兵力反攻五原。3 月 20 日夜，傅作义率部进攻五原，经两昼夜激战，胜利收复五原。是役击毙敌水川中将、步兵联队长大桥大佐等三百余日军，歼灭伪蒙军两个师。傅部亦付出重大伤亡，终于取得绥西战役的胜利。4 月 5 日，国民政府军事委员会致电傅作义嘉勉，并于 4 月 17 日将第二枚最高荣誉奖章"青天白日勋章"（第一枚授予蒋介石）授予傅作义。傅作义 5 月 23 日呈文政府，说明"五原大捷，乃所部全体官兵艰苦抗战，奋勇抗敌的功绩，个人不应

---

① 张新吾：《傅作义一生》，群众出版社 1995 年，第 493 页。
② 张新吾：《傅作义一生》，第 103 页。
③ 张新吾：《傅作义一生》，第 155 页。

该领此勋奖"①。

抗战期间,傅作义重视与中国共产党的团结合作,与八路军一二〇师建立联防,交换情报,并通过一二〇师政委关向应、政治部主任甘泗琪的帮助,延安陕北公学和抗大向三十五军输送了许多优秀学员,对傅作义的抗战整军起到积极作用。傅作义十分赞成共产党的抗日主张,钦佩毛泽东、周恩来、王若飞等中共领导人的品格和才干。1938年初,傅作义仿照八路军的建军经验,建立了北路军政治工作委员会并亲兼主任,派中共党员周北峰任委员兼秘书,部队各级政治机构负责人有许多由延安来的干部担任,傅作义还制定了《北路军工作守则》和《十项纪律》,参照八路军的规章、纪律,加强了部队的军事、政治、经济纪律,受到民众的称赞。阎锡山闻讯,讽刺傅作义"把部队带赤化了","三十五军已成为七路半了",并密电蒋介石要求撤换傅作义。1939年秋,国民政府派中央监察委员姚大海到傅部,要他排除共产党,傅作义无奈只得将各部队大部分共产党员送回延安。

1945年7月,绥远、宁夏划为第十二战区,傅作义任司令长官。8月,抗日战争胜利,蒋介石令傅作义代表国民政府到热河、察哈尔、绥远三省接受日军投降。10月至11月,傅部与解放军部队在归绥、包头展开争夺战,12月中旬,解放军撤围。傅作义内心极不愿打内战,于是年终向国民政府提出辞呈,未获准。1946年9月,傅作义部进攻张家口。当月先后攻占卓资山、济宁、丰镇;10月,傅部利用解放军指挥失误,占领张家口。1947年1月15日,傅作义就任察哈尔省主席。16日,傅作义就任"张垣绥靖公署"主任时即席发言指出:"今后政务,重在稳定人心,二分军事,三分政治,五分经济。经济有办法,一切就有办法。"②12月3日,国民政府任命傅作义为"华北剿总"总司令。年末,"剿总"由张

①　南京国民政府国史馆编:《中华民国史史料长编稿》(1940年4月、5月),存南京中国第二历史档案馆。

②　《傅作义生平大事纪要》(1895—1974),《傅作义生平》,第459页。

垣迁到北平西郊。

1948年1月,傅部两个军奉命南下增援,其新三十二师在涞水以东山地被解放军歼灭,师长李铭鼎被击毙,军长鲁英麟自杀。此事对傅作义打击甚大,他内心更不愿打内战,并在3月的华北军政工作检讨会上,指出当前主要任务乃"安定地方,改善民生";在与董其武谈话中语意双关地指出:"今年就是咱们的生死关……走人民的道路就是生路。"①11月初,傅作义飞南京参加最高军事会议,会前,何应钦、蒋介石曾向傅作义提出关于华北的两项腹案:一、任命傅作义为东南军政长官,统一指挥国民党部队;二、平津主力全部南撤,或一部撤江南,一部西撤绥远。傅作义在正式会议上,提出"固守平津塘倚海作战"的主战主张,认为:"固守华北是全局,退保江南是偏安。"反对南撤②。11月中旬,傅作义秘密转电中共中央主席毛泽东,表示了和平解放北平的愿望,并请求南汉宸赴北平商谈有关事宜。12月,傅部在张家口、新保安的失利使傅作义十分震动。中共北平地下党城工部更加紧了对傅作义的争取工作,各界进步人士和傅的部下,亦积极开展和平解放北平运动。前北平市长何思源的女儿被特务炸死,何思源亦不退缩,为和平解放奔走、联络。12月末,傅作义在挚友邓宝珊的劝说下,终于决心走北平和平起义的道路,并派邓宝珊为全权代表,于1949年1月14日赴通县解放军平津前线司令部与林彪、罗荣桓、聂荣臻正式会谈,并达成协议。1月22日,傅作义宣布《关于和平解决北平问题的协议》公告,并令二十余万国民政府军队移出城外,听候改编。1月31日,中国人民解放军举行入城仪式,北平宣告和平解放。同年9月,在傅作义、邓宝珊、董其武的努力合作下,又实现了绥远起义。

1949年9月,傅作义参加中国人民政治协商会议。中华人民共和

①　董其武:《傅作义生平概述》,《傅作义生平》,第16页。
②　《傅作义生平大事纪要》(1895—1974),《傅作义生平》,第460页。

国成立后,傅作义历任中央人民政府委员、军事委员会委员、水利部(后为水利电力部)部长、全国人大代表、国防委员会副主席,第二、第三届全国政协常委,第四届全国政协副主席等职。为新中国水电事业的发展和促进祖国统一大业做出了重要贡献。

1974年4月19日,傅作义因病在北京逝世。

盖 叫 天

李仲明

盖叫天原名张英杰,号燕南,河北高阳县人,1888年(清光绪十四年)出生。童年入天津隆庆和京剧科班学艺,初学武生,以"小金豆子"艺名登台,演出《昊天关》等戏。

1900年,八国联军入侵,戏班解散,英杰与四哥英俊自天津辗转到上海,投奔大哥英甫,乃改学老生。因慕谭鑫培(谭艺名"小叫天")演技,取名"小小叫天",受人讥讽,遂立志超过谭。十三岁时以艺名盖叫天在杭州天仙戏馆搭班演出,四天打炮戏连演《天水关》、《翠屏山》、《断后龙袍》等老生、武生、老旦戏,因样样精彩而唱红。此后他常以老生、老旦戏在汉口和苏、杭等地演出,《定军山》一剧尤受观众欢迎。1901年他在杭州演出时偶过九里松,见凉亭上刻着"学到老"的牌坊,深受启发,一生以此自勉。

盖叫天十六岁时嗓音倒仓,乃以武生戏为主,常演《白水滩》、《伐子都》等戏。1904年,清廷拟召他入宫内供奉,盖叫天拒不奉召;同年,盖叫天在杭州演出《花蝴蝶》时,不幸折断左臂。为维持生活,他一面疗伤,一面在沪宁沿线各县镇贴演文戏,伤愈即与武术界人士切磋,学习刀枪剑戟十八般兵器,并把武术糅进戏曲表演程式中,逐步创造了丰富多样的京剧武打刀枪把子。

1912年民国建立,南派武生宗师李春来在上海颇有名声,李武功扎实,开打利落,以《白水滩》、《郑州庙》、《界牌关》等戏见长。此时盖叫天虽小有名气,其功夫尚不及李春来,盖叫天乃认真观摩李春来的演出,琢磨他如何塑造人物并学其代表剧的"绝活"。李春来得罪了地方官僚入狱时,盖叫天常探监送饭,关怀备至。李春来到晚年气力技艺已不如前,盖叫天仍毕恭毕敬请他合作演出,自己甘当配角,李春来感盖叫天之真诚,教了盖叫天许多东西。

　　盖叫天学习李派的精华,同时注重刻画角色,并吸取京、昆及地方戏中各派武生和其他行当的表演艺术,形成了自己独特的艺术风格,成为继黄月山、李春来后江南最著名的武生。有一次,盖叫天与何月山合演《年羹尧》,何月山在先上场时抢先把盖叫天创造的三节棍、二头刀等都表演了,在舞台上折腾近一个小时;盖叫天出场了,观众一面喊好鼓励他,一面猜想盖叫天的玩意都被何月山演了,今儿怎么办?"只见盖叫天手一扬,一道寒光,在灯光下亮出一根四五尺长的白链,上下翻腾,左右飞舞,舞到快时,只见一片白光"①。原来盖叫天舞动的是九节鞭,这种武术软兵器挥舞起来难度很大,使不好会伤了自己。盖叫天出奇制胜,十五分钟左右的九节鞭,舞得张弛有致、简洁明快,赢得观众热烈喝彩。

　　1912年,盖叫天第一次去北京演出,受到北派武生宗师杨小楼、俞振庭的赞赏;杨小楼后来两次赴沪,与盖叫天合演《莲花湖》与《义旗令》;俞振庭在北京与盖叫天合演《曾头市》、《艳阳楼》;盖叫天亦十分钦佩杨、俞等北派武生的功夫,当时有"北杨南盖"之誉。京剧大师梅兰芳回忆:"他的短打是干净利落,谁也比不上的。……有人说他学李春来,其实讲到功夫,恐怕有过之无不及呢。"②著名戏剧家欧阳予倩在看过盖叫天的《三岔口》后这样评价:"他的形体动作我难以形容……刚劲有如百炼钢,也可以柔软得像根绸带子。快起来如飞燕掠波,舒缓之处像

————————

　　① 龚义江:《盖叫天传》,河北教育出版社1996年版,第122页。
　　② 梅兰芳:《舞台生活四十年》,中国戏剧出版社1987年版,第259页。

春风拂柳,动起来像珠走玉盘,戛然静止就像奇峰迎面。"①

此后十余年,盖叫天创演了《劈山救母》、《乾元山》、《七擒孟获》、《楚汉相争》等戏,他设计的红绸舞、乾坤圈舞、孟获的唱腔、霸王枪等皆有独到之处。1923年,盖叫天在上海共舞台创排《西游记》,他在《水帘洞》里的耍双鞭堪称绝活:把左手鞭的鞭尾朝下,立在左脚脚尖上,然后拿右手鞭的鞭尾摁着左脚上立鞭的鞭头,抬左脚,把鞭顶起来,两条鞭成为一条直线,在脚尖上转动;他在《闹天宫》中饰孙悟空,打败第四位金刚后,夺下琵琶,又与哪吒对打,只见他夺过哪吒手中的乾坤圈,一面用琵琶迎击哪吒的长枪,一面用脚变换姿式舞弄着乾坤圈,形象俏皮可爱。

盖叫天戏越演越好,但因他性格刚强,艺术上自有主张,不愿随波逐流,又不肯趋炎附势,因此常受大都市剧场老板的排斥,多在江浙一带的小码头短期演出,他并不悲观,在艰苦的生活中坚持练功与排戏。

1934年5月,盖叫天与上海大舞台定约演出一个时期,他以《恶虎村》、《一箭仇》、《武松》作为头三天的戏码。在《恶虎村》的"走边"中,他创造了一个优美的身段叫"鹰展翅",表现黄天霸于夜行中,俯身透过树丛仰望天色的姿态;在《一箭仇》中,他饰演的史文恭与卢俊义、林冲的"对枪"、"剑枪"及对打间隙的"枪架子",身段、功架优美、稳健。而《武松》更是盖叫天的拿手戏,当时南方舞台尤重布景以吸引观众,当盖叫天与陈鹤峰演到《狮子楼》一场时,本来从"酒楼"到下面地方不大。西门庆跳下去未及时闪开,武松从"酒楼"窗口跳下时,发现西门庆躺在原地未动,为了不砸伤陈鹤峰,盖叫天在半空中将身体用力往外一偏,躲过陈的身体,却落在舞台外端的水泥地上,他的小腿骨当时就折了,断骨露出靴子,疼痛难忍,盖叫天大汗淋漓,但他想到演的是英雄武松,不能躺下,便咬牙坚持,以金鸡独立式亮相,直到落下大幕。

---

① 欧阳予倩:《戏曲艺术的斗士盖叫天先生》,见盖叫天口述,何慢、龚义江整理《粉墨春秋——盖叫天舞台艺术经验》,中国戏剧出版社1980年版,第13页。

　　岂料为他接骨的庸医把他断骨的位置接歪，盖叫天急问还有无办法，庸医说除非断了重接。盖一咬牙将腿向床杆上一砸，刚接上的腿又断了，庸医目瞪口呆。经找名医治疗和休养，八个月后愈合。盖叫天又休息了一年多，终于重登舞台。

　　有"江南活武松"之誉的盖叫天，对武松的六出戏《打虎》、《狮子楼》、《十字坡》、《快活林》等下了很大工夫，在突出人物性格、塑造人物形象上精益求精，他曾说："我把武松的事儿，当作自己的事儿，不是我在演武松，是武松的'灵魂'附在我身上。我一上台，身不由己，但是有己。"①

　　1937 年抗日战争爆发，这年秋日军在杭州湾登陆。盖叫天带领全家自绍兴、宁波回到上海，不久染肺病休息八个月，为维持生活，他每年只做短期演出。

　　1942 年，有人向日军献媚，组织一次十大武生会演《铁公鸡》的演出，事先并未通知盖叫天，便将他的名字列入名单上，盖叫天听说后很生气，临演出前躲出去，事后日本宪兵队一头目来到他家，他说明四十七岁时曾断过腿，不能演出《铁公鸡》这样火爆的武戏，况且组织者事先没有通知，日本人无奈而退。约一年后，汪伪上海统税局长邵式军为庆祝三十岁生日，邀请名角唱堂会，派人来请盖叫天，他避而不见，来人往桌上堆了许多洋钱，盖夫人严词拒绝。盖叫天宁肯挨饿，也不为日伪演出，表现了中国京剧艺人的民族气节。

　　从抗战中期至 1948 年，盖叫天在上海曾与俞振飞、吴素秋、叶盛章、金素琴、高盛麟、李万春等合作演出，为扶持中青年演员，他打破陈规，常让叶盛章、高盛麟、班世超等演头牌，他甘当配角，在上海京剧界传为佳话。

　　1949 年 5 月上海解放，1950 年盖叫天与梅兰芳、周信芳、姜妙香、赵如泉等合作，为救助皖北水灾演出《甘露寺》；同年他参加了全国戏曲

---

① 龚义江：《盖叫天传》，河北教育出版社 1996 年版，第 179 页。

工作会议,后在怀仁堂为毛泽东等演出《一箭仇》。1952 年 10 月,盖叫天在全国戏曲观摩演出大会上演出了《武松打店》,获文化部颁发的荣誉奖。曾被陈毅誉为“燕北真好汉,江南活武松”。1956 年 11 月,文化部在上海举办“盖叫天舞台生活六十年纪念”活动,他演出了《恶虎村》;同年,他当选中国戏剧家协会浙江分会主席。1961 年盖叫天到北京演出,李少春、张云溪拜他为师。1964 年,他当选第三届全国人民代表大会代表。1966 年起,他在“文革”中受尽迫害,于 1971 年 1 月 15 日逝世。1978 年 10 月浙江省人民政府为他平反昭雪。生前摄制戏曲影片有《盖叫天的舞台艺术》、《武松》,出版谈艺录《粉墨春秋》。传人有子张翼鹏、二鹏、剑鸣(小盖叫天)。

冈 村 宁 次

沈荆唐

　　冈村宁次,日本东京人,1884 年 5 月 15 日生。少时就读于中央幼
年学校,毕业后入东京陆军地方幼年学校第三期,开始了习军从武生
涯。毕业后又入日本陆军士官学校,为第十六期生。1904 年毕业后,
以少尉军衔分派到步兵第一联队补充队任队副,翌年参加日俄战争。
1907 年晋升为步兵中尉,回陆军士官学校任学生队副队长;又任中国
学生队区队长,学生有陈仪、阎锡山、孙传芳等。1910 年底,冈村升入
日本陆军大学第二十五期,于 1913 年毕业后,以步兵大尉留校,任步兵
第一联队中队长。翌年 8 月调任陆军参谋本部部员,1917 年升任部
副,曾来中国进行间谍活动。1919 年升任步兵少佐,调至兵器厂任厂
副;不久调至陆军省新闻班、军务局军事课工作。

　　1921 年 7 月,冈村宁次升任步兵第十四联队队副。10 月去欧时,
与驻瑞士的永田铁山、驻苏俄的小烟敏四郎结成"三杰盟约",以革新陆
军积弊为己任。冈村回国后,即召集士官学校第十五至十八期毕业生
成立"一夕会",在日本陆军中形成一支实力派系。1922 年 2 月,冈村升
任步兵第十四联队大队长,翌年又调至参谋本部任部员。

　　1923 年 12 月,冈村宁次被派来中国,任日本驻上海总领事馆武
官。其时,孙传芳已是福建军务督理,亟谋向江浙发展。冈村给孙出谋
划策,使孙在 1924 年 9 月齐(燮元)卢(永祥)战争中由闽出兵攻浙,直
捣杭州,收编卢军近五师兵力。孙出任闽浙巡阅使兼浙江军务督理后,
正式聘请冈村为高等军事顾问。冈村进一步协助孙传芳策划进攻占据

苏、皖的奉军和对抗北伐军;同时利用孙传芳的信任,大量搜集长江下游地区的情报,还得到了一份五万分之一比例的详细的中国绝密地图,获得日本参谋本部的巨额奖金。

1927年6月,冈村宁次奉调回国,任日军步兵第六联队长,随即率部开赴山东青岛。翌年4月北伐军进攻奉张,5月1日进占济南,冈村奉命率部西进入侵济南,擅捕北伐军士兵蓄意寻衅,5月3日又参加向中国驻军营地的攻击,是酿成"济南惨案"的凶犯之一。1929年8月回国任陆军省人事局补佐课长。

日本帝国主义继"九一八"事变后,又于1932年初在上海制造"一二八"事变。冈村宁次被任命为上海派遣军副参谋长,参加指挥侵略上海的战争,战后升任陆军少将。8月,他调任关东军副参谋长,以"解决治安问题"扫荡东北抗日义勇军为"首要职责"。他竭力鼓吹关东军出兵占有热河和"突破长城线"。1933年5月,他代表日本政府同国民政府代表熊斌进行谈判,于31日拿出一份不容更改一字的最后方案,迫使中方代表签订《塘沽协定》,以苛刻的条文,迫使国民政府默认日本对东北三省和热河的占领,并使中国政府失去了对河北十九个县和两个设治区的完全统治权。1935年3月,冈村回国任陆军参谋本部第二部部长。一年后升任第二师团中将师团长,率部占驻哈尔滨一带。

1937年7月"卢沟桥事变"爆发后,日本发动全面侵华战争,冈村宁次率第二师团入关,在侵占华北的战事中屡屡得手。翌年6月,他任华中派遣军第十一军司令官,指挥所部进攻武汉;嗣后又指挥进攻南昌、长沙、宜昌、枣阳等战。他指挥作战,惯于调集精锐的机动兵力,运用袭击、包围等战术机动作战。1940年3月他回国任军事参议官,翌年4月晋升为大将。7月,他被派任华北方军司令官,在华北地区连续发动五次"治安强化运动"。他将华北各地划分为"治安区"(即敌占区)、"准治安区"(即敌我争夺的游击区)、"非治安区"(即敌后抗日根据地),分别实行"清乡"、"蚕食"、"扫荡"政策;尤其对抗日根据地进行"驻屯清剿"的"大扫荡",实施极其残暴的烧光、杀光、抢光的"三光"政策,纵兵烧杀抢掠,无恶不作。1944年6月,他被调任第六方面军司令官,指挥所部投入"一号作战"(即豫湘桂战役),先后攻占桂林、柳州、南宁,打通了粤汉、湘桂铁路线,直达中越边境,以挽救孤立于南亚的日本侵略军。是年11月22日,冈村升任中国派遣军总司令官,统率二十六个师团和二十二个旅团约七十六万日本侵略军。

1945年8月15日,日本宣布无条件投降。冈村宁次深谙中国的国共两党分歧,下令属下只向国民党军投降,拒绝八路军、新四军的接收。9月9日,冈村代表侵华日军在南京向中国陆军总司令何应钦签署了无条件投降书。

冈村宁次是侵华日军的首要战争罪犯。他自己也认为"死刑在所难免",但是战后他受到国民政府的特殊庇护,没有受到法律制裁。他向国民党军队提供了大量有关八路军和苏联的情报资料,并且把一大批"征用者"、"留用者"、"潜在者"输送给国民党军队。在蒋介石发动全面内战后,冈村被秘密任用为军事顾问,经常向蒋介石、何应钦提交"文件",为国民党军队进犯解放区的战略战术出谋划策。经过1948年8月的一次"审讯"后,冈村于翌年1月26日被宣判"无罪"释放,他承认"实非始料所及"。

冈村宁次回到日本后,于1950年又被撤到台湾的蒋介石聘为台北阳明山"革命实践研究院"高级教官,为蒋介石的"反共复国"幻想效力。1954年11月,他参与组织"日本樱星会筹备会",任理事长。"樱星会"是一个统一全日本旧军人的组织,企图复活军国主义。翌年6月,他担任日本旧军人全国性组织"战友联"(后改名为"乡友联盟")副会长,1957年任会长。

1969年10月16日,冈村宁次病死于东京。

主要参考资料

〔日〕稻叶正夫编:《冈村宁次回忆录》,中华书局1981年版。

《现代史资料·满洲事变》,日本东京みすず书房 1964 年版。

《现代史资料·日中战争》,日本东京みすず书房 1965 年版。

中国社会科学院近代史研究所编著:《日本侵华七十年史》,中国社会科学出版社 1992 年版。

高 崇 民

丘 琴 姜克夫

　　高崇民,名恩潏,字健国,号崇民,以号行。奉天(今辽宁)开原人,1891 年 11 月 14 日(清光绪十七年十月十三日)出生于一个农民家庭,其父高葆如以教书为业,对子女"常以儒家躬行实践相训勉"①。

　　高崇民自幼在家乡读私塾,从《幼学琼林》起,直到"四书"、"五经"均在诵读之列。1909 年考入奉天农林学堂。1911 年加入孙中山领导的同盟会,参与推翻清王朝的革命。1914 年赴日本留学,入东京明治大学政治经济系学习。1915 年,袁世凯与日本帝国主义签订"二十一条"卖国条约,留日中国学生奋起声讨。在讨袁斗争中,高崇民满怀义愤,慷慨陈词,痛斥袁世凯,深受留学生拥护,被推选为代表到上海召开群众大会,开展倒袁活动。事毕,于当年返回日本。他对"出一弱国(中国),经一亡国(朝鲜),入一强国(日本)"②的旅途,深有感触。鉴于强邻觊觎,国势日危,决心不做功名利禄之徒,誓为民族独立、祖国富强而奋斗。

　　1919 年毕业后回国,投身新闻界,在北京《正言报》任编辑。他博学多才,思想敏锐,长于论辩,文笔隽永,深受读者欢迎。次年,与友人合办《正俗报》,宣传资产阶级民主主义和改良主义的政治主张。

---

　　①　高崇民:《上半生简述》,《高崇民诗文选集》,沈阳出版社 1991 年,第 373—386 页。
　　②　"高崇民自传",现存高存信处。

1922年高崇民回籍,在奉天府(今沈阳)与赵锄非、洪敬民等建立东三省民治俱进会。1923年3月,他们不顾地方当局禁令,发表《告全国父老书》,反对日本续租旅大,被驱逐出奉天省境,到了哈尔滨。1925年,在哈尔滨东省特别区市政管理局任督学兼教育科长,后又兼东省特别区教育会会长。同年,参加改组后的国民党,协助孙中山派往东北工作的朱霁青发起组织启明学社,开展反帝反封建宣传。在哈尔滨期间,他对旧官场争权夺利,贪污腐化现象不满,经常发表反对言论。由于他掩护过中共地下党员苏子元等人,1927年,特别区当局借口他是共产党,将其逮捕。后查无实据,将他押解回籍。

1928年,高崇民出任奉天工商联合会总务长兼《商工日报》社长。为保护商民合法利益,反对苛捐杂税,他和工商联合会副会长杜重远等人组织商民数万人罢市游行表示抗议,引起各方极大震惊。同年底,张学良不顾日本帝国主义的反对毅然实行易帜。时日本侵略者采取一系列高压手段,逼张学良解决所谓满蒙悬案,高崇民作为省农民会会长懔于国难日亟,与阎宝航、杜重远、车向忱等先后发起组织国民外交协会、国民常识促进会和辽宁省拒毒联合会等团体,广泛开展反日爱国活动。

1929年起,高崇民任东北边防军司令长官张学良的秘书。到1931年"九一八"事变爆发,高崇民去北平当面质问张学良为何不进行抵抗。后又上书批评张学良说:"公一向用人,以庸懦无能者为上选。"①张学良十分重视高崇民敢于直言进谏,将他视为畏友。高崇民得知丢掉东北是执行蒋介石不抵抗命令的结果,乃坚决辞去张学良秘书职务,全力从事抗日救亡运动。同年9月27日,高崇民和阎宝航、杜重远、卢广绩、王化一、王卓然等在北平发起成立东北民众抗日救国会,任常务委员兼总务部副部长,积极筹集资金,支援关外义勇军的抗日武装斗争。

---

①　阎宝航:《流亡关内东北民众抗日复土的斗争》,中国人民政治协商会议全国委员会文史资料研究委员会编:《文史资料选辑》第6集,中华书局1960年版,第92页。

11月底,东北民众抗日救国会组织了一次请愿斗争,由流亡关内的东北青年和学生组成请愿团,高崇民为领队之一。请愿团抵达南京后,蒋介石被迫在中央军校礼堂接见。蒋介石避而不谈不抵抗政策造成的恶果,却侈言"中央没有什么对不起东北人的地方"。高崇民针锋相对地反驳:"东北人民对促成统一、保卫国土所作的努力,对得起中央,而中央在敌寇入侵以来,不发一兵一卒,不作明确抗日表态,一味依赖国联,使敌人得寸进尺,侵略无止境,中央何以对得起东北人民?"[1]使蒋介石面红耳赤,无言以对。

东北民众抗日救国会是流亡关内的东北人民第一个抗日救亡组织,参加者除进步人士外,既有国民党人,也有国社党人。在一次执委会上,国民党CC派东北头面人物梅公任(字佛光)对常委的工作进行无理指责。高崇民当即拍案而起,愤然斥责:"你也是一名执委,从救国会成立以来,没见你出席过会,你既不到会,又不了解情况,有什么资格来挑剔? 你算什么东西! 到底你是来抗日还是来捣乱呢?! ……我不能与你这样的人共事。"[2]说罢拂袖而去。高崇民的仗义执言,博得与会者的钦佩。事后,梅公任想拉高崇民加入CC派,高崇民复信中有言:"鸣蝉洁饥,不羡螳螂秽饱"[3],表示决不与梅等为伍。

1933年,高崇民撰写了两本小册子:一是《三民主义的真谛》,揭露蒋介石挂羊头卖狗肉的假三民主义;另一本是《东北魂》,揭露国民党反动派出卖东北的罪行;表明东北人民绝不甘心做亡国奴,东北人民一定要收复东北失地的决心。

同年春,蒋介石把丢失东北和热河的责任完全推到张学良头上,逼

---

[1]　卢广绩:《回忆高崇民同志》,沈阳市政协文史资料委员会、辽宁社会科学院历史研究所合编:《沈阳文史资料》第1集,1981年6月内部发行,第87页。

[2]　卢广绩:《回忆高崇民同志》,沈阳市政协文史资料委员会、辽宁社会科学院历史研究所合编:《沈阳文史资料》第1集,第88页。

[3]　卢广绩:《回忆高崇民同志》,沈阳市政协文史资料委员会、辽宁社会科学院历史研究所合编:《沈阳文史资料》第1集,第91页。

其下野出洋,派何应钦接任军事委员会北平分会代委员长。何应钦一
到任,即下令取消东北民众抗日救国会。对此,救国会的某些领导人曾
产生消极情绪,想坐待张学良归来。而高崇民却斗志不衰,他对卢广绩
说:"不能等着,公开的活动不能搞,我们可以搞秘密的活动嘛! 不管怎
么样,抗日救国工作不能停。"①于是,他便和阎宝航、陈先舟、杜超杰、
王化一等于1933年9月18日秘密成立了复东会,为秘书长,继续进行
抗日救亡活动。

　　复东会的成立引起了蒋介石的注意,担心它会影响"先安内后攘
外"政策的执行。1934年张学良归国后,蒋介石指使军统头子戴笠打
出蒋张合作的牌子成立四维学会,以取代复东会。高崇民强烈反对解
散复东会,拒绝加入四维学会,后经张学良反复劝说方勉强同意加入。
他对四维学会不抱任何幻想,认为这个组织是蒋介石推行独裁统治的
御用工具。1935年6月,四维学会主要成员集会讨论抗日问题,会上,
高崇民说:"敌人如此猖狂,得寸进尺,实在忍无可忍,希望我们的领袖
(指蒋介石)马上领导抗日……一定会得到全国民众的支持。否则,全
国民众对领袖的拥护和信仰将发生动摇。"②他还指出,学会不能只是
坐而论道,不搞实际的抗日工作。军统头目贺衷寒听到高崇民主张抗
日又批评蒋介石,十分不满,便说:"我们应以领袖的意志为意志,个人
不能有主张。我们服从领袖应像迷信神一样,丝毫不能动摇。否则怎
能算拥护领袖呢? ……主张抗日简直是放狗屁!"高崇民立即反驳说:
"我们拥护领袖是为了抗日,我们的口号根本是拥护中央收复东北,因
为他有抗日力量。"贺衷寒不待高崇民言毕即插言质问:"那么,领袖无
力量你就不拥护吗?"高崇民立即答道:"那是当然,否则,我们怎么不拥

　　①　卢广绩:《回忆高崇民同志》,沈阳市政协文史资料委员会、辽宁社会科学院
历史研究所合编:《沈阳文史资料》第1集,第88页。
　　②　卢广绩:《回忆高崇民同志》,沈阳市政协文史资料委员会、辽宁社会科学院
历史研究所合编:《沈阳文史资料》第1集,第93页。

护街上站岗的警察呢？领袖毕竟是人，而不是神，只有活混蛋才迷信神。"①不久，国民党当局即以"辱骂领袖"的罪名下令通缉高崇民。

1935年10月，孙达生向高崇民转达了中共的希望：请他去西安促进张杨合作，实行联合抗日。高崇民与杜重远及阎宝航商议后决定接受这一任务，同时，三人又联名致函张学良劝其退出内战，联共抗日。高崇民到西安后，即向张学良进言，指出蒋介石要东北军"剿共"是在搞"一箭双雕"的阴谋，企图使东北军和红军两败俱伤。他劝张"不要用旧眼光视红军为流寇，今天的共产党决非黄巢、张献忠、李自成可比，须知共产党是马列主义的政党，是从广大人民利益出发，所以百姓欢迎。红军到任何地方，都和老百姓成为一家人，如鱼得水。按道理是不应该'剿'的，按力量也'剿'不完，因为国军不能把老百姓消灭净尽。应权衡轻重，斟酌利害，是保存东北军实力，收复东北老家呢？还是随蒋内战同归于尽？"②张学良善其言，嘱他沟通东北军与西北军之间的关系，并说，解除误会方能成大事。高崇民往见杨虎城，"披肝沥胆，痛切陈述张的深谋远虑，绝无对西北有取而代之的意图。杨听毕极为高兴"③。此后，张杨之间的误会因此冰释。

1936年上半年，高崇民与栗又文、孙达生合写了一本题为《活路》的小册子，揭露国民党"先安内后攘外"反动政策的本质及其危害；指出东北人民只有抗日才有活路；呼吁停止内战，联苏联共，共同抗日；提出红军、东北军、西北军联合抗日的"三位一体"的主张。《活路》在东北军和西北军中深受欢迎，其中高崇民撰写的"抗日问答"成为对战士进行政治教育的通俗教材。《活路》后被国民党当局发现，再次下令通缉高崇民，张学良乃令王以哲派人将他护送至天津租界暂避。

---

① 卢广绩：《回忆高崇民同志》，沈阳市政协文史资料委员会、辽宁社会科学院历史研究所合编《沈阳文史资料》第1集，第93页。
② 《高崇民自传》，第6页。
③ 《高崇民自传》，第6页。

同年8月,蒋张矛盾加剧,张、杨派人将避居天津的高崇民接回西安,参加筹划逼蒋抗日大计。西安事变爆发后,高崇民被任命为张、杨两将军的政治参议机构设计委员会主任委员,曾参与起草张、杨联署的关于停止内战、抗日救国的八项主张。在和平解决西安事变的过程中,高崇民始终遵循中共关于顾全抗日大局,坚持和平解决,维护"三位一体"的方针,在东北军和西北军中做了大量工作。

西安事变和平解决后,张学良被囚禁。1937年,在上海的高崇民与栗又文曾往访宋子文,要求宋子文履行诺言,营救张学良。同年2月,高崇民根据周恩来的指示,与刘澜波、栗又文、阎宝航等在北平成立东北救亡总会,任主席团委员兼管组织部工作。"七七"事变后,高崇民到了西安,参与"东总"陕西分会的领导工作,积极开展抗日宣传活动,并输送许多青年去延安参加革命。

1940年秋,高崇民拟去新疆见盛世才,营救其好友杜重远。当时,去新疆机票均须重庆批准方能购买,为购机票事被戴笠骗至重庆,加以软禁。在重庆,由于"东总"领导成员于炳然、于毅夫先后被迫撤离,高崇民乃奉周恩来之命接替他们的工作。1942年,蒋介石下令取消"东总",高崇民便在猫儿石住所挂起《反攻》半月刊社的牌子(《反攻》半月刊原为"东总"的机关刊),继续坚持"东总"的工作。他发现其住所附近经常有三五特务轮流监视,房东也被查问,愤而致函戴笠质问:"余一介寒士,流亡无依,有何可畏,防之若敌?"[①]戴矢口否认。此后,监视方式有所改变,但终未解除。高崇民身处虎穴,毫无畏惧,他公开主张联苏联共;他常出入苏联大使馆和八路军重庆办事处;他曾对戴笠说:"任何省的人不主张联共抗日都可以,惟东北人不能不主张联共抗日。"[②]他光明磊落,戴笠也对其无可奈何。当时,高崇民的生活十分困难,戴笠

① 高崇民:《重庆软禁琐记》,《中华民国史资料丛稿》增刊第4集,中华书局1978年版,第18页。

② 《重庆软禁琐记》,《中华民国史资料丛稿》增刊第4集,第16页。

想拉拢他,许以待遇优厚的设计委员职务,他则婉言加以谢绝。1945年,高崇民秘密潜回东北,为此遭到蒋介石第三次通缉。

高崇民于1946年加入中国共产党。解放后,他历任安东省主席、第一届全国政协常委、中央人民政府委员会委员、东北人民政府副主席兼司法部部长、最高法院东北分院院长,第一、二、三届人大常委,第二、三届民盟中央副主席,第四届全国政协副主席。

高崇民无限怀念张学良。1960年曾致函张学良祝寿,信中写道:"自别旌旄,廿有四载,缅怀心情,时萦梦寐……今者祖国更新,洗涤百年之耻辱,树立万代之鸿基,六亿五千万人民,群情欢娱,欣欣向荣。""公今年六十大寿,远隔海疆,不得奉觞称庆,益引为憾。遥祝我公寿如松柏,坚如金石。……"[①]1961年,在西安事变二十五周年纪念会上,高赋诗感怀张学良:"兵谏功成廿五年,乾坤扭转话凌烟。今日座中皆旺健,一人憔悴在东南。"[②]

高崇民曾多次参加人大代表团出访印、朝、苏、捷、罗、保、南、芬、阿尔巴尼亚等国;在国内,北起黑龙江,南至海南岛,到处都留下他视察的足迹。1965年,更以七十四岁高龄进藏庆祝西藏自治区成立。其后,高崇民被诬陷为"东北叛党集团"成员,被捕入狱。1971年7月29日冤死于秦城狱中,1979年获得彻底平反[③]。

---

① 高存信:《雪泥鸿爪》第64—65页,(1982年5月,未发表)。
② 高崇民:《纪念西安事变二十五周年有怀张将军》,中国人民政治协商会议辽宁省委员会文史资料研究委员会编《辽宁文史资料》第13辑,第53页,辽宁人民出版社1986年版。
③ 1979年4月20日,经中共中央批准,在政协礼堂举行"高崇民同志平反昭雪大会",对其作了彻底平反。

高 凌 霨

张树勇

高凌霨,字泽畲,号苍松,直隶省天津县(今属天津市)人。生于1870年9月12日(清同治九年八月十七日)。1894年(清光绪二十年)中举人。1900年后,以捐班知府分发湖北候补,初充启新书院中学副监督,继升湖北武备学堂监督,后改任湖北省立造币厂总办。1908年2月,经湖广总督张之洞保奏,出任湖北提学使。1910年(清宣统二年)9月,又经张之洞鼎力推荐为湖北布政使。同年底,因丁忧辞职。1911年10月武昌起义后,避居上海。

1912年民国成立,高凌霨加入共和党并为该党干事。1913年3月,奉北京政府之命督办改组各省银行、推行纸币及开办金库等事宜。同年7月底,熊希龄继赵秉钧之后出任国务总理组阁,8月推荐高凌霨署直隶省财政司司长兼直隶省征税调查处及国税筹备处处长。时陆军第三师师长曹锟驻防保定,高凌霨以曹为北洋派中实权人物,便与其深相结纳,并在拨付军费时予方便,以此获曹锟之欢心,日后成为知己。1914年4月,高凌霨在免去直隶省财政司长后,受奉天省都督张锡銮之聘,为高等顾问。

1917年11月,皖系军阀首领段祺瑞等人为反对恢复旧国会而操办成立临时参议院,以为日后创立由他们控制的新国会(即安福国会)预作准备,时高凌霨以直隶籍被推选为参议院议员。1920年8月,高凌霨出任靳云鹏内阁农商部次长。1921年1月获二等大绶嘉禾章。同年7月任农商银行协理。10月,财政总长李士伟被免职,由直系军阀首领曹锟的大力推荐,高凌霨继任财政总长。同月获一等大绶嘉禾章。11月初兼任盐务署督办。12月又兼任币制局督办。时北京政府财政拮据,而军政各部门索款日急,高凌霨因筹款无着,不敢到部视事。不久,在颜惠庆临时内阁里改任内务总长。1922年1月,梁士诒组阁,高继任内务总长,兼任赈灾事务督办、京师市政督办和长江水利讨论委员会会长等职。3月,获一等文虎章。4月底,第一次直奉战争爆发,5月奉军战败退出关外,直系军阀执掌了北京政府的实权,将倾向奉系军阀的交通系要人如时任交通总长的叶恭绰免职,改由高凌霨兼代交通总长。其时,直系内部矛盾重重,分"津保派"(因曹锟、曹锐兄弟驻节保定、天津而得名)与"洛派"(因吴佩孚驻节洛阳而得名)。而事先吴佩孚已面允"洛派"骨干高恩洪为交通总长,所以几经周折才说服属于"津保派"的高凌霨辞去兼职,同月又改由高恩洪署交通总长。6月初,直系军阀首领曹、吴藉战胜余威迫使皖系军阀操办的安福国会选出的大总统徐世昌辞职,以为曹锟日后跻登总统职位扫清障碍,并于11日以"法统重光"为名,拉出卸任总统黎元洪暂时代行大总统职权,由颜惠庆署内阁总理,改任谭延闿为内务总长(未就职)。时直隶省长曹锐辞职,18日北京政府特任高凌霨继任,然而,仅一周他即辞职改由王承斌出任省长。8月,高凌霨署财政总长。不久,唐绍仪被黎元洪正式任命为国务总理,并在唐未到任前由教育总长王宠惠兼代,高凌霨仍被任为财政总长。9月,王宠惠正式组阁,高凌霨改任为农商总长。10月,获一等大绶宝光嘉禾章。11月底,汪大燮继王宠惠之后出组内阁,高凌霨又被任命为内务总长。

1923年1月,张绍曾正式组阁出任国务总理,高凌霨蝉联内务总长。2月,又兼任长江水利讨论委员会委员长。是年春,直系首领曹锟急于爬上总统高位,唆使津保派阁员(内务总长高凌霨及财政总长刘恩源、交通总长吴毓麟)进行倒阁活动,以迫使总统黎元洪因阁潮频繁而辞职。6月6日,当张绍曾主持召开内阁会议时,高凌霨秉承曹锟的旨意,联合交通总长吴毓麟、新任财政总长张英华、司法总长程克等人抨击总统黎元洪侵越内阁职权,胁迫总理张绍曾一同辞职。随后,这几位总长联合发表通电,迫使张绍曾、黎元洪相继离京出走。实际上在内外交攻之下,北京政府已无法运转,最后张绍曾内阁只好总辞职。14 日,高凌霨便以内务总长暂代国务总理并摄行总统职权;8 月 24 日又被摄政内阁推为主席。随即他便串通旧国会众议院议长吴景濂以及追随曹锟的直系军政要员紧锣密鼓地为曹锟操办总统选举事宜。10 月,贿选告成,终于将曹锟捧上大总统宝座。10 日,曹锟急忙从保定奔赴北京,就任贿选总统职。12 日,高凌霨因贿选有功,被曹锟任命为兼代国务总理。1924 年 1 月,曹锟发布大总统令,宣布改选国会。对此,议员认为曹锟过河拆桥,而且探知是高凌霨在暗中捣鬼为曹锟出的主意,遂群起而攻之,加上他在代行内阁总理期间的丑恶行径,也引起各方面的普遍不满。12 日,曹锟为平息各方面的意见,遂免去高凌霨兼代总理一职,同时任命孙宝琦为国务总理进行组阁。至此,高凌霨梦寐以求取消"代"字正式受任组阁登上总理宝座的打算告吹,最后连个总长的职位也未能保住,而只落个税务处督办。9 月 14 日,曹锟又任命颜惠庆进行组阁,颜因出任国务总理而辞去农商总长,其职位空缺,一度又由高凌霨暂时署理,但为时很短,仅月余而已。随着第二次直奉战争爆发,10 月,直系将领冯玉祥发动北京政变,曹锟被软禁,北京政府实际上已被冯玉祥控制,同月冯玉祥推举黄郛组成摄政内阁,而以奉系王狪斌出任农商总长。至此,高凌霨深感大势已去,便远离北京而奔赴上海,以便静观时局的发展,再作进取。

1926 年,高凌霨由沪北上抵津,隐居日租界桃山街。然而,他仍不甘寂寞,与亲日派往来密切,并加入日本驻军控制的"中日同道会"进行政治活动。1931 年,日本帝国主义发动侵略中国的"九一八"事变。在强占东三省的同时,又接连向华北扩张,派日本僧人吉井芳纯来华,在天津设立"中日密教研究会",推举皖系首领、亲日派头目段祺瑞为会长,高凌霨与王揖唐任副会长,以研究宗教为名,藉此进行政治活动。同时,高凌霨与清末著名大臣张之洞之子、时任伪满洲国外交大臣的张燕卿交往频繁,暗通声息,进一步投靠敌伪政权。1932年,国民政府通令全国各省重修省志,高凌霨任河北省通志馆馆长。时日本侵略者正策动汉奸制造"华北特殊化",以便侵占华北,于是唆使一些亲日分子在政治上大肆活动,又网罗一些商人、政客组织各种公司、协会进行经济侵略活动。1935年9月高凌霨等人秉承日本关东军司令部、"满铁株式会社"以及中日实业公司的旨意,由东京国际银公司天津分公司出资,发起成立"救济华北经济委员会"。10月,在日本侵略者的指使下,在津的一批旧军阀、政客又组织"东亚经济协会",并于10日开成立大会,高凌霨等十五人被举为理事。同年底,国民政府设置的以宋哲元为委员长的冀察政务委员会在北平成立,高凌霨被举为委员。1937年"七七"事变,平津被日寇侵占,8月初,高凌霨在日本侵略军的扶持下,组织"天津治安维持会",并出任会长。至此,高凌霨公开露出其汉奸面目。该会由日本华北驻屯军司令官香月清司拨款十万元,向河北省银行及其他银行借款并用芦盐税收作担保向日本兴中公司借一百万元作维持经费,设立总务、财政、社会、教育、警察、卫生、盐务管理、商品检验八局及法院等部门进行活动。维持会事无巨细,均需请示日本驻津陆军特务机关裁定,方可行事。同年12月7日,日本驻沪武官根本博偕同汉奸王克敏抵平,在日本占领军的操纵下,10日,高凌霨同王克敏、江朝宗、汤尔和、朱深、董康、王揖唐、齐燮元等八名汉奸经数次会商,决定成立伪政权。14日,伪中华民国临时政府在北平的中南海居仁堂宣告成立,并将北平改称北京,把国民政府的青天白日满地红国旗改为红黄蓝白黑五色国旗。临时政府下设以汤尔和为委员长的议政委员会,以王克敏为委员长的行政委员会,以董康为委员长的司法委员会。时高凌霨为议政委员会委员、河北省省长兼天津特别市市长(数日后,市长一职由另一个汉奸潘毓桂接任)。20日,国民政府发出宣言,斥责日寇非法组织的伪中华民国临时政府无效,又明令凡在沦陷区域甘心附敌参加伪组织者,决按汉奸治罪条例查明通缉严办。1938年1月,高凌霨甘心附敌,竟宣誓就任河北省伪省长职,5月,高凌霨因出任伪职而遇刺。1939 年被免去河北省伪省长职位后,避居北平。

高凌霨为人机警而善于权变,在清末仅以一举人步入政坛并得权要之赏识而步步高升;入民国后,由于攀附直系首领曹锟而飞黄腾达;晚年因出任伪职,甘心附敌,而遭国人唾弃。1943 年 2 月病亡。

主要参考资料

陶菊隐著:《北洋军阀统治时期史话》,1957 年 3 月三联书店版。

李剑农著:《中国近百年政治史》,上海商务印书馆 1947 年版。

寒霄编述:《六月十三日》,中华印刷局 1924 年版。

Who's who in China:*Biographies of Chinese Leaders*,5th ed.,Shanghai:*The China Weekly Review*,1936.

《国闻周报》,上海国闻周报社。

高　星　桥

熊尚厚

　　高星桥,名文奎,字星桥,以字行,1875 年 8 月 24 日(清光绪元年七月二十四日)出生于天津。高家世代以铁匠为业,先在南京,后迁天津开设"高记三挺刀"铁匠铺,给武场练功的人制造各种武器。其中三挺刀被清政府指定为武场专用,因而营业鼎盛。高星桥七岁入塾,读了几年四书五经,后考文昌阁童子试不中,父亲就叫他入了自家的铁匠铺学艺。

　　19 世纪末叶,帝国主义势力侵入我国内地,反帝斗争连绵不绝。1900 年春,兴起了大规模的义和团运动。清皇室令高星桥的大哥高文祥赶制金眼毛瑟枪五十支以备急用,制成后曾受到载漪嘉奖。接着又让高家移至北京炮厂制炮。高星桥运用自己的文化知识,协助其大哥仿制成功了转轮手枪和快炮,技术日益增进。不久八国联军侵入天津、北京,高文祥遇难死去,他父亲相继病故,年青的高星桥担起了一家九口的生计。因在北京生活困难,遂搬回天津,靠外出作零活养家糊口,生活艰难。1904 年底,他给英商济安自来水厂制造铁罐水箱的铆钉,生活略有好转。1907 年,他与衙门小吏及脚行头目等结拜把兄弟,合伙用大车到火车站偷煤。后铁路管理制度渐严,他另谋出路,与人合伙开设毓记煤球厂,但未及一年即亏损歇业。嗣后,高入天津煤栈为推销员,一年后因煤栈待遇菲薄而辞职。随后他又设法凑集资本开设坤记煤球厂,未几又把资本蚀光。

　　1908 年,津浦铁路北段开工,高星桥经人介绍,为铁路加工枕木、铆钉,后改任火车司炉。他见外国司机、司炉瞧不起中国人,心里很不服气。当时开长途火车的司机、司炉全是外国人,他支持中国司机开长途,自任司炉。他们的车也能正点安全到达终点,外国人开始对他另眼相看。不久,经德商德义洋行跑街尹献亭介绍,他入德商泰来洋行任跑街。

1910 年,高星桥从泰来洋行转到井陉矿务局任司磅,收发煤炭工作勤恳、吃苦耐劳,业余时间还向矿上的德人学会了一些德语。次年夏,一次因煤炭差了一百吨。该局洋总办德人汉纳根(Constantin Von Hanneken)前来查问,高星桥以半通不通的德语作了回答,汉纳根十分高兴,又见他精明能干,就调他到华帐房工作。那时,井陉煤炭销路不好,汉纳根很想找个推销员。他亲自主持考试后,发现高星桥不但熟悉各种煤的性能,而且对如何打开井陉煤的销路也有一些办法,便决心加以重用。但其职位低,拿不出大笔保证金,起用受到障碍。汉纳根决心既定,便通过自己的岳母(天津海关税务司德璀琳之妻)出面担保十万银两保证金,于 1911 年 9 月指派高星桥担任井陉矿务局津保售煤处总经理。

高星桥当上总经理后,在天津、上海、汉口分设经理处,北京、保定、石家庄设分销处。他亲自前往山西矿区了解情况,对技术管理及交通运输提出改进意见;还到火车站、轮船码头及租界电灯房去实验井陉煤的耐火力,证明超过开滦煤两倍。从此,他到处宣传,为井陉煤打开了销路。1912 年,他把井陉煤推销到了上海。数年间。高星桥从推销井陉煤中发了财,与上海开滦煤矿买办刘鸿生齐名。

1914 年,高星桥在汉纳根支持下,接办了石家庄小型焦炭窑十余座。除加以扩充外,又新建焦炭窑二百余座,所出清水焦炭经天津运销日本,获利甚巨。第一次世界大战时,高星桥感情上亲德,认购德国"爱国公债"一百五十万马克,并给德军代办军需,赶制冬季御寒高统毛皮马靴两万双,受到德皇威廉二世的嘉许,赏赐他以德国贵族"冯(VON)"的称号。之后,德皇又赐给他中国全国铁路待筑计划蓝图,以示德国在大战胜利后将委他包建中国铁路。然而,1917年德国战败,北洋政府根据农商部《处置敌国矿商条例》,收回了井陉煤矿产权;次年汉纳根被遣回国,井陉矿务局收归直隶省长督办,高星桥亦随之离去。

1919年,高星桥开始投资经营房地产业,以四十多万银两在天津河东建筑平房千余间出租或出售。又在北戴河增建一座占地十二亩的别墅,专供结交社会闻人。1920年他以三万余元在天津北马路买下大观察院旧址,兴建天津商场。次年正式开业,经营百货业务;并在商场的屋顶辟"天晴茶园"(后改名大观楼)出租。这时,高星桥加入了天津行商分所,成了天津闻名的殷商名流。

1922年9月,中德再订契约合营井陉矿务局,汉纳根重来中国,授意高星桥建筑从娘子关到井陉矿的铁路支线。次年6月,正当其着手筹备之际,直隶省长王承斌在直系支持下,利用外交途径接收了井陉矿局,并以武力没收了高星桥所经营的三百多座焦炭窑,还下令通缉他。高星桥被迫逃往上海。1924年10月北京政变后,曹锟被赶下台,王承斌去职,高星桥回到天津,盖了一幢漂亮的花园洋楼供自家居住。1925年汉纳根在天津病死,高星桥送丧仪银十万两。

高星桥脱离买办职业后,继续以其资财在天津经营房地产业,兴建大量房屋出租。1926年他出资筹建规模宏大的百货大楼以及旅馆、澡堂等。次年百货大楼建成,取名"劝业场"。除将商场出租外,他并在此开设茶园、戏院、影院等六七处。1928年正式开业,营业一直很好,每年获利数十万元。

1937年7月卢沟桥事变后,日本帝国主义侵占平津,但高星桥的商场、房产地处租界,十分得利。1938年天津周围发生大水灾,住进租界的人很多,商业畸形繁荣,高星桥获利更多。1941年冬太平洋战争爆发后,日本侵略势力占领租界,多次迫使高星桥出面为其效劳,邀他出任新民会长,又叫他去塘沽承建新港,高星桥推卸未任。

1945年8月抗日战争胜利后,高星桥经营的劝业场、戏院及旅馆等曾兴盛一时。但蒋介石挑起内战后,国民经济受到极大破坏,通货膨胀,贪官污吏横行。高星桥极为不满,常发牢骚。1947年某天,他在澡堂洗澡,与人议论国民党政府官吏敲诈勒索时,大声嚷着说:"国民党这些三十六友真可恼!我愿把全部财产送给共产党也不给这些龟孙子!"[①]正巧被国民党特务听见,天津警备司令白时伟即派人把他抓去拷问。高家托人行贿,花了五百两黄金才把他救出。高星桥被迫南下,寓居上海,所营事业由其子高渤海主管。

1949年2月3日,高星桥在上海病逝。

主要参考资料

高渤海:《天津买办高星桥发家史》,中国人民政治协商会议全国委员会文史资料研究委员会编:《文史资料选集》第44辑,中华书局1964年版。

大凡:《天津高星桥轶事》,[日]《太平洋经济月刊》第14卷第10期,转引自台湾《传记文学》第29卷第6期。

张高荣:《劝业场一带的变迁》,中国人民政治协商会议天津市委员会文史资料研究委员会编:《天津文史资料》第16辑,天津人民出版社1981年版。

河北省井陉矿务局编:《河北省井陉矿务局改办第十四届年报》(1935年10月—1936年9月),河北省井陉矿务局,1937年。

---

① 高渤海:《谈高星桥生平》(访问记录稿)。

高　旭

郭长海

高旭,名堪,字天梅,号剑公,别号钝剑、汉剑,又署名慧云、哀蝉等①。1877 年出生于江苏松江府金山县张堰镇一个知识分子家庭,从小便在家庭中受到良好的文化熏陶。七岁学诗文,十七岁即以诗名噪乡里,后来又从顾莲芳和庄瘦岑先生受教,诗益猛进,旧学基础益深厚。

1894 年中日甲午战起,清政府的惨败使高旭深受刺激,他开始关心民族的危亡,国家的前途。1898 年,他倾向维新变法,很快就成了康、梁的积极拥护者。"南海真吾师",是他早期政治上和思想上的信条。1898 年"六君子"的殉难和 1900 年唐才常领导的自立军起义失败,使高旭由单纯地拥有一腔爱国热情转向如饥似渴地读《清议报》等维新报刊,从中汲取新知识、新思想,并且试图用自己的诗作和它们建立联系。他写了《唤国魂》、《读〈谭壮飞先生传〉感赋》、《吊烈士唐才常》等诗,歌颂那些把生命贡献给改革事业的政治家们。

1903 年是国内形势迅速变化的一年,也是高旭思想发生巨大变化的一年。章炳麟的《驳康有为论革命书》和邹容的《革命军》以及章炳麟为《革命军》所写的序言,都给了高旭以新的认识。6 月末,苏报案发生,他开始认识到清政府对内镇压人民革命运动、对外投降帝国主义的本质和康有为保皇派的本来面目。他的立场开始转变,逐步形成了民

---

① 郭长海、金菊贞编:《高旭集》,社会科学文献出版社 2003 年版,第 706—708页。

族革命的思想。9月，《国民日日报》创刊，他经常在该报发表充满强烈的革命思想的诗作，例如《海上风潮起放歌》就是一首强烈的反清革命的战歌，在当时诗坛上有划时代的意义。10月，他又和叔父高燮、弟弟高增一起组织觉民社，发行《觉民》杂志，以唤起国民之魂。1904年初，他频繁地赴上海，经常出入《警钟日报》社，和陈去病、刘光汉以及《中国白话报》的主编林白水等论交。这时，他又接触到一些更富有反清革命思想的书籍，如王船山的《黄书》、刘光汉的《攘书》、陈去病的《陆沉丛书》、章士钊的《孙逸仙》等书，明确地形成了他的反清革命思想。从此，他与康梁一派断然决裂。在《中国八大奴隶歌》一诗中，他把康、梁二人定为第七、第八号奴隶，与洪（承畴）、吴（三桂）、曾（国藩）、胡（林翼）等人并列，而在《光复歌》、《逐满歌》、《大汉纪念歌》中极力阐述反清革命的主张。1904年秋东渡日本留学，入法政大学速成科。这时他开始系统地接触资产阶级的思想与文化。卢梭的《民约论》、美国的《独立宣言》、达尔文的《进化论》等对他的影响极大。他的思想由单纯的华夷之辨，进而转变为资产阶级的天赋人权与民主、自由、平等观。年末他又结识了在国内革命斗争失败后流亡日本的革命党人宋教仁、陈天华等，并经常与田桐、程家柽等人在一起，纵论天下大事，探讨与寻找反清救国的道路。他决心接手已经休刊的《觉民》和《江苏》两份杂志，再办一个振聋发聩、催人猛醒的刊物，定名《醒狮》。在同盟会的机关刊物《民报》出刊之前，《醒狮》是最具有批判锋芒和战斗威力的一个刊物。

1905年7月，孙中山从欧洲来到日本横滨，着手组织革命团体。8月中旬，中国同盟会正式成立。高旭是第一批入会的盟员之一，并且担任了江苏省的主盟人。年末，东京留学界为反对日本政府文部省公布《清国留学生取缔规则》，全体罢课，继而停学，最后罢学归国。1906年初，高旭与各省归国学生代表一起创办中国公学。不久，因不满于中国公学管理上的混乱，遂宣布退出，另组健行公学于上海西门宁康里，作为培养革命青年的场所，同时也作为同盟会江苏支部的活动机关。其间，发展了柳亚子、陈道一、张家珍等多人加入同盟会，并坚留柳亚子担任健行公学的国文教席。他们以《黄帝魂》做教材，向学生灌输反清革命思想。柳亚子把黎里的学生自治会转来健行公学，改称青年自治会，作为同盟会的外围组织。柳亚子又把黎里的《复报》也迁到上海，在健行公学编辑，寄往日本印刷，然后秘密运回国内发行。《复报》和《民报》步调相同，一时被誉为《民报》的"卫星"。健行公学是上海革命气氛最浓的学校之一，有第二爱国学社之称。在健行公学的后面，有健行公学教员夏听荑的一所住宅，榜其门曰"夏寓"，这是同盟会江苏支部的秘密机关。上海地区的许多革命会议，都是由高旭主持在这举行的。高旭还通过马君武、傅君剑等，和中国公学的革命党人相联系；通过湘学社的陈汉元、宁太一等，和湖南的革命党人联系；通过陈志群，和蠡城学社的秋瑾、陈伯平等江浙革命党人保持联系。健行公学一时成了上海及东南地区的革命活动中心。如果说1902年上海的革命活动中心是在爱国学社，1903年在苏报社和国民日日报社，1904年在警钟日报社，1905年在国粹学报社，1906年则在健行公学。1906年7月下旬，孙中山从东京乘法国邮船赴越南，途经上海，召集高旭、朱少屏、陈道一、柳亚子四人前来，垂询上海革命活动的进展。通过健行公学，孙中山很快见到滞留沪上的各地革命党人代表，如秋瑾、熊克武等。1906年秋天，健行公学的革命活动引起了两江总督端方的注意。高旭不得已在年末将健行公学解散，关闭"夏寓"，回到金山乡下，暂避缯缴。不久，又迁居留溪，并创办了钦明女校，与妻子何亚希同任教职。

1907年春天，高旭赴上海，约陈去病、朱少屏、沈道非、刘季平同赴苏州游览。他们一路上流连山光水色，凭吊历史遗迹，过七里山塘，经五人墓，来到虎丘，在明末抗清英雄张国维祠饮酒赋诗，追慕先烈，大有几复风流余韵犹在之气概。虎丘之行，已经埋下了日后举办南社雅集的种子。七八月间，高旭和柳亚子等都参加了陈去病发起的神交社。参加神交社雅集的十八个人，后来差不多都入了南社，故而神交社实际上可以看成是南社的预备会。1908年1月，留学日本的刘师培、何震夫妇由日本归国。途经沪上时，陈去病在酒楼设宴招待，高旭、柳亚子及神交社部分同人再次雅集。会上出现了南社的名称,会后摄影一帧,高旭和柳亚子都分别保存了一张,即题为"南社雅集写真",并题诗其上。

1909年5月,高旭与正在上海养病的陈去病联系,商讨南社的一些问题,"要我结南社,谓可张一军"。9月初,陈道一自南京出狱,与柳亚子相偕赴留溪访问高旭。这次三人相聚,回忆了两年以来诸友的分合聚散,又得知陈去病已在苏州张家任教席,柳亚子动了再在虎丘雅集之兴,相约各自通知社员,冬日在吴门相会。10月17日,高旭所撰《南社启》在《民吁日报》上刊出,声称"与陈子巢南、柳子亚庐有南社之结"。10月27日,柳亚子撰《南社条例十八条》在《民吁日报》上刊出,宣称"品行文学兼优者,可得入会"。11月6日,陈去病发出《南社雅集小启》,通知各地社员"孟冬十月,朔日丁丑""爰集鸥侣"、"幸勿忽诸"。11月13日,在虎丘张国维祠举行了南社的第一次雅集。南社这一有光辉意义的名称,遂正式出现在中国近代革命的历史上。不过,高旭因为儿子生病,未得躬逢胜会。会后,他曾赋诗填词,分寄社友,表示"来春再做虎阜游"。此时高旭已经填了南社入社书,为第二号。1910年秋(重阳),高旭偕妻何亚希,约叔父高燮、友人蔡哲夫等人来到南京,共作白门之游。他们一路诗歌酬唱,抒发江山故国之思,后来由周实结集为《白门悲秋集》。这是南社成立后一次较大规模的活动。

武昌起义的消息传到金山时,正在家居侍父病的高旭闻之欣喜万分:"日吉早时论北伐,便应一战决戎华。"南京临时政府成立的消息更使他备受鼓舞:"炸弹声中觅天国,头颅飞舞血花红!"他是在激动和欢呼声中跨进了中华民国的新纪元。1912年春,高旭被推选为众议院议员。次年即赴北京。但袁世凯恣意破坏民主制度,在国会选举其为总统后,即以"增修约法"为名向国会进攻,随后于1914年下令解散国会。"月下一凭栏,浩荡江山,坏何容易造何难!"高旭怀着满腹悲愤离开北京。1916年,袁世凯死后,黎元洪继任总统,恢复了两院和国会的活动。随后因参战问题而引发"府院之争",在段祺瑞、张勋的威逼下,黎元洪于 1917 年再次解散国会。"大千龙战玄黄血,残局猵翻黑白棋。"无奈之下,高旭再次离开了北京。

1917 年,孙中山南下广州组织护法军政府,召开国会非常会议,高旭应召赶去参加。1918 年 2 月,军政府改组,桂系军阀掌握实权,孙中山离粤赴沪。"龙战玄黄此正时,漫天妖雾忽迷离。"高旭初来广州之时抱有"安得长剑倚崆峒,扫尽豺狼四海一"的雄心,而此时"客中寂历我何堪","惆怅髯苏窜岭南",遂回家隐居。随后,高旭三上北京。1923年夏,曹锟的野心日益显露,高旭的家乡人士颇关心他的进止,曾发公函给劝他早日离京,"不要违法助逆",而高旭也有一封回信,态度颇为坚决,信中说:"诵来电,敬悉。政变陡兴,是非淆乱。曹锟欲用金钱贿买总统,罪大恶极,令人发指。所幸投票之权,实操诸我,旭之铁腕尚在也。所以迟迟未即南行者,特以此之倡国会南迁论者,乃竟合全国唾弃之安福、政学两系为一气,深恐故态复作,遗毒无穷。故郑重考量耳,非绝不南旋也。至人格之保存与丧失,以留京赴沪定之,要非探本之论矣。辱承教惠,敢布区区。"10 月 4 日,曹锟以四百八十票"当选"为"大总统"。10 日,上海的《申报》和《民国日报》同时公布了参加贿选议员名单,共五百五十人,高旭名列其中,故此被称作"贿选议员"①。

柳亚子听说高旭参与贿选时,立即驰电相责:"骇闻被卖,请从此割席。廿载旧交,哭君无泪,可奈何!"二十三名南社旧友也立即发表声明,不再承认高旭等社友资格。1924 年冬,高旭抱病南归,避居张堰乡下。1925 年 8 月 25 日(农历七夕)病逝。

高旭一生写作极勤,著述亦丰,其中尤以诗为最突出。高旭早期的诗作,关心国家的前途和命运,呼唤革新政治。随着高旭在政治上转变

---

① 《申报》与《民国日报》的这份名单并未举出根据。同时,名单也包括了未投曹锟的票一百一十人。因此,这份名单的人数,和北京方面公布的数字并不相同。仅凭这份名单来确认贿选议员的身份,是不能说明问题的。根据高旭在贿选前的表现,特别是《致金山教育公会信》的发现,对高旭的"贿选议员"问题有重新进行审视的必要。参看郭长海《高旭参加曹锟贿选之探究》,《长春师范学院学报》2003 年第 4 期。

为反清革命的志士,在诗歌创作以鼓吹反清的种族革命为主题,《海上大风潮起放歌》可以看作高旭诗风乃至思想的转变标志。1906 年在健行公学时,高旭以一夕之功,伪造了石达开遗诗二十余首,出版后获得了极大的成功,一时大江南北,都争传其诗。高旭的文章也有可称道之处,其诗文结集为《天梅遗集》,今人辑有《高旭集》。

主要参考资料

高缪:《高天梅先生行述》,《江苏革命博物馆月刊》第 2 卷第 1 期(1931 年 1 月)。

陈去病:《高柳两君子传》,《民立报》1913 年 7 月 21 日。

郑逸梅:《南社社友事略·高天梅》,《南社丛谈》,上海人民出版社 1981 年版。

戈 公 振

熊尚厚

戈公振,名绍发,字春霆,号公振,生于 1890 年 11 月 27 日(清光绪十六年十月十六日),江苏东台人。其父戈铭烈是个监生,在家乡以教书为业,家境清贫。戈公振六岁入羖庵学塾读书,三年后转入同里的杜晴波学塾,并在求智学社学算术,对美术图画甚为爱好。十四岁考入东台高等学堂。戈十年的刻苦攻读奠定了国学基础,对黄山谷、赵子昂的字帖下过一定工夫,字写得工整。他在东台学堂以优异成绩毕业时,其伯父戈铭猷在江西铜鼓任知县,即随之去铜鼓的县署学习。

1911 年秋辛亥革命后,因伯父卸职,戈公振回到家乡,一边在一个乡绅家当家庭教师,一边去淮南法政专门学堂听课。翌年,他得人介绍入《东台日报》,担任编辑和管理图书的工作,公余入神州法政学堂学习法律和历史。1913 年,得同乡绅士夏寅官介绍,前往上海入《时报》主人狄楚青所办的有正书局图画部当学徒。白天在书局工作,夜晚上英文夜校,工作和学习均勤奋刻苦。他由于在工作中的主动性、创造性,替书局编了一本可供学生用的字帖和一本图案集,受到素爱书画碑帖的狄楚青器重,被提升为书局出版部主任。1914 年,狄又鉴于他文字写作也颇出色,将戈调入《时报》工作。

戈公振入《时报》编辑部工作后,更加勤奋地学习和工作,很快提高了自己在新闻学方面的知识和能力,半年间由校对升为编辑,先后任本埠新闻版编辑、地方新闻版编辑,并撰写时评。在评论中,他不断揭露北洋军阀的黑暗统治。在编辑工作中,他不断提高新闻学的素养,同时追求进步,对于取材和编辑都力求新颖。尤其是对副刊的编辑,他主张办一种讨论文学、指导生活、具有文学兴趣的副刊。在五四运动前后,他在《时报》上创办了多种副刊,受到文化界和学术界的欢迎。他为《时报》首创图画附张,增出《图画时报》,内容以中外大事为主,使报纸图文并茂,用道林纸铜版精印,为我国画报步入铜版之先河。《时报》的销路大增,狄楚青让他担任总编辑,主持该报的实际工作。

戈公振在《时报》工作期间,对新闻学的研究下了一番工夫,开始著述有关新闻学的书籍,从 1925 年起还从事新闻教育事业。他根据美国克拉克(F. N. Clark. Jr.)所著 *The Handbook of Journalism* 一书,编译成《新闻学撮要》,于 1925 年 2 月由上海新闻记者联谊会出版,立即受到新闻工作者和读者的欢迎。他很重实用,附录多实用文,插图让人易于理解而生兴趣,其新闻观点主张新闻要新,要向民众开放。与此同时,他还研究新闻史,以其对中国报学史的研究所得,于 1926 年 6 月写成《中国报学史》,由商务印书馆在 1927 年 11 月出版,成为我国第一部新闻史专著。在新闻教学方面,他先后在上海国民大学、南方大学、大夏大学、复旦大学担任报学系(或新闻学系)系主任和教授,讲授新闻学和中国报学史。他发起组织上海报学社,出版刊物《言论自由》,提倡一面刻苦读书,一面去报馆参观实习。

1924 年,《时报》主人狄楚青因多年积劳成疾,无心继续办报,将其主权出售给黄伯惠,戈公振仍留在《时报》工作。1927 年初,戈将《时报》多余的照片转给办《上海画报》的友人钱芥光,黄伯惠对此大有意见,戈遂愤而辞职。他以其多年的积蓄自费去欧美游历,对法、瑞士、比、德、意、英、美及日本等国的报业进行考察。他对德国和瑞士街头的卖报亭、自动卖报机,对美国读者自费买报,对日本街头的新闻图片窗橱展等都产生很大兴趣,尤其欣赏美、欧等国的剪报室,认为对报馆储存资料很有益处。同年 8 月,他受国际联盟邀请,以中央社特派员身份在瑞士参加了日内瓦国际报界专家会议,作了题为《新闻电费率与新闻检查法》的发言。他经常将所见所得写成通讯寄回国内报刊发表。

1928 年底戈公振回国后,应史量才之聘进入《申报》工作,担任总管理处设计部副主任兼摄影新闻社主任。设计部主任黄炎培忙于中华职业教育社社务,故设计部工作实际由戈主持;1932 年起戈任设计部主任。他以欧美考察所得,对《申报》实施科学管理,使之逐步进入企业化轨道。他亲自进行报纸的剪辑工作,以备编辑记者参考,还就《申报》的新闻内容、销售及资料室的建立、创办画刊等等,经常向史量才提出改进意见。在戈建议下,《申报》于 1930 年 5 月增出大张影印版《星期画刊》,以铜版印刷照片、图画,由戈担任主编。同年 8 月,他在《生活周刊》发表《中国报界应有之觉悟》,主张各报应协力合作,呼吁言论自由,各自发挥一定的宗旨与特色,使报纸成为民众的喉舌。与此同时,他在上海大夏、复旦和南京中央大学等校讲授新闻学和报刊史,担任中央大学新闻系主任,并去杭州等地讲学。他还担任上海新闻记者联合会出版的《记者周刊》编辑。

"九一八"事变后,戈公振以极大的爱国热情投身于抗日救亡活动,奋不顾身地前往东北及淞沪前线采访新闻。他在随同国联调查团中国代表去东北时,不畏日本的恐吓、拘捕,冒险三进沈阳城及北大营等地。在撰写的东北通讯中,热情赞扬东北人民的抗日斗争,谴责国民党的不抵抗政策。他发表《到东北调查后》一文,向全国人民大声疾呼:"除非举国一致,背城借一,不但东北无收回的希望,而且华北也要陷于极危险的境地。"之后,他又随团前往日内瓦,参加国联召开的讨论日本侵华问题特别大会。1933 年 3 月,戈公振在中苏交涉复交之际,随外交官颜惠庆去苏联访问。他在苏联各地参观访问,搜集图片,撰写通讯,寄回国内刊登在《大公报》、《生活周刊》等报刊上。同时,著有《从东北到庶(苏)联》一书。同年 10 月,他前往西班牙,出席了在马德里举行的国际新闻会议,呼吁国际社会以平等对待中国。会后以记者身份,再次在德、法、意、奥、捷等国考察报业,撰著《世界报业考察记》一书(未完成)。

1935 年 10 月中旬,戈公振回国准备与邹韬奋一起办《生活日报》,不幸因患腹膜炎于是月 22 日病逝于上海。

主要参考资料

戈宝权:《回忆我的叔父戈公振》,《人物》1980年第4期,1981年第1、2期。

徐心芹:《名记者戈公振之追忆》,《良友》1935年11月第111期。

李瞻:《戈公振》,载秦孝仪主编《中华民国名人传》第7册,台北近代中国出版社1988年版。

龚　心　湛

马陵合

龚心湛,原名瀛,字仙舟,安徽合肥人,生于1868年6月2日。龚家祖籍江西临川,明中叶迁入江淮地区。祖父龚鼎孳曾任康熙朝礼部尚书,有文名,卒谥端毅,与钱谦益、吴伟业并称"江左三大家"。其父龚照璧,无功名。1877年,龚心湛由合肥至上海,投奔时任上海道台的叔父龚照瑗,随同堂兄心铭、心钊入国学为监生。后龚心湛仰慕新学,转入金陵同文馆,改学英语。金陵同文馆毕业后,适薛福成出任驻英特命钦差大臣,被奉派为随员。1893年后龚照瑗接任钦差大臣,龚心湛继续留英,前后有八年之久。由于他年轻好学,办事干练,很得两任使臣薛福成、龚照瑗的赏识,并被提为参赞。为组建北洋舰队,清政府曾托驻英使馆交涉订船和借款事宜,薛福成、龚照瑗均交由龚心湛承办。他多次随龚照瑗出访诸国,包括递交国书、参加盛典、贸易往来以及游历欧洲等,对欧洲之政治、经济社会状况等颇多了解[①]。

在驻英公使随员任上,龚心湛还参与了密谋诱捕孙中山的事件。1896年9月25日夜,龚照瑗接到杨儒关于孙中山已从纽约来英国的密电,立即派二等参赞马格里爵士(Sir Halliday Macartney)前往英国外交部婉言试探,可否依照香港、缅甸引渡条款,协助缉拿孙中山。英国外交部以香港、缅甸引渡条款不适用于英国本土加以拒绝。龚心湛

---

① 　戴健:《声名煊赫的"合肥龚"》(二),《江淮文史》2004年第5期。

献策道："由马格里委托司赖特侦探社窥探孙中山行踪,然后再作决定如何。"①龚照瑷采纳了这个办法。孙中山到英国后,就被英国的侦探盯梢,之后即被秘密绑架。孙中山被捕后,康德黎(James Cantlie)挺身而出向伦敦的地段警署报警,并向报界揭露清使馆在英国本土滥抓中国公民并欲偷运回国的消息,一时间社会舆论大哗。英国外交部迅速会同内务部联合介入调查。10 月 23 日,马格里告以英国外交大臣定要中方释放孙中山之意,龚照瑷觉得,再囚禁下去使馆方面将会陷入更大的被动,只好决定放人。但他不愿走到前台,而派龚心湛出面处理。当天下午 4 点半,龚心湛出面宣布恢复孙中山的自由,来接孙中山离开使馆的英国外交部特派专员苏格兰场警署侦探长和康德黎先生应龚心湛"给我公使一个面子"的请求,未走正门,而是从侧门悄然步出清使馆。清廷随后又收到照会,英政府认为如果这种行为重演,"将证明必须利用任何可能需要的办法来解放囚犯,并使负责监禁行为的人员,尽速离开英国,相信中国政府将因此而严厉地谕令其在伦敦的公使,将来小心地避免再犯同样的错误"。

1898 年,龚心湛随龚照瑷任满回国,以保荐知府进京陛见,分发广东省任命。时李鸿章督两广,龚家与李家同为合肥望族,有世交。因此,他被派任广州知府兼洋务局会办。任内有两件事使其名播遐迩:按广州府旧规,赌税收入项下五万至十万两白银可由知府私自处理,但龚心湛却不取分文而移作地方公益。另一件事是汪兆镛、汪兆铭(精卫)兄弟应广州府试皆入选,循旧例应兄先弟后,而龚心湛认为"论文不分长幼",破例置兆铭第一,兆镛第二。此两件事一时传为美谈。1901 年李鸿章死后,谭钟麟任两广总督。谭钟麟出身翰林,讲究公文辞藻。龚心湛每有呈文均苦心磨炼,细心推敲,深得赏识。1906 年,周馥任两广总督,委龚心湛督办边防,署钦廉兵备道。1909 年李经羲督云贵,奏调

---

① 李联海、马庆忠著:《一代天骄孙中山记》(上),重庆出版社 1985 年版,第117 页。

龚心湛任临安开广道兼蒙自关监督。蒙自关为滇越铁路要冲,龚心湛到任后,竭力维护主权,旋擢升云南提法使。

1911年10月武昌起义后,龚心湛逃出云南,蛰居青岛,生计支绌,景况困顿。同在青岛做寓公的周馥建议善于理财的龚心湛找在北京政府当财政总长的其子周学熙,以其长为新政权效力。周学熙推荐龚心湛到汉口开办中国银行分行。此后一段时间,龚心湛基本上都专注于金融界和实业界,但在北洋军阀的纷争中,作为皖系的一员,很快又重回政坛。

1913年龚被推举为安徽省议员、赈抚局督办、安徽国税筹备处处长。1914年经安徽都督倪嗣冲举荐为安徽财政厅厅长。龚心湛督办安徽赈务时,曾视察灾情,认为水利不修是致灾的原因,提议创设水利局,每年拨省税20万元充浚治经费。1915年1月,调任广东省财政厅厅长,即转任采金局总办,均未就。同年周学熙出任北京政府财政总长。1915年6月23日,龚心湛被委为财政次长兼盐务署督办。7月29日,龚心湛代表中国政府向丁恩(Sir Richard Morris Dane)声明中国政府盐政方针:"所有盐斤于未由场坨起运之先,一律抽收统一直接税。凡在现无官运之地点,不再举行官运,至现行官运办法之各处,其所收税款数目,如不及施行直接税法所收税款之多,亦必将官运办法取消⋯⋯"[1]此一承诺,再次确立了"就场征税,自由贸易"的原则,进一步确定中国盐务改革的方向。同时被推选为参议院参政。袁世凯筹谋帝制时,任全国经界局总办的蔡锷潜赴云南,发动"护国起义",遗缺由龚心湛兼代。

1916年袁世凯称帝后,龚心湛辞职,寓居天津。袁世凯死后,黎元洪就任大总统,龚心湛又被推为参议院议员。皖系为提高龚心湛的资望,在1917年底简放其为安徽省省长,以后龚心湛成为皖系主要骨干

---

[1]　丁恩:《改革中国盐政报告书》,《近代中国史料丛刊三编》第44辑,台北文海出版社1966年版,第2477—2478页。

之一。1918年1月初,龚心湛与安徽督军倪嗣冲擅自决定增加本省田租,受到安徽人民的激烈反对,安徽旅居上海、南京、北京、天津等人士群起攻之,并电北京政府,要求罢免二人。1月11日,龚心湛被任命为北京政府财政总长。龚心湛任安徽省省长虽不足两个月,但却为他涉足北京政权,成为皖系重要骨干奠定了基础。

1918年9月,徐世昌被安福国会选为大总统,由钱能训组阁,龚心湛任财政总长兼币制局督办。段祺瑞心腹参战军参谋长徐树铮与陆军总长靳云鹏二人相互争权,每以财政总长为冲击对象。斯时,北京政府财政极为困难,龚心湛终日为索饷索薪者包围,穷于应付。1918年除夕,靳云鹏逼迫龚心湛一次付给军饷300万元,因龚心湛无法筹措,遂与靳云鹏发生激烈口角,几致动武,龚心湛负气出走天津,后经段祺瑞出面劝说始返任。

1919年,反帝反封建的爱国运动席卷全国,广州军政府的护法斗争也日益发展,徐世昌政府处于内外交困的境地,皖系的倒阁活动遂乘机而起。在一筹莫展的情况下,内阁总理钱能训提出辞职,徐世昌提出曾任平政院院长的周树模组阁,段祺瑞有异议,皖系提出王揖唐组阁,徐世昌亦不同意。在徐树铮与靳云鹏难分上下之际,龚心湛成为缓冲一时的人选。龚心湛虽属段系,但与徐世昌有雅谊旧情,办事井然,具有理财的能力。1919年6月13日,徐世昌宣布龚心湛暂代国务总理。

龚心湛上任之际正值"五四"以后各阶层人士游行请愿活动处于高潮阶段。6月21日,山东代表在滂沱大雨中齐跪于新华门,坚决要求收回山东权益,拒签巴黎和约,惩办卖国贼。大总统徐世昌拒绝出来接见,代表也坚决不撤离。龚心湛只好勉强出来应付,双方对话一直延至次日凌晨。龚心湛最后答应,山东主权不能收回,就拒绝签字,山东省内顺济、高徐路力图收回,但对惩办卖国贼未便允行。

6月11日,陈独秀与高一涵、王星拱、程演生等人在北京新世界娱乐中心散发传单,被警察逮捕。陈独秀被捕的消息迅速传遍全国,各界、各省函电交驰。6月22日,章士钊分别致电龚心湛、王克敏等政要,谴责这是"忽兴文网,重激众怒",称陈独秀"英姿挺秀,学贯中西","向以讲学为务,生平不含政治党派臭味",自己与陈"总角旧交,同出大学,于其人品行谊知之甚深。敢保无他,愿为佐证",敦促"立予释放"。

陈独秀是安徽人,当时掌握北京政权的就是皖系军阀,警察总监吴炳湘也是安徽人,安徽各界纷起营救。据6月16、24日的《申报》,由旅沪皖人组成的安徽协会几次致电北京安徽会馆,要求以同乡关系,"望速起营救"、"竭力设法营救"。在为陈独秀获释而奔走的同乡中,既有他的好友,也有与他素不相识的人,余裴山致函安徽协会,称陈"为革新思想之先导,实吾皖最优秀之分子"。他在写给《时事新报》张东荪的信中说:"我和陈君并靡有一面之交,但不过我觉得他这样的爽直敢言,是很令人可敬的。"①甚至还有反对白话文的桐城派古文家马通伯、姚叔节等,他们认为陈独秀"所著言论或不无迂直之处。然其学问人品亦尚为士林所推许","(吾等)与陈君咸系同乡,知之最稔",恳请准予保释。连安徽省长吕调元也致电吴炳湘:"怀宁陈独秀好发狂言,书生积习。然其人好学深思,务乞俯念乡里后进,保全省释。"②9月16日,陈独秀在具结后终于被释放。

龚心湛主政期间,实际大权为安福系所操纵,徐树铮控制内阁,颐指气使。龚心湛不得不请徐树铮每日到国务院协助办理公务,甚至不避外间风言风语,在院内为其设立办公室。徐树铮则乘机引进丁士源、梁鸿志为其助手。陆军总长靳云鹏负气不到部办公,以示不予合作。龚心湛兼代总理期间,在外交、内政、南北和谈等问题上不得不面对各派势力相互倾轧和尖锐矛盾,勉力为之。

当时东北吉奉矛盾达到了白热化程度。徐树铮在东北各派中偏向

① 《章行严请释陈独秀》、《旅沪皖人营救陈独秀》、《安徽协会请营救陈独秀》、《余裴山为请释陈独秀事致安徽协会书》、《余裴山致张东荪书》,见强重华、杨淑娟、王树棣、李学文等编《陈独秀被捕资料汇编》,河南人民出版社1982年版,第63—64、34、60、49—50页。

② 《五四时期陈独秀被捕档案汇编》,《北京档案史料》1986年第1期。

于张作霖,于是,他让龚心湛利用代总理的权力,通过国务会议,调任吉林督军孟恩远为惠威将军,令其来京供职。孟恩远以种种借口拒不入京,还假以"各民众团体聚集车站,阻远启行,吉林六十营军队派员坚留,余对此不能不有所顾虑"。于是,张作霖干脆扯下假面具动用武力。龚心湛只得主持国务会议,采纳鲍贵卿建议,以孟恩远以总司令名义,负责"剿匪"。孟恩远虽失去地盘,仍保有兵权,只得同意。张作霖独占东北的野心得以开始逐步实现。

　　与此同时,围绕南北议和问题,北京政府内部矛盾重重。南北议和之前,北方政权由谁出任总代表一直未定,至龚心湛内阁,在段祺瑞、徐世昌支持下,决定由王揖唐充任北方代表,原因是"王公才识过人,为元首所识拔,于法律确能负责,业经指定,刻日成行"。龚心湛还手书全权证书给王揖唐,让其合理合法就任。殊料北方议和总代表王揖唐南下上海后,南方议和总代表唐绍仪拒不见他。当时沪上报界刊出的标题很诙谐:"王揖唐,唐不揖王。"

　　龚心湛面对各方尖锐矛盾,处理政务显得力不从心,尤其是皖系扩军,已使财政收支陷于走投无路的境地。因此,各方诋毁、威胁纷沓而来,龚心湛负气提出辞呈。在辞职书中云:"张良借箸愿有补于一时,傅说和羹本难调众口。"这充分说明了他的心情及处境。1919年9月24日,徐世昌同意龚心湛辞去本兼各职。

　　龚心湛此后去天津长期定居,从事经济活动。周学熙主动把中国实业银行总经理之职让于龚心湛充任,并准其参与周学熙经营的各项企业。

　　1924年10月,第二次直奉战争中直系失败,黄郛组织摄政内阁,段祺瑞入京任临时执政,龚心湛再次进入政坛,任内务总长。

　　1925年3月12日,孙中山因病不治在北京协和医院逝世。3月19日,其灵柩移至社稷坛,各界人士瞻仰致祭,几天中吊唁签名者达74万人。在公祭的最后一天,段祺瑞派内务总长龚心湛代表他和执政府前往吊唁。因龚心湛是当年在伦敦抓捕孙中山的主要人物,守灵的学生们坚持要龚心湛走旁道入灵堂,不准他踏正中的台阶,龚心湛只好委曲求全,签了名代读完段祺瑞的祭文后即悄然退去。

1925 年 12 月,段祺瑞修正临时政府组织条例,恢复国务院,特命许世英组阁,龚心湛改任交通总长。1926 年 2 月,陆军总长贾德耀组阁,龚心湛仍任交通总长。1926 年 5 月,贾德耀内阁倒台,龚心湛亦随同去职,再度回到天津做寓公,从此结束其从政生涯。

龚心湛返津后,再度与周学熙合作,先后担任通益味精公司董事长、启新洋灰公司总经理、耀华玻璃公司、大陆银行、中孚银行、永宁水火保险公司董事、江南水泥公司常务董事等职。周学熙所以重用龚心湛,主要是因为龚性情温和、善于理财,有人望又不专擅,可以代其出面缓冲各种争端。当时,周学熙企业集团的股东多为北洋军阀、官僚和盐商、地方官绅,企业内部关系复杂,如启新洋灰公司董事会中存在着河南系和安徽系的派系斗争,本是安徽人的龚心湛进入董事会中,却很好地调和了两派的矛盾。龚心湛的超然立场使周学熙在 1926 年任命其为公司经理。龚心湛遂成为天津实业界具有实力的人物。

1937 年卢沟桥事变后,日本侵略者占领华北,网罗北洋军政人员组织汉奸政权,龚心湛也在敌人属意之中。1940 年 3 月,汪精卫在南京建立伪中央政府,原设在北京的伪临时政府改称为华北政务委员会,王克敏任委员长,龚心湛曾担任华北政务委员会咨询委员这样一个虚衔。

在抗战时期,龚心湛致力于社会福利及救济事业。当时有大批难民进入天津,龚心湛积极筹款赈济,并组织伤病难民救济会,招集医士进行治疗。1939 年,天津遭水灾,龚心湛又假开滦矿务局成立临时医院,收治急症。当时在日伪统治下,沦陷区粮价日昂,民不聊生,龚心湛遂发起成立急赈会,募款数百万元,以资救济。

龚心湛晚年还致力于教育事业,曾任南开大学、工商学院及耀华中学等的董事或董事长。其中工商学院系教会所办,抗战中期,该校与罗马教廷失去联系,财源告竭,行将停办,龚心湛挺身出任董事长,捐赠巨款,并多方募集巨款,以资维持。启新洋灰公司总秘书徐蔚如系当时著名的佛教学者,龚心湛在启新总理和董事长任上与其朝夕相处,受其影响,也对佛教产生兴趣。晚年寓居天津,信奉尤专,日有常课,常以"将此身心奉尘刹,是则名为报佛恩"偈语自励。徐蔚如在津创办刻经处及佛教功德林,举办甲戌讲经法会,重修天津大答禅院等,龚心湛皆竭诚赞助,并任功德林首届林长。倡办赈济时,功德林诸善信率先响应,并成立佛教赈济机构①。1943 年,龚心湛和知名居士周叔迦发起重修大悲院,礼请天津籍高僧炎虚法师任会长,新修大悲院东院和两厢配殿。

日伪统治时期,周学熙、龚心湛经营的各项工商企业,成为日军吞并并强占的主要对象。如江南水泥厂的电机、钢磨被日本轻工业株式会社拆走,龚心湛为维护企业,奔走各方要求发还,终未有成。1943 年12 月病故。

主要参考资料

孙家骥:《龚心湛》,载杨大辛主编《北洋政府总理与总理》,南开大学出版社 1989 年版。

观瀑主人著:《人鉴》,北京复报社 1924 年版。

张朴民:《北洋政府国务总理列传》,台湾商务印书馆 1965 年版。

周军主编:《皖系北洋人物》,安徽人民出版社 1993 年版。

---

① 龚安芸:《龚心湛》,中国人民政治协商会议合肥市委员会文史资料研发委员会编《合肥文史资料》第 5 辑(合肥人物),1988 年版,第 3 页。

辜　鸿　铭

陈　民

　　辜鸿铭,名汤生,以字行,别号汉滨读易者,晚年自称"东西南北老人"①。1857年(清咸丰七年)出生于马来亚的槟榔屿,是第四代侨生,祖籍福建厦门。曾祖辜礼欢曾任槟榔屿华人"甲必丹"②,父亲辜紫云任英人勃朗(F. Scott Brown)橡胶种植园经理。辜鸿铭小时聪明伶俐,被勃朗收为养子,十岁时即被送往英国的苏格兰,与勃朗家族一同生活,并入学读书。1877年以优异成绩获爱丁堡大学文学硕士学位,接着赴德国莱比锡大学读工科,获土木工程科文凭,然后留居巴黎。辜精通英、法、德及拉丁、希腊等语。

　　1880年,辜鸿铭返回马来亚,在新加坡英殖民地政府任职。这一年,马建忠赴欧洲途经新加坡,辜鸿铭与之交谈,得悉中土文物盛况,以及留学生之人尽其才,报效祖国,较之自己在殖民地屈居人下,无从施展抱负,不啻天渊之别,遂倾心景仰中华文化,开始研读中国经史等古籍,并从此脱下西装,换上长袍,剃发留辫,终身不移并引为自豪。

　　1881年至1882年,辜鸿铭一度担任英国马哈与科尔圭洪勘探队

---

① 辜鸿铭出生于南洋的槟榔屿,受教育于西欧,讲学于东京,又娶古田贞子为妻,晚年隐居于北京,故自称"东西南北老人"。

② 英国统治马来亚初期,曾沿袭荷兰统治东印度殖民地的甲必丹(Kapitan)制。甲必丹意为民族首领,其职责为协助殖民地行政当局,做本民族人民的工作。

译员,后离职留居香港,继续潜修中国经典。

1885 年,经杨汝澍推荐,辜鸿铭参加两广总督张之洞的幕府,担任洋文案(相当于英文秘书、翻译兼礼宾诸务),一直到 1905 年,长达二十年之久,颇得张之洞的器重,辜自称"粤鄂相随,二十余年,虽未敢云以国士相待,然始终礼遇不少衰"①。1891 年,俄国皇储游历中国至湖北时,湖广总督张之洞邀宴于"晴川阁",辜为通译,席间,法语、俄语、希腊语均应对如流,俄皇储大为惊讶,叹为奇才,并以镂皇冠之金表相赠。

1900 年义和团兴,中外震动。辜鸿铭秉承张之洞意旨,连续写了几篇英文专论,刊登横滨《日本邮报》,指出教案激民愤,各国应反躬自省,运用智慧、道德、公正从事。这几篇文章后来汇集成册,书名《总督衙门来信》。同时还撰写《尊王篇释疑解惑论》,载上海《字林西报》等报刊,针对康有为对慈禧的抨击,力予辩驳,并吹捧慈禧说:"惟皇太后不偏不倚,允执厥中。"②

辜鸿铭为人耿直、倔强,好作惊人语。有一天,张之洞吩咐辜鸿铭择译西报,以供施政参考。辜不以为然,说西报造谣无凭,虽上谕,我亦不译。张只好另使他人为之。1902 年"万寿节"(慈禧生日)官府照例开宴庆贺,并奉旨唱新编爱国歌。辜向同僚梁星海说,有爱国歌,怎么没有爱民歌? 梁答:试请编之。辜略加思索,便说,已得四句:"天子万年,百姓花钱;万寿无疆,百姓遭殃。"③话音未落,举座哗然,故有"辜疯子"的绰号。

1905 年 9 月,上海道台自海关总税务司收回主权,设立黄浦江浚治局,聘辜鸿铭为督办。辜在职共三年,期间因查获两名西人舞弊挖泥工费,辜力主惩罚,但外国领事祖护西人,会商时借口说我们都不是工程专家,所查恐尚待考。辜鸿铭遂出示早年在德国莱比锡大学所获土

---

①　汉滨读易者(辜鸿铭)撰:《张文襄幕府纪闻·弁言》,1910 年铅印本。

②　辜汤生撰:《读易草堂文集》内篇,1922 年刻本,第 10 页。

③　汉滨读易者(辜鸿铭)撰:《张文襄幕府纪闻》卷上,第 23 页。

木工程科文凭,各领事失色无言,不得不呈报上级。时江督惮于交涉,因循不追究,辜乃将案件原委及证据加以公开登报,但最后还是不了了之。

1908年,辜鸿铭至北京任外务部员外郎,后擢升为郎中、左丞。他对办理外务,力主修邦交重于讲武备。在他看来,义和团运动和八国联军入侵,是由于中外太隔膜,以致彼此猜忌,积嫌久而不通,遂如两电相激,一发而不可收拾。1910年1月(清宣统二年),清廷赏辜文科进士,同榜有严复;著名铁道工程师詹天佑被赏为工科进士。

辜鸿铭曾相随张之洞二十年之久,在张去世周年之际,他缅怀故人,遂撷拾旧闻,整理成《张文襄幕府纪闻》二卷。内容虽属幕僚个人纪闻,但文中不少愤世嫉俗之笔,行文亦庄亦谐,对晚清权贵颇多嬉笑怒骂,对曾国藩、李鸿章、张之洞也诸多贬辞。如"人谓我大帅(张之洞)学问贯古今,余谓我大帅学问即一章论语亦仅通得一半耳"①。对袁世凯更斥之为"贱种",指出"宫保(袁)以国家之兵交欢同寅。则兵将知有宫保而不知有国家。一遇疆场有事,将士各为其领兵统帅,临阵必然彼此不相顾救,如此,中国未经外人瓜分而固亦瓜分矣"②。他本着促使外国对中国有所了解的一贯主张,又将《张文襄幕府纪闻》一书译为英文,发表于《皇家亚洲学会华北分会季刊》(*Journal of the North China Branch of the Royal Asiatic Society*)。同时,他还用英文写了《中国牛津运动故事》(*The Story of a Chinese Oxford Movement*)一书,以红衣主教纽曼在英格兰教会攻击自由主义的故事,同张之洞对维新的攻击加以比较,痛惜纽曼与张之洞的失败,恐惧"邪恶势力"将在欧洲与中国取得胜利。1911年德国著名汉学家卫礼贤(R. Wilhelm)将该书译为德文,书名改为《为中国反对欧洲观念而辩护:批判论文》,哥廷根大学之新康德学派极为推崇,列为该大学哲学系师生必读之

---

① 汉滨读易者(辜鸿铭)撰:《张文襄幕府纪闻》卷上,第24页。
② 汉滨读易者(辜鸿铭)撰:《张文襄幕府纪闻》卷下,第6—7页。

参考书。

1910 年，辜鸿铭辞卸外务部职务，出任上海南洋公学校长。第二年辛亥革命爆发，全国响应，各省纷纷独立，辜鸿铭却公开宣称仍效忠于清廷，依然拖着长辫子，以"老大中华的最后一个代表"自诩①。他曾自我辩解说："许多外人笑我痴心忠于清室。但我之忠于清室，非仅忠于吾家世受皇恩之王室，乃忠于中国之政教，即系忠于中国之文明。"②

1913 年，辜鸿铭一度担任五国银行团翻译。张勋复辟时，辜也被列名丑剧中的外务部职务。1917 年，蔡元培主持北京大学时，聘辜鸿铭为该校教授，讲授英国诗歌及希腊文等课程。他在课堂上经常大谈孔孟之道，因深谙西方文化，精通西方多种语文，又研读中国儒家经典，能够比较中西文化，旁征博引，引人入胜。其英语文字风格之典雅，发音之纯正流畅，更为学生所倾倒。五四运动时，他与林琴南等反对白话文运动，他用英文撰写文章刊登于上海《密勒氏远东评论》，说最通俗的语言并不一定是最好的，正如莎士比亚的作品比现代流行的英语更为华丽一样，中国经典也是比市井白话典雅、华丽。

1924 年至 1927 年，辜鸿铭应日本大东文化协会邀请，东渡讲学。他自诩学贯中西，独尊儒术，对西方文化多所非议，而对周公、孔孟之道阐扬不遗余力。德国学者曾将辜有关文章集刊译为《怒吼之声》，并组织"辜鸿铭研究会"。辜从日本讲学归国后，被张作霖聘为顾问；不久，又被委任为山东大学校长（未到任）。当时访华的外国作家、记者，多以一见辜鸿铭为荣；有的甚至说，到北京可以不参观紫禁城，但不可不见辜鸿铭。

1928 年 4 月 30 日，辜鸿铭病故于北京。

---

①　英国作家毛姆（W. Somerset Maugham）：《辜鸿铭访问记》（嘉音译），载《人间世》杂志 1934 年第 12 期。

②　林语堂：《有不为斋随笔》，载《人间世》杂志 1934 年第 12 期。

辜鸿铭的主要著作有《张文襄幕府纪闻》、《中国牛津运动故事》、《春秋大义》、《读易草堂文集》等。译作有《中庸》、《论语》(中译英)以及《痴汉骑马歌》(英译中)①等。

① 《痴汉骑马歌》系英国作家考珀(William Cowper,1731—1800)所著,原书名为 *The Diverting History of John Gilpin*。

古 应 芬

萧栋梁

古应芬,字勷勤,别字湘勤,广东番禺(今广州)人。1873年(清同治十二年)生于殷实的商人家庭。受其父喜读书尤好交接士大夫影响,从小爱好读书。1902年以"经古"第一名考中秀才。1904年经两广总督岑春煊考选,派古应芬与胡汉民、汪精卫等四十余人去日本留学,古入东京法政大学法政速成科。1905年秋,与胡汉民等在东京加入同盟会,他们反对中国留日学生为反对日本取缔中国留学生规则而罢学回国的做法,坚持学习至1906年于日本法政大学速成科毕业,并升入专门部肄业。1907年毕业回国,执教广东法政学堂,任广东谘议局秘书等职,开展秘密反清活动。

1911年到香港协助黄兴、胡汉民策划广州起义。辛亥武昌首义后,广东都督府成立,胡汉民任都督,古应芬历任都督府秘书长、核计院院长、琼崖绥靖署总办等职。1913年奔走广州、香港等地,参加反对袁世凯的斗争。1914年至1917年协助朱执信回广东开展反袁和护法活动,曾三次赴南洋与邓泽如联络华侨筹募善款,接济反袁讨龙(济光)各路义军。

1918年11月至1920年10月协助陈炯明进军福建,回师广州讨伐桂系,1920年任广东省政务厅长。1922年3月邓铿被刺,古应芬推荐李济深任粤军第一师参谋长,协调陈炯明与孙中山的关系,陈不听,古乃辞职前往上海。6月,陈炯明在广州发动叛乱,炮轰孙中山总统府,古应芬到香港组织接应孙中山,任驻港讨陈办事处成员,开展筹款和联络工作,策动滇、粤、桂等省联合驱逐陈炯明出广州。1923 年 2 月,任大本营江门办事处主任,组织梁鸿楷、陈可钰、李济深、邓演达等各方力量讨伐企图谋害胡汉民的桂军沈鸿英,从此博得孙中山和胡汉民的器重。3 月任广州大本营法制局局长,后任陆海军大元帅府大本营秘书长。8 月随孙中山东征陈炯明,逐日记载孙中山活动情况,后来出版了《孙大元帅东征日记》一卷。1924 年 9 月继廖仲恺之后任大本营财政部长,兼广东省财政厅长,并兼军需总监,努力统一广东财政。1925 年 7 月,大本营改组为中华民国国民政府,廖仲恺任财政部长兼广东省财政厅长,古任政府常务委员兼广东省政务厅长,8 月廖仲恺被刺身亡,古兼任国民政府财政部长及广东省财政厅长。

这时,国共合作的北伐战争即将开始,中国共产党的作用和影响日益加强,工农运动不断高涨,古应芬深感不安,企图组织力量加以阻止。他利用在警官学校讲课和其他宣传阵地,竭力宣传反共言论,得到蒋介石等人赏识。1926 年 1 月出席国民党第二次全国代表大会,被选为中央监察委员。

北伐战争开始后,随着北伐军胜利进军,他奉命代表国民党政府前往江西、湖南、湖北等地慰劳军队,目睹风起云涌的工农革命运动更为不满。1927 年亲赴江西、上海密谋反共清党,接受蒋介石旨意,4 月 5 日与邓泽如、张静江、吴稚晖等中央执监委员在上海策划进行清党,回广州又参与策动“四一五”政变杀害大批共产党员和工人积极分子。

1927 年 4 月国民党政府在南京成立后,胡汉民任国民政府主席,古应芬任政府常务委员兼代财政部长,为筹措“二次北伐”军需,发行二五库券三千万元,并逐步对国民政府财政进行了整顿,在民国史上第一次划分国家税与地方税标准,改革中央与地方收支性质不分、权责混淆的流弊。同时明令各省不得截留税款,宣布 1927 年 9 月 1 日起实现关税自主,取消国内通过税,取一物一税原则,改铸纪念币,这对统一财政起了一定作用,但也加剧了人民的负担。

1927 年 8 月蒋介石宣布下野,古应芬卸本兼各职,短期赴日本考察后回国,任国民党中央监察委员、中央政治会议委员。12 月 16 日,古奉命查办汪精卫涉嫌广州事变案。1928 年 10 月,蒋介石任国民政府主席,古任文官长。1929 年 3 月继任国民党中央监察委员、中央政治会议委员等职。1930 年冬,因内部权力斗争加剧,古应芬心灰意冷,即以割治背部瘤患为由,不顾友人劝阻,毅然返回广州。1931 年 2 月,胡汉民因与蒋介石"约法"问题矛盾激化,在南京汤山被蒋软禁。古应芬即与国民党中央监委邓泽如、萧佛成等通电支持胡汉民,弹劾蒋介石。5 月 28 日,古与汪精卫、孙科、唐绍仪等在广州举行"非常会议",另立国民政府,与南京国民政府对峙。古是这个政府五名常委之一,且得到陈济棠支持,故权势甚大。1931 年"九一八"事变发生后,南京国民政府与广州政府试图合作,古应芬提出胡汉民应立即出京,李宗仁也请释放李济深,从而促成胡汉民获得自由,并到上海参加蒋汪合作会议。古应芬则因患牙床肿胀转为牙瘫重症,于 10 月 28 日在广州病逝。

主要参考资料

《古应芬》,《革命人物志》第 1 集,台北国民党党史会 1969 年 1 月出版。

吴相湘:《古应芬整理财政》,《民国百人传》(二),台北传记出版社 1971 年 1 月版。

吴相湘:《古应芬其人其事》,台北《传记文学》第 9 卷第 2 期,1966 年 8 月版。

谷　正　伦

熊宗仁

谷正伦,字纪常,贵州安顺(今安顺市)人,1890 年 9 月 23 日(清光绪十六年八月初十)生。其父谷用进系清季举人。谷正伦五岁入安顺府学发蒙,自幼好舞剑弄刀。1906 年考入贵州陆军小学,次年加入该校革命团体历史研究会。1908 年秋肄业,被选送武昌陆军第三中学深造。同年冬与何应钦、朱绍良等被清政府选派留学日本,入东京振武学校就读,不久加入同盟会。

武昌起义爆发后,留日学生纷纷归国参加革命,谷正伦亦回国至武汉,任汉阳总指挥部少校副官,参加汉阳保卫战。1912 年 1 月,南京临时政府成立,谷被任命为陆军部少校科员。临时政府北迁后,谷调任南京留守府中校科员。翌年"二次革命"爆发后,谷追随黄兴,在江苏讨袁军总司令部任职。讨袁失败后,谷复去日本继续学业,旋分发至陆军实习,期满转升士官学校炮科,1916 年秋毕业。

谷正伦学成归国,适值贵州督军兼省长刘显世及黔军首脑王文华筹组贵州陆军第一师,遂被延聘入黔军任职,为贵州陆军第一师炮兵团长。1917 年 10 月,黔军入川"护法",谷改任步兵第七团团长,参加了驱逐北洋军长江上游总司令兼四川查办使吴光新之战,随即又卷入川、滇黔军阀在四川的混战。1918 年 2 月,在以驱逐四川军阀刘存厚为目标的"靖国之役"中,谷正伦率部参加了攻克成都之战,并进占遂宁。1919 年谷正伦调任黔军精锐步一团团长。1920 年 8 月,黔军扩编为四个混成旅,谷升任第二混成旅旅长。10 月,川军联合驱逐滇黔军,谷被迫与黔军各部退回黔北。

退出四川前，王文华召集谷正伦、卢焘、胡瑛等黔军将领密谋，以回省就饷、"清君侧"为名，向刘显世夺权。因王文华是刘的外甥、侄女婿，为避"以甥逐舅"、"以下犯上"之嫌，遂取回避态度，借口治病而赴上海，以卢焘代黔军总司令，并任命胡瑛、谷正伦为黔军回黔行动的正、副总指挥，谷还兼代参谋长。万余黔军回驻黔北遵义一带，伺机入省城发动政变。11 月 10 日，黔军将游击军及刘显世的卫队缴械，并杀掉刘显世的亲信、省府秘书长熊范舆和耆老会会长郭重光，迫使刘显世通电辞去所兼军政职务。王文华集团攫取了贵州大权，谷正伦以参与策划、指挥夺权有功而声望日著。

1921 年 3 月 16 日，受北京政府收买并得到流亡昆明的刘显世支持，黔军总司令部总参议袁祖铭收买刺客，将王文华刺杀于上海。黔军陷于群龙无首境地，其内部的权力之争骤然激化。卢焘虽被推为总司令，但实权操在五个旅长手中。何应钦因系王文华的妹夫，又身兼旅长、警察厅长、黔军警务处长、陆军讲武学校校长等要职，还从谷正伦手中夺取了黔军参谋长之职，自诩为王文华的当然继承人。谷则认为何"靠裙带起家，毫无战绩"[1]，且又以自己拥有黔军中战斗力最强的彭汉章第一团、王天培第二团，决与何争高下，由是演出了以谷、何为中心的黔军五旅纷争。但因何早已控制省城为中心的防区，新近又收编了部分游击军，谷一时难以与之抗衡。4 月，谷只得率部进驻黔南，任贵州南路卫戍司令。

1921 年 5 月，孙中山在广州就任非常大总统，为消灭桂系陆荣廷势力，号召西南护法各省出兵讨桂。谷正伦因与何应钦争衡暂时受挫，

① 丁宜中：《我所亲见的袁祖铭和"定黔军"》，中国人民政治协商会议贵州省委员会文史资料研究委员会编《贵州文史资料选辑》第 1 辑，贵州人民出版社 1980 年版，第 148 页。

"极思出外立功,扩张部队,再图回黔执政"①;还企图借讨桂之机,控制由黔南入广西的通路,既可夹带鸦片走私,又可勒索"保商费"扩充饷源,于是主动向卢焘请缨援桂。

6月,黔军两个混成旅分兵入桂。谷正伦被孙中山任命为黔军援桂联军第四路军司令,隶属滇黔赣讨桂军司令李烈钧之下。谷正伦离黔前夕,已做好倒何(应钦)的布置,并与省长任可澄秘密约定:倒何成功后,"谷主军,任主政"②。安顺是滇、黔鸦片的重要集散地,谷正伦知悉西路烟土行情,乘机大做烟土生意;并派军需官陈子良来安顺押运烟帮,收取护运费及烟税。谷部与滇军李友勋部配合,于6月30日攻下柳州,谷纵其部属及绿林大肆掳掠,残杀无辜,并以卢焘招抚使的名义,出示招纳陆荣廷的溃军。其所部王天培团扩军至人枪两千余,实力超过普通一旅;彭汉章团亦扩充至人枪一千五百余。1922年1月19日,谷被孙中山任命为北伐中央直辖黔军总司令,下辖彭汉章第一独立旅、王天培第二混成旅。

1922年底,黔军内部纷争发展到相互火并,谷正伦联合黔军警卫团长孙剑锋和第四混成旅的张行伟团,赶走何应钦;得吴佩孚、刘显世支持的袁祖铭则打着"定黔军"旗号,由湘西进逼黔东,早与袁暗通声息、支持"定黔军"的王天培拉拢彭汉章,此时通电拥袁。贵州政局一片混乱。卢焘无力维持残局,电召谷正伦率部回黔,许以总司令一职相让。谷带着自己的警卫连兼程回黔,不意王天培亦拔队跟进。4月初,谷正伦到达贵阳,原先拥谷的张行伟团,此时也倒戈拥袁。"定黔军"里应外合攻占贵阳,逐走卢焘,迎刘显世复职,刘即在云南通电就任贵州省长。谷匆忙逃往遵义,依附第四混成旅旅长张春浦,在黔北收罗人马,辗转流落湘西。

谷正伦得日本士官学校同学贺耀组安置,于1925年7月出任湖南

---

① 刘莘园:《第五路黔军援桂纪略》,未刊稿。

② 王天锡:《王天培倒谷(正伦)拥袁(祖铭)及与袁的矛盾》,《贵州文史资料选辑》第2辑,贵州人民出版社1979年版,第129页。

陆军第一师顾问兼军官讲习所所长。谷十分努力，颇获贺的倚重，从而获得了东山再起之机。1926年7月，国民革命军大举北伐，贺耀组于9月归附北伐军，被委为独立第二师师长，谷正伦升任副师长，旋又兼该师第一旅旅长，随北伐军出征江西。谷率部参与攻克九江后，升任独立第二师师长。随后又继续东进，于1927年3月23日攻占南京城外的雨花台，为江右军第二、六军攻克南京创造了条件。4月初，蒋介石加紧筹谋发动政变，下令驻南京的独立第二师扩编为第四十军，并任命谷正伦代理南京戒严司令。谷于4月9日与何应钦配合，将第六军留守南京的三个主力团缴械，并解散南京城里的江苏省总工会，逮捕共产党员和革命者，为蒋介石"四一二"政变揭开了序幕。

　　1928年2月10日，谷正伦被任命为南京卫戍副司令。5月3日，日军制造了济南惨案，身兼南京卫戍司令的第四十军军长贺耀组因有抗击日军之举，在日方要挟下被蒋免去本兼各职，5月14日谷正伦接任卫戍司令职，直接担负首都的警卫重任。

　　1930年冬，谷正伦着手扩大宪兵武装，由首都卫戍司令部统一指挥。他在苏州设立宪兵军官讲习所及宪兵教练所，亲自训练宪兵骨干，订立制度，"使警察一元化，党务与特务一元化，处常与备变一元化"①。"九一八"事变后，谷奉命筹设宪兵司令部。在原有宪兵武装基础上，于1932年1月16日正式成立了宪兵司令部，隶属军政部，谷任司令，统辖全国宪兵。宪兵职责，系为国民党军警"本身的内部保障"，自诩"凡是国家存亡，革命成败，领袖生死，完全在宪兵身上"②。当时，谷所指挥的宪兵有六个团。1934年，为扩大宪兵组织，谷负责创办宪兵学校，蒋介石兼校长，谷为教育长。谷以严刑竣法和绝对效忠蒋介石为宪兵

---

　　①　吴相湘：《谷氏兄弟各有建树》，《民国百人传》（四），台北传记文学出版社1971年版，第349页。

　　②　何辑五：《追念谷大哥正伦》，《贵州政坛忆往》，台湾中外图书出版社1982年版，第411、428、433—444页。

教育的规范,使宪兵组织成为国民党政权的军事警察兼特工组织。1935年11月1日,谷正伦亲自组织侦破了汪精卫在国民党中央党部被刺案,声望倍增;宪兵也因之被国民党各派系刮目相看。在同月召开的国民党第五次全国代表大会上,谷当选为中央执行委员。抗日战争爆发前,谷统率的宪兵遍布全国,防范和镇压爱国运动,也成为国民党派系倾轧中维护蒋介石统治的有效工具。

"七七"事变后,谷正伦于9月兼任军事委员会军法执行副监。11月,淞沪会战失利,南京告急,谷正伦率宪兵司令部西迁,宪兵学校亦迁至湖南常德,嗣因武汉陷落又迁至芷江。其时,谷又兼任湘鄂川黔边区绥靖公署主任。谷正伦竭力扩大宪兵队伍,到1940年宪兵已扩充至三十个团。

1940年12月,蒋介石任命谷正伦为甘肃省主席,在其赴任之前,特面赠亲笔签名的《左文襄公全集》一部,以示优宠。谷乃以效左宗棠经营西北自励,以"在进步中求安定"为施政总方针,竭力整顿全省基层政权组织,维护社会秩序。他还四处活动,笼络青海的马步青和马步芳、宁夏的马鸿逵和马鸿宾及新疆的盛世才,以切断陕甘宁边区与青、宁、新三省的联系,而使甘肃成为反共后方基地。他扩大甘肃省的财政预算,由原先的一千七百多万增至二千八百余万元。由于竭泽而渔式的征收,当年收入即达四千三百余万元,财政节余一千一百多万。1941年春,谷正伦成立了"甘肃物价管制委员会",自兼主任委员,以曾系宪兵特务的余仲篪为经济纠察队大队长。谷还创办了"甘肃省贸易公司",由省政府独家经营,逐渐操纵了全省贸易。不唯商人叫苦不迭,就是以官僚资本为后台的一些企业也啧有烦言。但蒋介石认为谷治甘有方,下达手令:谷不仅有全省的人事权,而且"驻甘肃所有中央机构,悉受谷主席正伦监督"①。

---

①　王新潮:《蒋帮朱绍良、谷正伦主甘时的二三事》,中国人民政治协商会议甘肃省委员会文史资料研究委员会编《甘肃文史资料选辑》第2辑,甘肃人民出版社1963年版,第130页。

谷正伦在甘肃大力推行"新县制"。他配合国民党西北训练团,首先在靠近陕甘宁边区的陇东十九县选派一批骨干,经过集训后充任乡、镇长或干事。在推行"新县制"的地区,严密保甲,编查户籍,强制推行战时征兵、征工、征粮办法。其后,谷将这一套"整顿"地方的措施推广全省。为配合"新县制"的实施,谷选派谙熟军事者充任县长,并对全省保安团队实行整顿和扩充。从1943年开始,谷部署对陇南和兰州以西各地群众的反蒋反封建斗争实行"清剿"。对于曾在1938年11月和1939年4月先后两次起事,反抗国民党当局民族压迫政策的海原、固源、隆德一带聚居的回民,谷在继续实行民族高压政策的同时,"剿""抚"并施,在回民聚居区培训师资,增设学校,提倡职业教育。谷还在海原、固源、隆德三县交界地区新设西吉县,委派亲信任县长,加强控制。

谷正伦治甘,积极提倡水利建设与繁荣农牧业,认为"足食始可足兵"①。他倡设西北水利林牧公司,聘水利专家沈怡任总经理,请宋子文任董事长。1942年,谷从省府财政收入中划拨部分款项修筑湟惠渠,拟定了《湟惠渠灌溉区土地整理办法》,将灌区受益土地约三万亩划分为若干"农场",标定地价,要耕种这些土地的农民十五年内还清,则所耕土地便归耕者所有。谷谓此乃"耕者有其田法令",也是国民党在西北搞"土改"的先声。继湟惠渠开通后,谷又主持修筑渭惠渠和泾惠渠,以谋进一步扩大水利灌溉范围。1942年10月,谷正伦兼任甘(肃)新(疆)公路督办,加紧修筑兰州至迪化(今乌鲁木齐)的公路,并极力建议国民政府继续修筑天(水)宝(鸡)铁路,以改善西北交通。谷还实行全省性的"凭票兑粮"制度,以减少粮食交售或调拨上的周折,并节省运费。谷利用西北水利林牧公司主持在兰州北山造林,挖平行沟,截留雨雪水,做水土保持试验,获得一定成效。美国副总统华莱士(Wallace Henry Agard)来华访问期间在兰州逗留时曾前往参观,大加赞赏,谓可在美国推广。

---

① 何辑五:《追念谷大哥正伦》,《贵州政坛忆往》,第411、428、433—444页。

　　由于谷正伦主甘颇有政绩,且善办"粮政",1947 年 5 月被调任行政院政务委员兼粮食部部长。

　　1948 年 5 月,谷正伦接替杨森为贵州省政府主席。谷衣锦荣归,初时颇雄心勃勃,以"黔人治黔"、"为桑梓服务"为号召,并竭力调和各派系。其时,人民解放战争已进入战略反攻,谷正伦确立了"边地重于腹地,防匪重于剿匪"的方针,与周邻各省密切联系,广结外援,以便稳定贵州。不久,解放战争进入战略决战,贵州国民党当局人心惶惶。谷正伦兼任全省保安司令,加强和扩充保安团队、保警队和地方民卫队,形成了省、专区、县三级体制的军警宪特一元化的统治网。11 月,谷正伦与滇、湘共筹三省边区联防指挥部,并在省内一部分县设立"清剿"、"剿匪"机关,加紧防范和镇压人民武装游击队和群众的反抗斗争。由于国民党统治的颓势难挽,四川部分国民党军将领暗中酝酿起义,"湖南的程潜又有异动,云南的卢汉态度暧昧,即黔省的部分军队也有不奉指挥的怪事",谷因此"特别小心谨慎,思前想后,常有横不好竖也不好而有举棋不定之慨"①。

　　1949 年元旦,蒋介石电召谷正伦至南京面授机宜,同意谷在贵州增建三个保安团,并允补拨原欠贵州的保安费。1 月 6 日,谷以省主席和保安司令名义宣布全省戒严,禁止一切言论、出版、集会、结社、迁徙自由。不久,谷将贵州全省的保安团队改编为第一〇一军,以自己的亲信、保安副司令韩文焕为军长。此后他在全省开放烟禁,密令边远各县大种鸦片,并成立特货稽征处,一次就向广西运出鸦片十二万五千两牟取暴利。谷自行在贵州发行"辅币券"三十万元,还擅自从省银行提取大量银元、黄金。6 月,谷成立了"贵州省反共保民委员会",令各县成立分支机构。他要求所属人员"精诚团结,群策群力,保卫贵州"②。7

　　① 何辑五:《追念谷大哥正伦》,《贵州政坛忆往》,第 411、428、433—444 页。
　　② 蒋相浦:《贵州省参议会亲历记》,《贵州文史资料选辑》第 7 辑,贵州人民出版社 1981 年版,第 198 页。

月,谷正伦制定了以《贵州省自卫纲要》为中心的一整套应变方案,请中央补充弹械,控制贵州粮食出境,扩充地方武装力量,由城市转入偏僻农村打游击,选择根据地,储备粮食弹药,配置电台,起用一批军人补充专署以下政权等。10月,解放大军挺进西南,谷正伦加紧对贵州的控制,下令军警宪特屠杀中共地下党员和革命群众。

11月11日,人民解放军解放了距贵阳仅六十公里的龙里,谷正伦率军政机关仓皇逃离贵阳,到达黔西南的晴隆。谷于此时胃溃疡复发,请蒋介石准其"易地疗养"。谷指使第一〇一军军长韩文焕在晴隆将骚扰滇东民怨极大的第八十九军军长刘伯龙诱杀,以"克扣军饷,紊乱军政,纵兵殃民,擅杀无辜"①呈报国民党行政院院长阎锡山,随后谷逃到昆明乘飞机转赴台湾。

谷正伦至台后,曾任"总统府国策顾问",1953年11月3日病死于台北。

①　肖开训:《谷正伦杀刘伯龙的经过》,《贵州文史资料选辑》第7辑,第214页。

顾 颉 刚

王煦华

　　顾颉刚,原名诵坤,字铭坚,笔名有无悔、天游、张久、诚吾、桂姜园、余毅、劳育、康尔典、周垄、武兴国等。1893 年 5 月 8 日(清光绪十九年三月二十三日)生于苏州的一个书香世家,受到良好的家庭教育,自幼读书就不肯盲从前人之说,在"幼时所读的'四书',经文和注文上就有许多批标",《纲鉴易知录》上,也"加上许多圈点和批评"。

　　1913 年考入北京大学预科,1916 年入本科中国哲学门。1920 年毕业留校,以助教名义任图书馆编目。1921 年为胡适《红楼梦考证》搜集补充材料,并与胡适、俞平伯讨论《红楼梦》。1923 年任上海商务印书馆编辑,与王钟麒(伯祥)合编《新学制本国史教科书》,与叶圣陶合编《新学制国语教科书》。同年 12 月回北京,任北大研究所国学门助教,在编辑室和歌谣研究会、方言调查会、考古学会诸会工作,编辑《国学季刊》、《歌谣周刊》、《北京大学研究所国学门周刊》。1926 年以后至 1949 年间,历任厦门、中山、燕京、北京、云南、齐鲁、中央、复旦、兰州等大学和社会教育学院、诚明文学院教授、中山大学语言历史学研究所主任、中研院历史语言研究所特约研究员暨人文组院士、北平研究院史学研究会历史组主任、齐鲁大学国学研究所主任等职。

　　顾颉刚是古史辨派的创始人,他的"传"、"记"不可信的思想来自崔述,"经"不可尽信的思想来自姚际恒,治学要融会贯通的思想来自郑樵,用历史进化论寻求事物演变线索的治学方法来自胡适,对今、古文家的看法则受之钱玄同,用古器物考出的真古史以破坏伪古史则受王国维的影响,用研究故事的方法来研究古史则来自他看戏和搜集整理歌谣、孟姜女故事资料。1909 年,他读了《先正事略》中的《阎若璩传》和姚际恒的《古今伪书考》后,就有志于考辨伪古史。1914 年始作笔记,记录读书心得,终生不辍。1916 年作《清代著作考》初稿二十册(后来马太玄、陈槃协助他整理了一部分,刊于《中山大学图书馆周报》上),对清代学者的治学成绩有了全面了解。1921 年,他计划推翻伪古史,1922 年,在为商务印书馆编《中学本国史教科书》,写《最早的上古史传说》时,比较《诗》、《书》和《论语》三书中的上古史传说,发现"古史是层累地造成的,发生的次序和排列的系统恰是一个反背"。他说这有三个意思:第一,可以说明时代愈后,传说的古史期愈长;第二,可以说明时代愈后传说中的中心人物愈放愈大;第三,即使不能知道某一件事的真确的状况,但可以知道某一件事在传说中的最早状况。他又提出研究古史要打破四项非信史的标准:(一)打破民族出于一元的观念;(二)打破地域向来一统的观念;(三)打破古史人化的观念;(四)打破古代为黄金世界的观念。他在《与钱玄同先生论古史书》中扼要地论述了古史传说中的三皇五帝的由来,他说:自西周以至春秋初年,那时人对于古代原没有悠久的推测,《诗》、《书》里的"帝"都是上帝。商族认为禹为下凡的天神,周族认为禹是最古的人王。古史传说中的帝王,东周初年只有禹,是从《诗经》上可以推知的;东周末年更有尧、舜,是从《论语》上可以看到的。《论语》中二次连称尧、舜,一次连称舜、禹,可见当时确以为尧、舜在禹之前。于是禹之前有更古的尧、舜。从战国到西汉,伪史充分地创造,在尧、舜之前更加上多少古皇帝。自从秦灵公于吴阳作上畤,祭黄帝,经过了方士的鼓吹,于是黄帝立在尧、舜之前了。自从许行一辈人抬出了神农,于是神农又立在黄帝之前了。自从《易·系辞》抬出了庖牺氏,于是庖牺氏又立在神农之前了。自从李斯一辈人所说"有天皇、有地皇、有泰皇,泰皇最贵",于是天皇、地皇、泰皇更立在庖牺氏之前了。自从汉代交通了苗族,把苗族的始祖传了过来,于是盘古成了开天辟地的人,更在天皇之前了。时代越后,知道的古史越前,文献越无征，知道的古史越多。这封信就这样揭示了历来公认的三皇、五帝古史系统是由神话传说层累地造成的。此文在1923年《努力》增刊《读书杂志》第9期公开发表后，引起史学界的激烈争论。以后，他将自己和他研讨争辩的文章编为《古史辨》，从1926年至1941年，共出了七册，其中第一至第三及第五册是他自己编的，第四、第六册是罗根泽编的，第七册是吕思勉、童书业编的。这部书不仅在当时对人们的思想产生巨大的震动，而且今后也将产生深远的影响。

顾颉刚对古代的民族和地理也作了深入的考辨，以为自西周以至春秋初年，许多种族各自把本族形成时的人作为自己的始祖，而没有各族公有的共同始祖，只是春秋以后，经过了二百多年的大国攻灭小国，把无数种族并到一起，到了战国中期才出现唐、虞、夏、商、周同出于黄帝的说法。秦汉以前的中国只是没有统一的许多小国，《禹贡》的九州、《尧典》的流放四罪之处、《史记》的黄帝所到的四方，是战国时的七国的疆域，而《尧典》的羲、和四个居住地，以交趾入版图，更是秦、汉的疆域。他以为研究古代地理应当以各时代的地域为地域，不能以战国的七国和秦的四十郡作为古代早就定局的地域。为了促使史地学者钻研中国地理沿革史及民族史，他于1934年发起组织禹贡学会，创办《禹贡》半月刊。在他领导下，学术研究成绩卓著，为国内外学者所重视，称之为禹贡派。

顾颉刚把考定古书的著作时代作为研究古史传说演变过程的重要前提。为此，他对古书的著作时代作了大量的考订。他认为《周易》的《卦辞》和《爻辞》可以约略地推定在西周初叶，著作人当出于那时掌卜筮的史巫，著作地当在西周的都邑中。《易传》（《彖传》、《象传》、《系辞传》、《文言传》、《说卦传》、《序卦传》、《杂卦传》的总名）的著作时代，至早不得过战国，迟则在西汉中叶。今文《尚书》的著作时代，其中《盘庚》、《大诰》、《康诰》、《酒诰》、《梓材》、《召诰》、《洛诰》、《多士》、《多方》、《吕刑》、《文侯之命》、《费誓》和《秦誓》十三篇都可信为真；《甘誓》、《汤誓》、《高宗肜日》、《西伯戡黎》、《微子》、《牧誓》、《洪范》、《金縢》、《无逸》、《君奭》、《立政》和《顾命》十二篇，或是后世伪作，或是史官追记，或是真古文经过翻译，均说不定，但决不是东周间的作品；《尧典》、《皋陶谟》和《禹贡》三篇是战国、秦、汉间的作品，《尧典》出于武帝中年以后。《禹贡》是公元前三世纪的作品，在秦始皇统一前约六十年，作者是西北人。《逸周书·世俘》篇，作于殷、周之际。《诗经》是一部入乐诗的总集，是西周至东周的作品，辑集于战国中期。《周礼》是战国时的法家著作，出于齐国以及别国的法家，在散亡之余，为汉代的儒家所获得，加以补苴增损而成。《仪礼》是春秋末年或战国初期的作品。《礼记》大部分是西汉人所作。《春秋经》是未经笔削的《鲁春秋》。《左传》是纪元前三百年间所著。《公羊传》是战国时所作。《穀梁传》是汉代中叶所作。《论语》是孔子的再传弟子所记，战国初期的作品。《孝经》出于西汉初。《老子》一书的编成在公元前三世纪下半叶，其发展则在公元前二世纪。《庄子》是一部"道家丛书"，各篇的著作时代，从战国中期起，到西汉末年止，约经过三四百年。《山海经》为战国时书，其中的《山经》则作在战国前。《穆天子传》作于战国初赵武灵王末年。

　　顾颉刚在观看各种戏剧、搜集整理歌谣及孟姜女资料时，注意到小说、戏剧、歌谣中故事的随时随地变化，认为研究这一变化过程可以印证古史说的变迁。为此，他对吴歌、孟姜女故事、妙峰山香会及庙宇、神道、婚丧礼节等进行调查、搜集材料和分析研究，都取得了卓越的成就。1924 年至 1926 年间，他的《孟姜女故事研究》、《吴歌甲集》和《妙峰山》先在报刊上发表，随着结集出版，受到学术界的高度赞誉。如刘复说他的《孟姜女》一文"是二千五百年来一篇有价值的文章"，"中国民俗学上的第一把交椅，给你抢去坐稳了"。又如《吴歌甲集》出版后，胡适说："这部书的出世真可说是给中国文学史开一新纪元了。"《妙峰山》的调查报告出版后，更受到广泛的赞美，如江绍原把它视作"调查的样板"，"这不但可以使我们了解现在的中国社会，而且说不定对于过去的了解也有所贡献"。傅彦长则说它的"功绩在《古史辨》之上"，"在研究民族的艺术文化方面，其伟大的力量，在现代中国我还没有见过第二个人可与他相比"。何思敬则称誉他"是一个时代的所谓时代精神,而他便是这个精神的代表选手"。这些称誉说明他在民俗学、民间文艺上开创性的调查研究作出了为学术界所公认的首屈一指的贡献。他又热心于创办民俗研究的团体和刊物,1926 年在厦门大学创立风俗调查会,1927年创办中山大学民俗学会和《民俗周刊》,编印《民俗学会丛书》。顾颉刚又是一位有强烈民族意识的热爱祖国的学者。他做过大量的反帝宣传工作。1925 年上海"五卅"惨案发生后,北京学界起来声援,推他做宣传文字,他即写了《伤心歌》和《上海的乱子是怎样闹起来的》两张传单,铅印散发、张贴,并在《京报副刊》上的《上海惨剧特刊》上发表。北大成立救国团后,他又与孙伏园联系,在《京报副刊》上出《救国特刊》,由他编辑,他在《发刊词》中提出"要把这次奋兴的感情变为持久的意志,要把一时的群众运动,变为永久的救国运动"。从这年 6 月到 10月,共出版了十六期,每期他都写"篇首语",又写了《上海的租界》等揭露帝国主义侵华史实的文章十五篇,可见其爱国心的强烈和坚定,办事的认真不苟。

1931 年"九一八"事变后,他又积极投身于抗日运动。他不仅参加了燕大的"抗日十人团"和"燕大中国教职员抗日会",还为《中学生》作《贡献给今日的青年》一文,激励青年在国难日急的时刻,要下定决心到民间去,真正去唤醒民众,以挽救危亡。1933 年他又创办三户书社(意谓"楚虽三户,亡秦必楚"也)出版抗日大鼓词和剧本,以求深入民间宣传抗日。后来三户书社改名通俗读物出版社,把工作的范围"由抗日的一义,扩大为民众教育的全面",增出适合大众阅读的通俗读物,并创办《民众周报》和《大众知识》两个通俗刊物,以全面提高民众的文化知识水平。另外还成立"大鼓书训练班",聘请著名鼓书艺人翟少屏培养了一个五女四男的演唱队到民间去进行宣传。到卢沟桥事变前夕,共出版通俗读物近五百种,五千万册,对团结全民奋起抗战起了巨大的作用。1934 年 8 月,他去百灵庙,住在蒙古地方自治政务委员会的蒙古包里,与德王及其幕僚谈了三天,知道"他们背后有日本人撑腰,察、绥二省旦夕有继东北四省沦亡的危险，心中着急，想唤起国人共同密切注视边疆问题"，便将《禹贡》半月刊内容"转到以研究边疆历史和记录边疆现状为主"。出版了西北、东北、南洋、康藏、察绥等专号，又编印了《边疆丛书》。1936 年 11 月，他与李书华、徐炳昶赴西安出席北平研究院与陕西省政府合办的陕西考古会第三届年会，此时正是西安事变前夕，在中共地下党的协助下，访问了张学良，劝说张学良抗日，向张灌输"促蒋抗日"，争取全面团结抗战。西安事变后，顾颉刚又为燕大中国教职员会作《致国民政府电》，电文中说："同人敢宣言曰：凡有利于我民族国家之统一生存者，皆拥护之。"又与马荫良约会徐炳昶等人为《申报》办《星期论坛》，他首先作《中华民族的团结》，提出"对帝国主义用欺骗手段进行分化，要防微杜渐，预遏隐忧，认为应该在物质、精神和行政三方努力加强中华民族的团结"。又为《大公报·星期论文》作《回教的文化运动》，强调"回教徒与非回教徒间的隔膜必须竭力打开"，"愿就自己所长，在文化上做些沟通"。可见"九一八"事变后这六七年间，他一直在做唤醒大众、团结抗日的宣传工作。

1937 年"卢沟桥事变"发生后，他又与徐炳昶、吴文藻等致电国民党中央政府要求坚决抗日。又致电宋哲元，勉其抵抗日寇。签名者二十余人。由于顾颉刚积极宣传抗日，日人列为欲捕者名单，他被迫离开北平。抗战期间他又在兰州创办《老百姓》旬刊，在临洮、渭源等地办小学教员讲习班，做抗战的宣传和提高民众的文化工作。通俗读物编刊社在抗战期间极困难的条件下，还编写出版了一百余种通俗读物。1938 年为昆明《益世报》编《边疆周刊》，1941 年在成都创立中国边疆学会。在宣传救国的同时，他也不放弃倡导学术研究，先后主编学术刊物《责善》半月刊、《齐大国学季刊》和《文史杂志》。其中《文史杂志》影响尤大。他认为"文与史是民族文化的结晶，是唤起意识的利器"。因此，它虽是纯学术刊物，但内容力求通俗，讨论的问题亦能和时代相联系，受到读者的欢迎。

抗战胜利后，顾颉刚希望恢复他以前创办的事业。1946 年 3 月，禹贡学会在北平召开复员第一次会议。会上所作的一些研究和出版方面决定等，都因"物价奇昂"，大都未能实现，只办了一种《禹贡周刊》，在《国民新报》刊出十期，以后又在《经世日报》刊出十六期。1946 年 9 月，他为续办通俗读物社，与马荫良等筹商组织民众读物社，次年 5 月，《民众周报》创刊，但受经济崩溃之影响而销路不佳。《文史杂志》于 1947 年复刊后，出了三期，到六卷三期就停刊了。此时他深深感到事业的苦闷。

　　1950 年他在《昆仑传说和羌戎文化》一文中提出：中国正统文化，实在都从羌戎区域里发源，及至传进了中原然后大大地扩展的。昆仑是他们的宗教中心，这些宗教的仪式传进了中原，于是有"封禅"的大典礼，这些宗教的故事传进了中原，于是有整整齐齐的一大套中国古史。中国古史人物是由神话人物转变而来，而这些神话人物则由羌戎的宗教故事而来。因此，羌戎的宗教转变成了中国的古史。这是他对中国古史由来的最后的系统的简单说明。1954 年后，他任中国科学院、中国社会科学院历史研究所研究员、学术委员，主持标点《资治通鉴》、"二十四史"。晚年深入研究《尚书》，作成《大诰译证》和《校释译论》多篇。1980 年 12 月 25 日顾颉刚在北京病逝。

　　顾颉刚一生著述宏富，约有二千万字，已编为《顾颉刚全集》，由中华书局出版。

主要参考资料

　　顾颉刚：《古史辨》第一册"自序"《我是怎样编写〈古史辨〉的》，见顾颉刚编：《古史辨》第一册，上海古籍出版社 1982 年影印本。

　　顾颉刚：《编印通俗读物的经过》，中国人民政治协商会议甘肃省委员会文史资料研究委员会编《甘肃文史资料选辑》第 28 辑，甘肃人民出版社 1988 年版。

　　顾颉刚辑：《吴歌甲集》（北京大学歌谣研究会 1926 年版，民俗学会

1928 年版），上海文艺出版社 1990 年影印本。

顾颉刚编著：《孟姜女故事研究集》（第 1—3 册，国立中山大学语言历史研究所 1928 年版），后辑入顾颉刚编著《孟姜女故事研究集》，上海古籍出版社 1984 年版。

顾颉刚编著：《妙峰山》（国立中山大学语言历史研究所 1928 年版），收入《民国丛书》第五编，上海书店 1996 年影印本。

顾颉刚：《顾颉刚自传》，《东方文化》第 1—6 期，1993 年—1995 年。

顾 品 珍

李希泌

顾品珍，字筱斋，云南昆明人，1883 年（清光绪九年）出生。1904年，云南省考送留日学生，学军事者有三十名，顾应试被录取，同年 9 月抵东京，进振武学校学习军事。毕业后升入日本士官学校第六期骑兵科，1908 年冬毕业。回国后，适顾之士官同期同学李根源奉命筹办云南讲武堂，顾被聘任该校兵学教官，当时同任教官者尚有罗佩金、李鸿祥、谢汝翼、沈汪度、刘祖武等人。

在云南讲武堂中，革命党人常向学员传播革命思想，如李根源、顾品珍曾带领学员去凭吊明末反清义士薛尔望之墓，乘机宣传反清主张。讲武堂成为革命党人培养革命军事干部之所，朱德就是在云南讲武堂当学员时加入同盟会的。

1911 年 10 月 10 日武昌起义爆发，消息迅即传遍滇省，30 日，云南革命党人在昆明起而响应，顾品珍参加了武装起义行列，次日起义取得胜利，成立了云南军政府，推蔡锷为都督，顾被任为参谋部第三部长。1912 年初，云南军政府决定北伐援川，顾品珍参加援川军第一梯团。其后滇、川两省关系紧张，经蔡锷等努力，援川滇军分道撤回。顾仍在滇军工作，曾任团长、讲武堂堂长，1913 年秋代理云南陆军第二师师长，1914 年 3 月改任第一师师长。

1915 年袁世凯复辟称帝，云南督军唐继尧与蔡锷等于 12 月 25 日宣布云南独立，发表讨袁檄文，反对袁世凯称帝，遂组成护国军和护国军政府。当时护国军编为三个军，第一军出四川为护国军主力，担任主攻任务,总司令为蔡锷,下设三个梯团,顾品珍任第三梯团长;第二军出广西转战湘粤,牵制北洋军入川,总司令为李烈钧;第三军留守云南,总司令由唐继尧兼任。

第一军分兵三路出川,中路由赵又新的第二梯团和顾品珍的第三梯团组成,归蔡锷亲自指挥,该部于1916年1月中旬由昆明出发,目标直取泸州。该军第一梯团刘云峰奉命于1月18日攻入横江镇,取得初战告捷,20日攻取安边重镇,21日进占叙府。在随后保卫叙府的战斗中又打败北军第十六混成旅的进攻,从而加速了川军的分化,1月31日,川军师长刘存厚以护国川军总司令名义在纳溪宣布独立。2月4日,护国军第三支队董鸿勋部抵达纳溪,会同起义的川军进攻泸州,与袁世凯的北军战于纳溪城泸州对岸的兰田坝。8日,北军战败,渡江而逃。董支队乘胜渡江追击,迂回袭击泸州之背,经过一夜战斗,眼看就要攻下泸州,突然接获情报,敌军偷渡过江,兰田坝守军陈礼门战败自戕。兰田坝月亮岩等阵地尽失,董鸿勋支队腹背受敌,只好由原路渡江撤退。敌军由兰田坝向纳溪城进击,护国军第二梯团第四支队由后方赶到,于是第三、四两支队在纳溪城东棉花坡一带高地与敌军激战。由于双方兵力悬殊,蔡锷命令顾品珍率第三梯团赶往增援,朱德率领第六支队急行军于2月17日赶到纳溪前线,立即投入战斗,该部成为与北军鏖战棉花坡的英雄支队,从而使危殆的战局稳定下来。

蔡锷于2月23日亲临纳溪前线视察阵地,重新做了部署,调第一梯团金汉鼎支队由叙府赶到棉花坡增援,撤去董鸿勋第三支队长的职务改由朱德担任,第六支队长职务由第三梯团参谋长王秉钧补任。2月28日蔡锷组织了一次反攻,激战四五日,虽有斩获,但因敌军占据险要阵地并筑有坚固工事,以逸待劳;而护国军后勤供应不足补给困难,有被胶着拖垮的危险。到3月2日,叙府方面由于抽调主力到纳溪前线,兵力空虚致被北军攻占。防守纳溪的护国军处于腹背受敌之境。于是蔡锷决定作战略转移,计划退到纳溪县属龙头铺、白节滩一带高地,占据有利地形,诱敌深入,再图反攻。

全军战略转移的任务,交由顾品珍执行,规定在午夜12时开始撤退。但未到撤退时间,已有小部队擅自行动,顾亲上浮桥堵截,他手持短枪目光如炬,大声告诫士兵说:"撤退的时间未到,不准退。你们不要怕,我在这里,要死大家死在一起,你们仍要回到自己的阵地去警戒。"到了深夜12时,全军开始撤退。这时敌军屡放照明弹,探察护国军虚实,但不敢前往一步,深怕中了蔡锷的诱敌之计。顾品珍严格执行全军撤退计划,次日拂晓前全军撤毕将浮桥破坏,顾和随从士兵断后起行。上午8时左右,顾品珍到达蔡锷所在总部,汇报撤退任务完成情况,蔡不见朱德回来,责问:"何以不见朱支队长,是否没有撤退出来?如有不测,那就死在你们手上了。"一时气氛颇为紧张,不久接到报告,朱支队已撤到安全地带,气氛才缓和下来。顾在这次战略转移中,表现了英武刚毅、灵活机智的指挥才能。护国军虽然暂时失利,但是由于前一阶段英勇作战,轰动了全国,影响国内进步势力起来反对袁世凯复辟称帝。同时,袁世凯的北洋军由于受到护国军的多次打击,伤亡惨重,士气低落,军心动摇,不敢主动向前进攻。3月15日,蔡锷制定了反攻计划,反击的战斗于17日打响,朱德率领三支队所部两个营由白节滩出发,星夜行军,经过一夜战斗取得了反攻第一战的胜利。按照原定作战方案分头进击观音榜、兔子岩、南寿山、三块石等地之敌军,取得了胜利。与此同时,3月20日晚在正面阵地的顾品珍率领王、聂两支队夜袭敌军,毙伤敌军五百余人,缴获大批武器弹药,护国军的反攻作战获得全面胜利。护国军一举占领江安、南川、纳溪、彭水、綦江等县。22日北洋军要求护国军停战议和,顾品珍在这次反攻中表现突出,立了大功。

消息传到北京,震动了全国,袁世凯被迫取消帝制,他的军事独裁统治已到了全面崩溃的最后时刻,1916年6月6日,袁世凯在举国声讨声中死去,黎元洪继任大总统,护国战争告一段落。护国军改编,顾品珍任驻川滇军第六师师长,同年12月晋升陆军中将。

1917年4月,川督罗佩金因裁撤川军第四师陈泽霖部,被川军第二师师长刘存厚指为裁兵不公,随后两军发生激烈冲突。4 月 28 日,黎元洪任命驻川滇军顾品珍部为陆军第十四师师长。滇督唐继尧为了控制四川,组织靖国军,8 月任命顾品珍为靖国军第一军军长,任命赵又新为第二军军长。

1918 年 10 月,四川督军刘存厚发兵驱逐驻川滇军,嗣后川滇两军之间内战频仍,持续两年半之久。1920 年 9 月。顾品珍所部靖国一军在成都之战中为川军所败。10 月上旬,靖国二军军长赵又新在泸州之役中阵亡。滇军损兵折将,残部由顾品珍率领南撤,初退黔西毕节,继退云南,受唐继尧委为滇东边防督办。1921 年 1 月下旬,靖国第八军军长叶荃不满唐继尧,在宜良起兵反唐。唐继尧出兵讨叶,省城空虚,2 月 9 日顾品珍率所部回到昆明,赶走唐继尧,被推为滇军总司令,维持秩序。顾氏就任后,即着手整理军民政务,提倡廉洁,严禁贪污,纠正奢侈之风。同年 12 月下旬电告广州非常大总统孙中山将于下月率部参加北伐。1922 年 1 月,孙中山特任顾品珍为云南讨贼军总司令,金汉鼎代理滇军总司令。

唐继尧被赶出云南后仍朝夕谋划回滇主政,1922 年 2 月下旬,唐继尧率所部占广南,3 月占文山、蒙自,并勾结云南土匪普小洪等扰乱地方治安。顾品珍率部到宜良剿匪,3 月 20 日在宜良天生关的顾军司令部被围,司令部人员伤亡殆尽,顾品珍用手枪自戕。罗佩金闻讯出走楚雄,被害于甘却。24 日,唐继尧率部占昆明,再度统治云南。

1923 年 4 月 9 日,广州陆海军大元帅孙中山明令褒扬前云南总司令顾品珍,追赠为陆军上将。

主要参考资料

韩信夫、姜克夫主编:《中华民国大事记》,中国文史出版社 1997 年版。

于翔麟:《顾品珍》,《传记文学》第 57 卷第 4 期。

金汉鼎:《唐继尧图川和顾品珍倒唐经过》,中国人民政治协商会议全国委员会文史资料研究委员会编《文史资料选辑》第30辑,中华书局1962年版。

谢本书、冯祖贻主编:《西南军阀史》,贵州人民出版社1991年版。

顾　维　钧

何小清

顾维钧,字少川,英文名 V. K. Wellington Koo,江苏嘉定人。1888
年 1 月 29 日(清光绪十三年十二月十七日)生于上海。父顾溶,字晴
川,曾任大清银行总裁。

顾维钧自幼读私塾,十一岁入上海英华书院。1901 年考入圣约翰
书院,三年间修完了四年的课程,还担任学生会创办的《龙》报文学编
辑。1904 年自费旅美,在纽约州伊萨卡市的库克学院读大学预科。一
年后考入哥伦比亚大学普通文科,后攻读政治学研究生。1909 年获硕
士学位,1912 年获哲学博士学位,哥伦比亚大学出版社出版了他的博
士论文《外国对中国政府的权利要求》。顾维钧在校期间非常活跃,是
语言社、学生辩论团的成员,并获得语言文学奖金和哥伦比亚、康奈尔
辩论奖。他还担任《哥伦比亚每日旁观者》编辑和总编、《哥伦比亚月
刊》的业务经理和《哥伦比亚人》年鉴经办人。在中国留学生中也颇有
影响,曾担任全美中国同学会会长,主编过《中国学生月刊》和《中国学
生年刊》。

1912 年 3 月,袁世凯任临时大总统,唐绍仪为内阁总理。早在
1908 年唐绍仪任清朝特使出使美国时,就认识了顾维钧,当时在一次
会上,顾作为受邀的中国留学生代表发言,给唐绍仪留下深刻的印象。
顾维钧在博士论文尚未完成之时,即被唐绍仪推荐,回国就任总统府和
国务院的英文秘书。唐绍仪因善后借款及任命王芝祥等事,与袁世凯
产生矛盾,于 6 月 16 日辞职。顾维钧也随之辞去两秘书职务,去上海

同唐绍仪三女唐梅结婚。不久,顾开始在外交部工作,10月升任外交部参事。

　　1915年7月,顾维钧被任命为驻墨西哥公使,未到任即调往华盛顿,任驻美兼驻古巴公使,开始了他半个世纪的职业外交官生涯。在美国任职期间,顾维钧还不满三十岁,因他仪表堂堂,善于辞令,颇受美国总统威尔逊及各国驻美使团人员赏识。为肯定他的外交才干,1916年授予他耶鲁大学名誉法学博士学位。1917年美国参加第一次世界大战协约国阵营,策动中国亦加入协约国一方。顾维钧认为这将有利于提高中国的国际地位,便积极活动并密电北京政府敦促参战。

　　1918年11月第一次世界大战结束。顾维钧因妻子唐梅患流感在华盛顿去世,先于10月请假回国。北京政府随即派他出席1919年1月召开的巴黎和会。他因丧妻原拟请辞,但为争取国家权益毅然赴任。因团长陆徵祥身患重病,顾维钧实际上负责主要工作,并被推选为发言人。北京政府忌讳触犯列强,没有准备在这次和会上提出山东问题。但国内知识界对和会寄予希望,期望争得在国际上的平等地位。顾维钧以这种爱国热潮为后盾,在1月28日的会议上与日方代表牧野展开了关于山东问题的舌战,慷慨陈词,据理力争,反对日本继承德国在山东的权利,认为青岛、胶州租界地、胶济铁路及其附属财产,都应交还中国。顾维钧的论点在会上引起广泛同情,而日本代表的强词夺理却受到普遍的谴责。但是,操纵和会的"三巨头"美国总统威尔逊、法国总理克雷孟梭、英国首相劳合·乔治为了平衡列强之间的利益,对山东问题竟然作出了违反公理的决定,在凡尔赛和约上规定德国在山东的权利转让给日本。消息传到中国后,人民群众义愤填膺,从而引发了反帝反封建的五四运动。北京政府不顾人民的反对,大总统徐世昌于6月23日电谕中国代表团在和约上签字。顾维钧与陆徵祥商议决定,断然不顾政府训令,拒绝在和约上签字。在巴黎和会上顾维钧脱颖而出,被誉为"青年外交家",受到许多国家首脑及代表的敬重和钦佩。

　　巴黎和会决定发起成立国际联盟,顾维钧当选为五国代表之一,参

与拟订国际联盟公约。与此同时,他改任驻英国公使。1920 年 11 月
14 日,国联第一次大会在日内瓦召开,顾作为中国首席代表出席该会。
就在前一天,他与印尼华侨、新加坡"糖业大王"黄仲涵之次女黄惠兰结
婚。自此,这对夫妇开始了在外交场合多彩而显赫的社交生活。在国
联大会上,顾维钧以其外交和政治的广闻博识,阐述了按地区出代表的
原则。从此这条原则被所有国际组织公认,也使中国选入了国联理事
会,顾成为理事会第一名中国代表,并当选为非常任理事。1921 年他
当选为第十四届理事会主席。

　　1922 年 5 月顾维钧奉召回国,至 1928 年一直在国内任职。1922
年 4 月第一次直奉战争后,以美英为依附的直系控制北京政权,内阁几
经更迭。顾维钧不属于任何党派和军事集团,但他在外交上是亲美派
人物,因此于 1922 年 8 月开始被直系任命为外交总长。其后,在频繁
更换内阁人选的"阁潮"中,由于顾维钧亦学亦仕的职业外交家身份,及
他个人与直、奉两系军阀首领均无冲突的和善关系,使他一直得以在内
阁任职。除 1924 年 10 月至 1926 年 4 月段祺瑞执政一年半的间断外,
他在八届内阁中担任外长,其中两届由他本人组阁,出任总理,还两度
出任财长。

　　这一阶段,顾维钧的主要外交活动是与苏联谈判并建立外交关系。
1922 年 8 月,苏俄派遣特使全权代表越飞来中国。顾维钧主张以 1919
年和 1920 年苏俄政府宣布废除沙俄与中国的不平等条约为基础,进行
中苏谈判,并缔结新邦交,苏俄对此没有异议。顾维钧要求在谈判前苏
俄红军撤出外蒙,并认为 1919 年苏俄宣言宣布放弃中东铁路的权利,
因此东北的中东铁路应无条件归还中国。但越飞声明他没有承担履行
1919 年和 1920 年宣言的任务,并对中东铁路的中苏共同管理办法表
示反对。双方意见一时难以统一。1923 年 9 月,苏联派加拉罕来华,
担任恢复两国外交关系的全权代表。顾维钧任命王正廷为中苏交涉督
办,全权处理中苏建交谈判。但王正廷处事不力,被顾解职,由外交部
直接处理对苏交涉事宜。当时各界人士不清楚内情,使顾受到来自各

方面的极大压力,甚至家中发生一起爆炸事件。但他坚持最初的原则,迫使苏联方面做了让步,于1924年5月31日正式签署了"中苏协定"。这个协定废除了帝俄时代与中国签订的一切不平等条约,取消了治外法权和领事裁判权,取消了租界地和庚子赔款,取消了中东铁路除商务外的一切特权等等,是鸦片战争以来我国外交史上第一个平等协定。

1924年10月,冯玉祥在北京发动政变,囚禁总统曹锟,解散了内阁。在颜惠庆内阁任外长的顾维钧离开北京,在天津小住,不久即去上海。

1926年初,在日、英帝国主义策划下,张作霖与吴佩孚以"反赤"为共同目标,将冯玉祥逐出北京,不久段祺瑞的执政府也垮台。北京政府自此不再有"总统"、"执政",而以内阁总理"摄政"。5月,原颜惠庆内阁在吴佩孚怂恿和支持下复职,引退一年半的顾维钧也在吴佩孚劝说下出任财政总长。颜阁因奉张的反对而很快倒台,7月由杜锡珪组阁,顾维钧留任原职。10月,顾维钧在奉张的延请下继杜锡珪任代理国务总理"摄政",并兼外长。1927年6月,张作霖另组军政府,由潘复组阁,顾维钧遂退隐于北京西山,但仍常接受张作霖咨询。

1928年6月,蒋介石与阎锡山、冯玉祥、李宗仁共同北伐的大军即将进占北京时,张作霖等撤往关外,顾维钧专程送他们到天津。国民政府因顾维钧支持奉张,又历任北京政府要职而下令通缉。顾于年底出国去欧洲,后去加拿大旅行。1929年冬应张学良邀请回国到达沈阳,任张的高级顾问。张学良请求蒋介石取消对顾维钧的通缉,蒋准张所请,并派张群、方本仁等向顾解释。1931年夏,顾维钧曾劝告张学良注意对日政策,并提示他要小心日本对东三省的垂涎,但没有引起张学良的重视。不久"九一八"事变爆发,张学良奉行蒋介石的不抵抗政策,以待国联公理之判断。蒋介石对日本采取妥协让步的误国政策,急需外交人才为其效劳,特派飞机接顾维钧去南京。从此,顾维钧转入国民政府任职,先任特种外交委员会秘书长,专事应付对日本交涉;11 月继王正廷、施肇基为外交部长。时日军又逼向锦州,国民政府一味依赖国联,顾维钧电令驻日内瓦代表施肇基向国联提出:划锦州为中立区,以中国驻军退入山海关为条件,希望日军不要继续进逼。这个划锦州为"缓冲区"的方案于 27 日公布后,遭到全国人民的强烈反对,12 月初,南北各地学生纷纷赴外交部质问,顾维钧于 12 月 21 日辞去外交部长职。

1932 年 1 月,国联组织"李顿调查团"调查中日争端,顾维钧代表中国参加该调查团。顾维钧不顾日本方面的威胁,坚持至东北调查,向调查团提出了揭露日本侵略行径的长篇备忘录,并在 10 月的国联理事会上,坚持中国立场。

顾维钧于 1932 年 8 月被任命为驻法公使,但在 1936 年前几乎未去巴黎履职,一直忙于参加各种国际会议。

1937 年 7 月,日本发动对华全面侵略战。顾维钧在欧洲及国联频繁活动,但终因绥靖空气笼罩西方,国联事实上已经失去作用,顾的一再努力没有获得具体成果。

中国希望西方国家用武力制裁日本的幻想破灭后,转向努力争取列强给予物资援助。1938 年 7 月,美国财政部长莫根索(Henry Morgenthau, Jr.)访问巴黎,顾维钧与之长谈经济援华问题,得知美方愿与上海商业储蓄银行董事长陈光甫洽谈。顾将此意电达国内,以后果然使中国政府获益。1939 年—1941 年间,美国对华借款一亿二千万美元,信用贷款五亿美元。驻法期间,他极力谋求法国援华,经多次商谈,法国同意开放滇越铁路,使国外援助物资得以源源流入。

1941 年 5 月顾维钧调任驻英大使。同年 10 月,顾回国与蒋介石商讨对英外交方针,他主张先签约废除治外法权,其他双边问题留待日后计议。他的建议得到采纳,1943 年 1 月 11 日,中国与美、英两国分别在华盛顿和重庆正式签订"取消治外法权并处理有关问题之条约",继苏联之后开其他各国相继放弃对华治外法权之先河。

　　1944年秋,中、美、英、苏四国在华盛顿敦巴顿橡树园举行商讨创立联合国的会议,顾维钧以中国首席代表身份参加该会。1945年4月25日,联合国制宪会议在旧金山召开,顾维钧是中国代表团第二代表,并任大会区域办法审查委员会报告员。6月10日,宋子文回国,顾任代理首席代表,在6月25日制宪会议第九次大会上,他代表中国第一个签署《联合国宪章》。1946年1月,顾维钧率领中国代表团出席在伦敦召开的联合国大会第一届会议。

　　1945年抗战胜利。次年6月,顾维钧调任驻美大使,兼任中国驻联合国代表团团长。此时,以蒋介石为首的国民政府发动了内战,顾维钧的外交活动也大多是为争取美援而奔波。1948年间,顾为国民政府要求美国三年内提供三十亿美援进行了一系列努力。1949年1月,顾争取美国出面调处国共两党和平解决内战,但其努力毫无结果。中华人民共和国成立后,顾维钧继续留任台湾当局的“驻美大使”,为保住台湾当局的席位而奔走,并继续为台湾争取美援。1954年12月,顾维钧协同台湾“外交部长”叶公超与美国国务卿杜勒斯签订“中美共同防御条约”,求得美国帮助蒋介石当局维护对台湾、金门、马祖及澎湖列岛的统治。

　　1956年3月,年近七十的顾维钧打算退休,回台湾请求辞职。5月,被任命为蒋介石的驻美高级谘议,即赴纽约定居,他与黄惠兰协议离婚,不久和严幼韵结婚。

　　1956年6月,海牙国际法庭法官徐谟病逝,顾维钧于1957年1月被联合国安理会选举继徐谟任期。10月顾再度当选,连任九年,其中后四年任国际法庭副庭长。1967年2月5日任满退休,获终身国际法官的荣誉称号。此后复定居于纽约。

　　顾维钧自1912年起,一生从事外交政治活动超过半个世纪,在民国外交史上地位卓著,在西方外交界享有声誉。他曾先后被美国哥伦比亚大学、伯明翰大学、曼彻斯特大学等许多大学授予名誉博士学位;还获得许多国家授予的各种荣誉勋章。

顾维钧多年养成写日记的习惯;另外凡是接见或拜会外国政界要人后,他一定马上把交谈内容说给打字员记录下来。他退休后,把自己积累的珍贵外交史料,以及用中、英两种文字写的三十五册日记,全部赠送给哥伦比亚大学。1963 年,哥伦比亚大学校长格雷森·柯克等人邀请顾维钧口述回忆录,回忆录口述时间五百小时,编纂历时十七年。由于顾维钧亲身参与了许多重大政治、外交事件,他的回忆录记录了不少为外人所不及知的内幕情况,是研究中国近现代史,尤其是中外关系史的第一手资料。1976 年 5 月,顾维钧将这部长达八卷、共一万一千页的英文回忆录原稿赠予母校哥伦比亚大学。后由纽约时报附设美国微卷公司制成缩微胶卷。中国社会科学院近代史研究所从 1982 年起翻译这部回忆录,将长达五百万字的中文译本分十三册陆续出版。

顾维钧于 1985 年 11 月 15 日上午(纽约时间 11 月 14 日晚),在他的纽约曼哈顿寓所逝世。

主要参考资料

中国社会科学院近代史研究所译:《顾维钧回忆录》,中华书局 1983 年—1994 年版。

董霖:《顾维钧与中国战时外交》,台北传记文学出版社 1978 年版。

关国煊:《顾维钧博士的一生》,台北《传记文学》第 47 卷第 6 期,1985 年。

顾毓瑞:《顾维钧博士生平重要事迹》,台北《传记文学》第 47 卷第 6 期,1985 年。

杨玉清:《我所知道的顾维钧》,中国人民政治协商会议全国委员会文史资料研究委员会编《文史资料选辑》第 17 辑,中华书局 1961 年版。

傅启学:《中国外交史》,台北三民书局 1966 年版。

顾　毓　琇

王　娟

顾毓琇,字一樵,1902 年 12 月 24 日生于江苏无锡虹桥湾,排行老二。祖母秦太夫人,出身书香世家,有一定文学基础。父亲顾庚明,字晦农,保定政法学堂毕业,有六子一女,其中五位博士,1916 年染猩红热去世,年仅三十五岁。母亲王镜苏,出身望族,秉性仁慈,勤于治家,教子有方。顾毓琇幼时由祖母抚养、启蒙。五岁入私塾,十二岁考入俟实学堂补习班。

1915 年,顾毓琇考入清华学校,1923 年 6 月 17 日毕业。求学清华之时,恰逢新文化运动与五四运动,大大开拓了眼界,开始科学与文学兼而爱之。1920 年 12 月 11 日,与同级的梁实秋、翟桓、吴文藻等七人组织了清华小说研究社,后听从闻一多的建议,改为专门从事文学研究的清华文学社,顾毓琇任小说组组员兼戏剧组主席。1920 年,他业余开始用白话文翻译短篇小说《亡妻》、《胜利》等;1922 年开始写《回家》、《他们》等短文。1922 年 3 月,他完成戏剧处女作《孤鸿》四幕剧,并由清华 1923 级进行了公演,顾自任导演,赵敏恒担任男主角,梁实秋和吴文藻反串担任女主角。1923 年,为纪念祖母,创作了中篇小说《芝兰与茉莉》,1923 年 6 月 18 日由上海商务印书馆出版。同时,翻译了哈姆生的《牧羊神》,1935 年由上海商务印书馆出版。

从清华毕业后,顾毓琇考取了官费留学美国。1923 年 8 月 17 日,顾毓琇从上海黄浦滩码头登上美国邮船杰克逊号赴美深造,同船的有梁实秋、吴文藻、翟桓、孙立人以及冰心、许地山等人。为消磨时间,排遣寂寞,他们在船上创办了名为"海啸"的壁报。到美国后,顾毓琇进入波士顿麻省理工学院电机工程系学习。1925年6月,获麻省理工学院电机学士学位。1926年6月,获电机硕士学位。1928年6月,取得科学博士学位。他的博士论文扩充应用海佛仙(Heaviside)的运算微积分以分析电机瞬变现象。他所用的变换由固定坐标移至转动坐标为一突破①。后来,此种变数被称为"顾氏变数"或"顾氏变换"。继而,他又发表了"顾氏图解法"及"顾氏定则",从而奠定了他在国际电机界的崇高地位。从50年代开始,他与美国科学家维纳(Norbert Wiener)等人开创了现代自动控制理论体系,后来在航天领域得到广泛应用,被公认为自动控制领域的国际先驱。他既是电机工程专家,也是自动控制专家。正是因为"顾氏变数"等杰出成果,1972年,IEEE(美国电机及电子工程师学会)授予顾毓琇先生兰姆金质奖章。同年,中国电机工程师学会也赠其金质奖章。1999年12月10日,IEEE的电路及系统学会(CASS)为庆祝成立50周年,授予顾毓琇金禧奖章;2000年1月24日,IEEE授予顾毓琇千禧奖章。

　　顾毓琇在美国留学期间,以我国古代名人为主创作了大量戏剧作品,如《国手》、《荆轲》、《项羽》、《苏武》、《岳飞》、《西施》等。1925年,顾毓琇编剧并导演了话剧《琵琶记》,由梁实秋译成英文,在波士顿美术剧院公演,闻一多负责布景,赵太侔负责灯光,梁实秋、冰心、谢文秋等参加演出,博得一致好评。1930年,他完成了神话剧《白娘娘》,1938年由商务印书馆在香港出版。1990年,上海戏剧学院在上海公演此剧,获得成功。1937年,顾毓琇创作了抗日话剧《古城烽火》,次年在重庆市的国泰大戏院连续上演四个晚场,场场观众爆满。1940年汪精卫叛国投敌,在南京组织伪国民政府,顾毓琇将1932年写成的《岳飞》改编为话剧,由国立戏剧专科学校演出,借古讽今,并表明反对投降、坚持抗战

---

①　顾毓琇:《百龄自述》,《顾毓琇全集》第11卷,辽宁教育出版社2000年12月版,第33页。

的决心。1990年,商务出版社发行了《顾毓琇戏剧选》,该选集由江泽民题签,曹禺作序。

1929年,顾毓琇学成归国,赴杭州就任浙江大学工学院电机科主任。1929年4月1日,在无锡老家与王婉靖结婚。王婉靖出身书香门第,擅长书法和绘画。1931年1月,顾毓琇应聘到中央大学任工学院院长,并在金陵大学理学院兼课。1932年,顾毓琇到清华大学任电机系主任,并在北京大学兼课,1933年1月,改任工学院院长,直到1938年。1934年10月14日,与李熙谋、恽震等人在上海发起成立了中国电机工程师学会,李熙谋为第一任会长,顾毓琇为第二任会长,恽震为第三任会长。

抗战爆发后,顾毓琇在江西九江参加了教育界的"庐山谈话会"。1938年1月,以非国民党党员身份在汉口参加抗战政府,任教育部政务次长,同时兼任教育部"战时教育研究委员会"主任委员,对战时教育做了一系列有益的工作,对抗日胜利后中国教育的恢复和发展奠定了基础。1944年1月1日,国民政府表彰了顾毓琇,授予他三等景星勋章。1944年8月,顾毓琇出任中央大学校长。他主张"应注重学术研究,提高研究空气,改善研究人员待遇";提出"尊重教授的地位及其学术上的成就","避免学校机关变成行政机关"等。他力谋扩充和发展学校规模,改善学校环境,对系科的增设和调整,做了大量细致的工作。他还亲自上课和指导实验。1945年8月15日,日本宣布无条件投降后,顾毓琇为了去上海侍奉阔别八年的母亲,请辞中央大学校长之职。国民政府派他出任上海教育局局长,他还选择到上海交通大学上电机及运算积分两课。顾毓琇还受命为陆军总司令部中将参议,参加了9月9日在南京举行的受降仪式。1945年12月,时任上海市教育局局长的顾毓琇,与著名戏剧家李健吾、顾仲彝、黄佐临等创立了上海戏剧专科学校(上海戏剧学院前身)。1947年9月,顾毓琇改任由中央政治学校和中央干校合并而成的国立政治大学校长并兼课。顾毓琇任政治大学校长后,废除了军训制和训导制,成立了学生自治会,同时邀请曹禺、胡适等人到校演讲，活跃学校氛围。

从 1940 年开始，顾毓琇的业余兴趣由戏剧转向诗歌。他共创作新旧体诗词、诗歌六千余首，词曲一千余，首先后出版《蕉舍集》、《海外集》、《樵歌集》以及译诗《海滨集》等二十多种。1995 年 12 月，清华大学出版社出版了《顾毓琇诗歌集》，共收诗歌二千余首。1997 年，南京大学出版社出版了《顾毓琇词曲集》，共 8 卷 1001 首。

顾毓琇还擅长音乐，是一个音乐家。在任教育部政务次长时，两度兼任国立音乐学院院长，还任国立交响乐团团长。顾毓琇在音乐上的突出贡献，是建议以 348 频率作为黄钟标准音①。此外，顾毓琇还将在哈佛大学图书馆发现的明末魏皓乐谱进行整理，改为五线谱，共整理出 50 调。又将姜白石之自度曲谱翻成五线谱，后整理成 25 调，并译成英文。此后将魏皓和姜白石的两套乐谱，填入词调，编成《唐宋歌谱二十五调》及《宋词歌谱四十五调》两书。顾毓琇还是把贝多芬的第九交响乐翻译成中文的第一人。1991 年，中央音乐学院举办了"顾毓琇作品音乐会"。

顾毓琇对禅宗也有研究，1976 年 7 月，出版了《禅宗师承记》；1977 年 5 月，出版了《日本禅僧师承记》；1979 年，用英文撰写出版《禅史》，分上下两部，分别介绍中日两国禅史。

1950 年 9 月，顾毓琇携眷赴美，任麻省理工学院客座教授。1952 年底，移居费城，为宾夕法尼亚大学客座教授。1954 年 9 月，为宾夕法尼亚大学正教授，终身职。1972 年 1 月 1 日，正式宣布退休，为电机系和系统工程系终身荣休教授。1959 年 7 月 1 日，顾毓琇当选为台湾中研院院士。1972 年被宾夕法尼亚大学授予名誉法学博士学位。

1973 年 8 月初到 9 月中旬，顾毓琇携夫人王婉靖和女儿顾惠民回国探亲访友，受到周恩来总理的接见。此后多次回国访友、讲学，并与邓小平、江泽民等领导人会面，为中美关系发展和中国的建设建言

---

① 　顾毓琇：《百龄自述》，《顾毓琇全集》第 11 卷，第 130 页。

献策。

2002 年 9 月 9 日,顾毓琇在美国俄克拉荷马大学医疗中心逝世。

主要参考资料

万国雄:《顾毓琇传》,南京大学出版社 2001 年第 1 版。

顾毓琇:《百龄自述》,《顾毓琇全集》第 11 卷,辽宁教育出版社 2000 年 12 月版。

顾毓琇:《一个家庭　两个世界》,《顾毓琇全集》,辽宁教育出版社 2000 年 12 月版。

顾毓琇:《一樵自订年谱》,《顾毓琇全集》,辽宁教育出版社 2000 年 12 月版。

顾 祝 同

颜 平

顾祝同，字墨三，江苏安东（今涟水）人，1893 年 1 月 9 日（清光绪十八年十二月二十二日）生。父亲早逝，家政由祖母主持，将百余亩田地分佃乡人耕种。顾祝同六岁入塾，计七年，深受传统文化和伦理熏陶。1906 年入养正小学，两年后考入本县高等小学，1908 年入南京陆军小学，为第五期生。他勤奋好学，对各门课程和军事科目无不认真学习。

辛亥武昌首义，陆军小学停课，顾祝同在镇江参加北伐军先遣支队。中华民国临时政府在南京成立后，所部编为陆军第九师第十八旅第三十六团，顾任排长，驻徐州云龙山。不久南北议和告成，顾返南京陆军小学继续学业。1913 年 7 月，孙中山领导国民党人发动"二次革命"武装讨袁，黄兴在南京设立讨袁军总司令部，顾祝同任总部参谋。不久"二次革命"失败，顾潜回家乡。

1914 年 8 月，顾祝同入湖北陆军第二预备军官学校学习两年，后升入保定军官学校第六期步兵科。1919 年初毕业，分至长江上游陆军总部，任暂编第四旅七团三营九连连长。1920 年 7 月至湖南清乡司令部任副官、卫队营营附，后因病脱离湘军。

1921 年底，顾祝同到桂林参加孙中山发动的北伐战争，遇保定军校校友蒋介石，得推荐在粤军许崇智部任副官兼军士教导队区队长；旋奉派至赣军总部任联络参谋；年底任东路讨贼军总部副官长。1924 年黄埔军校创办，顾参加军校筹建工作，开学后任教授部战术教官，10 月兼管理部代主任。军校组建教导团,顾兼教导二团第一营营长,参加了平定商团叛乱、刘杨叛乱和两次东征。1925年8月起,他先后担任国民革命军第一军一师二团团附、第三师参谋长、第三师副师长。

北伐战争开始后,何应钦于1926年10月率领东路军谭曙卿第三师、冯轶裴第十四师、张贞独立第四师攻闽。第三师战溪南、破永定、攻松口,连战皆捷,11月次第攻克漳州、泉州、莆田、永泰,12月进驻福州,顾祝同升任第三师师长。接着顾率师溯闽江上行入浙,乘胜前进,于1927年2月18日进占杭州,底定浙江;3月又向江苏进发,25日进驻南京。嗣后顾率师渡江北上,予张宗昌、孙传芳军以重创,因战功升任第二路军第二纵队指挥官。7月末,顾奉命率部回驻上海。不久,孙传芳、张宗昌乘北伐军内部矛盾、蒋介石下野之际反扑南下,袭占龙潭、栖霞,顾祝同第三师从上海西上参加龙潭战役。战后顾升任第九军军长,辖涂思宗第三师、黄国梁第十四师、陈诚第二十一师,各级军官均为出身黄埔军校的教官和学生。1928年春,复职后的蒋介石联合冯玉祥、阎锡山、李宗仁北伐奉系张作霖,顾祝同第九军列入第一军团北上,4月10日攻克台儿庄,19日占邹县,5月1日入济南。日本制造"五三"惨案,顾奉命率部撤出济南,退守徐州东南地区。

北伐战争结束后,蒋介石着手"整军""编遣",顾祝同部被编为第一军第二师,辖三个旅。顾统率部队,唯求上下和睦,作战勇敢,而不注重纪律和管理,对士兵不禁嫖赌,对军官允许"吃空额"肥私囊,对伤残官兵则多发些抚恤金,对退伍老兵尽力安置,还办军人子弟学校等,以此来维系队伍的战斗力。在蒋介石与桂、冯、阎等军事实力派兵戎相见之时,顾部均被蒋倚若干城,在内战的疆场充任主力。顾因战功于1929年10月任第一军军长,翌年10月任统率八个师的第十六路军总指挥,不久又任陆海空军总司令部洛阳行营主任。1931年5月又被蒋介石调回南京任警卫军军长兼第一师师长,以德国武器装备全军,按德国操典进行训练,军、师、团三级均配有德国顾问,是蒋的近卫军。

1931年11月,顾祝同在国民党第四次全国代表大会上当选为中

央执行委员,会后调任江苏省政府主席。顾主管苏政两年,督饬地方清
查户口,并组建保卫委员会,以加强统治。期间发生了民政厅长卖官鬻
缺和县长被非常拘捕等事件,受到舆论强烈抨击。

　　蒋介石"围剿"工农红军连续四次失败后,于1933年9月又调集百
万军队发动第五次"围剿",顾祝同被任命为北路军总司令,指挥陈诚、
薛岳、蒋鼎文等部共三十三个师又三个旅,由北向南实施主攻。他执行
蒋介石"三分军事七分政治"原则和"稳扎稳打、步步为营、筑碉修路"战
术,利用红军在"左"倾盲动错误战略指挥之下的一再失误,指挥所部先
后攻占黎川、广昌、兴国、宁都等地。继后他又奉蒋之命对西进长征的
红军进行"追剿",1934年11月被蒋任命为四川行营主任。1936年6
月,顾任贵州省主席兼全省保安司令。12月西安事变发生,顾被任命
为"讨逆军"副总司令,协同何应钦部署军事,但他支持孔祥熙和宋子
文、宋美龄的和平营救活动。事变和平解决后,顾被蒋任命为军事委员
会委员长西安行营主任。他下力整编东北军和十七路军,将他们调离
陕西;同时在西安代表蒋介石与中共代表周恩来进行了几个月的谈判。

　　抗日战争爆发后,顾祝同任第九集团军总司令;"八一三"淞沪抗战
中,顾任第三战区副司令长官,辅佐司令长官冯玉祥(后蒋介石)指挥上
海会战。由于蒋介石自始至终直接部署各军进行每个战役,顾只是秉
承蒋的旨意,做些具体指挥事宜。11月上海会战结束后,他指挥一部
退守南京,其余往芜湖、宣城方向集结。翌年1月起,顾任第三战区司
令长官,统辖苏、浙、闽和皖南地区的抗战军队,并兼江苏省主席。嗣后
由于汪精卫伪政府在日本帝国主义扶植下活动于南京、上海及苏浙地
区,第三战区的军队长时间处在日伪军包围之下,顾以稳定内部、持久
防御、保存实力为基本方针,与日伪军交战不多;在1942年的衢州会战
中,因没有部署重兵进行有力抵抗而丢失大片国土。但是他执行蒋介
石限共反共的指令十分卖力。1940年10月,蒋介石指令何应钦、白崇
禧限令八路军、新四军各部撤往黄河以北之时,亦密令顾祝同部署兵力
伏击皖南新四军军部。顾即指挥上官云相第三十二集团军周密布防,

埋下伏兵,于 1941 年初对北移的新四军进行围歼。顾还下令将前来谈判的新四军军长叶挺悍然扣押,解往重庆送交蒋介石囚禁。顾是皖南事变的三大祸首之一,受到中国共产党和全国人民的愤怒谴责。只是蒋介石十分夸赞顾的忠顺和得力,于 1945 年 1 月擢升顾为军事委员会委员长赣州行辕主任。除仍兼第三战区司令长官外,并节制第七、第九战区;1946 年 5 月又升为国防部陆军总司令。

在蒋介石发动的全面内战中,顾祝同是蒋的股肱之臣。顾于 1946年 6 月受命兼任郑州绥靖公署主任,直接指挥三十万兵力大举进攻中原解放区。他采用"活动碉堡"、"分区隔离"、"竭泽而渔"、"分进合击"的战术,但未能奏效,受到蒋的责备。在 1947 年 3 月重点进攻山东解放区时,顾受命指挥徐州、郑州两个绥靖公署的四十五万兵员,以"加强纵深,密集靠拢,稳扎稳打,逐步推进"的战法,向沂蒙山区发动进攻。历经泰蒙战役、孟良崮战役和南麻临朐战役,这次重点进攻亦告失败。1948 年秋,顾调任国防部参谋总长,竭力辅佐蒋介石挽回败局。他主张改攻为守,东北、华北稳住战略要点,中原加固江淮防线,并加紧编组若干机动兵团和组建二线兵团,以期夺回战略主动权。但是局势发展迅猛,解放军次第发动三大战略决战,顾无力挽回颓势。他奉蒋介石之命,先去沈阳督战,想调重兵解锦州之围以打通北宁线,但遭到东北诸将领的抵制,悄然离沈回宁;再至徐州坐镇,力求守住淮河一线,确保徐州这扇北大门,以护卫南京、上海,但是解放军的凌厉攻势和围割打援,使得蒋介石的精锐兵团一一被歼。顾祝同的指挥无济于事,只能乘坐飞机到前线上空用无线电传达"总统命令",空喊"坚守"。

三大战役结束后,顾祝同遵照蒋介石的旨意,竭力部署长江防务,企图阻挡解放军渡江南下。然而解放军于 1949 年 4 月 21 日一举渡过长江,23 日解放南京。顾撤往广州,又被委任为陆军总司令,组织粤桂防线。粤桂防线被击碎后,于 12 月 7 日任西南军政长官,未及一月,所指挥之川贵云桂军队大部被歼,乃飞海南岛,再去台北。1950 年初奉蒋介石之命潜至蒙自部署建立滇西"游击基地",又至西康督饬胡宗南最后一战。

此后,顾祝同在台湾被蒋介石任命为"参谋总长"兼代"国防部长",1952年任"总统府战略顾问委员会"副主任委员,1959年任"国防会议"秘书长,1972年任"总统府"战略顾问。1975年蒋介石去世后,顾改任国民党中央评议委员会主席团主席。

1987年1月17日,顾祝同因脑血管病于台北去世。

主要参考资料

顾祝同:《顾祝同回忆录》,台北《中外杂志》1989年第1期。

顾祝同:《顾墨三九十自述》,台北《传记文学》第50卷第2—3期(1987年2月—3月)。

《顾祝同墨三先生大事年表》,台湾《江苏文献》第28—34期。

方暾:《我所知道的顾祝同》,中国人民政治协商会议全国委员会文史资料研究委员会编《文史资料选辑》第50辑,中华书局1964年版。

《皖南事变资料选》编选组编:《皖南事变资料选》,上海人民出版社1983年版。

中国人民政治协商会议全国委员会文史资料研究委员会编《辽沈战役亲历记》编审组:《辽沈战役亲历记:原国民党将领的回忆》,文史资料出版社1985年版。

中国人民政治协商会议全国委员会文史资料研究委员会编《淮海战役亲历记》编审组:《淮海战役亲历记:原国民党将领的回忆》,文史资料出版社1983年版。

解放军国防大学编写组:《中国人民解放军战史简编》,解放军出版社1983年版。

关　麟　徵

沈荆唐

关麟徵,原名志道,字雨东,陕西鄠县(今户县)人,1905 年 4 月 18 日(清光绪三十一年三月十四日)生。其父关树铭,在本村务农。关麟徵幼年在本村启蒙,九岁入邻村苍溪小学,生性顽皮好动,但学习成绩优良。小学毕业后考入陕西省立第三中学,后因家贫而辍学,向往从戎当个连长。

1924 年初,关麟徵闻悉陕籍国民党元老于右任在上海为黄埔军校招募新生,得友人帮助,改名麟徵前往上海投考。后至广州,被录取为军校第一期生,编入步科第三队。关勤勉朴实,训练刻苦,颇得总教官何应钦之青睐。年底毕业后,被编入教导一团,任第二营五连二排少尉排长。1925 年 2 月东征讨伐陈炯明叛军,军校教导团与粤军编为右路。关在攻克淡水之役中作战英勇,不幸膝盖骨关节受伤,被送到广东公立医院治疗,医生要锯掉其左腿,关说以后还要上战场,请求医生不锯。来探望伤员的军校党代表廖仲恺赞其斗志,乃经与医院多方研究,精心治疗,保住了左腿。

关麟徵伤愈出院后,回到黄埔军校,任第四期入伍生团连长、学生队队长等职。他进一步研习步兵操典、射击教范、野外勤务条令及战术、兵器、交通、筑城等教程,提高自己的军事学识水平。他在军校参加了陈诚等人发起的孙文主义学会。

1926 年 7 月国民政府出师北伐,关麟徵调任宪兵团第三营营长,随总司令部开赴北伐前线。11 月到南昌后,升任宪兵团代理团长。不久改任总司令部直属补充第七团团长。1928年5月关任南京警备司令部警卫第二团团长。北伐战争结束后，全国军队实行编遣，关任第十一师三十一旅六十一团团长，不久升任第三十二旅旅长。1929年5月，关至襄樊任新编第五师副师长，年仅二十四岁。

1930年5月，关麟徵率部编入张治中第二教导师任第一团团长，参加中原大战。关指挥所部在豫东高辛集坚守阵地历月余；在杞县以一个团兵力机智作战，掩护全师安全撤退；在商丘柳河防守阵地隐蔽分散在玉米高粱地零星射击，以虚攻实，以少制多，阻滞阎、冯军进攻，均取得战功，升任第二旅旅长。不久，又调任第四师第十一旅旅长，奉命讨伐盘踞南宫的石友三军。关安排队伍在远处宿营以麻痹石军戒备，而以一营兵力在夜间隐蔽在城垣附近，乘虚夺城，大军随即赶至，一举攻占南宫，全歼石军一个旅。1932年春，关奉调参加"围剿"鄂豫皖革命根据地，任第四师独立旅旅长。在霍邱的砖化寺遭红军袭击，伤亡甚重，关虽顽强指挥作战，但难敌红军之进攻，战马也被击毙。是年末，独立旅扩编为第二十五师，辖杜聿明第七十三旅和张耀明第七十五旅，关升任师长。

在日本侵略军侵占热河后继续向长城进犯之时，关麟徵率领第二十五师于1933年3月初开赴古北口作战。他怀着御敌卫国、为国雪耻的激情，不顾何应钦"停止前进就地待命"的命令，率部到达前线接防，亲自率领第一四九团与日军争夺潮河支流对岸的战略高地，英勇杀敌，虽受伤五处浑身是血仍力战不懈。他对5月底签订的"塘沽协定"中规定"中国军队一律迅速撤退至延庆、昌平、高丽营、顺义、通州、香河、宝坻、林亭口、宁河、芦台所连之线以西、以南地区"不满，认为如此不战而撤，必将丧失民心，乃向何应钦恳切陈词，还曾电请蒋介石予以制止。嗣后，关部被调往山西。1936年曾任"剿匪军"第十一纵队司令官，率领第二十五师及王耀武师、李及兰师、沈久成师进入陕甘。

卢沟桥事变后抗日战争全面爆发，关麟徵任第五十二军军长，辖郑洞国第二师和张耀明第二十五师，在平汉路北段抗御日军。9月参加保定战役，多次击退敌军进攻；10月在漳河南岸与日军进行攻防战，不惜重大伤亡,迫使敌军往邯郸、武安一带退却;并夜袭邯郸机场,炸毁汽油库,烧毁敌机十余架。翌年3月,率部参加台儿庄战役,先在向城阻击北来之敌,继即担负攻击任务,在台枣支线及兰陵、洪山一带袭击日军;至决战阶段,对台儿庄日军发起猛烈攻势,与王仲廉第八十五军相继收复台儿庄南面的几个据点,后又从北面包围敌人。4月6日的夜战中,大量歼灭敌人。随后,又指挥所部向枣庄、峄县方向追击日军。台儿庄战役后,关升任第三十二军团军团长。日军第五师团长板垣征四郎说,关麟徵一个军,应视普通支那十个军。蒋介石在珞珈山军官训练团讲话中赞扬第五十二军战斗力强。8月,关麟徵率部开赴湖北参加武汉会战,在瑞昌、阳新的亭子山、磨山、虾蟆洞一带阻击敌军。他部署各部依山地形势构筑工事,组成互为呼应的攻防阵地,日军连续进攻十几天,付出重大伤亡仍不能得手。

抗日战争转入战略相持阶段后,关麟徵升任第十五集团军副总司令、代总司令。在第一次长沙会战中,他指挥张耀明第五十二军、陈沛第三十七军、夏楚中第七十九军和游击纵队,在湘北构筑坚固工事,利用河道、湖沼和山林地势节节抗击来犯之敌,消耗日军有生力量。在日军实力受到很大削弱、辎重行动不便、后勤补给困难之时,关指挥各军分路发动强大攻势,歼灭敌人,全部收复失陷城镇。关因功升任第十五集团军总司令,时年三十四岁,是黄埔军校毕业生中第一个担任集团军总司令的人。1940年,关部调防广西,继而移驻云南,担负滇越路以东之边防任务,所部番号改为第九集团军,关仍任总司令。1944年底,关任第一方面军副司令官,仍守备云南。在国民党第六次全国代表大会上,他当选为中央执行委员。

关麟徵在国民党军事将领中属黄埔系,屡建战功,亦颇得蒋介石之赞誉与器重,但关与陈诚等人交恶,而与何应钦较为亲近,在国民党派系斗争中亦受牵连。在陈诚日益受到蒋介石宠信重用而执掌国民党军事大权之时,关之升迁受到遏制。抗战胜利后,关先被任命为东北九省保安司令长官,但未能就任,于10月改任云南警备总司令。昆明"一二一"惨案后,全国声讨国民党特务暴行,蒋介石为平息民愤,将云南省党部主任李宗黄连同关麟徵"停职议处"。翌年7月,关至成都任陆军军官学校教育长,蒋兼校长,关实际主持校务。1947年10月蒋去兼职,关升任校长。他主持军校,竭力改革教学;排除派系成见,力求人事任用公正合理;惩处贪污行为,实行经济公开;对部属、学员之奖惩则"赏由下起,罚自上先",废除体罚,尊重人格等,颇获好评。

1948年8月,在何应钦被蒋介石重新起用之时,关麟徵被任命为陆军副总司令兼军校校长。其时国民党军在内战中节节败北,关手无兵权,也无意在此战局垂败之时出来效力。蒋介石有意要关出任陆军总司令或京沪杭警备总司令以挽颓局,但是受到其他势力的阻挡而未成;直到何应钦任行政院院长时,关才被正式任命为陆军总司令。但是他指挥不动各成派系的国民党军队,更无力抵御人民解放军的强大攻势。1949年5月30日,何应钦辞职下野,关不久亦毅然辞职,退出军界。他看到国民党统治已难以为继,乃把家人送到香港安置。11月,他在成都搭乘去台湾的飞机途经香港小憩时,借口要探望病中的父亲而不再去台,在香港定居。

关麟徵在香港深居简出,闭门谢客,以读书写字自娱,不参加任何政治性活动,不与国民党军界袍泽联系。1975年4月去台参加蒋介石葬礼,谢绝蒋经国高官厚禄之挽留,仍回香港过隐居生活。

1980年8月1日,关麟徵因心脏病突发去世。

主要参考资料

全国政协陕西户县政协文史资料委员会编:《关麟徵将军》,中国文史出版社1989年版。

何应钦:《日军侵华八年抗战史》,台北黎明文化公司1982年版。

广东革命历史博物馆编:《黄埔军校史料(1924—1927)》,广东人民出版社1982年版。

关　伟　林

汪仁泽

　　关伟林,字崇昌,广东开平人,生于 1872 年 3 月 16 日(清同治十一年二月初八)。家境贫困,十八岁时随叔父去美国谋生。初时在纽约学做裁缝,二十五岁在纽约唐人街开设小饭馆。

　　20 世纪初,美国盛行自来水钢笔,但华侨中常用毛笔书写信件,不少商人、手工业者仍习惯使用毛笔记账,而毛笔在美国不易买到。关伟林偶然同亲友谈起此事,得到启发,设想从国内购得毛笔笔头,装上自来水笔杆,必会受消费者欢迎。为了学到制笔技术,1920 年他毅然将饭馆出盘,经人介绍进美国最大的制造自来水笔的华脱门(Waterman's Fountain Pen Co.)公司,当了三年半的工人①。然后筹集资金,正式在纽约创设生产自来水毛笔的工场,用他的儿子关勒铭的名字,命名为"关勒铭自来水毛笔光滑墨汁股份有限公司",自任总经理兼厂长。除从国内邮购狼毫毛笔笔头,制成自来水毛笔外,还兼售用美国原料配制的专用墨汁。1925 年向美国政府注册,取得专利权。初时生意尚好,但不久因华侨中使用毛笔的人毕竟不多,且买后一时也不易用坏,因此销路逐渐呆滞。在亲友们的劝说和鼓励下,他决心回国设厂。

　　1928 年,年满五十六岁的关伟林,携眷及全套制笔设备、原材料等迁到上海,租得康脑脱路(今康定路)五百八十弄房屋数间,聘请刚从复

---

①　《关勒铭》,上海商报社主编《现代企业家》,1934 年版,第 195 页。

旦大学商科毕业的同乡甘翰辉为助手,雇用职工三十余人,仍用原名,开始生产关勒铭自来水毛笔。但不久从美国带回的墨汁原料用罄,使用中国传统烟灰墨汁后,因胶质太多,笔头容易胶结,出水不畅,影响书写,因此不受国内消费者的欢迎,销售发生困难,资金亏蚀得所余无几。这时市上自来水钢笔销路日畅,只有外国进口货而无国产品。关感到如能改产自来水钢笔,设备现成,可望成功,遂于1929年再度去美国集资,又在沪招股,得资金数万元,商请广东银行总经理梁冠榴任董事长,大安保险公司总经理陈巳生以及甘翰辉等任董事,改产自来水钢笔及少量金笔,笔尖向英国、日本进口,装上笔杆出售,并取得工商部门批准的专利权。

这时,上海各大百货公司和文具商店大都经销美国"华脱门"、"犀飞利"、"派克"、"爱弗释"等名牌高档自来水金笔。关勒铭厂上门推销时,受到冷遇,有的干脆回绝;有的只允寄售代销,卖出付款。而一般的文具店架上则摆满了日商低价劣质的自来水钢笔,每支只售五六角,甚至二三角,关勒铭自来水钢笔成本每支在五角左右,再加上零售店的销售费用(当时关勒铭钢笔的批发价是零售价的七折双九扣,即厂方收入仅是零售价的57%),售价须定在一元以上,因此很难与日货竞争。销路不畅,亏损累累,甚至连职工工资也发不出。后来只能降低售价,在中国国货公司的九九商场里,以一支关勒铭钢笔和一瓶国产墨水作为一组商品,合售九角九分。幸亏在1931年"九一八"事变后,群众爱国热情高涨,一再展开抵制日货、提倡国货运动,关勒铭厂由此受益,终于勉强维持下来。为了降低成本,关勒铭厂向德国购买不锈钢,自制笔尖。点铱工艺,起初请日本技师来厂辟专室秘密加工,后来甘翰辉学到了这项技术,降低了成本;并应用了笔尖镀黄工艺,增加了美观。1936年关伟林派甘翰辉秘密去日本考察制笔技术。甘在日商笔厂车间参加实际操作,又学到了用赛璐珞原料热模压制笔杆的技术,回国后自制笔杆,降低成本。生产价廉物美的50号型自来水钢笔,销路逐渐打开。同时重视广告宣传,报纸杂志登载大幅广告①，戏院剧场、车站码头以及闹市街头树立广告。奖励商店营业员，凡售出钢笔一打，赠毛巾或香皂半打。并在各大城市设立发行所、经销处或办事处，扩大经销。除行销国内各地外，还远及东南亚一带。

关伟林平时生活俭朴，不善对外交际，因此对外业务全由当时任厂长的甘翰辉负责联系。关办厂时用他儿子命名，原想传之后代，为子孙创基立业。但其子勒铭毫无事业心，不善经营，使关十分痛心，后来就把厂里的一切业务都交给甘翰辉经管。

1937年"八一三"淞沪抗战爆发后，虽厂址在租界内未受战火波及，但上海市面萧条，关勒铭厂曾经一度停业。不久战事内移，沪地与内地逐步恢复货运，内地人口众多，工业品匮乏，文教用品大多需向上海采购。尤其是敌后抗日根据地对自来水笔的需要量甚大，全向沪地购办。因此1938年起关勒铭厂开始复工，生产迅速发展。1939年雇用工人数增加到五十多人，月产自来水等约二百罗（每罗十二打，共一百四十四支），其中少数是彩杆金笔。日、美商人曾一再要投资"合作"，都为关伟林拒绝。此时自来水笔笔尖、笔胆等零件进口困难，该厂又自行生产。关勒铭厂产品运销内地时，也标榜"完全国货"、"采用国产原料制造"，以迎合群众爱国心理，争取扩大销路。但实际上笔杆的原料不论是胶木粉还是赛璐珞，仍是向日本进口。为了避免被外人察觉和本厂职工的反对，进料时不敢直接送到厂里，而是经过另设的收货处，进行改装后再送到厂里应用。

1941年12月太平洋战争爆发，日军进占租界后，加紧对上海的控制，上海与内地的交通日趋困难；加上抗战后期，敌伪穷途末路，滥发伪中储券，物价飞涨，工厂售出产品后，补不进原材料，关勒铭厂又陷入困境。1945年关伟林因其子勒铭患病去世，精神上受到很大打击，健康也大受影响。

---

① 《关勒铭》，上海商报社主编《现代企业家》，1934年版，第210页广告。

抗战胜利后不久,关勒铭厂董事陈巳生介绍美德文具公司宁思宏参加投资,同时还吸收一些实业界人士参加。1946年完成增资后改组董事会,梁冠榴仍任董事长,陈巳生、宁思宏、甘翰辉等为董事,并分任经理、厂长等职,负责关勒铭厂的经营管理。并改以生产金笔为主,扩大经营。此时,关伟林因年老多病不大管事,未安排具体职务。次年关回广东原籍休养。

中华人民共和国成立后,关勒铭厂于1950年成为上海最早的公私合营企业之一,关伟林被聘为该厂顾问。

1953年10月28日,关伟林在家乡因病去世。

主要参考资料

宁思宏口述,徐正元整理:《关勒铭金笔厂史料》,中国人民政治协商会议上海市委员会文史资料工作委员会编《文史资料选辑》1980年第6辑(总第34辑),上海人民出版社1981年版。

宁思宏、甘翰辉提供之有关史料。

关中爱:《关于先父关伟林生卒年、月、日期的订正》,1983年12月9日。

光　绪　帝

周衍发

　　光绪皇帝,爱新觉罗·载湉,满族,1871 年 8 月 14 日(清同治十年六月二十八日)出生于北京宣武门内太平湖醇王府。清朝入关后第九代皇帝,年号光绪,庙号德宗。

　　载湉是咸丰帝之弟醇亲王奕譞之子,生母是慈禧太后的胞妹叶赫那拉氏。

　　1875 年 1 月 12 日,同治帝载淳病死,无子,立四岁的载湉承继帝位。同年 2 月 21 日,慈禧太后以光绪帝年幼,再度垂帘听政。

　　1887 年 2 月 7 日,光绪帝成年亲政,"颁诏天下",实仍由慈禧太后"训政"。1889 年 2 月 25 日,光绪帝与慈禧的侄女成婚,皇后的徽号隆裕。同年 3 月 4 日,慈禧太后归政,住颐和园,但仍掌握最高实权,控制光绪皇帝。

　　1894 年甲午中日战争起,光绪帝和其师傅翁同龢等帝党官僚主战,企图通过一战而胜来摆脱慈禧的控制,反对慈禧太后与李鸿章等后党官僚的退让求和主张。甲午战争失败,清政府被迫签订了丧权辱国的《马关条约》。

　　1898 年,中国民族资产阶级上层为了挽救民族危机,发展资本主义,发动了维新变法运动。维新派领导人康有为为求得皇帝的支持,从 1894 年起曾数次上书给光绪皇帝,主张实行君主立宪制、发展资本主义,以挽救民族危机,使国家臻于富强。当康有为给皇帝第三次上书,光绪帝方才看到,认为康的变法主张有利于挽救民族危机,上谕命誉抄分送慈禧、军机处和各省督抚。

光绪帝为了推行变法,还驳斥了后党官僚对康有为发起的保国会和变法的攻击。御史文悌说:"名为保国,势必乱国。"光绪帝驳斥说:"会能保国,岂不大善?"因而革了文悌之职。恭亲王奕䜣在宫廷中声称"祖宗之法不可变",光绪斥称:"今祖宗之地不保,何有于法乎?"光绪帝还通过庆亲王奕劻向太后传话:"太后若仍不给我事权,我愿退让此位,不甘作亡国之君。"①

1898年1月24日,光绪帝命总理衙门呈进康有为所编《日本明治变政考》、《俄大彼得变政记》等书,同时,还花了两个月时间阅读了李提摩太译著的《泰西新史揽要》。同一天,光绪帝还令康有为到总理衙门,由李鸿章、翁同龢、荣禄以及刑部尚书廖寿恒、户部侍郎张荫桓等五大臣询问变法事宜。这次"问话"中,康有为驳斥了荣禄、廖寿恒、李鸿章的诘问和刁难,受到翁同龢的赞赏。光绪下令,对康有为的条陈应随到随送,不得扣压。

1898年上半年,光绪帝与慈禧太后争权斗争日趋激烈。光绪帝决心用不断高涨的维新运动来摆脱自己的傀儡地位,他于1898年6月11日颁布了"明定国是"的诏书,宣布变法。新政从这一天开始到9月21日慈禧发动政变为止,共一百零三天,史称"百日维新"。

1898年6月16日,光绪帝第一次召见了康有为,详细地谈到了变法的步骤和措施。召见后,光绪特许康有为专折奏事,并任命他在总理各国事务衙门章京上行走。

光绪帝根据康有为等人的建议,在"百日维新"期间,先后发布的有关改革的各种诏令计有一百八十条左右②。诏令的主要内容有:

经济方面:设立农工商局,切实开垦荒地,提倡私人办实业,奖励新发明、新创造,设立铁路、矿产总局,修筑铁路,开采矿产,设立全国邮政

---

① 翦伯赞等编:《戊戌变法》(四),上海人民出版社1952年版,第143页。

② 孙孝恩:《光绪评传》,辽宁教育出版社1985年版,第197页。

局,裁撤驿站,改革财政,编制国家预算等。

文教方面:设立译书局,翻译外国新书,允许自由创立报馆、学会;派人出国留学、游历;改革科举制度,废八股,改试策论;设立学校,开办京师大学堂等。

军事方面:整建海、陆军,陆军改练洋操,裁减旧军,以及力行保甲。

政治方面:删改则例,裁汰冗员,取消闲散重叠的机构;准许"旗人"自谋生计。

光绪帝在政治上给予资产阶级一定程度的言论、出版、结社的自由,经济上制定一些有利于民族资本主义发展的政策,在文教方面提倡新学等,都有利民族资本主义的发展和人们思想上的解放。

光绪帝当时没有实权,所颁布的诏令除湖南巡抚陈宝箴能够执行一些外,其他中央到地方都进行阻挠。关于废除八股,后党官僚刚毅就说:"此事重大,行之数百年,不可遽废,请上细思。"光绪帝质问说:"汝欲阻挠我耶?"刚毅提议部议。光绪说:"部臣据旧例以议新政,惟有驳之而已,吾意已决,何议为。"[1]由于光绪帝的决断,1898 年 6 月 23 日,发布了废八股、改革科举制的上谕。当时,顽固派还阻止"制度局"的成立,1898 年 7 月 13 日,在光绪帝震怒之下,曾亲以朱笔书上谕令两衙门再议。变法期间,光绪帝还颁布上谕致各地的督、抚以及各省道、府、州、县官"均得上书言事"。至于士民上书言事,径由本省道、府随时代奏,均不准稍有抑格,如敢抗违,或则经发觉,定将该省地方官严行惩处。

慈禧太后为首的顽固派,从光绪帝推行变法起,就布置力量,准备发动政变,破坏变法。1898 年 6 月 15 日,慈禧迫使光绪帝下令免除了变法的积极支持者、军机大臣翁同龢的一切职务,勒令回籍,借以孤立光绪。同一天,慈禧下令,凡授任新职的二品以上官员,要到皇太后面前谢恩。同时,慈禧还强迫光绪帝任命她的亲信荣禄为直隶总督,不久

---

① 翦伯赞等编:《戊戌变法》(二),第 25 页。

荣禄便统帅了北洋三军(甘军、武毅军、新建陆军),把军权掌握在顽固派手中。

光绪帝对慈禧的阻挠很不满,曾进行反抗。9月4日,光绪帝下令将阻挠礼部主事王照上书的礼部尚书怀塔布、许应骙、侍郎堃岫、徐会沣、溥颋、曾广汉等六人,全部革职;并赞扬王照"不畏强御,勇猛可嘉,著赏给三品顶戴,以四品京堂候补"①。9月5日,光绪帝又特别给谭嗣同、刘光第、杨锐、林旭等四品卿衔在军机处章京上行走,加紧推行变法。紧接着,光绪帝又在7日把阻挠新政的李鸿章等人从总理衙门赶走。

慈禧太后对光绪帝的变法措施更加仇恨,加紧策划政变,不断派人去天津与荣禄密谋。京津一带盛传10月间慈禧偕光绪去天津阅兵时,荣禄将举行兵变,废除光绪帝。

光绪帝和维新派面临危急,光绪帝仍向朝廷诸臣表示:"朕不自惜,死生听天,汝等肯激发天良,顾全祖宗基业,保全新政,朕死无憾。"他在给康有为的密诏中说:"朕惟时局艰难,非变法不能救中国。"②而维新派由于脱离群众,又没有可以依仗的武装力量,只好求助曾经参加过强学会、掌握新建陆军的袁世凯,所以他们向光绪帝推荐了袁世凯。

9月中旬,慈禧太后发动政变之势已如在弦之箭。光绪帝因而非常紧张,于9月14日叫杨锐带出密诏,要康有为等人"妥速密筹,设法相救"③;9月16日,光绪帝召见袁世凯,赏以侍郎衔,专办练兵事宜;9月17日,光绪又叫林旭带出第二道密诏,让康有为赶快逃离北京。维新派看了密诏后,相对痛哭,拿不出有效对策。最后,他们只好去拉拢袁世凯,并幻想得到英、日等列强的支持,以挽救危局。

---

① 《德宗景皇帝实录》卷424,《清实录》第57册,中华书局1987年影印,第17—18页。
② 翦伯赞等编:《戊戌变法》(二),第92页。
③ 翦伯赞等编:《戊戌变法》(二),第92页。

9月18日深夜,谭嗣同单身前往袁世凯的寓所,劝袁世凯拥护光绪帝除掉荣禄。袁世凯当时表示对光绪"忠诚",并说:"诛荣禄如杀一狗耳。"①但又借口时机紧迫,须立即回天津部署。9月20日,光绪接见日本前首相伊藤博文,希望日本能支持变法、指导变法。康有为向英、日等驻华使馆活动,但得到的仅是对光绪帝的"同情"表示而已。

9月20日,光绪再次召见袁世凯,袁世凯再次表达了自己的"忠心"。当晚,袁急忙赶回天津,随后到总督衙门向荣禄告密。荣禄连夜专车进京,往颐和园面禀慈禧。

9月21日凌晨,慈禧携带大批随从,自颐和园赶回皇宫,先将光绪囚禁在中南海的瀛台,重新"垂帘听政",继而屠杀了维新派谭嗣同等六人,康有为、梁启超遭通缉。至此,戊戌变法失败。光绪皇帝成为阶下囚,受到慈禧训斥。但他仍能不改变法初衷说:洋人逼迫太急,欲保存国脉,通融试用西法。

1900年,爆发了以农民为主体的义和团反帝爱国运动。为了镇压中国人民的反帝斗争,八国联军侵略中国,慈禧为了发泄对所传帝国主义要她"归政"光绪的愤恨,以及企图借帝国主义力量屠杀义和团,她于1900年6月21日,正式向列强"宣战"。光绪是反对慈禧对外宣战的。光绪在1900年6月19日慈禧召开的御前会议上侃侃而谈,他不反对一般的对外打仗,而是反对"同时与外国开衅"的战争,理由是"诸国之强,十倍于日本,合而谋我,何以御之","且人心徒空言耳,奈何以民命为儿戏?"②八国联军侵占北京,光绪被慈禧挟持逃往西安,在《辛丑条约》签订后,1902年1月光绪又被慈禧挟带回京。但慈禧对光绪的监视仍严,并命其属下严戒外人"跟皇帝说话"③。

---

①　梁启超:《戊戌政变记》,中华书局1954年版,第108页。
②　翦伯赞等编:《戊戌变法》(一),第339—340页。
③　德龄:《清宫二年记》,《东方杂志》第10卷6号,第6页。

　　处于长期软禁中的光绪帝,于 1908 年 11 月 14 日在中南海瀛台涵元殿因砷中毒饮恨而逝,终年三十七岁①。

---

　　①　据最新研究表明光绪死于砷中毒。详见包振远:《光绪死亡原因探析》,《近代史研究》2008 年第 3 期;钟里满等:《国家清史纂修工程重大学术问题研究专项课题成果:清光绪帝死因研究工作报告》,《清史研究》2008 年第 4 期。这二份成果的关系,参看北京市公安局刑事侦查总队政治处等的说明,《近代史研究》2008 年第 4 期。

桂 永 清

颜　平

桂永清,字率真,江西贵溪河潭镇(今鹰潭市)人,1901年3月7日(清光绪二十七年正月十七日)生。父亲桂京山(字鹄仁)为菜农。育五子,桂永清居长。桂永清少时入贵溪县第二小学,因在课堂打瞌睡被同学戏称"宰予",以"宰予昼寝",孔子语"朽木不可雕也"讥之。桂小学毕业后,到南昌心远中学求读,后转入江西第一师范学校。桂永清从第一师范毕业后,难以觅得生计,乃决心学武从军,南下广州,先在赣军司令部协助处理文书,后为军政部军官入伍生。1924年与本县黄维、何基一同考入黄埔军校为第一期生,编入学生第二队。黄埔军校管理严格,教学、训练均有优秀教官,桂严守校规,勤学苦练,尊敬师长,一改懒散习性,还参加孙文主义学会活动,颇受总教官何应钦之青睐,在编组教导团时被派任代理排长。1925年3月,教导团参加东征,桂被何任为连党代表、代理连长,率队作战颇为英勇。同年8月,编组建立国民革命军第一军,桂任第一师特务连连长。10月第二次东征,桂任特务营营长,率部连战皆捷,率敢死队五十余人攀竹梯攻入惠州城,为此而踌躇满志。因不能严格治军,连排官兵出现违犯军纪掠夺财物的扰民事例,蒋介石接到民众告发后,当即下令将桂撤职。后经何应钦缓颊,改为降级处分。桂悔恨不及,感悟到身先士卒,仗好打;不以身作则,兵难带。从此不敢懈怠。

1926年7月,国民革命军出师北伐,桂永清编入东路军,在何应钦所部恢复营长职。11月东路军进军福建告捷,继续北上进入浙江,对孙传芳军作战奏捷,桂永清升任第五十八团团长。底定浙江后,桂团继续前进,驻高资、龙潭间。1927年8月下旬,孙传芳军反扑,分三路强渡长江南下,抢占龙潭车站。桂团首当其冲,迅即投入战斗,鏖战七个昼夜。后孙传芳军在第一军、第七军的奋战下,终于溃退,南京转危为安,桂永清之战功亦受到表彰。嗣后,桂永清升任第三十一旅旅长,隶属警卫师。

1930年4月,蒋介石与冯玉祥、阎锡山之中原大战爆发,桂永清第三十一旅隶属陈诚第十一师出战。桂竭力推荐邱清泉为副旅长,蒋介石未予批准,而另任李默庵为副旅长。桂不悦,对前来上任的李默庵傲慢冷待,没有放下手中的麻将。李乃向蒋介石控告桂拒不执行校长命令,骄横自大,成天打牌等等,被惹怒的蒋介石当即下令将桂撤职。桂去南京求见老首长何应钦说项,何乃得蒋之允准,派桂去德国留学。1931年春,桂进入德国陆军军官学校。他除努力研学德军的战术和军事训练方法外,还秉承蒋介石旨意,关注德国政局及国社党活动情况,广泛结识德国军界人物,与戈林(Herman Wilhelm Goering)、巴德、海德等高级将领也有交往,了解到不少国社党的内情。从德国归来后,桂向蒋介石汇报了在德的观感,接着参加了蒋介石于1932年3月召开的复兴社成立大会,当选为中央干事。蒋指定桂为复兴社训练处处长,意在推行德国的军事训练方法。桂还在南京创办"青年骑射会",以骑马射击、发给枪支吸引大学生入会,先后办了三期,大多数会员后来都参加了复兴社。

桂永清留学德国之得,很受蒋介石重视。1933年秋,桂被任命为中央军校教导总队总队长。教导总队是陆军的精锐部队,亦是蒋介石的禁卫军。桂以德国军事教育体系为依准,采用德国军队的训练方法严格训练全体官兵,讲授的都是德军的战略战术,自己还常常到操练场施训,做示范动作。他要求下级绝对服从上级,更不允许顶撞上级;规定全队官兵严格做到不抽烟、不赌博、不宿娼、不饮茶(只喝白开水)、不用热水洗脸洗澡,有违犯"五不"之一的就开除出队。他规定各级军官都要参加复兴社，绝对忠于蒋介石；每天都要写日记，逐级检查批阅。他的办公室里，并排悬挂蒋介石和希特勒的照片，平日念念不停地宣讲"蒋校长诏示的'不成功便成仁'乃是吾军人的信条"，编写《领袖歌》、《军人魂》歌颂蒋介石；还说希特勒的法西斯主义使德国得到复兴。桂永清得到德国军事顾问团团长、中央军校总教官佛采尔（C. Georg Wetzell）和继任塞克特（Hans von Seeckt）、法肯豪森（Alexander von Falkenhausen）的支持和配合。教导总队迅速发展为步兵团十二个，骑、炮、工兵、通讯、汽车团各一个，独立营四个，官兵总数达三万七千余人，超过一个军的编制，全部配备德国枪械，具有相当强的作战能力，担负首都南京的卫戍任务。1935 年桂兼任第七十八师师长，并兼首都警备副司令。

　　1937 年 7 月抗日战争全面爆发之时，桂永清正奉命作为特使在英国参加英王加冕大典。9 月回国后，即请缨参加正在激烈展开的淞沪会战，编属张治中第九集团军。桂即率教导总队赶赴上海前线，接替胡宗南第一军的防线，进入苏州河八字桥，阻止日军强渡登陆。面对日军疯狂进攻，教导总队顽强抗御，战斗十分激烈，伤亡逾万，直至日军增援部队在金山卫大举登陆，教导总队始作战略撤退，11 月 12 日至向鹤港，继退至苏州。接着参加南京保卫战，桂指挥所部据守紫金山、天堡城、光华门等阵地御敌，亲至前线督战。南京失守后，桂率部辗转至开封整训补充，于 1938 年 4 月改建为第二十七军，桂任军长，辖龙慕韩第三十六师、李良荣第四十六师、沈克第一〇六师及炮兵第四师，奉命在开封、兰考之间布防阻敌西进。旋即奉命进攻兰封，守城日军土肥原第十四师团顽强固守，桂亲至第一线督战，第二十七军官兵奋勇杀敌，十余天苦战不懈，逾五千抗日将士伤亡，桂仍指挥所部继续攻击不止，日军终于不支，从南门突围向考城逃窜。但蒋介石仍嫌第二十七军攻击兰封不力，桂永清及第四十六师师长李良荣等遭撤职处分，第三十六师师长龙慕韩还被加"放走敌人"之罪名遭枪决。

　　桂永清被撤去第二十七军军长后，奉命调任战时干部训练团教育长。战干团 1938 年成立于武汉,设在武昌珞珈山武汉大学,团长蒋介石自兼,陈诚兼副团长,教育长实主其事。战干团招收一批从沦陷区逃出、志愿参军抗日的青年学生加以训练,然后分派到各军去从事政治宣传工作。随着战局的变化,战干团先迁至湖南沅陵、桃源,后迁至四川綦江。1939 年秋,有数百名受训青年不满国民党限共反共政策和反动统治,呼吁团结抗日,要求民主管理。特务向桂永清密报称有"共党活动",桂即下令清查,于是一批青年被戴上"异党"或"异党嫌疑"的帽子,被关押、刑讯,结果二百余人被杀害,四十余人遭伤残,三百余人被监视,还有几十人不知下落。事情暴露后舆论哗然。蒋介石、陈诚为平息民愤,于 1941 年 1 月停办战干团,桂永清仅受免职处分。

嗣后,桂永清奉派出国,担任驻德国大使馆武官。但仅数月重庆国民政府即因德国于 1941 年 7 月 1 日承认南京汪伪政府而宣布与德国断交,驻德使馆闭馆。1941 年 12 月太平洋战争爆发后,中国与英、美等国结成同盟国协同作战,正式对德宣战。桂永清奉命移驻瑞士,从事对外联络事务。1943 年开罗会议后,为加强国民政府军事上同英、美等盟国的联络,中国政府决定派遣一个军事代表团驻英国伦敦。经何应钦推荐,蒋介石以桂永清为团长于 11 月 30 日赴任。桂在伦敦同英美联合参谋部保持密切联系,经常互通情况。他与英国军方高层人士广泛接触,对英国海军建设和教育训练方面尤有较多了解,因为其时中国政府派遣一批年轻海军军官到英国培训,桂受命对这批青年军官就近加以管理。

1945 年 5 月,同盟国军队攻克柏林,桂永清受命兼任同盟国驻德国联军管制委员会中国代表团团长。不久,第二次世界大战胜利结束,英国政府将几艘超龄的老军舰送给中国,桂永清代表中国政府接受这批赠舰。1946 年 5 月,国民党政府调整中央军事机构,参谋总长陈诚兼任海军总司令,经陈推荐,桂永清为海军副总司令。不久,桂任海军代总司令,以后又于 1948 年 8 月被正式任命为海军总司令。

桂永清执掌海军重职后,力谋扩大和加强海军实力。他选派一批中老年海军军官分赴英、美培训,提高技战术水平;同时他从原教导总队的部属中选调一批人才进入海军服役,担任舰艇的督训官或政训员;并在青岛创办海军学校,自行培训海军人才,以求摆脱闽系等旧有派系之羁绊;撤销海军江阴教导总队,改组为地面警卫总队,加强地面管制;还将海军修械所扩大为修理厂、江南造船厂改为海军造船所等。由于我国海军舰船在抗日战争初期损失殆尽,此时桂永清虽竭力恢复和扩大海军实力,但拥有舰艇只三万多吨位,其中巡洋舰三、驱逐舰五、炮舰十余、登陆艇九十。

蒋介石发动的全面内战节节败北,为维持战局,他频频调动海军协同作战。1948 年 10 月,东北辽沈战役已无可挽回,蒋介石为将残余部队调回关内,乃命桂永清率舰船开赴营口掩护接应。刘玉章第五十二军官兵争先恐后抢登舰船。有些官兵逃到海边时,桂误认为是解放军追来,下令开炮轰击,演出了一幕自相残杀的悲剧。1949 年初淮海战役结束后,按照蒋介石利用长江天堑阻止解放军南下的部署,桂永清奉命调第二舰队和江防舰队共一百三十艘舰艇在湖口至上海的沿江布防。桂还电求英国远东舰队总司令布郎特(Admiral Sir Patrick Brind)"伸出友谊之手"。

国民党统治在大陆濒临崩溃之际,桂永清亦厄运临头。1949 年 2月 25 日,桂永清麾下最大的一艘巡洋舰"重庆号"在舰长邓兆祥率领下于上海吴淞口外宣布"起义",开往解放区烟台,蒋介石责怪桂管束不严,骂他是"败家子",一些"立法委员"和"国大"代表也抨击他"治军无能,贻误军机",应付"军法审判"。桂慌乱之余,乃令空军出动轰炸机多架,于 3 月 19 日将"重庆号"炸沉在葫芦岛附近,才算平息了这场风波。4 月 21 日,解放军飞渡长江之时,桂永清悍然指挥舰艇配合英国侵入我长江内河之"紫石英号"等四舰向解放军开炮,打死打伤解放军官兵二百五十二人。4 月 23 日南京解放之日,第二舰队司令林遵率领二十五艘舰艇起义,镇江方面也有二十七艘舰艇挂起了白旗。桂永清无法阻拦,只能令空军进行狂轰滥炸以泄愤。不久,他以巡视督战之名到了台湾。

　　1952 年 4 月,桂永清被蒋介石特任为"总统府"参谋长;1954 年 6 月升任为参谋总长。同年 8 月 12 日在台北病亡。

主要参考资料

　　吴幼元:《桂永清其人其事》,中国人民政治协商会议江西省委员会文史资料研究委员会编《江西文史资料选辑》第 26 辑,南昌,1987 年。

　　蔡孟坚:《忆桂永清将军》,台北《传记文学》第 19 卷第 6 期。

　　王振中:《从桂永清谈到国民党海军派系》,中国人民政治协商会议江西省委员会文史资料研究委员会编《江西文史资料》第 20 辑,南昌,1986 年。

　　成运:《桂永清永世及少年时代》,政协鹰潭市委员会文史资料研究委员会编《鹰潭文史资料》第 1 辑,鹰潭,1988 年。

　　刘健群:《两个难忘的同志桂永清与郑介民》,台北《传记文学》第 6 卷第 1 期。

　　汪渡:《桂永清的戎马生涯》,中国人民政治协商会议贵溪县委员会文史资料研究委员会编《贵溪县文史资料》第 3 辑,贵溪,1987 年。

郭　乐

江绍贞

郭乐，广东香山（今中山市）人，1874 年（清同治十三年）出生在一个自耕农的家庭，少年时协助父亲务农。1892 年郭乐十八岁时，因家乡遭受水灾，出国到澳洲的悉尼（旧译雪梨）谋生。在那里，他先后做过佣工、小贩和店员。1897 年他与旅居该埠的几个同乡，共同筹集资金一千四百澳元，盘进了一家侨商果栏（店），改名“永安果栏”，郭乐任司理，是为郭氏兴办企业之始。

郭乐为了开拓业务，经常前往盛产香蕉的斐济廉价收购产品。同时他联合另外两家侨商果栏“永生”与“泰生”号，与贩运商订立代销合同，垄断货源。1905 年前后，三家在斐济组织了以永安为主体的“生安泰”公司，在当地自辟蕉园，雇佣廉价的侨工与当地居民生产。最盛时，拥有蕉园十八处，雇工一千余人。此外，郭乐还兼营中国和澳洲间的一些土特产进出口生意，并以永安果栏兼营对华侨的存、汇款。他对来自广东谋生的贫苦农民代领入境证，贷给旅费，抵澳后转往斐济以充当他所属蕉园的佣工来抵偿债务。这样，郭乐便由商业资本家兼为农场主，并从事金融资本的经营。

随着经营的发展，郭乐先后将他四个弟弟：郭泉、郭葵、郭浩、郭顺招来海外相助。1907 年，为寻求更大利润，他将经营重心逐渐移往国内，在香港创设了永安百货公司（并附设银业部），资本港币十六万元，派郭泉任司理。1909年郭乐由澳回港,自任总监督①,增添资本,扩大规模,改组为股份有限公司。次年在中山石岐设永安公司银业部,经营储蓄、侨汇。1914年在广州开设大东酒家,次年又在香港开设永安水火保险公司。此外还兼营房地产,把商业和金融业结合经营,对永安资本的扩大,起了重要作用。

1915年,郭乐又开始筹建上海永安百货公司,有资本港币二百五十万元。香港永安企业和悉尼永安果栏入股六十七万元,其余在华侨中招股。为求得英国的保护,他向香港英当局注册。1918年9月正式开业,以经营"环球百货"为主,兼营旅馆、酒楼、茶室、舞厅、游乐场、银业部等业务,这种集购物、餐饮、娱乐于一体的经营格局,适应了顾客的需要,到1936年盈利共达港币二千三百九十六万元,资本利润率(即纯益占资本额)平均每年达百分之五十点四,十九年的盈利近于原始资本的十倍。

五四运动后,中国纺织业仍有发展的空隙,郭乐兄弟于1920年底发起招股筹办上海永安纱厂,这是郭氏企业由商业推销转向工业生产的开端,得到许多侨胞的支持。原订资本额为三百万元,但招股很快达到六百万元,1922年9月正式投产,拥有纱锭三万余枚,布机五百台。郭乐自任董事长和总监督,郭顺任总经理。永安纱厂开工时,正面临民族棉纺业萧条时期,若干同业在外国资本卷土重来的打击下被迫停工或出让,永安依靠经营高利放款、套汇套息、花纱倒手等活动来弥补亏损。同时它资金较厚,有联号支援,以及设备新、效率高等条件,加强了它的竞争能力,不仅支持了局面,而且于1925年初还用低价购进了设备较好的大中华纱厂,改名为永安二厂。

1929年,世界资本主义经济危机爆发,中国因实行银本位,物价反见上升,棉纺业出现一时表面的繁荣。于是棉纺实业家便认为"否极泰

---

① 总监督是凌驾在总经理之上,直接控制企业,掌握实权的职务。

来",纷纷要求扩张。郭乐也表示对"实业前途应抱有无限希望"①。他雄心勃勃地打算扩充永纱老厂,增设新厂,发展成为一个有百万纱锭,包括纺织、印染和纺织机器制造的综合企业。除在1928年春,他收买鸿裕纱厂改名为永安三厂外,1930年又增建永安四厂,还在上海筹建永安银行。到1931年,永安纺织系统发展到拥有纺织厂四个,合股厂一个(纬通纱厂),共计纱锭二十四万余枚,布机一千五百多台,工业资本总额达三千六百多万元。其规模仅次于申新纺织公司,为当时上海第二大纺织企业。

但是,好景不长,从1931年下半年后,在民族危机和世界经济危机的交互影响下,加以国民政府征收"棉纱统税"的打击,民族棉纺业出现了一蹶不振的局势,"一二八"淞沪抗战时,永安二、四两厂遭受日军炮火的严重破坏,永安企业也就结束了它发展的黄金时代。直到抗战前夕止,只建得一个大华印染厂,其他扩充计划均告流产。1934年,国民政府公布储蓄银行法,不仅使筹设中的上海永安银行无法建立,连原永安百货公司银业部也被迫改为商业部。在业务逐年下降、资金渐形枯竭的情况下,从1933年起郭乐除向外商银行大量借款外,及时改变经销高档洋货的宗旨,作出扩大国货销售比重的经营决策,并与国货厂商订立产销关系。1934年度,国货进货额即占总额的百分之六十点五,1936年达百分之六十五点一。这样虽然使永安百货公司的营业状况大为改观,但却不能从根本上改变民族工商业遭受帝国主义、封建主义双重压迫的困境。1936年,郭乐以非常苛刻的条件为代价,得到宋子文批准,由永安百货公司发行了五百万元公司债。但是这样一来,永安企业不仅依附官僚资本,还被乘机攫取了股额二十余万元。

抗日战争的前一年,郭乐鉴于形势紧张,预将永安二、四两厂向美国慎昌洋行做假抵押,并向美驻上海总领事馆注册,企图一旦战争发

---

① 1929年1月16日郭乐在永安公司第36次董事会议上的发言。引自上海市纺织工业局等编:《永安纺织印染公司》,中华书局1964年版,第122页。

生,可依靠美国的保护。但"八一三"战起,永安一、二、四厂及印染厂均为日军侵占,在租界内的三厂也遭到轰炸。郭乐曾企图假借英、美、意等国的力量来掩护、保全财产,均未达目的,大量物资遭到日寇掠夺。

日军方面曾多次向郭乐提出"合办"永安二、四两厂。郭以两厂与美慎昌洋行有抵押关系加以推托。1937年冬,郭乐又与德商美最时洋行签订了一项转让一厂和大华印染厂的虚假合同,分别由慎昌和美最时出面,向日军部交涉收回一、二、四各厂和印染厂的产权,但日军军部置之不理,依旧作为战利品加以霸占。郭乐在日寇的强力面前,乃于1938年3月将永纱各厂与美慎昌洋行合组大美企业公司,把永纱股票更换为大美股票,假装中美合股的企业,向美国注册,由原慎昌美籍经理吉利兰担任总裁,郭乐任副总裁。同时,并将上海永安百货公司也改向美国注册。然后由吉利兰出面以美商名义向日军部交涉收回产权。但日军军部非但不予接受,而且指名要郭乐出面。郭派代表前往应付,竟遭日军部扣留。他见不能以美国的势力抵制日寇,便避居法租界,并于4月底出走香港。

郭乐出走后,永纱资本家在日军的胁迫下,以大美企业公司的名义与日本裕丰纱厂签订了合办合约。1939年郭乐虽一度返沪,但不久就以参加旧金山金门博览会为名,带了一批货物去美国,从此在美留居。

郭乐去美后,仍保留他国内企业中的职务,他先后在美国纽约和旧金山设立了永安分公司,为上海、香港永安公司负责采购和经销。而上海永安公司自郭乐赴美后,实际上已改由郭顺主持。太平洋战争爆发,日军进占公共租界,永纱各厂连同大美在内,皆作"敌产"遭日军军管。在此情况下,郭顺被迫将一、二、四厂及大华印染厂分别与日本企业组成合营公司。

抗日胜利后,国民政府以永安二、四等厂曾与日本合作为由,将其查封。后经永安负责人向宋子文等人进行疏通,得到发还,随后郭顺也去美国。上海永安公司(包括永纱、永百)又交给郭棣活与郭琳爽主管。1946年,由于美棉压价倾销,永安各厂运用郭乐在美采购的低价美棉获得厚利。但从 1947 年下半年起,随着国民党政府内战政策的加紧推行,民族工业遭受管制和勒索,永安企业不但始终未能恢复到抗战前的水平,而且直线下降转入衰败的境地。上海解放前夕,永纱各厂生产处于全面瘫痪状态,直到解放后才获得改造新生。

郭乐于 1956 年在美国病逝。

郭 琳 爽

徐鼎新

郭琳爽，又名启棠，广东香山（今中山）人，1896年3月8日（清光绪二十二年正月二十五日）生。其二伯父郭乐、父亲郭泉都是澳洲华侨，永安资本集团的主要资本家。郭琳爽在青年时期即受到郭乐、郭泉的培育和影响，有志于商业。

1921年，郭琳爽毕业于广州岭南大学，为当时担任永安各联号企业总监督的郭乐所赏识。不久，即被派往欧美各国考察商情，回国后于1922年正式担任香港永安公司监督，协助其父郭泉（时任香港永安公司司理）管理企业。在1923年到1927年期间，郭琳爽又先后赴英、美、德、日等国采购商品，学习国外商业企业的经营管理，并了解国际市场动向。他在香港永安公司任职七年，积累了不少企业经营管理的经验，显示了一定的组织才能，因而在1929年被郭乐指名调到上海永安公司担任副司理（即副总经理），1933年又擢升为总经理。

上海永安公司是当时全国最大的百货公司，闻名国内外。1931年是它发展的黄金时期，全年利润额高达二百五十万元以上。郭琳爽担任上海永安公司总经理的初期，我国正面临着深重的民族危机，同时，资本主义世界经济危机亦已波及国内，民族工商业普遍陷入不景气状态。永安公司也由盛转衰，开始走下坡路。郭琳爽尽力协助坐镇上海的郭乐，充分发挥永安各联号企业"同号相联"、"同舟共济"的作用，竭力摆脱困境，挣扎图存。他们为永安公司开辟新的货源，打开新的局面，在百货商场内扩大国货的销售比重，以适应日益激烈的抵制日货的社会要求。在1931年前,永安公司经销的商品多半是进口洋货,高档商品占很大比重,国货工业品在商品总额中仅占百分之二,连同土特产品、手工艺品在内,也不过占百分之二十五左右。由于郭乐、郭琳爽等大幅度地扩大国货的销售比重,1934年度国货进货额已占到全年进货总额的百分之六十点五,1935年又进一步增长到百分之六十三点一,1936年高达百分之六十五点一①,使一向洋货充斥、国货工业品几无立足之地的上海永安公司的商品结构大为改观。

郭琳爽曾先后两次在上海永安公司筹设国货商场。第一次在1934年秋季,辟四楼为国货商场,但因规模不大,营业很不理想,因此不到半年便告结束;第二次在1935年至1936年间,当时各界提倡国货的呼声很高,国货公司、国货商场、国货展览会等相继倡办,风靡一时。为了与同业展开竞争,郭乐、郭琳爽准备利用即将落成的永安新厦开设规模宏大的国货商场。在筹备期间,专门在报上刊登"征求国货启事",强调其宗旨在于"扩充国货范围","提高国货地位","鼓励国货事业,并收产销合作之宏效",一时间先后前来应征的厂商累计在一千家以上②。这一国货商场原定于1937年9月1日正式开幕,可是"八一三"战事爆发,使它等不到和消费者见面就被迫流产了。

上海永安公司创办时曾向英国当局注册,无非是为了求得必要时的"保护"。可是在1937年"八一三"事变中,上海永安公司遭到日机轰炸,英国驻沪总领事馆非但不愿出面同日方交涉,反以种种借口撤销了永安公司的"英商"注册。于是郭乐、郭琳爽不得不转而请求美国政府准予注册为"美商"企业,寻求新的保护。但"美商"名义同样不能使永安企业免遭蹂躏。当时,坐落于租界外的永纱二、四两厂的产业,尽管

---

① 上海社会科学院经济研究所:《上海永安公司的产生、发展与改造》,上海人民出版社1981年版,第136页。

② 上海社会科学院经济研究所:《上海永安公司的产生、发展与改造》,第136页。

也曾向美国驻沪总领事馆注册,仍然被日本侵略者当做"胜利品"而占领,甚至连郭乐的人身安全也受到威胁。1939年,郭乐携带几名助手和一批货物去美国,从此留美不返。郭乐走后,上海永安公司名义上由副总监督郭顺主持,但郭顺当时又担任永安纺织印染公司的总经理,他的精力主要贯注在永纱方面,所以上海永安公司的实际掌权者为总经理郭琳爽。

在风起云涌的抗日救亡运动的推动和影响下,郭琳爽也萌发了民族感情,同情和支持上海永安公司职工参加各种抗日救亡活动,同意在商场内播放抗日救亡歌曲,曾拨出两辆运货汽车供战地使用,并捐献现金和实物。但是他对于职工改善生活待遇的合理要求则拒不接受,曾激起1939年底的大罢工①。

1941年12月8日,太平洋战争爆发后,日本侵略军进占上海公共租界,上海永安公司也被日本占领当局视为"敌产",而列为"军管理"的对象。1942年3月25日,日本侵华经济机构"兴亚院"派遣"会计监督官"进驻永安公司,控制了该公司经营管理的一切重要权力。郭顺、郭琳爽为苟安计,于1943年4月撤销原来的"美商"注册,6月改向汪伪政权实业部申请注册。

抗战胜利后,郭顺因在日伪统治时期曾任伪全国商业统制委员会监事等职务,并有参与向日本侵略者献机献铁等行为,被人以"汉奸嫌疑"的罪名告发。于是他以出国治病为名,仓皇离沪赴美。此后,上海永安公司便全由郭琳爽主管。

抗战胜利后初期,上海市面一度出现虚假繁荣景象,使郭琳爽对卷土重来的美国和国民党政府产生幻想。他迫不及待地恢复上海永安公司的"美商"注册,同时又竭力靠近孙科、宋子文等国民党权贵。他急切地希望早日恢复"环球百货"的商业经营,敦促郭乐主持的美国办庄尽

---

① 《中国工运史料》1960年第3期,第11页。

力搜购各种高档美国商品，认为美货"一经到达，利益可获数倍以上"①。1946年度上海永安公司美货的进货额，占从国外进货总额的百分之八十六点六。与此同时，公司股东大会还根据郭琳爽的提议，决定把资本额由原来的法币一亿元增加到法币十亿元②。同时，他又以一百一十二万五千元美金的高价，向哈同洋行买下商场大楼及土地的产权，积极为扩充公司营业做好准备③。

但是事与愿违，抗战胜利后初期的虚假繁荣转瞬即逝，随着美国对华经济侵略加深和国民党官僚资本日甚一日的压迫，郭琳爽复兴企业的美梦也逐渐破灭。1946年11月，国民党政府规定外汇限额和限制货物进口，使上海永安公司直接从国外进货的渠道几乎全被堵塞，1947年内向国民党政府"申请进口合适销售之货物几等于零"④。郭琳爽望洋兴叹，对国民党政府的外汇政策深为不满。

在美货倾销、民族工商企业处于破产或半破产的境况下，上海百货业职工联合一部分民族资本家，于1947年2月发起"爱用国货、抵制美货"的群众运动，获得了上海各界人士的同情和支持。郭琳爽当时的心情是矛盾的，"爱用国货"对公司营业有利，他很赞成；"抵制美货"又同他渴求经销美货、牟取高利的方针有抵触，所以态度暧昧。当这一正义斗争遭到国民党特务的残酷镇压，永安职工梁仁达被害惨死，大批职工被殴致伤，酿成"二九"惨案后，群情共愤，上海各界人士纷纷集会或游行，表示声援。郭琳爽慑于国民党政府的压力，不敢公开表态支持，但对职工们在永安公司内设立烈士灵堂，举行各种悼念活动，则始终未加

---

① 上海永安公司存档：1946年2月9日郭琳爽致郭乐函。

② 上海社会科学院经济研究所：《上海永安公司的产生、发展与改造》，第204、207页。

③ 上海永安公司商场大楼，是在1916年间向哈同洋行租地建造的，租期为三十年，到1946年3月期满。按合约规定，期满后地面上的商场大楼须一起交还哈同。为扩展营业需要，郭琳爽决定向哈同洋行高价买了这块地产和商场大楼的产权。

④ 上海永安公司存档：《上海美商永安公司股东临时会决议案》。

干涉。

1948 年 8 月 19 日,国民党政府悍然发布"财政经济紧急处分令",发行"金圆券",强迫收兑黄金、银元、美钞,强行限制物价,冻结工资,进一步对蒋管区人民进行敲骨吸髓的掠夺。强制限价引起消费者的抢购,永安公司"每日人山人海,半日之间货已购空"[1]。国民党政府持续七十四天的限价政策,使历来备货充盈的上海永安公司被摧残得库存空虚,元气大伤。据郭琳爽估计:经过这场"限价",永安公司流动资金损失达百分之八十,相当于四万两黄金的总值[2]。郭琳爽一向自诩经营有方,但面对这副衰败景象,也发出"未来局面不堪设想"的哀叹。同 1931 年相比,1948 年的进货额下降了百分之八十六点一,销货额下降了百分之七十九点六;这一年的流动资金只及 1931 年的百分之十一点一,利润总额相当于 1931 年的百分之六点六,成为一具徒有固定资产支撑的空架子了[3]。

当国民党的统治行将覆灭之际,侨居在美国的郭乐和主持香港永安公司的郭泉,曾先后七次写信催促郭琳爽及早离沪赴港。中国共产党的地下组织获悉这一情况后,通过各种途径向郭琳爽反复宣传中共的方针政策,争取他留沪维持企业。郭琳爽同当时主持永安纺织印染公司的郭棣活反复磋商,决定留在上海。他们两人于 1949 年 5 月 12 日联名复信给郭乐,陈述留去的得失,认为维持企业是本身职责所在,而如果他们贸然离沪赴港,"则经理部诸君亦当随之俱行,而经理以下者,不独无所秉承,抑亦无法负责,是未见其利,已先见其害";表示要"为股东权益"和"事业之前途","痛下决心,留此尽力维护",从而选择

---

①　上海永安公司存档:1948 年 10 月 28 日郭琳爽致郭泉函。

②　郭琳爽:《歌颂十年》,《新闻日报》1959 年 9 月 29 日;郭琳爽在上海市第一届人民代表大会第三次会上的发言,《解放日报》1955 年 12 月 27 日。

③　上海社会科学院经济研究所:《上海永安公司的产生、发展与改造》,第 221—223 页。所列 1948 年同 1931 年比较的数字,是统一按 1931 年币值,剔除价物上涨因素以后的实际进货销货额、流动资金总额、利润总额互相比较而计算出来的。

了正确的道路,同广大永安职工一起,保卫企业,迎接解放。

　　解放后,郭琳爽切身体会到中共和人民政府对民族工商业的扶持和帮助,认识逐步提高。在上海永安公司实行公私合营后,郭琳爽继续担任总经理,在改善企业的经营管理方面发挥了积极的作用。从1954年起,郭琳爽先后当选为上海市人民代表、上海市政协第三届委员、常务委员、全国政协第三届委员、全国工商联执行委员、上海市工商联副主任委员。"文革"期间,郭琳爽受到冲击。1974年10月27日在上海去世。1978年11月28日,中共上海市委统战部正式宣布为郭琳爽平反昭雪,恢复名誉①。

---

　　①　《解放日报》1978年12月2日。

郭 松 龄

任　松　武育文

郭松龄,字茂宸,祖籍山西汾阳,1883 年(清光绪九年)生于盛京(今沈阳市)东郊渔樵寨村。其父郭复兴,县学廪生,曾在乡村设塾馆授徒。郭松龄幼年随父读书,后因家贫辍学,为人帮工或在家自耕。郭天资聪明,虽昼耕陇亩,仍不忘读书。十五岁时,家境稍有改善,始受业于同乡朱举人。

日俄战争爆发后,郭松龄目睹日、俄在东北的野蛮侵略暴行,萌发了"驱敌寇、复国土"的思想①,毅然选择了军事救国道路。1905 年秋,郭松龄考入奉天陆军小学堂,次年以优异成绩被荐入陆军速成学堂。1907 年以优等第一毕业,由学堂选送北洋陆军第三镇见习。期满后调回奉天,升充盛京将军衙门卫队哨长。郭带兵有方,勤于职守,受到巡防营统制朱庆澜的赏识,擢升卫队哨官,倚为亲兵。

1909 年,郭松龄随同朱庆澜调往四川成都驻防,不久升任卫队管带。郭在新军中经方声涛、叶荃介绍,加入同盟会。辛亥革命爆发后,11 月 27 日川督赵尔丰被迫在成都宣告自治,随即组成军政府,推蒲殿俊为都督,新军第十七镇统制朱庆澜被选为四川军政府副都督。不久,川军将领鼓动地方军队发动兵变,朱与客籍将领被迫撤离四川。郭遂辞职潜回奉天,在韩淑秀家中设立机关,密谋武装起义。张作霖奉总督

---

①　李坚白:《郭松龄反奉起因》,中国人民政治协商会议沈阳市委员会文史资料研究委员会编《沈阳文史资料》第 3 辑,1982 年版,第 110 页。

赵尔巽之命在省城大肆捕杀革命党人,郭松龄因剪发易服,身畔挟有民军护照,被巡防队逮捕入狱,后经武备学堂同学高纪毅和韩淑秀等人多方营救,才幸免一死。"旋以民国建立,始得获释。"①

郭松龄经过几次挫折,逐渐认识到欲革命须有武力,欲统军须有学识的道理,于1912年考入北京将校研究所,以成绩优异拔充区队长。结业后调回奉天,任都督府少校参谋。1913年秋,考入北京中国陆军大学深造班第三期。郭除学习军事课程外,还广泛涉猎新书刊,"对世界大局,社会潮流,鲜不洞明而详识焉"②。1916年末,郭陆大毕业,调任北京讲武堂教官。1917年7月,孙中山反对北洋政府拒绝恢复约法和国会,南下广州护法,郭受感召,只身南下投奔护法军政府,通过老上级广东省长朱庆澜的介绍,任粤赣湘边防督办公署参谋、广东省警卫军营长,后转任韶关讲武堂中校教官。郭松龄对桂系军阀跋扈行为深为忧虑,亲赴广州拜谒孙中山,向孙献策说:"军人每为军阀利用,造成特殊势力,实为共和之障,故其自身亦须革命。"③中山深韪其言。1918年5月,桂系军阀伙同政学系分子改组军政府,孙中山被迫辞去大元帅职务去沪,郭松龄失去依靠,乃于同年秋重返奉天,矢志开创新局面。

郭抵奉天后,经督军署参谋长秦华(郭陆大同学)的推荐,充任奉天督军署中校参谋。1919年2月,张作霖因增编陆军混成旅急需军事干部,遂重建东三省陆军讲武堂,聘任郭为战术教官。其时,恰逢张学良在讲武堂炮兵科学习。张对郭讲授的战术学深感兴趣,并见郭工作认真,学识丰富,为人正派,因而崇拜有加,遂有罗为己用之意。1920年春,张学良从讲武堂毕业,接任巡阅使署卫队旅旅长,向乃父推荐郭松

① 赵承绪:《郭松龄事略》,全国文史资料工作委员会征集稿存稿,第2页;另参见李坚白:《郭松龄反奉起因》,中国人民政治协商会议沈阳市委员会文史资料研究委员会编《沈阳文史资料》第3辑。

② 李泰棻:《国民军史稿》,《近代中国史料丛刊》第66辑,台北文海出版社1971年版,第269页。

③ 郭任生:《郭松龄传略》,自刊稿,第3页。

龄任该旅参谋长兼第二团团长①。

郭任卫队旅参谋长后,专心军队的训练、教育和纪律的整顿,不足一年,卫队旅面貌大为改观,成为奉军一支劲旅。1920 年 7 月,直皖战争爆发,张作霖乘机染指中原率兵入关,郭松龄充先锋司令,在天津小站以一团击溃皖军两旅。战后,郭随张学良赴佳木斯一带清除匪患,迅速安定了地方。因此,郭松龄在奉军中声名鹊起,不但为张学良所倚重,而且取得张作霖的信任。1921 年 5 月,张作霖兼蒙疆经略使,节制热河、察哈尔、绥远三特区,乘机将奉天陆军扩编为十个混成旅,改任张学良为第三旅旅长,擢升郭松龄为第八旅旅长,两旅组成联合司令部,合称三·八旅。因张学良常在总司令部参赞帷幄,部队行政、训练均由郭负实际责任。郭松龄意欲建成一支保国为民的优良军队,获得张学良的支持,对部队实行了一系列改革:如定期轮训军事骨干,出缺择优升补;实行精兵主义,整饬军队纪律;革除旧军陋习,实行军需独立;注意对官兵的爱国思想教育等,从而大大提高了所部奉军素质。当时所谓东三省新军,盖指郭松龄所训练的军队。

1922 年 4 月,第一次直奉之战,由于奉军素质太差,将领指挥无能,交战未及一周,奉军全线大败。惟有郭松龄指挥的三·八旅完整撤退,在临榆、抚宁一线与直军数倍追兵抗衡;粉碎了吴佩孚突破山海关、直捣关东的计划,最后达成奉直和议,为张作霖立下了"战功"。

张作霖败退出关,随即宣布东三省"独立",与北京政府断绝关系;并在日本的支持和援助下,大事整军战备,准备夺回失掉的权力和地盘。同年 7 月,张作霖设立东三省陆军整理处,任命孙烈臣为总监,姜登选、韩麟春为副总监,张学良为参谋长,实际由郭松龄代理负责整训部队。

---

① 鲁穆庭:《郭松龄反奉的片断回忆》,中国人民政治协商会议辽宁省暨沈阳市委员会文史资料研究委员会编《文史资料选辑》第 1 辑,辽宁人民出版社 1962 年版,第 15 页。

　　郭松龄几次参加军阀混战，目睹兵连祸结，经济残破，民不聊生，特别是强邻日本乘机侵逼，痛切感到"内战不可以延长，战祸不可以久结"，郭松龄代表所部将领向张作霖上书，强烈要求"罢兵息争，保境安民，闭关图治，改良内政，移兵开垦，巩固国防"；并且提出"实行民治，优待劳工，普及教育，整顿金融，开发矿藏，便利交通"等改革方案①。随后，郭又通过张学良向张作霖提出请求赴洮南屯垦，寓兵于农，均未获张作霖的允准。郭因"屡谏不从"，遂产生打倒张作霖的决心。1924年9月，皖系浙江督军卢永祥对抗直系的武力兼并，发生了江浙战争。张作霖抓到了向关内出兵的借口，立即向曹锟、吴佩孚宣战。9月15日，张作霖在奉天组织镇威军总司令部，自任总司令，以杨宇霆任总参谋长，将东三省陆军编成六个军，以四个军约十五万兵力向山海关与热河方面进发。杨宇霆久怀总揽奉军兵权的野心，以郭松龄为最大障碍，"纠结小集团密谋排斥、打击、削弱郭的力量"②。在整编军队时，限制张、郭二、六旅（即原三、八旅）的经费预算和军械弹药供应。在此次军队编组时，以姜登选、韩麟春所统第一军，与张、郭第三军组成联合军，抽调二、六旅一部归姜、韩指挥，以削弱郭的实力。同时又命令郭担当山海关主战场，与扼守坚固阵地的直军主力对垒，使之陷入攻守两难的境地。对此，郭松龄以"军阀不倒，内战不止"，与所部将领再议败吴倒张之策，并派乃弟郭大鸣及顾问李坚白入京，与冯玉祥接洽合作。此时，冯玉祥回师北京发动政变，直系全线崩溃。张势坐大，而郭倒张之计遂不果行。

　　张作霖打败曹、吴后，背弃了与冯玉祥约定"奉军不入关"的诺言，将大批奉军开进关内。以张学良、郭松龄为京榆驻军司令，威逼冯玉祥的国民军，以李景林、张宗昌占领直、鲁要地，扼控津浦路北段，待机进

---

　　①　《郭松龄敬告东北耆宿电》，《盛京时报》1925年12月8日。
　　②　李坚白：《郭松龄反奉起因》，中国人民政治协商会议沈阳市委员会文史资料研究委员会编《沈阳文史资料》第3辑，第112页。

犯江南。1925年3月,张作霖因扩张需要,将奉军扩编为二十个师,冠以"东北陆军"番号。5月,张作霖部署就绪,派遣两师一旅奉军开进苏、皖,占领了上海、南京、蚌埠等地,并且准备进取东南各省,以混一宇内。8月末,张作霖依照杨宇霆的要求,任命杨为江苏督办,姜登选为安徽督办。

奉军大肆扩张,引起江南各省直系旧部的严重不安,为了抵制奉系武力兼并,东南、华中各省建立了联合反奉同盟。浙江督办孙传芳利用江南人民的反奉情绪,打着浙、苏、皖、赣、闽五省联军的旗号,于10月25日向驻上海、南京的奉军突然发起进攻。杨宇霆仓皇弃师逃回奉天,姜登选被迫撤离蚌埠,撤退不及的奉军被联军缴械,苏、皖两省地盘相继丢失。张作霖不甘失败,执意要夺回江南失地,任命杨宇霆为总参谋长,将奉军编为六个方面军,以张宗昌第二方面军和姜登选第四方面军反攻江南,以张学良第三方面军和李景林第一方面军进攻冯玉祥。

郭松龄一贯反对张、杨的武力扩张政策,曾向总司令部强烈提出"退兵出关、保境安民",并且"坚辞不就"安徽督办①。张作霖被武力统一迷住心窍,拒不采纳郭的建议,并对郭产生疑忌。10月上旬,郭借赴日本参观军事演习暂时避居日本,以抵制国内战争。郭在日本获知奉军江浙战败消息和张作霖派特使与日本订立密约等内情,十分愤慨,遂将张作霖乞求日本出兵、酿乱祸国行为,全部告知同行赴日的国民军首席代表韩复榘,表示愿与冯合作倒张之意②。10月24日,郭松龄从日本返回奉天,接受张学良的委托径去天津组织第三方面军司令部。第三方面军由三个军(辖六个整编师)所组成,总兵员约七万余人,为奉军精锐部队。张学良任军团长,于珍任副军团长兼第八军军长,韩麟春任第九军军长,郭松龄任第十军军长。由于郭松龄及部将的坚决抵制,杨

①　池井优编:《船津辰一郎前奉天总领事出差满洲、中国于现地致出渊外务次官的报告书简》,庆应大学《法学研究》第36—37期,第83页。

②　冯玉祥:《我的生活》下册,黑龙江人民出版社1981年版,第434页。

宇霆的亲信于、韩二人均未敢到任。郭利用临时指挥之权,彻底改组了部队结构,以为应变准备。11 月 13 日,张学良抵天津与国民军谈判和平,同时向郭松龄、李景林传达张作霖进攻国民军的密令。郭并代表李景林陈述了"不可再战之理由,主张撤兵出关,保境安民"①。张学良赞同郭的和平主张,允回奉劝乃父"罢兵言和",但张作霖执意不纳,严令郭、李调兵备战。郭知战事不可避免,遂称病入天津意大利医院,暗中进行反奉部署。

11 月 17 日,河南国民军第二军因接防直隶保大地区,与奉军发生武装冲突。张作霖闻讯大怒,急电李景林即日夺回保大逐去豫军以自赎;"令郭调所部集中滦州,回奉听候面令"②。郭知回奉必定问罪,以患重病为遁词,拒不奉命。张学良劝郭回奉直接陈述意见,他愿保护郭的安全。郭遂乘机讲述了张作霖、杨宇霆的种种酿乱祸国行为,建议"由张学良接任镇威军总司令,改造东北政局。他愿竭诚予以拥护"③。张学良也很不满乃父和杨宇霆一帮人的所作所为,赞成郭的和平主张和改革方略;但不同意郭的做法,临行时"嘱勿轻动"。

郭松龄见机密已经泄露,于 11 月 19 日在天津国民饭店召开将领会议,"密议进行方略",一致认为时机紧迫,刻不容缓,决定提前发难,"反奉之举乃定"④。同日,郭派乃弟郭大鸣及顾问李坚白持其草拟的联合反张密约,赴包头与冯玉祥商洽合作。

11 月 20 日,郭松龄采取军事行动,仍以张学良军团长名义,下令部队东撤。22 日司令部专用列车抵达滦州,召开团长以上军官会议。郭偕夫人韩淑秀出席,发表即席讲话,列数张、杨勾结日本、酿乱祸国害民之罪。宣布班师回奉,主张移兵开垦,不参加内战;要求张作霖下野,

① 《奉天突内变之京讯》,《京报》1925 年 12 月 2 日。
② 《时局突变之索隐》,《北京日报》1925 年 11 月 26 日。
③ 陶菊隐:《北洋军阀统治时期史话》第 7 册,三联书店 1978 年重印本,第 213 页。
④ 《时局突变之索隐》,《北京日报》1925 年 11 月 26 日。

惩办杨宇霆;拥护张学良为司令,改革省政。在反奉宣言、通电中阐述了内政、外交方针。郭松龄意欲建立民主政治,促进内政改革,发展国民经济,实现民富国强,以达到排除日本侵略势力、维护国家统一的目的。当夜,郭将所部改称东北国民军,官兵臂部一律佩带书写"不扰民、真爱民、誓死救国"的绿布徽章。七万军队分编为五个军,以步兵旅长刘振东、刘伟、范浦江、霁云、魏益三率一旅乘火车潜行出关,以炮兵旅长邹作华任参谋长,郭任总司令,出关前仍以张学良名义发号施令。23 日,郭松龄派魏益三率一旅乘火车潜行出关,准备一举袭取奉天。及至魏旅开抵山海关后,遭到张作相第五方面军阻击,偷袭计划失败。25 日,郭遂下令主力部队全部出动,分途向山海关方向进发。

　　郭松龄起兵,张作霖事前一无所知,不免惊慌失措。首先派张学良与郭疏通,以谋取和平。又使被指为奸贼的杨宇霆引咎辞职退隐大连,以去郭举兵的口实。26 日,张学良搭乘军舰抵达秦皇岛,邀郭面谈,郭未与会见,写两封信作答。郭在信中首先陈述举兵理由,并表示"拥戴张学良为首领,改良东北政治",劝诫张"应忠于国家人民",共同举事①。张学良复信予以拒绝。与张学良一同到达秦皇岛的日本关东军浦澄江参谋带来了白川司令官对郭的警告,要求郭"立即停止军事行动"。郭不为所动,"要求日本严守中立,不要支持任何一方"②。11 月28 日,郭军攻占山海关,依次夺取绥中、兴城。张作相军退据连山(今锦西)。

　　日本政府特别是军事部门,很不满意张作霖,原有换马之意,起初取静观态度,但见郭松龄反奉反日意志坚定,背后且有"赤化党"与苏联的支持,遂决定实行"援张排郭"方针。由关东军出面与张作霖代表杨宇霆商妥:日本出兵四万助张,张作霖则承认"二十一条"③。随后,日

①　《郭松龄在昌黎致张学良书》,《北京日报》1925 年 12 月 1 日。
②　关东军参谋部:《郭松龄与浦参谋会谈要旨》,M. T,627,第 14 页。
③　《民国日报》1925 年 12 月 20 日。

本政府声明"派兵保护日侨"，关东军奉命向南满铁路及奉天增派驻军、护路队，阻止郭军袭取奉天①。张作霖获得日本的有力保证，遂于11月30日发布"讨伐令"，命张作相、张学良在连山备战筑垒，企图在此一役击败郭军。

郭松龄对日本干涉行为极为愤慨，连续发表声明并提出抗议。声明"不承认张作霖与日本所订立之新约"，"要求日本严守中立，不得供给金钱、军械及一切便利军事之行动"。并且声言："此次敝军旋省，如有抗拒义师者，势不得不加以讨伐。"②此刻，李景林已被张作霖收买，向冯玉祥宣战，并威胁郭军后路，使郭军陷入两面作战的不利地位。郭为防李军偷袭，命第五军扼守山海关；同时决定采取速决战，突破奉军辽西防线，然后直指奉天。12月4日夜，郭松龄利用大风雪作掩护，趁守军不备下达总攻击令，于5日晨夺取连山，7日攻占锦州。

张作霖惊闻连山败讯后，预备下野逃亡。日本政府认为"东三省一旦落入赤化党郭松龄之手，日本在满洲的特殊权利将有全部丧失之虞"③。决定对郭松龄实行武力干涉，把张作霖从危境中解救出来。12月8日，日本政府命关东军司令官向郭军发出"警告"，不准郭军通过南满铁道或在附属地二十华里以内作战④。关东军进驻奉天省城，接替奉军固守城防。随后，日本陆军省又从国内及朝鲜调遣两个师团兵力进入奉天。日本政府还向张作霖提供了一千万元贷款和大批军械弹药。张作霖获得日本的全力援助，改变了下野逃亡的念头，决定进行最后抵抗，调集三省六七万军队，在辽河东岸建立防线。

郭松龄决心把战争进行到底，因大凌河铁桥被奉军炸毁，不能通行火车，不得不改变战略，以主力军徒步向奉天进发，另派一旅袭取营口，

---

① 日本政府声明：《准备派兵护侨》，《满洲报》1925年11月30日。
② 《郭松龄对日使芳泽之宣言》，《京时报》1925年12月2日。
③ 臼井胜美：《日本与中国——大正时代》，东京原书房1972年版，第259页。
④ 东亚同文会编，胡锡年译：《对华回忆录》，商务印书馆1959年版，第390页。

抄东路侧击奉天。结果营口一路被日本守备队所阻，不得前进。延误
了攻奉时间。郭军主力长途跋涉，又加天气严寒，冷冻患病的日渐增
多，但广大官兵斗志依然很顽强，以凌厉攻势冲破奉军几道防线。12
月18日占领白旗堡，19日占领柳河沟，20日攻占辽河西岸战略要地新
民。奉军全部被迫退回辽河东岸据守。郭松龄意欲速战取胜，急躁冒
进，不待主力集中，于22日发动总攻击。初战时，刘伟第二军、霁云第
四军攻击最猛烈。第四军进至奉军前线指挥部兴隆店，距奉天仅六十
里，终以刘文清旅弹药耗尽，转胜为败。继之，吴俊陞率黑龙江骑兵夜
袭白旗堡，扰乱了郭军后方，致使全线震动。郭军参谋长邹作华暗中通
奉，秘密下令炮兵停止攻击，并断绝供应前线弹药，郭军完全陷入被动
挨打的境地。郭松龄不知内部变化，23日夜亲临阵地组织反击，终因
弹尽而未成功。郭见大势已去，委托霁云收容余部向锦州撤退。24日
晨，郭自率卫队二百余人及夫人韩淑秀等人乘大车出走，拟退至榆关，
徐图再举。行抵新民县西南苏家窝棚地方，被黑龙江王永清骑兵团追
上。郭氏夫妇藏于农家菜窖中，后被追兵搜出，解往辽中县老达房吴俊
陞司令部看押。25日，张作霖、杨宇霆下令将郭氏夫妇就地枪杀①。

---

① 辽宁档案馆藏：《张作霖处决郭松龄夫妇电》(1925年12月25日)。

郭　泰　祺

邵桂花

　　郭泰祺,字保元,号复初,1888 年 12 月 4 日(清光绪十四年十一月初二)①生于今湖北省广济县郭家冲垸,家有自耕薄田少许。父郭锡谷系清同治末年秀才,在本乡设馆教学,家道寒微。郭泰祺之弟郭泰祯民国时期亦跻身政界。

　　郭泰祺自幼随父攻读“四书”、“五经”,兼放牧等农事劳动。稍长,与刘文岛在武穴东岳庙从小颠和尚读书。1902 年,考入张之洞创办的新式学堂——武昌湖北省五路高等小学堂,与李四光同学。郭学习勤奋,成绩优异,得张之洞赏识。一次,张问:“出洋留学敢不敢?”郭回答:“只要有梯,天都敢上!”②张之洞赞叹郭有气魄、有胆识,故于 1904 年选送他赴美留学,除全部公费外,还按月发给他二十五两白银,作为家庭补贴。

　　郭泰祺到美国,先入马萨诸塞州伊斯坦普中学、威里斯顿神学校,后于 1908 年进宾夕法尼亚大学,专攻政治学。1911 年 3 月,获得美国优秀大学生的荣誉称号。同年 6 月,获得奖学金,进研究生院攻读社会学。他在费城学习期间,参加了文艺爱好会和宇宙俱乐部等团体,曾担任《费城新闻》记者,后又任《宾夕法尼亚学生报》编辑、记者。

---

　　①　据湖北省广济县地方志办公室编《郭泰祺小传》(未刊稿),而刘绍唐主编的《民国人物小传》说郭泰祺的生年是 1890 年。
　　②　湖北省广济县地方志办公室编:《郭泰祺小传》(未刊稿)。

郭泰祺在美国获悉辛亥革命胜利消息后，即于1912年3月回国，经同乡并有戚谊关系时任湖北军政府秘书长饶汉祥的介绍，担任湖北军政府的外交股长，是为郭步入外交界的开始。同年8月，国民党成立，他加入该党。1913年12月，黎元洪入京就任副总统，郭随黎同往任英文秘书。

1915年下半年，袁世凯阴谋称帝，12月封黎元洪为武义亲王，郭泰祺极力劝阻黎接受封赏。1916年6月，袁在全国人民唾骂声中病亡，黎继任总统，郭充任总统府高等顾问兼外交部参事。1917年7月，张勋演出复辟丑剧，黎元洪被逐，郭离京返鄂，曾在武昌创办湖北方言学校（外语学校）出任校长，后又任武昌国立外语学校校长、武昌商科大学校长，"惟办理教育非其素志"①。

1918年初，郭泰祺南下广州，与留学美国的孔祥熙、宋子文交往密切。复经饶汉祥介绍拜见孙中山，被派为护法军政府参事及外交次长。是年夏，郭与陈友仁、王正廷被派赴美，争取美国政府对广州护法军政府的支持，但未获成功。1919年1月，巴黎和会召开，护法军政府力争派代表参加会议。郭与陈友仁以护法军政府代表名义前往巴黎。途经美国在华盛顿滞留多日，进行反对北洋政府的活动，故晚于另一护法军政府代表王正廷抵达巴黎，结果王被列为出席和会正式代表，郭、陈则对中国代表团予以监视②。和会在英、美等帝国主义操纵下，竟将德国在山东侵占的特权交给日本继承，郭极力阻止代表团在和约上签字。

1920年11月25日，孙中山偕伍廷芳、唐绍仪由上海至广州，再次揭起护法大旗，重整军政府，郭泰祺任军政府参事兼宣传局局长。1921年5月，孙中山就任非常大总统，郭任总统府参事。1922年4月，伍廷芳继任广东省省长，郭泰祺任省政务厅厅长。6月，陈炯明背叛孙中

①　湖北省广济县地方志办公室编：《郭泰祺小传》（未刊稿）。
②　顾维钧著，中国社会科学院近代史研究所译：《顾维钧回忆录》第1分册，中华书局1983年版，第179页。

山,炮轰总统府,郭逃离广州,赴京途经上海,谒见孙中山与之谈话。抵京后,将谈话内容向某议员转达,并在 9 月 28 日北京出版的《益世报》上披露。1923 年,郭复返回广州,在伍朝枢手下任外交部次长,是年 6 月,黎元洪再次被迫辞去总统职,在广州和上海的国会议员邀黎南下,孙中山派汪精卫到上海迎黎,郭亦随汪同行。

1924 年,国立武昌商科大学学生闹学潮,驱逐校长屈佩兰,学生代表请愿,要求教育部派一名威望较高的湖北人任校长,郭泰祺被选中。郭到任后,聘北京大学教授王世杰为教务长,胡伟为斋务长,又请北大教授胡适、周鲠生、马寅初来校讲学,赢得学生的拥护。当时湖北督军兼省长萧耀南与孙中山有联系,极力拉拢郭,对学校所需经费力予支持。1926 年,北伐军进抵武汉,该校并入武昌中山大学。

1927 年元旦,国民政府明令迁都武汉。3 月,北伐军到达沪、宁,国民政府外交部长陈友仁派郭泰祺去沪了解情况,为外交工作做准备。由于蒋介石叛变革命,在南京另立政府,形成宁、汉对立局面。陈友仁告诫郭泰祺勿任意在沪活动,而郭趋炎附势,在沪投靠蒋介石,出任江苏省交涉员兼上海政治分会委员,替蒋介石办理对外交涉事宜。武汉国民党中央执行委员会第五次扩大会议议决,永远开除郭泰祺党籍,明令通缉。后来宁汉合流,此案遂成罢论,郭仍在伍朝枢手下任外交部次长兼国民党中央宣传部上海办事处国际组主任。1927 年 8 月,蒋介石下野后,南京政府发生危机,白崇禧在上海交际署邀请各界知名人士开茶话会,郭泰祺、周凤岐、虞洽卿等百余人到会。

1928 年 2 月,蒋介石重新上台,黄郛继任外交部长,免去了郭泰祺的党政职务。1929 年 2 月,郭被任为驻意大利公使,他因故未及赴任,继被推为立法委员、约法起草委员会秘书长,翌年 5 月复被免职。

1930 年 3 月,蒋、阎、冯中原大战爆发。7 月,阎锡山等联合改组派汪精卫、西山会议派谢持、邹鲁等在北平(今北京)召开扩大会议,共同反蒋。郭泰祺参加了冯、阎的北方联盟,出席扩大会议。8 月,汪精卫派郭与覃振、陈公博去北戴河与张学良会谈,劝张学良联合反蒋,共同组织政府,而张权衡得失,通电拥蒋,并派东北军入关。扩大会议先后移往石家庄、太原,草草收场。郭泰祺复去南方,1931 年,加入汪精卫、唐绍仪、陈济棠等人所组织的广州反蒋政府。这年郭的家乡发生水灾,郭泰祺对村民有所周济。

1932 年 1 月,蒋汪再次合流,汪精卫任行政院长,罗文干任外交部长,郭泰祺任外交部政务次长兼国民党中央政治会议委员。同月"一二八"事变发生,十九路军蒋光鼐、蔡廷锴率部奋起抗战。3 月,中日停战会议在英驻上海领事署进行,郭为中方首席代表参加谈判,达成妥协的《淞沪停战协定》,遭到上海各救国团体、学联代表及广大市民的坚决反对,愤怒的群众向郭投掷铜元,击伤头部入院。5 月 5 日,他于医院在"协定"上签字。

同年 6 月,郭泰祺被任命为驻英国公使,于 9 月赴任,任内曾三次代表中国出席国联会议,屡次提出日本侵略中国问题,坚决反对承认伪满洲国。1933 年 5 月,郭参加在伦敦召开的世界经济货币会议,重申对日本的控告,呼吁英美联合行动支援中国。由于国际形势发生变化,郭一改反苏态度,欢迎苏联加入国联。他认为中国是"亚洲基石",而苏联则是欧亚之间的桥梁,中苏应友好相处,加强合作,共同对付帝国主义的侵略。1935 年 5 月,中英使节升格,郭为中华民国首任驻英国特命全权大使。7 月 9 日,他入白金汉宫谒见英皇,"照大使例派御车三辆,每辆以栗色马两匹曳之,御者与马丁皆衣赤色制服,戴羽冠,载以入宫"①,向英皇亲递国书,英皇欣然迎之,并与谈话数分钟。同年,郭获得伦敦大学授予的名誉法学博士学位。这期间他作为国联理事会中国首席代表,多次出席会议。

1937 年,日本帝国主义进一步加紧侵略中国,于 7 月 7 日制造了卢沟桥事变,中国抗日战争正式开始。郭泰祺多次照会国联,要求制止日本侵略,声明中国军民抗战到底的决心。在同年华盛顿条约国的布

① 《大公报》1935 年 7 月 10 日第 3 版。

鲁塞尔会议上,他要求对日本经济制裁,但未有反响。当时英国并不完全同情中国,1938年5月,英日双方签订有关在日本占领区口岸海关税款交付的协定,郭泰祺对此提出抗议。是年6月,郭为互换"中爱(爱沙尼亚)友好条约"全权代表。1939年8月,郭泰祺再次抗议天津英国当局允将4月9日刺杀一名银行经理的四名嫌疑犯引渡给日本。1940年,英国关闭滇缅公路,他为未能阻止而感到遗憾。因经费缺乏,郭在英国很少会客宴请活动,仍从英国取得了几项贷款和军火接济。他与汪精卫的过从较密切,汪的儿子汪孟晋在伦敦留学,便是由郭给予照料的。

　　1941年4月,郭泰祺被蒋介石召回,委以外交部长。郭不是蒋的亲信,蒋本意要王世杰出掌外长,但陈果夫与王世杰嫌隙很深,遂上签呈,提出外长人选应必备的三个条件:(一)与国民政府有悠久历史;(二)职业外交家;(三)须与英美有渊源者。郭正符合这三项条件,遂坐收渔利。郭于6月末在重庆正式就职,并兼国防委员会常务委员。时汪精卫已在南京成立伪政府,郭竭力阻止外国在外交上对汪伪政权的承认,断然与已承认汪伪政权的国家断交。他曾发表《加强国际反侵略战线》的讲话,就中美战后措施同美国国务卿换文,并支持大西洋公约,与捷克流亡政府建交。

　　不久,郭调任国防最高会议外交委员会主席。郭调职原因说法不一,有人说是"因在对美交涉中没有顺应蒋介石的意图"[1];也有人说,郭在国难当头大修部长官邸,受到舆论界指责。当年《大公报》评论文章曾批评"又如某部长在重庆已有几处住宅,最后竟用六十五万元公款买了一所公馆。……另闻此君于私行上尚有不检之事,不堪揭举"[2],

　　① 胡进:《职业外交家郭泰祺》,《武汉人物选录》(《武汉文史资料》1988年增刊),武汉市政协文史资料委员会1988年版,第187页。

　　② 王芸生等:1926年至1949年《大公报》(续二),中国人民政治协商会议全国委员会文史资料研究委员会编《文史资料选辑》第27辑,中华书局1962年3月版,第243页。

即指郭泰祺。蒋介石意在将郭免职,后采纳孙科的建议,而改为调任他职,以避免在国际上产生不良影响。

　　抗战胜利后,郭泰祺被派出任联合国安全理事会首任中国首席代表。此后,一直侨居美国。中华人民共和国成立后,中国共产党和国家领导人通过外交渠道,表示欢迎郭泰祺回国工作,郭亦极愿回国,但因病未能成行。1952年2月29日病逝于美国加州医院。

憨　玉　琨

庞守信

　　憨玉琨,号润卿,河南嵩县人,1888 年(清光绪十四年)生。其父憨振做长工,憨玉琨兄弟五人皆为雇工,生活很苦,未上过学,不识字。

　　清光绪末年,憨玉琨的大哥憨同生被恶霸地主郭八仙诬告为盗,遭官府逮捕,"坐木笼"致死。憨玉琨愤世道不平,誓为兄报仇。十六岁时,他用铡刀砍死郭八仙。因官府缉拿,被迫投奔绿林,开始了"刀客"的生涯。

　　当时,豫西有王天纵和关老九(宗汉)两股著名的绿林武装,活动在嵩山一带。王、关为结拜兄弟,聚众五六百人,盘踞羊山(嵩山最险山区),揭橥"打富济贫",反抗官府和地主豪绅。憨玉琨投身在关老九部下,为关的"二架杆",经常出没于嵩县一带。王、关两股合作,屡败清南阳镇总兵谢宝胜部。后来,由于清军的离间,王天纵对关老九渐生猜忌,竟暗派其亲信将关诱杀,吞并了关部,憨对此深为不满。

　　辛亥革命时,豫西革命党人暗中与王天纵联络,游说其参加反清革命。11 月,王天纵按照革命党人的部署,率千余武装由嵩县出发,会攻洛阳。憨玉琨跟随王天纵在田湖、白杨等地连败清军,扩大新兵、马匹数百,补充了大量枪支弹药,乘胜前进,直抵龙门附近。他们准备与"在园会"武装会合,攻打洛阳城,但因清兵骤增,力量悬殊,遭到失败,退至宜阳县。12 月,王天纵、憨玉琨等率所部三千余人到达潼关,加入革命党人张钫所统率的"秦陇复汉东征军"。张钫任命王天纵为东征军先锋官,憨玉琨等为标统,出潼关东征河南。次年 1 月初,东征军进抵灵宝,激战四昼夜,清军大败东逃。憨玉琨等率部猛追二百余里,直抵渑池县,中原为之震动。袁世凯急调重兵堵击,东征军败退,憨玉琨部经潼关撤至雒南、商州一带。王天纵率部走南阳。

民国成立后,陕西军政府实行裁兵。憨玉琨等部四千余人被张钫编为一标一营,开回豫西"剿匪",分驻于河南府、汝州、陕州所属之二十二县,豫西观察使刘镇华兼该军统领。因其靠近嵩山,故名为"镇嵩军"。憨玉琨任镇嵩军第三标标统,所部六百余人,有马二百余匹,称为马标。

1913年初,镇嵩军在豫西饷项无着,处境困难。豫督张镇芳因其部多系"刀客"出身,欲相机消灭之。刘镇华遂率部积极为张"剿匪",以取得信任。憨玉琨有胞弟憨玉林,系一"杆首",横行乡里,民愤极大,憨玉琨回到家乡亲将其杀死;张治公、柴云升也将自己的堂兄或亲信"杆匪"处决。因此得到张镇芳的鼓励,表扬他们"大义灭亲"。镇嵩军采取"剿抚兼施"的手法,将豫西一带大股绿林武装剿除,自身得以保存。

不久,白朗军开到豫西,高举反袁旗帜,声势浩大。袁世凯下令刘镇华镇嵩军配合赵倜"毅军"等会剿白朗军。憨玉琨奉命率队在豫陕边境追剿,屡立"战功",得到了袁世凯的嘉奖,1915年任骑兵团团长。袁世凯复辟称帝,憨玉琨追随刘镇华竭诚拥护。

憨玉琨以骁勇善战著称,是镇嵩军的一员悍将。1918年2月,陕西革命党人胡景翼、曹世英、郭坚、张义安等带领靖国军围攻西安,皖系陕督陈树藩不支,急电刘镇华入陕相助。刘率所部三千余人攻下潼关后,命憨玉琨为先锋,向西安急进。憨部经渭南、零口、临潼、灞桥、十里铺几次战斗,击溃了靖国军,直抵西安城下。不久,镇嵩军扩编为七路,达万余人,憨玉琨升任第三路统领,驻防商州、山阳一带,深得陈树藩的垂青。

直皖战争后,北京政府为直系所控制,陕督陈树藩被撤职。镇嵩军投靠直系,憨玉琨由陕南积极接应直军入陕,为直系立下了功劳,被北京政府授予陆军中将头衔。

　　1922年4月,第一次直奉战争爆发后,憨玉琨被任命为援直镇嵩军前方总司令,率部进出豫西。他的任务是以剿匪、维持地方治安来稳定直系的后方。憨玉琨借此机会招匪扩军,他先招抚了王振部千余人,编为补充团;后又收编了豫西绿林万选才、孙殿英等部数千人。同时,憨玉琨使用放、收"外队"①的惯技,"迭次将豫西土匪、流氓一律招来,月有数起"②,并收编陈树藩旧部及民间武力,因之实力扩展甚速,到1923年冬他的部队达三四万人。

　　憨玉琨自己虽少文化,但他颇注意"招贤纳士"。他请陕西知名人士谢阴南为高等顾问,学者党晴帆为秘书长,同时对部众严加整训。因之所部的教育、训练、军纪方面,在镇嵩军中算是首屈一指,得到了吴佩孚的重视,于1923年冬被改编为中央陆军第三十五师,憨任师长。憨向吴表示,仍愿归老长官刘镇华指挥,吴予以批准。

　　1924年春夏间,憨玉琨奉令征剿渭东部阳、澄城、白水、朝邑、大荔、蒲城六县的非直系武装以及靖国军高峻残部有功,得到吴佩孚的嘉奖,被北京政府授为肇威将军。刘镇华还电请北京政府给憨加上将军衔,酬其劳绩。

　　憨玉琨随着实力的增长,野心益大。他目睹刘镇华靠武力扶摇直上,便产生了"有为者亦若是"的思想。同年10月第二次直奉战争中,冯玉祥发动北京政变,推倒曹、吴,成立了国民军。刘镇华一面通电拥护国民军,拥护段祺瑞执政府,一面密电憨玉琨:"段可捧,吴不能背,冯、胡要讨。"③并令憨玉琨率部东出潼关,阻止南下中原的国民军。憨分析了双方军事力量后,采取"捧段、背吴"之策,自称"国民豫军总司

---

　　①　外队:系被收抚后又被暗放的土匪。官军让其继续拉杆为匪,二者互相为用。外队给抚军暗送金钱,抚军给外队暗送枪弹。抚军不能自安时,则有所归;外队不能自安时,则有所靠。此为招抚土匪以来暗行之惯例。许多官军亦循此例,放出外队,等到杆子拉大了,予以招抚,借以扩大实力。

　　②　陕西《新秦日报》1925年3月26日。

　　③　吴沧洲:《胡憨战争回忆录》。

令",先到洛阳逼走铩羽归来的吴佩孚,进兵郑、汴,然后出兵豫北,准备抗拒国民二军胡景翼部南下,夺取河南地盘。此亦符合刘镇华统一豫陕的谋划,因而得到刘的暗中支持。不久,北京政府任命胡景翼督豫。胡率部进入河南,憨大失所望,被迫暂时撤至荥阳、巩县、洛阳、陕县一带,控制豫西地盘。

憨玉琨盘踞豫西后,段祺瑞执政府任命他为豫陕甘剿匪副总司令(国民三军军长孙岳为总司令)。但他决心以武力驱胡,夺取河南督军地位,在刘镇华的指使、协助下,憨玉琨广收直系旧部,强编民团、武警,广招溃兵、土匪及其外队,迅速扩大至三十六旅之众。同时,他截留田赋、厘税,擅自任免道尹、知事、局长等,扩展其势力至二十余县。

1925 年 1 月 23 日,憨玉琨指使所部王振暗中支持民间武装突然袭击驻禹县之国民二军曹士英旅,国民二军反击,禹城居民牵连被杀者二三千人。憨反诬"陕人擅杀豫人",借机煽动驱胡。从此胡、憨两军矛盾日趋尖锐。

二三月间,胡景翼所部国民二军与憨玉琨所部镇嵩军共约二十余万,在豫西展开大战。两军精锐部队集结于陇海线荥阳、巩县之间,猛烈厮杀。憨军不支,节节败退。驻陕西之镇嵩军倾巢出动入豫驰援,张治公师亦来参战,刘镇华并亲自到洛阳直接指挥,但终不能扭转战局。在胡军正面勇猛进攻、侧面不断奇袭下,憨军内部混乱,前线倒戈,后方哗变,腹背受敌。憨不得不逃出洛阳,后又组织湹东之役,仍然遭到惨败。至此,祸陕七年,犹豫数载,号称十万之众的镇嵩军,在不到一个月的时间内,有六万多人缴械投降。憨玉琨逃回嵩县老家,企图收拾残部,进行反攻,但大势已去,连他的亲信旅长杨景荣也闭门不见他。憨玉琨羞愤、懊丧至极,于当年 4 月 2 日服毒自杀。

主要参考资料

王天奖、邓亦兵:《辛亥革命在河南》,河南人民出版社 1981 年版。

张钫:《辛亥革命中潼关的三次攻守战》,中国人民政治协商会议陕西省委员会文史资料征集研究委员会编《陕西文史资料》第 1 辑,1961 年版。

吴沧洲:《胡憨战争前后的回忆》(1963 年 4 月),中国人民政治协商会议河南省委员会文史资料委员会编《河南文史资料》1993 年第 1 辑(总第 45 辑),1993 年版。

尹文堂:《镇嵩军始末》(1962 年 12 月 10 日),中国人民政治协商会议河南省委员会文史资料研究委员会编《河南文史资料选辑》第 2 辑,河南人民出版社 1979 年版。

李泰棻:《国民军史稿》(1930 年),《近代中国史料丛刊》第 66 辑,台北文海出版社 1971 年影印版。

陕西《新秦日报》1922 年 8 月、9 月、12 月;1923 年 1 月;1924 年 1 月;1925 年 3 月。

韩　复　榘

沈庆生

　　韩复榘,字向方,河北霸县人,生于 1890 年(清光绪十六年)。父韩静原,在本村私塾当教师。韩随父在塾读书。1910 年,因家庭困难,他辍学投军,入陆军二十镇冯玉祥营,为司书生。1911 年 11 月,韩在冯玉祥营当队官,随冯等参加滦州起义,事败后被递解回籍。

　　1912 年春,冯玉祥任左路备补军前营营长,韩复榘再投入冯部。以后随着冯的升迁,韩也得到不断的提拔,自排长、连长至营长。当时韩复榘、石友三、孙良诚、孙连仲、刘汝明等十余人都是冯的亲信,有“十三太保”之称。1924 年 10 月,冯玉祥发动北京政变后,韩由团长升任国民军第一军第一师第一旅旅长。1925 年春,升任第一师师长。1926 年 5 月,当国民军与直奉联军在南口大战时,阎锡山出兵晋北,抄袭国民军后路。韩复榘任前敌总指挥,和石友三等率部往援晋北,韩在大同、天镇一带积极同晋军作战。8 月,国民军在南口失败,退向绥远,并拟续向甘肃撤退。韩复榘、石友三见军心散乱,乃与晋军将领商震联系,接受晋军收编。

　　1926 年 9 月,冯玉祥自苏联回国到五原(在今内蒙古自治区巴彦淖尔盟)就任国民军联军总司令后,召韩归来。韩初不敢归,经解释后,率部回到冯处。9 月下旬,冯玉祥出师甘、陕,任韩为援陕第六路总指挥。1927 年 6 月,冯玉祥所部国民革命军第二集团军整编,韩任第六军军长。7 月,韩代方振武任第二集团军第三方面军总指挥,率部出潼关,在豫东一带打垮奉、鲁军各部。1928 年 4 月,蒋、桂、冯、阎四派联合"北伐",韩复榘奉令率部沿京汉线北上,6月6日首先进抵南苑。7月,河北省政府成立。韩自认为战功不小,但仅得一河北省政府委员职,很不高兴。10月,第二集团军缩编,韩任第二集团军暂编第一师师长。不久,韩部又改编为第二十师,韩任师长,回驻郑州。12月,冯玉祥荐韩出任河南省政府主席,但把他兼任的二十师师长开了缺,改由与韩素有矛盾的石敬亭接任,使韩深受刺激。他常觉得自己过去有"投晋"的一件事,怕冯对他有怀疑。现在韩丢了二十师的实力,只当一名空头主席,越认定冯对他不信任,对冯渐怀不满。

蒋桂战争于1929年3月爆发,蒋介石以中央名义任韩复榘为讨逆军第三路总指挥,令其率部讨桂。而冯玉祥则令韩屯兵信阳,暂不进兵,以观时局变化。4月,桂系失败,冯玉祥急电促韩率部向武汉推进。行至孝感,蒋介石立即电韩停止进兵,并派人携款至孝感,借劳军之名,对韩进行收买。韩又接受蒋介石的邀请,至汉口见蒋,蒋以优礼相待,极表亲切。这与冯有时对他粗鲁的责骂对照起来,大不一样。韩遂对蒋抱有好感。5月,冯玉祥在华阴开会,策划反蒋。冯将原驻山东、河南之西北军撤至陕西和河南西部。韩复榘反对冯的西撤计划,被冯痛斥,遂召集他的二十师旧部将领密议,率部东去,叛冯投蒋。5月22日,韩在洛阳发出"养"电,表示"维持和平,拥护中央";23日,又连发两电,表示拥蒋。

1930年4月,中原大战正式揭开。韩复榘向蒋介石要求,把所部调往山东抵挡晋军。4月15日,蒋任韩为第一军团总指挥,在山东境内与晋军作战。9月,冯、阎失败后,韩被蒋介石任命为山东省政府主席。1931年6月,被选为国民政府委员。1932年1月,被任命为北平政务委员会常委。8月,被任命为军事委员会北平分会委员。

从1930年9月至1938年1月,韩复榘统治山东近八年之久。他在山东的统治与以前督鲁的奉系军阀张宗昌同样是土皇帝式的,但外表上不一样。他摆出一副"急于求治"的架势:严禁部下穿丝绸衣服,不准士兵上街游荡,他常到各地"巡察"或"私访",随个人喜怒滥用赏罚。

他可以把彻夜赌博的小职员误认为"能早起"而提升为县长,也可以据一封匿名诬告信而惩办他的僚属。他喜欢自己审案,当时流传着他判案的笑话:"左立者开释,右立者枪毙。"人们戏称他为"韩青天",他很高兴。他成百地诱杀降俘,手段非常残暴。从1932年至1933年期间,国民党山东省党部的捕共队三次破坏了中国共产党的地下组织——山东省委员会,逮捕和屠杀了大批共产党员。在此期间,共产党人发动益都、博兴、诸城、日照、荣城、海阳等地的农民举行武装暴动,以反抗国民党和韩复榘的残暴统治。这些暴动都先后被韩复榘所镇压。

与此同时,韩复榘又利用梁漱溟在邹平、菏泽等专区推行旨在维护当局利益的所谓"乡村建设运动",用欺骗的手法来强化其封建统治。

1932年9月,韩复榘指使山东省府参议郑继成(郑借口为他叔父报仇)刺杀了应邀回到山东来的前山东督军张宗昌。

韩复榘的山东省政府对蒋介石的"中央"保持半独立关系,韩与蒋之间矛盾重重,韩复榘害怕蒋介石向山东插手,两次截留"中央"税收;有时也明里暗里打击国民党党部,甚至暗杀国民党党部负责人。因之,韩又暗向张学良拉拢合作。1932年九十月间,韩复榘在张学良的炮兵援助下,向盘踞在胶东的第十七军刘珍年部进攻,迫使蒋把刘部调往浙江。1935年后,随着华北形势的变化,韩夹在蒋介石和日本侵略者之间,力求自保。为此,他一方面取缔反日宣传,解散抗日组织,竭力讨好日本,与日本驻济南武官花谷交往密切,挟日本势力不让蒋介石的部队进驻山东;另方面,他也不完全听日本摆布。1935年后,日本几次诱使他参加"华北自治"时,他怕被人骂作"汉奸"而不肯干。日本驻济领事怕他"蛮干"(一次,日领事邀他"赴宴",他调炮队巡守在使馆外),也不敢过分胁迫他。1936年西安事变爆发,12月21日韩复榘发出"马"电,对张学良、杨虎城表示支持,并准备派兵袭击由何应钦率领攻陕的"中央军"的后路。韩的这一举动,深为蒋介石所痛恨。

1937年7月抗日战争爆发后,韩一方面表示对日"决绝",限令日领事与日侨即日撤走;同时在其第三路军政训处内,容纳进步青年,做出要对日抵抗的姿态,但实际上他对抗战持观望态度,一心只想保存个人实力。8月,蒋介石把韩的第三路军和东北军于学忠部编为第三集团军,任韩为总司令兼第五战区副司令长官,要韩指挥山东军事,承担黄河防务。但韩认定蒋介石借抗日为名,意在消灭异己部队,故只派少数部队过黄河与日军周旋,遂即撤退。1937年12月22日,韩复榘放弃济南,接着放弃泰安和济宁,径自退到鲁西南巨野、曹县一带。

1937年冬,蒋介石退出南京,到达武汉,准备入川。韩复榘与刘湘密谋,企图由刘湘封闭入川道路,不让蒋介石入川;韩则准备向南阳、襄樊、汉中一带撤退,并派人联络宋哲元,要宋部撤守潼关以西,然后由刘、韩、宋联合倒蒋。蒋介石接到了这一策划的密报,遂决心杀韩。1938年1月11日,蒋介石借口在开封召集北方将领会议,邀韩到会,将他逮捕,押解至汉口。24日以"违抗命令,擅自撤退"的罪名将韩处决。

主要参考资料

《申报》1929年5月25日、26日。

李泰棻:《国民军史稿》,1930年10月版。

高兴亚:《国民军革命史》,1930年初稿。

高步瀛:《韩静原先生墓表》,《霸县新志》第7卷,文竹斋1934年版。

中国科学院山东分所历史研究所:《山东省志资料》第1期、第3期,山东人民出版社1961年版。

韩　麟　春

武育文　苏　燕

韩麟春,字芳辰,1885年(清光绪十一年)生①,奉天(今辽宁)辽阳人。出身于富裕农家,其父韩继武思想开明,为了供给子弟求学,不惜变卖大量地产,韩麟春和胞弟韩麟生均得以出国留学。

韩麟春青少年时期,刻苦好学,成绩优良。1904年,韩十八岁时经清政府练兵处考选留学日本,初入东京振武学校学习,后入日本陆军士官学校第六期炮兵科学习。留日期间,他始知东北军事教育较关内更为落后,遂立志勤学,为东北争光。

1907年,韩麟春以优异成绩毕业。归国后任清政府陆军部军械司科员,后升为军械司司长、陆军讲武堂教务长等职。

中华民国建立后,韩麟春在北洋政府陆军部先后任科长、参事数年,因研制"韩麟春式"步枪有功,被授勋五位。1916年6月升任陆军部参事。1919年,奉北洋政府派遣赴欧洲考察军事,并代表陆军部任巴黎和会军事委员。

1921年12月,梁士诒内阁成立,鲍贵卿任陆军总长,韩与鲍为同省关系,而得任陆军次长。旋梁内阁倒台,第一次直奉战争爆发。1922年5月2日,韩被免去陆军次长职务。

第一次直奉战争后,经杨宇霆推荐,韩麟春被张作霖任命为东三省

---

① 韩的生年,一说生于1888年,本传根据武南阳编《东北人物志》,满洲报社1931年版。

兵工厂督办。当时,张作霖积极进行整军经武,准备对直再战,以巨款扩建兵工厂。兵工厂的扩建计划和管理办法多出自韩的意见。几年后,东三省兵工厂"规模宏伟,设备完善,蔚为全国之冠"①。工厂机器设备多从日本、德国购置,还不惜重金招聘外国工程师和技术员。每年消耗经费一百余万元。该厂从1923年起,每年能制造大炮(包括山炮、野炮、重炮)约一百五十门,追击炮数百门,步枪六万余支,机关枪一千挺以上,炮弹二十余万发,枪弹六十余万发。

1922年7月,张作霖采纳杨宇霆的建议,成立"东三省陆军整理处",作为整编奉军的最高指挥机构,由吉林督军孙烈臣兼任统监,姜登选、韩麟春为副统监。他们都是奉军中的士官系,孙烈臣经常不到任,实权主要操于姜、韩之手。他们既排斥旧派,也排斥新派之陆大系,而竭力提拔重用士官系,一时杨宇霆、姜登选、韩麟春诸人在奉系军事集团中居于重要地位。杨等对旧军官"向不看在眼里,送客及门而不出户"②,对新派郭松龄(陆大系)的崛起尤为嫉视。

1924年9月,第二次直奉战争爆发。张作霖派遣六个军入关,以姜登选、韩麟春为第一军正、副军长;张学良、郭松龄为第三军正、副军长,组成一、三联合军团,从山海关正面攻击直军主力。战争开始,直奉两军在山海关至九门口一线展开激烈争夺,双方伤亡惨重,一时难分胜负。为了突破直军防线,张学良、郭松龄二人决定乘敌不备,由山海关方面抽出步兵八个团和炮兵两旅,在郭松龄率领下,增援在石门寨的奉军,加强九门口方面的攻势,迫使直军一度后撤,吴佩孚亲赴前线督战才稳住阵脚。但是,姜登选、韩麟春对此却很不以为然,他们认为郭在山海关毫无进展,想到这里邀功。与此同时,姜、韩还把原属郭部的两个炮兵营长阎宗周、关全斌撤职。郭松龄得知后,亲书命令把原姜、韩

---

① 东北文化社年鉴编印处编纂:《东北年鉴》,1931年版,第312页。

② 荆有岩:《奉系军阀"惑星"杨宇霆轶事》,辽宁省人民政府参事室、辽宁省文史研究馆编《文史资料》1982年号,第192页。

所属的炮兵团长陈琛(日本陆军士官学校出身)撤职,并令阎、关复职。姜、韩除将此事电告奉军总部外,韩还亲回奉天向张作霖告状,说郭跋扈难制,要求以军法论处。张作霖鉴于前线正在激战,百般调和,下令陈琛、阎宗周、关全斌三人各复原职。事虽平息,郭松龄与韩麟春、姜登选之间的裂痕却日益加深,后来郭在致张学良的信中曾说:"韩最暴烈,不能相处。"①

第二次直奉战争,因冯玉祥倒戈,直系一败涂地,奉系势力迅速伸展到直隶、山东、安徽、江苏、上海一带。张作霖论功行赏,任李景林为直隶督办,张宗昌为山东督办,姜登选为安徽督办,杨宇霆为江苏督办。有功将领中只有郭松龄、韩麟春未得到地盘,韩不久再次接任东三省兵工厂督办这一要职,唯独郭松龄始终遭受冷遇,郭忿忿不平地对高纪毅说:"东北的事都让杨宇霆这帮留学生弄坏了","要想东北挽回颓势,非'清君侧不可'。"②

1925 年 11 月 22 日,郭松龄在滦州誓师反奉,痛陈张作霖、杨宇霆穷兵黩武的罪行,并将自皖撤退路经滦州返奉的姜登选枪杀。这时韩麟春患病在奉,得以幸免。郭松龄反奉失败后,张作霖命韩麟春任镇威军第四方面军军团长,张学良为第三方面军军团长,两军联合作战,又称三、四方面联合军团,从此,张学良与韩麟春共事多年。

1926 年 1 月,郭松龄余部魏益三旅归附冯玉祥,改称国民军第四军。奉军出兵攻魏,魏军由榆关撤往昌黎、滦县,冯军派兵援魏,双方隔滦河相持。3 月间,冯玉祥的国民军被迫撤离津、滦,退守北京,张学良、韩麟春率领三、四方面军团挺进到京畿地区。4 月 15 日,国民军复放弃北京,退守南口。从 7 月中旬起,奉、鲁、直各军联合向南口进攻,8 月 1 日开始总攻,张学良、韩麟春亲赴前线督战,奉军调动所有炮兵与

① 《郭松龄致书张学良》(1925 年 11 月 28 日),《京报》1925 年 11 月 30 日。

② 王之佑:《张作霖击败郭松龄的经过》,中国人民政治协商会议全国委员会文史资料研究委员会编《文史资料选辑》第 35 辑,中华书局 1962 年版,第 129—130 页。

数万步兵,一直以猛烈炮火压倒对方,但未能攻克。韩建议速派吴俊陞、汤玉麟部由热河攻多伦,在国民军背后迂回。后因吴俊陞、汤玉麟在沽源、独石口一线击败国民军宋哲元部,进而率军长驱直入,直扑国民军的大本营张家口,国民军才于14日由南口撤退。次日,奉军占领南口。韩麟春对此役颇有贡献,更为张氏父子所见重。

南口战役期间,吴俊陞部穆春的骑兵师纪律败坏,土匪出身的王永清(绰号"天下好")骑兵旅攻下多伦时,肆意抢劫,竟把喇嘛庙供奉的金佛抢走,引起当地民众的愤慨。庙里的喇嘛向三、四方面军团部控告,张学良、韩麟春亲自率一营卫队,由北京乘专车至张家口,首先由卫队队长姜化南在车站附近把王部集中起来加以包围,进行严密监视,然后由姜代替张、韩训话,不料姜化南被场内一名军官击毙,于是卫兵立即以重机枪扫射,场内乱作一团,张学良、韩麟春在车内制止无效,在场的官兵死亡众多,王永清当场被捕,押往奉天监狱。专车被枪弹打得遍体鳞伤,张、韩二人虽受惊恐,却安全无事。

同年夏,国民革命军由广东出师北伐,进展迅速。北军吴佩孚、孙传芳难于招架,奉系成了北洋军阀的重心。11月,张作霖在天津召集奉、鲁军将领会议,讨论"讨赤"、"援孙"、"援吴"问题,吴、孙亦有代表列席。会上决定以鲁军"援孙",以奉军"援吴",并组织统帅办事处。会后由孙传芳、张宗昌、吴俊陞、张作相、韩麟春等出面推张作霖为安国军总司令。12月1日,张作霖宣誓就职,随即任命孙传芳、张宗昌为副司令,杨宇霆为总参议,韩麟春升任陆军上将。

1927年2月,张作霖借"讨赤"、"援鄂"对抗北伐军之名,两路进兵河南,一路由褚玉璞部鲁军沿陇海线进攻开封,另一路由张学良率奉军第三、四方面军沿京汉线进攻郑州。其时,从两湖败退到河南的吴佩孚深知奉系是明援暗取,竭力阻止无效,吴部以靳云鹗为首的反奉派被迫进行反击。3月5日,张学良、韩麟春赴前线督战,于珍、荣臻诸部迅速攻占阳武(今原阳)、中牟、荥阳、郑州等地。奉军对直虽然取得了很大胜利,但也消耗了不少力量。

　　在入豫作战的同时,张作霖还派韩麟春赴山西运动阎锡山与奉军合作,没有成功,韩电告张:阎锡山已与蒋介石、冯玉祥、靳云鹗串通一气,请以重兵驻石家庄,以防晋军出娘子关。同年4月下旬,北伐军进入豫南,5月上旬,冯玉祥的国民军进入豫西,不久阎锡山宣布就任国民革命军北方总司令,威胁奉军后路。6月1日,北伐军与冯军会师郑州,奉军只得向北总退却,张学良、韩麟春的三、四方面军军团部撤至汲县。黄河以南地方尽被北伐军和冯军占领。张学良把失败的责任完全归咎于韩麟春。当初张打算兵进河南至磁县为止,而韩却按照杨宇霆的旨意极力南进,张以为韩这是为了抢地盘,急功冒进,韩拒不认错,为此张学良很生气,曾对部下刘鸣九等人说:"如果郭茂宸(即郭松龄)在,我现在就不会这样为难了。"①

　　面对大军压境的严重局势,奉系内有和战两派意见。张作相、吴俊陞等主张退守关外,杨宇霆、张学良、韩麟春等则希望与蒋介石停战议和。他们尤强调团结北方、统一军政大权的重要,韩早就提出拥张作霖为国家元首,这时再次与其他将领一起发表通电,请张出任安国军大元帅。张于6月18日宣誓就职,同时将北方军队一律改称安国军第一至第七军团,韩仍任第四军团军团长。在此前后,南方因宁、汉分裂,北伐军事处于暂停状态,只有冯军继续坚持向鲁西、直南发动攻势,虽然迫使奉军再度由汲县向河北省退却,但不能根本动摇张作霖的统治。

　　同年8月,蒋介石派何成濬赴山西联络阎锡山。何路经北京时曾会晤韩麟春,韩与何是日本陆军士官学校同学,交情很深,时韩正卧病在家,他们便在床头洽谈。韩问:"闻兄在徐州作战,如何又到此间?"何答:"将有山西之行,路经此间,特来拜访老友。"韩又谓:"兄此行任务,我知之矣,大概是奉命去运动阎百川(阎锡山字)吧?"何坦率直言:"正是去运动百川,设若得手,将来平津发生战事,可以与党军相呼应,贵军难免腹背受敌,彼此至交,才敢奉告。"韩麟春说:"阎可运动,未必张不

────────────

①　刘鸣九先生口述史料。

可运动,须知张学良为人不但可做革命党,并且可做共产党。"①此后,
蒋介石派何成濬等与张学良秘密谈判即源于此。

1928 年春,韩麟春病势加重,回奉天治疗,其军团长职务由杨宇霆
接任。1930 年 1 月 18 日,韩因病在沈阳去世②。

① 何成濬:《八十自述》,第 28—29 页,《近代中国史料丛刊》第 67 辑,台北文海
出版社 1971 年版,第 28—29 页。

② 韩去世日期还有 1929 年 12 月 29 日和 1930 年 3 月 2 日两说,本传据东北
文化社年鉴编印处编纂《东北年鉴》。

韩 永 清

徐凯希

韩永清,字世昌,别号福航。1884年4月26日(清光绪十年四月初二)生于湖北汉阳乌金山乡。其父韩德湘曾考中秀才,因穷困潦倒,贫病交加,中年早逝。母亲朱氏携韩永清流落至汉口,靠给人缝补浆洗的微薄收入生活,母子相依为命。

1899年,韩永清到永兴洋行牛皮厂做零工。同年夏,汉口连日暴雨不停,大水淹没住房,韩氏母子在河堤搭棚安身。不久,韩母返回乡里,韩永清独守破屋,一夜燃烛酣睡引起大火,慌乱中他跌入襄河,水火相交,大病一场。朱氏闻讯赶来,请医生诊治,经悉心照料,韩死里逃生。嗣后,朱氏百般节俭,送韩进学堂读书。少年时代艰辛经历,养成他坚忍耐劳的毅力,学习刻苦用功,受到同乡英商和记洋行买办杨坤山悉心指导,十八岁时已能使用英语会话。

1903年,韩永清与湖广总督张之洞结识。张喜其聪明伶俐、熟谙英语,派任巡警道署通译。韩逐渐学会同各色人等应酬交际,并洞悉经商之道。他办事干练,深得中外商人信任,不久经杨坤山举荐,被和记洋行季大班所录用,派往长沙任分庄经理。在任数年,韩悉心经营,使分庄生意日见兴隆。经杨坤山荐引,调回汉口,改任总行稽查。

1910年,和记洋行确定在芜湖开办新厂,为购地建厂方便,任命当地人王春山充任买办,派韩永清为副买办,前往协助,主持建厂事宜。王背着韩私下与地方官绅勾结,在地价中回扣白银五千余两,中饱私囊。此事被稽查程韩玉、李寿同所悉,转告韩永清,韩未动声色。不久,季大班由汉来芜湖巡视,韩将此事如实报告。季查证后命王自行辞职,任命韩永清为和记全权代表,升为正职。韩经过再三考虑,提出在芜湖办厂诸多不利:冬季枯水江轮不能靠岸,陆路交通不甚方便,建议改在南京建厂更为适宜。季经过反复权衡,表示同意,从此对韩更为器重。韩永清留程韩玉、李寿同驻芜湖处理善后,自己与季同返汉口,详商南京建厂事宜。他向总办杨坤山提出,希望介绍一位得力副买办,后聘请武昌文华书院毕业生罗步洲充任。

1911年春,韩永清偕罗步洲同往南京。时因南京未设租界,外商建厂购地手续颇费周折。韩、罗两人分别拜见当地士绅及帮会组织,广为结交,求得支持。经周汇川等人帮助,很快以低价购得下关宝塔桥附近土地,立即动工建厂,三年建成颇具规模的南京和记洋行。内设冷藏、制蛋、屠宰鸡鸭、猪鬃、制革等各分厂,备有专用码头和拖轮,凭借趸船可停靠万吨海轮。收购范围遍布苏、皖、鲁、冀及赣北各地,每年收购鲜蛋五万余篓、鸡鸭十六万笼、生猪五万余头。出口贸易额占和记总出口额的百分之六十。韩永清任职期间,广交各方人士,打通关节,广收广卖,加快资金周转,使南京和记迅速兴盛起来,每年获利几千万两。除去官场交际花费,韩本人所得丰厚。

同年,胡汉民为筹措广州起义经费,奉孙中山命来到南京,经人荐引,将孙中山筹资起义意图转告韩永清,希望他能在经费上给予支持。此时,韩正主持和记洋行建厂事宜,手中并无多少积蓄。他利用外商结汇之便,慨然捐助巨款。武昌起义后,孙中山回到国内,就任中华民国临时大总统,专程前往韩家拜访,促膝而谈,对韩资助革命一事表示谢忱。孙亲书"博爱"横幅相赠。嗣又委任韩永清为总统府顾问。韩建议"赈济灾民","改革教育",均为孙中山接受,纳入临时政府三十条法令之中。

民国甫定,韩永清以历年所收佣金,先后投资天津永利久大化学公司、上海厚生、新生纱厂、武汉桐油公司、南京大同面粉厂、唐山开滦煤矿、镇扬长途汽车公司以及大陆银行、盐业银行等,一跃而为闻名全国的工商巨子。

1913年，韩永清出资在南京下关创办小学两所，专门招收贫苦子弟入学。学生毕业成绩优异者，韩资助学费转入中学，再升入大学。不久，韩永清被推选为国立民国大学副总董。该校总董历来由大总统兼任，各省军政长官列为董事，韩非军非政却得此殊荣。

韩永清正式经办南京和记后，就在下关商埠街兴建新式住宅一栋，接来母亲同住。1916年，他与杨坤山的外甥女杨素婵结为秦晋。为了在南京站稳脚跟并谋求发展，韩缔交重信义广为联络各方面有影响的人物，以求保护。通过周汇川、余家谟等人，他与江苏省警务处长王桂林结识。通过王又与南京宪兵营司令陈调元及驻军的师旅长拉上关系，往来频繁。不久，韩与南京上层社会甚为熟识，与江苏督军冯国璋之子结为拜把兄弟。同年5月，十五省区将军巡按使代表齐集南京开会，各省代表多由冯公子领至韩公馆进行联络活动，和记在各省的购运业务也相应得到照顾。

1917年，张勋复辟，其部将吴捷巨率六个团驻防浦口。吴获悉张勋北上已遭挫败，准备孤注一掷，炮击南京。冯国璋部与吴军隔江对峙，一触即发，南京全城危在旦夕。韩永清在这紧要关头挺身而出，只身前往吴军驻地，陈说利害，晓以大义，许以重金，并乘坐汽艇往返两军之间，吁请不要开火。吴捷巨终被韩的义举所打动，接受冯国璋的改编。韩永清因此被黎元洪、冯国璋及江苏军民两长，皖、鄂两省长官礼聘为顾问，相继荣膺二等嘉禾章、二等文虎章，嗣又晋授一等大绥宝光嘉禾勋章。

1918年，国会改选，韩永清以江苏省总代表资格当选为参议院议员，来往于南京、北京之间。时值皖系首领段祺瑞以实力为后盾，意欲用武力解决南北纷争。韩则就南北政见问题在国会发表意见，极力倡言南北必须统一，但应以和平谈判为前提，主张先决国是，然后选举总统。他力陈国家累遭战祸，民不聊生，不能再战，若南北诉诸武力，再开战端，生灵必遭涂炭。韩曾直言，南北隔阂、皖直交讧是由徐世昌一手造成,对徐提出弹劾,引起全场轰动。国会内部因意见分歧,难于形成决议,韩永清愤而辞职,离京南下。

1919年,韩永清经人介绍,从经营破产的沔阳商人孙华堂手中,买下汉口华景街地产。嗣又购得永清里、永贵里、世昌里、华清里等处地产,破土兴建商业铺面九十余栋及菜场一座。1924年全部落成,改名为华清街,成为汉口著名的高档食品集中销售街区。

韩永清自幼贫寒,受母亲教诲,功成名就不忘根本,广施慈善,平日常书"博爱"二字以自勉。南京和记开张后,所用工人大多住在工厂四周草棚中,时有火灾发生。韩组成"和记同仁慈善会"和"救火会",无论厂内工人或附近居民出现火警,他都带头前去抢救,并施以救济。1920年,南京城内瘟疫流行,死者日见增多。韩永清出资开办贫民医院六所,分设城内各处,为穷苦人家义务施诊施药,救活者甚众。韩历任下关商会会长、湖北旅宁同乡会会长和华洋义赈会董事,热心社会公益活动。韩施财好善,远近闻名,下关当时除仪凤门大街为官方修筑外,其余道路坎坷不平,每逢下雨泥泞不堪,韩慨然捐出巨资,一律平治。各省若有天灾人祸,他总是率先解囊相助。每遇客死异域者,他便派人料理后事,送回原籍。

1921年,韩母朱氏去世,韩永清扶柩返回汉阳安葬,并请蔡元培、王珊分别撰写墓志铭和墓表。遵照母亲遗训,韩出资十万元,在汉阳、汉口开设贫民通俗学校五所,对穷苦百姓施财施药。又借为其母所建"贤母祠"多余房屋,在故里开办小学,招收四邻子弟读书。

1923年,和记总行季大班退职回国,韩永清因与继任洋人大班失和,辞去南京和记洋行职务,回到汉口,接任英商安利英洋行买办。时值大战后,洋行林立,竞争激烈。韩任职二年,便推荐由王霭臣继任,自己重返南京,接手行将停业的和记洋行。

1930年,韩永清再次辞去和记洋行买办职务,隐退上海定居,专心从事慈善事业,被推举为"旅沪湖北同乡会"会长,加入国际慈善机构红十字会组织,担任东南主会总办事处监理。嗣又兼任上海红十字会会长,代表总会前往苏、鲁、闽、浙、赣、湘各省视察会务,在长沙创设新道院,恢复武汉、福州等地旧院。

1931年长江大水,韩永清率上海红十字会救护队与南京分会陶遵开同赴武汉,协助汉口分会救济灾民,济赈饥荒,协同汉口基督教会将部分灾民迁至黄陂横店。事后,他商请汉口市商会贺衡夫等人筹办医院,向富商巨贾募集经费,连同红十字会各地分会赠款,购得两层楼房一栋,开办红十字会医院,为贫苦市民诊治。

1932年,江西苏区红军进行第一次反"围剿"作战,韩永清带领救护队亲临战场,高举红十字会标志,往返双方战区,指挥抢救伤员,一律实行人道。

1938年武汉沦陷前夕,汉口市商会负责人贺衡夫、陈经畲等相继撤往重庆,汉口红十字会从铭新街迁至天津路,韩永清主动将四明街私人住宅让出,得以继续收治病人。汪伪政权头目陈公博曾派专人多次邀请韩永清出任伪湖北省长,他予以婉拒。

1948年,韩永清因病在上海去世。

主要参考资料

《武汉文史资料》编辑部编:《晴川近代名人小传》,《武汉文史资料》总第34辑,武汉市政协文史资料委员会1988年版。

[美]柏脱等编,勃德译:《中华今代名人传》,上海传记出版社1925年版。

《武汉文史资料》编辑部编:《武汉人物选录》,武汉市政协文史资料委员会1998年版。

郝　鹏　举

王家鼎

　　郝鹏举,幼名勉,字腾霄,河南阌乡县城郝家巷(今属灵宝县)人。1903年1月29日(清光绪二十九年正月初一)出生于县公署衙门一个衙役家庭。其父郝福嗜吸鸦片,家境穷蹙。郝鹏举八岁丧母后流浪、乞讨,做过学塾杂役,继投华山学道。后得同乡帮助,进阌乡高等小学卒业,又到洛阳考入省立第四师范学校读书至毕业。

　　1922年5月冯玉祥任河南督军,大批扩军,郝鹏举投入冯部,在学兵团第二营炮兵连当学兵。是年秋,冯调任陆军检阅使,由河南移驻北京南苑练兵。冯见郝鹏举身材短小干练,聪明机警,刻苦操练,甚为赏识,乃选拔其充传令员,随侍左右。1925年1月,冯任西北边防督办,为培养初级军官,创办西北军干部学校于张家口,郝被选入该校受训,任学员第一大队长。同年夏,苏联政府派遣军事顾问援助冯部西北军,选派基层军官二十四名赴苏学习军事,郝列名其中。11月,郝被分配在基辅红军各兵种混成干部学校第一期炮科。郝学习成绩优异,但心存升官发财欲望,思想上抵制学校的革命教育,嫉视同学接受马列主义。1927年夏毕业归国后,仍回西北军,被任命为第二集团军独立炮兵团团长,驻开封,暂归第二十五师(师长张自忠)指挥。1928年春,国民党继续北伐,郝部转战河南,北上进抵北京。5月,升任第二集团军第二军参谋长。郝居功自傲,为西北军同僚所侧目。

　　1929年春,蒋介石讨伐冯玉祥,西北军主力西撤,韩复榘叛冯投蒋,郝鹏举见形势动荡,难断鹿死谁手,遂脱离部队,赋闲郑州。他经营澡堂,兼营旅馆业,甚至不惜道德沦丧,去豫西灾区骗买良家少女卖淫。此时郝吃喝嫖赌无恶不作。1930年春,冯玉祥、阎锡山联合发动反蒋,中原大战爆发,郝见反蒋联军声势浩大,曾欲再投旧部,但自感无颜见冯,暂守未动。及至10月,冯、阎联军失败,梁冠英部投降蒋介石,被编为第二十五路军,驻守苏北淮阴"剿共",郝鹏举凭借昔日部属关系,乘时钻进梁部,任独立第一旅旅长,旋调任第二十五路军总指挥部参谋处长。他与黄埔同学会头目、留苏同学贺衷寒勾搭,加入复兴社,为蒋介石搜集、提供军内情报。他常擅违军纪,不听梁的劝阻,竟至无理殴打一个老中医,因拒不认错,被梁革职。后由贺衷寒引荐,去湖北任豫、鄂、皖三省"剿匪"总部参议。1933年8月15日,蒋介石任郝鹏举为第三十军参谋长。1934年3月兼任该军第三十师副师长、代理师长。1936年春,郝受何应钦、贺衷寒派遣,携款秘密赴合肥第二十五路军总部,暗中诱惑梁冠英部旅、团长迫梁下台或要求脱离梁部。梁察觉后,5月赴南京向蒋告发郝鹏举,并呈请"辞职"。蒋佯示要严办郝,又批示梁"辞职照准",将第二十五路军缩编为第三十二师①。郝曾极力活动任该师师长,未成,仍回原任。郝目中无人,为所欲为,第三十军军长孙连仲感到难以约束,遂送郝进陆军大学第十四期受训。

　　抗战开始后,胡宗南在西安设立中央战时工作干部训练第四团,训练政工人员。1938年4月,郝鹏举由贺衷寒引荐,任战干第四团总队长。1939年6月,调任第二十七军参谋长,隶属胡宗南第三十四集团军序列。后因郝散布不满胡的言论,且在私生活上行为不端,被胡扣押。郝买通监押人员潜逃,跑到绥远西部投奔傅作义部,任暂编第五军副军长兼民众动员员总指挥,封锁陕甘宁边区,不断进行反共摩擦。其

---

　　①　梁冠英:《二十五路军受蒋介石收编和被消灭的经过》,中国人民政治协商会议全国委员会文史资料研究委员会编《文史资料选辑》第52辑,中华书局1965年版。

间,郝于 1940 年 3 月赴南京与周佛海密商①,准备伺机投敌。

　　1941 年,郝鹏举公开到南京投靠汪伪政权。他通过留苏同学林柏生,得到陈璧君垂青,7 月 29 日被汪伪行政院任命为第一集团军(李长江为总司令)参谋长,驻苏北泰州。9 月 15 日,汪伪军事委员会在泰县设苏北行营,以郝为行营参谋长兼第一集团军参谋长。1942 年 6 月,他积极参与、策划在南通、海门地区的“清乡”运动,摧残这个地区的抗日游击部队。8 月 11 日,郝调任南京汪伪中央陆军将校训练团教育长,致力训练汉奸军事骨干,叫嚷“坚定一个信仰,结成一条生命,紧跟着团长(指汪精卫)来完成复兴中国保卫东亚的伟大使命”②。10 月,汪伪政权调整战时机构,郝鹏举调任伪军事委员会参赞武官公署武官长。稍后复任伪新国民运动促进委员会委员。1943 年 9 月 2 日,伪中央政治委员会调派郝鹏举取代郝鹏任苏淮特别区行政长官兼保安司令。当地人民讽之曰:“去郝鹏,来郝鹏(举),何必多此一‘举’。”表达对汪伪黑暗统治的厌恶和不满。11 月 25 日,汪伪军事委员会设徐州绥靖公署,以郝为主任。

　　郝鹏举就苏淮行政长官后,于同年冬连续召开行政、治安、教育等会议,全力确立所谓战时体制,强化行政机构和军警实力,推行“新国民运动”奴化教育,贯彻汪伪卖国协约,实践所谓“大东亚共存共荣”方针不遗余力。

　　1944 年 1 月,汪伪中央政治委员会通过划分省区案,首设淮海省,任郝鹏举为省长兼驻徐绥靖公署主任③。他一上台就“整饬吏治”④,继续强化统治机构;又创办《大陆新报》《淮海月刊》,成立淮海学院、中央青年干部分校等,灌输亲日奴化教育。为建立反共经济基础,他又主

---

　　①　蔡德金编注:《周佛海日记》,中国社会科学出版社 1986 年版。

　　②　汪伪《中央陆军将校训练团毕业同学录》,1943 年。

　　③　当时淮海省辖徐州市和铜山、东海、邳县、砀山、肖县、睢宁、宿县、淮安、涟水等二十一县。

　　④　汪伪《民国日报》1944 年 2 月 22 日。

持成立淮海省银行,组织开发协会,吸引投资,妄图以此"示范各省,全面对共"①。郝尤着力扩大军事实力,编练伪军,当时拥有第十五、第二十八两师和第七十一和第十二两旅正规部队,同时收容杂牌部队,编为省、县保安队。是年春、夏,郝部不断进扰泗阳、淮阴、睢宁等地新四军,与第三师(黄克诚部)、第四师(彭雪枫部)作战。进扰受挫后,郝诬称抗日根据地"民匪不分",承认"专赖讨伐""殊不足取",提出要用"抚缉流亡"的怀柔策略②。郝为巩固其权位,积极投靠汪伪实力派林柏生,伙同伪中央军事委员会政治部长黄自强,在南京秘密组织、宣传情报机构"政治工作局",搜集、提供苏北地区共产党活动情报,编印反共宣传品,鼓动其部属的反共斗志。

　　1945年8月抗日战争胜利,汪伪统治覆灭,郝鹏举转而投靠国民党蒋介石。郝先经黄百韬拉拢,投第三战区顾祝同部。10月,率所部汪伪第七方面军接受第十战区改编为第六路军,仍驻防苏北徐海地区。旋奉蒋介石指令为反共前锋,率部进攻鲁南解放区。12月,郝会同冯治安、陈大庆等部占领贾庄、韩庄,分三路北犯鲁南③。1946年1月,郝部划归第三绥靖区司令官冯治安指挥,奉令从左翼进出运河,掩护冯部北进。郝深恐被歼,为保存实力而消极避战。时任第三绥靖区副司令官的中共地下党员张克侠借视察郝部之机,劝其认清形势,弃暗投明。郝为形势所迫,1月5日夜访新四军军长陈毅于峄县。9日,郝发表"退出内战、拥护民主"通电,并率所部四个师、一个特务团共两万余人在台儿庄、枣庄地区举行战地起义,更名为"中国民主联盟军"④。郝

---

① 《淮海省施政概况》,汪伪《民国日报》1944年7月4日。

② 《郝鹏举在南京对中外记者的谈话》,汪伪《民国日报》1944年7月25日。

③ 冯治安,国民党第三十三集团军总司令。陈大庆,国民党第十九集团军总司令。当时北犯鲁南解放区的除郝部外,尚有冯部五十九军三十八师、陈大庆部一一七师、骑八师、翁文庆纵队等十个师。

④ 《中国民主联盟军退出内战、拥护民主宣言》,《大众日报》1946年1月14日。同年9月1日,再更名为"华中民主联军"。

此举受到中共中央、延安边区政府的欢迎,新四军暨山东军区给予其礼遇和优厚粮饷,旋调郝部移防后方莒县整训。新四军暨山东军区派朱克靖为郝部政治委员,陈毅亲赴莒县慰问、检阅郝部官兵,并向郝提出根据民主自愿原则逐步改造成为人民军队的方针。

郝鹏举起义后,继续视军队为私产和政治投机工具,拒不接受逐步改造的方针。是年6月,蒋介石发动的内战全面爆发后,徐州绥靖公署加紧了对郝的诱降活动,于8月先后派李克昌、李笠雨到郝部策反。郝取两面派态度,他对中共表面应付,连续发表通电、诗文①,佯示不为蒋介石利诱阴谋所动;暗中却勾结蒋方,待机叛变。先是,陈毅已洞察其奸,于6月亲赴莒县晤郝,晓以大义,陈以利害,规劝其坚定民主和进步立场;继而又调遣郝部移防东海赣榆县境,不变其优厚待遇,任其抉择出路。12月,华东野战军司令部和陈毅多次函电并派员向郝重申"来则欢迎,去则欢送"的民主自愿原则;同时郑重希望其脱离内战战场,勿向解放区进攻以加重人民痛苦。

1947年1月9日,郝鹏举借起义一周年纪念活动,一面致电延安毛泽东、朱德,伪善地表示"万分地感激与兴奋"②,一面加紧其叛变投蒋步伐。他集中军队,准备军需辎重,接走莒县中楼村的眷属等等。他还"邀请"陈毅出席纪念会,企图加以诱捕,陈未赴会,阴谋未逞。1月23日,郝暗中接受国民党鲁南绥靖区司令官兼第四十二集团军总司令职。26日晚,郝一举诱捕朱克靖及中共联络人员康宁等四人,当夜率部撤往海州城下蒋管区,27日晨发表反共通电,宣称"还军于国",公开叛变投蒋。29日,郝飞徐州面见陈诚、薛岳,接受"进剿"解放区反共使命,并竭力诬蔑、诽谤解放区党政军民。2月6日,郝鹏举率部向陇海

①　1946年9月5日,郝鹏举发表通电,对中央社关于郝已"率部反正,与共军激战"的广播和传单,表示斥责,并发誓"头可断,血可流,此心如冰洁,此志如玉坚",决不为高官厚禄而背叛人民。其诗文,见同年9月16日、20日、21日《大众日报》。

②　延安《解放日报》社论:《郝鹏举事件的教训》,见《大众日报》1947年2月22日。

路东段白塔埠、大新集、蒜庄湖地区解放区进攻。华东野战军苏北兵团第二纵队四、九两旅发起自卫反击,经 6 日夜和 7 日全天激战,攻占白塔埠郝的司令部据点,全歼郝部主力,郝鹏举被生俘。13 日,郝被押解至临沂河湾村,要求面见陈毅。陈见他后,严词斥责其背信弃义的罪行,说不料"人之无良心到了这种地步"①。

　　1947 年 4 月,蒋介石在发动全面进攻受到挫败后,转而对山东解放区发动重点进攻。鲁东南解放区党政机关陆续向渤海区后方转移,郝鹏举被押解随行。夏初某日,撤至小清河某地正欲渡河,遇蒋军飞机轰炸,郝乘机逃遁,被押送警卫人员击毙。

---

　　①　张剑:《陈毅将军和郝逆鹏举的谈话》,香港《正报周刊》第 27 期,1947 年 2 月 28 日出版。

何 北 衡

袁嘉新

　　何北衡,名恩枢,四川罗江人,1896 年(清光绪二十二年)出生于一个地主家庭。父何庆联,系光绪年间候补同知,民初任过罗江县团练局长。

　　何北衡早年就读于绵阳中学堂,1917 年考入北京大学法律系,常在四川会馆与同乡聚会,结识了四川军阀刘湘的驻京代表乔毅夫、张斯可,并参加了北京各大学一些川籍学生组织的"诚学会"。1920 年他还未毕业,便经乔、张介绍,与北大同学范崇实、陈学池等相继进入刘湘戎幕。1924 年又回北大学习一年,毕业后返川,在政界、商界活动。

　　1926 年,何北衡任巴县知事,并在川东川南团务总监部兼任处长。北伐战争开始后,刘湘部改编为国民革命军第二十一军,何北衡为该军政治部科长。

　　1928 年,刘湘打败杨森,防区扩大到下川东二十余县。为加强对川江的控制,刘湘设置川江航务管理处,任命经营航业已见成效的卢作孚为处长,何北衡为副处长。半年后,何北衡升任处长。何主持航务处期间,除查阻他军运输军火外,还迫使以往横行川江的外轮,凡进出港口也必须向海关和航务处结关。航务处可派兵到中外轮船上检查,开中国兵登外轮检查之先河。

　　1936 年春,何北衡接任重庆警察局长职,次年又接掌四川省建设厅,并兼省水利局长。1939 年交卸建设厅长职。1940 年全国粮食管理局成立,卢作孚出任局长,何北衡任副局长。1944 年再次出任建设厅长,继续兼任水利局长,直至解放。

何北衡任四川省水利局长之初,往灌县瞻仰李冰太守遗迹,羡其利溥人群,千年永生,于是有志推广李法于全省,普建水利工程。他在西南实业协会发表《四川水利建设概况及其对工矿业之关系》的专题讲演,主张"建设四川,首在水利","四川河流,计百四十,可发电二百万匹马力",吁请实业界协助建设。为筹集工程费用,他经常去农民银行洽办水利贷款,曾叹说"农民银行的门槛都被我踏断了"。经多方延揽技术人才,在川西、川北及川东等地先后修堰开渠。他在 1942 年所著《建设四川水利复兴中华民族》一书中说:"自民国二十七年迄今,川省采用现代技术,运用大量资金,开辟及改良之自流渠堰三十余处,新建堵水坝二百三十处,可灌田土约七十万亩。根据此五年之艰苦经验,吾人对现代技术之效用,益具信心,对大量资金之贷放,益感必需。"他提出,为迅速推广水利工程,应准备大批技术人才,筹集大量资金,确立政策,规定制度,认为:"应引导人类与自然争无穷无尽之利,建设水利,即人类与自然争利之伟大而显著事例。"他主张利用外资外技,曾邀美国农复会的贝克博士一道去川西北参观水利工程。

何北衡与重庆工商经济界的关系颇为密切,由他担任董事长、董事、监察等的官办、商办企业不下数十。他与卢作孚早为莫逆之交,很敬重卢,遇事常以卢居前,而自处于辅助地位。1926 年卢创办民生公司,开办重庆至合川轮船客运。航线必经之北碚,居于第二十一、二十八两军防区交接之间,土匪出没,航行经常受阻。经何北衡与人奔走联络,促成两军在北碚地区的谅解,设峡防局于北碚,并推荐卢作孚任局长。卢乃组织武装,消除匪患,使航行畅通无阻,同时将北碚建成为风景区。

何北衡在民生公司有投资,并任董事。卢作孚在《一桩惨淡经营的事业——民生实业公司》一书中,称何是"始终帮助公司最多的董事"。在民生公司业务发展中,卢每有重大主张,遇有不同意见,何皆尽力调和,助其实现。当民生公司航线伸展到长江下游后,何联络友好,组成由他担任董事长的华懋公司(初名华通),将经营有年在申、汉、宜、万已设有机构的大川通报关行并入,对内称华懋运输部,对外仍用原名,使原为外商日清公司等招揽货运的大川通,从此改为民生公司服务。

何北衡接掌四川省建设厅后,即与卢作孚、财政厅长刘航琛支持范崇实从事蚕桑业,将四川省政府投有资金的四川生丝公司改组为四川丝业公司,何任董事长,范崇实任总经理。由于中国、交通、农民银行及农本局等在增资中投入了资本,三行一局的负责人进入了董事会,宋子文当上了常董,大有进而占有丝业公司之势;接着张群任董事长的川康兴业公司也大量投入资金,并以母公司自居,准备派人接替总经理职。何北衡、范崇实急谋应付,决定由何北衡让出席位,请张群兼任董事长,范崇实的总经理才得以保留不动。后张群离川,何北衡又回任董事长。

抗战军兴,需要输出商品,换取军用物资。1937年9月,国民政府成立贸易调整委员会,四川贸易局亦相继设立,叶元龙(代表重庆行营)任局长,何北衡(代表省政府)任副局长。何北衡督促原经营猪鬃、桐油等的出口行号,按行业合并组织公司,先后组成了四川畜产公司、四川桐油公司、四川药材公司,化零为整,以增强实力,有利经营。桐油、药材因绕道运输费时,资金周转发生问题,他协助向中国银行洽办贷款。

抗日战争全面展开后,沿海工厂纷纷迁至武汉,何北衡去汉敦劝各厂迁川,申述四川急需纺织、炼钢、机器、玻璃、制革、造纸、酸碱及其他化学工厂。何北衡的辞令,当时很能感动厂家。接着他与愿迁四川的厂家代表,就运输、厂地、电力、劳工、原料、市场、金融、捐税等问题,一一详加研究。

重庆的长江和嘉陵江原以木船为渡江工具,1937年冬筹组轮渡公司,以适应战时后方的需要。何北衡至渝召集有关方面商讨决定,省政府先拨给十万元资金,由建设厅所属的川江航务管理处负责即日着手筹备。不久,便租妥民生公司两只小轮,于次年元旦行驶储奇门至海棠溪航线。一面先行营业,一面招募商股。7月,重庆轮渡公司正式成立。10月,何北衡具呈省政府:"筹备轮渡,旨在提倡,原非为利,拟请将筹备期间所有盈利,除提缴省府资金月息一分外,余利提作备用金移让公司,以期挹注,而示奖掖。"由于优惠鼓励,轮渡公司陆续添购船只,增辟航线,使两江交通得到改善。1939年底,中国西南实业协会在重庆成立,张群任理事长,何北衡任总干事。该会主办的星五聚餐会,常邀请中外名流、实业界头面人物作专题讲演,或就经济事业有关的问题进行座谈讨论。何北衡在星五聚餐会上作过专题讲演,并参加一些座谈讨论。1942年5月两次讨论纳税问题,有国民政府主管税收的刘振东、高秉坊参加。何北衡在会上几度发言,说:"吾人对于税捐,非不拥护,仅求得一合理之规定。在今日病态复杂之环境下,应求税收之增加而病不增加,若税收数字增加而病益严重,则危险殊甚。"他指出:"因沿途关卡林立,所予吾人痛苦之大,不可言喻。""人民不怕苛而怕扰,深望今后一切杂卡均予取消。"1945年9月,何北衡主持工业座谈会,讨论解救工业危机问题。他首先发言说:"今天在后方的工厂都是随政府西迁的,用尽了劳力财力人力,维持了七八年,为的是要求胜利,现在胜利得到了,工业界自己倒濒于绝境。不但工业界如此,农村亦受其影响,粮食跌价,平均跌落三分之一至二分之一。如此情况,社会如何能安定?因此,我们的座谈会虽然偏重于工业,我们也应该顾到整个社会安定的问题。"他在座谈会最后指出:"这个危机,是由于政府用通货膨胀的方法以后,而又紧缩通货的结果,所以政府应负维持的责任,我们有权要求维持。"

何北衡常为人排难解纷,友朋对他多有好感。1946年他五十岁生日时,畜产、丝业等几家公司约同送给他一笔礼金,他将此款转赠予公益事业。四川畜产公司成立时,贸易委员会所属富华公司等投有资金。抗战胜利后,畜产公司业务迅速扩展到国内外,商请何北衡代为洽退官股,他因此几次去南京。事成之后,畜产公司酬谢他相当数额的股票,他谢绝未受。

在解放战争时期,何北衡曾为掩护和营救中共地下党人出力。1948年4月,其亲戚刘国志住在他家被人出卖,特务去他家诱捕,刘请出何妻吴静淑与之周旋,而趁机脱险。绥署参谋长肖毅肃立即下令包围何宅,严密搜查;一面打电话去成都找何北衡,指责其妻窝藏、放跑共产党,并威胁说:"如果抓不到刘国志,只好请你太太坐班房。"何北衡说:"我太太是个妇道人家,她懂什么？ 要坐班房嘛,我辞职回重庆抵案好了!"加以抵制。不久,刘国志在荣昌被捕,何北衡又多方设法营救。但国民党当局假意敷衍,于重庆解放前夕,将刘杀害于渣滓洞。

四川解放前夕,何北衡去香港,拒绝张群游说,不去台湾。1950 年全家回到北京。何北衡曾任水利电力部参事室参事、第二届全国政协委员,1972 年在北京病逝。

主要参考资料

童少生:《回忆民生轮船公司》,中国人民政治协商会议重庆市委员会文史资料研究委员会编《重庆文史资料》第 17 辑,1983 年版。

王世均:《民生公司向加拿大借款造船的经过》,中国人民政治协商会议全国委员会文史资料研究委员会编《文史资料选辑》第 33 辑,中华书局 1963 年版。

曾紫霞:《刘国志》,重庆出版社 1983 年版。

《西南实业通讯》1942 年第 5 卷第 6 期、第 6 卷第 5 期;1945 年第 12 卷第 1、2 期。

何　成　濬

江绍贞

何成濬,字雪竹,湖北随县人,1882年6月20日(清光绪八年五月初五)生,家庭"薄有资产,自幼生活裕如"①。何五岁延师就读,十四岁时赴武昌投考武备学堂,因年小体弱未被录取。十九岁时,参加县学考试,以第一名补博士弟子员,受到湖北学政蒋式棻的赏识,被保送到武昌经心书院学习(不久经心书院合并于两湖书院,后改称两湖高等学堂),受黄兴宣传反清革命影响,倾向革命。

1904年3月,何成濬得官费赴日留学,入东京振武学校。翌年,由黄兴介绍加入同盟会。1907年考入陆军士官学校第五期步兵科。1909年毕业回国,初在湖北督练公所任职,年余后在陆军部军制司任科员。

辛亥武昌起义爆发的第二天,陆军大臣荫昌率军南下镇压革命,何成濬被任为一等参谋,率领第一镇第一标及第六镇第二十四标先行,屯驻湖北祁家湾。湖广总督瑞澂令其自阳逻渡江进攻武昌,何为暗助起义军,以受荫昌节制为词拒绝;后又因私释被清军逮捕的农民,引起荫昌对他的怀疑。不久,袁世凯取代荫昌,何返北京。旋离京到沪投奔黄兴,被派往南京进行建立临时政府的筹备工作。中华民国临时政府成

---

① 何成濬:《八十回忆》,杜元载主编《革命人物志》第8集,台北"中央文物供应社"1971年版;另参看何成濬《八十自述》,《近代中国史料丛刊》第67辑,台北文海出版社1971年版。

立后,何先后随黄兴出任陆军部副官长、南京留守府总务厅长及汉粤川铁路督办驻北京代表。1913年3月,宋教仁被刺事件发生后,何离京到沪,帮助黄兴做"二次革命"的发动工作,并任江苏讨袁军总司令部总参议。"二次革命"失败后,何随孙中山、黄兴流亡日本。

1914年夏,何成濬奉黄兴之命改名换姓潜回上海,做再次讨袁的准备。他通过与陈其美的交往,结识了一些帮会人物。1916年袁世凯死后,继任总统黎元洪邀黄兴共商大计,何受黄派遣先行到北京察看形势。在京二月余,"目睹大权操在军阀,约法等于废纸,知不可为"①,即离京南下。

1917年,何成濬随孙中山由沪到广州组织护法军政府,旋奉命回湖北联络军队。何到沙市策动驻军石星川师独立,但为鄂督王占元派兵夹击,石弃部逃走,队伍溃散。何将溃兵收集率往湖南常德,编成两团,以夏斗寅、张笃伦分任团长,交湘西督办、革命党人李书城接管,何自任高等顾问襄助。翌年3月,北洋军进逼岳阳,何受湘西军总司令程潜吁请,率夏、张两团驰援。初期在汨罗江设防守御,但在北洋军张敬尧部攻击下,败退长沙、永丰,后在乐亭又陷重围。何率部趁大雨突围脱险,在郴县将残部略加整理后交李书城,只身往广州,旋赴上海谒孙中山。

1920年11月,孙中山回广州再组军政府,何成濬被孙派赴湖南,兼负联络川、鄂两省之责。他动员湖南督军、湘军总司令谭延闿支持护法;旋因湘军内争,谭被迫辞职,何不得已回沪。翌年夏,复到湖南参加赵恒惕、李书城援鄂驱逐王占元的战争,虽然驱王目的达到,却被吴佩孚收了渔人之利,何仍不能回湖北活动。旋由孙中山派往云南游说唐继尧拥护军政府,在滇三月,未能取得唐的支持。回沪时,闻陈炯明公然叛变,立即到广州谒孙中山于永丰舰。当时许崇智

---

① 何成濬:《八十回忆》,杜元载主编《革命人物志》第8集;另参看何成濬《八十自述》,《近代中国史料丛刊》第67辑。

由江西回师靖难遇挫,退向闽边,处境十分困难。何奉孙中山之命往福建游说延平镇守使王永泉。王不仅供给许部军火,并于10月间共同攻克福州,王担任了福建总抚,何亦膺任兴泉永前敌总指挥,在福建取得了一席之地。1923年2月,许崇智回师广东,何仍留守闽南,改任中央直辖福建各军总指挥,是年夏,受命率部夹击潮汕陈炯明叛部,屡战不利,孤军难支,退回闽省时王永泉又倒戈相向,不得已转进厦门。1924年5月遵孙中山之命由汀州绕赣边回粤,10月被任命为湖北招讨使兼建国军北伐总司令部参谋长,随总司令谭延闿入赣北伐。但进占吉安后,左右翼皆失利,全部退返广东。何因屡次战败,解甲回沪休养。

1925年9月,何成濬为蒋介石起用,任东征军总部总参议。1926年7月北伐开始,任国民革命军总司令部总参议。蒋介石以他与孙传芳在日本同学的关系,派为驻沪代表,竭力游说孙传芳与北伐军一致进攻吴佩孚,但没有达到目的。北伐军攻克武汉后,何受蒋命赴湖北,任鄂北绥靖主任。蒋介石原本指望他到湖北对付共产党人和国民党左派,但何在武汉革命声势的压力下,无所作为,不久便至南昌。

1927年4月南京国民政府成立后,何成濬被任为军事委员会委员及国民革命军高等顾问。他秉承蒋介石之意赴山西游说阎锡山,向阎转达蒋反共北进的决心。

1928年4月,蒋介石指挥第一集团军北伐奉系张作霖,何成濬任徐州行营主任。"五三"济南惨案发生后,蒋介石一再派何与日方谈判,5月9日曾派何与日军师团长福田交涉解决办法,日军淫威施压,何坚定不屈,拒绝在福田提交的屈辱条款上签字。后蒋介石改道北进,何先往京津游说奉军东撤,由阎锡山部接收北京各机关并维持治安。后又留驻北京做一些善后工作,收编了张宗昌直鲁联军徐源泉部和孙传芳的残部郑俊彦等部。10月,蒋介石改组国民政府,何被任为参军长。1929年蒋桂战争前夕,何被派为北平行营主任,取代桂系白崇禧。何取得唐生智合作,拔掉了桂系在北方的据点。蒋桂战争结束后,何于5

月被任命为湖北省政府主席,但何没有立即到湖北上任,而继续衔蒋之命往山西联络阎锡山。10月,蒋(介石)、冯(玉祥)战争爆发,何奉蒋命率第九军攻冯。12月,唐生智讨蒋,何在鄂被任为第五路军总指挥,并奉命入晋襄助阎锡山,到郑州对徐源泉、王金钰等做争取工作,瓦解了唐生智的后路。1930年5月,中原大战爆发,何成濬奉蒋命兼任第三军团总指挥,率九、十两军在平汉线许昌各地布防,阻冯军南下。

中原大战结束后,何成濬奉命回任湖北省主席职,并兼任武汉行营主任,负责指挥对鄂豫皖地区红军的"围剿"。他调集九个多师的兵力参加第一次"围剿",结果第三十四师全师覆灭,副师长岳维峻被俘。在第二次"围剿"中,何增加兵力达十一个师,结果六千余人被歼。第三次"围剿"开始后,蒋介石把主力置于江西中央苏区,对鄂豫皖暂取守势。各路红军威逼黄梅、武穴,向武汉包围。何调海军舰艇巡逻长江,并派徐源泉第十军解武汉之围。在这次"围剿"中,何部又被红军歼灭七团之众。1932年3月,何卸湖北省政府主席职,6月被派任左路军司令官,负责湘鄂西地区的"围剿"。此外,他还部署在城市里大肆搜捕共产党人。他安排红帮头目徐朗西、杨庆山配合CC系特务、武汉警察局长蔡孟坚,于1931年4月将中共中央政治局候补委员、中央特科负责人顾顺章逮捕。顾被捕后叛变,对中国共产党领导机关造成严重威胁。1934年10月红军长征后,何还随蒋介石到重庆参加部署对红军的追击。

1937年"七七"抗战爆发,何成濬于11月再次担任湖北省政府主席,但仅半年即被陈诚取代。1938年武汉会战前何到重庆,任军事委员会军法执行总监。他看到国民党军队扰害民众,高级将领骄横跋扈,贪污舞弊,深感国民党统治"政治黑暗,古今中外绝未闻有如今日之甚者",发出了"不胜为中华民国危惧"[①]的感慨。他在处理一些案件时,

---

① 何成濬著,沈云龙校注:《何成濬将军战时日记》,台北传记文学出版社1986年版。

看到各级官吏"皆有特别背景,不问如何作奸犯科,中央因多所顾虑,不能予以相当制裁",他也就"置若罔闻,以不了了之"①。

何成濬自 1929 年 3 月担任国民党第三届中央执行委员以来,以后第四、五届继续连任,1945 年 5 月又当选为第六届中央执行委员。

抗战胜利后,军法执行总监部撤销,何成濬回到武汉,出任省参议会议长。他在湖北最后三年次第在一些银行、商号、报社兼任董事长。他趁汉口第一纱厂董事们争权夺利之机,坐收渔利,当上了该厂的董事长。何遭到各方的非议甚多,处事亦多龃龉,以至他感叹"备位三载,历尽酸辛"②。

1949 年春何成濬潜往香港。1951 年春去台湾,担任过蒋介石的"总统府国策顾问"、"资政",国民党中央评议委员会委员、中央纪律委员会委员等职。1961 年 5 月 7 日于台北去世。

---

① 何成濬著,沈云龙校注:《何成濬将军战时日记》。
② 何成濬:《八十回忆》,杜元载主编《革命人物志》第 8 集;另参看何成濬:《八十自述》,《近代中国史料丛刊》第 67 辑。

何　键

李静之

　　何键,字芸樵,湖南醴陵人,1887 年 3 月 11 日(清光绪十三年二月十七日)生。父亲何其善,务农为业。何键幼时读私塾,1903 年入县立朱子祠小学,后入渌江书院。1906 年起,就读于王先谦主办的崇古学堂和湖南公立法政学堂。

　　辛亥革命后,何键一度在湖南都督府民政司做办事员。不久弃职进培养下级军官的湖南将校养成所,以后相继在南京入伍生队、湖北陆军第三中学、保定军官学校第三期步科学习。1916 年毕业后,分配到湘军第一师第一旅见习。旋补少尉排长。

　　1917 年,孙中山南下护法后,段祺瑞为推行武力统一政策,企图占领湖南以征服西南,1918 年 3 月,派北洋军大举犯湘,湘桂联军败退湘南。何键回到醴陵,与滞留家乡的第一师排长张国威收集溃兵散枪,分别拉起了游击队,不断袭扰北军后方。不久,北军张怀芝部在湘东溃败,游击队在当地农民配合下,缴获了数百支枪,又屡次挫败皖系军阀、湖南督军张敬尧的进剿。游击队的活动引起湘军总部的注意,湘军总司令程潜分别委任何、张为游击队的正副司令。

　　1919 年春夏间,湘军总司令部将游击队调往湘南,准备扩编成独立旅。这时,湘军发生内变,在桂系支持下重任湖南督军的谭延闿联合赵恒惕逼走了程潜,继任湘军总司令。何键被认为是程派,不受倚重,队伍留资兴待命。不久,张国威从游击队分化出去,何键实力大为削弱,由湘军第一师第二旅第三团团长唐生智改编为该部骑兵营,何任营长。1920 年,湖南军民驱逐张敬尧成功后,何部进驻岳阳、桃源等地。

驱张后,湘军内部又发生权力斗争。赵恒惕赶走了谭延闿,接任湘军总司令、省长。为缓和内争,赵于1921 年 7 月率领湘军援鄂,何键的骑兵营奉令开到湘鄂西,在沙市对岸沿江警戒。援鄂之役结束后,何得唐生智(时任第一师第二旅旅长)保举,升任骑兵团团长,从此他便追随唐生智。1923 年 8 月,谭延闿就孙中山任命的湖南省长兼湘军总司令职,入湘讨赵,爆发了谭赵战争。何随唐部参加赵的“护宪军”,击溃了谭派蔡巨猷。谭赵战争结束后,唐生智升第四师师长,何键亦升任该师第九旅旅长。

1926 年 7 月,广州国民政府正式出师北伐,何键随唐生智参加国民革命军,任第八军第一师师长,并加入了国民党。北伐军占领湖南后继续向武汉进攻,第八军担任沿长江两岸前进的任务。何键被委江左军司令,率部直趋汉阳,占领了龟山和汉阳兵工厂。武汉攻克后,第八军扩编为第八、三十五、三十六三个军,留驻两湖,何键因功升任第三十五军军长,驻汉口。1927 年 4 月,武汉政府继续北伐,三十五军进兵河南。

随着北伐战争的胜利进行,两湖工农运动蓬勃高涨,被革命潮流卷入的一些旧军官,逐渐露出了他们反对革命的本来面目。何键是这些反动军官中首举逆旗的中心人物。同年 4 月,武汉国民党中央土地委员会讨论土地问题,何键在会上公开攻击农民运动,反对没收地主的土地,斥责共产党和农民协会“搞得不像样子”①。“四一二”政变后,反共气焰甚嚣尘上。何又利用驻武汉反共军官的反动情绪,推波助澜,在汉

①　魏镇:《“马日事变”亲历记》,中国人民政治协商会议全国委员会文史资料研究委员会编《文史资料选辑》第 45 辑,中华书局 1964 年版;曹伯闻:《回忆何键统治湖南时期的几件事》,中国人民政治协商会议湖南省委员会文史资料研究委员会编《湖南文史资料》第 7 辑,1964 年版;蒋永敬:《鲍罗廷与武汉政权》,台北“中国学术著作奖助委员会”1963 年版。

口召集部分高级将领会议,密谋策划发动两湖反共的军事叛变①。在何幕后策动下,5月21日(马日)晚,许克祥、王东原、陶柳等在长沙发动事变,猖狂进攻革命团体,捕杀共产党人和工农群众②。从此,湖南进入反革命恐怖时期。

6月中旬,何键又和武汉卫戍司令、第八军军长李品仙紧密配合,向共产党和工农群众组织开刀。6月28日,李品仙收缴了湖北省总工会领导的工人纠察队的枪支,何键的三十五军则占据了汉阳、汉口一些重要行业工会的房屋。29日,何键发出反共宣言,要求武汉政府"明令与共产党分离"③,为汪蒋合流充当急先锋。

汪蒋合流后,国民党新军阀为争夺统治权,很快又对立起来。第四集团军总司令兼第二方面军总指挥唐生智,依仗实力,企图占有东南。8月中旬派何键为江左军总指挥,刘兴为江右军总指挥,分别率领第三十五、三十六军夹长江东下,占领了芜湖、安庆,进窥南京。唐并以武汉政治分会名义,下令何键兼代安徽省主席。

11月,桂系把持的南京国民政府派西征军讨伐唐生智。唐因战事失利,于11月12日通电下野,令何键、刘兴退入湖南,以保存实力。15日,西征军占领武汉。1928年1月占领长沙,组织了以程潜为主席的"湘鄂临时政务委员会"主持湘政。3月4日,何键发出求和通电,表示"谨率所部,集结湘西,听候命令,移师北伐"④。6日,双方停火,宁汉战争结束,唐部大部被桂系改编。何键由于多方向桂系靠拢,改编时该

---

① 魏镇:《"马日事变"亲历记》,中国人民政治协商会议全国委员会文史资料研究委员会编《文史资料选辑》第45辑。

② 魏镇:《"马日事变"亲历记》,中国人民政治协商会议全国委员会文史资料研究委员会编《文史资料选辑》,第45辑;吴相湘:《民国百人传》第3卷,台北传记文学出版社1971年版,第154页。

③ 何键反共宣言,见《武汉反共之重要文件》,《国闻周报》第4卷第29期。

④ 湖南省志编纂委员会编:《湖南省志》第1卷《湖南近百年大事记述》,湖南人民出版社1980年3版,第549页。

部得以保留三十五军建制。从此何脱离唐生智,开创自己的局面。桂系军阀入湘后,为了镇压工农运动,成立了"湖南全省清乡督办署",程潜兼清乡督办,何键兼任会办。

5月,鲁涤平担任湖南省主席兼清乡督办,何键仍兼会办。鲁对何以会办掌握"清乡督办署"的实权十分不满,乘南京政府设立湘、赣两省"剿匪"总指挥部("会剿"湘赣边区红军)之机,请准蒋介石任命何代他为"会剿"总指挥,把何挤出了湖南。从此,何、鲁矛盾日益加深。何便进一步勾结桂系,策划倒鲁。1929年2月,桂系操纵的武汉政治分会以"铲共不力"等由,免去鲁涤平的省主席职务,以何键继任。蒋介石对桂系擅自任免湘省主席、控制湖南政权十分不满,调动军队西上。何键一面对桂系表示感恩,一面暗中派人向蒋疏通,想取得蒋的谅解和承认。蒋为了分化对方,表示只要何接受改编,受命讨桂,许他归顺效力。2月27日,南京中央政治会议任命何键代理湖南省主席,他于3月2日就职。

3月蒋桂战争爆发,何键见形势对桂系不利,改变了两面周旋的态度,表示拥蒋反桂。蒋委何为讨逆军第四军军长和湖南编遣特派员。4月初,桂系败回广西,蒋军占领武汉。何键亲到武汉见蒋,表示竭诚拥戴。蒋任命他为湖南省主席,接着,又任命他为讨逆军第四路军总指挥,辖三师两旅,约四万多人,南下讨桂。4月末,他分兵三路入桂。直到7月李宗仁、白崇禧宣告下野,湘军才陆续退回湖南。

9月,张发奎在宜昌举兵反对蒋介石,拟取道湘西入桂,与桂系合作。何键奉蒋令集中湘军堵击,亲赴宝庆督师。10月底,张部突破了蒋军和湘军的截击,进到湘粤桂边境,与李宗仁、白崇禧取得联络,组织张桂联军,占领了广西。12月唐生智也在郑州通电反蒋,电文上并列有何键的名字。因此,蒋很注意何的动向。何原想中立于蒋唐之间,曾通电全国主张双方息兵。蒋派武汉市长刘文岛到长沙当面诘责,何只好补发通电,声言"拥护中央,维持统一"①。唐生智反蒋迅速失败。1930年1月底,蒋介石命何键的第四路军入桂讨伐张桂联军。

同年春,西北、西南军阀和国民党反蒋派别酝酿反蒋大联合。湖南枢纽南北,有举足轻重之势。蒋介石对何键极不放心,派刘文岛往来湘汉之间,观察何的动静。何虽表示拥蒋,但仍想保持同桂系的联系。这时,江西的红军日益发展壮大,有进攻长沙之势。何键便将讨桂的四路军撤回湖南,集中湘东以防御红军的袭击。5月,中原大战爆发。为了策应阎锡山、冯玉祥的反蒋军事行动,张桂联军趁何分防湘赣边区之机,倾巢进攻湖南。6月5日,长沙被张桂军占领,何率文武官员逃至岳阳。8日桂军攻占平江,何键又退到常德。不久援湘粤军进入湘南,何键督师反攻,于17日收复长沙,并亲率主力追赶张桂军至湘桂边境。这时,从赣南进入平、浏一带活动的红三军团乘虚占领了平江,进攻长沙。何键又急忙赶回长沙坐镇,从衡、永急调部队回来增援。经过激烈的战斗,红军在27日攻入长沙,何键狼狈逃窜到沅江。

长沙在两月之内两度失守,不满何键的人纷纷指责,要求惩办他。蒋介石既需要利用湖南作为同两广之间的缓冲地带,又需要何键这支坚决反共的武力牵制红军。因此,替何承担责任,声明长沙失守,"中正应负其咎"②。何键感激涕零,从此便完全倒向蒋介石了。

8月5日,何键部向据守长沙的红军反扑,红三军团失利撤离长沙,月末红军再次进攻,旋又撤退。此后何键在长沙疯狂进行大屠杀,在"宁可错杀三千,不可放走一个"的口号下杀害许多共产党员和工农群众。

早在1928年12月,何键担任湘、赣两省"会剿"代总指挥时,曾率二十个团左右的兵力,对井冈山革命根据地进行"围剿"。1930年12

---

① 张慕先:《何键利用蒋桂矛盾取得湖南政权》,《湖南文史资料选辑》第5辑,湖南人民出版社1961年重印本。

② 张慕先:《何键利用蒋桂矛盾取得湖南政权》,《湖南文史资料选辑》第5辑。

月,蒋介石发动对江西中央根据地第一次"围剿",何部在修水、铜鼓一带协助"进剿"。1931 年 4、5 月,蒋对中央苏区进行第二次"围剿",何部在湘东南堵击红军。自 1930 年冬至 1932 年间,何部还参加了对湘赣、湘鄂赣红军根据地的反复扫荡。1933 年 5 月,何键被任为赣、粤、闽、湘、鄂五省"剿匪"联军西路军总司令,又参与了对中央苏区的第五次"围剿"。1934 年 7 月,红六军团退出湘赣根据地,从江西永新、遂川进入湖南。蒋介石急调何键部追击,何的西路军基本队伍第十九师(原三十五军改编)一直尾追至贵州石阡。10 月,中央红军撤离瑞金,突围到赣湘粤边。蒋把何键的西路军主力调湖南布防,依湘江东岸构筑工事进行堵截。11 月上旬,蒋任命何键为"追剿"总司令,率五路"追剿"军,妄图把红军主力消灭在湖南。12 月,红军突破封锁线,击败何键部阻击,进入贵州。何键继续尾追。1935 年 2 月,中央红军进入滇东,蒋介石撤销了"追剿"军总司令令部,以何键为"剿匪"军第一路司令,专任对红二方面军的反复"围剿"。11 月,红二方面军从桑植出发,突围北上,何键部继续尾追到贵州、云南。何键不仅参加了"围剿",还把"铲共""清乡"作为全省的中心任务,自兼清乡司令部司令。他把原叫"挨户团"的地方团队改名为"铲共义勇队",说"用这个响亮名词,可以大大激发民众铲共的决心"。他又将全省划为二十二个团防区,各区设指挥一人,大都以县长兼任,并以"清乡"反共的成绩作为考核县长的主要标准,说:"当县长就要不怕杀人,婆婆妈妈当什么县长!任用县长就要看这一条。"①他在全省严密保甲组织,办理"十家联结",清乡队、挨户团烧杀淫掠,无恶不作。靠近苏区的地方更是血洗火烧,无数共产党人和革命群众惨遭屠杀。

何键统治湖南期间,竭力宣扬孝、悌、忠、信、礼、义、廉、耻"八德",提倡尊孔读经。他经常到机关、学校、部队演说,侈谈"八德"、"五经"与

①　曹伯闻:《回忆何键统治湖南时期的几件事》,中国人民政治协商会议全国委员会文史资料研究委员会编《湖南文史资料》,第 7 辑。

三民主义的关系,他认为"学生必须研究孔子经义……正其思想"①,规定学校从小学到大学都要读经。

何键统治湖南期间,对人民进行敲骨吸髓的剥削。他开办银行,滥发纸币,操纵金融,用各种名义发行公债,苛征田赋,恢复厘金,加征盐税;和贵州军阀勾结贩运鸦片,将湖南所产锰砂盗卖给日本。用搜刮的民脂民膏,在长沙、汉口、庐山、上海、香港等地购置了大量房地产。

何键取得湖南政权后,大力发展自己的军事实力,兵力最盛时达到十万人左右。红军北上抗日,"剿共"局面缓和后,蒋介石不再允许他依仗实力进行地方割据,逼他辞去四路军总指挥职务,将该部主力调赴江、浙。以后又以抗日为名,将该部(包括地方保安队)陆续调离湖南,使何的军事实力彻底瓦解。1936年6月,粤桂军阀联合反蒋。事变前夕,陈济棠、李宗仁派代表到湖南与何密商合作。何大耍两面手法,一面作出响应西南的姿态;一面却派人向蒋告密,使蒋抢先控制了衡阳,桂粤进军湖南的计划未能实现。他想两面讨好,结果既招怨桂粤,也得罪了蒋介石,成为蒋想拔除他的一个因素。西安事变时,何键企图乘机将四路军主力从浙江调回湖南,没有成功。又企图把保安团扩编为正规军,也落了空。这加深了蒋对他的猜疑。1937年11月,调他为内政部长,从此结束了何统治湖南九年的历史。

1938年夏,湖南政界倒何分子组织"湖南各界清算委员会",对何九年囊括湖南财政进行清算,拥何派将主持清算最力的国民党监察委员罗介夫刺死,清算风波遂停。

1939年春,何键调军事委员会抚恤委员会任主任委员。抗战胜利时因病辞职,以后长期住南岳休养。1949年春,解放军逼近长沙,他迁居香港,1950年夏到台湾,被聘为"总统府国策顾问"。

1956年4月25日,何键因脑溢血殁于台北。

---

① 何键:《请命令学校读经以发扬民族精神而实现总理遗教案》,《船山学刊》1937年第1期。

何　　廉

徐凯希

何廉,字淬廉。1895 年(光绪二十一年)出生于湖南宝庆硖石口村一乡绅家庭。其父除在家乡经营田产,并与同乡合股开办杂货店于广西桂林。何自幼入家馆、族馆读书,1909 年 9 月插班长沙邵阳中学。同年寒假,为报考陆军小学前往桂林,因错过报名时间,暂在圣公会所办走读学校学习英语。

1911 年春,何廉考入桂林初级陆军学堂。武昌起义爆发,军校停办,何与同学准备前去湖北,投奔革命军,后经家人力劝返回乡里。1913 年 12 月考入长沙雅礼中学,1918 年以优异成绩毕业。1919 年 7 月,何廉赴美留学,就读加州波姆那学院,边做工,边读书,主修经济学。1922 年毕业,转入耶鲁大学经济系攻读研究生,兼做阅卷助教,曾在著名经济学教授埃文·费暄(Irving Fisher)所设指数研究所工作,参加编制物价指数、股票周期等课题的调查。1926 年毕业,取得经济学博士学位。同年 6 月,何廉学成回国,途经日本,收到南开大学聘书,改赴天津,任南开大学商学院财政学与统计学教授。

1927 年,何廉创办南开大学社会经济研究委员会,任委员会主任。整理出版《南开中国经济文集》,编制、分析经济统计资料,从事社会经济调查研究,结合实际进行经济学科教学改革。同年,接受太平洋国际学会国际研究委员会研究项目,从事对山东、河北人口向东北迁移运动的研究,前往东北等地进行实地考查。1929 年,何与张伯苓出席太平洋国际学会年会。

1930年，经何廉建议，南开大学商学院、文学院的经济系和大学的经济研究所合并，成立南开大学经济学院，何廉任院长兼商学院院长，主持教学、研究工作。同年，何受聘为上海贸易局统计顾问。1931年，何主持编写的大学财政学教材由商务印书馆刊印。

1934年，南开社会经济研究委员会改为南开经济研究所，何廉任所长，积极从事华北地区农村经济、农村手工业和地方行政与财政三个专题的调查。1935年，为培养农村复兴运动人才，南开经济研究所与北京协和医院、燕京大学、清华大学和南京金陵大学联合成立"华北农村建设协进会"组织，何廉被推选为会长，主要任务是促进对农村复兴运动的研究，培养研究生。每校各有分工，南开经济研究所负责培养地方政府和财政、合作组织、土地管理方面的人才。同年秋，按照教育部核定的科目，南开大学经济研究所开始招收经济学科硕士研究生，开办研究生班，先后九期毕业生，共五十余人，散布于国内经济事业单位和学术界。抗战爆发后，华北农村建设协进会迁至贵州，改名为中国农村建设协进会，何廉仍任会长。

何廉在南开执教十年，得到校长张伯苓的大力支持。他结合国内实际情况，改革商、经两院课程设置，编写出版教科书，编制、发表物价指数，先后出版《大公报》统计副刊专栏、《南开统计周刊》（1928年—1933年）、《经济统计季刊》（1932年—1934年）、《中国经济日报》、《南开社会与经济季刊》（1935年—1937年）、《南开指数》年刊等统计类专业刊物，并在各有关刊物上发表了一批颇有见地的学术论文，推动国内统计学科的教学研究与应用，蜚声海内外。

1934年夏天，何廉、蒋廷黻曾应蒋介石邀请前往庐山，对经济建设计划发表意见。何就浙江等地农村建设问题提出看法，认为建设中国经济，应侧重于农业方面，务必倍加关注。1936年6月，何廉接到行政院秘书长翁文灏来函转达蒋介石请他担任行政院政务处长的愿望，经过再三考虑，并与范旭东、张伯苓等商议，何廉决定接受，张伯苓特准其请长假。7月赴南京就职，负责协调行政院各部之间，以及各省市与行政院财务、建设、军务部门之间的工作。同年9月,何廉奉命研究现有政府负责经济建设的机构、职能,以及财政收支等问题,深感国民党政府机构重叠,责任重复,官僚积习甚深,主管人员对经济建设一窍不通。10月,何前往洛阳,每隔一天,向蒋介石等军政要员讲授美英两国财政体制、德苏经济等专题,介绍社会经济调查见闻。此间,何与同在洛阳的陈诚、陈布雷交往密切。12月初,何廉因事赴宁,准备前往西安时,西安事变发生,未能成行。

1937年抗日战争全面爆发,国民政府进行缩编改组,宣布迁都重庆。何廉被任命为国民政府经济部常务次长兼任农产调整委员会副主任委员,接手实业部下属农本局总经理职务。11月,何带领农本局部分人员到达长沙,借用福湘女子中学校舍办公。其间邀请随校迁抵长沙的清华、北大、南开各校经济学教授,讨论农本局和农产调整委员会战时工作方案,确定农本局战时主要任务应是促进农业信用流通和农产运销。

1938年初,国民政府进一步改组,由实业部、资源委员会、全国经济委员会、建设委员会合并组成经济部。何廉任经济部次长兼任农本局总经理,主持战时农业方面的行政工作。他先后部署在河南、陕西等地抢购剩余农产品,运至后方,分设招收站于汉口、长沙,招聘流落后方的专业技术人员。同年2月,农本局迁抵重庆渔村。为适应战时购储棉花,解决后方军需民用,何廉主持建立福生庄,投资一千万元,负责抢购战区棉花、棉纱,经营向后方运输花纱布等业务。随着系统业务全面展开,农本局相继在重庆、桂林、长沙、鄂西、贵阳、西安设立办事处,在大后方各主要县份设立农业合作金库和农业仓库三百余处,分别管理各省农贷和农业仓储业务,先后开展柑橘储藏试验、兴修水利、推广分发良种等工作。为解决缺乏专业人员的困难,开设训练班于重庆,对农本局录用的大学毕业生进行培训,授以实际工作经验及基本急救、保健方法后,派往各地分支机构。训练班由方显廷主持,何廉任主任,陆续培训了七百余名大学毕业生。

4月,陈诚受命出任三民主义青年团书记长,邀请何廉兼任三青团经济处处长。何廉曾邀请有关经济学专家讨论平均地权和节制资本问题,因到会国民党籍人士作梗,会议最后拿出两份主张不同的报告送交陈诚,没有产生任何实际效果。同年11月,中共代表、军委会政治部副部长周恩来携夫人邓颖超抵达重庆,一时未能找到合适住房,何廉以周系张伯苓的学生,主动腾出渔村住房二间,请周恩来夫妇暂住。

何廉以学者身份从政,在国民党统治集团内一直是"局外人"。陈布雷等有意介绍他加入国民党,但被何以各种理由推托。迁至重庆后,朱家骅、康泽等多次找他谈话,希望在农本局系统内发展国民党和三青团组织,他都婉拒。1939年2月,陈诚辞去三青团书记长,由张治中继任。何廉在征求陈诚意见后,谢绝张的挽留,辞去所兼三青团职务,同年7月,中国西南实业协会在重庆正式成立,何廉与卢作孚、刘鸿生被推选为常务理事。

1940年初,何廉从重庆前往昆明,沿途视察贵州境内几处农村合作金库。同年春夏,重庆、昆明、贵阳等城市米价暴涨,库存即将告罄,负责控制粮食分配的农本局受到各方责难。经何廉等人一再促请,国民政府行政院成立粮食管理局,接办原属农本局的粮食管理工作。卢作孚、何廉被任命为负责人。卢负责对外采购、运输,何负责分配及经营管理。7月,粮食危机渐得缓解,何廉由于对成立"农产促进会"问题坚持己见,引起孔祥熙的不快,被迫辞去经济部次长职务。他又当众提出米价暴涨原因在于通货膨胀,触怒财政部次长徐堪等人。

1941年2月,国民政府主计处在戴笠、徐堪授意下,突然对农本局大举查账,拘禁员工,清查凭证账册。何廉闻讯,立刻前往化龙桥秘密警察学校要求放人,遭到拒绝。他又前往翁文灏、孔祥熙、张嘉璈等人处询问,方知罪名是分配食米偏袒不公,分配给学校的多于给党政机关的;利用推广储存柑橘之便,在家中存放自用,戴笠为此将农本局全部账册调走核查,派人前往与何廉关系密切的南开中学检查存米的数量和质量。后查无重大问题,便以理解蒋介石命令有误,释放在押员工。但解除何在农本局和粮食管理局最后两项职务。不久,蒋介石派任何廉为军事委员会参事,何表示除农本局工作,不想接手其他事务。他随即受到特务人员跟踪、监视。经友人多方劝告,讲明利害,何勉强就职,除领取薪水及配给日用品外,从未正式出席会议。

同年6月,何廉恢复研究工作,每周三天前往重庆沙坪坝南开经济研究所。8月,为经济研究所寻求资助事计划前往香港,不料寓所遭日机轰炸,他的大儿子遇难,其他人被压在楼梯下幸免。9月,重庆警察局敲诈裕华纱厂,捕去公司董事黄师让、营业部主任何文翰二人,几经疏通不成,裕大华公司董事长苏汰余求助于何廉,何廉找到行政院秘书长蒋廷黻,用蒋介石名义下一"无罪开释"条子,黄、何二人方得释放。同年11月,经蒋介石特准,何廉终于成行,会见南开经济研究所在港董事颜惠庆、范旭东、陈光甫等人,聚会讨论有关国内经济建设和未来规划问题。12月8日,日军进攻香港,何廉等人被困,避住金城银行大楼。1942年1月,他与范旭东等化装成平民,舟船步行,历时十天,回到大后方。

1943年10月,由金城银行等几家银行提供经费,何廉一行六人前往甘肃、陕西、青海、宁夏四省考察私营银行开发西北地区的可能性,历时两个多月。考察后的结论,必需首先发展灌溉农业、发展运输和交通,只有政府下决心去推进,否则私营企业将无力承担开发西北的任务。这对他过后负责战后经济设计产生一定影响。其间,何廉还参与范旭东创办的建业银行的筹建工作,并担任总顾问。

太平洋战争爆发后,国民政府开始注意战后经济的规划设计。1944年1月,何廉出任中央设计局副秘书长,具体负责战后经济规划工作。同年夏天,完成《战后第一个复兴期间经济事业总原则草案》的制订,确定战后采取国营与私营并存的混合经济体制。10月,何廉再次被任命为经济部政务次长。12月,在蒋介石主持下,经济事业总原则草案被国民党最高国防委员会批准。

1945年8月抗战胜利后,何廉依据经济事业总原则草案,提出政府应立即将接收的轻工业交私营企业经营。一俟工业接收工作完成,政府除保有并经营钢铁矿产及东北水力发电设施等重工业外,轻工业应以公平价格卖给华商私营企业,尤其反对收复区内全部棉纺织工业全部由政府接收和经营。因政府中很多人的反对,何廉的建议未被采纳。

1945年冬,中央设计局完成业务,撤销在案。不久,经济部重新改组,成立最高经济建设委员会,由行政院长宋子文兼任主席。蒋介石安排何廉任该委员会副秘书长,何因不愿与宋共事而婉拒。嗣后,蒋任命何为经济建设特别助理,在国民政府文官长办公室供职。何廉再三推辞,前往上海,结束了十年宦海生涯。

1946年6月,何廉担任上海金城银行常务董事兼任民生实业公司、大成棉纺织染公司、通成公司和太平洋轮船公司的干股董事。嗣又被永利化学公司和久大精盐公司聘为高级顾问。1947年1月,他主持创办的独立学术刊物《世纪评论》正式出刊,该刊在政治上崇尚民主,经济上主张综合体制的、有计划的发展,既反对政府拥有并经营轻工业,又反对类似19世纪早期西欧盛行的私营企业完全自由放任的制度。萧公权、吴景超、潘光旦、巫宝三等为撰稿人,傅斯年曾在该刊发表《这个样子的宋子文非走不可》一文。同年春,何廉着手创办上海中国经济研究所,以方显廷为所长,人员多是重庆南开经济研究所成员,创刊《经济评论》,以研究中国和国际经济的发展为宗旨,经费主要由金城银行及所属中国协进企业公司捐助。

同年夏天,原农本局协理蔡承新、福生庄经理吴味经等人发起建立联谊性组织"晨社"于上海,何廉在农本局任职时的旧属和南开大学的门生故旧,闻讯纷纷前来参加、畅谈难忘之情,公推何廉为社长。另在天津等地设立分社,创刊《晨讯》。不久,何廉出面让"晨南企业公司"集资五千万元,股东以晨社社员和建业银行同事为主,何廉任董事长,规定公司经营获利,全体职工得以劳力股分红,并始终得到贯彻执行。

1947年7月,何廉作为联合国社会经济理事会经济与就业委员会和人口委员会的中国代表,前往美国,8月抵达旧金山,在波姆那学院做客并安顿好家人后,赴纽约出席两个会议。会后遍访美国各大学和著名经济学专家。经洛克菲勒基金会社会科学部安排,普林斯顿高级研究所同意他作为 1948 年—1949 年度的访问学者。

1948 年 6 月,张伯苓因出任国民政府考试院长,电召何廉急速回国,接任南开大学校长。何于 8 月回国,9 月代理南开大学校长。同时,辞去金城银行常务董事职。同年 12 月,何为接洽学校经费,前往上海、南京,在上海机场偶遇张伯苓,张嘱其不要再回天津。

1949 年 1 月,何廉以出席联合国社会经济理事会名义再度举家赴美,同年秋被哥伦比亚大学聘请为客座教授,在该校东亚学院讲授中国经济结构课程。1955 年,哥伦比亚大学改聘何为保有任期的经济学教授,先后开设"共产党中国的经济发展"、"中国的土地制度"、"日本的经济结构"等课程,其间,曾参加联合国工作,取得美国罗氏基金会资助,组织"远东亚洲研究中心",并担任《中国口述现代史》丛书联合主编人。1961 年退休后继续指导学位论文,1966 年 8 月完成"口述回忆录"。

1975 年 7 月 5 日,何廉因病在美国纽约去世。生前著有《财政学》、《华北公共财政、物价与生活指数》、《何廉回忆录》等。

主要参考资料

何廉著,朱佑慈等译:《何廉回忆录》,中国文史出版社 1988 年版。

《工商经济史料丛刊》第 4 辑,文史资料出版社 1978 年版。

《裕大华纺织资本集团史料》编辑组编:《裕大华纺织资本集团史料》,湖北人民出版社 1984 年版。

全国政协文史资料研究委员会工商经济组:《回忆国民党政府资源委员会》,中国文史出版社 1988 年版。

何廉:《我在南开大学的前十年》,中国人民政治协商会议全国委员会文史资料研究委员会编《文史资料选辑》第 100 辑,文史资料出版社 1985 年版。

黄肇兴、王文均:《何廉与南开大学经济研究所》,《文史资料选辑》总第 102 辑,文史资料出版社 1986 年版。

何　香　凝

尚明轩

　　何香凝是著名的女革命家和政治活动家。原名谏，又名瑞谏，广东南海棉村乡人。1879年7月16日（清光绪五年五月二十七日）生于香港。何香凝父亲何炳桓，早年在香港药材店当店员，后为茶商，并经营地产，逐渐发展成为一个大企业家。

　　何香凝童年时爱好读书，冲破家庭的重重阻力，设法学习文化，尤其喜听人们讲述反清的革命故事。她从小就以太平天国的女战士为榜样，反对缠足，曾多次剪掉母亲强给她裹的缠足布，表现了反抗封建束缚的精神。

　　1897年10月底，何香凝与廖仲恺在广州结婚。他俩志趣相同，感情很好。1902年秋，廖仲恺为了寻找救国真理，拟赴日本留学，何香凝变卖妆奁，为之筹集费用，以成其志。同年冬，她也东渡日本，于1903年初进东京目白女子大学，后转入女子师范学校预科。1906年秋，再次考进目白女子大学，攻读博物科。1908年改入本乡女子美术学校，在高等科学习绘画，并向当时的名画家田中赖章学画动物。1910年秋，在美术学校毕业。

　　1903年春，何香凝在东京结识了孙中山，并先后和留日的革命青年赵声、秋瑾及黎仲实等人往来密切，加上受到当时革命思潮的推动，勃发了挽救民族危亡的革命思想。1905年8月7日，经孙中山、黎仲实介绍，参加中国同盟会，成为最早加盟的女会员，从此积极从事推翻清朝的革命活动。她的东京寓所是革命党人的通信联络站和聚会场所,孙中山经常和党人在那里集会,商议和策划革命工作。何香凝则一身担任了许多联络和勤务工作,如收转信件、看守门户、照料茶饭、掩护同志等等。同时,还按照孙中山的指示,与廖仲恺等向海外华侨宣传反清革命,驳斥康、梁的谬论,和保皇派进行斗争。她热情洋溢,不辞劳苦,踏实工作,深受孙中山以及留日革命学生的敬重和信赖,被亲切地称为"奥巴桑"(日语,意为老管家、老太婆)。

　　1911年2月,何香凝在"黄花岗之役"前不久回到香港。辛亥革命后,廖仲恺在广东省军政府工作,何香凝随同到了广州。1913年"二次革命"失败,她离开广州,亡命日本。1914年,在东京加入中华革命党,此后即积极参加孙中山领导的讨袁和护法运动,她在东京留日学生中进行了广泛的宣传、联络活动。为了动员北洋海军参加护法,1917年她又在上海从事海军家属的发动工作。

　　1921年夏,孙中山讨伐桂系军阀陆荣廷时,何香凝同宋庆龄在广州发动妇女组织"出征军人慰劳会",宋为会长,何担任总干事,带领慰劳队亲临广西梧州前线慰问。1922年6月,陈炯明叛变。事变前夕,廖仲恺于14日应陈电邀前往惠州,甫抵石龙即遭扣留,旋被囚于石井兵工厂。何香凝四处奔走,多方营救。廖仲恺于8月19日脱险后,两人设法离开广州,到上海与孙中山会合。

　　孙中山在多次革命失败以后,1924年1月于广州召开了有共产党人参加的中国国民党第一次代表大会,毅然改组国民党,同中国共产党合作,实行"联俄、容共、扶助农工"三大革命政策。何香凝坚决支持孙中山的革命主张,忠实执行新三民主义的革命纲领。国民党改组后,她被选任国民党中央妇女部长,兼管广东省妇运工作。在中国共产党人的帮助下,她积极推进妇女群众运动,一面开办劳工妇女日校、夜校及贫民妇女医院等文教福利事业;一面又创办妇女运动讲习所,出版《妇女之声》旬刊,大力向妇女群众宣传反对帝国主义和反对封建军阀的主张,号召全国妇女参加民主革命,共同为建立新国家而奋斗。同年秋,英帝国主义代理人陈廉伯发动商团武装暴乱,在平乱斗争中,她组织人

民救护队,赴广州西关区救护伤员;并筹措经费,抚恤在战斗中牺牲者
的家属和慰问受伤的工人。

1925年1月,孙中山在北京病重,何香凝闻讯,兼程入京护理。孙
中山病危时,她含着眼泪表示:"此后我誓必拥护孙先生改组国民党的
精神。孙先生的一切主张,我也誓必遵守。"①孙中山当时紧紧握着她
的手,以断续的声音向她道谢。孙中山临终口授遗嘱,她是当时在场的
证明人之一。

孙中山逝世后,何香凝于同年5月回到广州,和廖仲恺一起为贯彻
孙中山的革命主张而努力。6月,为了镇压滇、桂军阀杨希闵、刘震寰
的阴谋叛乱,她奔走各地,筹募经费,慰问战斗中受伤的士兵。广州沙
基"六二三"惨案发生后,她领导广州妇女组织救伤团及慰问队,亲往现
场救护和慰问伤员;还组织讲演团,揭露帝国主义的罪行。7月,她专
为参加省港大罢工的女工和工人家属创办了"罢工妇女工读传习所",
日做工,夜学习,既保证了生活,又提高了政治思想。帝国主义分子和
国民党右派对坚决贯彻三大革命政策的廖仲恺等极端仇恨。这年8月
20日,何香凝伴同廖仲恺去参加国民党中央常务会议,在中央党部大
门前遭到反革命暴徒的狙击,廖仲恺当场遇难。何香凝目击一切,悲愤
已极,"哀思惟奋酬君愿,报国何时尽此心"②,立志要和国民党右派斗
争到底,表示"苟利于国,则吾举家以殉,亦所不惜"③。

廖仲恺牺牲以后,何香凝更加坚决地为维护三大革命政策,实现孙
中山遗志而勤奋工作。她引用廖仲恺的话向大家宣布:"想要打倒帝国

---

① 何香凝:《我的回忆》,中国人民政治协商会议全国委员会文史资料研究委员
会编《辛亥革命回忆录》(一),中华书局1962年版,第49页。

② 何香凝:《我的回忆》,中国人民政治协商会议全国委员会文史资料研究委员
会编《辛亥革命回忆录》(一),第59页。

③ 《廖夫人香凝女士在粤军追悼廖陈二公大会演说词》,《廖仲恺先生哀思录》,
三民出版部1925年版,第49页。

主义,非与共产党亲善不可,更非注意于最有革命力量的工农阶级不可。"①并明确指出:"国内民众,十分之九既是工农,不求工农解放,焉能有巩固之国家,安能把帝国主义之压迫根本推翻?"②1925 年 10 月,她发起组成援助海丰农民自卫军筹备会,大力支援农民运动;又创办军人家属妇女救护员传习所,积极进行对东征军人的救护工作,还亲赴惠州前线,慰问国民革命军。12 月,她发起组织中国各界妇女联合会,以期集中全国妇女力量,致力于民主革命。在 1926 年 1 月国民党第二次全国代表大会上,她被选为中央执行委员,会后继续担任妇女部部长。在领导妇女运动中,她特别强调知识妇女,"必定要与大多数的农工妇女联合起来……同立于一条战线之上",才能求得解放;并指出国民革命是妇女的唯一生路③,号召妇女努力投身于国民革命工作。7 月,国民革命军从广东出师北伐,很快地消灭了长江以南的军阀势力,掀起了全国的革命高潮。何香凝积极地参加了北伐革命战争。她组织慰劳队和救护队,随同北伐军出发,先到南昌进行慰问与救护活动;年底转赴汉口,开展妇女群众运动。她同共产党人邓颖超等共同制订了妇女运动的规约,并经过共产党人和大家的努力,把规约中的男女平等、同工同酬及男女都有遗产继承权等项,在汉口地区一度付诸实行。此外,她还同宋庆龄发动慰问伤兵运动和策划战时救济工作,有力地配合了北伐战争。

早在北伐战争以前,1926 年 3 月 20 日,蒋介石就制造"中山舰事件",逮捕共产党人李之龙等。何香凝听到消息,立即冲过重重阻挠找到蒋介石,当面指责说:"孙先生和仲恺的尸骨未寒,北伐也正在开始,

---

①　《廖夫人何香凝女士演说》,《省港罢工工人第十八次代表大会记》(1925 年 8 月 27 日),《工人之路特号》第 65 期。

②　《廖夫人何香凝女士演说》,《省港罢工工人第十八次代表大会记》(1925 年 8 月 27 日),《工人之路特号》,第 65 期。

③　何香凝:《国民革命是妇女的唯一的生路》,中国国民党中央执行委员会妇女部编《妇女之声汇刊》,1926 年版,第 20 页。

大敌当前,你们便在革命队伍里闹分裂,何以对孙先生? 何以对仲恺?"①同年 5 月在广州召开的国民党二届二中全会上,蒋介石又提出所谓"整理党务案",排挤和打击共产党人。何香凝严正地斥责蒋介石的叛变活动,指出这个提案是违背孙中山革命真意的,是反共、反俄,对工农不利的行为。她和彭泽民、柳亚子等向右派分子提出强烈抗议,作了不调和的斗争。之后,何继续坚持和中国共产党合作,明确表示:共产党"是我们的朋友……我们要同他共同奋斗,向敌进攻,完成国民革命"②。她把切实贯彻"扶助农工"政策,视为当时"刻不容缓之要图",指出:"农工占我国人口十分之八九,其所受之压迫与痛苦独深,如农工之痛苦一日不解除,即革命一日无成功之望。"③她为维护三大革命政策进行了不懈的努力。

1927 年大革命失败后,何香凝的思想一度处于矛盾状态,但时间很短,她很快就走上同中共携手合作的道路。这期间她先是回到广州,专心创办仲恺农工学校,"思树立解放劳动群众运动之基础"④;并曾在 1928 年亲赴菲律宾及南洋群岛,以卖画为该校筹集经费。随后,她毅然与国民党反动派决裂,并于 1929 年离开广州出国,先赴伦敦,后到法国,居留于巴黎郊区的里拉顿岛,天天作画自娱,"亦以备将来为换米之资"。

1931 年"九一八"事变后,何香凝于同年 12 月从国外回到上海。她对日本帝国主义的侵略和蒋介石的不抵抗政策痛心疾首,发表了《对时局之意见》,斥责蒋介石专制政策的罪恶统治,提出切实执行三大政策,挽救民族危亡及支持人民群众救国运动的主张;并郑重宣布:此后坚决辞去中央委员职守,努力尽国民一份应尽的责任。她和几个不肯

---

①　陈此生:《回忆香凝老人》(稿本),藏中国社会科学院近代史研究所。

②　《廖夫人训话》,黄埔同学会 1926 年 8 月印《黄埔潮周刊》第 3 期。

③　《何香凝提案》,《中国国民党第二届中央执行委员第四次全体会议记录》,文华印务局 1928 年版,第 160 页。

④　《何香凝主办救济国难书画展览会宣言》,原件藏中国革命博物馆。

为国民党政府效劳的战友柳亚子、经亨颐、陈树人等，组成了"寒之友社"，经常在一起作画题诗，抒发积愤。她还举办"救济国难书画展览会"，将原为办理仲恺农工学校而积存的书画，"悉数变价出售，并以售得之款为反日救伤工作费用"①。

　　1932年1月，日本侵略军进攻上海，十九路军奋起抵抗。何香凝兴奋得热泪满衿，表示要尽最大的努力参加抗日战争。她不顾身体多病，积极向市民宣传抗战；致电海外爱国华侨呼吁援助；亲到南京找蒋介石，要求给抗日将士发军饷；四处奔走，为十九路军征募军用品和慰问品；同宋庆龄一起筹划救济工作，创办了伤兵医院，并经常到医院去进行慰问。

　　经过"九一八"事变和"一二八"事变以后，何香凝更清楚地认识了蒋介石的丑恶面目。1935年，她把自己的一条裙子寄给蒋介石，并附如下的一首诗："枉自称男儿，甘受敌人气。不战送山河，万世同羞耻。吾侪妇女们，愿往沙场死。将我巾帼裳，换你征衣去。"②强烈地鞭挞了蒋的退让妥协行径。

　　何香凝始终是孙中山的三大政策的忠诚拥护者，是中国共产党建立抗日民族统一战线的积极响应者。早在1934年4月，她就与宋庆龄等数千人签名公布了《中华人民对日作战基本纲领》，提出"立刻停止屠杀中国同胞的战争"、"一切海陆空军立即开赴前线对日作战"的主张③，要求开展抗日救国的民族自卫战争。1937年2月，又同宋庆龄、冯玉祥等十三人联名向国民党五届三中全会提出了《恢复孙中山先生手订联俄联共拥护农工三大政策案》④。同年春，何热诚支持沈钧儒、

---

① 《何香凝主办救济国难书画展览会宣言》，原件藏中国革命博物馆。

② 《为中日战争赠蒋介石及中国军人的女服有感而咏》（1935年），《何香凝诗画集》，人民美术出版社1963年版，第6页。

③ 《中华人民对日作战基本纲领》（1934年4月20日），胡华主编《中国新民主主义革命史参考资料》，商务印书馆1951年版，第261页。

④ 宋庆龄：《为新中国奋斗》，人民出版社1952年版，第6页。

邹韬奋等人组织的全国各界救国联合会，并担任了救国会的理事。这年6月，还同宋庆龄以及上海文化界人士共同发起了"救国入狱运动"，抗议蒋介石非法逮捕沈钧儒等"七君子"，并在所发表的宣言中严正指出："我们都是中国人，我们都要抢救这危亡的中国。我们不能畏罪就不爱国，不救国。"号召全国人民"都为救国而入狱"，从此"再不能害怕敌人，再不用害怕日本帝国主义的侵略"①。1939年3月，何在香港著文明确指出：只有切实按照孙中山的"三民主义三大政策精神，并要不折不扣做去"，才能坚持抗战和争取最后胜利②。此时，她常对人说自己是"民国十三年的国民党员"，表示她是拥护三大政策的国民党员，而不是反动的国民党员。1942年在桂林的一次民主人士集会上，与会者约定每人留言纪念，她写的一句话是："坚决实行三大政策，每饭不忘。"③

何香凝爱国情深，抗战信心坚定不移，坚决反对国民党反动派卖国投降和制造分裂的活动。1938年底，汪精卫投敌叛国，就在汪发出艳电的次日，何香凝立即写文怒斥汪"不特民族气味全无，连做人的良心都已丧尽"，要求对汪严加惩办。她认为汪投敌后，"敌友之界线既明，抗战之信念益坚"④，并指明汪的所谓"防共"，"就是灭华……共同防共，实际上是请人灭华"，与此同时，她在共产党人的帮助、启发下，接受了毛泽东和中国共产党坚持抗战的主张，不仅加强了抗战必胜的信心，而且增强了对国民党反动派斗争的决心。1941年1月，皖南事变发生后，她立即同宋庆龄等联名通电，严厉斥责破坏团结抗战的蒋介石，指出："今后必须绝对停止以武力攻击共产党，必须停止弹压共产党的行动。"⑤

————————

① 《救国入狱运动宣言》，《宋庆龄选集》，人民出版社1966年版，第112页。
② 何香凝：《"三八"我要说的话》，香港《大公报》1939年3月8日。
③ 李任仁：《香凝老人在桂二三事》，《广西日报》1962年11月8日。
④ 何香凝：《斥汪兆铭》，香港《星岛日报》元旦增刊，1939年1月1日。
⑤ 《为皖南事变电斥蒋介石》，延安《新中华报》1941年1月26日。

在八年抗日战争期间,何香凝为抗议蒋介石消极抗日、积极反共的行为,坚决拒绝到重庆去。1937 年冬,她为了避开日本帝国主义的迫害,从上海迁居香港;日军占领香港后,于 1942 年 2 月离港经海丰登陆,转赴韶关;同年 7 月,迁居桂林;1944 年夏,再转移到平乐县的八步。不论流亡到何处,她总是积极从事抗战宣传,并为抗日战士筹募医药、衣物及款项。她带着一家妇孺,靠卖画度日,备尝艰苦。尽管如此,她从不接受国民党反动派的任何馈赠。1942 年,蒋介石派人到桂林,送去一百万元支票和请她到重庆去的信,她在信封后面写上"闲来写画营生活,不用人间造孽钱"的批语,原封交来人退回①。

为了反对蒋介石的反动统治,何香凝从 1942 年定居桂林起,就经常与李济深、李章达、柳亚子、蔡廷锴、李任仁、陈此生等人接触,要把国民党的民主派组织起来。1944 年移居八步后,仍继续酝酿建立国民党民主派的组织问题。1945 年抗日战争胜利后,何对蒋介石坚持卖国、独裁、内战的反动政策深表愤慨,更加积极地号召、组织国民党内的民主力量,并和陈此生等草拟了《中国国民党民主促进会章程》,要求民主,反对独裁,实行孙中山的三大革命政策。同年 11 月,何从八步东下,经梧州抵广州,沿途与有关人士进一步会商,随即着手筹备建立组织的工作。1946 年秋,中国国民党民主促进会在广州正式成立。不久,为避开蒋介石的迫害,何香凝随该会中央机构迁至香港。这时,何香凝明确提出了自己的政治主张,并且表明了自己的坚定态度,她表示要搞就必须与共产党合作,如再搞分裂,就不干了。此后,她积极联合反蒋人士扩大民主促进会的组织。她在香港的住处,成为拥共反蒋的进步人士聚会场所。1947 年 11 月,国民党民主派联合代表大会在香港召开,何香凝在大会开幕的讲演中,宣布奋斗的目标是要真正的三民主义,实行三大政策,并号召大家诚心诚意地为继承孙中山未竟之志而努力。1948 年 1 月,她终于和其他反蒋的国民党员及组织联合一致,

---

组成了"中国国民党革命委员会"。

1948 年 5 月，何香凝和各民主党派、无党派的民主人士一起发表声明，响应中国共产党中央委员会召开新政治协商会议的"五一"号召，声明接受中国共产党的领导。1949 年 4 月，她由香港到达北平。6 月，参加新政治协商会议的筹备工作。

何香凝能作旧体诗，擅长国画，尤工画虎和松、梅。她写诗、作画，署名"双清楼主"。她的文学艺术活动，是和她的革命事业紧密结合在一起的，她的诗词和绘画作品，有相当多的数量反映历史的重大事件。

全国解放以后，何香凝历任中央人民政府委员会委员、政协全国委员会副主席、华侨事务委员会主任、中国美术家协会主席、全国人民代表大会常务委员会副委员长、中国国民党革命委员会主席、中华全国妇女联合会名誉主席等职。

1972 年 9 月 1 日，何香凝因病在北京逝世。遗体安葬于南京孙中山陵侧，与廖仲恺合墓。著作编为《双清文集》下卷。

何　应　钦

李仲明

何应钦,字敬之,1890年4月2日(清光绪十六年闰二月十三日)生于贵州兴义。父亲何其敏承继祖业,经营一家染织作坊。何应钦九岁入小学,1906年被保送贵阳陆军小学堂,1909年升入武昌陆军第三中学。同年冬,被选送日本振武学校第十一期学习,旋加入同盟会。

辛亥革命爆发,何应钦回国至上海,翌年在沪军都督陈其美部,任江苏陆军连长、营长。"二次革命"失败后,又回日本继续学习军事,从步兵第五十九联队转入日本士官学校,1916年毕业后回国。何受黔军第一师师长王文华延聘帮助训练贵州陆军,被任命为第一师第四团团长。次年春,何应钦与王文华之妹王文湘结婚后成为贵州"新派"骨干,历任贵州讲武学校校长、"少年贵州会"主任、贵州陆军第五混成旅旅长等职。他参与贵阳"民九事变",支持谷正伦部出兵,杀耆老会会长郭重光、省府秘书长熊范舆等人,逼走贵州督军兼省长刘显世。1921年春,黔军总司令部总参议袁祖铭派刺客在3月16日刺杀王文华于上海,黔军分裂,何应钦的第五旅缺乏实力,敌不过谷正伦等人的逼迫,以不愿"萁豆相煎"为辞,于1922年底辞职出走云南,任云南讲武堂教育长。不久,刘显世旧部刘敦吾收买刺客谋刺何应钦,何身中两弹,胸、腿受伤,经抢救脱险,离滇赴沪养伤。

1924年初,孙中山令蒋介石筹办陆军军官学校。蒋经其部下王柏龄推荐,电召何应钦至广州,推荐给孙中山,任命其为大本营军事参议,参加筹建黄埔军校。5月军校开学,何应钦被任命为军校少将总教官,负责军事教学、训练。何性格内向,对待学生、部下比较谦和,办事严谨、负责,因此与蒋介石的关系逐渐密切,得到蒋的赏识,很快升任军校教导第一团团长。1925年2月,何应钦率教导团参加东征军右路,在淡水、平山、棉湖等战役中,与陈炯明叛军的洪兆麟、林虎、李易标等部队激战。3月13日棉湖一战,林虎部包围了蒋介石的指挥部,教导一团伤亡惨重。何在苏联军事顾问帮助下,亲自督队冲锋,后又得粤军配合夹击,终于击溃七八倍于己的敌军。此仗加深了蒋介石对何应钦的信任,何因战功升任党军第一旅旅长。同年7月,广州国民政府成立国民革命军,何升任第一军第一师师长,周恩来兼第一师党代表。10月,何应钦参加指挥第二次东征,攻破惠州。11月,东征军全歼陈炯明叛军,收复东江。

两次东征,何应钦深为蒋介石信赖和器重。1926年1月,蒋介石任命何应钦继己为第一军军长,使何备受鼓舞。何在汕头支持"孙文主义学会",与共产党领导的"青年军人联合会"抗衡;并支持蒋介石发动"中山舰事件",解除了第一军内共产党员担任的党代表职务。事后,何任黄埔军校教育长。

同年7月,国民革命军开始北伐,主力入湘,何应钦奉命留粤防闽。9月,任北伐军东路军总指挥,进军福建。10月初进攻永定奏捷,继于松口击溃周荫人部主力,12月进占福州。1927年1月又率部北进入浙,会同由赣入浙的北伐军战胜孙传芳军,2月18日攻下杭州。

1927年初,蒋介石筹谋反共清党,于2月电杭州征询何应钦意见,何回电表示坚决拥蒋。蒋介石发动"四一二"政变后,于4月18日在南京另立国民政府,何应钦被列名为国民政府委员。5月何应钦被任命为第一路军总指挥,率部渡江北进。7月末,孙传芳部反扑,蒋介石亲临徐州督战失利,军心涣散。蒋恼羞成怒,除嫁祸于第十军军长王天培①,还责怪何应钦指挥无能。何不无怨愤,在桂系及武汉政府方面对蒋施加压力之时保持沉默,使蒋在嫡系部队中处于无人支持的窘境,不得不于 8 月 13 日宣布下野。8 月下旬,孙传芳军强渡长江,占领龙潭车站。何应钦与李宗仁、白崇禧合作,率部阻击,在龙潭、栖霞一带大战孙传芳军,歼敌三万余人。

1928 年 1 月,蒋介石回南京复职后,将第一路军改编为第一集团军,自兼总司令,而任何应钦为总司令部总参谋长,削去他的总指挥实权。从此,何对蒋加倍小心,事事察言观色,唯命是从。

蒋介石于 1929 年 1 月召开编遣会议,力图削减冯玉祥、阎锡山、李宗仁的军力,引起冯、阎、李等人强烈不满,遂酿成 1929 年 3 月至 1930 年 10 月连续不断的混战。何应钦听命蒋介石,调兵遣将,与各军事实力派作战,颇得蒋之倚重。1929 年 3 月,蒋介石召开国民党第三次全国代表大会,何被提名当选为中央执行委员。1930 年春,何出任军政部部长。

在蒋介石接连发动五次"围剿"工农红军的战事中,何应钦在第二、三、四次"围剿"时先后出任湘、鄂、赣、闽四省"剿共"总司令兼南昌行营主任、前敌总指挥兼左翼集团军总司令、赣粤闽湘边区"剿匪"总司令,虽效力甚勤,但不敌红军之战略战术,均告失败。

"九一八"事变爆发后,蒋介石实行不抵抗主义。次年上海"一二八"事变时,十九路军奋勇抗敌,何应钦却多次传达蒋介石电令加以阻挠。他曾面示十九路军军长蔡廷锴:"为保存国力起见,不得已忍辱负重,拟令本军在最短期间撤防南翔以西地区,重新布防。"②同时迭电上海市长吴铁城,商酌"适可而止";战争期间,又有"趁此收手,避免再与

① 王天锡在《大革命时期的国民革命军第十军与军长王天培之死》一文中指出,王天培于 8 月 10 日在南京被蒋介石扣押。后押往浙江省防指挥部,9 月 2 日深夜被枪杀于杭州拱宸桥下丛冢中。见贵州省政协文史资料研究委员会编:《贵州文史资料选辑》第 25 辑,1987 年版,第 204 页。

② 蔡廷锴著:《蔡廷锴自传》上册,黑龙江人民出版社 1982 年版,第 275 页。

决战为主"和下令空军"对日海军决不抛掷炸弹"①等密令,忠实执行蒋介石的不抵抗政策。

日军侵占我国东三省后,又于1933年初进犯热河,华北局势恶化。蒋介石力图通过和谈妥协的方式缓冲中日矛盾,派何应钦、黄郛去北平周旋。3月12日,何应钦接替张学良兼代军事委员会北平分会委员长职务。其时日军扩大侵略,次第侵占喜峰口、秦皇岛、昌黎。4月18日,何应钦致电蒋介石、汪精卫,求施"一暂时缓兵之处置";5月6日又电南京要求速定妥协方案,谓若"一旦平津既失,大军后撤,财政枯竭,兵怨民困,外援不至,赤匪披猖,将何以善其后"②。蒋介石回电同意何的看法,指示行政院驻北平政务整理委员会委员长黄郛相机行事,设法缓和华北局势。黄郛与日方频繁接触,拟定停战协议案,何应钦表示同意。此时日军继续进犯,连续侵占密云、唐山等冀东二十二县,平津危急。何应钦惊慌失措,5月25日派北平军分会作战处长徐祖诒向日军正式提议停战;31日又派北平军分会总参议熊斌等到塘沽,与日本关东军副参谋长冈村宁次签订了丧权辱国的"塘沽协定"。

1935年5月,日本方面以天津《国权报》和《振报》社长胡恩溥、白逾桓(亲日分子)被杀事及东北义勇军孙永勤部进驻滦东"非武装区"事进行要挟,于5月29日向何应钦提出"责问"和无理要求,并调动日军入关。6月9日,又向何应钦递交一份"备忘录",提出五项苛刻要求:(一)取消河北省的国民党党部;(二)撤退在河北的东北军、中央军和宪兵;(三)解散若干机关;(四)撤换一批军政官吏;(五)取缔反日团体及活动。何请示行政院长汪精卫后表示承诺。但日方坚持要有书面保证,何执拗不过,经过汪精卫的同意,于7月6日致函日本华北驻屯军

---

① 《何应钦为空军不得轰炸日本海军致蔡廷锴等电》(原件存中国第二历史档案馆),见上海社会科学院历史研究所编:《"九一八"——"一二八"上海军民抗日运动史料》,上海社会科学院出版社1986年版,第273页。

② 何应钦将军九五寿诞丛书编辑委员会编:《何应钦将军九五纪事长编》,台北黎明文化公司1984年版,上册第303页、下册第990页。

司令官梅津美治郎："6月9日酒井参谋长所提各事项,均承诺之,并自
主的期其遂行。"史称"何梅协定"。在日本帝国主义加紧策划"华北自
治运动"的压力下,南京国民政府于11月26日下令撤销军事委员会北
平分会,何应钦改任行政院驻北平办事长官。12月,何回南京继任军
政部长。

　　1936年12月西安事变发生后,南京一片混乱,何应钦支持贺衷寒
等人"讨伐"的主张,大骂张学良、杨虎城是"叛逆",力主"部署兵力对西
安形成包围形势,看情况的发展再作决定"①。他不顾宋美龄提出和平
解决事变的主张,甚至斥宋为"妇道人家"之见,于12月16日出任"讨
逆军"总司令,部署刘峙、顾祝同分任东、西两路集团军总司令,集结部
队开赴潼关,准备进攻西安;又命令空军轰炸渭南、富平、三原等地。蒋
介石在西安闻讯后权衡再三,下令何应钦停止军事行动三天,但何称蒋
此令是在陕被迫下的,拒不执行;直到18日蒋鼎文携带了蒋的亲笔手
令给何,何的讨伐行动才停顿下来。由于中国共产党的调停和各方面
的努力,西安事变获得和平解决。何应钦"讨伐"未成,事后一再向蒋表
白,取得了蒋的"谅解"。

　　1937年7月7日卢沟桥事变,揭开抗日战争的序幕。7月9日,何
应钦应蒋之电召,自四川返回南京,着手编组部队抗御日本侵略军。8
月20日,蒋介石任命何应钦兼第四战区司令长官,统辖第四、第十二集
团军镇守两广。淞沪会战后,日军长驱直入,兵临南京城下,何应钦忧
心忡忡。但在国共合作的抗日民族统一战线和全国人民抗日救国热潮
推动下,蒋介石坚持对日抗战,何应钦也只能跟蒋走。1938年1月,何
应钦任军事委员会参谋总长,负责战时的军制、计划和指挥。何受蒋之
命,以高等军法会审审判长之职,判处不战而退的第三集团军总司令韩
复榘死刑。此后,何应钦对抗战的消极态度略有转变。

---

　　①　宋希濂:《鹰犬将军——宋希濂自述》,中国文史出版社1986年版,第109、269页。

　　进入抗战相持阶段后,何应钦执行蒋介石反共的方针甚力。1940年,何应钦会同白崇禧于 10 月 19 日、12 月 8 日两次以正、副参谋总长的名义,先后发出"皓电"、"齐电",命令黄河以南的八路军、新四军一个月内一律撤到黄河以北。1941 年 1 月 6 日,国民党军七个师八万余兵力,在安徽泾县茂林地区袭击北撤的新四军,制造了皖南事变。周恩来代表中国共产党向何应钦、白崇禧等提出最严重的抗议,并打电话怒斥何应钦:"你们的行为,使亲者痛,仇者快,你们做了日寇想做而做不到的事,你何应钦是中华民族的千古罪人!"①

　　1944 年 12 月,何应钦出任同盟国中国战区中国陆军总司令。何应钦曾至贵州指挥独山一战,击退了强弩之末的日军。翌年 8 月,日本帝国主义被迫无条件投降。15 日,蒋介石派何应钦代表中国战区最高统帅接受日军投降。20 日,何至湖南芷江,与日军在华派遣军总司令冈村宁次的代表今井武夫谈判日军投降事宜。9 月 8 日,何从芷江飞抵南京前进指挥所,第二天在南京接受冈村宁次递交的降书。何根据蒋介石"以德报怨"的精神,竟让冈村做"中国战区日本官兵善后联络部长官",并无视国际准则的规定,允许每名日俘携带超过规定十五公斤一倍的行李归国。

　　抗日战争刚刚结束,蒋介石即加紧准备发动内战。何应钦亦步亦趋,密令各战区印发蒋介石编写的"剿匪手册"。随着何应钦的位高权重,声望日隆,蒋介石疑惧之心陡生。1946 年 5 月,蒋介石任命白崇禧为国防部长,陈诚为参谋总长,而将军事委员会及陆军总司令部撤销,何的参谋总长及陆军总司令职务自然被解除。7 月,何应钦被派赴美国,任联合国安全理事会军事参谋团中国代表团团长。

　　1948 年 3 月,何应钦由美回国。其时蒋介石发动的内战屡遭败北,乃重新起用何应钦,5 月任何为行政院政务委员兼国防部长,期望他能扭转战局。但是蒋并未将军事指挥实权授何,仍是自己直接控制

---

　　①　李世平等:《周恩来和统一战线》,四川大学出版社 1986 年版,第 229 页。

和指挥各个战役。在 7 月末的一次军事会议上,何应钦作军事形势报告中,大量列举两年来作战损耗的数字,使与会者感到"实际上是对蒋介石和陈诚的泄愤与报复"①。但何应钦既无指挥实权,更无扭转败局的回天之术,各条战线的国民党军队仍是节节溃败。1949 年 1 月,蒋介石被迫辞去总统职务,由李宗仁代理,但仍在幕后控制党政军大权。3 月,在蒋允准下,何应钦出任行政院长。蒋致函嘱其"以中(正)之意志为意志,承当此艰危之局势"②。何应钦听命于蒋介石的指挥,一面加紧编组军队布防长江,企图凭借长江天险阻挡解放军攻势;一面与李宗仁派出和谈代表团北上与中共进行谈判,以图通过"和谈"达到"隔江而治"、南北对峙的目的,将来东山再起。何应钦秉承蒋介石"和谈必然先订停战协定","共军何日渡江,则和谈何日停止"③的指令,于 4 月 6 日飞往广州,与国民党中常委商定"和谈"的五项原则④,使国共谈判困难重重,最终拒绝在《国内和平协定》上签字。4 月 21 日,人民解放军胜利渡江。何应钦随同李宗仁于 22 日飞往杭州,与蒋介石秘密会议,决定何兼任国防部长,统一指挥国民党陆海空三军。但解放军攻势凌厉,23 日即解放南京,向江南广袤地区节节推进。而此时国民党军队仍不听从何应钦的指挥,或直接听命于蒋介石,或起义自救,或各自逃命。何见大势已去,又无实权,乃于 5 月 21 日在广州辞行政院长职,8 月去台湾。

---

① 宋希濂:《鹰犬将军——宋希濂自述》,第 109、269 页。

② 何应钦将军九五寿诞丛书编辑委员会编:《何应钦将军九五纪事长编》,上册第 303 页、下册第 990 页。

③ 蒋经国:《风雨中的宁静》,台北黎明文化公司 1977 年版,第 172 页。

④ 何应钦等人商定的"和谈"五项原则是:"(一)在和谈开始时,双方下令停战,部队各守原防。共军在和谈期间,如实行渡江,政府应即召回代表。(二)对于向以国际合作,维护世界和平之精神,应予维持。(三)对于人民之自由权利及其生命财产,应依法予以保障。(四)双方军队应在平等条约之下,各就防区,自行整编。(五)政府之组织形式及其构成分子以确能保证上列第二、三、四各项原则之实施为条件。"

　　何应钦到台湾后,已无军政实权。蒋介石于 1950 年 5 月任其为"总统府"战略顾问委员会主任。此后何应钦虽然很少参与政事,但频繁来往于台湾、日本之间,为蒋介石加强同日本的联系奔波,有时亦到美国和东南亚国家。1955 年后,何热衷于推进"道德重整运动",在台湾兼任该会会长达七年之久。1972 年 7 月,"战略顾问委员会"撤销,何改任"总统府"一级上将"战略顾问"。蒋介石去世后,蒋经国鼓吹"三民主义统一中国",1982 年 12 月,何任"三民主义统一中国大同盟"主任委员。

　　1987 年 10 月 21 日,何应钦因心脏衰竭逝世于台北。主要著作有《八年抗战之经过》等。

贺　衡　夫

徐凯希

贺衡夫,原名良铨,湖北黄冈人。1888年1月29日(清光绪十三年十二月十七日)生于汉口。祖籍江西,其祖父贺章瑝系清末秀才,曾在汉口益昌永盐仓做职员,举家迁居汉阳县黄陵矶。其父贺勉卿任武昌维新当铺保管。贺衡夫在兄姐七人中排行第六,自幼在私塾读书,勤奋好学,被认为是兄弟中最可造就之才。因家境艰难,十六岁时被送到汉口荣昌油行做学徒,勤奋机敏,得到店主和经理的赏识。三年学徒期满,升为跑街。

1911年10月武昌起义爆发,汉口市场遭清军焚掠,荣昌油行停业。贺衡夫与家人前往汉阳蒲潭避乱。同年12月,贺经友人介绍,向沙市某钱铺息借二千四百串钱,购淮盐五十引,又向荣昌油行赊购所存食油,运至黄陵矶,由摆摊而租店,牌名衡昌仁记油盐零售店。兄弟同心协力,生意日渐兴隆。

1912年,贺氏兄弟六人合股,在汉口花楼正街开设衡昌义记油盐零售店。翌年又在老河口设立分庄,专门收购桐油、麻油和木油,下运汉口。几年中经营顺利,资本日增,扩大经营规模,改名为衡昌油行,店前仍零售油盐,店后则专营桐油生意。另在汉阳分设油库和炼油工厂。贺衡夫总揽全盘,其四哥五哥分管仓库和财务。另聘朱显庭、熊魁庭先后为经理,办理具体购销业务。1916年,贺收歇黄陵矶分店,抽回资本,相继在汉口开设分店两处,各设经理,资金由衡昌油行账房统为调度。衡昌油行营业从此蒸蒸日上,很快发展为武汉桐油贸易行业首屈一指的油行。贺本人也因而成为武汉工商界的知名人物。

汉口是国内桐油输出的重要集散地,外商利用独占检验仪器,每每借口次货任意杀价,常使中国油商、油农蒙受损失。贺衡夫不惜代价,从某洋行拍卖物品中,购得一架报废折光镜。他在与德商争执桐油等级时,又设法套出检验方法和规格标准。贺衡夫借担任汉口油行同业公会理事长之便,乃将其秘密遍告同业,以免再吃暗亏。又购置折光镜多部,寄往各桐油产地。

汉口市场经营桐油出口贸易的多为旧式商人,缺乏专业知识。贺衡夫结识聚兴诚银行职员李锐,发现李才智过人,精通外语,熟悉外贸业务,有意扶植他。当李锐另组义瑞行,准备代施美洋行收购桐油,而又苦于资金短绌之际,贺慨然从衡昌油行借出桐油九百吨,言明待李收到施美货款后再行归还[①]。义瑞行从此奠定在汉口桐油市场上的地位,最终发展成为闻名全国的"桐油大王"。

1926年10月,北伐军攻克武昌,各行业工人相继成立工会,纷纷要求增加工资,缩短工时。工商业主则以工人的某些要求过高而不愿接受,劳资纠纷不断增多。11月,经省总工会倡议,相继成立省、市劳资仲裁委员会。贺衡夫作为汉口总商会代表,被推定为委员[②]。劳资仲裁委员会既支持工人的合理要求,又注意纠正某些基层工会过高的要求和自由行动,为维持社会安定做了大量工作。1927年末,武汉财政当局宣布开征"桐油统税",各有关行庄共同具名请愿,在汉口总商会帮助下,经贺衡夫、朱有孚等多方奔走,此事方才作罢。

20年代末,新军阀混战不休,贺衡夫看到油行业务带有投机性,受市场行情波动影响过深。他于1929年将衡昌油行与老河口分庄收歇,

<hr>

① 李景文:《桐油买办商义瑞行的经营始末》,中国人民政治协商会议全国委员会文史资料研究委员会编《文史资料选辑》第25辑,中华书局1962年版,第86页。

② 武汉市总工会工运史研究室编:《武汉工人运动史》,辽宁人民出版社1987年版,第108页。

把资产以租让方式交给职工合股经营,改名为亦昌油行,与贺家脱离关系。另将汉口三家油盐零售店合为一家,改名乾昌。贺则将全部精力和资金转向工矿业和房地产业投资,先后担任汉口既济水电公司、裕大华纺织公司、武汉第一纱厂、上海新生纱厂、大冶源华煤矿公司、山东大兴煤矿公司以及汉口商业银行、永利银行、汉阳县银行的董事或常务董事,并兼任中华大学校董。

从 1923 年起,贺衡夫历任汉口总商会会董及委员。1931 年 2 月,汉口总商会依令改组为汉口市商会,贺当选为主席。4 月,财政部长宋子文来汉,召见贺衡夫等工商界人士。贺当面请求免征"桐油统税",代为转交汉口油帮公会的呼吁书。宋回南京后批复予以免征①。

同年 7 月,汉口遭遇特大洪水袭击,全市淹没殆尽。各界成立急赈会,贺被推为会长,积极参加和主持赈济难民工作。不久,湖北全省水灾急赈会成立,汉口急赈会并入,他被推选为常务委员兼筹赈股主任,负责筹措经费、发放救济金,施粥和收容难民,不辞劳瘁。汉口银行界所允三十万元借款未交付前,贺先自行垫借五万元,做赈灾临时急需。为筹集赈款物资,贺衡夫以市商会名义首先向各面粉厂、油厂借到麻袋十万条,继而又向汉口各同业公会募捐一百余万元,交由水灾急赈会应用。他又通电全国及海外吁请救助,相继得到上海工商界运来面粉一万袋、湖北旅沪同乡会汇款一万元,以及其他捐款捐物。不久,贺衡夫应美国驻汉领事邀请,前往领署商谈灾情及救济事宜。美领事表示愿意尽量协助,很快收到美国红十字会汇助美金十万元,以为武汉急赈之用。

大水过后,汉口市场不振,进出口贸易停滞,商业资金周转不灵。贺衡夫一面商请银行团放宽贷款办法,一面提出私人存款二十万两,交钱业公会投入各钱庄转贷放出,力促商业市场恢复生气。贺衡夫还推

---

① 　余怀远:《汉口桐油业杂谈》,萧志华主编《汉口忆旧》(《武汉文史资料》总 65 辑),武汉市政协文史资料研究委员会 1996 年版,第 134—135 页。

广以工代赈方法,修补武汉及附近县乡防洪大堤。筑堤救灾,两相得宜。为了收容水灾中失去父母的儿童,贺衡夫与陈经畬共同创办汉口孤儿院,贺任董事长,陈为院长。一面施以文化教育,一面教以生产技术,大批无家可归的儿童,得到救济和帮助。

　　"九一八"事变后,国际联盟调查团于1932年来到汉口,分别约见日本侨民和各界代表。贺衡夫代表商界向调查团陈述意见,驳斥日方"九一八"是中国人宣传反日、对日经济绝交所惹起来的荒谬宣传。为端正视听,他又将谈话记录加以整理,呈递国联调查团。1933年,他主持汉口商会捐款,订购高射炮两尊、装甲车二辆,送交汉口地方部队。1936年,又发起捐款二十九万余元,转解中国航空协会购买飞机两架,命名为汉口市一号和二号。

　　1937年抗战全面爆发,贺衡夫代理汉口市商会主席,主持发动各业捐输,慰劳前方抗敌将士。通电全国各地商会,各尽其力之所及,共赴国难。他动员汉口商界认购救国公债一百五十万元,如期交清,并亲自参加查禁仇货运动。为了帮助流入武汉三镇的大批难民,贺以汉口慈善会会长和中国红十字会汉口分会责任会长身份,联合社会各界知名人士,发起大规模救济活动,积极筹募捐款。同时,在红十字会汉口分会内,分设遣送、医疗、掩埋、救济、财务各组,由工商各界人士担任组长,计收容安置难民逾万人。

　　1938年武汉撤守前夕,贺衡夫将大量现款、粮食,通过外国教会转交未撤走的慈善团体,以继续救济难民。撤离武汉当天,突然有一伙人在凌晨找到贺家,转告有人劝他留在武汉,希望过后能出面维持商务。贺表示:"决到四川,不问后果。"①当即乘机飞渝。1939年,他获悉武汉红十字会经费发生困难,亲自由重庆经香港到上海,自捐和劝募巨款,通过汉口大孚银行留守处襄理龚献利汇至汉口。

────────────────

　　①　李兴煜主编:《武汉人物选录》(《武汉文史资料》1988年增刊),武汉市政协文史资料研究委员会1988年版,第308页。

　　抗战期间,贺衡夫在重庆担任汉口市商会驻渝办事处主任、湖北省商会联合会监事等职,还兼任重庆庆华颜料公司董事长。1944年,贺衡夫代表湖北全省商联会参加全国商会联合会成立大会。

　　1945年抗战胜利,贺衡夫回到武汉,再次被推选为汉口市商会理事长。1947年10月,为融通市场资金,贺参与发起成立"汉口市银行",兼任董事。该行虽系官商合办,但商股约占九成,主要经营存放款、汇兑和调剂资本,并代理市库。同时利用拆放同业业务,获取"拆息"收入。1948年,贺衡夫被湖北工商界推选为出席"国大"的代表。他自喻"是个凑数的"①,不及两周,即借故由南京返回武汉。

　　贺衡夫在汉经商数十年,出于对现实的不满,他立志不做官,不入党。在主持和参加商会活动期间,他注意维护广大工商业者的权益,深得武汉工商各界的信赖。1949年冬,武汉临近解放,第一纱厂负责人将全部存纱暗中调往香港。上千名持有纱单的债权人闻讯哗然,纷纷前往索债,酿成纠纷。持单人请贺出面主持公道,并做担保,贺慨然应诺。不料,该厂总经理程某脱身后便去了香港。持单人相约找到贺家,人群挤得水泄不通,贺扶病慷慨陈词,表示决不推卸担保的责任,拿出自家的契约股票作抵。在场债主受到感动,纷纷离去,事态得以逐渐平息。不久,第一纱厂因负责人逃遁而停工,六千余名工人生活无法维持,遂派代表找贺衡夫设法解决。贺请代表留在家中,自己前往市政府,请求予以协助。当局表示无法解决,贺衡夫便以私人关系筹款一万银元,暂时解决工人生活问题。

　　同年4月,国民党军队在撤离武汉前夕,准备拆迁工厂,爆破重要设施,贺衡夫出面在汉口天津路家中,宴请省内知名耆老张难先、李书城以及工商各界代表五十余人,就如何保全武汉问题,共同商议对策,决定成立"武汉市民临时救济委员会",着手进行"反撤迁、反破坏"和迎

---

　　① 陈义伯:《武汉工商界巨子贺衡夫的一生》,武汉市政协文史资料研究委员会《武汉文史资料》第30辑,1987年版,第72页。

接解放的工作。"华中剿总司令"白崇禧获悉,视贺为"亲共"分子。5月8日深夜,数十名武装暴徒突然破门搜捕,满屋翻抄,刑逼其家人说出贺的行踪,其子在躲避中跌成骨折。暴徒们未抓到人,便将细软财物搜刮一空离去。次日,张难先、陈经畬往见白崇禧,就贺家所发生的事进行质问,白竟推说"毫无所知",并警告:"贺衡夫必须即日离开武汉,否则后果自负。"①贺被迫于当晚乘车南下,避居香港。

武汉解放后,1950年贺衡夫被任命为中南军政委员会委员、中南财经委员会委员。他从香港报纸上得知此事,心情激动。旋由中共中央中南局和武汉市委统战部派员前往香港与他联系,贺响应中国共产党号召毅然回国。先后担任武汉市人民代表、市人民政府委员、市财经委员会委员、武汉市政协第一、二届委员、市工商业联合会筹备会主任委员,列席全国政协会议,受到毛泽东的接见。

1950年至1951年,贺衡夫主持武汉市工商联筹备工作,动员工商各界购销胜利折实公债,捐助社会救济经费旧币三十五亿元,为建国初期经济的恢复做了许多工作。抗美援朝中,他发动武汉各界捐献慰问金,超额捐献战斗机四十四架。1952年"五反"运动中,贺因冤案受到不公正的对待。后获释,加入中国民主建国会。1956年任武汉市第一商业局顾问。

1968年1月1日,贺衡夫因病在汉口去世。

---

①　陈义伯:《武汉工商界巨子贺衡夫的一生》,武汉市政协文史资料研究委员会《武汉文史资料》第30辑,1987年版,第72页。

贺 耀 组

刘世善

贺耀组,号贵严,1889年5月8日(清光绪十五年四月初九)生,湖南宁乡人。父贺穆生以幕僚及教书为业,家境清贫。贺耀组童年随族兄伴读数载。1905年湖南编练新军,贺应招入长沙第二十五混成协,在第四十九标三营左队当兵。其后被选入湖南陆军小学学习。1909年毕业后又被送到武昌陆军中学,继而升入保定军官学校深造。在保定军官学校第一期毕业后,1911年被选送日本振武学校。同年7月,他经刘揆一介绍加入同盟会。

1911年10月武昌起义爆发后,贺耀组回到上海,旋去苏州,在江苏起义军中工作,并曾至湖北在曾继梧炮兵指挥部当联络员。1914年夏,他返回日本继续学习,入东京士官学校中国学生队第十一期,与何应钦、朱绍良等同学,至1916年毕业回国。

贺耀组回国后至湖南,于1917年8月入湘军赵恒惕第一师,任第一旅第一团中校团附。9月,北京政府派陆军部次长傅良佐入湘任督军,第一师第二旅旅长林修梅“宣告独立”附傅。赵恒惕派参谋长蒋锄欧传达密令,命第一团开往衡山进攻林部。但团长梅焯敏不听指挥,率部返回长沙,少数队伍奔投林修梅部。当第一团处于分裂危急之时,贺耀组在所部连长欧冠、郑鸿海等拥戴下接替团长职,仍驻衡山石湾听命于赵,等待广东“护法军”的支援。不久,湘军总司令程潜奉广东护法军政府之命,联络桂军谭浩明部,指挥湘军从湘南进攻,以赵恒惕任前敌总指挥,合力驱逐傅良佐出湘,并向湖北挺进。1918年2月初,贺耀组受命督率第三营欧冠部,与鄂军第一旅激战,因兵力众寡悬殊而败,官兵伤亡过半,乃被迫撤回长沙。3月,北京政府派张敬尧入湘,担任督军兼省长,桂军谭浩明撤回广西,程潜率湘军退零陵、郴州整训,贺亦率部退驻永兴,1920年接替宋鹤庚任第一旅旅长。同年6月,护法军驱走张敬尧。

湖南驱张之后,全省军权操在湘军总司令赵恒惕手中,不久赵又任省长,于1921年公布"省宪法"。随后以"援鄂自治"为名派兵进攻湖北,贺耀组奉命率第一旅参战,但被直军吴佩孚部阻击,败退回湘。1923年7月,孙中山派谭延闿为湖南省长兼湘军总司令入湘讨伐赵恒惕,赵组"护宪军"迎战,贺耀组与唐生智、叶开鑫等旅,在吴佩孚直系军队的支持下击败谭军。嗣后,赵恒惕将所部扩编成四个师,贺被任命为第一师师长,驻兵湘西常德。

1926年春,唐生智在湖南人民掀起的讨吴驱赵运动中,于3月将赵恒惕驱走,在长沙任代理省长,将赵部第二师师长刘铏诱捕,并免第三师师长叶开鑫职,贺耀组驻常德观望。4月,叶开鑫得吴佩孚支持任"讨贼"联军湘军总司令反唐,唐生智部由长沙退守衡阳。6月,贺趁机会同刘铏的残部组织"护湘军"与叶部相呼应,任前敌总指挥,由宁乡向湘乡进攻。时广东国民政府兴师北伐,唐生智接受委任,任国民革命军第八军军长,与北伐军配合向叶开鑫部等大举反攻。

北伐军声势浩大,湘军叶开鑫部在长沙败退,贺耀组部两个团及叶部之一部在湘潭附近被国民革命军第七军包围缴械。贺乃率部退回常德,随后又退到石门、澧州。经同乡中共党员谢觉哉的动员,他托毛炳文与第七军联系,请准其起义加入国民革命军,被任命为独立第二师师长,将所部六个旅缩编成四个旅。贺耀组立即率部北伐,从南县经岳阳、修水,与北伐军第二、六两军配合会攻江西。10月,贺奉命调往赣北前线,沿庐山牯岭攻占马回岭,向孙传芳部后方重镇九江进攻,在友军的配合下将敌周凤岐部击败,11月4日攻克九江。时蒋介石顾忌九江城的外国领事及洋行,下令北伐军不许入城。但在当时士气锐盛之下,贺率部入九江追敌,得军械、物资甚夥,并率兵力一个团占领九江英租界,随任九江卫戍司令。江西底定后,北伐军分江左、江右两路,沿长江东下进攻皖、苏,贺部隶属江右军程潜部,任第三纵队司令,进击兰陵、太平、桃花镇直至南京雨花台。

1927年3月,英国借口侨民和领事馆受到"侵害",纠合日、法、意等国军舰炮击南京。惨案发生后,蒋介石任命贺耀组为第四十军军长,所部扩编成三旅九团,与何应钦、鲁涤平、程潜共同负责南京治安,受到蒋的信任。"四一二"政变后,贺任中央政治委员会委员、江苏政务委员会委员、军事委员会委员。当宁、汉两个国民政府对峙时,国民革命军第二、六两军途经安徽开往武汉,蒋曾命贺部追逼,他未认真执行蒋命。蒋介石8月下野后不久又复出,贺观察时局,表示全力支持蒋介石复任总司令职。1928年1月,贺被任命为南京卫戍司令。

1928年初,蒋介石联合冯玉祥、阎锡山、李宗仁挥师北上讨伐奉张。3月在编组第一集团军时,任命贺耀组为第三纵队总指挥,旋改任第三军团总指挥,辖第二十七军、三十三军及本部第四十军,由鲁西会同第一、二两军团进攻山东。贺率部在鱼台、济宁两大战役中告捷,于4月底攻入济南。此时济南商埠街已为日军侵占,不准北伐军进入。5月初,日军悍然炮击济南,制造了震惊中外的"济南惨案"。日方诬指贺耀组为"支那暴将",威逼蒋介石予以严惩。蒋忍辱退让,下令免去贺的第三军团总指挥及南京卫戍司令等职。11月,贺改任训练总监部副总监。

1929年4月,贺耀组被任命为湖南省政府委员兼建设厅长,未到职。5月任代理国民政府参军长,翌年2月,贺被正式任命为参军长。中原大战时,调任徐州行营主任。他助蒋招纳韩复榘、孙连仲、石友三诸部,对蒋战败冯、阎作用颇大。1931年11月,贺当选为国民党第四届中央执行委员,12月任甘宁青宣慰使、甘肃省政府委员。翌年4月,他任参谋本部参谋次长,代行部务。贺向蒋建议与土耳其建立外交关系,为蒋采纳。1934年11月至1937年春,他任驻土耳其公使。其间,曾被授予陆军中将衔,当选为国民党第五届中央监察委员。回国后,于1937年4月代朱绍良为甘肃省政府主席兼建设厅长,6月兼西安行营副主任。

抗日战争爆发后,工农红军改编的第八路军设办事处于兰州,由谢觉哉任办事处主任。谢与贺耀组有旧谊,又是同乡,两人常有会晤。谢向贺介绍中共团结抗日的主张;加之贺的夫人倪斐君很富抗日热忱,冲出家门投入抗日爱国活动,时常向其讲述中共抗日主张的正确,对贺的思想开始产生影响。1938年初,贺任军事委员会办公厅主任,晋加陆军上将军衔,不久随蒋介石到了重庆。1938年4月任军事委员会委员长侍从室第一处主任、全国经济委员会秘书长,1942年秋又兼国家总动员会秘书长,负责防止走私和统制物资,成为蒋介石身边亲信的属僚之一。

贺耀组长期跟随蒋介石,在抗战期间受到重用。但他的夫人倪斐君不仅热忱抗日,担任中苏文化协会妇女委员会委员,在宋庆龄领导下的中国红十字会工作,并且进而与中共地下党员接触,积极要求加入中国共产党。贺、倪两人在家里常为政治上的歧见发生争论。贺耀组天长日久终于接受了抗日爱国、民主进步的许多细微的影响;加之受到在国共合作的推动下,全国人民奋起抗日的鼓舞,虽然担任政职仍忠于蒋介石及国民党,但却开始改变了过去的恐共仇共心理,对中共的抗日主张亦渐渐地表示同情和支持。1942年11月,一架苏联运输机载运药物、纸张飞往延安途中被扣,当地军事机关电蒋请示,贺未经蒋同意即复电放行。对于抗日爱国的进步青年奔赴延安,他指示军委会的黄锡恭发给证明放行;其他被扣押的青年亦多得他的营救。蒋介石得知后十分气恼,下令撤去其侍从室职务,于是年12月改派贺为重庆市市长,从此开始失去了蒋介石的信任。在其重庆市长任内,常遭蒋无理训斥。一天外交部门前,有附近老百姓的猪在觅食,蒋在车内瞥见,随即召见贺拍案詈骂。事后,贺虽仍就其职,但与蒋的关系日趋恶化。他对其亲信说,蒋行同流氓,统治中国实为四亿人民之羞。1945年5月,他当选为国民党第六届中央监察委员。

日本投降后,国共两党在重庆举行谈判,毛泽东率中共代表团到重庆,贺耀组不顾蒋的猜忌,在私宅范庄设宴招待,向毛面致崇敬之意。1945年11月,贺耀组辞卸重庆市长职务,移居上海。之后在南京同王芃生等组织新亚洲协会,出版《新亚洲月刊》,常分析亚洲的国际形势,认为中国应在亚洲作美苏两国的桥梁。他对蒋介石蓄意制造内战深为不满,决心不与为伍,乃筹办太一实业公司从事商业。此后,贺耀组虽在1947年5月被任命为战略顾问委员会委员、1949年3月任行政院政务委员,均属挂名虚职。他赞同人民解放事业,与中共上海地下组织频繁接触。

1949年春,国民党上海警备司令部疯狂镇压革命人士,贺耀组处境甚危,乃潜赴香港,加入中国国民党革命委员会,成为领导成员之一。8月在港与黄绍竑等44人通电起义,不久绕道前往北平参加中国人民政治协商会议。中华人民共和国成立后,他历任中南军政委员会委员兼交通部部长,民革中央常委,并当选第一、二届全国人民代表大会代表,为全国政协第一、二届委员。

1961年7月16日,贺耀组病逝于北京。

主要参考资料

谢德铭:《爱国将领贺耀组》,中国人民政治协商会议湖南省委员会文史资料研究委员会编《湖南文史》第48辑,湖南文史杂志社1992年12月版,第153—166页。

《人大代表贺贵严逝世》,《光明日报》1961年7月17日第1版。

[日]外务省情报部:《现代中华民国、满洲帝国人名鉴》(一),明立印刷株式会社1935年2月再版,第75页。

贺 衷 寒

刘敬坤

贺衷寒,字君山,湖南巴陵(今岳阳市)人,1900年1月5日(清光绪二十五年十二月初五)生。其父为地方士绅,对衷寒幼年读书督促甚严。贺入塾读完"四书"、"五经"后,即阅读诸子书及《资治通鉴》。

1916年,贺衷寒与兄贺醒汉至武昌,入湖南旅鄂中学就读,获得湘省公费。时袁世凯帝制自为,接受日本提出的"二十一条",贺在校发表演说,痛斥袁的倒行逆施与卖国行径。1919年五四运动爆发后,贺被推为武汉学生会代表,于1920年冬参加董用威(必武)、包惠僧等在武汉创立的共产主义小组,后转入社会主义青年团。1921年10月,贺衷寒作为武汉学生代表参加张国焘率领的代表团,赴苏俄伊尔库茨克出席远东劳苦人民大会(原名远东被压迫民族大会)。同年底,大会改在莫斯科举行,由季诺维耶夫主持。在大会前后,贺对苏俄进行了参观考察,看到苏俄当时的残破景象,认为苏俄的政治虽比中国进步,但经济形势十分严峻,提出中国革命不应采取苏俄的方式来进行,并公开发表此种言论。张国焘将贺开除出社会主义青年团。

贺衷寒自苏俄回国后,先在武昌一中学任教,曾参加恽代英创办的共存社,旋以两人意见不合即行退出;继后办理人民通讯社,发表反对军阀与鼓吹革命文章,遭到湖北当局查封。贺至长沙创办平民通讯社,抨击时政,联络失学失业青年举行示威,颇得社会各界的同情与舆论的支持。1923年,贺衷寒受聘为上海《时报》特约记者,并兼长沙青年社教部主任,继续宣传革命与鼓吹爱国。当时社会主义青年团员黄爱、庞人铨因领导长沙工人罢工,遭湖南督军赵恒惕杀害,贺衷寒撰文《黄、庞案之真相》对赵进行抨击。贺被赵恒惕下令逮捕系狱三月,后经两位省议员具保获释。

贺衷寒出狱回乡后,于1924年去广州投考黄埔陆军军官学校第一期,被录取。贺衷寒入学后,即集体加入国民党。贺在同学中表现出很有组织能力,受到军校代理政治部主任邵元冲与校长蒋介石的重视。同年11月,贺毕业后,留在军校政治部任秘书,后调任党军炮兵第一营党代表,兼第一连党代表;后又调任军校第三期入伍生总队政治部主任;1925年8月,国民革命军成立后,任第一军第一师第一团党代表。

1925年2月1日,中国青年军人联合会在黄埔军校成立,蒋先云、徐向前、贺衷寒、陈赓及教职员金佛庄、胡公冕被推选为主要负责人,贺任该会秘书。但贺衷寒本来就不赞成采取苏俄方式进行中国革命,在国民党右派的煽动和拉拢下,不断和青年军人联合会中的共产党员发生龃龉乃至冲突。同年4月,在戴季陶与王柏龄支持下,贺衷寒与陈诚、缪斌等人在梅县筹组中山主义学会,宣扬戴季陶《孙文主义之哲学基础》《国民革命与中国国民党》两书的理论,反对孙中山的三大政策。9月,贺衷寒等主编《国民革命》周刊出版,成为广州中山主义学会的机关刊物。12月29日,中山主义学会更名孙文主义学会,在广州补行成立典礼,选出王柏龄、陈诚及贺衷寒、缪斌、胡宗南等为主要负责人,公开与青年军人联合会相对抗。1926年3月"中山舰事件"后,蒋介石下令青年军人联合会与孙文主义学会同时解散,指派蒋先云、贺衷寒、曾扩情、李之龙、潘佑强等人筹备成立黄埔同学会,直接控制在自己手中。

1926年5月,贺衷寒被选到苏联莫斯科伏龙芝军事学院学习。贺学习成绩优异,悉心研究苏联红军的政治工作,认为值得中国学习。贺自称并不反对社会主义,只是反对像苏联那样用残酷的阶级斗争去实现社会主义,认为通过国家权力,在三民主义范围内即可实现社会主义。贺曾与莫斯科中山大学的邓文仪、萧赞育、康泽、郑介民等人发起成立国民党旅莫斯科支部,遭到校方当局制止,遂组织孙文主义学会莫斯科分会进行活动。

1928年1月，贺衷寒在伏龙芝军事学院毕业回国，被任命为中央军事政治学校第六、第七期学生总队长；3月，调任国民革命军总司令部警卫军政治部主任，并兼任国民党南京特别市党部监察委员和黄埔同学会书记。

1928年9月，贺衷寒与邓文仪约中央通讯社副主任聂绀弩等人组织"党基社"，出版《党基》半月刊，以"阐明三民主义，批驳共产主义，加强国民党理论基础"为宗旨，贺任社长，聂任主编。蒋介石此时正加紧筹备召开国民党第三次全国代表大会，以圈定和指派方式产生代表。聂绀弩在《党基》上撰文为此种专断的代表产生办法辩白，遭到许多国民党内人士的强烈不满和批评。《党基》只出版四期即难以为继。贺衷寒为此受到蒋介石严厉申斥，赶忙撰写《改组派之检讨》、《汪精卫理论的批判》等文章，以取悦于蒋介石。为了平息舆论的不满，蒋介石于1929年春派贺衷寒赴日本明治大学研究日本的军事、政治。

此后，蒋介石在战胜国民党内各派对抗力量后，集中力量"围剿"中国工农红军。1931年1月，贺衷寒奉召自日本回国，至南昌任"剿匪"总司令部宣传处长，兼党政委员会委员。同年8月，"剿总"宣传处改组为训练总监部"剿匪"军队政治处，贺仍任处长。此时，陆海军总司令部侍从室侍从秘书邓文仪在该室组织秘密小组约贺衷寒参加，并由贺为之取名"力行社"。同年12月，贺复兼任训练总监部国民军事教育处处长。1932年2月，贺又先后调任鄂、豫、皖三省"剿总"政治训练处处长、军事委员会委员长南昌行营及其后改组的武昌行营政治训练处处长，并在南昌创办《扫荡报》；1933年1月任军事委员会第二厅政治训练处处长；1935年4月，任军委会政治训练处处长，兼军委会政训班主任。贺衷寒任职政工工作长达三四年之久，网罗政工人员达数万人之多，将他们派到部队及各军事学校设立政训处，或任各军事机关派驻政工人员，形成了在国民党军队中的政工系统。

1933年，贺衷寒把国民党中先后留苏的学生二百余人组成留俄同学会，以蒋介石为名誉会长，贺任理事长，把许多留苏学生都拉入到军队的党务和政训工作中，以加强政工系统。

贺衷寒秉蒋介石的意旨，联络康泽、滕杰、酆悌、萧赞育、周复、桂永清、郑介民等人，曾于 1932 年 3 月在南京组建半公开的"中华民族复兴社"（简称"复兴社"或"中华复兴社"），以"内求统一，外抗强权，拥护领袖，收复失地"为宗旨，由蒋介石任社长，贺衷寒等九人被推选为总社干事；蒋介石指定贺衷寒、滕杰、酆悌三人为常务干事。复兴社在全国重要城市先后建立分社，积极发展社员；同时，扩大中央军校毕业调查科为调查处，作为复兴社的掩护和活动机关；以中央军校、陆军大学为活动基地，建立外围组织"革命军人同志会"；以中央政治学校、中央大学为活动基地，建立另一个外围组织"革命青年同志会"。根据蒋介石提出的保密要求，贺衷寒提出把"力行社"作为复兴社的内层组织；其成员须由复兴社社员中提升，并须经蒋介石批准。复兴社总社设有组织、宣传、训练及特务四个处，但总社只能管前面三个处；特务处是由处长戴笠直接听命于蒋介石的一个独立机构，其一切计划、行动以及经费，贺衷寒等总社负责人均"不得与闻"。贺衷寒对中华民族复兴社的建立与发展，对该社宣传理论形成，所起的作用甚大，并曾任复兴社第三任书记长。贺衷寒、邓文仪、康泽、戴笠被称为复兴社的"四大台柱"。

与此同时，贺衷寒积极参与组建"中国文化学会"，宣扬三民主义为中国文化运动的最高准则，标榜以中国固有文化为立足点，去吸收各国进步文化，用以创造中国的新文化。在蒋介石发动新生活运动后，贺衷寒撰写《新生活运动的意义》一文，对蒋介石提倡的"礼义廉耻"诠释说："礼者理也，循规蹈矩谓之礼；义者宜也，舍己济人谓之义；廉者守也，安分守己谓之廉；耻者疵也，刺激发奋谓之耻。"贺又在《国民革命与国家统一》一文中称："一个国家的统一，不仅是国土的统一，一定要在政治、军事、经济、文化各个方面都是统一的，才算是真正的统一。"提出："要求中国军事的统一，便要做到军权、军令和军政的统一；要求政治上的统一，便是要做到政权、政令和政制的统一。"贺衷寒的结论是，统一的力量来源于信仰，而信仰在于主义，在于领袖，因此，"只有信仰领袖，才能达到统一"。贺衷寒认为，政训工作的重心是统一，统一的重心是主义，主义的重心是领袖。贺衷寒的这套三"重心"理论，后来演变为国民党"一个主义，一个党，一个领袖"三个"一个"的口号；他也因此被称为是黄埔系的理论家。

贺衷寒为了使国民党的军队政治工作系统化与规范化，精心制定了《政工典范》，提出政训工作三项原则："巩固革命力量，取消敌对势力，整理同情力量。"要求政工人员除进行反共宣传外，不论在何种部队，均须侦察和监视各部队长；并规定各部队的政训处在其驻防地区，可以实行军事管制，清查"异党"活动，得用"军法从事"处理一切社会事务纠纷。此外，政训处还可以办理各种训练班训练干部，并得自设电台。《政工典范》规定，军事学校的政训处在学生队中派出指导员。凡指导员认为有共产党嫌疑或思想不纯（即不信奉蒋介石、国民党统治）的学生，政训处得通过学校予以禁闭，或开除出校，或交军法机关转送陆军监狱。贺衷寒与训练总监部国民军事教育训练处商定，由蒋介石于1933年3月命令军政部、教育部、训练总监部在国立与省立大学以及省立中学高中部实行军训制度，每周设军训课两学时。军训教官除对学生进行军事教学与训练外，并侦察学生的思想言论与行动。时国难日亟，贺衷寒策划由军委会与训练总监部咨请行政院转饬教育部，于1934年1月通令全国公、私立中学高中一年级学生须于当年4月集中省城，实行军训三个月。学生在受训期间，须一律参加中华民族复兴社。

贺衷寒虽在黄埔系中甚有人望，但蒋介石认为贺是个有政治野心的人，一直不让贺掌握军队，只许其做政训工作。1935年夏，贺衷寒任峨眉训练团政治组主任；同年11月，当选国民党第五届中央执行委员，兼任国民党中央新闻检查处处长。

1936年12月西安事变发生，贺衷寒与复兴社第四任书记长邓文仪召集复兴社员两千余人开会，通过"以武力解决事变"的决议，并在南京进行掌握军队的活动,拥护何应钦代理陆海空军总司令负责"讨逆"。贺并将复兴社内部组织情况及主要社员名单呈报给何应钦,要求由贺负责组建三个师的兵力;同时发动一百七十余名青年将领通电讨伐张学良。贺与邓文仪在南京收编失业的军校毕业生三百余人,组成"讨逆赴难团",提出"武装起来,开赴潼关,直指西安,与张、杨决一死战,救出校长"。宋美龄了解武力讨伐内情,明白对贺、邓二人说:"这是一个阴谋。"但贺仍继续活动不止。西安事变和平解决后,蒋介石得知贺衷寒在事变期间的一切行动,认为贺居心叵测,在杭州当面怒斥贺衷寒说:"我还没有死,你就另找人投靠了。"立即撤去贺的军委会政训处长职。贺衷寒于1937年初出版《一得集》,以"救国"、"统一"、"复兴民族"为辞,鼓吹"一个主义、一个政党、一个领袖",以示对蒋的忠诚。

1937年3月,国民党派顾祝同、贺衷寒、张冲三人为代表,在西安与中共代表周恩来进行谈判。周恩来3月8日提出提案十五条,贺对周的提案擅自加以修改,改"承认"为"服从",改"陕甘宁行政区"为"陕甘宁地方行政区",改"服从统一指挥"为"服从一切命令";取消提案中的"民选制度",裁减红军定员为每师一万人,共三万人。3月12日,中共中央电知周恩来称,"贺所改各点太不成话,完全不能承认";周恩来也认为"贺衷寒横生枝节"。3月15日,张冲通知周恩来,贺衷寒修改案作废。国共两党西安谈判至此结束,贺衷寒亦自此退出谈判。6月,贺衷寒被军委会派赴欧美考察军事政治。

1937年7月,抗战全面爆发,贺衷寒刚行至德国,即奉命返国,回任军委会政训处长。同年8月,军委会对内改组为大本营,对外仍称军委会,陈立夫任大本营第六部部长,贺任第六部第一组组长,主管军队政训工作。1938年1月,军委会再次改组,将原军委会第六部、军委会政训处、训练总监部国民军事教育训练处合组为政治部,贺衷寒任政治部第一厅厅长,主管部队政训工作。三民主义青年团7月在武汉成立时,中华民族复兴社成员多半转入三青团,贺衷寒任三青团中央临时干事会干事及临时常务干事会干事。10月,贺辞去政治部第一厅厅长,闲居在重庆家中读书习字。1939年夏,贺奉蒋介石之命,任军委会西北慰问团团长,曾赴延安与毛泽东晤谈。1942年2月贺被任命为国家总动员会议人力组主任,9月改署社会部劳动局局长,1943年2月当选三民主义青年团第一届中央干事会干事,并任人事甄核委员会主任委员,1945年5月当选国民党第六届中央执行委员及常务委员。8月日本投降后,贺衷寒被派为"还都接收委员会"委员,负责对抗战时数十万西迁的技术人员和工人进行复员安排。1946年9月,贺当选为三青团第二届中央干事会干事及常务干事。1947年5月任社会部政务次长,6月赴西北宣慰与调解胡宗南与马鸿逵、马步芳之间的关系。同年7月,任国民党中央训练团办公厅主任。1949年1月,辞去社会部政务次长职,迁居台湾。

贺衷寒去台湾后,于1950年3月任台湾"交通部长",提出资金与劳力作最有利的运行与发挥,使各项事业的经营企业化,逐渐转亏为盈,免除再拨公款补助。1954年5月,贺辞去"交通部长"改任"总统府国策顾问",1962年任国民党中央设计考核委员会主任委员,1966年任"行政院"政务委员,1969年3月当选国民党第十届中央委员会中央评议委员。1971年贺退休。1972年5月10日,因腹膜炎病逝台北。

主要参考资料

潘嘉钊等编:《康泽与蒋介石父子》,群众出版社1994年版。

康泽:《复兴社的缘起》,中国人民政治协商会议全国委员会文史资料研究委员会编《文史资料选辑》第37辑,中华书局1963年版。

萧作霖:《复兴社述略》,中国人民政治协商会议全国委员会文史资料研究委员会编《文史资料选辑》第11辑,中华书局1961年版。

金冲及主编:《周恩来传》,中央文献出版社1998年版。

洪　深

查建瑜

洪深,字伯骏,号浅哉,我国著名的戏剧家。1894 年 12 月 31 日（清光绪二十年十二月初五）生于江苏武进（今常州市）的一个官僚世家。1900 年入塾读书。1906 年至 1907 年先后在上海徐汇公学、南洋公学（上海交通大学前身）中院读书。1912 年下半年考入北京清华学校实科。他从小酷爱戏剧,进清华后曾多次参加"新戏"的演出,并从事文艺创作。

辛亥革命前后,社会上流行的话剧大都是即兴演出,并无固定台词。1915 年,洪深年二十一岁,开始创作剧本,写了《卖梨人》和《贫民惨剧》,以后长期从事话剧活动,成为我国话剧运动的奠基人之一。

1916 年夏天,洪深于清华学校毕业后,赴美国留学,入俄亥俄州立大学学习陶瓷工程,想当个实业家来拯救中国,但同时,爱好仍驱使他学了一些文学与戏剧课程。当时,美国正在上演熊适逸所译的京剧《王宝钏》,但译本有损原著,而且就是原著故事的本身,也足以启外人对华的轻视。具有强烈民族自尊心的洪深,看后很苦闷,极想改变美国舆论对中国人民的观感。是年底,他组织了话剧《花木兰》的演出,受到华侨和美国人民的欢迎。《王宝钏》事件使洪深从反面领悟到戏剧能唤起民族觉醒,他决心改学戏剧。

1919 年秋,洪深转入美国哈佛大学学习文学与戏剧,同时在波士顿声音表现学校学习,又在考柏莱剧院附设戏剧学校学习表演、导演、舞台技术、剧场管理等课程,获硕士学位。是年,他以中国题材用英文创作了话剧《牛郎织女》、《虹》,并积极组织同学到美国各地作巡回演出。他的老师、美国著名戏剧学家贝克教授十分欣赏他的组织才能和创作。

1920年至1921年,洪深参加职业剧团,在纽约附近各城市巡回演出。这时,为了筹款救济中国华北的水灾,他与张彭春合写英文剧《木兰从军》,在纽约多次演出,自任导演和演员。

1922年春,洪深回国,任职商界,先在南洋兄弟烟草公司上海总公司材料总管理处任理事,兼任总经理简照南的私人英文秘书。嗣后,任上海复旦大学、暨南大学英文教授。是年冬,他采用了美国著名剧作家尤金·奥尼尔的《琼斯皇帝》的剧本形式,写成反封建反内战的舞台剧《赵阎王》。把20年代中国形形色色的社会黑暗集中在赵阎王身上,塑造了一个旧社会逼人为恶的典型。这时,洪深还曾为中国影片制造股份公司代拟征求影片、剧本的广告,文中规定诲淫、诲盗、神怪、表情迂腐等几条不予录取,反映了他急于改进社会风气的思想。

1923年,经欧阳予倩、汪仲贤介绍,洪深加入“上海戏剧协社”,并和欧阳予倩、应云卫等主持该社工作。是年9月,他在“戏剧协社”第一次导演《泼妇》(欧阳予倩编剧)和《终身大事》(胡适编剧)。当时,“戏剧协社”仅有两名女演员,有些女角由男角扮演。洪深力排众议,极力主张男演男,女演女。他把《泼妇》和《终身大事》两剧同台先后演出。前者男扮女装,后者男女合演,让观众去鉴别。观众看了男女合演的《终身大事》,觉得自然得体,拍手叫好,对男扮女装的《泼妇》则感到可笑。通过这次演出,话剧舞台上男扮女装的积习结束了。

1924年初,洪深将英国王尔德著《温德米尔夫人的扇子》改编为《少奶奶的扇子》,并自任导演。王尔德原著对于英国资产阶级的伪善作了强烈的讽刺,洪改编时保留了原著的精神,并使之更适合于中国当时的社会现状。4月,“戏剧协社”在上海公演《少奶奶的扇子》。这次演出建立了严肃认真的话剧舞台作风(包括导演以及舞台艺术各个方面),树立了话剧舞台演出的楷模,表演也达到了当时最高水平,许多剧团争相学习,洪深因此成名。同年,他进入电影界,担任明星影片公司编导,并任中华电影学校校长。自 1924 年至 1937 年,洪深共编导了《早生贵子》、《冯大少爷》、《爱情与黄金》、《风雨同舟》、《夜长梦多》等十余部电影,为中国电影事业的发展作出了重要贡献。

1926 年,田汉领导的"南国社"排演《苏州夜话》和《名优之死》。这两出戏都揭露了旧社会的黑暗现实,洪深观后思想受到启发,曾对马彦祥说:"我演出《少奶奶的扇子》,观众都是上层社会的人,田汉演出的戏,观众主要是知识青年,我觉得他这条路走对了。"不久他就参加了"南国社"。从此,洪深和田汉在戏剧上一直是很密切的合作者。

1928 年,洪深在明星电影公司编导《女书记》、《一脚踢出去》等无声片,并积极致力于电影事业的革新工作。他曾赴美买回第一部有声电影机,为我国首次引进了好莱坞有声电影技术,并编导了中国第一部有声电影剧本《歌女红牡丹》。

1929 年,洪深结识了夏衍,同中共地下组织发生了联系,思想开始靠拢共产党。当时许多知识分子由于 1927 年大革命失败脱离革命,而洪深则在党的影响下从事进步的戏剧和电影活动。是年,美国侮华影片《不怕死》(又名《上海快车》)在上海大光明影院上演,洪深看后,非常气愤,决心制止这部影片演出。他与田汉商议后,找好了辩护律师,带领三名南国社的社员到了大光明影院。他在那里上台演讲,激发了观众的民族义愤,观众纷纷退票,剧场秩序大乱。大光明洋经理高水清扭住洪深进行殴辱,他毫不屈服。后来,在上海舆论界的一致支持下,法院不得不开庭公审高水清。"洪深大闹大光明戏院"的新闻,一时传遍上海。他这种无畏的爱国行动,在人民心中留下了深刻的印象。

1930 年 3 月,洪深参加中国共产党领导的"左翼作家联盟",任英文秘书,从事进步文艺运动。4 月,洪深和马彦祥合译和改编德国雷马克著名反战小说《西线无战事》,由艺术剧社在上海租界公演,遭到帝国主义租界当局和国民党上海市当局的刁难和镇压。4 月 29 日深夜,上海市公安局派出百余名武装警察包围了艺术剧社,捕去社员多人,其中四人惨遭杀害。

同年 8 月 1 日,洪深与田汉、郑君里等发起成立"中国左翼剧团联盟"(1931 年改组为"左翼剧作者联盟"),洪任总书记。

1931 年,洪深到复旦大学、暨南大学任教。1933 年,宋庆龄在上海主持召开"反帝大同盟"大会,反对日本侵略中国,洪积极参加筹备工作,对于这次大会的成功起了一定的作用。1934 年,洪深到青岛山东大学任外文系主任,在这里写了十几个宣传抗日的优秀独幕剧,如《走私》、《女奴》、《劫后桃花》、《黑旋风》等,对宣传抗日起了很大的作用。洪深因不断做抗日宣传,引起了青岛日本人的注意,不得已仍回上海,与夏衍等合办《光明》半月刊,洪任发行人及主编。这时期,他写了许多有关戏剧的论文,后收入《洪深戏剧论文集》,他又写成《电影戏剧表演术》、《现代戏剧导演》、《电影术语词典》、《电影戏剧的编剧方法》等著作。

1935 年,田汉等在南京成立"中国舞台协会",洪深应邀从上海专程到南京导演了《械斗》(田汉、马彦祥合编)、《卢沟桥》(田汉编剧)两出戏。

1937 年"七七"抗战爆发,洪深参加了《保卫卢沟桥》活报剧的创作。剧本歌颂了英勇抗战的士兵和人民,洋溢着中国人民反帝爱国的战斗激情,8 月 7 日在上海正式演出,引起了观众的强烈共鸣。不久,"上海文化救亡协会"、"戏剧界救亡协会"成立,夏衍等人提议成立上海救亡演剧队,洪深积极响应,立即辞去大学教授的职务,参加"上海救亡演剧第二队",任队长,金山任副队长,队员有冼星海等十余人。他们从南京到徐州,冒着敌机轰炸的危险,在徐州的西乡与北乡演出《放下你的鞭子》等五个剧,用以激发观众的抗日热情。一周后,洪深率队赴开封、洛阳演出,观众逾数万人。后经郑州抵汉口,一路上,没有活动经费,衣食住行全靠自理。11 月 12 日,《飞将军》(洪深编剧)与《塞上风云》(阳翰笙编剧)在汉口上演,《飞将军》批判了对抗战胜利信心不足的失败主义情绪,在国民党空军中引起了轰动,不少空军飞行员观剧后紧握洪深的手说:"洪导演,你注意看报吧! 要是有这么一条消息:'空军中尉×××击落日寇飞机一架……'那就是你们这出戏给我的力量。"①

由于国共合作抗日,1938 年 4 月,国民政府军事委员会政治部成立了以郭沫若为首的第三厅,洪深被任为第三厅第六处(处长田汉)第一科科长,负责戏剧、音乐方面的宣传工作。当时洪深正在湖北随县一带农村演出,得讯后便奔赴武汉就职。

洪深在武汉与田汉一起,将各地"救亡演剧队"召回武汉,正式列入第三厅编制,改编为十个"抗敌演剧队",分配到十个战区的前线进行抗日宣传。他们在部队和民间进行演出,唤醒了成千上万的民众,激励了无数战士的抗日斗争情绪,也为后方戏剧运动培养了大批优秀的戏剧骨干力量。

1938 年 10 月 25 日,武汉沦陷,第三厅撤退至长沙。11 月 10 日,岳阳失守,长沙震动,周恩来指示洪深负责安排第三厅工作人员的撤退工作。11 月 13 日凌晨,长沙大火,周恩来派洪深为善后委员会总指挥,负责灾民救济金的发放工作。洪深指挥队员们掩埋尸体,抚慰灾民,安插伤员,恢复交通,发放灾款,历时三昼夜,办得井井有条,得到群众的一致好评,并受到周恩来的赞许。

1939 年 12 月,洪深随第三厅经衡阳、桂林疏散至重庆。1942 年寒假,赴桂林"新中国剧社"导演抗日话剧《再会吧! 香港》(夏衍、田汉、洪深合编),遭到桂林反动当局的强行禁演。

1943 年洪深担任"中央青年剧社"编导委员,为该社编导了《鸡鸣早看天》,并导演了《黄花岗》(集体创作)。是年底至 1946 年,洪深在重庆复旦大学任教,兼任军委会政治部文化研究班戏剧系教官,创办了教导团,自任团长,到各地巡回演出四川方言戏《包得行》等。这时,中国

---

① 《中国话剧运动五十年史料集》编辑委员会编:《中国话剧运动五十年史料集》第 3 辑,中国戏剧出版社 1963 年 4 月版,第 184 页。

共产党为了在文化战线上打破国民党反动派的文化专制，于 1943 年
10 月至 1944 年 5 月在重庆有计划地组织了大规模雾季公演高潮。洪
深积极参与，先后导演了《法西斯细菌》(夏衍编剧)、《祖国在召唤》、《春
寒》、《草莽英雄》(阳翰笙编剧)、《黄金时代》(田汉编剧)、《黄白丹青》
(洪深编剧)等剧。

　　1946 年 3 月 2 日，重庆复旦大学《谷风》壁报主持人因刊登学生游
行文章，横遭反动学生围攻殴打，洪深仗义前往劝阻，亦遭殴击。不久
洪深住所四周出现武装宪警，对洪作精神上的迫害，几及一月，洪乃愤
然辞职。全校职工激起公愤，五十余名教授集会，声言罢教；学生会也
紧急集会，决议罢课，这才迫使校方同意留任洪深。同年 8 月，洪深回
到上海复旦大学任教。

　　1947 年 5 月 6 日，洪深积极参加上海学生反饥饿、反迫害大游行，
并组织复旦教授罢教，遭国民党反动当局逮捕，旋被释放。复旦当局趁
机将他解聘。洪深被解聘后，生活较困难，他心爱的三岁小儿子不幸此
时得了脑膜炎，因无钱医治而死亡。不久，洪深至厦门大学外文系任
教。

　　1948 年 12 月，洪深离厦门经香港到达东北解放区。1949 年 2 月
到北平，受到周恩来的接见。3 月，洪深代表我国参加世界第一届和平
代表大会。6 月，任全国政治协商会议筹备会议代表。9 月，出席全国
政协代表大会。这年，洪深任北京师范大学外语系主任，兼文化部对外
文化事务联络局副局长。

　　1953 年，洪深被选为中国文学艺术界联合会主席团委员、中国戏
剧家协会副主席、中国作家协会理事。

　　1954 年，洪深被任命为中华人民共和国对外文化联络局局长，兼
中国人民对外文化协会副会长。是年冬，率中国文化代表团出访民主
德国、匈牙利、波兰，先后签订了中德、中匈、中波《文化合作协定 1955
年执行计划》。

　　1955 年 2 月，洪深患肺癌，临危，周恩来总理曾亲到医院探望。8

月 29 日,洪深在北京病逝。其平生著作汇集为《洪深文集》(共四册)及《洪深选集》。

主要参考资料

中国戏剧家协会编:《洪深文集》(四),中国戏剧出版社 1959 年版。

夏衍:《周总理对演剧队的关怀——关于演剧队的一些事实》,《人民戏剧》1978 年第 3 期。

沙新主编:《中国话剧史纲》(油印本)。

《中国话剧运动五十年史料集》编辑委员会编:《中国话剧运动五十年史料集》第 1 辑,中国戏剧出版社 1958 年版。

洪　式　闾

叶炳南

　　洪式闾,字百容,浙江乐清人,1894 年 5 月 4 日(清光绪二十年三月二十九日)生,祖父和父亲都是晚清的秀才。

　　洪式闾少年时先在浙江温州中学肄业,后随父至河南开封,进开封中学堂,于 1911 年毕业。1913 年至 1917 年,在北京医学专门学校读书,毕业后留校任助教。1920 年 7 月至 1922 年 3 月,以进修员身份被派赴德国柏林市立医院进修,初修病理学;后决心以扑灭寄生虫病作为终身努力目标,改而专攻寄生虫学。1923 年洪任北京医科大学教授,并曾一度代理校长。经他倡议,把寄生虫学从病理学中分出,成为一门独立学科。1924 年 6 月至 1925 年 4 月,他又被学校派遣赴德、美等国,以进修员身份进行考察。

　　洪式闾早期研究寄生虫卓有成绩,1922 年他曾用德文发表《基础膜染色法》的论文;1926 年又用德文发表关于他所发现猴体内两种新线虫的论文,为纪念其德国老师弗来朋(Fuel borne)教授六十诞辰,把其中的一种线虫以弗氏之名命名。同年,他创造了钩虫卵定量计算法,解决了防治钩虫病的基础技术问题,为世界各国所采用。在此期间,他还先后编著出版了《病理学总论》和《病理学各论》两书,这是国内最早的也是当时最完整的病理学专著。

　　在北伐军进占浙江后,杭州发生了一起"广济医院事件"。1926 年冬,开办广济医院的英国人梅藤更(David Duncan Main)慑于大革命的风暴,担心自己受到冲击,借口年老匆匆回国,他的代理人谭信也仓皇离开。为此,杭州市十六个群众团体召开市民大会,请求临时省政府派员接收自办,先由姜卿云等人接收,不久,洪式闾应浙江省民政厅长马叙伦的邀请,到杭州担任广济医院院务委员会主任委员。他增聘了不少著名的内外科医师,并对医院业务进行了有效的整顿,使各方面的工作显著改善,在社会上迅速树立起由中国人接办的新广济医院的声誉。但至翌年,南京国民政府为了取悦于英国政府,勒令将广济医院交还给英国人。杭州市民闻讯,群情激愤,纷致函电,要求南京政府改变此决定,但未能成功。洪式闾愤而辞职以示抗议,并一一将医院全部财产清点列册,送交浙江省民政厅,而不愿直接交还给英国人。同年7月,洪与盛佩葱等共同发起,自筹基金,创办杭州医院,与之抗衡。此一义举,给当时社会民心以很大振奋。医院创办伊始,经费支绌,在最困难时,洪将妻子的首饰等拿去变卖,赖以维持。当时洪等曾印有《青白之广济》和《筹组杭州医院宣言》等宣传品,痛斥政府当局"劫(怯)于强国之大势,率不免于屈从";宣称"有生之日,誓与异族以周旋,未死寸心,愿为国家而奋斗"①,表达了反帝爱国、不畏强暴的民族气节和爱国主义精神。

　　同年,洪式闾还创办了杭州热带病研究所,任研究员兼所长,从事寄生虫学的实验研究。11月,由当时任国民政府教育部长的马叙伦推荐,被任命为教育部编审处主任。一年后,洪以宁、杭两地工作不能兼顾为由,辞去这一职务。1929年9月,他应日本九州医学会的邀请,前往日本作关于萧山姜片虫病问题的学术讲演,提出了姜片虫只有一个种别,仅因年龄不同而形态有所变异的独立见解,否定了认为姜片虫有许多种别的传统错误看法,引起国际学术界的重视。回国后不久,日本

　　①　崔志干、翁楚望:《英帝国主义"英雄"梅藤更在杭州》,中国人民政治协商会议浙江省委员会文史资料研究委员会编《浙江文史资料选辑》第2辑,1962年版,第134—153页。李肃遐:《接收杭州圣公会广济医院前后经过概略》(未刊稿),浙江省政协文史资料研究委员会存。

九州大学即给他寄赠了医学博士的学位证书。

1936年8月,洪式闾应聘去江苏,任南通学院教授兼医科主任,他所主持的杭州医院随即停办。抗日战争爆发后,洪组织南通学院医科师生,代办"军医署第七重伤医院",辗转扬州、衡阳等地,救护抗日伤员。1938年10月,南通学院与江苏医政学院在湖南沅陵合并,成立国立江苏医学院,洪任该院教授兼寄生虫学部主任。以后洪随学院迁贵州和四川北碚,对当地农村严重流行的钩虫病开展了研究和防治工作。1945年,他与杨复曦合作,在英国《自然》杂志上发表了《蜡制蠕虫模型制作法》一文。

在抗日战争的艰苦岁月里,洪式闾常饮酒以解苦闷悲思,赋诗抒发忧国情怀。在所写的《端午诗》中,他咏述:"关怀时局费周章,尤憾强权反擅场。蓦地罡风来直北,漫天烽火过端阳。九州义士非秦帝,七泽词人念楚王。一样忠诚为爱国,几忘身世与家乡。"另一首《中秋诗》说:"远离浙水已三年,走遍西南亦偶然;自恨于时无补益,更嗟所学忒拘牵。书生爱国唯憔悴,志士捐躯貌瓦全;惭愧嘉陵江畔住,中秋望月两回圆。"①显示出一位正直的爱国知识分子的赤忱之心。

抗日战争胜利后,洪式闾随江苏医学院回到镇江,任教授及寄生虫研究所主任。这个学院为陈立夫所控制,院长即为陈的亲信,洪觉得难以共事,于次年11月应聘去台北,兼任台湾大学热带医学研究所所长。1948年3月底,国民党政府教育部长朱家骅无理电令台湾大学校长陆志鸿辞职,洪对此极感气愤,认为"乱命"不能从,遂自动辞去兼职,仍回镇江江苏医学院执教,以示抗议②。后因高血压引起鼻腔大量出血,请假到杭州休养。

---

① 李非白:《怀念崇敬的老师洪式闾教授》,载洪式闾、李非白等编著《钩虫病及毛圆线虫病》,人民卫生出版社1955年版,第95页。

② 洪式闾:《誓竭全力,为共产主义事业奋斗到底》,《浙江日报》1954年12月29日第3版。

1949年春,镇江、杭州相继解放,洪式闾兴奋得抱病回镇江继续任教。7月,赴北平参加中华全国自然科学工作者代表会议的筹备委员会工作。9月,出席了中国人民政治协商会议。年底,洪到杭州参加筹办浙江卫生实验院,任院长。1950年9月,他代表我国医学科学界去捷克斯洛伐克出席第六次国际微生物会议,宣读了寄生虫学方面的论文,并被邀请去斯洛伐克大学作学术演讲。11月,他兼任中央卫生研究院华东分院院长;1951年又被任命为浙江省卫生厅长兼浙江医学院院长。1954年,当选为第一届全国人民代表大会代表。此外,他还被选为浙江省人民代表大会代表、省人民政府委员和担任浙江省科学技术普及协会主席等职务。1954年8月,他加入了中国共产党。1955年4月15日,洪式闾亲自主持召开浙江省肺吸虫病治疗研究学术座谈会,并在会上作了题为《台湾肺吸虫病流行情况》的学术报告。就在这次会议期间,他因劳累过度,高血压症复发,于4月24日去世。

洪式闾数十年如一日地致力于寄生虫学的研究,先后在国内外杂志上发表的重要论文有四十多篇,并有十多本著作出版。他对于疟原虫的形态学和疟疾的流行病学,阿米巴痢疾的病理解剖,姜片虫的种别问题,毛圆线虫的人体寄生问题以及钩虫问题等等,都有独到的见解和研究成就。他和李非白、胡旭庚、范学理合作编著的《钩虫病和毛圆线虫病》一书,为防治我国四大寄生虫病之一的钩虫病,提供了系统的资料。他并为培养我国寄生虫学的研究和教育方面的人才,作出了贡献。

侯　德　榜

熊尚厚

　　侯德榜,字致本,1890年8月9日(清光绪十六年六月二十四日)生,福建侯官(今福州)人。其父务农,家境贫寒。他七岁入塾读书,课余帮助家里做些农活,从小养成刻苦耐劳、勤俭朴实的作风。两年后,因家庭经济困难,辍学在家帮助父亲种田。嗣后得开药店的姑母资助,于1904年考入福州英华书院。他聪敏好学,成绩门门优秀,尤对自然科学的兴趣最浓。1906年他在英华书院毕业,升入上海闽皖两省铁路学堂,学习铁路土木建筑专业。1909年毕业后,分配到安徽符离集津浦路工务段工作。那时,铁路大权掌握在帝国主义者手中,中国人受其任意摆布。具有爱国心的侯德榜在民主革命运动的社会思潮影响下,暗下决心要走"科学救国"的道路。1913年他考取北京清华留美预备学堂,翌年以优异成绩被保送赴美,入马萨诸塞州(即麻省)理工学院化学工程系。1917年毕业,随后入普郎特专科学院深造,专修制革,取得制革化学师证书。翌年,又升入哥伦比亚大学化学工程系为研究生。1921年撰著《盐铁鞣皮法》论文,获博士学位。

　　当时,天津久大盐业公司总经理范旭东正在塘沽开办永利碱厂,由于不能掌握长期为外国碱业垄断集团所控制的苏尔维制碱法,建厂中困难重重,遂派永利碱厂筹办人之一陈调甫前往美国考察碱业,并物色技术人才。陈到美国后,经湖南钨矿出口商李国钦的介绍,与侯德榜结识。侯倾听了陈调甫讲述永利在建厂中的困难,激起了他长期抱有的"科学救国"的夙愿,毅然接受永利公司的聘请,由制革转而从事制碱业。他同徐允钟等人参照美国工程师孟德(W. D. Mount)提供的制碱厂蓝图,结合国内的实际,先在美国完成永利碱厂的设计,并向英、美等国订购碳酸气压缩机等设备,随后即回国参加安装。范旭东请他担任永利碱厂技师长(即总工程师)兼制造部部长。从此,侯德榜以永利碱厂为基地,为祖国的化学工业辛勤奋斗了一生。

侯德榜到永利碱厂后,立即废寝忘食地工作。面对故障重重而无法正常运转的制碱设备,他与工程技术人员一道,日以继夜地调试各种机器,寻找种种故障。对碳酸氢钠堵塞在碳酸塔内,或是湿碱在干燥锅里结疤等现象,一一探究其原因。他以坚韧不拔的毅力,带领工程技术人员,在短短的两三年间,对机器的许多部件加以改进或重新设计制作,反复试验,排除种种障碍,终于揭开了苏尔维制碱法的秘密。

永利碱厂于1923年首次投产,但质量仍未过关。经过侯德榜等继续努力试验和改进,产品质量不断提高,永利红三角牌纯碱不仅在国内畅销,而且冲破了英商卜内门公司的垄断,出口日本。1926年在美国费城举办的万国博览会上获金质奖,随后又在美国建国一百五十周年举办的国际博览会上得奖。永利制碱的成功,振奋了中国人民的志气,奠定了我国民族化学工业发展的基础。

侯德榜揭开了苏尔维制碱法的秘密后,又在塘沽做了大量实验工作和数据的整理,将制碱各方面的化学问题详加分析研究,决心把自己的研究成果贡献给全人类,遂写出书稿。1931年,他去美国考察与进修,翌年在纽约以英文出版了这部科学专著,书名是 *Manufacture of Soda*(《纯碱之制造》)。他系统地将制碱技术公诸于世,轰动了国际化工界,为世界的创举。美国化学家 E. O. 威尔逊称:"这是中国化学家对世界文明所作的重大贡献。"[①]

1932年,侯德榜从美国考察回国,又为永利设计和主持新建了苟

---

①　姜圣阶等:《化工先驱　功业永垂》,《人民日报》1984年11月1日第3版。

性碱厂和机械厂。苛性碱用永利所出纯碱和石灰石为原料,初因缺乏经验,产品质量欠佳;他同几位技师日夜研究改进,结果所出产品大受国内市场的欢迎。在这期间,侯德榜曾在天津北洋大学兼课。

1934年3月,永利、久大等扩充成立永利化学工业公司,决定在南京卸甲甸兴建硫酸铔厂。为此,侯德榜等一行六人于4月赴美。他与美国氨气工程公司反复商讨硫酸厂的设计方案,又购运器材设备,安排人员实习培训,还亲至美国各地硫酸铔厂考察,每天工作十一二小时。在谈判设计合同时,凡有损自主权的苛刻条件,侯德榜均加拒绝,力求技术设备上的自主与学术上的独立;在采购机器与器材时,对于国内能自制的机械均不订购,非买不可者,则细心比较,择其质地优良而又适合国内需要者购取之;凡秘密的专利,又为工程所必需者,则不惜高价收买。直至1936年3月,始将此项任务完成。他被永利公司同人赞为工程师的"祭酒"①。中国工程师学会1935年在广西南宁开会时,决定授予他荣誉金牌;翌年该会又授予他工程金质奖章。

侯德榜回国后,专任南京硫酸铔厂建厂指挥之责,工程进行极度紧张,他组织国内外工程技术人员日夜奋战,对已安装的机器逐一亲自检查。1936年底,主要工程顺利竣工,翌年2月开始试车投产,日产硫酸铔二百吨,硝酸四十吨。这座东方最大的第一流现代化联合化工企业的建成,对我国民族化学工业的发展和壮大,具有重大意义。

南京硫酸铔厂开工未及半年,"七七"事变爆发,日本帝国主义对我国发动了全面的侵略战争。1937年冬,铔厂三次遭到日机的低空轰炸。当时,南京金陵兵工厂急需硝酸铵制造炸药,侯德榜立即在技术上解决难题,转产硝酸铵以供抗战军需。他时常在敌机空袭警报未解除时,冒着生命危险进厂,工厂被炸后又立即指挥员工进行抢修,坚持生产。上海沦陷后,南京告急,他组织技术人员将图纸资料及重要仪表、小型设备及器材赶运内地,将工厂蓝图埋在厂内团山下。直到南京陷

---

① 《范旭东先生所经营的三大事业》,《新世界》月刊1944年第7号。

落前夕,他才怀着依依不舍的心情离厂,撤往四川。

1938年初,侯德榜在范旭东的支持下,在四川五通桥等地筹建新的化工基地。在战时人力、物力、财力均感困难的条件下,他含辛茹苦,以艰难的步履开始了新的历程。在四川,制盐的原料是卤水,成本比塘沽的海水高许多倍,如果沿用苏尔维法制碱,成本太高。为了寻找新的制碱工艺,提高盐的利用率,他与几位工程师随同范旭东一起先往德国考察,旋又去美。他在美国进行合成氨工业和制碱工业联合成一体的实验与研究,首先从实验入手,根据德国察安法的要点逐一进行实验,复核其数据,进行新的探索。1939年,他派人在香港设立实验室开展工作,自己仍在纽约埋头于研究。经过五百多次的反复实验,分析了二千多个样品,大致确定了这种联合制碱技术的新工艺;翌年又在纽约和上海租界进行扩大实验。1941年终于完成了联合制碱技术的研究工作,随即聘请美国氨气工程公司(N.E.C)进行川厂合成氨及氨气加工等车间的设计,在四川五通桥建厂。他与在纽约的工程师一起,共同做了大量设计、采购等工作。为了不断扩大自己的学识,他还前往美国机械工程学会(A.S.M.E)的夜校去进修机械学、电气及结构工程学。

侯德榜发明和首创的联合制碱技术,是把合成氨工业和制碱工业合成一体,把间断生产改成连续生产,缩短了工艺流程,提高了原料利用率,能同时生产出纯碱和氯化铵,降低了生产成本,是世界化学工业的一项重大发明,使苏尔维法和察安法皆相形见绌。1943年3月,永利厂务会议决定将这项联合制碱技术命名"侯氏制碱法"。同年6月,美国哥伦比亚大学授予他荣誉会员的头衔。以后他又获得了英国皇家学会荣誉会员、美国化学工程学会荣誉会员、美国机械工程学会终身荣誉会员等称号。1944年,巴西政府聘请他前往指导建设碱厂,其后印度塔塔公司制碱厂也聘请他去解决重大技术难题。他还为南非建设纯碱厂进行勘察与设计。

1945年8月抗日战争胜利后,侯德榜急往南京察看硫酸铔厂,又去塘沽碱厂视察。面对惨遭日本侵略者摧残的各厂,他决心加倍努力恢复和重建我国的化学工业。10月,永利化学工业公司总经理范旭东在重庆病逝,他接任该公司总经理兼董事长。

翌年,由于国民党蒋介石发动全面内战,整个社会经济还没有得到恢复又陷入战争境地。侯德榜领导永利职工惨淡经营,备尝艰辛,费了两年时间,才使各厂先后开工生产,但产量未能达到战前水平。南京铔厂经过他和副总经理李烛尘一再催促国民政府,才向日方索回被劫往九州的成套设备;但由于焦炭和电力的不足,产量仅及原设计的一半,在此艰难处境之下,他仍力图实现范旭东建立十大化工厂的遗愿。1946年3月,他再度赴美,一面争取美国进出口银行的贷款,一面为新建湖南株洲等十大化工厂进行设计和采购。由于美方对贷款及技术设备的蓄意刁难,使他在美国的奔波收效甚微。

侯德榜对美国的资金、技术及物资设备所抱希望落空后,决心立足于自身的力量,恢复和发展永利的事业。1948年7月,他回到国内,以年初同李烛尘等发起成立的"久大永利黄海永裕协进会"为枢纽,对企业进行一系列的革新;在南京铔厂扩建化学试验室,成立致本化学馆,加强对科学技术的研究;于总管理处设置事务管理委员会,加强对企业的经营管理;充实塘沽、长沙、青岛、南京等地企业的设备和技术。8月底,他前往四川指导川厂的生产及深井工程,对犍为的深井工程寄予希望,以为只要再打几口井,进口的机器运到,就可用侯氏制碱法大踏步前进了。他表示:"若今日中国尚有一枝可栖,宜应如何埋头苦干,以求生存于万一,得自助以苏生。"[①]然而,由于国民党蒋介石政府于1948年8月实行"整理财政及加强管制经济办法",发行金圆券,公开搜刮全国人民的资金,加速了社会经济的总崩溃,民族工业处于毁灭的境地,侯德榜"自助以苏生"的愿望亦同样落空。他"瞻望前途,长此兵争不息,通货膨胀无穷极,有何工业可言?欲求国家强盛,人民生计充裕,尤

---

① 侯德榜:《为李直卿先生加入本团体敬告同人书》,《海王》旬刊1948年第33期。

缘木求鱼"①。

　　1949年春,侯德榜应印度塔塔公司的邀请,再次前往印度指导制碱技术。当获悉南京解放的消息时,他感到无比兴奋和喜悦,6月,中共中央毛泽东、周恩来派专人前往召请,他立即由印度起程回国,排除各种困难,经香港绕道韩国到达北京,受到了毛泽东、周恩来的热情接见。

　　中华人民共和国成立后,侯德榜积极参加社会主义建设工作,继续为我国的化学工业作出了巨大贡献。1958年撰写了八十多万字巨著《制碱工学》,将其一生的制碱心得贡献给人民。1957年他加入了中国共产党。他历任中央人民政府财经委员会委员、重工业部技术顾问、化工部副部长;当选为全国人民代表大会第一、二届代表;并任全国政协第一届委员,第二、三届常委。他还先后担任中华全国自然科学专门学会联合会副主席、中国化工学会理事长、中国科学院学部委员、全国科学协会副主席、民主建国会常务委员等职。

　　1974年8月26日,侯德榜病逝于北京。

---

　　① 《海王》旬刊1948年第33期,第514页。

侯　镜　如

戚如高

　　侯镜如,原名心朗,1902年10月17日(清光绪二十八年九月十六日)生,河南永城人。侯氏为永城名门,族人中入仕者颇多。侯镜如幼入塾馆,诵蒙求诗书。十五岁负笈开封,入河南省立留学欧美预备学校。越五年,转入河南大学理科。

　　1924年2月,侯镜如毅然投笔从戎,取道上海、香港赴广州,考入黄埔军校第一期,被编在学生第三队。他学习刻苦,操练认真,表现优异。同年11月毕业后,任教导一团排长。1925年2月参加第一次东征之役,在棉湖战斗中身先士卒,左手中弹受伤。同年8月,黄埔学生军编入国民革命军第一军,侯镜如升任第一师三团一营副营长,旋参加第二次东征,并经周恩来、郭俊介绍,于潮州秘密参加中国共产党。

　　1926年7月北伐开始,侯镜如升任第一军第十四师第四十八团参谋长,隶属何应钦东路军。同年底,东路军逼近福州,守军第十二师起义,旋被改编为国民革命军第十七军第三师,侯镜如调任该师党代表兼政治部主任。未几,复调至东路军总部工作。

　　1927年2月,侯镜如接到中共密信,通知他即赴上海。他向何应钦请假后,经宁波至上海,协助周恩来、赵世炎等领导上海工人武装起义,为暴动总指挥部成员。他分管工人纠察队训练工作,日夜忙碌。3月21日,全市工人罢工,他奉周恩来之派,参加了攻打警察厅、高昌庙兵工厂、闸北车站等战斗,身先士卒,英勇机智。4月,蒋介石发动"清党"反共政变,在上海对工人进行血腥屠杀,侯镜如指挥守卫在商务印书馆俱乐部的工人纠察队英勇抵抗,左胸中弹,流血不止,周恩来派人把他送到医院救治。月底,侯镜如赴武汉,任武汉三镇保安总队总队长。6月,赴鄂城任贺龙第二十军教导团团长。7月底,随二十军赴江西,率教导团参加南昌起义。旋随贺部南下,8月底在会昌与钱大钧第二十二军激战中受伤,后由陈赓陪同,经汕头转赴香港医治。

1927年12月底,侯镜如回到上海,在中共中央军委机关工作。翌年4月,前往开封任中共河南省委军委书记。旋被捕入狱一年余,1929年7月获狱外党组织营救脱险,前往天津,担任中共顺直省委军委书记。1931年春,奉命取道上海前往苏区,适遇中央保卫局顾顺章叛变,上海中共地下组织遭到破坏,侯镜如自此与党组织失去联系。

此后,侯镜如经黄埔同学介绍前往开封,任河南省政府主席刘峙所属之开封行营谘议。旋赴山西晋城,代表刘峙联络第四十一军孙殿英部,后被孙殿英委派为第四十一军驻南京办事处代表。1932年,侯镜如调任第二十二路军第三十师参谋长,负责该师之整训。翌年春,第二十二路军并入孙连仲第二十六路军,侯镜如改任第三十师第八十九旅旅长,奉命开入江西,参与第五次“围剿”中央苏区之役。

“七七”事变爆发后,侯镜如奉命率第八十九旅由江苏淮安出发,参加平津之役,于房山、周口店一带与日军激战,伤亡很大。平津沦陷后,第八十九旅转赴潼关,阻击南下之敌,配合忻口战役。1938年春,侯镜如调任第九十二军第二十一师师长,率部前往临沂,防守鲁南,参加徐州会战。武汉会战后,所部移防湘北、鄂西北。1940年5月,率部参加枣宜战役。翌年1月,率部开赴皖北,于涡阳、蒙城一带抗击日军。1942年5月,侯镜如升任第九十二军副军长,翌年1月,任军长。嗣后移驻湖南桃源一带,参加湘西会战。

1945年8月日本无条件投降后,侯镜如率九十二军开赴武汉,兼任武昌警备司令官,参与武汉受降,率部解除日军武装。10月,九十二军由美国空军空运至北平,侯镜如兼任北平警备司令官。

蒋介石在美国支持下,于1946年6月悍然发动全面内战。侯镜奉命率部协同第十一战区副司令长官陈继承所部进袭冀东解放区。旋受命指挥第九十二军及第一〇四军,负责打通北宁线。1948 年 9 月,侯镜如升任第十七兵团司令,指挥第六十二军、八十六军、九十二军,驻扎冀东,设司令部于唐山。辽沈战役打响后,东北人民解放军主力南下北宁线,重兵包围锦州,以割断关内与东北的联系,形成关门打狗之势。为解锦州之围,蒋介石调第六十二军、第九十二军、独立第九十五师及山东烟台的第三十九军共计七个师,由海路驰援辽西,与原驻锦西、葫芦岛的五十四军、暂编六十二师等会合,组成"东进兵团",由侯镜如指挥,协同廖耀湘指挥的"西进兵团",倾力援救锦州。10 月 10 日,"东进兵团"向塔山猛攻,遭到解放军顽强阻击,"西进兵团"也进展迟缓。15 日,解放军经过猛攻,占领锦州。蒋介石不甘失败,复督促侯镜如反攻锦州,企图打通北宁线,解救廖耀湘兵团。11 月初,廖兵团在大虎山以东地区被解放军围歼,辽沈战役结束。侯镜如率残部撤至天津、塘沽一带,设十七兵团司令部于塘沽。

同年 12 月,平津战役打响,侯镜如以十七兵团司令兼津沽防守司令,指挥第六十二军、八十六军、八十七军、三一八师、三〇五师、四十三师、一八四师、三二六师、三三三师等防守津沽两地。12 月中旬,侯部被入关的东北野战军分割包围。1949 年 1 月 15 日,天津解放。16 日,侯镜如奉蒋介石"立即南撤"之命率残部三万六千人乘船南逃上海。

侯镜如的外甥李介人是中共党员,斯时受命与侯镜如洽谈率部起义事宜。侯镜如拟订了塘沽起义方案,但因遭到第九十五师师长段云的抵制和要挟未果,只有他的基本部队第九十二军在其暗中支持下,举行了和平起义。

侯镜如于南撤后兼任长江防务预备兵团副司令,率第十七兵团司令部移驻徽州。由于国民党拒绝在和谈协定上签字,人民解放军于 4 月 21 日发动渡江战役。23 日侯镜如奉令指挥第一〇六军、九十六军、九十二军之三一八师及安徽省保安团等向福建转移。抵闽后,第十七兵团番号取消,所属残部并入第一〇六军,侯镜如改任福州绥靖公署副主任,并兼福州绥靖公署军官团团长。

国民党在大陆统治全面崩溃之势已不可挽回,侯镜如于是年秋借口赴香港省亲脱离了国民党的统治体系。旋在李介人等人的协助下,推动亲信部属曹仁凤等于福州解放时率原第十七兵团直属部队第三一八师起义。此后,侯镜如留居香港,曾对国民党军队进行劝降工作。

1952年,应周恩来、安子文、李克农之邀,侯镜如从香港返回大陆定居,任政务院参事。此后四十余年间,历任全国政协第二、四、五、六届委员,第五、六届常委及第七届副主席,并任国防委员会委员,全国黄埔同学会副会长、会长,中国国民党革命委员会副主席,全国政协祖国统一联谊委员会副会长,中国和平统一促进会会长等,致力于促进祖国和平统一的工作。

1994年侯镜如于北京病逝。

主要参考资料

《侯镜如传略》,中国人民政治协商会议永城县委员会编:《永城文史资料》第2辑,1986年版。

第九十二军、第十七兵团整训日记、战斗详报等,国防部史政局战史资料委员会档案,中国第二历史档案馆藏。

侯镜如、覃异之、廖运泽:《蒋家王朝在京沪杭最后的挣扎》,中国人民政治协商会议全国委员会文史资料研究委员会编《文史资料选辑》第32辑,中华书局1962年版。

黄翔:《九十二军在北平起义经过》,中国人民政治协商会议全国委员会文史资料研究委员会编《文史资料选辑》第68辑,文史资料出版社1980年版。

侯镜如、染述哉、黄翔、刘春岭《平津战役蒋军被歼纪要》,中国人民政治协商会议全国委员会文史资料研究委员会编《文史资料选辑》第20辑,中华书局1961年版。

侯 西 反

陈 民

侯西反,福建南安人,生于 1882 年 8 月 20 日(清光绪八年七月初七)。童年在家乡读过几年私塾,二十六岁南渡新加坡,在商界当职员。由于早年辍学,入商界后深感文化水平低,常以报纸为课本自学,遇到佳句或新知识,随即写入笔记本,暇时经常温习,学识渐进。他工作勤勉,生活节俭。后稍有积蓄,与友人合资创办"振美树胶公司",在当时同业中,有相当地位。但不久因胶业不景气而歇业。他的为人和才干,深为陈嘉庚所赏识,遂委他负责处理陈嘉庚树胶品制造公司业务收束工作,并兼任《南洋商报》总经理①。他不辞劳苦,力任艰巨。1936 年经陈嘉庚引荐,又出任亚洲保险公司副经理。历任同济医院总理、新加坡福建会馆执委主任、中华总商会董事等职。

侯西反为人直率,热心公益事业,陈嘉庚曾称誉他"身健口利,忠勇勤劳,排难解纷为其特长"。他了解工人,同情其疾苦,也颇得工人的信任,因此每遇劳资纠纷,常被请作调解人。他与陈嘉庚是同乡,又是同业,后又共事,情好素密,对陈嘉庚倾资兴学及其一贯的爱国立场,极为钦佩,凡陈嘉庚有所事于国家社会,他必竭尽其力,为之奔走呼号。特别是在祖国抗日战争爆发后,他更成为陈嘉庚在南侨筹赈总会的得力助手。侯西反"熟悉诸侨商各啬慷慨,殷裕困穷,视力劝募,应付咸宜",

---

① 陈嘉庚:《南侨回忆录》,新加坡怡和轩 1946 年第 3 版,第 91 页。

"为筹赈会最重要之职员"①。此外,如对 1920 年代陈嘉庚领导山东惨
祸筹赈会②,1930 年代推销救国公债,遣送南洋华侨汽车司机服务于
滇缅公路等活动,侯无不积极参与,协助做好工作。他 50 岁时,因感开
展社会活动的需要,还利用留声机唱片学习普通话,孜孜不倦,几不知
老之将至。

　　1931 年"九一八"事变后,在南洋的爱国华侨纷纷抵制日货,有些
人对于私贩日货的奸商甚为痛恨,或浇沥青,或割其耳朵,以示惩戒。
侯西反久为奸商怀恨,被他们寻机诬告于英殖民当局③。新加坡总督
以侯有反英嫌疑及暗助非法社团之罪名④,于 1939 年 12 月 28 日限令
他三天出境,并不得重返新加坡。陈嘉庚出面交涉无效。30 日,侯西
反原定上午乘飞机往仰光转重庆,有亲友及工人数千人为其送行。他
们不顾军事当局的戒严令,愤怒冲进机场,几至发生流血事件。为了顾
全大局,不影响南侨筹赈总会今后的活动,陈嘉庚与侯西反商量,改于
当晚乘火车去槟榔屿,转乘飞机回国。行期虽然保密,但火车到达槟榔
屿时,仍有华侨及当地各界人士二三千人到车站迎送,盛况空前。

　　侯西反回国后,孑然一身,但仍倾心于抗日救国,风尘仆仆奔走于

---

　　①　陈嘉庚:《南侨回忆录》,第 91 页。

　　②　"山东惨祸"即"五三"惨案。1928 年 5 月 3 日,日本帝国主义派兵侵占我山
东济南,先后杀害我外交官蔡公时及军民五千多人。新加坡华侨发起组织"山东惨祸
筹赈会",举陈嘉庚为主席,积极募捐救济济南受难者。

　　③　当时南洋华侨多以为此项惩戒奸商的活动为"筹赈会"所组织。据陈嘉庚在
《南侨回忆录》所说,此则别有组织机关,暗中有他人主持,"与侯(西反)君绝无关系"。
陈嘉庚本人也不赞成这类个人恐怖手段。

　　④　当时新加坡各报均登载英殖民政府情报局关于侯西反出境命令,略谓:"非
法社团'先锋队'及'抗敌后援会',假借爱国名义,作非法之活动。总督经慎密之调查
后,认为使星华筹赈会上述非法社团发生关系之责任,实在于侯西反君,以侯君亲自
赞助及怂恿该社团之存在及活动……又'抗敌后援会'原存于星洲及马来亚各地,
亦系马来亚共产党之机关,该党本身即系危险之组织,目的在于用公开革命推翻政
府。"见《南洋商报》1939 年 12 月 29 日。

重庆、昆明之间。他在昆明组织华侨互助会,救济华侨司机;创办华光学校,培养归国华侨子弟。1940 年春,陈嘉庚率领南洋华侨慰问团回国进行慰问活动,侯西反陪同视察十余省,历时十个月。当陈嘉庚从延安回到重庆时,行动受监视,言论受钳制。侯西反以"国民外交协会"①常务委员身份,邀请陈嘉庚到该会作《西北之观感》的演讲,宣传了延安及边区公务人员廉洁奉公、军民团结一致抗日的真相,引起蒋介石国民党的极大不满。侯西反陪同陈嘉庚视察福建古田县时,在欢迎大会上历数省主席陈仪祸闽苛政。到漳州时,又在各界欢迎会上慷慨激昂地宣称:"凡贪官污吏,害民惨苦者,立当驱逐出去!"②

侯西反在重庆历任国民党海外部青年团联系委员会委员、青年团海外团务计划委员会副主任委员、国民政府侨务委员会名誉顾问、赈济委员会委员、军事委员会谘议,并任福建省政府参议等职。

1944 年 11 月 10 日,侯西反从成都飞昆明,因飞机失事,在昆明郊区遇难。

---

① 国民外交协会系抗战期间设在重庆的群众性组织,主席为陈铭枢。
② 陈嘉庚:《南侨回忆录》,第 260 页。